北京市物业管理
常用法律法规文件汇编

BEIJINGSHI WUYE GUANLI
CHANGYONG FALÜ FAGUI WENJIAN HUIBIAN

北京物业管理行业协会　编

中国计划出版社

北　京

图书在版编目（CIP）数据

北京市物业管理常用法律法规文件汇编 / 北京物业管理行业协会编. -- 北京 : 中国计划出版社, 2022.1(2022.2重印)
ISBN 978-7-5182-1392-4

Ⅰ. ①北… Ⅱ. ①北… Ⅲ. ①物业管理－法规－汇编－北京 Ⅳ. ①D927.121.819

中国版本图书馆CIP数据核字(2021)第270712号

策划编辑：刘　闯　　　责任编辑：赵超霖　周姿汝
封面设计：韩可斌　　　责任校对：王　巍
责任印制：李　晨　郝文清

中国计划出版社出版发行
网址：www.jhpress.com
地址：北京市西城区木樨地北里甲11号国宏大厦C座3层
邮政编码：100038　电话：(010) 63906433（发行部）
北京天宇星印刷厂印刷

787mm×1092mm　1/16　29印张　822千字
2022年1月第1版　2022年2月第2次印刷

定价：120.00元

序

“治国者，圆不失规，方不失矩，本不失末，为政不失其道，万事可成，其功可保。”当历史的车轮滚滚而来，行至民族复兴关键之程的中国，人民群众对法治的期待和要求之高前所未有，已到了体现人民利益、反映人民愿望、维护人民权益、增进人民福祉，必须落实到全面依法治国各领域全过程的时期。

习近平总书记指出，要坚持建设中国特色社会主义法治体系。中国特色社会主义法治体系是推进全面依法治国的总抓手，要健全国家治理急需的法律制度和满足人民日益增长的对美好生活的向往应必备的法律制度，以良法善治保障新业态、新模式的健康发展。

近年来，中央和地方各级立法部门出台了一系列与物业管理相关的法律法规和政策文件，涉及城乡社区治理、居家社区养老、环境治理、市场秩序规范、物业管理工作的加强与改进等多个方面，切实推进了全面依法治国在物业管理领域的落地落实，特别是2020年颁布的《中华人民共和国民法典》，有多章内容与物业管理直接相关，并且首次将物业服务合同作为典型合同进行了专章规定。物业管理领域建制立法工作聚焦问题导向、统筹规划全局、突出顶层设计、强化高位推动，取得了积极效果，引领了物业管理行业发展的良好预期。

北京物业管理行业协会作为地方性物业服务行业组织，认真学习贯彻习近平法治思想，坚决落实中央和各级行业主管部门决策部署，积极履行行业自律和会员监管职责，着力培育和践行社会主义核心价值观，弘扬社会主义法治精神。为促进物业管理行业法治化进程，推动物业管理活动各方主体学法知法、守法用法，北京物业管理行业协会法律专业委员会组织开展了本项法律法规文件汇编工作。法律法规文件编订组历经数月，依照物业管理服务的特点归纳集成，几易其稿，最终完成《北京市物业管理常用法律法规文件汇编》及《中国物业管理常用法律法规文件汇编》编订。此举若能为我国物业管理行业法治建设尽点绵薄之力则是莫大荣幸。当然，期盼我们的千虑一得、引玉之砖能够得到广大物业管理同仁的不吝指教和金玉良言。

“故治民无常，唯治为法。法与时转则治，治与世宜则有功。”中国物业管理的法治之路行稳致远。建立顺应时代发展、产业升级的政策法治体系是建设信仰法治、公平正义、保障权利、守法诚信、充满活力、和谐有序的物业管理法治的重要一环和重要保障，我们物业人将坚持不懈、努力践行、添砖加瓦，为全面建设社会主义现代化国家、实现中华民族伟大复兴的中国梦筑牢坚实法治基础。

艾白露

二〇二一年九月

前　言

“立善法于天下，则天下治；立善法于一国，则一国治。”自古以来，中国的古圣先贤们就非常重视立善法以治国。党的十八大以来，习近平总书记从坚持和发展中国特色社会主义全局和战略高度，定位法治、布局法治、厉行法治，创造性提出全面依法治国的一系列新理念新思想新战略。党的十九届四中全会对推进国家治理体系和治理能力现代化作出全面部署，诠释了依法治国新理念。近年来，国家和地方层面，与物业管理有关的多部“善法”和“良策”陆续出台，影响深远。推进物业管理行业在依法治国道路上的长远发展，需要物业管理市场各方主体认真学习贯彻习近平法治思想正确行使权利、规范履行义务，培养知法、学法、守法、用法的良好习惯，增强依法、依规、依标、依约的行为意识。

为此，北京物业管理行业协会法律专业委员会组织来自北京安恒泰物业管理有限公司、北京美好家园物业管理有限公司、北京搜厚物业管理有限公司、国寿物业管理有限公司、北京大唐星源物业管理有限公司、北京首华物业管理有限公司、北京阜贞物业管理有限责任公司的部分委员成立编订组，收集编订了《北京市物业管理常用法律法规文件汇编》（以下简称本汇编）。

为便于查阅使用，本汇编从服务内容角度将北京市物业管理行业常用法律法规及政策文件分为九个部分进行了梳理和选录，包括综合管理、房屋及设备设施管理、安全生产、客户服务、环境管理、秩序维护、传染病防治与突发事件应对、增值服务及城市更新与服务。三个附录中则收录了其他相关法规文件、相关标准和规范目录、废止法规文件选录等。各个模块中做了二级目录的划分，并将法律法规文件按照法规效力、发布机关、发布时间的区别进行了排序。

本汇编按照与物业管理的相关性强弱对北京市现行有效的法律法规文件进行了遴选，对部分与物业管理行业强相关的法律法规文件采取了全文刊载的方式予以收录，对部分文件中与物业管理直接相关的法条采取了“摘录”的方式予以收录。同时为配合纸质版文件的使用，方便读者查询和理解各法律法规文件，我们随书附赠视频讲解，为读者的扩展性学习创设路径。综合管理中收录了物业管理行业核心及综合性法律法规、顶层设计政策文件；房屋及设备设施管理、安全生产、客户服务、环境管理、秩序维护中分别收录了物业管理日常服务的相关法律法规文件；传染病防治与突发事件应对中特别收录了关于疫情防控及重大传染病防护的相关法律法规文件；增值服务中收录了社区增值服务相关法律法规文件；城市更新与服务中收录了老旧小区管理、非经资产及三供一业移交的相关法律法规文件；附录一中编订了部分与物业管理行业弱相关但具有收录必要性的法律法规文件相关信息；附录二中收录了物业管理相关地方标准和指导性规范，为保护相关知识产权，仅提供了其标准名称和标准号；附录三中收录了曾广泛适用但目前已废止的部分重要的物业管理法律法规文件，意在提供法规和政策适用的追溯性和参照性。

本汇编收录的法律法规文件的印发日期截至 2021 年 9 月 30 日，随着物业管理相关法律法规的不断完善和修订，我们将及时进行更新和补充，定期编订新版汇编文件。时间仓促，水平有限，如有错漏，敬请不吝指正。

感谢中国计划出版社对本次编订工作的大力支持！

编订组成员：刘立华　王　帅　王树森　刁文予　石尚梅　张慧璇　张　丽
温艳秋　张　莉　刘　拓

审 定 人 员：艾白露　王劲松　宋宝程　王玉明

北京物业管理行业协会

二〇二一年九月

目　录

第一部分　综合管理

北京市物业管理条例
（北京市人民代表大会常务委员会公告〔十五届〕第24号，2020年3月27日）…………… 3
中共北京市委组织部关于印发《关于党建引领物业服务企业和业主委员会建设的指导意见》的通知
（京组通〔2019〕37号，2019年11月13日）………………………………………………… 17
中共北京市委办公厅 北京市人民政府办公厅印发《关于加强北京市物业管理工作提升物业服务水平三年行动计划（2020—2022年）》的通知
（2020年7月12日）…………………………………………………………………………… 21
北京市住房和城乡建设委员会关于印发《北京市物业管理委员会组建办法》的通知
（京建法〔2021〕4号，2021年3月18日）…………………………………………………… 24
北京市物业服务企业信用信息管理办法
（京建法〔2017〕13号，2017年7月7日）…………………………………………………… 34
北京市住房和城乡建设委员会关于印发《北京市住宅物业服务项目清单》的通知
（京建发〔2021〕232号，2021年7月22日）………………………………………………… 37
北京市住房和城乡建设委员会关于规范物业服务评估活动的通知
（京建发〔2021〕145号，2021年4月27日）………………………………………………… 42
关于做好住宅小区物业项目负责人到社区报到相关工作的通知
（京建发〔2019〕249号，2019年5月22日）………………………………………………… 44
北京市住房和城乡建设委员会关于进一步加强物业管理区域高空坠物安全防范工作的通知
（京建发〔2019〕317号，2019年7月11日）………………………………………………… 45
北京市住房和城乡建设委员会 北京市经济和信息化委员会关于加强物业服务信用信息管理的通知
（京建发〔2018〕407号，2018年8月23日）………………………………………………… 46
北京市住房和城乡建设委员会关于印发《北京市物业服务合同备案程序》的通知
（京建发〔2010〕721号，2010年12月6日）………………………………………………… 47
北京市住房和城乡建设委员会关于印发《北京市物业项目交接管理办法》的通知
（京建发〔2010〕603号，2010年10月19日）………………………………………………… 48
北京物业管理行业协会 北京市物业服务评估监理协会关于发布《北京市住宅小区物业服务成本计价规则（试行）》的通知
（北京物协文〔2021〕21号，2021年7月27日）……………………………………………… 51
北京市燃气管理条例（摘）
（北京市人民代表大会常务委员会公告〔十五届〕第37号，2020年9月25日）…………… 57
北京市文明行为促进条例

（北京市人民代表大会常务委员会公告〔十五届〕第27号，2020年4月24日） ………… 60
北京市街道办事处条例（摘）
（北京市人民代表大会常务委员会公告〔十五届〕第20号，2019年11月27日） ………… 67
北京市实施《中华人民共和国道路交通安全法》办法（摘）
（北京市人民代表大会常务委员会公告〔十五届〕第6号，2018年9月28日） ………… 68
北京市禁止违法建设若干规定
（北京市人民政府令第295号，2020年10月13日） ………… 74
北京市公共信用信息管理办法
（北京市人民政府令第280号，2018年3月8日） ………… 77
北京市门楼牌管理办法（摘）
（北京市人民政府令第254号，2014年6月6日） ………… 79
北京市供热采暖管理办法（摘）
（北京市人民政府令第216号，2009年12月12日） ………… 81
北京市户外广告设置管理办法（摘）
（北京市人民政府令第151号，2004年8月5日） ………… 82
关于利用单位内部设施开展社区服务的若干规定
（北京市人民政府令第77号，2001年6月4日） ………… 83
北京市人民政府关于取消和下放一批行政执法职权的决定
（京政发〔2021〕5号，2021年3月23日） ………… 85
北京市人民政府关于贯彻执行国务院住房制度改革领导小组对北京市住房制度改革实施方案批复的通知
（京政发〔1992〕35号，1992年5月30日） ………… 93
中共北京市委 北京市人民政府关于加强新时代街道工作的意见
（2019年2月23日） ………… 95
北京市社区管理办法（试行）
（京办发〔2008〕19号） ………… 102
北京市住房和城乡建设委员会 北京市公安局 北京市互联网信息办公室 北京市文化和旅游局关于规范管理短租住房的通知
（京建法〔2020〕12号，2020年12月18日） ………… 108
北京市住房和城乡建设委员会关于印发《北京市公共租赁住房后期管理暂行办法》的通知
（京建法〔2013〕15号，2013年7月25日） ………… 109
北京市发展和改革委员会关于北京市居民用水实行阶梯水价的通知
（京发改〔2014〕865号，2014年4月28日） ………… 122
北京市市政市容管理委员会 北京市发展和改革委员会 北京市住房和城乡建设委员会 北京市规划委员会 北京市财政局 北京市质量技术监督局关于印发北京市居住建筑供热计量管理办法（试行）的通知（摘）
（京政容发〔2010〕98号，2010年9月21日） ………… 123
北京市房屋土地管理局关于加快办理出售公有住房权属审查、面积测算、买卖过户、登记发证手续有关问题的通知
（京房地权字〔1998〕第473号，1998年5月26日） ………… 124

第二部分　房屋及设备设施管理

承接查验

北京市房屋建筑使用安全管理办法
（北京市人民政府令第229号，2011年1月26日） …………………………………………… 130
北京市人民政府关于印发北京市城镇房屋建筑使用安全综合治理办法的通知
（京政发〔2010〕17号，2010年6月2日） ………………………………………………… 133

地下室及人防工程安全使用

北京市人民防空工程建设与使用管理规定（摘）
（北京市人民政府令第226号，2010年11月27日） …………………………………………… 141
北京市人民防空工程和普通地下室安全使用管理办法
（北京市人民政府令第277号，2018年2月12日） …………………………………………… 142
北京市人民防空办公室关于印发《北京市人防工程内有限空间安全管理规定》的通知
（京人防发〔2020〕48号，2020年5月25日） ……………………………………………… 145

设备设施管理

北京市无障碍环境建设条例（摘）
（北京市人民代表大会常务委员会公告〔十五届〕第63号，2021年9月24日） ………… 148
北京市生活饮用水卫生监督管理条例（摘）
（北京市人民代表大会常务委员会公告〔十四届〕第28号，2016年11月25日） ……… 149
北京市中水设施建设管理试行办法
（北京市人民政府令第226号，2010年11月27日） …………………………………………… 150
北京市集中空调通风系统卫生管理办法
（北京市人民政府令第224号，2010年11月27日） …………………………………………… 151
北京市住宅区及住宅安全防范设施建设和使用管理办法
（北京市人民政府令第132号，2003年8月7日） …………………………………………… 153
北京市住房和城乡建设委员会 北京市人民政府国有资产监督管理委员会 北京市城市管理委员会 北京市水务局 北京住房资金管理中心印发《关于加强城镇国有土地上依法建造住宅维修工作的指导意见》的通知
（2021年7月29日） ………………………………………………………………………… 154
北京市住房和城乡建设委员会关于加强实施物业管理住宅小区二次供水设施设备安全防范工作的通知
（京建发〔2017〕379号，2017年9月8日） ………………………………………………… 156
北京市卫生局关于印发《北京市生活饮用水卫生许可证发放、复验管理办法》等五个生活饮用水卫生管理办法的通知
（京卫防字〔1998〕24号，1998年3月20日） ……………………………………………… 157
北京市卫生局关于印发《北京市无负压、无吸程（稳压、稳流）自动供水设备安装使用卫生规定》的通知
（京卫疾控字〔2004〕133号，2004年7月20日） …………………………………………… 159
北京市卫生局关于进一步明确生活饮用水水质日常监测管理工作的通知
（京卫法监字〔2010〕114号，2010年1月1日） ……………………………………………… 162

北京市市政管理委员会关于印发《北京市居住小区物业管理企业与各专业管理部门职责分工的规定》的通知
（京政管委字〔1995〕78号，1995年8月22日） …………………………………… 165

住宅专项维修资金

北京市住房和城乡建设委员会 北京市财政局 北京市审计局 北京市住房资金管理中心关于简化程序方便应急情况下使用住宅专项维修资金有关问题的通知
（京建法〔2016〕15号，2016年11月22日） ………………………………………… 168
北京市住房和城乡建设委员会 北京市财政局 北京市审计局 北京市住房资金管理中心关于印发《北京市住宅专项维修资金管理办法》的通知
（京建物〔2009〕836号，2009年11月10日） …………………………………… 178

第三部分 安全生产

基本规定

北京市生产经营单位安全生产主体责任规定
（北京市人民政府令第285号，2019年5月30日） …………………………………… 188
北京市气象灾害防御条例（摘）
（北京市人民代表大会常务委员会公告〔十五届〕第9号，2018年11月23日） ………… 193
北京市安全生产条例
（北京市人民代表大会常务委员会公告〔十四届〕第28号，2016年11月25日） ……… 195
北京市生产安全事故隐患排查治理办法
（北京市人民政府令第266号，2015年11月24日） …………………………………… 205
北京市生产安全事故报告和调查处理办法（摘）
（北京市人民政府令第217号，2009年12月11日） …………………………………… 207
北京市文化娱乐场所经营单位安全生产规定
（北京市人民政府令第180号，2006年10月26日） …………………………………… 209
北京市防御雷电灾害若干规定（摘）
（北京市人民政府令第102号，2002年7月29日） …………………………………… 212
北京市住房和城乡建设委员会关于印发《北京市房屋建筑安全管理员管理办法》的通知
（京建法〔2017〕30号，2018年1月2日） ………………………………………… 212
北京市住房和城乡建设委员会关于做好物业行业安全生产工作的通知
（京建发〔2019〕172号，2019年4月18日） ……………………………………… 215
北京市住房和城乡建设委员会 北京市财政局关于印发《北京市物业服务企业落实安全生产责任制情况检查评估工作方案》的通知
（京建发〔2017〕561号，2017年12月28日） …………………………………… 229
北京市住房和城乡建设委员会关于印发《物业行业安全生产隐患排查要点》的通知
（京建发〔2017〕503号，2017年11月28日） …………………………………… 230
北京市安全生产监督管理局关于印发《关于加强生产经营单位安全生产应急管理工作的指导意见》的通知
（京安监发〔2013〕29号，2013年5月16日） …………………………………… 235
北京市安全生产委员会关于印发《北京市全面推行安全生产责任保险制度工作的实施

意见》的通知（摘）
（京安发〔2017〕7号，2017年7月10日） …… 240
北京市安全生产委员会关于印发《北京市企业安全生产违法行为警示办法》的通知
（京安发〔2010〕15号，2010年10月26日） …… 241
北京市突发事件应急委员会关于印发北京市防汛应急预案的通知
（京应急委发〔2019〕3号，2019年6月25日） …… 243

消防安全

北京市烟花爆竹安全管理规定（摘）
（北京市人民代表大会常务委员会公告〔十四届〕第39号，2017年12月1日） …… 259
北京市消防条例（摘）
（北京市人民代表大会常务委员会公告〔十三届〕第17号，2011年5月27日） …… 260
北京市消防安全责任监督管理办法（摘）
（北京市人民政府令第143号，2004年3月18日） …… 264
北京市建设工程施工现场消防安全管理规定（摘）
（北京市人民政府令第84号，2001年8月29日） …… 266
北京市城镇居民住宅防火安全管理规定
（北京市人民政府令第30号，1995年11月16日） …… 267
北京市公安局关于印发《北京市房屋租赁消防安全管理规定》的通告
（北京市公安局通告2014年第20号，2014年10月21日） …… 268
北京市火灾事故应急救援预案（2018年修订）
（2018年3月26日） …… 269

特种设备管理和特种作业

北京市电梯安全监督管理办法
（北京市人民政府令第205号，2008年4月10日） …… 279
北京市人民政府办公厅 转发市安委会办公室关于进一步加强本市有限空间作业安全监管的意见的通知
（京政办发〔2010〕19号，2010年6月11日） …… 283
北京市安全生产监督管理局关于地下有限空间作业现场监护人员必须持证上岗的通告
（京安监发〔2010〕68号，2010年5月17日） …… 285
北京市电梯安全使用管理规定
（京劳特发〔1996〕326号，1996年10月29日） …… 285

第四部分 客户服务

物业收费

关于印发《北京市清理规范城镇供水供电供气供暖行业收费促进行业高质量发展实施方案》的通知
（京发改〔2021〕1082号，2021年7月30日） …… 292
关于按房改政策出售公有住房和安居（康居）住房物业服务费缴纳问题的通知
（京建物〔2006〕30号，2006年1月25日） …… 299

北京市住房和城乡建设委员会关于经济适用住房物业服务收费有关问题的通知
（京建发〔2016〕4号，2016年1月7日） …… 300
北京市国土资源和房屋管理局《关于房改房上市后向产权人收取物业管理费问题的复函》
（京国土房管物〔2004〕348号，2004年4月7日） …… 301

物业公示

关于物业项目收支情况公示有关问题的通知
（京建发〔2011〕592号，2011年12月26日） …… 303

装饰装修管理

关于进一步加强建筑垃圾治理工作的通知
（京建法〔2018〕5号，2018年2月28日） …… 305
北京市住房和城乡建设委员会 北京市公安局关于加强住宅装饰装修活动中擅自变动建筑主体和承重结构违法行为监督执法的通知
（京建房〔2009〕917号，2009年12月26日） …… 306

第五部分　环境管理

环境保护

北京市水污染防治条例（摘）
（北京市人民代表大会常务委员会公告〔十五届〕第61号，2021年9月24日） …… 312
北京市大气污染防治条例（摘）
（北京市人民代表大会常务委员会公告〔十五届〕第3号，2018年3月30日） …… 313
北京市节约用水办法（摘）
（北京市人民政府令第244号，2012年4月27日） …… 314
北京市排水和再生水管理办法（摘）
（北京市人民政府令第215号，2009年11月26日） …… 315
北京市环境噪声污染防治办法（摘）
（北京市人民政府令第181号，2006年11月27日） …… 316

市容卫生

北京市市容环境卫生条例（摘）
（北京市人民代表大会常务委员会公告〔十五届〕第61号，2021年9月24日） …… 319
北京市控制吸烟条例（摘）
（北京市人民代表大会常务委员会公告〔十五届〕第61号，2021年9月24日） …… 325
北京市生活垃圾管理条例（摘）
（北京市人民代表大会常务委员会公告〔十三届〕第20号，2020年9月25日） …… 327
北京市建筑垃圾处置管理规定
（北京市人民政府令第293号，2020年7月29日） …… 331
北京市除四害工作管理规定
（北京市人民政府令第277号，2018年2月12日） …… 337
北京市城市建筑物外立面保持整洁管理规定

（北京市人民政府令第 200 号，2007 年 11 月 23 日） ………………………………………… 339
北京市“门前三包”责任制管理办法
（北京市人民政府令第 24 号，1999 年 3 月 18 日） …………………………………………… 340
北京市城市管理委员会 北京市市场监督管理局关于推行北京市餐饮服务单位厨余垃圾、居住小区厨余垃圾、居住小区其他垃圾、建筑垃圾收集运输服务合同示范文本的通知
（京管发〔2020〕30 号，2020 年 10 月 12 日） …………………………………………………… 341
关于印发北京市建筑垃圾分类消纳管理办法（暂行）的函
（京管发〔2018〕142 号，2019 年 1 月 11 日） …………………………………………………… 342
北京市生活垃圾分类推进工作指挥部办公室关于印发关于加强本市大件垃圾管理的指导意见的通知（摘）
（市垃圾分类指办〔2021〕57 号，2021 年 6 月 28 日） ………………………………………… 343

园 林 绿 化

北京市绿化条例（摘）
（北京市人民代表大会常务委员会公告〔十五届〕第 15 号，2019 年 7 月 26 日） ………… 347
北京市园林绿化局关于印发《本市老旧小区绿化改造基本要求》的通知
（京绿办发〔2019〕139 号，2019 年 7 月 17 日） ……………………………………………… 350

第六部分　秩序维护

治 安 协 助

北京市养犬管理规定
（北京市人民代表大会常务委员会公告〔十二届〕第 11 号，2003 年 9 月 5 日） ………… 356
北京市快递安全管理办法（摘）
（北京市人民政府令第 277 号，2018 年 2 月 12 日） ………………………………………… 359
北京市公共安全图像信息系统管理办法（摘）
（北京市人民政府令第 185 号，2006 年 12 月 15 日） ………………………………………… 360
北京市公安局关于印发《北京市公共安全图像信息系统管理办法》实施意见（试行）的通知
（京公科信字〔2013〕1000 号，2013 年 9 月 9 日） ……………………………………………… 361

车 辆 管 理

北京市机动车停车条例
（北京市人民代表大会常务委员会公告〔十五届〕第 61 号，2021 年 9 月 24 日） ………… 366
北京市非机动车管理条例
（北京市人民代表大会常务委员会公告〔十五届〕第 5 号，2018 年 9 月 28 日） ………… 370
北京市非机动车停车管理办法
（北京市人民政府令第 226 号，2010 年 11 月 27 日） ………………………………………… 375
北京市公安局 北京市交通委员会 北京市市场监督管理局 北京市商务局 北京市城市管理委员会关于加强违规电动三四轮车管理的通告
（2021 年 7 月 12 日） ……………………………………………………………………………… 376
北京市国土资源和房屋管理局关于印发《北京市居住小区机动车停车管理办法》的通知
（京国土房管物〔2004〕663 号，2004 年 6 月 16 日） ………………………………………… 377

北京市发展和改革委员会关于规范本市机动车停车场明码标价的通知
（京发改规〔2018〕6号，2018年6月29日） …… 378
北京市发展和改革委员会 北京市交通委员会关于本市停车收费有关事项的通知
（京发改〔2018〕804号，2018年4月24日） …… 379
北京市人民防空办公室关于印发《用于居住停车的防空地下室管理办法》的通知
（京人防发〔2019〕57号，2019年4月30日） …… 379
北京市交通综合治理领导小组关于印发《关于推进本市停车设施有偿错时共享的指导意见》的通知
（2019年11月1日） …… 380

第七部分　传染病防治与突发事件应对

北京市突发公共卫生事件应急条例（摘）
（北京市人民代表大会常务委员会公告〔十五届〕第38号，2020年9月25日） …… 385
北京市人民政府办公厅关于落实"四方责任"进一步加强重点人群、场所和单位新型冠状病毒感染的肺炎疫情防控工作的通知
（京政办发〔2020〕4号，2020年1月27日） …… 391
北京市住房和城乡建设委员会关于物业服务企业做好新型冠状病毒感染的肺炎疫情防控工作的通知
（京建发〔2020〕15号，2020年1月30日） …… 392
北京市住房和城乡建设委员会关于印发《北京市住房城乡建设系统重大传染病疫情防控应急预案》的通知
（京建发〔2015〕233号，2015年6月23日） …… 393
北京市住房和城乡建设委员会关于物业企业进一步加强新型冠状病毒感染肺炎疫情防控期间住宅区出入管理的通知
（2020年2月1日） …… 398
北京市城市管理综合行政执法局等五部门关于进一步加强商务楼宇、商场和餐馆疫情防控工作的通告
（京城管发〔2020〕8号，2020年2月11日） …… 399
关于进一步严格疫情防控有关要求的通告
（2020年2月28日） …… 400
北京新型冠状病毒肺炎疫情防控工作领导小组办公室关于加强对各单位保洁、保安、物业、食堂、维修维护等后勤物业工作人员防控新冠肺炎疫情工作的通知
（2020年2月27日） …… 401
关于进一步加强社区（村）疫情防控工作的通告
（2020年2月9日） …… 403
北京市新型冠状病毒感染的肺炎疫情社区（村）防控工作方案（试行）
（2020年1月29日） …… 404

第八部分　增值服务

北京市房屋租赁管理若干规定（摘）
（北京市人民政府令第231号，2011年5月5日） …… 409

北京市人民政府办公厅印发《关于加快推进养老服务发展的实施方案》的通知
（京政办发〔2020〕17号，2020年5月18日） …… 411

第九部分　城市更新与服务

老旧小区管理

北京市职工购买公有住宅楼房管理办法
（北京市人民政府令第277号，2018年2月12日） …… 420
关于印发《关于引入社会资本参与老旧小区改造的意见》的通知
（京建发〔2021〕121号，2021年4月22日） …… 421
北京市老旧小区综合整治联席会议办公室印发《关于老旧小区综合整治实施适老化改造和无障碍环境建设的指导意见》的通知
（京老旧办发〔2021〕11号，2021年5月9日） …… 423

非经资产及三供一业移交

北京市人民政府关于印发《北京市剥离国有企业办社会职能和解决历史遗留问题实施方案》的通知
（京政发〔2017〕7号，2017年1月16日） …… 430
北京市人民政府办公厅转发北京市破产企业非经营性资产移交暂行办法的通知
（京政办发〔2002〕20号，2002年4月3日） …… 434
北京市人民政府国有资产监督管理委员会 北京市财政局关于市属国有企业非经营性资产及在京中央企业职工家属区“三供一业”分离移交工作有关事项的通知
（京国资发〔2017〕15号，2017年7月5日） …… 436

附　录

附录一　其他相关法规文件 …… 441
附录二　相关标准和规范目录 …… 442
附录三　废止法规文件选录 …… 445

第一部分

综合管理

北京市物业管理条例

（北京市人民代表大会常务委员会公告〔十五届〕第24号，2020年3月27日）

《北京市物业管理条例》已由北京市第十五届人民代表大会常务委员会第二十次会议于2020年3月27日通过，现予公布，自2020年5月1日起施行。

第一章　总则

第一条　为了构建党建引领社区治理框架下的物业管理体系，建设和谐宜居社区，规范物业管理，维护物业管理相关主体的合法权益，保障物业的依法、安全、合理使用，根据相关法律法规，结合本市实际，制定本条例。

第二条　本市行政区域内的住宅物业管理活动适用本条例；非住宅物业管理参照执行。

本条例所称物业管理，是指业主通过自行管理或者共同决定委托物业服务人的形式，对物业管理区域内的建筑物、构筑物及其配套的设施设备和相关场地进行维修、养护、管理，维护环境卫生和相关秩序的活动。物业服务人包括物业服务企业、专业单位和其他物业管理人。

第三条　本市物业管理纳入社区治理体系，坚持党委领导、政府主导、居民自治、多方参与、协商共建、科技支撑的工作格局。建立健全社区党组织领导下居民委员会、村民委员会、业主委员会或者物业管理委员会、业主、物业服务人等共同参与的治理架构。

推动在物业服务企业、业主委员会、物业管理委员会中建立党组织，发挥党建引领作用。

第四条　物业管理相关主体应当遵守权责一致、质价相符、公平公开的物业服务市场规则，维护享受物业服务并依法付费的市场秩序，优化市场环境。

支持社会资本参与老旧小区综合整治和物业管理。

第五条　本市支持在物业管理区域内成立业主大会、选举产生业主委员会决定物业管理区域内的重大事项及有关共有部分利用和管理等事项。

第六条　市住房和城乡建设主管部门履行下列职责：

（一）制定本市物业管理相关政策并组织实施；

（二）指导和监督区住房和城乡建设或者房屋主管部门开展物业管理的监督管理工作；

（三）指导和监督本市住宅专项维修资金的筹集、管理和使用；

（四）建立健全业主委员会、物业管理委员会委员培训制度；

（五）制定临时管理规约、管理规约、业主大会议事规则、物业服务合同等示范文本和相关标准；

（六）建立全市统一的物业管理信用信息、业主电子共同决策等信息系统；

（七）指导行业协会制定和实施自律性规范；

（八）实施物业管理方面的其他监督管理职责。

区住房和城乡建设或者房屋主管部门履行下列职责：

（一）贯彻执行物业管理相关政策和制度；

（二）监督管理辖区内物业服务企业和从业人员；

（三）指导、监督辖区内住宅专项维修资金的筹集、管理和使用；

（四）组织对辖区内业主委员会、物业管理委员会委员开展培训；

（五）指导街道办事处、乡镇人民政府实施与物业管理相关工作；

（六）落实物业管理方面的其他监督管理职责。

发展改革、民政、财政、规划自然资源、城市管理、水务、市场监管、园林绿化、人防等相关主管部门，按照各自职责，负责物业管理相关监督管理工作。

第七条　区人民政府应当加强对本辖区内物业管理工作的组织领导，建立物业管理综合协调工作机制，组织辖区内街道办事处、乡镇人民政府、住房和城乡建设或者房屋主管部门及相关部门和单位，统筹推进辖区内物业管理各项工作，协调解决辖区内物业管理重大问题。

第八条　街道办事处、乡镇人民政府组织、协调、指导本辖区内业主大会成立和业主委员会选举换届、物业管理委员会组建，并办理相关备案手续；指导、监督业主大会、业主委员会、物业管理委员会依法履行职责，有权撤销其作出的违反法律法规和规章的决定；参加物业承接查验，指导监督辖区内物业管理项目的移交和接管，指导、协调物业服务人依法履行义务，调处物业管理纠纷，统筹协调、监督管理辖区内物业管理活动。

居民委员会、村民委员会在街道办事处、乡镇人民政府的指导下开展具体工作，建立党建引领下的物业管理协商共治机制；有权就业主反映的物业管理事项向业主大会、业主委员会进行询问，引导规范运作；指导、监督物业服务人依法履行义务，调解物业管理纠纷。

第九条　街道办事处、乡镇人民政府根据市人民政府确定的行政执法事项清单，依法行使行政执法权，建立综合执法工作机制，加强对住宅小区内违法行为的巡查、检查和处理。

第十条　突发事件应对期间，街道办事处、乡镇人民政府负责落实市人民政府依法采取的各项应急措施，指导物业服务人开展相应级别的应对工作，并给予物资和资金支持。

物业服务人应当按照要求服从政府统一指挥，在街道办事处、乡镇人民政府指导下积极配合居民委员会、村民委员会开展工作，依法落实应急预案和各项应急措施。

第十一条　业主大会和业主委员会，对任意弃置垃圾、排放污染物或者噪声、违反规定饲养动物、违法搭建、侵占通道、拒付物业费等损害他人合法权益的行为，有权依照法律法规以及管理规约，要求行为人停止侵害、排除妨碍、消除危险、恢复原状、赔偿损失。

第十二条　本市支持物业管理、专业评估机构等行业协会依法制定和组织实施自律性规范，实行自律管理，编制团体标准、调解行业纠纷，组织业务培训，维护企业合法权益，推动行业健康有序发展。

支持、鼓励物业服务企业加入行业协会。

第十三条　本市支持法律、会计、工程、评估、咨询等专业服务机构和人员参与物业管理和服务活动，为物业管理相关主体提供公正、专业的咨询、培训、评价、检验、监督和审计等服务。支持非营利性社会组织参与物业服务活动。

业主、物业使用人、物业服务人因物业管理事项需要法律咨询的，可以向公共法律服务机构咨询；符合法律援助条件的，可以依法申请法律援助。

第十四条　本市建立健全人民调解、行业调解、行政调解、司法调解构成的多元纠纷解决机制，化解物业管理纠纷。

第二章　物业管理区域

第十五条　物业管理区域的划分应当符合法律法规的规定，综合考虑建设用地宗地范围、共用设施设备、建筑物规模和类型、社区建设等因素，以利于服务便利、资源共享、协商议事。

规划城市道路、城市公共绿地、城市河道等公共区域不得划入物业管理区域。

第十六条　新开发建设项目的土地使用权划拨、出让前，住房和城乡建设主管部门应当就物业管理区域的划分提出意见，纳入区域规划综合实施方案、土地出让合同或者划拨文件，并向社会公布。

建设单位应当在房屋买卖合同中明示核定的物业管理区域。

第十七条　已投入使用、尚未划分物业管理区域或者划分的物业管理区域确需调整的，物业所在地的街道办事处、乡镇人民政府会同区住房和城乡建设或者房屋主管等部门，结合物业管理实际需要，征求业主意见后确定物业管理区域并公告。

第十八条　新开发建设项目，一个物业管理区域内应当配建独立且相对集中的物业服务用房，满足物业管理设施设备、办公及值班需求，具体面积按照本市公共服务设施配置指标执行。物业服务用房的面积、位置应当在规划许可证、房屋买卖合同中载明。

已投入使用但是未配建物业服务用房的，建设单位或者产权单位应当通过提供其他用房、等值的资金等多种方式提供；建设单位和产权单位已不存在的，由街道办事处、乡镇人民政府统筹研究解决。

第三章　前期物业

第十九条　建设单位承担前期物业服务责任。建设单位销售房屋前，应当选聘前期物业服务人，签订前期物业服务合同。

前期物业服务合同应当就前期物业服务是否收费、服务内容以及收费标准进行约定，约定的内容作为房屋买卖合同的附件或者直接纳入房屋买卖合同。

前期物业服务合同期限最长不超过二年，具体期限在前期物业服务合同中约定。期限届满前三个月，由业主共同决定是否继续使用前期物业服务人。期限届满，业主与新物业服务人签订的物业服务合同生效之前，前期物业服务人继续提供服务；期限未满或者未约定前期物业服务期限，业主与新物业服务人签订的物业服务合同生效的，前期物业服务合同终止。

第二十条　建设单位与前期物业服务人应当在区住房和城乡建设或者房屋主管部门的指导、监督下，共同确认物业管理区域，对物业管理区域内的共用部位、共用设施设备进行查验，确认现场查验结果，形成查验记录，签订物业承接查验协议，并向业主公开查验的结果。

承接查验协议应当对物业承接查验基本情况、存在问题、解决方法及其时限、双方权利义务、违约责任等事项作出约定。对于承接查验发现的问题，建设单位应当在三十日内予以整改，或者委托前期物业服务人整改。

未经业主同意，建设单位不得占用物业管理区域内的共用部位、共用设施设备。

第二十一条　在办理物业承接查验手续时，建设单位应当向前期物业服务人移交下列资料：

（一）物业管理区域划分相关文件；

（二）竣工总平面图，单体建筑、结构、设备的竣工图，配套设施、地下管网工程竣工图等竣工验收资料；

（三）设施设备的安装、使用和维护保养等技术资料；

（四）物业质量保修文件和物业使用说明文件；

（五）物业管理必需的其他资料。

物业已投入使用，上述资料未移交的，应当移交；资料不全的，应当补齐。

第二十二条　前期物业服务合同生效之日至出售房屋交付之日的当月发生的物业费，由建设单位承担。

出售房屋交付之日的次月至前期物业服务合同终止之日的当月发生的物业费，由业主按照房屋买卖合同的约定承担；房屋买卖合同未约定的，由建设单位承担。

第二十三条　建设单位在销售物业前，应当制定临时管理规约，对有关物业的使用、维护、管理，业主的共同利益，业主应当履行的义务，违反临时管理规约应当承担的责任等事项依法作出约定，并在销售场所显著位置公示。临时管理规约不得侵害物业买受人的合法权益。

市住房和城乡建设主管部门应当制定并发布临时管理规约的示范文本。

第二十四条　前期物业服务合同期限届满前六个月，街道办事处、乡镇人民政府应当组织业主成立业主大会，选举产生业主委员会或者组建物业管理委员会，就物业管理事项进行表决。

第四章　业主、业主组织和物业管理委员会

第一节　业主和业主大会

第二十五条　房屋的所有权人为业主。

公房尚未出售的，产权单位是业主；已出售的，购房人是业主。

本条例所称业主还包括：

（一）尚未登记取得所有权，但是基于买卖、赠与、拆迁补偿等旨在转移所有权的行为

已经合法占有建筑物专有部分的单位或者个人；

（二）因人民法院、仲裁机构的生效法律文书取得建筑物专有部分所有权的单位或者个人；

（三）因继承取得建筑物专有部分所有权的个人；

（四）因合法建造取得建筑物专有部分所有权的单位或者个人；

（五）其他符合法律法规规定的单位或者个人。

第二十六条 物业管理区域内的以下部分属于业主共有：

（一）道路、绿地，但是属于城市公共道路、城市公共绿地或者明示属于私人所有的除外；

（二）占用业主共有的道路或者其他场地用于停放汽车的车位；

（三）建筑物的基础、承重结构、外墙、屋顶等基本结构部分，通道、楼梯、大堂等公共通行部分，消防、公共照明等附属设施、设备，避难层、架空层、设备层或者设备间等；

（四）物业服务用房和其他公共场所、共用设施；

（五）法律法规规定或者房屋买卖合同依法约定的其他共有部分。

第二十七条 业主在物业管理活动中，享有下列权利：

（一）自行管理物业；

（二）要求物业服务人按照物业服务合同的约定提供服务；

（三）提议召开业主大会，并就物业管理的有关事项提出建议；

（四）提出制定和修改临时管理规约、管理规约、业主大会议事规则的建议；

（五）参加业主大会会议，行使投票权；

（六）选举业主委员会委员，并享有被选举权；

（七）监督业主大会筹备组、业主委员会或者物业管理委员会的工作；

（八）监督物业服务人履行物业服务合同；

（九）对共用部位、共用设施设备和相关场地使用享有知情权、监督权和收益权；

（十）监督专项维修资金的管理和使用；

（十一）法律法规规定的其他权利。

业主行使权利不得危及物业的安全，不得损害其他业主的合法权益。

第二十八条 业主应当履行下列义务：

（一）遵守临时管理规约、管理规约和业主大会议事规则；

（二）遵守物业管理区域内共用部位和共用设施设备的使用、公共秩序和环境卫生的维护以及应对突发事件等方面的制度要求；

（三）执行业主大会的决定和业主大会授权业主委员会或者物业管理委员会作出的决定；

（四）配合物业服务人实施物业管理；

（五）按照国家和本市有关规定交纳专项维修资金；

（六）按时足额交纳物业费；

（七）履行房屋安全使用责任；

（八）按照规定分类投放生活垃圾；

（九）法律法规规定的其他义务。

业主对建筑物专有部分以外的共有部分，享有权利，承担义务；不得以放弃权利不履行义务。

第二十九条 业主可以成立业主大会。业主大会由物业管理区域内全体业主组成，代表和维护物业管理区域内全体业主在物业管理活动中的合法权益。

一个物业管理区域成立一个业主大会。

第三十条 一个物业管理区域内，已交付业主的专有部分达到建筑物总面积百分之五十以上的，百分之五以上的业主、专有部分占建筑物总面积百分之五以上的业主或者建设单位均可以向街道办事处、乡镇人民政府提出成立业主大会的申请，居民委员会、村民委员会也可以组织达到前述条件的业主或者建设单位提出成立业主大会的申请。

第三十一条 街道办事处、乡镇人民政府应当在接到成立业主大会书面申请后三十日内，对提出申请的业主身份和申请进行审核，对符合业主大会成立条件的，指定居民委员会、村民委员会工作人员担任筹备组组长。

筹备组组长应当于三十日内组织业主代表、建设单位、产权单位、街道办事处、乡镇人民政府、社区党组织、居民委员会、村民委员会代表召开首次筹备组会议，成立筹备组。

筹备组中的业主代表可以由业主自荐或者居民委员会、村民委员会推荐产生，由街道办事处、乡镇人民政府确定；业主代表资格应当参照适用本条例第三十九条有关业主委员会委员候选人资格的规定。

筹备组人数应当为单数，其中业主代表人数不低于筹备组人数的二分之一。

筹备组成立七日内，筹备组组长应当将筹备组成员名单、分工、联系方式等在物业管理区域内显著位置公示。

第三十二条　筹备组应当开展以下工作，并就其确定的事项在首次业主大会会议召开十五日前在物业管理区域内显著位置公示：

（一）确认业主身份、人数及所拥有的专有部分面积；

（二）制定首次业主大会会议召开方案；

（三）拟订管理规约和业主大会议事规则草案；

（四）制定业主委员会委员候选人产生办法，确定业主委员会委员候选人名单；

（五）制定业主委员会选举办法；

（六）完成召开首次业主大会会议的其他准备工作。

前款规定的业主大会议事规则，至少应当包括业主大会的议事方式、表决程序，业主委员会的组成、任期、罢免和递补等事项，并不得违反法律法规的强制性规定。

业主对公示内容有异议的，筹备组应当研究处理并在首次业主大会会议召开前作出答复。

筹备组应当自成立之日起六十日内，组织召开首次业主大会会议。

第三十三条　首次业主大会应当通过管理规约、业主大会议事规则，选举产生业主委员会委员和候补委员。

第三十四条　业主大会依照法律法规的规定召开，决定下列事项：

（一）制定或者修改管理规约、业主大会议事规则；

（二）选举或者更换业主委员会委员和候补委员；

（三）确定或者调整物业服务方式、服务内容、服务标准和服务价格；

（四）选聘、解聘物业服务人或者不再接受事实服务；

（五）筹集、管理和使用专项维修资金；

（六）申请改建、重建建筑物及其附属设施；

（七）决定共用部分的经营方式，管理、使用共用部分经营收益等共有资金；

（八）确定业主委员会委员津贴或者补助的标准，对业主委员会主任实施任期、离任经济责任审计；

（九）改变或者撤销业主委员会作出的与业主大会决定相抵触的决议；

（十）有关共有和共同管理权利的其他重大物业管理事项。

业主委员会应当就前款规定的决定事项向业主大会提出讨论方案。

第三十五条　业主大会会议分为定期会议和临时会议。

业主大会定期会议应当按照业主大会议事规则的规定召开，每年至少召开一次。经百分之二十以上业主提议，业主委员会应当组织召开业主大会临时会议。

业主大会会议可以采用书面形式或者通过互联网方式召开；采用互联网方式表决的，应当通过市住房和城乡建设主管部门建立的电子投票系统进行。

召开业主大会会议的，业主委员会应当于会议召开十五日前通知全体业主，将会议议题及其具体内容、时间、地点、方式等在物业管理区域内显著位置公示，并报物业所在地的居民委员会、村民委员会。居民委员会、村民委员会应当派代表列席会议。

业主大会会议不得就已公示议题以外的事项进行表决。

第三十六条　业主委员会未按照规定召集业主大会会议的，业主可以请求物业所在地的街道办事处、乡镇人民政府责令限期召集；逾期仍未召集的，由物业所在地的街道办事处、乡镇人民政府组织召集。

第三十七条　业主大会会议依法作出的决定，对本物业管理区域内的全体业主具有约束力。

业主大会会议的决定应当自作出之日起三日内在物业管理区域内显著位置公示。

物业使用人应当依法遵守业主大会会议的决定。物业使用人，是指除业主以外合法占有、使用物业的单位或者个人，包括但是不限于物业的承租人。

第三十八条　业主大会可以委托街道办事处、乡镇人民政府或者居民委员会、村民委员会代为保管业主大会印章；需要使用业主大会印章的，由业主委员会向街道办事处、乡镇人民政府或者居民委员会、村民委员会提出。

第二节　业主委员会

第三十九条　业主委员会由五人以上单数组成，具体人数根据本物业管理区域的实际情况确定。户数一百户以下的住宅小区，业主委员会可以由三人组成。候补委员人数按照不超过业主委员会委员人数确定。

业主委员会委员、候补委员应当为本物业管理区域的自然人业主或者单位业主授权的自然人代表。

业主是自然人的，应当符合下列条件：

（一）遵纪守法、热心公益事业、责任心强、具有一定组织能力；

（二）具有完全民事行为能力；

（三）符合业主委员会委员候选人产生办法中关于居住期限的要求；

（四）按时足额交纳物业费、不存在欠缴专项维修资金及其他需要业主共同分担费用的情况；

（五）本人、配偶及其直系亲属与物业服务人无直接的利益关系；

（六）未被列为失信被执行人；

（七）未有本条例规定的房屋使用禁止规定的行为；

（八）未有法律法规规定的其他不宜担任业主委员会委员的情形。

第四十条　业主委员会委员候选人通过下列方式产生：

（一）社区党组织推荐；

（二）居民委员会、村民委员会推荐；

（三）业主自荐或者联名推荐。

筹备组根据业主委员会委员候选人产生办法从按照前款方式推荐的人员中确定业主委员会委员候选人名单，报社区党组织。

社区党组织引导和支持业主中的党员积极参选业主委员会委员，通过法定程序担任业主委员会委员。

第四十一条　业主委员会委员实行任期制，每届任期不超过五年，可以连选连任。

业主委员会委员具有同等表决权。

任期内业主委员会委员出现空缺的，由候补委员递补剩余任期。具体递补办法由业主大会议事规则约定。

第四十二条　业主委员会应当自选举产生之日起七日内召开首次会议，在业主委员会委员中推选业主委员会主任和副主任，并在推选完成之日起三日内，在物业管理区域内显著位置公示业主委员会主任、副主任和其他委员的名单。

第四十三条　业主委员会应当自选举产生之日起三十日内，持下列材料向物业所在地的街道办事处、乡镇人民政府申请备案：

（一）首次业主大会会议记录和会议决定；

（二）业主大会议事规则；

（三）管理规约；

（四）业主委员会首次会议记录和会议决定；

（五）业主委员会委员和候补委员的名单、基本情况。

街道办事处、乡镇人民政府对以上材料的真实性、规范性进行核实，符合要求的，五个工作日内予以备案，并出具业主大会、业主委员会备案证明和印章刻制证明，解散筹备组。

业主委员会可持备案证明和印章刻制证明向公安机关申请刻制业主大会印章和业主委员会印章。

业主委员会印章由业主委员会保管，需要使用业主委员会印章的，应当有业主委员会过半数委员签字。

第四十四条　业主委员会应当执行业主大会的决定，接受业主大会和业主的监督，并履行下列职责：

（一）召集业主大会会议，报告年度物业管理的实施情况、业主委员会履职情况；

（二）代表业主与业主大会选聘的物业服

务人签订物业服务合同，与解聘的物业服务人进行交接；

（三）拟定共有部分、共有资金使用与管理办法；

（四）监督专项维修资金的使用以及组织专项维修资金的补建、再次筹集；

（五）及时了解业主、物业使用人的意见和建议，督促业主交纳物业费，监督物业服务人履行物业服务合同；

（六）监督管理规约的实施，对业主、物业使用人违反管理规约的行为进行制止；

（七）制作和保管会议记录、共有部分的档案、会计凭证和账簿、财务报表等有关文件；

（八）定期向业主通报工作情况，每半年公示业主委员会委员、候补委员交纳物业费、停车费情况；

（九）协调解决因物业使用、维护和管理产生的纠纷；

（十）在物业管理区域内配合行政执法机关开展执法工作；

（十一）配合、支持居民委员会、村民委员会依法履行职责，并接受其指导和监督；

（十二）业主大会赋予的其他职责。

业主委员会不得擅自决定本条例第三十四条第一款规定事项；业主大会不得授权业主委员会决定本条例第三十四条第一款规定事项。

第四十五条　业主委员会会议分为定期会议和临时会议。业主委员会定期会议应当按照业主大会议事规则的规定召开，至少每两个月召开一次；经三分之一以上业主委员会委员提议，业主委员会应当召开临时会议。

定期会议和临时会议应当有过半数委员参加，委员不得委托他人参会。

业主委员会应当在会议召开五日前将会议议题告知物业所在地的居民委员会、村民委员会，并听取意见和建议。居民委员会、村民委员会可以根据情况派代表参加。

业主委员会确定的事项应当经过半数委员签字同意。会议结束后三日内，业主委员会应当将会议情况以及确定事项在物业管理区域内显著位置公示。

业主委员会主任、副主任无正当理由不召集业主委员会会议的，业主委员会其他委员或者业主可以请求物业所在地的居民委员会、村民委员会或者街道办事处、乡镇人民政府责令限期召集；逾期仍未召集的，由物业所在地的居民委员会、村民委员会或者街道办事处、乡镇人民政府组织召集，并重新推选业主委员会主任、副主任。

第四十六条　业主委员会委员有下列情形之一的，委员资格自情形发生之日起自然终止，由业主委员会向业主公示，并提请业主大会确认：

（一）不再是本物业管理区域内业主；

（二）以书面形式向业主委员会提出辞职；

（三）因健康等原因无法履行职责且未提出辞职。

业主委员会委员一年内累计缺席业主委员会会议总次数一半以上，或者不再符合本条例第三十九条规定的委员条件的，业主委员会应当提请业主大会罢免其委员资格；业主委员会未提请的，街道办事处、乡镇人民政府可以责令业主委员会提请业主大会罢免有关委员资格。在委员资格被罢免前，业主委员会应当停止该委员履行职责，并向业主公示。

第四十七条　业主委员会委员、候补委员不得实施下列行为：

（一）阻挠、妨碍业主大会行使职权或者不执行业主大会决定；

（二）虚构、篡改、隐匿、毁弃物业管理活动中形成的文件资料；

（三）拒绝、拖延提供物业管理有关的文件资料，妨碍业主委员会换届交接工作；

（四）擅自使用业主大会、业主委员会印章；

（五）违反业主大会议事规则或者未经业主大会授权与物业服务人签订、修改物业服务合同；

（六）将业主共有财产借给他人或者设定担保等挪用、侵占业主共有财产；

（七）与物业服务人有可能影响其公正履行职务的经济往来或者利益交换；

（八）泄露业主信息；

（九）侵害业主合法权益的其他行为。

业主委员会委员、候补委员有前款规定的第（一）项至第（五）项行为的，街道办事处、乡镇人民政府责令业主委员会提请业主大会罢免有关委员资格。在委员资格被罢免前，业主委员会应当停止该委员履行职责，并向业主公示。

第四十八条 一个任期内，出现业主委员会委员经递补人数仍不足总数的二分之一等无法正常履行职责的情形，或者业主委员会拒不履行职责的，物业所在地的居民委员会、村民委员会或者街道办事处、乡镇人民政府应当组织召开业主大会临时会议，重新选举业主委员会。

第四十九条 业主委员会任期届满前六个月，应当书面报告街道办事处、乡镇人民政府。街道办事处、乡镇人民政府应当在收到书面报告之日起六十日内组建换届小组，并在业主委员会任期届满前，由换届小组组织召开业主大会会议选举产生新一届业主委员会。业主委员会未按规定提出申请的，街道办事处、乡镇人民政府应当督促其履行职责。

街道办事处、乡镇人民政府也可以应业主书面要求组建换届小组。

换届小组依照筹备组的人员构成组建。

第五十条 业主委员会的名称、委员、业主大会议事规则和管理规约发生变更的，业主委员会或者物业管理委员会应当在三十日内向街道办事处、乡镇人民政府办理变更备案手续。

因物业管理区域调整、房屋灭失等客观原因致使业主大会、业主委员会无法存续的，街道办事处、乡镇人民政府应当办理业主大会、业主委员会注销手续，并公告其印章作废。

第五十一条 业主大会、业主委员会应当依法履行职责。街道办事处、乡镇人民政府对业主大会、业主委员会作出的违反法律法规和规章的决定，应当责令限期改正或者撤销其决定，并通告全体业主。

第三节 物业管理委员会

第五十二条 街道办事处、乡镇人民政府负责组建物业管理委员会。物业管理委员会作为临时机构，依照本条例承担相关职责，组织业主共同决定物业管理事项，并推动符合条件的物业管理区域成立业主大会、选举产生业主委员会。

第五十三条 有下列情形之一的，可以组建物业管理委员会：

（一）不具备成立业主大会条件；

（二）具备成立业主大会条件，但是确有困难未成立；

（三）业主大会成立后，未能选举产生业主委员会。

第五十四条 物业管理委员会由居民委员会、村民委员会、业主、物业使用人代表等七人以上单数组成，其中业主代表不少于物业管理委员会委员人数的二分之一。

物业管理委员会主任由居民委员会、村民委员会代表担任，副主任由居民委员会、村民委员会指定一名业主代表担任。物业管理委员会委员名单应当在物业管理区域内显著位置公示。

第五十五条 成立业主大会但是尚未成立业主委员会的，物业管理委员会自成立之日起三十日内，持下列材料向物业所在地的街道办事处、乡镇人民政府申请备案：

（一）业主大会会议记录和会议决定；

（二）业主大会议事规则；

（三）管理规约。

街道办事处、乡镇人民政府对以上材料进行核实，符合要求的，五个工作日内予以备案，并出具业主大会备案证明和印章刻制证明。物业管理委员会持业主大会备案证明和印章刻制证明向公安机关申请刻制业主大会印章，持街道办事处、乡镇人民政府出具的成立证明申请刻制物业管理委员会印章。

未成立业主大会的，物业管理委员会持街道办事处、乡镇人民政府出具的成立证明申请刻制物业管理委员会印章。

第五十六条 成立业主大会但是尚未成立业主委员会的，物业管理委员会组织业主大会按照本条例第三十四条的规定履行职责，并组织执行业主大会的决定。

未成立业主大会的，物业管理委员会组织业主行使本条例第三十四条和第四十四条规定的业主大会和业主委员会的职责。

第五十七条 物业管理委员会会议由主任

或者由主任委托副主任召集和主持，三分之一以上委员提出召开物业管理委员会会议的，主任应当组织召开会议。

会议应当有过半数委员且过半数业主代表委员参加，业主代表委员不能委托代理人参加会议。

物业管理委员会按照本条例第五十六条确定的事项应当经过半数委员签字同意。会议结束后三日内，物业管理委员会应当将会议情况以及确定事项在物业管理区域内显著位置公示十个工作日。

第五十八条　物业管理委员会的任期一般不超过三年。期满仍未推动成立业主大会、选举产生业主委员会的，由街道办事处、乡镇人民政府重新组建物业管理委员会。

第五十九条　已成立业主大会、选举产生业主委员会，并按照本条例第四十三条规定备案的，或者因物业管理区域调整、房屋灭失等其他客观原因致使物业管理委员会无法存续的，街道办事处、乡镇人民政府应当在三十日内解散物业管理委员会，并在物业管理区域内显著位置公示。

第六十条　物业管理委员会组建的具体办法，由市住房和城乡建设主管部门制定。

第五章　物业服务

第六十一条　业主可以自行管理物业，也可以委托他人管理；委托物业服务企业提供物业服务的，一个物业管理区域应当选定一个物业服务企业提供物业服务。

电梯、消防等具有专业技术要求的设施设备的维修和养护，应当由符合资质的专业机构或者人员实施。

第六十二条　接受委托提供物业服务的企业应当具有独立法人资格，拥有相应的专业技术人员，具备为业主提供物业管理专业服务的能力，有条件在物业管理区域设立独立核算的服务机构。

第六十三条　业主委员会或者物业管理委员会应当代表业主与业主共同选聘的物业服务人签订书面合同，就物业服务内容和标准、费用、物业服务用房、合同期限、违约责任等内容进行约定。

业主与物业服务人对收费标准未能达成一致意见的，双方可以委托专业评估机构评估；双方对委托专业评估机构未能达成一致意见的，可以从区住房和城乡建设或者房屋主管部门确定的专业评估机构目录中随机选定。

物业服务合同签订或者变更之日起十五日内，物业服务人应当将物业服务合同报街道办事处、乡镇人民政府、区住房和城乡建设或者房屋主管部门备案。

市住房和城乡建设主管部门应当会同有关部门、协会制定物业服务合同示范文本，并向社会公布。

第六十四条　业主共同决定由物业服务企业提供物业服务的，可以授权业主委员会或者物业管理委员会进行招标，继续聘用原物业服务企业的除外。

鼓励业主通过市住房和城乡建设主管部门建立的招投标平台选聘物业服务企业。

第六十五条　物业服务人应当按照物业服务合同的约定提供物业服务，并且遵守下列规定：

（一）提供物业服务符合国家和本市规定的标准、规范；

（二）及时向业主、物业使用人告知安全、合理使用物业的注意事项；

（三）定期听取业主的意见和建议，接受业主监督，改进和完善服务；

（四）对违法建设、违规出租房屋、私拉电线、占用消防通道等行为进行劝阻、制止，劝阻、制止无效的，及时报告行政执法机关；

（五）发现有安全风险隐患的，及时设置警示标志，采取措施排除隐患或者向有关专业机构报告；

（六）对业主、物业使用人违反临时管理规约、管理规约的行为进行劝阻、制止，并及时报告业主委员会或者物业管理委员会；

（七）不得泄露在物业服务活动中获取的业主信息；

（八）履行生活垃圾分类管理责任人责任，指导、监督业主和物业使用人进行生活垃圾分类；

（九）配合街道办事处、乡镇人民政府、

行政执法机关和居民委员会、村民委员会做好物业管理相关工作。

第六十六条 物业服务企业应当指派项目负责人。项目负责人应当在到岗之日起三日内到项目所在地的居民委员会、村民委员会报到，在居民委员会、村民委员会的监督、指导下参与社区治理工作。

第六十七条 区住房和城乡建设或者房屋主管部门、街道办事处、乡镇人民政府、居民委员会、村民委员会可以根据物业服务标准和社区治理要求，委托专业评估机构对物业服务企业参与社区治理情况和共用部分管理状况进行评估。

物业管理相关主体可以委托专业评估机构对物业承接和查验、物业服务标准和费用测算、专项维修资金使用方案、物业服务质量等进行评估。具体办法由市住房和城乡建设主管部门制定。

专业评估机构应当按照本市相关规定提供专业服务，提供客观、真实、准确的评估报告。

第六十八条 市住房和城乡建设主管部门应当根据物业服务合同履行、投诉处理和日常检查等情况，对物业服务企业实施分类监管，建立激励和惩戒制度。具体办法由市住房和城乡建设主管部门制定。

第六十九条 物业服务人可以将物业服务合同中的专项服务事项委托给专业服务企业，但是不得将物业服务合同约定的全部事项一并委托给第三方。

第七十条 物业服务人应当在物业管理区域内显著位置设置公示栏，如实公示、及时更新下列信息，并且可以通过互联网方式告知全体业主：

（一）物业服务企业的营业执照、项目负责人的基本情况、联系方式以及物业服务投诉电话；

（二）物业服务内容和标准、收费标准和方式等；

（三）电梯、消防等具有专业技术要求的设施设备的日常维修保养单位名称、资质、联系方式、维保方案和应急处置方案等；

（四）上一年度物业服务合同履行及物业服务项目收支情况、本年度物业服务项目收支预算；

（五）上一年度公共水电费用分摊情况、物业费、公共收益收支与专项维修资金使用情况；

（六）业主进行房屋装饰装修活动的情况；

（七）物业管理区域内车位、车库的出售和出租情况；

（八）其他应当公示的信息。

业主对公示内容提出异议的，物业服务人应当予以答复。

第七十一条 物业服务人应当建立、保存下列档案和资料：

（一）小区共有部分经营管理档案；

（二）小区监控系统、电梯、水泵、有限空间等共用部位、共用设施设备档案及其管理、运行、维修、养护记录；

（三）水箱清洗记录及水箱水质检测报告；

（四）住宅装饰装修管理资料；

（五）业主名册；

（六）签订的供水、供电、垃圾清运等书面协议；

（七）物业服务活动中形成的与业主利益相关的其他资料。

第七十二条 业主应当根据物业服务合同约定的付费方式和标准，按时足额交纳物业费。业主逾期不交纳物业费的，业主委员会或者物业管理委员会应当督促其交纳；拒不交纳的，物业服务人可以依法提起诉讼或者申请仲裁。业主拒不执行人民法院生效法律文书的，人民法院可以依法对业主作出限制消费令、纳入失信被执行人名单。

采取酬金制交纳物业费的，物业服务企业应当与业主委员会或者物业管理委员会建立物业费和共用部分经营收益的共管账户。业主委员会或者物业管理委员会可以委托第三方对物业服务收支情况进行审计。

第七十三条 物业服务收费实行市场调节价并适时调整。

市住房和城乡建设主管部门应当发布住宅小区物业服务项目清单，明确物业服务内容和标准。物业管理行业协会应当监测并定期发布物业服务项目成本信息和计价规则，供业主和物业服务人在协商物业费时参考。

第七十四条　物业服务人利用共用部分从事经营活动的，应当将公共收益单独列账。

公共收益归全体业主所有。专项维修资金余额不足首期应筹集金额百分之三十的，百分之五十以上的公共收益金额应当优先用于补充专项维修资金，剩余部分的使用由业主共同决定。

第七十五条　物业服务合同期限届满前六个月，业主委员会或者物业管理委员会应当组织业主共同决定续聘或者另聘物业服务人，并将决定书面告知原物业服务人。原物业服务人接受续聘的，双方应当在物业服务合同届满前重新签订物业服务合同。物业服务人不接受续聘的，应当提前九十日书面告知业主委员会或者物业管理委员会。

物业服务合同期限届满、业主没有共同作出续聘或者另聘物业服务人决定，物业服务人按照原合同继续提供服务的，原合同权利义务延续。在合同权利义务延续期间，任何一方提出终止合同的，应当提前六十日书面告知对方。

第七十六条　业主共同决定解聘物业服务人的，物业服务人应当自接到通知之日起三十日内履行下列交接义务，并且退出物业管理区域：

（一）移交物业共用部分；

（二）移交本条例第二十一条、第七十一条规定的档案和资料；

（三）结清预收、代收的有关费用；

（四）物业服务合同约定的其他事项。

原物业服务人不得以业主欠交物业费、对业主共同决定有异议等为由拒绝办理交接，不得以任何理由阻挠新物业服务人进场服务。原物业服务人拒不移交有关资料或者财物的，或者拒不退出物业管理区域的，业主委员会或者物业管理委员会可以向街道办事处、乡镇人民政府、区住房和城乡建设或者房屋主管部门报告，并向辖区内公安机关请求协助，或者依法向人民法院提起诉讼，要求原物业服务人退出物业管理区域。物业所在地的街道办事处、乡镇人民政府、区住房和城乡建设或者房屋主管部门应当加强对物业服务人交接工作的监管。

原物业服务人应当在办理交接至退出物业管理区域期间，维持正常的物业管理秩序。

新物业服务人不得强行接管物业，按照约定承接物业时，应当对共用部位、共用设施设备进行查验。

第七十七条　本市建立应急物业服务机制。物业管理区域突发失管状态时，街道办事处、乡镇人民政府应当组织有关单位确定应急物业服务人，提供供水、垃圾清运、电梯运行等维持业主基本生活服务事项的应急服务。

提供应急物业服务的，街道办事处、乡镇人民政府应当将服务内容、服务期限、服务费用等相关内容在物业管理区域内显著位置公示。应急物业服务期限不超过六个月，费用由全体业主承担。

应急物业服务期间，街道办事处、乡镇人民政府应当组织业主共同决定选聘新物业服务人，协调新物业服务人和应急物业服务人做好交接。

第六章　物业的使用和维护

第七十八条　业主、物业使用人应当遵守法律法规和规章的规定以及临时管理规约、管理规约的约定，按照规划用途合理、安全使用物业。

业主、物业使用人、物业服务人等不得实施下列行为：

（一）损坏、擅自拆改建筑物承重结构、主体结构；

（二）擅自利用共用部位、共用设施设备进行经营；

（三）违法搭建建筑物、构筑物、障碍物或者私挖地下空间；

（四）违反国家规定，制造、储存、使用、处置爆炸性、毒害性、放射性、腐蚀性物质或者传染病病原体等危险物质；

（五）违规私拉电线、电缆为电动汽车、电动自行车、电动摩托车和电动三轮车等充电；

（六）擅自拆改供水、排水、再生水等管线；

（七）从建筑物中抛掷物品；

（八）制造超标噪音；

（九）侵占绿地、毁坏绿化植物和绿化

设施；

（十）擅自通过设置地锁、石墩、栅栏等障碍物和乱堆乱放杂物等方式，占用、堵塞、封闭消防通道、疏散通道等共用部位，或者损坏消防设施等共用设施设备；

（十一）擅自改变物业规划用途；

（十二）违反规定饲养动物；

（十三）违反规定出租房屋。

发生本条第二款规定行为的，利害关系人有权投诉、举报，业主委员会或者物业管理委员会、物业服务人应当及时劝阻；劝阻无效的，应当向街道办事处、乡镇人民政府或者行政执法机关报告。

第七十九条 业主、物业使用人装饰装修房屋的，应当事先告知物业服务人，与物业服务人签订装饰装修服务协议，并配合其进行必要的现场检查。协议应当包括装饰装修工程的禁止行为、垃圾堆放和清运要求以及费用、施工时间等内容。

业主、物业使用人或者物业服务人应当将装饰装修的时间、地点等情况在拟装饰装修的物业楼内显著位置公示。

物业服务人应当加强对装饰装修活动的巡查和监督。业主或者物业使用人未签订装饰装修服务协议或者违反相关规定及装饰装修服务协议的，物业服务人应当及时劝阻；拒不改正的，物业服务人应当及时向有关主管部门报告。

第八十条 物业管理区域内规划用于停放车辆的车位、车库，应当首先满足业主的需要。用于出售的，应当优先出售给本物业管理区域内的业主；不出售或者尚未售出的，应当提供给本物业管理区域内的业主使用。满足业主需要后仍有空余的，可以临时按月出租给物业管理区域外的其他人。

第八十一条 物业买受人应当遵守国家有关专项维修资金制度，按照规定足额交纳专项维修资金。

业主转让物业、办理转移登记后，转让物业的专项维修资金余额随物业一并转让，业主无权要求返还；因征收或者其他原因造成物业灭失的，专项维修资金余额归业主所有。

已售公房的业主转让公房前，应当按照届时适用的商品房标准补足公房的专项维修资金；因继承、赠予、执行生效法律文书而发生已售公房产权人变更的，继承人、受赠人、受偿人应当按照届时适用的商品房标准补足专项维修资金。

第八十二条 国家实施专项维修资金制度之前的未售公房，没有专项维修资金的，产权单位应当按照规定建立并足额交纳专项维修资金。

国家实施专项维修资金制度之后出售的公房，业主和售房单位应当按照国家和本市规定的比例交纳专项维修资金；未按规定交纳专项维修资金的，业主和售房单位应当足额补交，未足额补交的，已出售的公房不得再次转让。

第八十三条 专项维修资金余额不足首期筹集金额百分之三十的，业主委员会或者物业管理委员会应当及时通知、督促业主按照届时适用的标准补足专项维修资金。

业主申请不动产转移登记或者抵押登记时，应当向不动产登记机构提供已足额交纳专项维修资金的相关凭证。

第八十四条 未选举产生业主委员会的，专项维修资金由市住房资金管理部门代管，存入银行专用账户。

选举产生业主委员会的，业主大会可以决定自行管理专项维修资金，或者委托市住房资金管理部门代管。业主大会决定自行管理的，应当以自己名义设立专用账户，区住房和城乡建设或者房屋主管部门应当监督、指导专项维修资金的使用管理。

业主大会可以委托具有资质的中介机构对共有资金进行财务管理。业主大会或者业主委员会自行管理共有资金的，应当每季度公布一次自行管理账目。

第八十五条 专项维修资金属于业主共有，应当专项用于共用部位、共用设施设备保修期满后的维修、更新和改造，不得挪作他用。

第八十六条 维修、更新和改造共用部位、共用设施设备，需要使用专项维修资金的，应当按照下列规定分摊：

（一）商品住宅之间或者商品住宅和非住宅之间共用部位、共用设施设备的维修、更新和改造费用，由相关业主按照各自专有物业建筑面积比例分摊。

（二）售后公房之间共用部位、共用设施设备的维修、更新和改造费用，由相关业主和售房单位按照所交存专项维修资金的比例分摊；其中，应当由业主承担的，再由相关业主按照各自专有物业建筑面积的比例分摊。

（三）售后公房与商品房住宅或者非住宅之间共用部位、共用设施设备的维修、更新和改造费用，先按照建筑面积比例分摊到各相关物业，再按照第（一）项、第（二）项的规定比例分摊。

共用部位、共用设施设备需要维修、更新和改造，但是没有专项维修资金的，维修、更新和改造费用按照前款的规定由业主共同分摊。

第八十七条　新开发建设项目，建设单位可以接受专业设施设备专业运营单位委托，按照国家技术标准和专业技术规范建设物业管理区域内业主专有部分以外的水、电、气、热以及通讯等专业设施设备；经验收合格，将专业设施设备及工程图纸等资料交由专业运营单位承担维修、养护和更新改造责任。

已入住项目，物业管理区域内业主专有部分以外的水、电、气、热以及通讯等专业设施设备发生故障、不能正常使用的，物业服务人应当立即报告相关专业运营单位；专业运营单位应当及时采取措施，排除故障。

专业运营单位对专业设施设备进行维修、养护和更新改造，进入物业管理区域的，业主、物业使用人和物业服务人应当予以配合，不得以任何方式阻挠、妨碍其正常作业。

第八十八条　物业服务人应当对物业管理区域内的电梯、消防设施等易于发生安全风险的设施设备和部位加强日常巡查和定期养护；采取必要的安全保障措施，防止建筑物、构筑物或者其他设施及其搁置物、悬挂物发生脱落、坠落。

排除安全风险隐患需要使用专项维修资金的，按照本市相关规定办理。

第八十九条　建筑物专有部分存在安全隐患，危及公共利益或者他人合法权益的，相关业主应当及时采取修缮以及其他消除危险的安全治理措施。

业主不履行维修养护义务的，可以由物业服务人报经业主委员会、物业管理委员会同意，或者按照临时管理规约、管理规约的约定，代为维修养护或者采取应急防范措施，费用由业主承担。

经鉴定为停止使用、整体拆除的危险房屋的，业主或者物业使用人应当停止使用，立即搬出；拒不搬出的，区住房和城乡建设或者房屋主管部门应当书面责令业主或者物业使用人搬出，情况紧急危及公共安全的，区人民政府可以责成有关部门组织强制搬出，并妥善安置。

第七章　法律责任

第九十条　违反本条例第二十一条规定，建设单位不移交或者补齐资料的，由区住房和城乡建设或者房屋主管部门责令限期改正；逾期不改的，处五万元以上十万元以下的罚款。

第九十一条　违反本条例第六十三条规定，物业服务人未按规定将物业服务合同报街道办事处、乡镇人民政府、区住房和城乡建设或者房屋主管部门备案的，由街道办事处、乡镇人民政府责令限期改正，给予警告；逾期不改的，处五千元以上一万元以下的罚款。

第九十二条　违反本条例第六十五条第（一）项至第（六）项规定，物业服务人提供服务未遵守相关规定的，由区住房和城乡建设或者房屋主管部门给予警告，处五千元以上一万元以下的罚款；违反第（七）项规定，物业服务人泄露业主个人信息的，由公安机关依法处理；违反第（八）项规定，物业服务人未履行生活垃圾分类管理责任人责任的，由城市管理综合行政执法部门依照生活垃圾管理法律法规予以处理。

第九十三条　违反本条例第六十六条规定，物业服务企业项目负责人未按时报到的，由街道办事处、乡镇人民政府责令限期改正；逾期不改的，处五千元以上一万元以下的罚款。

第九十四条　违反本条例第七十条规定，物业服务人未按照规定如实公示有关信息的，由区住房和城乡建设或者房屋主管部门责令限期改正，给予警告；逾期不改的，处一千元以上五千元以下的罚款。

第九十五条 违反本条例第七十一条规定，物业服务人未建立、保存相关档案和资料的，由区住房和城乡建设或者房屋主管部门责令限期改正，处二万元以上五万元以下的罚款。

第九十六条 违反本条例第七十四条规定，物业服务人挪用、侵占公共收益的，由区住房和城乡建设或者房屋主管部门责令退还，并处挪用、侵占金额二倍以下的罚款。

第九十七条 物业服务人违反本条例第七十六条第一款规定的，由区住房和城乡建设或者房屋主管部门责令限期改正；逾期不改的，对物业服务人予以通报，对拒不移交有关资料或者财物的，处一万元以上十万元以下的罚款；拒不退出物业管理区域的，自规定时间届满次日起处每日一万元的罚款。物业服务人有违反治安管理行为的，由公安机关依法给予治安管理处罚。

第九十八条 物业管理区域内有下列行为之一的，由有关主管部门按照下列规定予以查处：

（一）违反本条例第七十八条第二款第（一）项规定的，由区住房和城乡建设或者房屋主管部门责令限期改正，处五万元以上十万元以下的罚款；

（二）违反本条例第七十八条第二款第（二）项规定的，由区住房和城乡建设或者房屋主管部门责令限期改正，给予警告，对单位处五万元以上二十万元以下的罚款；对个人处一千元以上一万元以下的罚款；有违法所得的，责令退还违法所得；

（三）违反本条例第七十八条第二款第（三）项规定的，由城市管理综合行政执法部门依照城乡规划法律法规给予责令拆除或者回填、罚款等处罚；

（四）违反本条例第七十八条第二款第（四）项规定的，由公安机关依照治安管理处罚法律法规予以处罚；

（五）违反本条例第七十八条第二款第（五）项规定的，由消防救援机构责令改正，拒不改正的，处五百元以上五千元以下的罚款；

（六）违反本条例第七十八条第二款第（六）项规定的，由水主管部门责令限期改正，处一万元以上三万元以下的罚款；

（七）违反本条例第七十八条第二款第（七）项规定的，由公安机关给予警告，处五百元以上五千元以下的罚款；

（八）违反本条例第七十八条第二款第（八）项规定的，由公安机关责令改正，拒不改正的，处二百元以上五百元以下的罚款；

（九）违反本条例第七十八条第二款第（九）项规定的，由城市管理综合行政执法部门责令改正，拒不改正的，处五百元以上五千元以下的罚款；

（十）违反本条例第七十八条第二款第（十）项规定，占用、堵塞、封闭消防通道、疏散通道，或者损坏消防设施的，由消防救援机构责令改正，对单位处五千元以上五万元以下的罚款，对个人处五百元的罚款；占用、堵塞、封闭其他共用部位，或者损坏其他共用设施设备的，由城市管理综合行政执法部门责令改正，给予警告，对单位处二千元以上二万元以下的罚款，对个人处二百元以上五百元以下的罚款；

（十一）违反本条例第七十八条第二款第（十一）项规定的，由规划自然资源主管部门责令当事人限期改正、按照实际使用用途类型应当缴纳的土地使用权地价款数额的二倍处以罚款；情节严重的，依法无偿收回土地使用权；

（十二）违反本条例第七十八条第二款第（十二）项、第（十三）项规定的，由公安机关依照治安管理处罚法律法规予以处罚。

第九十九条 违反本条例第八十条规定，将车位、车库提供给业主以外的其他人的，由区住房和城乡建设或者房屋主管部门责令限期改正，有违法出租所得的，责令退还违法所得，按每个违法出租车位处五千元以上一万元以下的罚款；拒不改正的，按每个违法出租车位处每月二千元的罚款。

第一百条 物业服务人违反本条例第八十八条第一款规定的，由区住房和城乡建设或者房屋主管部门责令限期改正，处二万元以上五万元以下的罚款。

第一百零一条　本条例规定退还的违法所得，应当用于物业管理区域内共用部位、共用设施设备的维修、养护，剩余部分按照业主大会的决定使用。

第一百零二条　违反本条例规定，造成他人损失的，依法承担民事责任；构成违反治安管理行为的，依法给予治安管理处罚；构成犯罪的，依法追究刑事责任。

第一百零三条　行政执法机关应当将物业管理相关主体受到行政处罚或者行政强制的情况共享到本市的公共信用信息平台。行政机关根据本市关于公共信用信息管理规定可以对其采取惩戒措施。

第八章　附则

第一百零四条　本条例自2020年5月1日起施行。

中共北京市委组织部关于印发《关于党建引领物业服务企业和业主委员会建设的指导意见》的通知

（京组通〔2019〕37号，2019年11月13日）

各区委组织部，市委、市政府各部委办干部（人事）处、组织处，各局、总公司组织部（处），各人民团体组织部：

现将《关于党建引领物业服务企业和业主委员会建设的指导意见》印发给你们，请结合实际认真贯彻落实。

关于党建引领物业服务企业和业主委员会建设的指导意见

为深入贯彻习近平新时代中国特色社会主义思想，认真落实中央《关于加强和改进城市基层党的建设工作的意见》要求和全市街道工作会议精神，充分发挥党的政治优势和组织优势，提高党组织领导下首都物业服务管理和社区治理水平，现提出如下指导意见。

一、总体要求

1. 指导思想。以习近平新时代中国特色社会主义思想为指导，深入贯彻落实党的十九大和十九届二中、三中、四中全会精神，深入贯彻落实习近平总书记对北京重要讲话精神，以健全党的基层组织体系、提升组织力为重点，以解决突出问题为突破口，充分发挥街道（乡镇）社区党组织在基层治理中的领导核心作用，将物业服务企业和业主委员会纳入基层治理体系，构建权责清晰、齐抓共管的联动服务机制，不断增强基层党组织组织、宣传、凝聚、服务群众的能力，持续完善党建引领下的共商共建共治共享的基层社会治理格局。

2. 基本原则。坚持党的领导，充分发挥党的基层组织在基层治理中的战斗堡垒作用和党员的先锋模范作用，加强街道（乡镇）社区党组织对物业服务企业和业主委员会的政治、思想和组织领导，使其成为党联系服务群众、提升基层治理水平的重要力量。坚持分类指导，立足居民小区不同条件和特点，尊重基层实践创新，分类推进党的组织和工作覆盖，分类建立健全联动运行机制，分类建立标准，提高治理和服务工作针对性、有效性。坚持问题导向，聚焦“12345”市民服务热线反映集中的物业服务问题，坚持“民有所呼、我有所应”，深化“接诉即办”工作机制，增强居民群众的获得感和满意度。坚持共建共治，强化人民群众主体地位，用好回社区报到在职党员资源优势，发挥党外代表人士、群众活动团队带头人等社区骨干的引领作用，依法有序组织居民群众参与物业管理和基层治理。

3. 目标任务。通过3—5年的努力，物业服务企业和业主委员会党的组织和工作全面覆盖，党组织领导下的多方联动服务机制全面建立，进一步形成党建引领作用明显、运行机制科学有效、政策法规系统配套、物业服务管理规范的基层治理新局面，努力把住宅小区打造成安全有序、整洁舒适、和谐宜居的美好家园。

二、健全党组织领导物业服务管理的体制机制

4. 完善街道社区党组织抓物业服务管理的机制。赋权街道（乡镇），增强其对属地物业服务管理的领导能力。街道（乡镇）党（工）委要把业主委员会、物业服务企业党建工作和物业服务管理重大问题列入议事日程，加大有关工作推进力度，指导社区党组织抓好业主委员会、物业服务企业党组织组建和联动服务机制建设。

社区党组织要整合辖区资源，把物业服务企业、业主委员会党组织纳入区域化党建范畴，吸收为社区党建工作协调委员会成员，健全以社区党组织为核心，居委会、业主委员会、物业服务企业、社区社会组织、驻区单位和政府相关职能部门共同参与的治理架构，推动各方形成基层社会治理合力。暂未成立业主委员会的住宅小区，发挥社区党组织的领导核心作用，领导社区居委会组织业主讨论决策住宅小区公共事务，经业主大会委托也可由社区居委会代行业主委员会职能。

5. 完善党的基层组织体系。坚持应建尽建，已成立的业主委员会要逐步提高党员比例，筹备成立或换届的业主委员会党员比例一般不低于50%，党组织设立情况纳入业主委员会备案要求；有3名以上正式党员且组织关系在社区的业主委员会要单独组建党支部，不具备单独组建条件的，通过组建联合党支部等方式实现组织覆盖；有3名以上正式党员但组织关系不在社区的业主委员会，可成立功能型党支部。物业服务企业要达到每个物业项目均有正式党员，有3名以上正式党员的物业服务企业（项目部）要单独组建党组织，不具备单独组建条件的，可以组建联合党组织；对跨区域物业服务企业的项目部党支部，实施企业和属地双重管理。物业服务企业项目部党组织和业主委员会党组织隶属所在社区党委（总支），如社区党组织是支部建制的，也可隶属街道（乡镇）党（工）委。对暂不具备独立组建条件的物业服务企业或物业服务项目，通过选派党建工作指导员、转入企业党员组织关系、发展新党员等方式开展党的工作；对暂不具备独立组建条件的业主委员会，要选派党建工作指导员开展党的工作。

6. 全面落实“双向进入、交叉任职”。街道（乡镇）社区党组织要加强对业主委员会选举的组织领导，推荐符合条件的社区“两委”委员、回社区报到在职党员，通过法定程序进入业主委员会，有条件的要担任业主委员会主任，党员业主委员会主任一般兼任业主委员会党支部书记。推荐懂法律、熟悉物业管理业务的社区“两委”班子成员兼任物业服务项目义务质量总监。推荐业主委员会委员、物业服务企业负责人中的党员担任社区党组织兼职委员或社区党建工作协调委员会委员，推荐优秀的业主委员会主任、物业服务企业项目经理担任社区居委会兼职委员。街道（乡镇）社区党组织要注重在物业服务企业和业主委员会委员中发展党员。通过党课联上、活动联办、工作联抓，推动各个党组织各负其责、协调联动，努力形成同频共振、同向发力的工作体系。

7. 建立健全多方联动服务机制。建立街道（乡镇）社区党组织领导下，居民委员会、业主委员会、物业服务企业、社区志愿者组织、驻区单位共同参与的多方联动服务机制，定期召开会议，协调解决问题。完善联动巡查、联动分析、联动处置等工作机制，对小区环境改造、公共设施改善等重大事项，共同研究方案，明确责任落实，复杂问题由各方指定专人成立项目小组合力推进解决。深化协商共治机制，对涉及物业及物业服务管理的重大事项、重要问题，街道（乡镇）社区党组织要组织居民有序参与事前、事中、事后的全过程监督，进一步提升社区自治水平。街道（乡镇）党（工）委定期召开专题会议，帮助社区党组织解决在运行联动服务机制、开展协商共治中遇到的困难问题。

三、扎实开展物业服务企业党建工作

8. 加强行业党建提升物业服务企业服务水平。强化行业主管部门业务监管和党建指导双重责任，市住建委负责推进全市物业行业党建，指导各区行业党建，区房屋行政主管部门负责协调落实辖区内物业行业党建工作。在区级层面建立行业协会，街道（乡镇）层面建立行业联盟，加强市、区行业协会和街道（乡镇）行业联盟党组织建设，创新推动党建工作与行业发展相融合，指导会员企业开展党建工作。行业协会（联盟）党组织要引领行业协会（联盟）加强行业自律，规范物业服务，为社区综合治理重大事宜提供政策咨询、疑难问题研究和矛盾纠纷调解，积极组织开展培训，提高物业服务企业专业能力和服务水平。

9. 推进属地党建促进物业服务企业规范发展。强化街道（乡镇）属地党建主体责任，街道（乡镇）党（工）委要及时掌握物业服务项目基本情况、服务内容、物业服务企业人员等信息，结合深化"街乡吹哨、部门报到"机制改革，统筹辖区行政执法力量，对物业服务企业违法违规行为及时查处，规范物业服务。社区党组织要指导业主委员会，围绕物业服务的质量、服务承诺兑现、居民满意度等内容，定期对物业服务企业进行履约考评，考评结果公开，接受群众监督。街道（乡镇）社区党组织要加强对物业服务企业党组织指导帮助，督促其履行党建主体责任，引导和监督企业遵守国家的法律法规，推动企业创新服务，提高服务质量，积极融入基层治理总体格局，把物业服务企业打造成党组织联系服务群众的重要平台，引领物业服务企业健康发展。

10. 持续创新强化物业服务管理能力。各级党组织要重视物业服务监管手段创新工作，推动市、区、街道（乡镇）物业服务管理精细化。市级行业主管部门建立物业服务企业信用信息评价体系，将街道（乡镇）对物业服务项目的履约考评结果、各区开展常态化专项治理的检查结果等内容作为重要依据，纳入物业服务企业行为记录，形成市、区、街道（乡镇）物业服务评价体系，同时建立警示名单制度，发挥社会信用体系建设在物业监管中的积极作用。探索"互联网＋物业"模式，市行业主管部门建立物业服务企业管理平台，所有在北京市场提供物业服务的企业均应在网上平台公示企业服务项目、标准及价格，供用户按需定制，实现优质优价与保底服务各取所需。

四、积极推进业主委员会党建工作

11. 加强对业主委员会组建工作的组织领导。业主委员会是党建引领基层社区治理的重要主体，街道（乡镇）社区党组织要加强对业主委员会选举的组织领导。在筹备组或换届改选小组组建阶段，社区党组织召开党员业主、社区骨干座谈会，推荐产生业主代表，组建得力的筹备组，综合考虑党员比例、交叉任职比例、年龄、居住区域等因素，提出委员结构建议，提交筹备组或换届改选小组讨论。在业主委员会成员候选人推荐阶段，重点推荐符合条件的社区"两委"委员等社区骨干和回社区报到的在职党员担任业主委员会成员候选人。在资格审查阶段，建立由街道（乡镇）党（工）委统筹，社区党组织和房管、信访、市场监管、公安等部门共同参与的联审把关机制，参照村和社区"两委"换届"五好、十不能"候选人资格条件，严格审查候选人资格条件，切实把好人选入口关。在投票选举阶段，在街道（乡镇）指导监督下，社区党组织会同筹备组或换届改选小组把好业主登记、选票发放、票箱设置、开票计票等环节，确保公开透明、依法依规选举产生业主委员会。成立业主委员会，应当同步成立业主委员会党组织。

12. 重视提高业主委员会履职能力。在党组织引领下，各级行业主管部门要会同街道（乡镇）社区，建立业主委员会委员专项培训制度。街道（乡镇）层面可成立物业指导中心、业主委员会主任联谊会等活动载体，发挥业主委员会党员委员的先锋模范作用，设立党员先锋岗、党员接待日，搭建互动沟通交流平台，为小区综合治理重大事宜免费提供政策法规咨询、疑难问题研究和志愿矛盾纠纷调处。业主委员会党组织，在街道（乡镇）社区党组织指导下，发挥战斗堡垒作用，引导业主委员会制定完善适合本小区实际的运行管理制度，细化履职清单及办事流程，规范业主委员会对各类资产资金的处置和法律责任。社区党组织要引入律师服务，协助审核物业服务合同、规范住宅专项维修资金使用收缴和公共收益支出等，使各类物业矛盾纠纷在前端预防，在基层化解。

13. 监督业主委员会日常履职。建立业主委员会向社区党组织定期通报工作制度，在物业服务企业选聘、环境改造、公共设施完善、动用大额维修资金等重大事项表决前，业主委员会应主动向社区党组织通报并以书面形式向街道（乡镇）房管部门报备，接受指导监督。健全社区党组织主导的业主委员会信息公开制度，利用多种手段定期公开各主管部门监督检查结果，公开业主大会议事规则、管理规约、专项维修资金管理规约等重要信息，定期向小区业主发布业主委员会动态信息、专项维修资金和公共收益收支情况，业主委员会表决重大事项前需进行公示并征求意见，保障业主知情权。

14. 建立党建引领下的业主委员会纠错和退出机制。业主委员会应依法履行职责，不得作出与物业管理无关的决定，不得作出侵害业主合法权益的决定，所作决定如违反法律法规，社区党组织应会同街道（乡镇）房管部门责令其限期改正，拒不改正的，由街道（乡镇）撤销其决定并通告所有业主。对长期不组织不召开业主大会、违反业主大会议事规则及管理规约且拒不整改、不正常召开业主委员会会议或者其他无法正常运行的业主委员会，社区党组织应予以核实确认，在街道（乡镇）有关部门的指导和监督下，经业主大会决定，由居委会代行业主委员会职责并由街道（乡镇）重新组织换届改选。

五、工作要求

15. 加强领导、强化责任。各级各部门要准确理解总体意图，突出系统性、整体性、协同性，落实主体责任，抓好全面落实。要层层建立责任清单、问题清单、项目清单，逐条逐项检查落实，不断完善党委抓、书记抓、一级抓一级、层层抓落实的工作格局。严格落实在职党员回社区报到制度，发挥在职党员在基层社会治理中的先锋模范作用。

16. 因地制宜、注重实效。坚持实事求是，根据区域特点、居民小区现状，边试点、边总结、边推广，实现顶层设计与基层实践有机结合。要厘清政府公共服务与社区居民自治的边界，履行好主体责任，形成责权清晰、相互补充、共建共治共享的治理格局。

17. 广泛宣传、强化引导。要加强舆论引导，利用全媒体手段，广泛宣传党建引领物业服务企业、业主委员会建设所取得的成效，积极宣传涌现的各类先进典型和有效做法，营造良好社会氛围。要引导物业服务企业创新服务方式、提高服务水平，引导居民培育“花钱买服务”的意识，构筑符合双方权益的利益共同体。

由街道（乡镇）组织、社区党组织、居民委员会、派出所、业主、产权单位、非业主使用人代表等组成的物业管理委员会，按本指导意见要求开展工作。

居民小区成立的自管会参照本指导意见执行，有条件的要积极做好向业主委员会过渡的准备。

中共北京市委办公厅 北京市人民政府办公厅印发《关于加强北京市物业管理工作提升物业服务水平三年行动计划（2020—2022年）》的通知

（2020年7月12日）

各区委、区政府，市委各部委办，市各国家机关，各国有企业，各人民团体，各高等院校：

经市委、市政府同意，现将《关于加强北京市物业管理工作提升物业服务水平三年行动计划（2020—2022年）》印发给你们，请结合实际认真贯彻落实。

关于加强北京市物业管理工作提升物业服务水平三年行动计划（2020—2022年）

为构建党建引领社区治理框架下的物业管理体系，切实提升物业服务水平，建设和谐宜居社区，依据《北京市物业管理条例》（以下简称《条例》），结合实际，制定本行动计划。

一、总体要求

（一）指导思想

以习近平新时代中国特色社会主义思想为指导，全面贯彻党的十九大和十九届二中、三中、四中全会精神，深入贯彻落实习近平总书记对北京重要讲话精神，坚持以人民为中心的发展理念，完善物业管理体制机制，加强精细化管理，切实提升服务水平，持续改善人居环境，推进首都城市治理体系和治理能力现代化，不断增强人民群众获得感、幸福感、安全感。

（二）基本原则

1. 坚持党建引领。充分发挥基层党组织的战斗堡垒作用和党员的先锋模范作用，加强街道（乡镇）、社区党组织对物业服务企业、业主委员会（物业管理委员会）的政治引领、组织引领、能力引领、机制引领，使其成为党联系服务群众、加强基层治理的重要力量。

2. 坚持将物业管理纳入社区治理体系。将物业管理作为社区治理的重要内容，依法有序推进权力下放、力量下沉，充分发挥街道（乡镇）、社区作用，建立简约高效的管理体制机制。

3. 坚持服务导向。寓管理于服务，围绕解决群众身边的操心事、烦心事、揪心事，规范物业管理各方主体行为，提升管理能力和服务水平。

4. 坚持依靠群众、发动群众。转变治理理念，创新治理模式，引导居民积极参与管理小区事务，激发基层治理活力，实现共建共治共享。

（三）工作目标

通过三年努力，物业管理体制机制基本健全、政策标准体系基本完善，物业管理领域突出问题得到有效治理，党委领导、政府主导、居民自治、多方参与、协商共建、科技支撑的工作格局基本形成，物业服务水平显著提高，群众满意度大幅提升。

2020年，以《条例》出台为契机，巩固新冠肺炎疫情防控中党的工作全覆盖成果，搭建市、区、街道（乡镇）、社区物业管理的监督管理组织架构，优化力量配置，完善配套政策和标准规范，形成落实《条例》的良好开局。

2021年，业主委员会（物业管理委员会）组建率、物业服务覆盖率、党的组织覆盖率明显提高，党建引领社区治理框架下的物业管理体系进一步健全，街道（乡镇）指导物业管理工作的能力进一步增强，老旧小区物业服务取得突破，物业行业突出问题治理取得显著成效。

2022年，全面建成党建引领社区治理框架下的物业管理体系，街道（乡镇）、社区管理力量和能力全面增强，物业管理长效机制基本形成。业主委员会（物业管理委员会）、物业服务、党的组织实现广泛覆盖。

二、主要任务

（一）健全市、区、街道（乡镇）、社区的监督管理工作机制

1. 市级加强统筹协调。全市街道工作和“吹哨报到”改革专班统筹协调《条例》落实工作，加强协调调度，强化督查考核。建立加强物业管理市级联席会议制度，成员单位包括市住房城乡建设委、市委城市工作办、市委组织部、市委社会工委市民政局、市司法局等部门以及各区委区政府（含北京经济技术开发区党工委、管委会，下同），各成员单位按照职责负责物业管理相关监督管理和执法检查工作，水、电、气、热等市政公用服务企业按照职责做好相关工作。

2. 各区加强组织领导。各区要把物业管理相关工作作为“一把手”工程，建立健全相应综合协调推进机制，制定年度计划，明确工作目标，组织街道（乡镇）、社区统筹推进物业管理的监督管理各项工作，并加强检查考核；组织开展业主委员会（物业管理委员会）委员培训。

3. 街道（乡镇）落实主体责任。街道（乡镇）要建立“一把手”亲自抓的工作机制，结合管理体制改革，明确物业管理的监督管理工作机构，优化力量配置，统筹做好辖区内物业管理的监督管理工作；组织、协调、指导业主委员会（物业管理委员会）组建，提高业主委员会（物业管理委员会）组建率、物业服务覆盖率、党的组织覆盖率；充分利用“吹哨报到”工作机制，做好“接诉即办”“未诉先办”工作，协调解决群众反映的物业管理问题，并加大综合执法力度。

4. 社区抓好具体落实。社区党组织引导建立议事协商机制，组织居民委员会、业主委员会（物业管理委员会）、物业服务企业、驻区单位、居民代表等定期开展议事协商，推动在业主委员会（物业管理委员会）、物业服务企业建立党组织，协调解决物业管理问题，调解矛盾纠纷；协助街道（乡镇）对业主委员会（物业管理委员会）履职情况、物业服务企业履约情况进行考评；积极引导业主自治管理，监督业主委员会（物业管理委员会）运作。

（二）提高业主委员会（物业管理委员会）组建率、物业服务覆盖率、党的组织覆盖率

5. 提高业主委员会（物业管理委员会）组建率。加强分类指导，积极推动党建引领下业主委员会（物业管理委员会）组建工作。尚不具备成立业主委员会条件的小区，要积极组建物业管理委员会。街道（乡镇）、社区党组织要积极引导党员业主参与管理小区公共事务，在基层治理中发挥先锋模范作用。着力提高有物业服务企业管理的小区业主委员会（物业管理委员会）组建率，重点做好商品房小区业主委员会（物业管理委员会）组建工作。2020年底前新成立业主委员会（物业管理委员会）2000个以上；业主委员会（物业管理委员会）组建率达到30%以上，2021年达到70%以上，2022年达到90%以上。（责任单位：各区委区政府、市住房城乡建设委、市委组织部、市委社会工委市民政局）

6. 提高物业服务覆盖率。街道（乡镇）、社区要推动召开业主大会，引导小区居民通过民主决策，共同决定从自行管理、委托物业服务企业统一管理、委托专业单位进行专项服务、委托其他物业管理人进行管理等多种形式中选择合适的物业服务形式，逐步扩大住宅小区特别是老旧小区物业服务覆盖率。2020年物业服务覆盖率达到60%以上，2021年达到70%以上，2022年达到90%以上。（责任单位：各区委区政府、市住房城乡建设委、市委组织部、市委社会工委市民政局）

7. 提高党的组织覆盖率。街道（乡镇）、社区党组织要把业主委员会（物业管理委员会）、物业服务企业党建工作列入议事日程，加大工作推进力度，抓好党组织组建工作。对无物业服务的小区，提供基本物业服务、生活服务和安全管理，率先把党组织建起来。全面落实“双向进入、交叉任职”，在业主委员会

成立和换届时引导和支持业主中的党员积极参选业主委员会委员，通过法定程序担任业主委员会委员。2020年，在党的工作全覆盖基础上，实现党的组织覆盖率达到30%以上，2021年达到70%以上，2022年达到90%以上。（责任单位：各区委区政府、市委组织部、市住房城乡建设委、市委社会工委市民政局）

（三）完善配套政策和标准规范

8. 完善配套政策。结合《条例》实施和物业管理工作实际，加快制定物业管理委员会组建办法、物业服务项目交接管理办法、物业服务企业履约考评管理办法等文件，修订《北京市住宅区业主大会和业主委员会指导规则》等，逐步形成相互衔接、相互支撑的政策体系。（责任单位：市住房城乡建设委等相关部门）

9. 健全标准规范。制定住宅小区物业服务项目清单、物业服务项目成本信息和计价规则、收支公示规则等，修订《住宅物业服务标准》等，建立规则统一、要求明确、公开透明、具有可操作性的物业服务管理标准。制定管理规约示范文本、业主大会议事规则示范文本、物业服务合同示范文本、前期物业服务合同示范文本等，规范参与物业服务各方的行为。（责任单位：市住房城乡建设委等相关部门）

（四）促进物业服务市场健康发展

10. 培育市场环境。研究制定促进物业行业健康发展的指导意见，建立和完善公开透明、质价相符的物业服务市场机制，推动物业服务专业化、连锁化、品牌化发展。鼓励物业服务企业多样化、多元化经营，采用现代信息技术手段，大力发展智慧物业。建立优质物业服务企业发展激励机制，支持其承担社会责任。（责任单位：各区委区政府、市住房城乡建设委）

11. 加强市场监管。做好对物业服务企业的日常监管，健全常态化监管机制，加强执法检查，发现问题及时督促整改。通过履约考评完善物业服务企业信用评价体系，建立分类奖惩制度。搭建物业服务招投标平台，完善物业服务企业退出机制，加强物业服务企业选聘和退出管理。按照扫黑除恶专项斗争工作部署，持续开展物业管理行业乱象整治，推动行业健康有序发展。（责任单位：市住房城乡建设委、市委政法委、市公安局、各区委区政府）

12. 发挥行业协会作用。鼓励、支持物业服务企业加入行业协会，实行自律管理，调解矛盾纠纷，开展业务培训，提高专业能力和服务水平。鼓励物业服务企业组成区域性物业服务联盟，推动企业联合，促进优势互补，形成品牌效应。（责任单位：市住房城乡建设委、各区委区政府）

（五）推动解决重点难点问题

13. 推进老旧小区建立物业管理机制。老旧小区实施综合整治前，通过党建引领组建业主委员会（物业管理委员会），组织业主就物业服务标准、收费标准达成一致意见，因地制宜选择适合的物业服务模式，并签订物业服务协议；协调物业服务企业全程参与综合整治；结合综合整治同步补建、续筹住宅专项维修资金。相关市属国有企业要落实所属未移交老旧小区的物业管理责任，建立长效机制，做好物业服务。完善老旧小区应急物业服务机制。（责任单位：各区委区政府、市住房城乡建设委、市发展改革委、市财政局、市规划自然资源委、市城市管理委、市国资委、市住房资金管理中心、相关市属国有企业）

14. 深化住宅专项维修资金改革。坚持问题导向，加快完善住宅专项维修资金管理相关政策，重点围绕完善基础数据、提高使用效率、改善存储方式、推进维修资金补建和续筹等方面健全机制，进一步提高资金使用管理水平。（责任单位：市住房城乡建设委、市财政局、市规划自然资源委、市国资委、市住房资金管理中心）

15. 持续抓好“接诉即办”“吹哨报到”，推动物业管理相关工作。按照“小事不出社区（村），大事不出街道（乡镇），难事部门能报到”的原则，完善“接诉即办”工作机制，督促、指导社区和物业服务企业及时解决群众反映的问题。充分发挥“吹哨报到”工作机制作用，对群众长期反映的突出问题，建立台账，挂账督办；对存在的共性、难点问题，及时研究解决措施。各区要结合12345市民服务热线物业管理投诉情况，对环境脏、乱、差等问题开展专项整治，做好生活垃圾分类管理；对私搭乱建、私装地锁、侵占绿地等行为加大综合执法力度；及时排查消除老旧管线、电梯、消防设施等存在的安全隐患；制定街道（乡镇）落实物业管理工作评价指标体系，加强对街道（乡镇）的考核督促。（责任单位：市住房城乡建设委、市政务服务局、各区委区政府）

16. 试点推进破解难题。各区要围绕物业管理难点问题，进一步筛选试点项目，充分发挥主动性、创造性，探索物业管理新模式，提高物业服务水平。（责任单位：各区委区政府，市住房城乡建设委、市委组织部、市委社会工委市民政局等相关部门）

（六）全面提升物业管理信息化水平

17. 夯实基础信息。收集、整合和修正住宅类房屋信息，完善住宅小区房屋数量、面积、户数、建成年代、维修资金建立情况等基本信息，充实住宅类房屋和住宅小区管理数据库。（责任单位：市住房城乡建设委、市委社会工委市民政局、各区委区政府）

18. 健全信息系统。充分利用信息化手段加强物业管理，在住房城乡建设、规划自然资源、住房资金管理等部门已有数据平台基础上，建成涵盖政府管理、房屋信息、业主信息、企业信用、业主委员会（物业管理委员会）运行、维修资金管理等模块的物业管理信息服务系统，实现分级管理、部门间数据共享、动态更新。进一步完善“北京市业主共同决策手机投票系统”功能，加大推广应用力度。（责任单位：市住房城乡建设委、市财政局、市经济和信息化局、市规划自然资源委、市住房资金管理中心、市委社会工委市民政局）

三、保障措施

（一）加强组织领导。各区要加强对物业管理工作的组织领导，主要领导亲自抓，结合本行动计划和各自职责，抓紧制定细化措施，形成层层抓落实的工作机制；要按照赋权、下沉、增效的工作要求，在资金、人员力量等方面加大对街道（乡镇）的支持力度，确保各项工作顺利开展。

（二）积极改革创新。鼓励基层结合实际，主动探索实践，大胆改革创新，及时总结提升，形成一批有代表性、可复制的经验在全市推广。

（三）做好宣传培训。有关部门要加强宣传引导，利用全媒体手段，积极宣传物业管理先进典型，营造良好氛围；要制定专项培训计划，建立分层级、分领域的培训制度，加强对物业管理工作人员以及业主委员会（物业管理委员会）、物业服务企业的政策指导和培训，使其更好地发挥作用，推动工作落实。

北京市住房和城乡建设委员会关于印发《北京市物业管理委员会组建办法》的通知

（京建法〔2021〕4号，2021年3月18日）

各区住房城乡（市）建设委、房管局，各有关单位：

为贯彻实施《北京市物业管理条例》，规范本市物业管理委员会组建工作，市住房城乡建设委研究制定了《北京市物业管理委员会组建办法》，现印发给你们，请遵照执行。

北京市物业管理委员会组建办法

第一条 为规范本市物业管理委员会组建工作，依据《北京市物业管理条例》，制定本办法。

第二条 本市行政区域内的住宅物业管理活动适用本办法。其他物业项目参照执行。

第三条 物业管理委员会依照《北京市物业管理条例》承担相关职责，组织业主共同决定物业管理事项，推动符合条件的物业管理区域成立业主大会、选举产生业主委员会。

成立业主大会但是尚未成立业主委员会的，物业管理委员会组织业主大会按照《北京市物业管理条例》第三十四条的规定履行职责，并组织执行业主大会的决定。

未成立业主大会的，物业管理委员会组织业主行使《北京市物业管理条例》第三十四条和第四十四条规定的业主大会和业主委员会的职责。

第四条　市住房城乡建设主管部门负责建立健全物业管理委员会委员培训制度。

区住房城乡（市）建设或者房屋主管部门负责组织对辖区内物业管理委员会委员开展培训。

街道办事处、乡镇人民政府负责组建本辖区内物业管理委员会，指导、监督物业管理委员会依法履行职责。

第五条　一个物业管理区域组建一个物业管理委员会。

坚持党建引领，推动在物业管理委员会中建立党组织。充分发挥业主中的中共党员、人大代表、政协委员和社区志愿者在社区治理中的带头作用，引导和支持其积极参选物业管理委员会委员。

第六条　物业管理委员会由居民委员会、村民委员会、业主、物业使用人代表等7人以上单数组成，其中业主代表不少于物业管理委员会委员人数的二分之一。

业主担任物业管理委员会委员的，应当符合下列条件：

（一）拥护中国共产党的领导，遵纪守法；

（二）热心公益事业、责任心强、具有一定组织能力并具备必要的工作时间；

（三）身体健康，具有完全民事行为能力；

（四）公告之日前一年度在本物业管理区域内居住半年以上；

（五）按照物业服务合同约定交纳物业费、不存在欠缴专项维修资金及其他需要业主共同分担费用的情况；

（六）本人、配偶及其直系亲属与物业服务人无直接的利益关系；

（七）未有《北京市物业管理条例》规定的房屋使用禁止规定的行为；

（八）未有法律法规规定的其他不宜担任物业管理委员会委员的情形。

第七条　有下列情形之一的，可以组建物业管理委员会：

（一）已交付业主的专有部分不足建筑物总面积百分之五十的；

（二）具备成立业主大会条件，但经物业所在地街道办事处、乡镇人民政府指导后仍不能成立的；

（三）业主大会成立后，未能选举产生业主委员会的。

第八条　符合组建条件的，街道办事处、乡镇人民政府就物业管理区域拟组建物业管理委员会事项进行公告。公告中明确物业管理委员会委员的人选要求、报名方式、起始日期等。

公告应当在物业管理区域内显著位置至少两处公示。物业管理区域显著位置是指公告栏、小区出入口、单元门、电梯轿厢内、客服场所等。

公示期限不得少于7日。

第九条　物业管理委员会委员人选通过下列方式产生：

（一）社区党组织推荐；

（二）居民委员会、村民委员会推荐；

（三）业主自荐或者联名推荐。

其中自荐、推荐的人选人数应当为物业管理委员会总人数的两倍以内。联名业主应当不少于10人。推荐人选应当经本人同意。

公示截止日后7日内，街道办事处、乡镇人民政府组织居民委员会、村民委员会根据人选自荐、推荐情况，确定物业管理委员会委员名单。其中，物业管理委员会主任由居民委员会、村民委员会代表担任。副主任由居民委员会、村民委员会指定一名业主代表担任。

第十条　物业管理委员会委员姓名、职业、住址等应当在物业管理区域内显著位置至少两处公示。公示期限不得少于7日。如有异议的，应书面向街道办事处、乡镇人民政府提出，街道办事处、乡镇人民政府应当在7日内完成核查，并将核查结果在物业管理区域内显著位置公示。

第十一条 成立业主大会但是尚未成立业主委员会的，物业管理委员会自成立之日起30日内，持下列材料向物业所在地的街道办事处、乡镇人民政府申请备案：

（一）业主大会会议记录和会议决定；

（二）业主大会议事规则；

（三）管理规约。

街道办事处、乡镇人民政府对以上材料进行核实，符合要求的，5个工作日内予以备案，并出具业主大会备案证明和印章刻制证明。物业管理委员会持业主大会备案证明和印章刻制证明向公安机关申请刻制业主大会印章，持街道办事处、乡镇人民政府出具的成立证明申请刻制物业管理委员会印章。

未成立业主大会的，物业管理委员会于成立之日由街道办事处、乡镇人民政府自行备案。物业管理委员会持街道办事处、乡镇人民政府出具的成立证明申请刻制物业管理委员会印章。

第十二条 物业管理委员会负责组织业主共同决定物业管理事项，接受街道办事处、乡镇人民政府、社区党组织、居民委员会、村民委员会的指导和监督，接受业主监督。组织业主行使下列职责：

（一）推动符合条件的物业管理区域成立业主大会、选举产生业主委员会；

（二）召集业主大会会议或者全体业主会议，报告年度物业管理的实施情况和物业管理委员会履职情况；

（三）组织业主选聘、解聘物业服务人，确定或者调整物业服务方式、服务内容、服务标准和服务价格，代表业主与物业服务人签订物业服务合同，与解聘的物业服务人进行交接；

（四）组织业主决定共用部分的经营方式，拟定共有部分、共有资金使用与管理办法；

（五）组织业主筹集、管理和使用专项维修资金；

（六）及时了解业主、物业使用人的意见和建议，督促业主交纳物业费，监督物业服务人履行物业服务合同；

（七）组织业主制定或者修改管理规约、议事规则，监督管理规约的实施，对业主、物业使用人违反管理规约的行为进行制止；

（八）制作和保管会议记录、共有部分的档案、会计凭证和账簿、财务报表等有关文件；

（九）定期向业主通报工作情况；

（十）在物业管理区域内配合行政执法机关开展执法工作；

（十一）配合、支持居民委员会、村民委员会依法履行职责，并接受其指导和监督；

（十二）业主大会或者业主共同决定赋予的其他职责。

组织业主共同决定可以采用书面形式或者通过市住房城乡建设主管部门建立的电子投票系统进行。

第十三条 物业管理委员会会议分为定期会议和临时会议。定期会议应当按照议事规则的规定召开，每两个月召开一次。经物业管理委员会主任或者物业管理委员会三分之一以上委员提议，可以召开物业管理委员会临时会议。

物业管理委员会会议由主任召集和主持，主任因故不能履行职责，可以委托副主任召集和主持，三分之一以上委员提出召开物业管理委员会会议的，主任应当组织召开会议。

物业管理委员会会议应当有过半数委员且过半数业主代表委员参加。业主代表委员不能委托代理人参加会议。

物业管理委员会作出的决定应当经过半数委员签字同意。会议结束后3日内，物业管理委员会应当将会议情况以及确定事项在物业管理区域内显著位置公示10个工作日。

物业管理委员会全体成员有同等表决权。

第十四条 物业管理委员会委员有下列情形之一的，委员资格自情形发生之日起自然终止，由物业管理委员会向业主公示，并应当在30日内向街道办事处、乡镇人民政府办理变更：

（一）不再是本物业管理区域内业主或者物业使用人；

（二）以书面形式向物业管理委员会提出辞职；

（三）因健康等原因无法履行职责且未提出辞职。

物业管理委员会委员一年内累计缺席物业管理委员会会议总次数一半以上，或者不再符合本办法规定的委员条件的，物业管理委员会应当提请街道办事处、乡镇人民政府依法终止其委员资格。

第十五条 物业管理委员会相关工作经费及委员津贴由业主承担的，应当由全体业主共同决定。

第十六条 物业管理委员会的任期一般不超过3年。期满仍未推动成立业主大会、选举产生业主委员会的，由街道办事处、乡镇人民政府重新组建物业管理委员会。

第十七条 已成立业主大会、选举产生业主委员会，并按照规定备案的，或者因物业管理区域调整、房屋灭失等其他客观原因致使物业管理委员会无法存续的，街道办事处、乡镇人民政府应当在30日内解散物业管理委员会，收回物业管理委员会印章，并在物业管理区域内显著位置公示。

第十八条 物业管理委员会应当依法履行职责。街道办事处、乡镇人民政府对物业管理委员会作出的违反法律法规和规章的决定，应当责令限期改正或者撤销其决定，并通告全体业主。

第十九条 本办法由北京市住房和城乡建设委员会负责解释。

第二十条 本办法自2021年3月31日起实施。

附件：1. 物业管理委员会组建工作流程

2. 关于物业管理区域组建物业管理委员会的公告

3. 物业管理委员会委员人选自荐表

4. 物业管理委员会委员人选社区推荐表

5. 物业管理委员会委员人选联名推荐表

6. 物业管理委员会组成人员情况公示

7. 物业管理委员会成立证明

8. 印章刻制证明

附件1

物业管理委员会组建工作流程

一、公告：街道办事处、乡镇人民政府公告拟组建物业管理委员会相关事项。

二、推荐人选：社区党组织推荐；居民委员会、村民委员会推荐；业主自荐或者联名推荐等方式产生。

三、确定人选：街道办事处、乡镇人民政府组织居民委员会、村民委员会根据人选自荐、推荐情况，确定物业管理委员会委员名单。

四、公示：物业管理委员会委员姓名、职业、住址等应当在物业管理区域内显著位置公示。

五、备案刻章。

附件2

关于×××物业管理区域组建物业管理委员会的公告

《北京市物业管理条例》（以下简称《条例》）已于2020年5月1日起施行。《条例》第五十二条规定，街道办事处、乡镇人民政府负责组建物业管理委员会。依照《条例》规定，×××街道办事处（乡镇人民政府）拟在×××小区组建物业管理委员会，现将具体要求公告如下：

一、物业管理委员会组成及任期

物业管理委员会拟由居民委员会代表、业主、物业使用人等××人（7人以上单数）组成。物业管理委员会主任由居民委员会代表担任，副主任由居民委员会指定一名业主代表担任，任期3年。

二、任职条件

1. 拥护中国共产党的领导，遵纪守法；

2. 热心公益事业、责任心强、具有一定组织能力并具备必要的工作时间；

3. 身体健康，具有完全民事行为能力；

4. 公告之日前一年度在本物业管理区域内居住半年以上；

5. 按照物业服务合同约定交纳物业费、不存在欠缴专项维修资金及其他需要业主共同分担费用的情况；

6. 本人、配偶及其直系亲属与物业服务人无直接的利益关系；

7. 未有《条例》规定的违法建设、违规出租、侵占共用部位等房屋使用禁止规定的行为；

8. 未有法律法规规定的其他不宜担任物业管理委员会委员的情形。

鼓励和支持中共党员、人大代表、政协委员和社区志愿者积极参选物业管理委员会委员。

三、委员产生程序

1. 人选推荐

(1) 社区党组织推荐；

(2) 居民委员会、村民委员会推荐；

(3) 业主自荐或10人以上业主联名推荐。

2. 资格审核

街道办事处（乡镇人民政府）、社区党组织、居民委员会、村民委员会对人选进行资格审核后确定名单。

3. 委员名单公示

在物业管理区域内显著位置对物业管理委员会委员名单进行公示，公示期为7日。

四、工作职责

物业管理委员会依照《条例》第三十四条、第四十四条、第五十二条、第五十六条相关规定，组织业主共同决定物业管理事项，并推动物业管理区域成立业主大会、选举产生业主委员会。

五、报名方式

1. 报名材料

业主自荐人或被推荐人需提供本人身份证、房产证原件及复印件，并认真填写委员人选自荐表或联名推荐表（表格可在×××自行下载，或到×××社区居民委员会、村民委员会领取）。

2. 报名时间

××年××月××日至××月××日9：00—17：30

3. 报名地点及联系人

×××社区居民委员会、村民委员会（×××具体地址）

联系人：×××；电话：×××

×××街道办事处（乡镇人民政府）（盖章）

××年××月××日

附件 3

×××街道（乡镇）×××物业管理区域
物业管理委员会委员人选自荐表

<table>
<tr><td>姓　　名</td><td></td><td>性　　别</td><td></td><td rowspan="3">照片</td></tr>
<tr><td>民　　族</td><td></td><td>政治面貌</td><td></td></tr>
<tr><td>学　　历</td><td></td><td>职　　业</td><td></td></tr>
<tr><td>身份证号</td><td colspan="2"></td><td>手机号码</td><td></td></tr>
<tr><td>家庭住址</td><td colspan="4"></td></tr>
<tr><td>自荐理由</td><td colspan="4">（与物业管理委员会委员资格相匹配）</td></tr>
<tr><td colspan="5">本人自愿申请成为物业管理委员会委员，承诺提交的相关报名材料真实有效，符合法律法规，并遵守相关规定，依法履行物业管理委员会委员工作职责。

自荐人（签字）：
××年××月××日</td></tr>
</table>

附件 4

×××街道（乡镇）×××物业管理区域
物业管理委员会委员人选社区推荐表

<table>
<tr><td>姓　　名</td><td></td><td>性　　别</td><td></td><td rowspan="3">照片</td></tr>
<tr><td>民　　族</td><td></td><td>政治面貌</td><td></td></tr>
<tr><td>学　　历</td><td></td><td>职　　业</td><td></td></tr>
<tr><td>身份证号</td><td colspan="2"></td><td>手机号码</td><td></td></tr>
<tr><td>家庭住址</td><td colspan="4"></td></tr>
<tr><td>推荐意见</td><td colspan="4">（与物业管理委员会委员资格相匹配）

（推荐单位盖章）
××年××月××日</td></tr>
</table>

附件 5

×××街道（乡镇）×××物业管理区域物业管理委员会委员人选联名推荐表

<table>
<tr><td>姓　　名</td><td></td><td>性　　别</td><td></td><td rowspan="3">照片</td></tr>
<tr><td>民　　族</td><td></td><td>政治面貌</td><td></td></tr>
<tr><td>学　　历</td><td></td><td>职　　业</td><td></td></tr>
<tr><td>身份证号</td><td colspan="2"></td><td>手机号码</td><td></td></tr>
<tr><td>家庭住址</td><td colspan="2"></td><td></td><td></td></tr>
<tr><td>本人意愿</td><td colspan="4">是否同意　　　　　　　　　　　（本人签字）</td></tr>
<tr><td colspan="5">联名推荐意见（与物业管理委员会委员资格相匹配）：

××年××月××日</td></tr>
</table>

序号	姓名（签字）	身份证号	家庭住址	手机号
1				
2				
3				
4				
5				
6				
7				
8				
9				
10				

附件6

×××物业管理区域物业管理委员会组成人员情况公示

×××物业管理区域全体业主、物业使用人：

为进一步规范物业管理秩序，提升社区整体居住环境，依据《北京市物业管理条例》及配套文件的相关规定，北京市×××区×××街道办事处（乡镇人民政府）决定在×××物业管理区域成立物业管理委员会。×××物业管理区域物业管理委员会依照《北京市物业管理条例》履行相关职责，组织业主共同决定物业管理事项。

×××物业管理区域物业管理委员会设委员××名，其中主任为×××社区居民委员会代表×××，副主任为×××物业管理区域业主×××。现将×××物业管理区域物业管理委员组成人员情况公示如下：

主任　姓名，性别，职业，住址，产生方式

副主任　姓名，性别，职业，住址，产生方式

委员　姓名，性别，职业，住址，产生方式

…………

（住址具体到门牌号。产生方式指社区党组织推荐，居民委员会、村民委员会推荐，或者自荐、联名推荐。）

公示期自××年××月××日至××年××月××日止（不少于7日），对上述物业管理委员会委员如有异议，请在公示期内以书面形式提交至×××社区居民委员会。

×××街道办事处（乡镇人民政府）（盖章）

××年××月××日

附件7

×××物业管理委员会成立证明

［街道办事处、乡镇人民政府］物管会备［年］第　　号

名称	北京市×××区×××物业管理区域物业管理委员会		
物业类型		建筑物总建筑面积	平方米
总户数	户	总人数	人
物业管理区域（四至）	东至： 西至： 南至： 北至：		

续表

<table>
<tr><td rowspan="14">物业管理
委员会
委员情况</td><td colspan="7">物业管理委员会共______人，委员具体情况如下：</td></tr>
<tr><td>职务</td><td>姓名</td><td>性别</td><td>职业</td><td>家庭住址</td><td>身份证号</td><td>手机号码</td></tr>
<tr><td>主任</td><td></td><td></td><td></td><td></td><td></td><td></td></tr>
<tr><td>副主任</td><td></td><td></td><td></td><td></td><td></td><td></td></tr>
<tr><td>委员</td><td></td><td></td><td></td><td></td><td></td><td></td></tr>
<tr><td>委员</td><td></td><td></td><td></td><td></td><td></td><td></td></tr>
<tr><td>委员</td><td></td><td></td><td></td><td></td><td></td><td></td></tr>
<tr><td>委员</td><td></td><td></td><td></td><td></td><td></td><td></td></tr>
<tr><td>委员</td><td></td><td></td><td></td><td></td><td></td><td></td></tr>
<tr><td>委员</td><td></td><td></td><td></td><td></td><td></td><td></td></tr>
<tr><td>委员</td><td></td><td></td><td></td><td></td><td></td><td></td></tr>
<tr><td>委员</td><td></td><td></td><td></td><td></td><td></td><td></td></tr>
<tr><td>委员</td><td></td><td></td><td></td><td></td><td></td><td></td></tr>
<tr><td colspan="7">注：物业管理委员会委员身份证复印件附后。</td></tr>
<tr><td>声明</td><td colspan="7">本物业管理委员会委托______________（姓名），身份证号____________________，到贵单位办理物业管理委员会成立手续，并保证填报的相关材料真实。如存在隐瞒或者提供材料不真实等行为，本物业管理委员会将承担由此引发的法律后果。
委员签字：_________________________
____
受托人（签字）：____________________

××年××月××日</td></tr>
<tr><td>审定意见</td><td colspan="7">该物业管理委员会提交的材料齐全，符合条件，现予以成立。有效期：______年______月______日至______年______月______日。
经办人（签字）：

（盖章）
××年××月××日</td></tr>
</table>

说明：本成立证明一式两份，由街道办事处（乡镇人民政府）、物业管理委员会各留存一份。

附件 8

印章刻制证明

北京市公安局__________分局：

北京市_____区_____物业管理委员会已完成备案，受物业管理委员会委托，_____（姓名）_________（身份证号）现到你局办理印章刻制手续。印章名称为：_________。印章刻制后，物业管理委员会应当将印鉴留存原备案部门。

特此证明。

____街道办事处（乡镇人民政府）（盖章）

××年××月××日

印章图样：

北京市物业服务企业信用信息管理办法

［2010 年 11 月 15 日北京市住房和城乡建设委员会（京建发〔2010〕658 号）发布，根据 2017 年 7 月 7 日《北京市住房和城乡建设委员会关于修改〈北京市物业服务企业信用信息管理办法〉等规范性文件的通知》（京建法〔2017〕13 号）修改］

第一章 总则

第一条 为推进物业服务行业信用体系建设，加强物业项目的监督管理，规范物业服务企业经营行为，构建诚实守信的市场环境，促进物业服务行业健康有序发展，根据《物业管理条例》《北京市物业管理办法》（北京市人民政府令第 219 号）、《物业服务企业资质管理办法》（建设部令第 164 号），结合本市实际，制定本办法。

第二条 本办法适用于本市行政区域内物业服务企业对物业项目实施物业服务活动的监督管理，及其信用信息的采集、发布和使用活动。

一个物业管理区域通常视为一个物业项目（以下简称项目）。

本办法所称物业服务企业，是指取得《物业服务企业资质证书》，在本市行政区域内从事物业服务活动的企业（以下简称企业）。

本办法所称项目负责人，是指按照物业服务合同的约定，在项目中组织实施物业服务活动，并保障物业服务质量符合约定标准的责任人。

本办法所称信用信息，是指企业及项目负责人在物业服务活动中形成的能够用以分析、判断其信用状况的信息，主要包括基本信息、业绩信息和警示信息。

第三条 本市建立物业服务企业及项目负责人信用信息系统，对其物业服务活动实施动态监督管理。

市房屋行政主管部门负责全市物业管理行业的信用信息管理工作，依据法律、法规、规章的相关规定，制定《北京市物业服务企业违法违规行为记分标准》和《北京市物业项目负责人考核记分标准》（以下简称记分标准），并适时调整补充；负责项目负责人考试与执业注册，并建立企业及项目负责人的信用信息档案。

区县房屋行政主管部门负责对本辖区物业

服务企业及其负责人的违法违规行为进行检查、处理、记分，并将结果记入信用信息档案。企业注册地所在市、区县房屋行政主管部门，按照相应职责分工，依据项目所在地区县房屋行政主管部门的信用信息记录，做好企业资质管理工作。

第四条　信用信息管理应当遵循客观、公正、统一和审慎的原则，保守国家秘密、商业秘密和个人隐私。

第五条　市、区县房屋行政主管部门应当做好其职责范围内的物业服务企业及项目负责人信用信息系统建设工作，加强与工商、税务等相关行政主管部门、行业协会联系，实现信用信息互通、共享。

第二章　项目管理的监督管理

第六条　本市实行物业服务合同备案制度。

物业服务企业应当自物业服务合同签订之日起15日内向项目所在地区县房屋行政主管部门备案。

建设单位应当自前期物业服务合同签订之日起15日内向项目所在地区县房屋行政主管部门办理前期物业服务合同备案手续。

业主共同决定聘请其他管理人的，应当与其他管理人签订物业服务合同，并应当自签订之日起15日内向项目所在地区县房屋行政主管部门备案。

第七条　各区县房屋行政主管部门受理物业服务合同备案的，应在受理后10日内办理备案手续，并在备案后5日内将相关信息告知项目所在地街道办事处、乡镇人民政府。

物业服务合同备案的项目基本信息，应当通过北京建设网向社会公示。

第八条　物业服务合同中物业服务内容及费用、项目负责人等事项发生变更或者解除合同的，原备案申请人应当在变更或者解除合同后15日内到原备案部门办理变更或者注销备案。

第九条　拟退出项目的企业，应当在发出退出公告的同时，以书面形式告知项目所在地区县房屋行政主管部门及街道办事处、乡镇人民政府。

第十条　本市实行项目负责人责任制。项目负责人包括：

（一）建设单位按照前期物业服务合同指派的项目负责人；

（二）物业服务企业按照物业服务合同约定指派的项目负责人；

（三）业主共同决定聘请的其他管理人。

一个项目应当有一名驻场项目负责人，物业服务合同另有约定的除外。

第十一条　本市实行项目负责人持证上岗制度。

（一）项目负责人经市房屋行政主管部门考试合格的，颁发合格证书；

（二）合格证书有效期为三年，有效期满需要延期的，应当于期满前三个月向原发证机关申请办理延期手续；

（三）取得合格证书后，项目负责人每年须参加不少于40学时的继续教育。

第十二条　项目负责人有下列情形之一的，市房屋行政主管部门应取消其合格证书，并在项目负责人信用信息档案中予以记录：

（一）未按规定参加岗位考核、继续教育的；

（二）在记分周期被累计扣分超过规定分值的；

（三）其他应予取消合格证书的情形。

项目负责人被取消合格证书的，自证书取消之日起三年内不得在本市担任项目负责人，不得受聘担任本市物业管理行业专家。

第十三条　物业服务企业及项目负责人违反法律、法规、规章和相关规定的，项目所在地的区县房屋行政主管部门应当进行行政处罚或者处理，并在信用信息系统中予以记分处理。

第三章　信用信息的采集与发布

第十四条　信用信息的采集是指对物业服务企业及项目负责人的信用信息进行收集、记录、分类和储存，形成反映其执业情况的信用信息档案的活动。

信用信息采集渠道，包括市、区县房屋行政主管部门及相关行政主管部门提供、物业服务企业及项目负责人自行申报。

信用信息的采集应当坚持客观、准确、公正、及时和谁提供谁负责的原则。

第十五条 信用信息主要包括基本信息、业绩信息和警示信息。

（一）基本信息。企业在市、区县房屋行政主管部门登记的基本情况、物业项目基本情况、资质等级核定情况，管理和专业技术人员、项目负责人的基本情况和执业情况。

（二）业绩信息。企业或者企业法定代表人、主要负责人、项目负责人在从事物业管理活动中受到的省部级以上的奖励、表彰、认定情况，或我市区县政府，或市政府相关行政主管部门物业管理方面的奖励、表彰、认定情况。

（三）警示信息。企业或者项目负责人在从事物业管理活动中违反法律、法规、规章和相关规定被行政处罚或者处理，以及北京物协按照行业自律办法给予处理等情况。

第十六条 信用信息提供单位和自行申报人应当对所提供和申报信用信息的真实性、完整性负责；发现提供和申报的信用信息变更或失效的，应当及时修改并在信用信息变更或失效之日起7个工作日内向原报送部门提交修改后的信用信息。

第十七条 市、区县房屋行政主管部门对信用信息的录入和变更，应当以已具备法律效力的文书或者其他有效证明文件为依据。

任何单位和个人未依照权限、程序，不得擅自修改、增删信用信息。

第十八条 信用信息的披露方式，包括对企业及其从业人员信用信息的公示和查询等。

物业服务企业及项目负责人的信用信息通过北京建设网、北京物业管理行业协会网站或者其他方式向社会公开。

任何单位和个人均可按照信用信息查询的有关规定，查询物业服务企业及项目负责人信用信息情况。

第四章 信用信息的动态监管

第十九条 本市实行物业服务企业及项目负责人信用记分制度。

企业负责人和项目负责人应当及时查询信用记分情况，并予以改进。

记分标准中企业记分满分为20分，项目负责人记分满分为15分。记分周期从每年1月1日至12月31日止。记分周期期满，重新记分。原分值记录作为历史数据保存在信用信息档案中。

市、区县房屋行政主管部门对物业服务企业及项目负责人的信用行为进行调查、确认，按照记分标准记分，并记入信用信息系统。记分信息同时通过手机短信平台发至企业负责人或者项目负责人。

依据物业服务企业及项目负责人信用记分结果，企业的法定代表人、主要负责人和项目负责人应当接受市房屋行政主管部门相关法规和信用知识培训。

第二十条 依据信用记分结果，对企业分别进行如下处理：

（一）企业记分达到3分时，项目所在地区县房屋行政主管部门对其提出书面警示，责令限期整改，改正期间该企业不得参加物业管理示范项目考评，并告知企业注册地区县房屋行政主管部门。

（二）企业记分达到5分时，注册地区县房屋行政主管部门约谈该企业法定代表人，予以行政告诫，同时核查企业的资质条件。经核查不符合资质条件的，责令限期改正，改正期间不得承接新项目，一年内不得参加物业管理示范项目考评，一年内不得晋升资质等级。

（三）企业记分达到20分时，市、区县房屋行政主管部门依法核查企业的资质条件，一年内不得承接新项目，不得参加物业管理示范项目考评，不得晋升资质等级，不予开具出京诚信证明材料；核查不达标的，重新核定资质等级或注销企业资质证书。

市、区县房屋行政主管部门对企业做出重新核定资质等级，或注销资质证书的，不再记分，将企业违法违规行为和处罚结果记入信用信息系统，并在北京建设网上予以公示。

上述处理措施中，依法应当由住房城乡建设部核定一级资质等级、注销资质证书的，由市房屋行政主管部门将物业服务企业及项目负责人违法违规行为的信用信息和处理建议报告住房城乡建设部。在住房城乡建设部做出行政处罚或处理决定前，不予办理该企业在京承接新项目的物业服务合同备案、不予开具出京诚信证明材料和参加物业管理示范项目考评，不予办理项目负责人执业注册。

第二十一条 依据信用记分结果，对项目负责人及其企业分别进行如下处理：

1、项目负责人记分达到3分时，由项目所在地区县房屋行政主管部门对该项目负责人提出书面警告；

2、项目负责人记分达到5分时，由项目所在地区县房屋行政主管部门对该项目负责人进行约谈，记入项目负责人信用信息档案。

3、单个项目负责人记分达到15分时，注销《北京市物业项目负责人考试合格证书》，市房屋行政主管部门建议企业撤换该项目负责人，将其违法违规行为和处理结果记入信用信息系统，在北京建设网进行公示，并扣除企业5分。

第二十二条 荣获物业管理示范项目称号的项目，记入信用信息系统，并可作为企业晋升资质核查的业绩；项目负责人获得本市物业管理相关荣誉的，可作为入选物业管理行业专家的业绩条件。

第五章 信用信息的使用

第二十三条 信用信息可为市、区房屋行政主管部门、相关行政主管部门实施物业服务企业资质等级核定、物业管理示范项目评定、物业服务评估监理、物业管理行业专家选聘等工作，提供监督管理的依据。

个人、企业及其他组织在社会经济活动中，可以依法申请查询本办法中企业及项目负责人信用信息。

第二十四条 市、区县房屋行政主管部门对于没有任何违法行为记录或者有多项业绩信息记录的物业服务企业及项目负责人，给予鼓励：

（一）在市场经营活动中可以优先提供相关服务；

（二）在物业管理示范项目评定中，可以作为优良或优秀业绩；

（三）法律、法规、规章规定的其他鼓励措施。

第六章 附则

第二十五条 建设单位承担前期物业服务的，物业项目及项目负责人的信用信息纳入系统。

前期物业管理期间，物业服务企业接受建设单位委托提供物业服务的，该项目不计入其基本信息。

第二十六条 业主共同决定聘请其他管理人的，物业项目及项目负责人的信用信息纳入系统。

第二十七条 业主共同决定自行管理的，应当在业主委员会委员中确定一名负责人，并自决定之日起15日内，书面告知项目所在地区县房屋行政主管部门。

第二十八条 外埠物业服务企业在京从事物业管理服务活动，按照本办法纳入物业服务企业及项目负责人信用信息系统进行管理，对于记分达到重新核查资质条件的，由市房屋行政主管部门将书面通报该企业注册地所在省级房屋行政主管部门依法处理。

第二十九条 本办法自2011年1月1日起施行。《北京市物业服务企业资质动态监督管理暂行办法》（京建物〔2009〕398号）同时废止。

北京市住房和城乡建设委员会关于印发《北京市住宅物业服务项目清单》的通知

（京建发〔2021〕232号，2021年7月22日）

各区住房城乡（市）建设委（房管局）、经开区开发建设局、各有关单位：

为推动物业服务市场公开透明，方便群众了解物业服务的主要内容和基本事项，进一步规范物业服务行为，提升物业服务整体水平，根据《北京市物业管理条例》等法律、法规规定，结合我市实际，市住房城乡建设委研究制定了《北京市住宅物业服务项目清单》（以下简称“清单”），现印发给你们，并就有关事项通知如下：

一、物业服务人应当按照“清单”，结合项目实际情况签订物业服务合同、协议，开展物业服务工作。

二、各区住房城乡（市）建设或房屋主管部门要加强对物业服务工作开展情况的监督，发现物业服务人提供服务不符合“清单”要求的，要责令规范改正。

三、物业管理行业协会负责协助、指导、督促会员单位做好“清单”使用工作。

四、本通知自2021年10月1日起施行。

特此通知。

附件：北京市住宅物业服务项目清单

附件

北京市住宅物业服务项目清单

一、综合服务
（一）服务机构与客户服务
1. 设置服务场所，并在小区内有明显指引标识。 2. 建立客服值班制度，受理、解决、解答业主提出的投诉、报修等服务需求。 3. 设置并公示24小时服务电话及投诉电话。 4. 定期听取业主、物业使用人的意见和建议，接受业主、物业使用人的监督，改进和完善服务。
（二）人员
5. 从业人员按照相关规定配备并取得职业资格证书，物业服务人相关人员实施锅炉、电梯、电气、制冷以及有限空间、高空等涉及人身安全的作业，应当具备相应资质资格或者委托具备相应资质的单位及个人实施。委托实施的，应当明确各自的安全管理责任。 6. 从业人员分岗位统一着装，佩戴标志。 7. 项目负责人及各专业负责人经过专业培训。
（三）规章制度
8. 建立共用部位及共用设施设备维修养护、消防安全防范、绿化养护、环境卫生、公共秩序维护、垃圾分类、房屋结构管理、维修管理、二次供水管理、电梯管理、装饰装修管理、违法建筑、值班、财务管理、收费管理、培训与考核、安全生产、项目负责人社区报到等管理制度。建立突发公共事件应急预案。 9. 建立内部管理制度、物业服务工作记录等。
（四）档案
10. 建立物业管理档案，包括：共有部分经营管理档案；共用部位、共用设施设备档案及其管理、运行、维修、养护记录；水箱清洗记录及水箱水质检测报告；装饰装修管理资料；业主名册；签订的供水、供电、垃圾清运、网络等书面协议；物业服务活动中形成的与业主利益相关的其他资料；生活垃圾处理台账等相关资料；业主委员会、物业管理委员会成立及日常往来等相关资料；安全生产管理档案资料；物业服务合同备案档案材料；物业管理日常服务档案及其投诉、报修等工作记录；日常秩序维护、环境维护方面的维护记录和档案。 11. 配备档案管理人员。计算机管理基本信息、基础资料等。 12. 保管建设单位向物业服务人移交的档案资料。

续表

一、综合服务
（五）标识
13. 设置提示标识、指令标识、警告标识、禁止标识等各类物业服务信息标识。
（六）公示信息
14. 物业服务人的营业执照、项目负责人的基本情况、联系方式以及物业服务投诉电话。 15. 物业服务内容和标准、收费标准和方式等。 16. 电梯、消防等具有专业技术要求的设施设备的日常维修保养单位名称、资质、联系方式、维保方案和应急处置方案等。 17. 上一年度物业服务合同履行及物业服务项目收支情况、本年度物业服务项目收支预算。 18. 上一年度公共水电费用分摊情况、物业费、公共收益收支与专项维修资金使用情况。 19. 房屋装饰装修活动的情况。 20. 车位、车库的出售和出租情况。 21. 其他应当公示的信息。
（七）专项服务委托管理
22. 签订专项服务合同，约定双方的责任。 23. 对专项服务工作按合同约定的服务标准进行监督、评价。
（八）服务品质检查
24. 制定检查计划并予以落实。 25. 对不合格内容项实施整改，并定期统计汇总。 26. 对业主、物业使用人定期开展物业服务满意度调查。
（九）装饰装修管理
27. 受理业主申请、签订装修管理协议。 28. 履行对业主进行禁止事项的告知义务。 29. 巡查与监督。 30. 装修垃圾的暂存与清运。 31. 装饰装修资料的建立、归集和保存。
（十）利用共用部分经营
32. 公共收益单独列账。
（十一）安全防范
33. 对物业服务人员开展教育与培训。 34. 及时向业主、物业使用人告知安全、合理使用物业的注意事项。 35. 识别危及人身安全的部位及场所，并制定相应的防范措施。 36. 对危害安全的行为进行劝阻、制止、报告。 37. 成立应急救援队伍，应对各类突发事件。 38. 配置各类应急物资。 39. 汛期及极端天气，发布预警信息、做好防范措施。
二、共用部位及共用设施设备运行、维修养护
（一）综合管理
40. 对各类机房进行综合性管理（标识、消防、防鼠、制度等）日常巡视、建立台账。 41. 制定维护保养工作计划。 42. 设置设备标识。 43. 组织维修养护和定期检测。 44. 水、电、气、热以及通讯等专业设施设备发生故障、不能正常使用的，应立即报告相关专业运营单位。

续表

二、共用部位及共用设施设备运行、维修养护
（二）房屋本体及附属构筑物
45. 组织开展共用部位的日常检查、记录。 46. 组织开展共用部位的日常维修养护。 47. 房屋安全的定期普查、完好性评定，附属构筑物的检查管理。 48. 存在安全隐患的告知业主，并采取相应的防范措施。 49. 应急处理（屋面漏水、门窗漏雨、外墙脱落等）。
（三）二次供水设施
50. 水箱管理（清洗、维护等）。 51. 二次供水卫生许可证公示、开展水质检测并公示检测报告。 52. 应急处理（停水、管道爆裂等）。
（四）排水系统
53. 污水泵维护。 54. 雨、污水井、屋面雨水口等设施检查、清理。 55. 雨、污水管道清理。 56. 化粪池清掏。 57. 应急处理（管道爆裂、管涌等）。
（五）照明和电气设备
58. 高低压变配电室管理。 59. 高压配电柜维护。 60. 变压器维护。 61. 低压配电柜维护。 62. 楼层配电室（井）维护。 63. 楼内公区照明灯和楼外照明灯的巡视与维护。 64. 避雷系统维护与检测。 65. 应急处理（停电）。
（六）空调系统
66. 中央空调机组的运行与维护。 67. 新风机、空气处理机滤网、表冷器、箱体、风机盘管滤网的清洗等。
（七）安全防范系统
68. 监控系统运行与维护（显示器等）。 69. 摄像机运行与维护（摄像头、云台等）。 70. 门禁系统运行与维护（读卡器、电磁锁门锁、出门按钮）。
（八）电梯系统
71. 日常运行与安全检查。 72. 定期维护。 73. 定期检验和检测。 74. 应急处理（停电、困人解救、水浸）。
（九）消防设备设施与器材
75. 火灾自动报警系统运行维护。 76. 消防设备运行与维护。 77. 应急照明、疏散指示管理。 78. 灭火器管理。

续表

二、共用部位及共用设施设备运行、维修养护
（十）有限空间管理
79. 建立台账。 80. 日常管理（巡视等）。
（十一）智能化设备
81. 智能化设备的维修养护。
三、环境维护
（一）保洁
82. 楼内日常保洁（楼内大堂、一层候梯厅、楼道、楼梯、电梯轿厢）。 83. 外围日常保洁（天台屋面、楼外道路及设施、水景）。 84. 雨雪天气的保洁。
（二）有害生物防治与控制
85. 作业前发布安全提示。 86. 作业时的安全防护。
（三）生活垃圾分类、收集与清运
87. 建立垃圾分类制度。 88. 生活垃圾分类、收集与清运。 89. 宣传生活垃圾分类知识。 90. 对垃圾投放人进行指导、监督。
四、绿化养护
91. 灌溉。 92. 施肥。 93. 病虫害防治。 94. 整形修剪。 95. 除草。 96. 补种。 97. 冬季防护。 98. 绿化垃圾处理。
五、公共秩序维护
（一）值守
99. 对主要出入口进行值守。 100. 监控系统的值守。
（二）巡视
101. 制定巡视路线并定期调整，按照频次规定进行巡视，发现违规行为及时制止、上报。
（三）机动车进入及行驶管理
102. 提示进入车辆在小区内的安全行驶。 103. 限制超重、超宽车辆的进入。

续表

五、公共秩序维护
（四）消防安全
104. 消防通道的日常巡查与管理。 105. 消防知识宣传。 106. 电动车充电管理。 107. 应急处理（灭火及紧急疏散）。
（五）地下空间
108. 建立台账。 109. 日常巡视。 110. 人防空间管理。

北京市住房和城乡建设委员会关于规范物业服务评估活动的通知

（京建发〔2021〕145号，2021年4月27日）

各区住房城乡（市）建设委（房管局），经开区开发建设局，各有关单位：

为规范本市物业服务活动，维护物业管理相关主体的合法权益，充分发挥物业服务评估活动的积极作用，推动物业服务评估的市场化、社会化，提升物业服务整体水平，根据《北京市物业管理条例》及国家和本市有关规定，结合我市物业管理工作实际，现就规范物业服务评估活动通知如下：

一、评估原则

（一）本通知所称物业服务评估，是指在本市行政区域内，专业评估机构和相关专业人员接受业主、业主大会、建设单位、物业服务人或者有关部门的委托，按照法律法规、行业规范的规定以及委托合同的约定，对物业服务人参与社区治理情况、物业服务标准和费用测算、物业服务质量和共用部分管理状况、物业承接和查验、专项维修资金使用方案、其他需要评估的事项等提供专业评估服务的活动。

专业评估机构和相关专业人员是指法律、会计、工程、评估、咨询等专业服务机构以及具备从业资格的人员。

（二）物业服务评估活动应当遵循独立、客观、公正的原则，按照相关法律法规、行业规范的规定以及委托合同的约定，提供专业服务及客观、真实、准确的评估报告。

评估报告应当包括评估目的、依据和方法，评估日期和基准日，评估查勘数据，评估结果及有效期限，评估人员签章等内容。

（三）物业服务评估活动按照“谁委托谁付费”原则，由委托人与专业评估机构和相关专业人员约定评估服务内容，按相关收费标准协商确定收费金额，签订书面评估委托合同。

（四）专业评估机构和相关专业人员与委托人、第三人或者评估事项有利害关系、可能影响公正评估的，应当回避。

二、评估内容

（一）物业服务人参与社区治理情况的评估

1. 区住房城乡建设或房屋主管部门、街道办事处、乡镇人民政府、居民委员会、村民委员会可以根据物业服务标准和社区治理要求，委托专业评估机构和相关专业人员对物业服务人参与社区治理情况进行评估。

2. 专业评估机构和相关专业人员应当根据物业服务人参与社区治理的要求以及政府采

购服务合同的约定，依法依规对物业服务人参与社区治理情况进行评估。

（二）物业服务标准和费用测算的评估

物业管理相关主体可以单独或者共同委托专业评估机构和相关专业人员对物业服务标准和费用进行评估。物业服务合同的签订过程中，业主与物业服务人对收费标准未能达成一致意见的，双方可以共同委托专业评估机构和相关专业人员对物业服务标准和物业服务费用测算进行评估。

（三）物业服务质量和共用部分管理状况的评估

1. 物业管理相关主体在物业管理活动过程中，可以委托专业评估机构和相关专业人员按照有关法律法规、行业规范的规定以及物业服务合同的约定，对物业服务质量进行评估，同时可在约定期间内对物业服务质量进行跟踪评估。

2. 专业评估机构和相关专业人员在对共用部分管理状况进行评估时，可以对物业管理区域道路、绿地、建筑物的基础、承重结构、外墙、屋顶等基本结构部分，大堂、通道、楼梯等公共通行部分，物业项目共用的变配电、安防、消防、给排水、电梯等设备部分，公共照明、景观等附属设施、设备部分以及避难层、架空层、设备层或者设备间等共用部分管理状况进行评估。

（四）物业承接查验的评估

1. 建设单位与物业服务人应当在区住房城乡建设或房屋主管部门的指导、监督下，共同确认物业管理区域，对物业管理区域内的共用部位、共用设施设备进行查验，签订物业承接查验协议，确认现场查验结果，形成查验记录，并向业主公开查验的结果。鼓励专业评估机构和相关专业人员参与承接查验活动，提供专业指引，开展评估。

2. 专业评估机构和相关专业人员应当按照相关规定，对物业承接查验进行评估。专业评估机构和相关专业人员对物业承接查验进行评估的，应当包含：签订物业承接查验委托合同、查验记录、现场查验结果。发现存在问题的，还应当明确整改情况并准确记录在承接查验评估报告中。

（五）专项维修资金使用方案的评估

物业管理相关主体可以委托专业评估机构和相关专业人员根据住宅专项维修资金的相关规定，对住宅专项维修资金的可行性等方案内容进行评估。

（六）其他需要评估的事项

物业管理相关主体可以委托专业评估机构和相关专业人员对物业管理其他需要评估的事项进行评估。

三、评估要求

（一）建设单位、业主、物业服务人与相关当事人应当协助、配合专业评估机构和相关专业人员进行实地查勘，向专业评估机构和相关专业人员提供必要的资料并对其所提供资料的真实性负责。因提供虚假资料造成损失的，由责任方负责赔偿。

建设单位向全体业主移交物业项目时，建设单位和全体业主共同委托专业评估机构和相关专业人员进行承接查验评估的，由建设单位承担评估费用。

（二）专业评估机构和相关专业人员应当保持评估档案资料的齐全完整。其中，物业承接查验、物业服务标准和费用测算、专项维修资金使用方案的评估报告及相关资料保管期限不低于5年，其他评估事项的报告及相关资料保管期限不低于3年。

（三）物业服务评估报告应当作为物业管理资料归档备查，同时应当在物业管理区域内显著位置公示。物业服务人应当做好评估报告的保存工作，在项目交接时与其他物业管理档案资料一并移交。

本通知自2021年5月30日起施行。

关于做好住宅小区物业项目负责人到社区报到相关工作的通知

（京建发〔2019〕249号，2019年5月22日，北京市住房和城乡建设委员会
中共北京市委社会工作委员会 北京市民政局发布）

各区住房城乡建设委（房管局），经济技术开发区房地局，各区委社会工委，各区民政局，各物业服务企业，各相关单位：

为深入贯彻落实市委市政府《关于加强新时代街道工作的意见》精神，探索建立各类社会组织广泛参与、协同联动的社区治理体系，充分发挥物业企业参与社区建设的重要作用，加大街道社区对属地住宅物业项目及物业企业指导监督力度，共同营造和谐宜居的社区环境，现对住宅小区物业项目负责人到社区报到有关工作通知如下：

一、报到范围

本市范围内所有已实施专业化物业管理的项目，含已在北京市“物业服务动态监管系统”中备案的住宅物业项目和暂未备案的住宅物业项目，物业项目负责人要按要求到项目所属社区居委会报到，积极参与社区议事，接受社区监督。

二、报到程序

各物业项目负责人应于6月30日前到项目所在社区居委会进行报到，详细介绍物业项目基本情况并告知联系方式。如物业项目负责人发生人员更换，更换后的物业项目负责人应及时向社区进行说明，补充报到。各社区要及时将辖区内物业项目负责人报到情况上报至属地街道（乡镇）。

三、工作要求

（一）确保按时报到。各区住建委（房管局）要从思想上高度重视，此项工作是将物业管理纳入社区治理体系的基础性工作，是推动街道、社区监督考核物业企业的重要一环，要认真做好辖区内物业项目负责人到社区报到的组织和指导工作，结合本区实际，会同街道（乡镇）通知辖区内物业项目负责人按时到社区报到。对未按时报到的项目，约谈物业服务企业法定代表人及物业项目负责人，督促物业项目负责人履行报到职责，对拒不报到的物业项目要加大执法检查力度。各区住建委（房管局）要及时统计汇总本辖区物业项目负责人报到情况，并于7月31日之前上报市住房城乡建设委。

（二）加强指导监督。物业项目负责人完成到社区报到后，应每月一次定期向社区进行汇报，遇到物业项目接撤管等重大矛盾纠纷时应随时向社区进行报告，接受属地社区的指导，确保小区和谐稳定。社区居委会应积极接纳物业项目负责人报到，引导物业企业主动参与社区组织的各方议事和共建共治活动，充分发挥物业企业在社区治理中的重要作用，加强街道社区对物业企业的监督指导。

（三）合理运用结果。各街道（乡镇）要高度重视社区居委会对项目负责人报到及参与社区治理工作的评价，将评价结果纳入本市物业项目综合考评范围。各区住建委（房管局）要充分利用此次物业项目负责人到社区报到的契机，对本市物业服务动态监管系统进行完善，确保将已实施物业管理的项目纳入日常监管体系，避免产生监管盲区。及时对物业项目存在的问题进行分析总结，不断完善政策机制，并定期上报市住房城乡建设委。

北京市住房和城乡建设委员会关于进一步加强物业管理区域高空坠物安全防范工作的通知

（京建发〔2019〕317 号，2019 年 7 月 11 日）

各区住房城乡（市）建设委（房管局）、经济技术开发区房地局、各物业企业、各有关单位：

为进一步加强物业管理区域高空坠物安全防范工作，深刻吸取近期多起高空坠物事故教训，严格落实行业监管责任，督促物业企业提高认识、加强防范、强化措施，有力遏制物业管理区域高空坠物事故的发生，保障首都物业管理区域安全生产形势稳定，现就进一步加强物业管理区域高空坠物安全防范相关工作通知如下：

一、将物业管理区域高空坠物安全隐患纳入“2019 年群众关注物业管理突出问题专项治理”范围。按照专项治理工作要求，物业企业开展隐患自查整改，各区房屋行政主管部门加强监督检查。

二、全市物业管理区域自 2019 年 7 月 8 日起开展为期一个月的集中专项治理，全面检查整改物业管理区域高空坠物安全隐患。各物业企业要增强责任意识和安全意识，按照“三查、两告、一宣传”的要求开展高空坠物隐患排查整改和宣传指引工作。

（一）全面检查整改建筑外墙装饰和玻璃幕墙破损、外立面墙砖空鼓、户外广告牌（牌匾）锈蚀松动、建筑物悬挂物和搁置物松动等；排查整改业主凉台杂物堆积、空调护栏或支架松动、空调室外机堆放杂物等；排查整改企业内部高空作业制度缺失、监控设备运行不正常和高空坠物安全防范措施不到位等。

（二）对检查发现存在安全隐患的问题要制定措施及时整改，暂时无法整改的要设立警示标识，设置围蔽设施，并加大巡查力度，加强安全防护。对存在问题和整改情况要建立台账，及时向业主委员会和属地社区居委会报告。属于业主专有部位的安全隐患，要及时告知业主整改，并跟进整改情况。

（三）物业服务企业在专项治理期间，围绕宣传法规、提示责任、提醒义务等方面，通过微信、海报、宣传单张等多种方式，集中向业主宣传高空坠物安全防范工作。通过宣传指引，提示广大业主尽责任、守义务，及时对外窗边沿螺丝和窗框松动进行修理，及时清理凉台、窗台和空调室外机堆放的杂物，彻底消除搁置物和悬挂物坠落风险，并坚持文明的生活习惯，杜绝高空抛物。同时，提醒业主警惕高楼墙面装饰、窗户玻璃碎片等坠落物和其他丢弃物，留意警示标识和围蔽设施。

三、建立长效管理机制，小区高空坠物安全隐患排查整改作为物业服务企业的常态化工作，要常抓不懈，作为各区房屋行政主管部门的日常检查内容，要严抓勤管。

（一）物业企业要坚持“不松懈、不漏点、不降标准、举一反三”的原则，经常性开展高空坠物隐患排查整改工作，并充分利用各种宣传手段，不断增强业主的责任意识和自我防范意识。

（二）各区房屋行政主管部门要加强对辖区内物业服务企业高空坠物防范工作的检查指导，督促物业服务企业落实管理区域内高空坠物安全防范排查工作。对检查中发现的各类安全隐患问题，要督促物业服务企业及时制定整改计划，明确责任，落实整改措施，切实做好辖区内高空坠物事故的预防工作，确保实现城市高空坠物零风险的公共安全目标。

特此通知。

北京市住房和城乡建设委员会 北京市经济和信息化委员会关于加强物业服务信用信息管理的通知

（京建发〔2018〕407号，2018年8月23日）

各区住房城乡建设委、房管局，经济技术开发区房地局：

为加强物业服务企业事中事后监管，维护业主合法权益，依据《住房城乡建设部办公厅关于做好取消物业服务企业资质核定相关工作的通知》（建办房〔2017〕75号）、《北京市公共信用信息管理办法》（市政府令第280号）、《北京市物业管理办法》（市政府令第219号）、《北京市物业服务企业信用信息管理办法》（京建发〔2010〕658号）相关规定，现就加强物业服务企业信用信息管理工作通知如下：

一、市住房城乡建设委建立物业服务企业信用信息，实行动态管理并通过官方网站和北京市公共信用信息服务平台公布。

二、物业服务企业信用信息包括基本信息、良好信息和不良信息。

三、基本信息是指物业服务企业获得经营许可及管理规模的信息。包括：

（一）企业名称、统一社会信用代码、登记地址、登记时间；

（二）法定代表人、企业负责人姓名；

（三）管理规模（含住宅、商业、办公、其他等四类）。其中管理规模为物业企业备案项目的面积之和。

四、良好信息是指物业服务企业获得政府部门奖励、表彰或达标等守信行为记录，包括：

（一）获得区级以上政府部门或属地街道（乡镇）奖励或表彰的信息；

（二）安全生产标准化达标的；

（三）安全生产责任制评估合格的；

（四）国家及本市规定的其他良好信息。

五、不良信息是指物业服务企业违反法律法规、标准、规范或合同约定等失信行为记录，包括：

（一）被行政处罚或行政处理的；

（二）向行政机关提供虚假资料的；

（三）违反向行政机关作出的书面承诺的；

（四）违反法规、规范、标准或文件规定的；

（五）在管项目存在安全生产隐患的；

（六）提供的服务未达到标准或合同约定的；

（七）未在规定期限内整改存在问题的；

（八）其他造成社会不良影响的；

（九）国家及本市规定的其他不良信息。

六、物业服务企业应当通过物业动态监管系统及时维护企业信息。

七、物业服务企业信用信息由市、区房屋行政部门管理，公民、法人或其他组织对物业服务企业信用信息有异议的，可书面向市住房城乡建设委提出异议申请，并提供佐证材料。

八、物业服务企业信用信息作为行政机关在市场监管、政府采购、招标投标、政策扶持和表彰奖励等活动的重要依据，但法律、法规另有规定的除外。

九、本通知自发布之日起实施。

北京市住房和城乡建设委员会
关于印发《北京市物业服务合同备案程序》的通知

（京建发〔2010〕721号，2010年12月6日）

各区县建委、房管局，各有关单位：

为规范本市物业服务合同备案行为，根据《北京市物业管理办法》（北京市人民政府第219号令）、《北京市物业服务企业信用信息管理办法》（京建发〔2010〕658号）的规定，现将物业服务合同备案程序印发给你们，请遵照执行。

附件：《北京市物业服务合同备案程序》

附件

北京市物业服务合同备案程序

行政管理事项名称：物业服务合同备案

事项依据：《北京市物业管理办法》（市政府219号令）

办理时限：10个工作日

是否收费及收费依据：本行政管理事项不收费

办理部门：区县建委、房管局

受理方式：网上申报、书面受理

办理程序：

（一）受理

申请人登录北京建设网（www.bjjs.gov.cn），进入办事大厅，点击物业管理动态监管系统填报相关内容，并提交以下书面材料：

物业服务合同备案：

1. 北京市物业服务合同备案申请表或外埠在京企业物业服务合同备案申请表（填报信息后自动生成）；

2. 《物业服务合同》；

3. 企业资质证书正、副本；

4. 企业法人营业执照副本、分支机构营业执照副本；

5. 组织机构代码证；

6. 项目负责人身份证明、项目负责人与物业服务企业之间的劳动合同、社会保险缴纳情况证明原件、聘任证明材料及项目负责人考试合格证书；

7. 物业项目的合法来源证明文件；

8. 事实服务的项目需提供原物业服务合同、服务现状的情况说明、仲裁或司法文书等相关材料。

前期物业服务合同备案：

1. 北京市前期物业服务合同备案申请表（填报信息后自动生成）；

2. 《前期物业服务合同》；

3. 项目负责人身份证明、项目负责人与建设单位之间的劳动合同、社会保险缴纳情况证明原件、聘任证明材料及项目负责人考试合格证书；

4. 物业服务费用评估报告摘要。

上述材料除要求原件的外，均提交复印件（A4纸）一份，复印件需加盖申请人印章并同时提交原件，原件核验后退回申请人。

标准：申请材料齐全、符合法定形式

岗位职责及权限：

按照受理标准审查申请材料。

符合标准的，予以受理，向申请人制作《受理通知书》，并将申请材料转审查人员。

不符合标准但申请材料存在可以当场更正的错误的，允许申请人当场更正；不能当场更正的，向申请人出具《补正材料通知书》，一次性告知申请人需要补正的全部内容，并将申请材料退回申请人。

申请事项不属于本机关职权范围的，向申请人出具《不予受理决定书》。

时限：即时

（二）审查

标准：

1. 申请材料齐全、符合法定形式；

2. 符合《北京市物业管理办法》《北京市物业服务企业信用信息管理办法》的规定；

3. 接受委托的物业服务企业符合物业服务企业资质管理的相关规定；

4. 《物业服务合同》约定的内容符合物业管理的有关法律、法规、规章和本市政策规定。

岗位职责及权限：

按照审查标准审查申请材料。

符合标准的，签署意见后转决定人员。

不符合标准的，书面提出意见及理由，转决定人员。

时限：7个工作日

（三）决定

标准：同受理、审查标准

岗位职责及权限：

对申请事项作出决定。

同意审查意见的，签署意见，转告知人员。

不同意审查意见的，书面提出意见及理由，转告知人员。

时限：2个工作日

（四）告知

岗位职责及权限：

对准予备案的，制作《办理结果通知书》，并送达申请人。

对不予备案的，制作《办理结果通知书》，写明理由和申请人享有的依法申请行政复议或者提起行政诉讼的权利，并将《办理结果通知书》和申请材料退回申请人。

时限：1个工作日（不包括送达期限）

北京市住房和城乡建设委员会
关于印发《北京市物业项目交接管理办法》的通知

（京建发〔2010〕603号，2010年10月19日）

各区县建委、房管局，各有关单位：

为贯彻实施《北京市物业管理办法》（北京市人民政府令第219号），进一步规范物业项目交接活动，市住房城乡建设委研究制订了《北京市物业项目交接管理办法》，现印发给你们，请遵照执行。

附件：《北京市物业项目交接管理办法》

附件

北京市物业项目交接管理办法

第一章　总则

第一条　为规范本市物业项目交接活动，维护业主、建设单位和物业服务企业的合法权益，促进本市物业管理行业健康有序发展，促进和谐社区建设，根据《北京市物业管理办法》，结合本市实际，制定本办法。

第二条　本市行政区域内，建设单位或物业服务企业与全体业主之间进行物业项目交接的，适用本办法。

第三条　本办法所称物业项目交接，是指建设单位或物业服务企业与全体业主之间对物业共用部分进行查验交接以及对物业管理相关资料进行移交和承接的行为。

第四条　市房屋行政主管部门负责全市物业服务企业物业项目交接活动的监督管理工作。

区县房屋行政主管部门负责本辖区内物业服务企业物业项目交接活动的监督管理工作。

街道办事处、乡镇人民政府负责协调处理

本辖区内物业项目交接纠纷，指导协助业主共同决定有关事项。

第五条 物业项目交接活动应当遵循依法有序、平等协商、维护社区和谐与社会稳定的原则。

第二章 交接内容和程序

第六条 已经成立业主大会的物业项目，可由经业主大会授权的业主委员会代表全体业主进行交接；未成立业主大会的，可由全体业主授权的业主代表进行交接。

全体业主可以委托选聘的物业服务企业进行交接；也可以按照《北京市物业服务第三方评估监理管理办法》（京建发〔2010〕383号）委托物业服务评估监理机构进行物业项目交接查验评估，并出具物业项目交接查验报告。

第七条 物业项目交接前应当签订交接协议。

交接协议一般包括：物业项目名称、交接主体、交接时间、权利和责任分界点、交接内容、交接查验方法和标准、相关债权债务的处理、争议解决方式等。

第八条 业主共同决定解除前期物业服务合同并确定物业管理方式的，全体业主与建设单位应当按照下列程序进行交接：

（一）全体业主将业主共同决定书面告知建设单位；

（二）双方协商签订交接协议；

（三）全体业主及时将业主共同决定、交接协议等相关情况书面告知物业所在地街道办事处、乡镇人民政府及区县房屋行政主管部门；

（四）双方按照《北京市物业管理办法》第十条规定和交接协议约定，对物业共用部分进行查验交接并对物业管理相关资料进行移交和承接。

《北京市物业管理办法》施行前订立的前期物业服务合同解除的，由全体业主与物业服务企业按照本办法第九条的规定进行交接。

第九条 业主共同决定不再接受事实服务的，或者决定在物业服务合同期限届满后不再续聘原物业服务企业的，全体业主与物业服务企业应当按照下列程序进行交接：

（一）全体业主将业主共同决定书面告知物业服务企业；签订物业服务合同的，应当在合同期限届满前3个月书面告知物业服务企业；

（二）双方协商签订交接协议；

（三）全体业主及时将业主共同决定、交接协议等相关情况书面告知物业所在地街道办事处、乡镇人民政府及区县房屋行政主管部门；

（四）双方按照《北京市物业管理办法》第二十七条规定和交接协议约定，对物业共用部分进行查验交接并对物业管理相关资料进行移交和承接。

第十条 物业服务企业决定不再提供事实服务的，或者在物业服务合同期限届满后不再续签物业服务合同的，应当与全体业主按照下列程序进行交接：

（一）物业服务企业提前3个月书面告知全体业主；

（二）双方协商签订交接协议；

（三）物业服务企业及时将决定、交接协议等相关情况书面告知物业所在地街道办事处、乡镇人民政府及区县房屋行政主管部门；

（四）双方按照《北京市物业管理办法》第二十七条规定和交接协议约定，对物业共用部分进行查验交接并对物业管理相关资料进行移交和承接。

物业服务企业告知之日至合同期限届满之日不足3个月的，应当自告知之日起3个月后方可撤出物业管理区域，不得擅自停止物业服务。

全体业主怠于履行交接义务的，街道办事处、乡镇人民政府可以推荐业主代表按规定组织交接。

第十一条 业主共同决定选聘新的物业服务企业的，全体业主与物业服务企业应当按照下列程序进行交接：

（一）全体业主将业主共同决定书面告知物业服务企业；

（二）双方协商签订交接协议；

（三）全体业主及时将业主共同决定、交接协议等相关情况书面告知物业所在地街道办事处、乡镇人民政府及区县房屋行政主管部门；

（四）双方按照《北京市物业管理办法》第二十七条规定和交接协议约定，对物业共用部分进行查验交接并对物业管理相关资料进行移交和承接。

第十二条 本办法第八条、第九条规定的物业项目交接，建设单位、物业服务企业应当在60日内与全体业主完成交接，并撤出物业管理区域。交接的起算时间为：

（一）约定期限的物业服务合同终止的，自物业服务合同期限届满之日起算；

（二）其他情形，自建设单位、物业服务企业接到全体业主共同决定的书面告知之日起算。

建设单位、物业服务企业在办理交接至撤出物业管理区域前的期间内，应当维持正常的物业管理秩序，并不得向业主收取物业服务费用。

第十三条 物业服务合同期限届满前，业主共同决定续聘原物业服务企业的，应当在合同期限届满之日前30日内与原物业服务企业协商签订物业服务合同。

第三章 交接行为规范

第十四条 物业项目交接可以参照《新建物业项目交接查验标准》进行交接查验。

第十五条 物业项目交接时，建设单位、物业服务企业、业主委员会及相关业主应当履行配合义务，不得出现下列行为：

（一）拒不移交物业服务用房和相关资料；

（二）拒不配合交接查验；

（三）拒不撤出物业管理区域；

（四）强行接管；

（五）法律、法规、规章禁止的其他行为。

第十六条 本办法所称拒不撤出物业管理区域，是指建设单位、物业服务企业违反本办法第十二条规定，逾期不撤出物业管理区域的行为。

第十七条 本办法所称强行接管，是指物业服务企业的下列行为：

（一）未经业主共同决定选聘为物业服务单位而进驻物业管理区域，但政府相关部门组织接管的除外；

（二）原物业服务企业尚未撤出时，未协商达成一致或者未经诉讼、仲裁而进驻物业管理区域。

第四章 应急物业服务

第十八条 有下列情形之一，住宅物业项目不能维持正常物业管理秩序的，物业所在地街道办事处、乡镇人民政府应当会同相关部门组织提供应急物业服务：

（一）物业服务合同期限届满，建设单位或原物业服务企业依法撤出物业管理区域，全体业主未能依法确定物业管理方式的；

（二）物业服务合同期限内，建设单位或物业服务企业违反约定单方解除物业服务合同，撤出物业管理区域，全体业主未能依法确定物业管理方式的；

（三）物业服务合同期限内，建设单位或物业服务企业因破产、资质被注销等原因致使其法律上或者事实上不能履行物业服务义务的。

第十九条 应急物业服务的方式根据辖区实际情况确定，可以专门成立应急物业服务队或者指定、聘请物业服务企业等。

第二十条 组织应急物业服务前，物业所在地街道办事处、乡镇人民政府应当将服务内容、服务收费、服务期限等相关内容在物业管理区域内公告。

第二十一条 应急物业服务内容仅限于垃圾清运、秩序维护、二次供水、电梯运行等维持业主基本生活的服务事项。

第二十二条 应急物业服务费用由全体业主承担，业主委员会应当协助收取。

第二十三条 应急物业服务期限一般不超过3个月。

应急物业服务期间，物业所在地街道办事处、乡镇人民政府应当及时指导和协助全体业主依法共同决定物业管理方式和内容。

第二十四条 应急物业服务期间，物业共用部分的毁损责任由全体业主承担，应急服务单位故意造成的除外。

第五章 监督管理

第二十五条 违反本办法规定，建设单位、物业服务企业拒不移交物业服务用房和相关资料、拒不配合交接查验、擅自停止物业服务、拒不撤出物业管理区域、强行接管的，由区县房屋行政主管部门按照《物业管理条例》《北京市物业管理办法》相关规定依法处罚。

第二十六条 违反本办法规定，物业服务企业不履行交接义务、不按规定交接、擅自停止物业服务、拒不撤出物业管理区域、强行接管的，由市、区县房屋行政主管部门按照本市物业服务企业及项目负责人信用信息管理和物业服务项目管理的相关规定对物业服务企业及相关责任人予以处理。

第二十七条 违反《中华人民共和国治安管理处罚法》《保安服务管理条例》相关规定，物业服务企业及其保安员采用暴力或者以暴力相威胁的手段处置交接纠纷，扣押、没收他人证件、财物等行为，由公安机关依法处罚。

第二十八条 建设单位、物业服务企业违反相关规定，拒不移交物业服务用房和相关资料、拒不配合交接查验、拒不撤出物业管理区域、强行接管的，全体业主可以依法通过仲裁或诉讼途径解决。

第六章 附则

第二十九条 本办法自2010年12月1日起施行。北京市建设委员会《关于住宅物业项目交接有关问题的指导意见》（京建物〔2006〕23号）同时废止。

北京物业管理行业协会 北京市物业服务评估监理协会关于发布《北京市住宅小区物业服务成本计价规则（试行）》的通知

（北京物协文〔2021〕21号，2021年7月27日）

为贯彻实施《北京市物业管理条例》，规范物业服务成本计价规则，北京物业管理行业协会、北京市物业服务评估监理协会联合制定《北京市住宅小区物业服务成本计价规则（试行）》，现予发布。

北京市住宅小区物业服务成本计价规则（试行）

第一条 为规范物业服务成本计价规则，推动物业管理相关主体遵守权责一致、质价相符、公平公开的物业服务市场规则，维护享受物业服务并依法付费的市场秩序，优化市场环境，依据《北京市物业管理条例》及物业服务收费相关法规，制定本规则。

第二条 本规则所指物业服务人包括业主共同决定委托的物业服务企业、专业单位和其他管理人。

第三条 实行物业服务费包干制的，物业服务费的构成包括物业服务成本、法定税费和物业服务企业的利润。

实行物业服务费酬金制的，预收的物业服务资金包括物业服务支出和物业服务企业的酬金。

本规则所称物业服务成本涵盖包干制物业收费中的物业服务成本和酬金制物业收费中的物业服务支出。

物业服务成本包括物业服务人为该项目进行物业服务实际支出的直接人工费、直接材料费和间接费用等。物业服务成本计价，应综合考虑社会价格指数、社会平均工资、社会保险缴纳比例、材料采购价格以及水、电、气、热等能耗价格的变化。

第四条 选择不同物业服务人时，物业服务费价格制定原则：

（一）业主共同决定聘请物业服务企业的，物业服务费可采取包干制或酬金制形式计价。其中物业服务成本计算及科目设置应参照本规则执行；采用包干制形式的管理费、利润比例或酬金制形式的酬金比例由合同双方约定。

（二）业主共同决定自行管理的，物业服务费一般按照“以支定收”原则，支出项目依据北京市住房和城乡建设委员会发布的《北京市住宅小区物业服务项目清单》及本规则的成本计算及科目设置相关内容，进行相应财务支出。

（三）业主共同决定委托专业单位管理的，可按委托服务项目支付服务费，其中专业服务成本计算及科目设置应参照本规则相应专业项目执行，各专业单位的管理费、利润比例由合同双方约定。

第五条 物业服务成本包括下列费用：

（一）管理人员费用；

（二）物业共用部位、共用设施设备的日常运行、维护费用；

（三）清洁卫生费用；

（四）绿化养护费用；

（五）秩序维护费用；

（六）办公费用；

（七）管理费用；

（八）物业服务项目固定资产折旧；

（九）物业共用部位、共用设施设备及安全生产责任险费用；

（十）经业主同意的其他费用。

（注：以上各项成本名词解释详见附件1）

第六条 物业服务成本的二级科目中包含人工、专项服务、安全生产管理、能源消耗、物料消耗、办公费用等（详见附件2）。

第七条 物业服务成本中二级科目涉及的人工岗位人数及上岗依据：

（一）物业服务合同；

（二）项目执行的物业服务标准；

（三）国家有关法律规定及行业规范标准要求；

（四）人工成本金额计算应按照社会保险、住房公积金等有关规定执行。

第八条 三级科目为各项物业服务成本明细（详见附件2），在二级科目基础上除人工费用外，其他科目应对应北京市住房和城乡建设委员会发布的《北京市住宅小区物业服务项目清单》，并依据财务管理相关规定对支出科目进行细分，各项之和为物业服务成本总额。

第九条 三级科目中专业性较强的服务内容由专业公司承接的，该项服务成本依据外包合同约定金额执行。

第十条 各项能耗费用计算单价以最新政府定价为标准。

第十一条 具体项目的物业服务成本费用按本项目签订的物业服务合同及执行的物业服务标准计算，参照以上第三级科目计算物业服务成本总额。

第十二条 物业管理行业协会应对物业服务成本价格进行动态监测，定期在官方网站发布最新成本信息。

第十三条 业主、物业服务人需要调整物业服务费时，可参考物业管理行业协会发布的最新物业服务成本信息进行协商调整。

第十四条 物业服务成本计算公式

单位物业服务成本（元/平方米—月）＝年度物业服务成本总额（元）/专有部分面积总和（平方米）/月数（个）

其中：

1. 年度物业服务成本总额是指年度物业服务成本（包干制）或年度物业服务支出（酬金制）。

2. 专有部分面积总和是指业主专有部分面积总和。业主专有部分面积的认定：专有部分面积，按照不动产登记簿记载的面积计算；尚未进行物权登记的，暂按测绘机构的实测面积计算；尚未进行实测的，暂按房屋买卖合同记载的面积计算；业主专有部分面积总和按照前项的统计总和计算。

3. 月数按十二个月计算。

4. 不同服务标准、服务内容的物业可按此公式单独计算单位物业服务成本。

第十五条 物业费构成包括物业服务成本、物业服务企业 利润或物业服务企业酬金、法定税费。

第十六条 在物业服务期内，物业服务各项成本将随本市相关成本规定调整而适时调整。

第十七条 本规则自2021年10月1日起施行。

附件：1. 住宅小区物业服务成本相关名词解释

2. 住宅小区物业服务成本明细

附件 1

住宅小区物业服务成本相关名词解释

1. 管理人员费用

管理人员指物业服务项目主管以上工作人员。

管理人员费用指管理服务人员工资、按规定提取的工会经费、职工教育经费，以及根据政府有关规定应当由物业服务企业缴纳的住房公积金和养老、医疗、失业、工伤、生育保险等社会保险费用。

2. 物业共用部位、共用设施设备的日常运行、维护费用

是指为保障物业管理区域内共用部位共用设施设备的正常使用和运行、维护保养所需的费用。不包括物业项目工程质量保修期内应由建设单位履行保修责任而支出的维修费、应由住宅专项维修资金支出的维修和更新、改造费用。

3. 清洁卫生费用

是指保持物业管理区域内公共环境卫生所需的购置工具费、消杀防疫费、垃圾清运和消纳费、管道疏通费、清洁用料费、垃圾分类管理费、化粪池清掏费、环卫所需费用、外墙清洗费用等。

4. 绿化养护费用

是指管理、养护公共绿化所需的绿化工具购置费、绿化用水费、补苗费、农药化肥费等。不包括应由建设单位支付的种苗种植费和前期维护费。

5. 秩序维护费用

是指维护物业管理区域公共秩序所需的器材装备费、安全防范人员的人身保险费及由物业服务企业支付的服装费等。其中器材装备不包括共用设备中已包括的监控等技防设备。

6. 办公费用

是指物业服务企业为维护管理区域正常的物业管理活动所需的办公用品费、交通费、房租、水电费、取暖费、通讯费、书报费等其他费用。

7. 管理费用

是指物业服务企业在管理多个物业项目情况下，为保证相关的物业服务正常运转而由各物业服务小区承担的分摊管理费用。

8. 物业服务项目固定资产折旧

是指按规定折旧方法计提的物业服务固定资产的折旧金额。物业服务固定资产指在物业服务小区内由物业服务企业拥有的、与物业服务直接相关的、使用年限在一年以上的资产。

9. 物业共用部位、共用设施设备及安全生产责任险费用

是指物业服务企业购买物业共用部位共用设施设备及安全生产责任险所支付的保险费用，以物业服务企业与保险公司签订的保险单和所交纳的保险费为准。

10. 经业主同意的其他费用

是指业主或者业主大会按规定同意由物业服务费开支的费用。

附件 2

住宅小区物业服务成本明细

一级科目	二级科目	三级科目	备注
管理人员费用	人工费用	工资	工资、加班费、奖金等
		社会保险	医疗保险、基本养老保险费、失业保险费、工伤保险费、生育保险费等

续表

一级科目	二级科目	三级科目	备注
管理人员费用	人工费用	住房公积金	按照各地区《住房公积金管理条例》规定缴存比例执行
		职工福利	防暑降温、工服洗涤、体检、节日慰问等
		工会经费	管理人员工资的2%
		职工教育经费	不超过管理人员工资的8%
		其他人工费	残保金、置装费等
	安全生产管理费用	安全防护用品	个人安全防护用品
物业共用部位、共用设施设备的日常运行、维护费用	人工费用	工资	工资、加班费、奖金等
		社会保险	医疗保险、基本养老保险费、失业保险费、工伤保险费、生育保险费等
		住房公积金	按照各地区《住房公积金管理条例》规定缴存比例执行
		职工福利	防暑降温、工服洗涤、体检、节日慰问等
		工会经费	工程人员工资的2%
		职工教育经费	不超过工程人员工资的8%
		其他人工费	残保金、置装费等
	设施设备维护费用	消防系统维护费	消防系统维保费、维修费、配件更换等
		供配电系统维护费	供配电系统维保费、维修费、配件更换等
		电梯系统维护费	电梯维保费、维修费、配件更换等
		给排水系统维护费	给排水系统维保费、维修费、配件更换等
		安防系统维护费	安防系统维保费、维修费等
		智能化系统维护费	智能化系统维保费、软件费、服务费等
		房屋建筑维护养护费	房屋建筑维护费、修缮费等
		其他工程专项维修费	其他维修费
	维修材料费用	日常维修及材料费	日常维修、零星维修、小修等
		工程及专项维修材料费	工程及专项维修费
		标识成本费	公共部位警示牌、指示牌、标识等
		其他维修材料费	其他维修材料费
	能源消耗	水、电及其他能源费	共用设施设备水、电、燃气等
	安全生产管理费用	安全教育培训	工程类安全教育培训
		安全设备设施检测	消电检、高压用具、避雷、电梯、灭火器检测、水质化验等
		安全防护费	个人安全防护用品及安全防护装置

续表

一级科目	二级科目	三级科目	备注
清洁卫生费用	人工费用	工资	工资、加班费、奖金等
		社会保险	医疗保险、基本养老保险费、失业保险费、工伤保险费、生育保险费等
		住房公积金	按照各地区《住房公积金管理条例》规定缴存比例执行
		职工福利	防暑降温、工服洗涤、体检、节日慰问等
		工会经费	保洁人员工资的2%
		职工教育经费	不超过保洁人员工资的8%
		其他人工费	残保金、置装费等
	专项清洁费用	有害生物防治费	有害生物防治服务费、药品等
		生活垃圾清运费	生活垃圾清运相关费用
		大件垃圾清运费	大件垃圾清运相关费用
		外墙清洗费	外墙清洗相关费用
	物料消耗	消杀防疫物资	口罩、消毒液、防护服等
		日常物料费	清洁设备、工具、清洁用料费等
		其他物料消耗	其他物料消耗
	能源消耗	水、电及其他能源费	清洁卫生设施设备消耗水、电、燃气、汽油、柴油等
	安全生产管理费用	安全教育培训	清洁卫生类安全教育培训费
		安全防护用品	个人安全防护用品
绿化养护费用	人工费用	工资	工资、加班费、奖金等
		社会保险费	医疗保险、基本养老保险费、失业保险费、工伤保险费、生育保险费等
		住房公积金	按照各地区《住房公积金管理条例》规定缴存比例执行
		职工福利	防暑降温、工服洗涤、体检、节日慰问等
		工会经费	绿化人员工资的2%
		职工教育经费	不超过绿化人员工资的8%
		其他人工费	残保金、置装费等
	绿化专项服务费用	绿化补植费	绿植补充相关费用
		病虫害防治	相关药品、器具等费用
		绿化修剪费	绿化修剪相关费用
	物料消耗	绿化物资费	绿化工具、苗圃、化肥等
		其他物料消耗费	其他物料费用
	能源消耗	水、电及其他能源费	绿化养护设施设备消耗水、电等能耗费用
	安全生产管理费用	安全教育培训	绿化类安全教育培训费
		安全防护用品	个人安全防护用品

续表

一级科目	二级科目	三级科目	备注
秩序维护费用	人工费用	工资	工资、加班费、奖金等
		社会保险费	医疗保险、基本养老保险费、失业保险费、工伤保险费、生育保险费等
		住房公积金	按照各地区《住房公积金管理条例》规定缴存比例执行
		职工福利	防暑降温、工服洗涤、体检、节日慰问等
		工会经费	秩序维护人员工资的2%
		职工教育经费	不超过秩序维护人员工资的8%
		其他人工费	残保金、置装费等
	物料消耗	配件费	秩序维护设备及物资维修费及配件费
		秩序维护物资费	手电筒、对讲机、荧光棒、巡逻车及相关应急物资
		其他物料消耗费	其他物料费用
	安全生产管理费用	安全教育培训	秩序维护类安全培训、消防演习费等
		安全防护用品	个人安全防护用品
办公费用	办公费用	办公费	办公室租金、办公耗材、邮寄快递等
		水电气暖费	办公室内水、电、燃气、物业费、供暖费等
		交通费	因公交通费、差旅费等
		IT 系统费	管理软件费用、手续费等
		通讯费	电话费、网络费等
		宿舍费	宿舍租金、物资、能耗费等
		宣传费	业主活动费、宣传费等
		其他办公成本	其他办公成本
管理费用	企业管理费用	管理费	管理多个物业项目情况下，为保证相关的物业服务正常运转而由各物业服务小区承担的分摊管理费用
物业服务项目固定资产折旧	物业服务项目固定资产折旧	机动车辆	最低折旧年限为4年
		办公机具	电脑、复印机、家具等，按税法规定电子设备最低折旧年限3年，家具5年
		设备类	工程、安防、消防等大型设备。按税法规定最低折旧年限为10年
		工具类	垃圾清运车、洒水车、药物喷洒车、割草机、吸尘器、电焊机等。按税法规定最低折旧年限5年

续表

一级科目	二级科目	三级科目	备注
物业共用部位共用设施设备及安全生产责任险费用	保险费用	责任险	物业共用部位共用设施设备安全生产责任险或公共责任险所支付的保险费用
		财产险	物业公司财产一切险所支付的费用
		其他保险	其他保险
经业主同意的其他费用	业主或者业主大会按规定同意由物业服务费开支的费用	业委会费用	经业主同意业委会相关费用
		其他费用	经业主同意其他物业服务成本未包含的费用

北京市燃气管理条例（摘）

（2006年11月3日北京市第十二届人民代表大会常务委员会第三十二次会议通过，
2020年9月25日北京市第十五届人民代表大会常务委员会第二十四次会议修订，
北京市人民代表大会常务委员会公告〔十五届〕第37号公布）

第一章　总则

第一条　为了加强本市燃气管理，维护燃气市场秩序，保障公民生命、财产安全和公共安全，促进燃气事业发展，制定本条例。

第二条　本条例适用于本市行政区域内燃气的规划、供应和使用，燃气设施的建设以及其他相关活动。

…………

第五条　燃气供应企业和非居民用户应当将燃气安全纳入本企业、本单位的安全生产管理工作。

燃气供应企业应当对燃气供应安全负责，并加强对燃气使用安全的服务指导和技术保障。燃气用户应当对燃气使用安全负责。

…………

第三章　燃气供应与使用

…………

第二十条　燃气供应企业受理非居民的用气开户申请的，应当对其用气环境进行安全检查；有下列情形之一的，燃气供应企业不得与其签订供用气合同，不得供气：

（一）用气场所为违法建设；

（二）拒绝安全检查，或者经安全检查，用气场所、燃气设施或者用气设备不符合安全用气条件；

（三）用气场所未安装燃气泄漏报警装置。

第二十一条　燃气供应企业应当向用户提供安全、稳定、质量合格和价格合理的服务。

燃气供应企业向用户供应的燃气应当符合国家和本市规定的质量要求，不得掺杂、掺假。

燃气供应企业未经区城市管理部门批准，不得擅自停业、歇业。确需停业、歇业的，应当事先对供应范围内的用户用气需求作出妥善安排。

…………

第二十四条　本市实行瓶装液化石油气实名购买制度。燃气供应企业销售瓶装液化石油气，应当如实记录用户基本信息以及用户持有气瓶的数量、定期检验周期和报废期限等情况。

燃气供应企业应当在用户持有的气瓶定期检验周期、报废期限到期前三十日内通知用户；用户应当在期限届满前将气瓶送交燃气供应企业处理。

第二十五条　非居民用户购买瓶装液化石油气的，燃气供应企业负责直接配送、安装气瓶，并对其用气场所、燃气设施和用气设备进行安全检查。

居民用户购买瓶装液化石油气的，可以自行运送或者由燃气供应企业直接配送；选择直接配送方式的，燃气供应企业应当对居民用户的用气场所、燃气设施和用气设备进行安全检查。逐步推进居民用户购买瓶装液化石油气直接配送。

…………

第二十七条 燃气用户应当在具备安全用气条件的场所正确使用燃气和管道燃气自闭阀、气瓶调压器等设施设备；安装、使用符合国家和本市有关标准和规范的燃气燃烧器具及其连接管、燃气泄漏报警装置，并按照使用年限要求进行更换。

房屋出租人出租房屋应当保证交付的房屋符合本条第一款的规定，并承担燃气设施和用气设备的维护、维修和更新改造责任，承租人应当承担日常燃气使用安全责任，房屋租赁合同另有约定的除外。

第二十八条 非居民用户应当接受燃气供应企业的业务指导，并对从事燃气设施运行、维护和安全管理的人员进行专业技术培训，使其掌握相应的燃气安全知识。

第二十九条 管道燃气非居民用户变更户名、用气量、燃气使用性质的，应当到燃气供应企业办理相应手续。

第三十条 禁止在燃气使用中有下列行为：

（一）向未取得本市燃气经营许可证的单位或者个人购买燃气；

（二）向签订供用气合同以外的单位或者个人购买燃气；

（三）利用气瓶倒装燃气；

（四）摔、砸、滚动、倒置气瓶；

（五）加热气瓶、倾倒瓶内残液或者拆修瓶阀等附件；

（六）实施影响燃气计量表正常使用的行为；

（七）在安装燃气计量表、阀门等燃气设施的房间内堆放易燃易爆物品、居住和办公，在燃气设施的专用房间内使用明火；

（八）发现燃气设施或者用气设备异常、燃气泄漏、意外停气时，在现场使用明火、开关电器或者拨打电话；

（九）将燃气管道作为负重支架或者电器设备的接地导线；

（十）无正当理由拒绝入户安全检查，或者拒不整改用气安全隐患；

（十一）安装、使用国家和本市已明令淘汰或者已超出使用年限的用气设备；

（十二）其他危害公共安全和公共利益的燃气使用行为。

餐饮经营者使用瓶装液化石油气的，除遵守前款规定外，不得违反国家和本市有关餐饮经营者瓶装液化石油气安全使用条件中的强制性要求。

第三十一条 有下列情形之一的，燃气供应企业应当在书面告知燃气用户后对其暂停供气或者限制购气，并向城市管理综合执法部门报告：

（一）无正当理由拒绝定期入户安全检查；

（二）用气场所、燃气设施或者用气设备存在安全隐患且拒不整改。

第三十二条 燃气供应企业发现危害燃气设施安全、违反规定使用燃气等行为的，应当立即予以劝阻、制止，记入用户档案，并向城市管理综合执法部门举报；城市管理综合执法部门接到举报后，应当立即核查并依法处理。

城市管理综合执法部门核查供气用气违法行为，城市管理部门、燃气供应企业和用户应当配合。

第三十三条 管道燃气供应企业对居民用户专有部分以外的燃气设施承担运行、维护、抢修和更新改造的责任，所需费用计入配气成本；专有部分的燃气设施需要维修、安装、改装、移动或者拆除的，接受委托的管道燃气供应企业应当按照规范实施作业，并由居民用户承担相应费用，国家另有规定的除外。

非居民用户的管道燃气设施的运行、维护、抢修和更新改造责任，由管道燃气供应企业与非居民用户双方协商，并在供用气合同中予以明确。

第三十四条 燃气供应企业应当在重要燃气设施或者燃气设施重要部位设置统一、明显的识别标志；应当在燃气设施维护和抢修时，设置安全警示标志。

燃气供应企业应当对安装在用户室内和建筑物公共部位的公用燃气阀门设立永久性警示标志，警示用户不得擅自操作公用燃气阀门。

第三十五条　燃气用户和物业服务人应当配合燃气供应企业对燃气设施进行的维护、抢修、入户安全检查以及查表、收费等工作，不得妨碍、阻挠。

燃气用户应当支付燃气费，不得拖欠和拒绝支付。

第四章　燃气设施与用气设备管理

第三十六条　任何单位和个人不得侵占、毁损，擅自拆除、改装、安装或者移动燃气设施。

燃气供应企业对燃气门站、储配站、区域性调压站、燃气供应站、市政燃气管道等燃气设施进行拆除、改造、迁移的，应当到区城市管理部门办理燃气设施改动行政许可手续。

燃气供应企业改动燃气设施，应当符合下列条件：

（一）有改动燃气设施的申请报告；

（二）改动后的燃气设施符合燃气发展规划、安全等有关规定；

（三）有安全施工的组织、设计和实施方案；

（四）有安全防护及不影响燃气用户安全、正常用气的措施；

（五）法律、法规和规章规定的其他条件。

区城市管理部门应当自受理燃气设施改动申请之日起十二个工作日内，依照法定程序作出行政许可决定。

燃气供应企业应当按照行政许可决定的要求实施作业。

…………

第四十六条　任何单位和个人不得盗用燃气或者损毁燃气设施。

…………

第五章　应急预案与事故处置

第四十七条　…………

燃气供应企业、非居民用户应当根据市、区应急预案的规定，制定本企业、本单位的燃气应急预案。

第四十八条　市、区人民政府有关部门以及燃气供应企业、非居民用户，应当有计划、有重点地进行燃气应急预案演练，并根据实际情况及时修订应急预案。

发生燃气安全突发事件时，各有关单位和部门应当按照规定启动应急预案。

第四十九条　政府有关部门应当建立健全燃气应急指挥通信网络系统。

燃气供应企业应当设置并向社会公布抢险、抢修电话，并保持通信畅通。

第五十条　应急管理部门、城市管理部门或者其他有关部门在履行职责中发现燃气供应和使用的安全生产事故隐患的，应当责令立即排除；有重大安全生产事故隐患的，应当责令暂时停产停业或者停止使用相关燃气设施、设备；对燃气使用的安全生产事故隐患，应当同时通知燃气供应企业采取相应措施。

第五十一条　任何单位和个人发现燃气事故、事故隐患以及危害燃气设施安全的情况，应当立即向燃气供应企业或者政府有关部门报告。

发生燃气安全突发事件的，燃气供应企业应当根据燃气应急预案，立即采取相应措施先行处置，并根据事件等级，按照程序向城市管理、应急管理、市场监督管理、消防救援等政府有关部门报告。

政府有关部门应当根据事件等级，依照燃气应急预案，按照各自职责和业务范围，密切配合，做好燃气安全突发事件的指挥、处置等工作。

发生燃气泄漏等紧急情况，燃气供应企业需要采取紧急避险措施，实施入户抢险、抢修作业的，公安机关、消防救援机构应当配合燃气供应企业实施入户抢险、抢修作业。

第五十二条　燃气供应企业处置燃气安全突发事件，有关单位和个人应当配合，不得阻挠、干扰。因抢修、抢险作业损坏树木、园林设施、市政设施或者其他设施的，应当同时告知有关部门和单位；造成损失的，应当给予补偿。

第五十三条　燃气供应企业应当按照规定

报告供气范围内发生的燃气安全事故，不得迟报、漏报、谎报或者瞒报。

…………

第五十九条 违反本条例第二十七条第一款规定，未安装、使用符合要求的燃气燃烧器具及其连接管、燃气泄漏报警装置的，由城市管理综合执法部门责令限期改正；逾期不改正的，对非居民用户处二万元以上十万元以下罚款。

第六十条 非居民用户有本条例第三十条规定情形之一的，由城市管理综合执法部门责令限期改正；逾期不改正的，处二万元以上十万元以下罚款。

居民用户有本条例第三十条第一款第（一）项至第（九）项、第（十一）项、第（十二）项情形之一的，由城市管理综合执法部门责令限期改正；逾期不改正的，处一千元以下罚款。

第六十一条 违反本条例第三十三条第一款规定，管道燃气供应企业未按照规范维修、安装、改装、移动或者拆除居民用户专有部分的燃气设施的，由城市管理综合执法部门责令限期改正，处二万元以上十万元以下罚款；有违法所得的，没收违法所得；情节严重的，吊销燃气经营许可证。

第六十二条 违反本条例第三十六条规定，单位侵占、毁损，擅自拆除、改装、安装、移动燃气设施或者不按照燃气设施改动许可的要求实施作业的，由城市管理综合执法部门责令限期改正，恢复原状或者采取其他补救措施，处五万元以上十万元以下罚款。

个人擅自拆除、改装、安装或者移动户内管道燃气设施的，由城市管理综合执法部门责令限期改正；逾期不改正的，处一千元以下罚款；侵占、毁损，擅自拆除、改装、安装或者移动户外燃气设施的，处五千元以上五万元以下罚款。

存在安全隐患的，城市管理综合执法部门可以指定燃气供应企业代为采取改正措施，相关费用由当事人承担。

…………

第七章 附则

第七十一条 本条例中有关用语的含义：

（一）燃气是指用于生产、生活的天然气、液化石油气等气体燃料的总称。

（二）燃气设施是指燃气储配站、门站、气化站、加气站、灌装站、供应站、调压站、市政燃气管网等的总称，包括市政燃气设施、用户专有部分和专有部分以外的燃气设施等。

（三）用气设备及其配件是指使用燃气作为燃料进行加热、炊事等的设备及其配件，包括燃气工业炉、燃气锅炉、燃气空调机、民用燃气用具及燃气泄漏报警装置等燃气安全防护装置、灶具连接管、气瓶调压器等。

（四）燃气供应企业是指取得燃气经营许可证，从事管道燃气、瓶装燃气或者燃气供应站、充装站、气化站、加气站等燃气经营活动的企业。

（五）燃气用户是指燃气使用人，包括居民用户和非居民用户。

（六）居民用户专有部分的燃气设施，是指燃气计量表安装在户内时，从户内燃气计量表起（不包括燃气计量表）按照顺气流方向延伸的燃气管道等燃气设施，以及燃气计量表安装在室外时燃气管道进户墙内侧的燃气设施（不包括墙体内的燃气设施）。

第七十二条 本条例自 2021 年 1 月 1 日起施行。

北京市文明行为促进条例

（北京市人民代表大会常务委员会公告〔十五届〕第 27 号，2020 年 4 月 24 日）

《北京市文明行为促进条例》已由北京市第十五届人民代表大会常务委员会第二十一次会议于 2020 年 4 月 24 日通过，现予公布，自 2020 年 6 月 1 日起施行。

第一章　总则

第一条　为了培育和践行社会主义核心价值观，传承和弘扬中华传统美德，引导和促进文明行为，提高公民思想觉悟、道德水准和文明素养，促进社会文明进步，根据宪法和有关法律、法规，结合本市实际，制定本条例。

第二条　本市行政区域内的文明行为促进及其相关工作，适用本条例。

本条例所称文明行为，是指以社会主义核心价值观为引领，恪守社会主义道德，维护公序良俗，尊重他人合法权利和自由，体现社会进步的行为。

第三条　文明行为促进工作应当与首都城市战略定位相符合，与超大城市治理体系和治理能力现代化相适应，坚持文化滋养、科技提升、法治保障，弘扬首都市民热情开朗、大气开放、积极向上、乐于助人的优秀品质，建设新时代文明行为首善之区。

第四条　文明行为促进工作应当坚持以党建为引领，尊重人民群众主体地位，构建党委统一领导、政府组织实施、部门各负其责、社会协同推进、群众共同参与的共建共治共享工作格局。

第五条　文明行为促进工作应当坚持法治与德治相结合、倡导与治理相结合、自律与他律相结合、政府主导与社会共治相结合、奖励与惩戒相结合的原则。

第六条　首都精神文明建设委员会和各区精神文明建设委员会负责统筹推进本行政区域内的文明行为促进工作。

首都精神文明建设委员会和各区精神文明建设委员会办事机构负责本行政区域内文明行为促进工作的组织协调、督促检查。

第七条　市、区人民政府应当将文明行为促进工作纳入国民经济和社会发展规划，所需经费列入财政预算，制定相关政策措施，推动文明行为促进工作与经济社会协调发展。

市、区人民政府工作部门应当在各自职责范围内做好文明行为促进工作。

第八条　乡镇人民政府、街道办事处应当按照区精神文明建设委员会的统筹部署，做好本辖区的文明行为促进工作。

村民委员会、居民委员会应当加强文明行为的宣传、教育和引导，协助做好文明行为促进相关工作。

第九条　文明行为促进是全社会的共同责任。

国家机关应当在文明行为促进工作中发挥示范作用。

企业事业单位、社会团体、其他组织和个人应当积极参与文明行为促进工作，有权对文明行为促进工作提出意见和建议，对不文明行为进行劝阻、举报和投诉，对不履行文明行为促进工作职责的情况予以反映。

国家工作人员、人大代表、政协委员、先进模范人物、社会公众人物、文明引导员等应当在文明行为促进工作中发挥表率作用。

第十条　本市对在文明行为促进工作中作出突出贡献的单位和个人给予表彰和奖励。

第二章　文明行为规范

第十一条　公民应当牢固树立国家观念，爱党爱国爱社会主义，维护国家安全、荣誉和利益，维护国家统一和民族团结；积极参与爱国主义教育实践活动，尊重和爱护国旗，正确使用国徽，规范地奏唱、播放和使用国歌。

第十二条　公民应当增强首都意识，维护首都文明形象，积极支持和参与国家及本市依法组织的重大活动，注重国际交往文明礼仪，配合相关管理措施，参与相关服务保障活动；传承和传播中华优秀传统文化，保护北京历史文化名城。

第十三条　公民应当积极践行以文明礼貌、助人为乐、爱护公物、保护环境、遵纪守法为主要内容的社会公德，以爱岗敬业、诚实守信、办事公道、热情服务、奉献社会为主要内容的职业道德，以尊老爱幼、男女平等、夫妻和睦、勤俭持家、邻里互助为主要内容的家庭美德，以爱国奉献、明礼遵规、勤劳善良、宽厚正直、自强自律为主要内容的个人品德。

第十四条　本市支持和鼓励下列体现社会主义核心价值观，弘扬社会正气的文明行为：

（一）见义勇为，参加抢险救灾救人，依

法制止违法犯罪行为；

（二）无偿献血，捐献造血干细胞、人体器官（组织）、遗体；

（三）积极参与文化教育、生态环保、赛会服务、社会治理等志愿服务活动；

（四）积极参与扶贫、济困、扶老、助残、救孤、助学、赈灾、医疗救助等公益活动；

（五）拾金不昧，主动归还他人失物。

第十五条 在本市行政区域内居住、工作、生活、学习、旅游及从事其他活动的个人，应当遵守文明行为规范和文明行为公约、守则，在行使个人的权利和自由时，不得损害他人的合法权利和自由。

第十六条 在维护公共卫生方面，应当遵守下列文明行为规范：

（一）维护公共场所干净、整洁；

（二）爱护和合理使用环境卫生设施；

（三）保持公共厕所卫生，文明如厕；

（四）参与垃圾减量，减少垃圾生成；

（五）不在道路、居民区和其他公共区域焚烧、抛撒丧葬祭奠物品；

（六）在非禁止吸烟场所吸烟时合理避开他人；

（七）在公共场所咳嗽、打喷嚏时遮掩口鼻，患有流行性感冒等传染性呼吸道疾病时佩戴口罩；

（八）患有传染病时，配合相关检验、隔离治疗等措施，如实提供有关情况；

（九）不非法食用、买卖野生动物及其制品；

（十）其他维护公共卫生的文明行为规范。

第十七条 在维护公共场所秩序方面，应当遵守下列文明行为规范：

（一）言行举止得体，不大声喧哗；

（二）着装整洁，不在公共场所赤膊；

（三）等候服务依次排队，有序礼让；

（四）乘坐电梯先下后上，上下楼梯靠右侧通行；

（五）娱乐、健身时合理使用场地、设施、设备，避免干扰他人；

（六）在公共场所和公共交通工具内控制手机及其他电子设备音量；

（七）不在地铁、轻轨等城市轨道交通的列车内进食；

（八）其他维护公共场所秩序的文明行为规范。

第十八条 在维护交通安全秩序方面，应当遵守下列文明行为规范：

（一）按照道路标志、标线、交通信号灯指示通行；

（二）在出入口和拥堵缓行路段互相礼让、有序通行；

（三）乘坐公共交通工具遵守乘车秩序，维护驾驶人安全驾驶，主动为有需要的乘客让座；

（四）爱护互联网租赁自行车，规范有序使用和停放；

（五）驾驶车辆低速通过积水路段，防止积水溅起妨碍他人；

（六）车辆上下乘客时规范停靠，不妨碍他人通行；

（七）停放车辆不占用无障碍停车位、盲道等无障碍设施；

（八）机动车驾驶人及乘车人下车时，用远离车门一侧的手开门，转头观察车辆侧方和后方通行状况，避免妨碍他人通行；

（九）其他维护交通安全秩序的文明行为规范。

第十九条 在维护社区和谐方面，应当遵守下列文明行为规范：

（一）不占用公用设施、公共区域；

（二）饲养宠物采取必要的安全、卫生措施，不遗弃宠物；

（三）控制家庭室内活动噪声，避免干扰他人正常生活；

（四）规范有序停放车辆，在指定位置充电；

（五）不在阳台外、窗外、屋顶等空间悬挂或者堆放物品；

（六）其他维护社区和谐的文明行为规范。

第二十条 在文明旅游方面，应当遵守下列文明行为规范：

（一）尊重当地风俗习惯；

（二）遵守景区景点秩序，服从管理；

（三）爱护文物古迹；

（四）爱护景区景点公共设施、花草树木，

维护景区环境；

（五）其他文明旅游的行为规范。

第二十一条 在文明观赏方面，应当遵守下列文明行为规范：

（一）在美术馆、纪念馆、博物馆、科普场馆、体育馆、剧场等文化体育场馆遵守观赏礼仪，服从现场管理；

（二）观看体育比赛、文艺演出时尊重运动员、教练员、裁判员、演职人员和其他观众，文明喝彩助威；

（三）爱护场馆设施、展品，遵守关于拍照、录音、录像的规定；

（四）离开时随身带走垃圾；

（五）其他文明观赏的行为规范。

第二十二条 在维护网络文明方面，应当遵守下列文明行为规范：

（一）文明互动，理性表达；

（二）尊重他人权利，拒绝网络暴力；

（三）抵制网络谣言和不良信息，不造谣、不信谣、不传谣；

（四）其他维护网络文明的行为规范。

第二十三条 在维护医疗秩序方面，应当遵守下列文明行为规范：

（一）遵守各项诊疗服务制度；

（二）尊重和配合医护人员工作；

（三）通过合法途径解决医疗纠纷；

（四）其他维护医疗秩序的文明行为规范。

第二十四条 在健康文明、绿色环保生活方面，提倡下列行为：

（一）节约水、电、气等公共资源；

（二）适量点餐、践行“光盘行动”；

（三）用餐实行分餐制、使用公筷公勺；

（四）优先选择步行、骑车或者乘坐公共交通工具出行；

（五）文明节俭操办婚丧祭贺等事宜；

（六）其他文明健康、绿色环保生活的行为。

第二十五条 鼓励行业协会等社会组织、公共场所经营管理单位及其他企业事业单位根据本行业、本单位的特点，依法制定文明行为公约、守则。

鼓励居民委员会、村民委员会将文明行为规范纳入居民公约、自治章程和村规民约。

第三章 不文明行为治理

第二十六条 本市持续治理违反法律法规规定，损害他人合法权利和自由，与首都城市形象不相符、人民群众普遍厌恶的顽症痼疾和陈规陋习，以及伴随经济社会发展新产生的不文明行为。

第二十七条 在公共卫生方面，重点治理下列不文明行为：

（一）随地吐痰、便溺；

（二）乱丢烟头、纸屑、塑料袋等废弃物；

（三）在禁止吸烟场所或者排队等候队伍中吸烟；

（四）在公共建筑物、公共设施设备上乱写乱画、乱贴小广告；

（五）随意倾倒生活垃圾，不按规定进行垃圾分类。

第二十八条 在公共场所秩序方面，重点治理下列不文明行为：

（一）从建筑物中抛掷物品；

（二）在街道、广场、公园等公共场所娱乐、健身时使用音响设备产生噪声，干扰周围生活环境；

（三）在室外使用音响器材或者采用其他发出噪声的方法招揽顾客，干扰周围生活环境；

（四）以谩骂、起哄等不文明方式扰乱文化、体育等大型群众性活动秩序；

（五）在遇有突发事件时，不配合各项应急处置措施。

第二十九条 在交通出行方面，重点治理下列不文明行为：

（一）驾驶机动车乱停靠、乱插队、乱鸣笛，不规范使用灯光，行经斑马线不礼让行人，违法占用应急车道；

（二）驾驶非机动车不按照交通信号通行，不在非机动车道行驶，逆行，乱穿马路；

（三）行人不按照交通信号通行，乱穿马路，翻越交通护栏；

（四）乘坐公共交通工具抢占座位；

（五）从车辆中向外抛物；

（六）使用互联网租赁自行车不按照规定

停放。

第三十条 在社区生活方面，重点治理下列不文明行为：

（一）在楼道等公共区域堆放杂物；

（二）遛犬不牵引，犬便不清理；

（三）违反规定装修作业或者室内产生噪声，干扰周围生活环境；

（四）在公共区域内擅自设置地桩、地锁或者其他障碍物阻碍机动车停放和通行；

（五）在共用走道、楼梯间、安全出口处等公共区域为电动车充电；

（六）占用、堵塞、封闭消防通道和疏散通道。

第三十一条 在旅游方面，重点治理下列不文明行为：

（一）以刻划、涂污或者其他方式损坏文物古迹、旅游设施；

（二）采挖景区植物，攀折花木，损坏草坪、树木；

（三）伤害或者违规投喂动物。

第三十二条 在网络电信方面，重点治理下列不文明行为：

（一）编造、发布和传播虚假、低级庸俗、封建迷信等不良信息；

（二）擅自泄露他人信息和隐私；

（三）拨打骚扰电话，发送骚扰短信；

（四）以发帖、跟帖、转发、评论等方式侮辱、诽谤他人。

第三十三条 有关行政执法部门应当加强对不文明行为的日常检查，及时发现、劝阻、制止、查处不文明行为，并按照有关规定向本市公共信用信息平台归集执法信息；完善信息共享、案件移送、证据互认机制，对严重不文明行为开展联合惩戒。

行政执法部门对不文明行为实施处罚时，当事人应当如实提供姓名、住址、联系方式等身份证明信息。

第三十四条 在公共场所或者公共交通工具内实施不文明行为的，经营管理单位有权劝阻、制止；不听劝阻或者制止无效的，可以拒绝提供服务或者将其劝离，并可以视情况不退还或者部分退还已经支付的费用。

物业、保安、环境卫生等服务企业对服务区域内的不文明行为，应当予以劝阻、制止；属于违法行为，不听劝阻或者制止无效的，应当及时报告有关行政执法部门。

第三十五条 任何单位和个人有权对不文明行为进行劝阻、制止，并可以向政务服务热线或者有关行政执法部门投诉、举报；对不文明行为采用拍照、录音、录像等形式所做的合法记录，可以提交行政执法部门作为执法的参考。

第四章 促进与保障

第三十六条 首都精神文明建设委员会和各区精神文明建设委员会办事机构，市、区人民政府及其有关部门应当完善文明行为促进的相关工作制度和机制，配备相应工作力量，组织开展文明实践活动，提升全社会的文明意识，促进全社会文明行为习惯的养成。

首都精神文明建设委员会应当在精神文明建设工作中，与在京中央单位加强协调。

第三十七条 本市建立新时代文明实践活动体系，宣传科学理论和政策、培育践行主流价值、丰富活跃文化生活、推动移风易俗、倡导文明健康生活方式，引导群众提高思想觉悟、道德水准和文明素养。

本市设立新时代文明实践推动日。

第三十八条 本市各级人民政府及其有关部门、精神文明建设委员会办事机构应当深化群众性精神文明创建活动，将社会公德、职业道德、家庭美德、个人品德建设贯穿文明城区、文明村镇、文明单位、文明家庭、文明校园等创建活动全过程。

第三十九条 本市坚持开展爱国卫生运动，改善人居环境，完善公共卫生设施，倡导良好饮食习惯，维护社会心理健康，提高公民的文明卫生素质。

第四十条 市、区人民政府及其有关部门可以通过购买服务、公开招募等方式，组建公共文明引导员队伍，在礼仪示范、秩序维护等方面开展宣传引导服务，劝阻不文明行为。公共文明引导员队伍的培训、管理、保障等具体办法，由首都精神文明建设委员会办事机构制定。

第四十一条 本市建立健全北京榜样、道德模范等先进人物的举荐、评选、表彰奖励、帮扶礼遇等机制，广泛宣传先进人物的先进事迹和突出贡献，树立鲜明的时代价值取向。

第四十二条　本市建立文明行为记录制度，对见义勇为、志愿服务、慈善公益等文明行为信息进行记录。记录的标准和程序由首都精神文明建设委员会办事机构会同有关部门制定。

政府有关部门在制定有关政策时，应当将文明行为记录作为优惠、奖励的重要参考。

国家机关、企业事业单位、社会组织在招聘录用、职位晋升、待遇激励等工作中应当将文明行为记录作为重要参考。

第四十三条　首都精神文明建设委员会办事机构应当适时发布文明行为白皮书，向社会公布本市文明行为促进工作情况及公共文明状况，指导全社会参与文明行为促进工作。

第四十四条　市、区人民政府应当加强公共图书馆、中小学图书馆、街道（乡镇）及社区（村）图书室、流动站点等全民阅读设施建设，组织开展全民阅读活动，培养公民的阅读习惯，促进公民文明素养的提升。

图书馆、文化馆、博物馆、电影院、青少年活动中心、基层综合性文化服务中心等公共文化设施管理单位应当结合各自的功能特点，有针对性地开展文明行为宣传引导活动，培养公民的文明意识和文明行为习惯。

第四十五条　学校和家庭应当加强青少年的文明行为习惯养成教育。

教育行政部门和学校应当将文明行为培养纳入教育教学，制定文明行为守则，加强师德师风建设，开展文明行为教育和实践活动，提升学生文明素养。

家庭应当注重用良好家教家风涵育道德品行，家长以身作则、言传身教，引导青少年养成文明行为习惯。

第四十六条　工会、共青团、妇联等群团组织应当根据各自章程规定，发挥自身优势，组织开展具有群体特色的文明行为促进活动。

鼓励国家机关、企业事业单位、社会组织将文明行为规范纳入职业规范要求，将文明行为培训纳入任职培训、岗位培训内容，对其职工、会员的文明行为进行表彰奖励。

第四十七条　广播、电视、报刊、网络平台和手机客户端等大众传播媒介应当积极开展文明行为宣传工作，对文明行为先进事迹进行宣传褒扬，依法批评、曝光不文明行为。

鼓励互联网信息服务提供者优化信息推荐机制，在重点位置板块积极呈现文明行为促进的相关信息。

市、区人民政府和精神文明建设委员会办事机构可以通过购买服务、表彰奖励等方式，鼓励新媒体制作和传播弘扬社会主义核心价值观、传播正能量的公益性数字文化产品。

第四十八条　鼓励公共场所经营管理单位通过楼宇电视、显示屏、宣传栏等，开展文明行为宣传引导。

鼓励在飞机、火车、长途客车等公共交通工具上采取播放音视频、发放宣传资料等方式，对文明行为规范进行宣传。

第四十九条　本市推动爱国主义教育融入贯穿国民教育和精神文明建设全过程，开展基本国情、历史文化、民主法治、国家安全、民族团结和祖国统一等教育，加强爱国主义教育基地、国防教育基地和革命纪念设施的建设、保护与利用。

教育行政部门、共青团、大中小学校等要建立与爱国主义教育基地的工作联系制度，组织制定教育活动计划，重点培养青少年爱国主义情怀。

第五十条　网信部门应当制定互联网文明行为规范，强化网络空间治理、内容建设，加强网上正面宣传，丰富网上道德实践，发展积极向上的网络文化。

网络运营者应当依法办网，传播健康信息、维护网络安全，对网络从业人员进行教育培训，加强对网络用户制作、复制、发布、传播信息的管理，发现违反法律法规的，应当立即停止传输，保存相关记录并向网信部门或者有关主管部门报告。

第五十一条　本市各级人民政府及其有关部门应当完善环境卫生、公共秩序、交通出行、文化体育、无障碍环境等公共服务设施，为单位和个人践行文明行为提供保障。

第五十二条　公共场所经营管理单位应当按照有关规定配备爱心座椅、轮椅、母婴室、自动体外除颤仪等便民设施，设置“一米线”

等文明引导标识，保持环境整洁卫生，维护良好秩序，开展文明宣传，加强巡查管理，引导、规范文明行为。

第五十三条 政务服务窗口单位、医疗机构、金融机构、景区管理机构、公共服务企业等应当发挥文明服务示范作用，合理设置服务网点和服务窗口，优化办事流程，推广网上预约、网上办理，提供便捷高效、文明礼貌的服务。

第五十四条 大型活动的主办、承办单位应当制定文明保障方案，完善相应保障措施，加强对参加人员的文明宣传和教育。

参观活动及文艺演出、体育比赛的举办单位和组织者应当宣传告知文明观赏的礼仪规范，维护场所秩序。

旅游从业者应当宣传告知文明旅游的行为规范，引导旅游者健康、低碳、文明旅游，及时劝阻不文明行为。

餐饮服务企业应当配备公筷公勺，有条件的应当推行分餐制，引导消费者文明健康就餐。

第五十五条 互联网租赁自行车经营企业及物流配送等企业应当建立企业交通安全管理制度，落实道路交通安全防范责任制度；制定本企业的文明交通行为守则，与自行车使用者、从业人员签订文明交通承诺书，加强文明交通行为教育和培训，促进本企业相关人员遵守交通秩序，文明出行。

第五章 法律责任

第五十六条 违反本条例第三章规定，实施随地吐痰、便溺，乱丢废弃物，在禁止吸烟场所吸烟，从建筑物中抛掷物品，产生噪声干扰周围生活环境，在公共区域堆放杂物等行为的，依照《中华人民共和国治安管理处罚法》《北京市市容环境卫生条例》《北京市控制吸烟条例》《北京市物业管理条例》《北京市消防条例》《北京市环境噪声污染防治办法》等法律、法规、规章的规定处理。

第五十七条 实施本条例第三章规定的不文明行为，拒不改正或者多次违反的，有关行政执法部门可以在法律、法规规定的行政处罚幅度范围内从重处罚。

第五十八条 互联网租赁自行车经营企业及物流配送等企业违反本条例规定，未落实道路交通安全防范责任制度，采取措施促进本企业相关人员遵守交通秩序、文明出行，造成严重不良影响的，公安机关交通管理部门可以约谈企业负责人，责令限期改正；逾期不改正的，可以处一万元以上五万元以下罚款，并将其纳入公共信用信息平台。

第五十九条 在大型活动中因发生不文明行为造成严重不良影响的，首都精神文明建设委员会和各区精神文明建设委员会办事机构可以约谈大型活动的主办、承办单位，责令整改；逾期不整改或者整改不达标的，责令公开道歉。

第六十条 有下列情形之一，构成违反治安管理行为的，由公安机关依法处理；构成犯罪的，依法追究刑事责任：

（一）违反本条例规定，拒不配合行政执法工作，拒不履行行政处罚决定；

（二）以威胁、侮辱、殴打等方式打击报复行政执法人员或者劝阻人、投诉人、举报人；

（三）违反本条例规定，情节严重、影响恶劣的其他情形。

对于前款规定的情形，有关行政执法部门可以依法通报所在单位或者村民委员会、居民委员会。

第六十一条 违反本条例规定实施不文明行为，当事人主动消除或者减轻违法行为危害后果的，应当依法从轻或者减轻行政处罚；违法行为轻微并及时纠正，没有造成危害后果的，不予行政处罚。

违反本条例实施不文明行为，当事人自愿参加社会服务的，可以依法从轻、减轻或者不予行政处罚。社会服务的具体实施办法，由市人民政府制定。

第六十二条 国家机关及其工作人员在文明行为促进工作中不履行或者不正确履行职责的，由其上级主管部门、监察机关或者所在单位责令改正，并视情节轻重，对负有责任的领导人员和直接责任人员给予处分或者处理。

第六章 附则

第六十三条 本条例自 2020 年 6 月 1 日起施行。

北京市街道办事处条例（摘）

（北京市人民代表大会常务委员会公告〔十五届〕第20号，2019年11月27日）

《北京市街道办事处条例》已由北京市第十五届人民代表大会常务委员会第十六次会议于2019年11月27日通过，现予公布，自2020年1月1日起施行。

第一章 总则

第一条 为了规范、保障街道办事处依法履职，构建党委领导、政府负责、多元共治、简约高效的基层公共服务、城市管理和社会治理体制，推进基层治理体系和治理能力现代化，根据《中华人民共和国地方各级人民代表大会和地方各级人民政府组织法》等法律、行政法规，结合本市实际，制定本条例。

…………

第六条 本市依托市民服务热线，建立统一的群众诉求受理平台，健全完善接诉即办分类处置机制。街道办事处应当按照民有所呼、我有所应的要求，细化、落实、创新接诉即办机制，及时回应、解决群众的诉求。

第七条 街道办事处应当推动为民办事常态化、制度化，满足人民群众生活的便利性、宜居性、多样性、公正性、安全性需求；在作出涉及辖区的重大事项、重大决策，以及实施文化服务、便民服务设施等相关规划过程中，应当采取多种形式，听取辖区居民和单位的意见、建议。

第二章 机构与职责

…………

第九条 街道办事处实行主任负责制。

…………

第十条 街道办事处应当依法履行下列职责：

（一）组织实施辖区与居民生活密切相关的公共服务工作，落实卫生健康、养老助残、社会救助、住房保障、就业创业、文化教育、体育事业和法律服务等领域的相关法律法规和政策；

（二）组织实施辖区环境保护、秩序治理、街区更新、物业管理监督、应急管理等城市管理工作，营造辖区良好发展环境；

（三）组织实施辖区平安建设工作，预防、排查、化解矛盾纠纷，维护社会和谐稳定；

（四）组织动员辖区单位和各类社会组织参与基层治理工作，统筹辖区资源，实现共建共治共享；

（五）推进社区发展建设，指导居民委员会工作，支持和促进居民依法自治，完善社区服务功能，提升社区治理水平；

（六）做好国防教育和兵役等工作；

（七）法律、法规、规章及市、区人民政府作出的决定、命令规定的其他职责。

本市建立街道办事处职责清单制度，依据法律、法规的规定确定街道办事处具体职责。街道办事处职责清单由市人民政府向社会公布。区人民政府可以结合本区实际细化职责清单。

未经市、区人民政府批准，街道办事处不承担市、区人民政府工作部门下达的其他职责。

第十一条 街道办事处行使下列职权：

（一）参与辖区有关设施的规划编制、建设和验收；

（二）对涉及辖区的全市性、全区性重大事项和重大决策提出意见和建议；

（三）指挥调度区人民政府工作部门开展联合执法；

（四）统一领导、指挥调度区人民政府工作部门派出机构，对其工作考核和人事任免提出意见和建议；

（五）对涉及多个部门协同解决的综合性事项进行统筹协调和考核督办；

（六）统筹管理和安排下沉人员、资金；

（七）统筹协管员日常管理。

街道办事处依法行使与居民生活密切相关且能够有效承接的行政执法权。具体行政执法事项清单由市人民政府制定并向社会公布。

…………

第七章 附则

第四十八条 街道办事处辖区设有村民委员会的，本条例关于居民委员会和居民的规定适用于村民委员会和村民。

第四十九条 乡镇人民政府落实党建引领“街乡吹哨、部门报到”和接诉即办机制，开展综合行政执法活动，可以参照本条例有关规定执行。

第五十条 本条例自2020年1月1日起施行。

北京市实施《中华人民共和国道路交通安全法》办法（摘）

（2004年10月22日北京市第十二届人民代表大会常务委员会第十五次会议通过，根据2010年12月23日北京市第十三届人民代表大会常务委员会第二十二次会议通过的《关于修改部分地方性法规的决定》第一次修正，根据2018年9月28日北京市第十五届人民代表大会常务委员会第七次会议通过的《北京市人民代表大会常务委员会关于修改〈北京市实施中华人民共和国道路交通安全法办法〉的决定》第二次修正，北京市人民代表大会常务委员会公告〔十五届〕第6号公布）

第一章 总则

第一条 为了实施《中华人民共和国道路交通安全法》和《中华人民共和国道路交通安全法实施条例》，结合本市实际情况，制定本办法。

第二条 在本市行政区域内道路上通行的车辆驾驶人、行人、乘车人以及与道路交通活动有关的单位和个人，应当遵守《中华人民共和国道路交通安全法》《中华人民共和国道路交通安全法实施条例》和本办法。

第三条 本市道路交通安全工作，应当遵循依法管理、方便群众的原则，保障道路交通的有序、安全、畅通。

…………

第八条 市和区人民政府及其有关部门，应当开展道路交通安全宣传教育，提高公民的道路交通安全意识和交通文明素质。

机关、部队、企业、事业单位、社会团体以及其他组织，应当做好所属人员的交通安全教育工作和所属车辆的管理工作，落实道路交通安全防范责任制度。

…………

第九条 本市鼓励单位和个人在公安机关交通管理部门的统一组织下，提供志愿服务，协助维护道路交通秩序。

…………

第二章 车辆和驾驶人

…………

第二节 非机动车

第十九条 电动自行车、人力三轮车、残疾人机动轮椅车和其他应当登记的非机动车，经公安机关交通管理部门登记并领取牌证后，方可上道路行驶。

…………

第三章 道路通行条件

…………

第三十一条 经批准占用道路施工作业的，施工单位应当提前向社会公示，并遵守下列规定：

（一）在批准的路段和时间内进行；

（二）在作业区周围设置围挡，夜间在围挡设施上设置并开启照明设备，设置交通标志、交通设施及施划交通标线的作业除外；

（三）在距来车方向不少于50米的地点设置施工标志或者注意危险警告标志，夜间在距来车方向不少于100米的地点设置反光的施工标志或者注意危险警告标志；

（四）施工作业人员按照规定穿戴反光服饰，横穿车行道时，直行通过，注意避让来往车辆；

（五）施工作业完毕，应当修复损毁路面，并清除现场遗留物。

…………

第四章 道路通行规定

第一节 一般规定

第三十四条 车辆、行人应当各行其道，并遵守下列规定：

（一）在同方向划有二条以上机动车道的道路上，货运汽车、摩托车、拖拉机、低速载货汽车、三轮汽车、轮式自行机械，在慢速车道行驶；大客车不得在快速车道行驶，但超越前方车辆时除外；

（二）在设有主路、辅路的道路上，拖拉机、低速载货汽车、三轮汽车、轮式自行机械和摩托车，只准在辅路行驶；

（三）实习期内的驾驶人驾驶机动车，不得在快速车道行驶；

（四）行人遇人行道有障碍无法正常通行而借用车行道通行时，车辆应当避让借道通行的行人。

第三十五条 车辆变更车道不得影响其他车辆、行人的正常通行，并应当遵守下列规定：

（一）让所借车道内行驶的车辆或者行人先行；

（二）按顺序依次行驶，不得频繁变更机动车道；

（三）不得一次连续变更二条以上机动车道；

（四）左右两侧车道的车辆向同一车道变更时，左侧车道的车辆让右侧车道的车辆先行。

第三十六条 在道路划设的公交专用车道内，在规定的时间内只准公共汽车、电车通行，其他车辆不得进入该车道行驶；遇交通管制等特殊情况时，按照交通警察指挥或者交通标志指示，可以借用公交专用车道行驶。

在划设公交专用车道的道路上，在规定的时间内，公共汽车、电车应当在公交专用车道内顺序行驶。在未划设公交专用车道的道路上，公共汽车、电车不得在快速车道内行驶。超越前方车辆时，只准借用相邻的一条机动车道，超越前方车辆后应当立即驶回原车道。

第三十七条 出租汽车上下站、出租汽车停靠站为出租汽车专用停车地点，其他车辆不得占用。

在设置出租汽车上下站的地点，出租汽车可以临时停车上下乘客，上下乘客后应当立即驶离。

在设置出租汽车停靠站的地点，出租汽车可以临时停车上下乘客或者顺序排队等候。

第三十八条 遇有重大国事、外事活动，公安机关交通管理部门可以采取临时交通管制措施。

举办大型群众性活动，需要公安机关交通管理部门采取交通管制措施的，公安机关交通管理部门应当在采取管制措施3日前向社会公告。

第二节 机动车通行规定

第三十九条 机动车上道路行驶不得超过限速标志、标线标明的速度；同方向划有二条以上机动车道的道路，没有限速标志、标线的，城市道路最高时速为70公里，封闭的机动车专用道路和公路最高时速为80公里。

附载作业人员的货运汽车、全挂拖斗车、运载危险化学品的货运汽车、二轮摩托车、侧三轮摩托车和铰接式客车、电车在城市道路上行驶时最高时速为50公里，在封闭的机动车专用道路和公路上行驶时最高时速为60公里。

第四十条 机动车在道路空闲、视线良好且不违反道路交通安全法律、法规规定的情况下，应当快速接续行驶，不得妨碍后车通行。

第四十一条 机动车在夜间路灯开启期

间，应当开启前照灯、示廓灯和后位灯。

机动车转弯、变更车道、超车、掉头、靠路边停车时，应当提前100米至50米开启转向灯。

第四十二条 机动车可以在有掉头标志、标线或者未设置禁止左转弯、禁止掉头标志、标线的路口、路段掉头。掉头时应当提前进入导向车道或者在距掉头地点150米至50米处驶入最左侧车道，并不得妨碍行人和其他车辆正常通行。

第四十三条 机动车通过环形路口，应当按照导向箭头所示方向行驶。进环形路口的机动车应当让已在路口内环行或者出环行路口的机动车先行。

机动车通过有交通信号灯控制的交叉路口，遇放行信号时，应当让先于本放行信号放行的车辆先行。

第四十四条 机动车进出或者穿越道路的，应当让在道路上正常行驶的车辆、行人先行。在设有主路、辅路的道路上，进主路的机动车应当让在主路上行驶的和出主路的机动车先行，辅路上行驶的机动车应当让出主路的机动车先行。

第四十五条 机动车遇有前方车辆停车排队等候或者行驶缓慢时，应当停车等候或者依次行驶，不得进入非机动车道、人行道行驶，不得鸣喇叭催促车辆、行人。

第四十六条 机动车在行驶中不得使用危险报警闪光灯，但道路交通安全法律、法规规定的牵引与被牵引的机动车、道路作业车辆、警车护卫的车队以及低能见度气象条件下行驶的机动车除外。

第四十七条 机动车在行驶中发生故障、事故的，应当按照规定立即开启危险报警闪光灯，设置警告标志；除抢救伤员、灭火等紧急情况外，驾驶人、乘车人应当迅速离开车辆和车行道。

第四十八条 牵引机动车应当遵守下列规定：

（一）牵引车与被牵引车均应当由取得机动车驾驶证一年以上的驾驶人驾驶；

（二）夜间使用软连接牵引时，牵引装置上设置反光标识物；

（三）道路设有二条以上机动车道的，在慢速车道内行驶；

（四）道路设有主路、辅路的，在辅路上行驶；

（五）全挂拖斗车、运载危险化学品的车辆不得牵引车辆；

（六）不得牵引轮式专用机械车及其他轮式机械。

第四十九条 机动车停放应当遵守下列规定：

（一）在停车场或者交通标志、标线规定的道路停车泊位内停放；

（二）在道路停车泊位内，按顺行方向停放，车身不得超出停车泊位；

（三）借道进出停车场或者道路停车泊位的，不得妨碍其他车辆或者行人正常通行。

第五十条 机动车在道路上临时停车时，应当遵守下列规定：

（一）按顺行方向，车身右侧紧靠道路边缘，不得超过30厘米，同时开启危险报警闪光灯；

（二）夜间或者遇风、雨、雪、雾等低能见度气象条件时，开启示廓灯、后位灯、雾灯。

第五十一条 公共汽车、电车驶入停靠站应当遵守下列规定：

（一）在停靠站一侧单排靠边停车；

（二）不得在停靠站以外的地点停车上下乘客；

（三）不得在停靠站内待客、揽客。

第五十二条 机动车试车应当遵守下列规定：

（一）按照规定悬挂公安机关交通管理部门核发的试车号牌；

（二）由取得机动车驾驶证一年以上的驾驶人驾驶；

（三）按照公安机关交通管理部门规定的时间、路线进行；

（四）不得搭乘与试车无关的人员；

（五）不得在道路上进行制动测试。

第五十三条 警车、消防车、救护车、工程救险车在执行紧急任务时，可以在应急车道内行驶，其他机动车不得在应急车道内行驶。

机动车发生交通事故或者故障确需在应急车道内临时停车时，应当按照规定使用灯光、设置故障车警告标志；车身超出应急车道占用车行道的，应当将故障车警告标志设在被占用的车行道内。

第三节　非机动车、行人和乘车人通行规定

第五十四条　非机动车通过有交通信号灯控制的交叉路口时，应当遵守下列规定：

（一）遇放行信号时，让先于本放行信号放行的车辆先行；

（二）左转弯时，沿非机动车禁驶区边缘或者路口中心右侧转弯；

（三）不得在非机动车禁驶区内行驶或者停车；

（四）未被交通信号放行的非机动车不得进入路口。

第五十五条　驾驶非机动车应当遵守下列规定：

（一）在非机动车道内顺向行驶。在没有划设非机动车道的道路上，自行车、电动自行车应当在距离道路右侧边缘线向左1.5米的范围内行驶，人力三轮车、残疾人机动轮椅车应当在距离道路右侧边缘线向左2.2米的范围内行驶，畜力车应当在距离道路右侧边缘线向左2.6米的范围内行驶；

（二）不得进入高速公路、城市快速路或者其他封闭的机动车专用道；

（三）与相邻行驶的非机动车保持安全距离；在与行人混行的道路上避让行人；

（四）行经人行横道时避让行人；

（五）不得在车行道上停车滞留；

（六）设有转向灯的，转弯前开启转向灯；

（七）自行车、电动自行车、人力三轮车制动器失效的，不得在道路上骑行；

（八）成年人驾驶自行车、电动自行车可以在固定座椅内载一名儿童，但不得载12周岁以上的人员；未成年人驾驶自行车、电动自行车不得载人；

（九）人力客运三轮车按照核定的人数载人，人力货运三轮车不得载人；

（十）自行车、电动自行车、三轮车不得在人行道和人行横道上骑行。

第五十六条　驾驶残疾人机动轮椅车应当遵守下列规定：

（一）携带公安机关交通管理部门核发的残疾人机动轮椅车行驶证；

（二）可以载一名陪护人员，但不得从事营运。

第五十七条　行人和乘车人应当遵守下列规定：

（一）行人应当在人行道上行走，没有人行道的，应当在距离道路右侧边缘线向左1米的范围内行走；

（二）行人不得进入高速公路、城市快速路或者其他封闭的机动车专用道；

（三）行人不得在车行道上行走或者兜售、发送物品；

（四）不得在车行道上等候车辆或者招呼营运车辆；

（五）遇有交通信号放行机动车时，未被放行的行人不得进入路口；

（六）乘坐公共汽车、电车和长途汽车，在停靠站或者指定地点依次候车，待车停稳后，先下后上；

（七）乘坐机动车不得影响驾驶人安全驾驶；

（八）明知驾驶人无驾驶证、饮酒或者身体疲劳不宜驾驶的，不得乘坐；

（九）乘坐货运机动车时，不得站立或者坐在车厢栏板上；

（十）乘坐二轮摩托车时，只准在后座正向骑坐；

（十一）不得搭乘人力货运三轮车、轻便摩托车；不得违反规定搭乘自行车、电动自行车、残疾人机动轮椅车。

第四节　高速公路的特别规定

第五十八条　机动车需要上高速公路行驶的，驾驶人应当事先检查车辆的轮胎、燃料、润滑油、制动器、灯光、灭火器具、反光的故障车警告标志等，并保证齐全有效。

第五十九条　高速公路救援车、清障车应当按照标准安装示警灯，喷涂明显的标志图案。执行救援、清障任务时，应当开启示警灯和危险报警闪光灯。

第六十条　在高速公路上进行施工、维修、养护等作业的单位，除日常维修、养护外，应当在批准的时间、地点、范围内进行，并遵守下列规定：

（一）在距离作业地点来车方向的1000米、500米、300米、100米处分别设置明显的警告标志牌，夜间设置红色示警灯（筒）；

（二）作业人员按照规定穿戴反光服饰，横穿车行道时，直行通过，注意避让来往车辆。

第六十一条 遇自然灾害、恶劣气象条件以及施工或者发生交通事故等严重影响交通安全的情形时，高速公路管理机构和公安机关交通管理部门应当及时相互通报情况；公安机关交通管理部门可以采取限制车速、调换车道、暂时中断通行、关闭高速公路等交通管制措施。采取交通管制措施时，应当设置交通标志或者发布公告。

第六十二条 高速公路管理机构应当保证高速公路安全防护设施的齐全有效，及时清理发生故障的车辆和其他障碍，劝阻禁限车辆、行人从收费站或者服务区进入高速公路。

第六十三条 高速公路上的交通事故现场，在公安机关交通管理部门勘查工作完毕后，由高速公路管理机构及时进行清理。清理时应当按照道路施工作业的规定实行安全控制。

第五章 交通事故处理

第六十四条 公安机关交通管理部门接到特别重大事故、特大事故或者危险化学品、放射性危险物品运输事故报警时，应当立即采取应急措施，并向市或者区人民政府报告。市或者区人民政府应当及时组织、协调事故处理。

第六十五条 对当事人依法可以自行协商解决或者交通警察可以当场处理的交通事故，公安机关交通管理部门应当制定具体范围标准，并向社会公布。

第六十六条 现场勘查完毕后，当事人应当在公安机关交通管理部门的组织下，按照要求及时将车辆移至不妨碍交通的地方，并清理现场。

在当事人拒不服从、无力实施或者遇有影响公众利益的紧急情况下，公安机关交通管理部门可以指定单位代为当事人将车辆移至不妨碍交通的地方，并清理现场，所需费用由当事人承担。当事人应当接收、保管从现场清理的物品。

故障车的清理适用本条第二款的规定。

第六十七条 公安机关交通管理部门根据检验、鉴定的需要，可以收集交通事故车辆、嫌疑车辆、机动车驾驶证、机动车行驶证以及其他与交通事故有关的证据，并妥善保管，检验、鉴定后应当立即发还。

第六十八条 公安机关交通管理部门经过调查后，应当根据当事人的行为对发生交通事故所起的作用以及过错的严重程度，确定当事人的责任。当事人有过错的，应当确定当事人有责任；当事人没有过错的，应当确定当事人无责任。

交通事故当事人的责任分为：全部责任、主要责任、同等责任、次要责任、无责任：

（一）一方当事人有过错，其他当事人无过错的，有过错的为全部责任，无过错的为无责任；

（二）两方以上的当事人均有过错的，作用以及过错大的为主要责任，作用以及过错相当的为同等责任，作用以及过错小的为次要责任；

（三）无法确定各方当事人有过错或者属于交通意外事故的，各方均为无责任；

（四）当事人逃逸，造成现场变动、证据灭失，公安机关交通管理部门无法查证交通事故事实的，逃逸的当事人为全部责任；当事人故意破坏、伪造现场、毁灭证据的，为全部责任；

（五）一方当事人故意造成交通事故的，其他方为无责任。

交通事故当事人的责任具体确定标准由市公安机关交通管理部门制定，并向社会公布。

第六十九条 本市依法对机动车实行第三者责任强制保险制度，设立道路交通事故社会救助基金。

机动车发生交通事故造成人身伤亡、财产损失的，肇事车辆参加机动车第三者责任强制保险的，由保险公司在机动车第三者责任强制保险责任限额范围内先行赔偿；肇事车辆未参加机动车第三者责任强制保险的，由肇事车辆按照相当于第三者责任强制保险的责任限额先行赔偿。

第七十条 机动车之间发生交通事故造成人身伤亡、财产损失的，超过第三者责任强制保险责任限额部分，由有过错的一方承担赔偿责任；双方都有过错的，按照各自过错的比例承担赔偿责任；无法确定双方当事人过错的，平均分担赔偿责任。

第七十一条　非机动车之间、非机动车与行人之间发生交通事故造成人身伤亡、财产损失的，由有过错的一方承担赔偿责任；双方都有过错的，按照各自过错的比例承担赔偿责任；无法确定双方当事人过错的，平均分担赔偿责任。

第七十二条　机动车与非机动车、行人之间发生交通事故造成人身伤亡、财产损失的，由保险公司在机动车第三者责任强制保险责任限额范围内先行赔偿。超过责任限额的部分，由机动车一方承担赔偿责任；但是，有证据证明非机动车驾驶人、行人违反道路交通安全法律、法规，机动车驾驶人在驾驶中履行了交通安全注意义务并已经采取了适当地避免交通事故的处置措施，机动车一方无过错的，按照国家规定的最低比例、额度承担赔偿责任。机动车一方有过错的，按照过错程度承担赔偿责任。

机动车与非机动车、行人之间发生的交通事故的损失是由非机动车驾驶人、行人故意造成的，机动车一方不承担赔偿责任；机动车第三者责任强制保险已先行赔付的，保险公司有权予以追偿。

第七十三条　机动车发生道路交通事故造成人身伤亡、财产损失，当事人有条件报案、保护现场但没有依法报案、保护现场，致使事故基本事实无法查清的，由保险公司在机动车第三者责任强制保险责任限额范围内先行赔偿。超出责任限额的部分，按照下列规定承担赔偿责任：

（一）机动车之间发生交通事故，一方当事人有上述行为的，承担全部赔偿责任；两方或者两方以上当事人均有上述行为的，平均分担赔偿责任；

（二）机动车与非机动车、行人发生交通事故，机动车一方有上述行为，又没有证据证明非机动车、行人有交通安全违法行为以及机动车驾驶人已经采取必要处置措施的，由机动车一方承担赔偿责任。

非机动车与非机动车、非机动车与行人发生交通事故，一方当事人有条件报案、保护现场但没有依法报案、保护现场，致使事故基本事实无法查清的，承担全部赔偿责任；两方或者两方以上当事人均有前述行为的，平均分担赔偿责任。

第七十四条　当事人共同请求公安机关交通管理部门对损害赔偿进行调解的，应当提出书面申请。申请书应当载明具体的赔偿请求、理由，并提供相应的凭证。

公安机关交通管理部门应当在收到当事人的调解申请书之日起，5 个工作日内进行审查并做出决定。符合条件的予以受理；不符合条件的不予受理，并书面告知申请人。

第六章　事故预防与执法监督

…………

第七十六条　本市建立道路交通安全防范责任制度。单位应当遵守下列规定：

（一）建立对本单位所属机动车的使用、保养、维修、检查制度，保持车辆符合国家安全技术标准；

（二）教育本单位人员遵守道路交通安全法律、法规，建立对本单位专职机动车驾驶人的道路交通安全教育培训、考核制度；

（三）专业运输单位录用驾驶人员驾驶机动车的，应当对驾驶人员进行资质审查和专门的道路交通安全培训考核，建立档案，并向当地公安机关交通管理部门登记备案；

（四）专业运输单位由其法定代表人负责交通安全工作，设置交通安全工作机构，并配备交通安全专职人员；

（五）接受所在地人民政府和公安机关交通管理部门的监督、检查，实现交通安全目标。

…………

第八章　附则

第一百一十条　摩托车（含轻便摩托车），动力装置驱动的三轮车、四轮车按照国家和本市机动车管理的相关规定执行。

第一百一十一条　本办法自 2005 年 1 月 1 日起施行。

北京市禁止违法建设若干规定

（北京市人民政府令第295号，2020年10月13日）

《北京市禁止违法建设若干规定》已经2020年9月29日市人民政府第86次常务会议审议通过，现予公布，自2020年11月15日起施行。

第一条 为了落实《北京市城乡规划条例》，制止和查处违法建设，维护《北京城市总体规划（2016年—2035年）》的严肃性和权威性，制定本规定。

第二条 本规定所称的违法建设，包括城镇违法建设和乡村违法建设。城镇违法建设是指未依法取得建设工程规划许可证、临时建设工程规划许可证或者未按照许可内容进行建设的城镇建设工程，以及逾期未拆除的城镇临时建设工程。乡村违法建设是指未依法取得乡村建设规划许可证、临时乡村建设规划许可证或者未按照许可内容进行建设的乡村建设工程。

本规定所称的违法建设当事人，包括违法建设的建设单位、施工单位、所有人或者管理人。

第三条 区人民政府领导本行政区域内城乡规划的实施，组织、协调、监督违法建设制止和查处工作，将制止和查处违法建设情况纳入相关考核。

街道办事处、乡镇人民政府根据职责具体组织、协调本行政区域内违法建设的制止和查处工作。

第四条 市规划和自然资源主管部门负责本市城乡规划管理工作，制定、公布规划许可动态清单目录，负责查处职责范围内的重大、复杂违法建设案件，指导各区规划和自然资源主管部门按照职责分工做好有关城乡规划工作和辖区内违法建设的制止和查处工作。

市城管综合行政执法机关负责统筹指导和综合协调基层综合行政执法工作，组织制定违法建设查处工作流程、执法程序和标准，开展违法建设查处基层执法培训。

住房和城乡建设、公安、经济和信息化、城市管理、农业农村等部门在各自职责范围内做好制止和查处违法建设相关工作。

第五条 规划和自然资源主管部门、街道办事处和乡镇人民政府（以下统称为行政执法机关）具体承担违法建设查处工作。

规划和自然资源主管部门负责下列情形的查处：

（一）已经取得建设工程规划许可证、临时建设工程规划许可证、乡村建设规划许可证或者临时乡村建设规划许可证，但未按照许可内容进行建设，或者临时建设逾期未拆除的；

（二）未依法取得建设工程规划许可证，但已经取得选址意见书、规划综合实施方案等规划文件，未按照前述规划文件内容进行建设的；

（三）其他不属于街道办事处、乡镇人民政府负责查处的情形。

街道办事处、乡镇人民政府负责对本行政区域内未依法取得建设工程规划许可证、临时建设工程规划许可证、乡村建设规划许可证、临时乡村建设规划许可证以及选址意见书、规划综合实施方案等规划文件但进行建设的情形进行查处。

第六条 行政执法机关应当建立日常巡查制度，发现违法建设行为的，应当立即制止，并依法予以处理。

居民委员会、村民委员会发现辖区内有违法建设的，应当予以劝阻，并报告行政执法机关。

业主委员会或者物业管理委员会、物业服务人发现本物业管理区域内有违法建设的，应当及时劝阻；对劝阻无效的，应当向行政执法机关报告。

第七条 首先发现违法建设或者接到举报的行政执法机关，应当及时核实有关情况，对属于本行政执法机关职责范围的，及时查处；对不属于本行政执法机关职责范围的，在发现违法建设或者接到举报之日起2日内将案件线索移送负有查处职责的行政执法机关，接受移送的行政执法机关应当依法及时查处。同时发现有违反其他法律规定情况的，应当在2日内通报其他行政执法机关。

第八条 行政执法机关实施监督检查，可以查阅、调取、复制有关证据材料，进入或者查封现场、扣押工具和材料、责令停止违法行为，有权要求有关单位和个人提供下列材料或者就有关情况作出说明：

（一）工程用地审批手续；

（二）工程建设审批手续；

（三）建设单位、施工单位主体名称等基本信息。

行政执法机关依法履行查处职责，有关单位和人员应当配合，不得以任何方式或者手段妨碍和阻挠；妨碍和阻挠行政执法机关查处违法建设的，由公安机关依法处理。

第九条 行政执法机关采取查封、扣押措施或实施强制拆除的，应当事先制定工作方案，确定公安机关、消防救援机构、市政公用服务单位、属地居民委员会、村民委员会以及物业服务人等配合单位的职责。

配合单位应当依照工作方案履行配合职责。

第十条 行政执法机关发现正在搭建、开挖违法建设的，应当书面责令违法建设当事人立即停止建设，在3日内自行拆除或者回填。

违法建设当事人不立即停止建设的，行政执法机关可以查封违法建设施工现场、扣押违法建设施工工具和材料；违法建设当事人拒不拆除或者回填的，街道办事处、乡镇人民政府应当依法立即拆除或者回填。

第十一条 行政执法机关发现已经建成的违法建设，尚可采取改正措施消除对规划实施的影响的，应当在20日内书面责令违法建设当事人限期改正、消除对规划实施的影响，并处该建设工程造价5%以上10%以下的罚款。对逾期不改正或者无法采取改正措施消除对规划实施的影响的，责令限期拆除，不能拆除的，没收实物或者违法收入，可以并处该建设工程造价10%以下的罚款。责令限期改正期限和限期拆除的期限一般不超过15日。

行政执法机关应当加强对没收实物的处置和管理，按照国家和本市有关规定严格监管。

第十二条 本规定第十一条所称尚可采取改正措施消除对规划实施的影响的违法建设，包括：

（一）未依法取得规划许可证件，但已经取得选址意见书、规划综合实施方案等规划文件，且按照前述规划文件的内容进行建设的；

（二）未按照规划许可证件许可内容进行建设，但可以通过改建或者部分拆除达到符合许可的内容的。

第十三条 本规定第十一条所称建设工程造价，按照下列规定方式确定：

（一）已经完成竣工结算的违法建设，应当按照竣工结算价确定；

（二）尚未完成竣工结算的违法建设，可以根据工程已完工部分的施工合同价确定；未依法签订施工合同或者当事人提供的施工合同价明显低于市场价格的，行政执法机关应当委托有资质的造价咨询机构评估确定。

第十四条 村民使用宅基地建设住宅应当履行规划许可手续；特定时期未经批准使用宅基地进行村民住宅建设，符合村庄规划的，乡镇人民政府责令其依法补办审批手续；不符合村庄规划的，责令限期拆除，逾期不拆除的，乡镇人民政府依法实施强制拆除；有租金收入的，没收租金收入，并处租金收入一倍的罚款。

前款规定的租金收入，依据租赁合同、租金收据等确定。租金收入无法确定或者违法建设当事人提供的租金标准明显低于周边同类型房屋租金价格的，乡镇人民政府应当委托专业评估机构参照委托时周边同类型房屋租赁市场价格进行评估确定。

第十五条 违法建设的建筑面积，依照下列规定确定：

（一）未取得建设工程规划许可证和其他规划文件进行建设的，按照实际建筑面积数计算；

（二）未按照建设工程规划许可内容进行建设的，按照实际增加的建筑面积数计算；

（三）未按照建设工程规划许可内容进行建设，建筑高度增加但建筑面积未增加的，按照超出部分的高度与许可建筑高度的比值乘以许可的建筑面积数折算；

（四）未按照建设工程规划许可内容进行建设，建筑位置与许可不符但建筑面积未增加的，按照其位置超出部分折算。

同时有上述第（二）项至第（四）项规定两种以上情形的，违法建设的建筑面积分别计算或者折算后累计。

第十六条 对街道办事处、乡镇人民政府负责查处的已建成违法建设，当事人逾期不拆除或者回填的，区人民政府依法责成街道办事处、乡镇人民政府作出强制拆除或者回填决定并组织实施。

规划和自然资源主管部门负责查处的已建成违法建设，当事人逾期不拆除或者回填的，规划和自然资源主管部门应当将限期拆除或者回填决定及逾期未拆除或者回填的情况报告违法建设所在地的区人民政府，区人民政府责成违法建设所在地的街道办事处、乡镇人民政府作出强制拆除或者回填决定并组织实施。

第十七条 强制拆除或者回填已建成的违法建设，行政执法机关应当提前5日在现场公告强制拆除或者回填决定，告知实施强制拆除或者回填的时间、依据、当事人的权利义务等。违法建设当事人是自然人的，通知本人或者其成年家属到场；违法建设当事人是法人或者其他组织的，通知其法定代表人、主要负责人或者其上级单位负责人到场。

前款规定的应当到场的人员拒不到场的，行政执法机关应当邀请违法建设所在地居民委员会、村民委员会代表或者公证机构作为见证人见证强制拆除或者回填的实施。

行政执法机关对实施强制拆除或者回填应当制作笔录并全程录像。

第十八条 行政执法机关采取查封、扣押措施或者强制拆除、回填已建成的违法建设，应当事先通知当事人清理违法建设内的有关物品。当事人拒不清理的，行政执法机关应当制作物品清单，由违法建设当事人签字确认；违法建设当事人不签字的，行政执法机关可以邀请违法建设所在地居民委员会、村民委员会代表或者公证机构作为见证人见证。

行政执法机关应当将有关物品运送到指定场所，交还违法建设当事人；对违法建设当事人拒绝接收的，行政执法机关可以在留存证据后根据实际情况妥善处置。

第十九条 街道办事处、乡镇人民政府作出强制拆除或者回填决定的，应当告知违法建设当事人，其主张拆除或者回填后的违法建设残值，应当在强制拆除或者回填前提出书面声明，并在限定期限内自行处置；违法建设当事人未事先提出书面声明，或者事先提出书面声明但未在限定期限内处置完毕的，街道办事处、乡镇人民政府予以清理。

第二十条 违法建设当事人未按照规定期限缴纳强制拆除或者回填违法建设费用、安全鉴定费用、建筑垃圾清运处置费用、相关物品保管费用的，行政执法机关可以按照每日3%的标准加处滞纳金，滞纳金数额不得超过前款规定的费用总额。

行政执法机关实施加处滞纳金超过30日，经催告当事人仍不履行的，应当依法申请人民法院强制执行。

第二十一条 市规划和自然资源主管部门会同市城管综合执法机关推进多规合一协同平台与综合执法平台信息互通，建立市、区、街乡三级规划管理信息和违法建设查处信息共享和执法协作机制。

本市行政区域内违法建设查处发生跨区管辖争议的，由市人民政府指定管辖；各区行政区域内发生跨街乡管辖争议的，由区人民政府指定管辖。

第二十二条 区人民政府应当对拆除违法建设后的腾退用地依法进行管理。

第二十三条 本规定自2020年11月15日起施行。

北京市公共信用信息管理办法

（北京市人民政府令第280号，2018年3月8日）

《北京市公共信用信息管理办法》已经2018年1月23日市人民政府第177次常务会议审议通过，现予公布，自2018年5月1日起施行。

第一条　为规范行政机关归集、公布和使用公共信用信息，实现公共信用信息资源共享，推进社会信用体系建设，根据国务院《社会信用体系建设规划纲要（2014－2020年）》等规定，结合本市实际情况，制定本办法。

第二条　本市各级行政机关公共信用信息的归集、公布和使用及其相关管理和服务等活动，适用本办法。

本办法所称公共信用信息，是指行政机关以及法律、法规授权的具有管理公共事务职能的组织（以下统称行政机关），在依法履行职责过程中形成或者掌握的，能够反映法人和非法人组织（以下统称单位）以及18周岁以上的自然人（以下简称自然人）信用状况的数据和资料，包括基本信息、良好信息和不良信息。

第三条　行政机关归集、公布和使用公共信用信息，应当遵循合法、客观、准确、必要和安全的原则，依法保护单位和自然人的合法权益，不得公开法律、法规规定不予公开的信息。

第四条　市和区人民政府应当加强对公共信用信息工作的领导，建立健全工作协调机制，统筹推进公共信用信息的归集、公布和使用工作，将所需经费纳入财政预算，并对公共信用信息工作情况进行监督考核。

第五条　市经济信息化部门负责组织、协调、指导和监督全市公共信用信息归集、公布和使用工作；区人民政府确定的工作部门负责组织、协调、指导和监督本行政区域内的公共信用信息归集、公布和使用工作。

市工商行政、机构编制、民政部门分别建立健全本市企业信用信息系统、事业单位信用信息系统、社会组织信用信息系统，为公共信用信息共享提供便利条件。

有关行政机关按照各自职责和本办法的规定，配合做好公共信用信息归集、公布和使用工作。

第六条　单位的基本信息包括下列内容：

（一）名称、法定代表人或者负责人、统一社会信用代码等登记注册信息；

（二）取得的资格、资质等行政许可信息；

（三）知识产权信息；

（四）产品、服务、管理体系的认证认可信息；

（五）其他反映单位基本情况的信息。

第七条　自然人的基本信息包括下列内容：

（一）姓名、身份证号码等信息；

（二）学历、学位等信息；

（三）就业状况、职称、资格等信息。

第八条　禁止归集自然人的宗教信仰、基因、指纹、血型、疾病和病史信息，以及法律、法规禁止采集的其他自然人信息。

第九条　单位和自然人的良好信息包括下列内容：

（一）各级人民政府及其部门授予的表彰信息；

（二）各级人民政府及其部门给予的奖励信息；

（三）参与各级人民政府及其部门组织的慈善活动信息；

（四）国家规定的其他良好信息。

第十条　单位的不良信息包括下列内容：

（一）向行政机关提供虚假材料的信息；

（二）违反向行政机关作出的书面承诺信息；

（三）行政机关适用一般程序作出的行政处罚、行政强制信息；

（四）发生安全生产、食品安全、环境污

染、产品质量等责任事故被行政机关处理的信息；

（五）国家规定的其他不良信息。

第十一条 自然人的不良信息包括下列内容：

（一）向行政机关提供虚假材料的信息；

（二）违反向行政机关作出的书面承诺信息；

（三）行政机关适用一般程序作出的行政处罚、行政强制信息；

（四）国家规定的其他不良信息。

第十二条 市经济信息化部门与有关行政机关，按照本办法规定的公共信用信息范围，协商确定公共信用信息的归集内容、归集标准、归集方式和公开属性等事项，编制全市公共信用信息目录，向社会公布。

第十三条 行政机关应当自公共信用信息形成之日起15个工作日内，按照下列规定提供信息：

（一）单位的公共信用信息，依托本市建立的企业信用信息系统、事业单位信用信息系统、社会组织信用信息系统，分别向市工商行政、机构编制、民政部门提供；

（二）自然人的公共信用信息，向市经济信息化部门提供。

第十四条 行政机关提供的公共信用信息，应当以具备法律效力的文书或者其他有效证明文件为依据，并准确和完整。发现不准确或者不完整的，应当及时予以更正。

第十五条 行政机关应当明确本单位负责公共信用信息工作的部门或者机构，建立完善本单位公共信用信息系统，做好公共信用信息的收集、整理、保存等工作，并对公共信用信息数据实行动态管理。

第十六条 行政机关应当建立健全公共信用信息安全管理制度，采取必要的技术措施，确保公共信用信息的安全；对发生公共信用信息严重泄露等情况的，应当及时处理，并向市经济信息化部门报告。

第十七条 市安全监管、食品药品监管、质监、环保、住建等部门应当建立健全市场主体准入前的信用承诺制度，向社会公开。行政机关应当对单位和自然人违反信用承诺制度的信息进行记载。

第十八条 本市建立统一的公共信用信息服务平台，为行政机关和社会公众提供查询服务，实现单位和自然人公共信用信息的共享。

公共信用信息服务平台建设、运行、维护和管理的具体办法，由市经济信息化部门制定。

第十九条 市工商行政、机构编制、民政部门按照职责分工将归集的单位公共信用信息，共享到公共信用信息服务平台。

市经济信息化部门负责将归集的自然人公共信用信息，共享到公共信用信息服务平台。

第二十条 属于依法应当主动公开的公共信用信息，单位和自然人可以通过公共信用信息服务平台查询。主动公开以外的其他公共信用信息，单位或者自然人可以查询自身信息；查询他人信息的，应当经被查询人书面同意，但法律、法规另有规定的除外。

市经济信息化部门制定并发布公共信用信息服务平台查询服务规范，向社会提供便捷的查询服务。

第二十一条 行政机关及其工作人员不得以不正当手段归集公共信用信息，不得虚构、篡改或者违规删除公共信用信息，不得违规披露或者泄露公共信用信息；非履职需要，不得查询公共信用信息。

第二十二条 单位和自然人认为公共信用信息服务平台记载的本单位或者本人的公共信用信息与事实不符或者依法不应当公开的，可以向市经济信息化部门书面提出异议申请，并提供相关证明材料。

第二十三条 市经济信息化部门应当自收到异议申请之日起7个工作日内会同有关行政机关进行核查，并作出处理。经核查属实的，应当及时予以更正，并将更正结果书面告知申请人；经核查不属实的，应当将核查结果书面告知申请人。

第二十四条 行政机关在市场监管、行政审批、政府采购、招标投标、政策扶持、国有土地出让、科研项目申报、人员招录、职称评定和表彰奖励等工作中，应当将单位或者自然人的公共信用信息作为行政决策的重要依据，但法律、法规另有规定的除外。

第二十五条 市级行政机关应当按照职责权限和管理实际，制定本系统或者本行业的信用状况评价标准，并根据公共信用信息服务平台中记录的信息，对单位和自然人的信用状况作出良好或者不良等评价。

第二十六条 对信用状况良好的单位和自然人，在其他条件相同的情况下，行政机关可以依法采取下列措施：

（一）在办理行政许可和公共服务过程中，简化程序、优先办理；

（二）在安排日常检查和专项检查中，减少检查频次；

（三）在安排财政性资金项目以及实施各类政府优惠政策中，优先考虑和扶持；

（四）在各类公共资源交易活动中，依法依约予以加分；

（五）在就业、创业等领域，优先考虑和支持；

（六）国家规定的其他激励性措施。

第二十七条 对信用状况不良的单位和自然人，行政机关可以依法采取下列措施：

（一）在办理行政许可过程中，重点予以核查；

（二）在安排日常检查和专项检查中，增加检查频次；

（三）限制申请政府补贴资金支持；

（四）限制参与政府采购、政府购买服务、国有土地出让、政府投资项目或者主要使用财政性资金项目的招标等活动；

（五）限制担任单位的法定代表人、负责人或者高级管理人员；

（六）限制参与政府组织的表彰奖励活动；

（七）国家规定的其他惩戒性措施。

第二十八条 行政机关对单位和自然人实施的惩戒性措施，应当与单位和自然人的信用状况相适应、相匹配、相关联，不得超越法定的许可条件、处罚种类和幅度。

第二十九条 市经济信息化部门可以会同有关行政机关依照国家和本市有关规定，对单位和自然人实行守信联合激励和失信联合惩戒措施。

第三十条 市经济信息化部门应当与周边省、自治区、直辖市相关部门建立公共信用信息工作合作共建机制，推进公共信用信息共享，建立守信激励和失信惩戒区域联动机制，优化区域信用环境。

第三十一条 鼓励单位和自然人在开展金融活动、市场交易、行业管理等活动中应用公共信用信息，防范交易风险，提高全社会诚信意识。

第三十二条 鼓励和扶持信用服务机构应用公共信用信息，开发和创新信用产品，扩大信用产品的使用范围。

第三十三条 行政机关未履行本办法规定的相关职责的，由市经济信息化部门或者区人民政府确定的工作部门书面督促改正；经督促仍不改正的，提请本级人民政府给予通报批评。

第三十四条 行政机关工作人员有下列情形之一的，由有权机关依法处理：

（一）以不正当手段归集公共信用信息的；

（二）虚构、篡改或者违规删除公共信用信息的；

（三）擅自查询或者越权查询公共信用信息的；

（四）违规披露或者泄露公共信用信息的。

第三十五条 本办法自 2018 年 5 月 1 日起施行。2002 年 8 月 31 日北京市人民政府第 106 号令公布的《北京市行政机关归集和公布企业信用信息管理办法》同时废止。

北京市门楼牌管理办法（摘）

（北京市人民政府令第 254 号，2014 年 6 月 6 日）

《北京市门楼牌管理办法》已经 2014 年 5 月 21 日市人民政府第 42 次常务会议审议通过，现予公布，自 2014 年 9 月 1 日起施行。

第一条 为了规范本市门楼牌管理工作，满足城市建设管理和市民生产、生活需要，根据国家有关法律、法规，结合本市实际，制定本办法。

第二条 本市行政区域内建筑物门楼牌号的编制以及门楼牌的设置、使用、维护、管理，适用本办法。

本办法所称门楼牌，包括门牌、楼牌、单元牌、户（室）牌。

第三条 市公安机关是本市门楼牌管理工作的主管机关，负责组织、协调、监督、指导本市行政区域内门楼牌管理工作。区、县公安机关具体负责本行政区域内门楼牌管理，所需经费纳入同级财政预算。

…………

第四条 本市行政区域内依法建设的建筑物应当按照国家和本市的门楼牌设置规范编制门楼牌号，设置门楼牌。

门楼牌标注的地址信息，应当以地名行政主管部门依法公布的标准地名为依据。

门牌、楼牌由公安机关设置，单元牌、户（室）牌由建设单位、产权人设置。

市公安机关会同质量技术监督、规划、民政、交通、住房和城乡建设、国土资源等有关行政部门，制定本市门楼牌设置规范；门楼牌设置规范由质量技术监督部门向社会公布。

第五条 公安机关依法编制的门楼牌地址信息是建筑物的标准地址信息。户籍管理、产权登记、工商登记、社会保险管理、住房公积金管理等公共管理活动需要使用地址的，应当使用标准地址信息。

第六条 建设单位进行建设工程规划设计时，应当按照门楼牌设置规范对建设工程门牌、楼牌进行预编号，并在申请建设工程规划许可的附图上进行标注；对单元牌、户（室）牌进行预编号，编制编排表。

建设单位编制门楼牌预编号，可以向建设工程所在地的区、县公安机关申请编号指导，公安机关应当自受理申请之日起5个工作日内出具编号指导意见。

建设单位依法调整建设工程规划设计的，应当及时修改门楼牌预编号，并可以按照前款规定重新申请编号指导。

第七条 建设单位申请房屋预售许可前，按照相关规定委托房产测绘单位出具测绘成果的，测绘成果记载的门楼牌编号应当与预编号一致。

建设单位未按照本办法第六条第二款、第三款申请编号指导的，应当在房屋预售时告知购买人，房屋正式编号以公安机关依据本办法第八条出具的门楼牌编号审核意见确认的编号为准。

第八条 在建设工程规划验收后至竣工验收前的合理期限内，建设单位应当向建设工程所在地的区、县公安机关申请编制门楼牌号。

建设单位申请编制门楼牌号，应当提交下列材料：

（一）编号申请书；

（二）建设工程规划许可证以及规划验收合格的证明；

（三）标注门牌、楼牌预编号的建设工程规划许可证附图和单元牌、户（室）牌预编号编排表。

建设工程所在地的区、县公安机关应当自受理申请之日起15个工作日内，对建设工程进行实地勘察，完成对前款规定材料的审核，出具编号审核意见。

第九条 建设工程所在地的区、县公安机关应当按照国家和本市有关地名标志产品质量监督管理的规定和政府采购的相关规定，确定具备生产条件的生产单位，委托其制作、安装门牌、楼牌，并将生产单位的名称、地址、联系方式等告知提出申请的建设单位。

建设工程竣工验收前，区、县公安机关委托的生产单位应当完成门牌、楼牌的制作、安装。建设单位应当在竣工验收前的合理期限内与生产单位协商确定安装门牌、楼牌的有关事项。

建设单位应当在建设工程竣工验收前，按照公安机关出具的编号审核意见设置单元牌、户（室）牌。

第十条 建设单位办理房屋产权初始登记前，应当根据公布的标准地名向建设工程所在地的区、县公安机关申领门楼牌地址、编号证明。公安机关应当根据已确定的门楼牌地址信息和编号审核意见出具证明。

建设单位、产权人申请地址信息变更登记前，应当到建设工程或者房屋所在地的区、县公安机关申领门楼牌地址证明。

房屋登记机构应当按照公安机关出具的地址、编号证明记载的地址信息进行登记，发放权属证明。

…………

第十二条 对本办法第四条第一款规定以外的其他建筑物，所在地的区、县公安机关可以进行统一编号，并设置临时标志牌。

临时标志牌仅用于标识建筑物地址信息，不作为该建筑物本身合法性的证明以及产权登记信息凭证使用。

…………

第十八条 本办法所称地名行政主管部门，是指根据《地名管理条例》等有关地名管理法律、法规、规章，负责承办行政区划名称、居住区名称、城市道路和乡村道路名称等地名拟制、变更、报批、公布等事项的行政部门。

第十九条 本办法实施过程中，发生与执法职责有关的问题，相关部门经协调不能达成一致意见，涉及公安机关的，由公安机关负责执行；不涉及公安机关的，由相关部门按照本市有关行政执法协调的有关规定执行。

第二十条 本办法自 2014 年 9 月 1 日起施行。1986 年 5 月 21 日市人民政府京政办发 49 号文件发布，根据 2010 年 11 月 27 日北京市人民政府第 226 号令修改的《北京市门牌、楼牌管理暂行办法》同时废止。

北京市供热采暖管理办法（摘）

（北京市人民政府令第 216 号，2009 年 12 月 12 日）

《北京市供热采暖管理办法》已经 2009 年 11 月 10 日市人民政府第 52 次常务会议审议通过，现予公布，自 2010 年 4 月 1 日起施行。

第一条 为保障本市城乡居民冬季采暖，规范供热采暖行为，合理利用资源，推动节能减排，促进供热事业可持续发展，根据有关法律、法规，结合本市实际情况，制定本办法。

第二条 本市行政区域内的供热采暖以及相关管理活动适用本办法。

…………

第十一条 供热单位与用户订立供热采暖合同应当符合国家和本市的有关规定。未签订书面供热采暖合同，供热单位已经向用户供热一个或者一个以上采暖期的，用户与供热单位之间视为存在事实供热采暖合同关系。

第十二条 本市采暖期为当年 11 月 15 日至次年 3 月 15 日。市人民政府可以根据气象等实际情况调整采暖期时间。

采暖期内，对符合现行国家住宅设计规范要求的住宅，供热单位应当保证住宅用户卧室、起居室（厅）的室温符合现行国家住宅设计规范的温度要求，但因突发事件或者用户责任影响正常供热采暖的除外。

用户对采暖期时间、采暖温度有特殊要求的，可以与供热单位另行约定。

…………

第十四条 供热单位和用户对室温是否达标存在争议的，可以委托具备室温检测资质的第三方机构进行检测。室温检测具体办法由市市政管理行政部门、市标准化行政主管部门制定。

发生供热纠纷的，可以由市政管理行政部门或者相关部门协调解决，当事人也可以直接依法提起诉讼或者申请仲裁。

…………

第十六条 供热单位应当直接向用户收取采暖费。供热单位委托金融机构或者其他服务单位代收采暖费的，应当向用户公告受委托的收费单位，受委托单位不得向用户收取任何额外费用；未经供热单位委托，任何单位和个人不得向用户收取采暖费。

…………

第十七条 用户与供热单位签订合同的，由合同约定的交费人支付采暖费。未签订合同的，由房屋所有权人或者承租政府规定租金标准公有住房的承租人按照规定支付采暖费。

采暖费由用户所在单位负担的，单位应当负担。

第十八条 具备分户独立采暖系统型式的用户，在不影响其他用户正常采暖及共用供热设施安全的前提下，经与供热单位协商，就暂停供热时间、交纳基本费用等事项达成一致后，可以由供热单位暂停供热。

第十九条 市政管理行政部门和城市管理综合行政执法机关对供热采暖行为进行监督检查时，供热单位、用户以及相关单位应当积极配合。

供热单位进行供热设施维护、抢修作业以及室温检测、查表及收费等工作时，用户和物业服务企业应当予以配合。

第二十条 供热单位应当对供热范围内住宅用户的室外供热设施和室内共用供热设施承担管理、维护、抢修和更新改造的责任，机关、部队、企事业单位的后勤服务部门提供社会供热服务的，可以按照规定委托专业企业承担。

住宅用户发现室内供热采暖设施异常、泄漏等情况时，应当及时向供热单位报修，并承担室内自用采暖设施维修、更新的相关费用。

非住宅用户供热采暖设施的维护、管理以及更新改造，由供热单位与用户在合同中约定。

建设单位应当依法承担供热采暖设施保修期内的保修责任。

第二十一条 用户不得拆改室内共用供热设施、扩大采暖面积或者增加散热设备。用户装饰装修房屋不得影响供热效果或者妨碍对设施进行正常维修养护。

用户拆改室内自用采暖设施的，应当经供热单位确认不影响其他用户正常采暖和不妨碍设施维修养护。

用户因拆改室内供热采暖设施造成他人损失的，应当承担相应责任。

…………

第二十三条 任何单位和个人不得擅自拆除、迁移、改建、变卖热源设施。

拆除、迁移、改建、变卖热源设施，影响用户采暖的，应当提前向市政管理行政部门书面报告，提供替代热源设施，保障用户的采暖权益。

…………

第三十七条 本办法自2010年4月1日起施行。1994年8月3日市人民政府第15号令公布、根据2004年6月1日市人民政府第150号令修改的《北京市住宅锅炉供暖管理规定》，1986年11月15日市人民政府京政办发〔1986〕141号文件发布、根据2004年6月1日市人民政府第150号令修改的《北京市城市公用热力设施管理暂行规定》同时废止。

北京市户外广告设置管理办法（摘）

（北京市人民政府令第151号，2004年8月5日）

《北京市户外广告设置管理办法》已经2004年6月22日市人民政府第27次常务会议通过，现予公布，自2004年10月1日起施行。

第一条 为了加强本市户外广告的设置规划和管理，创造整洁、优美的市容环境，根据《北京市市容环境卫生条例》和有关法律、法规的规定，结合本市实际情况，制定本办法。

第二条 本办法适用于本市行政区域内户外广告的设置和管理活动。

本办法所称户外广告，是指在城市道路、公路、铁路两侧、城市轨道交通线路的地面部分、河湖管理范围和广场、建筑物、构筑物上，以灯箱、霓虹灯、电子显示装置、展示牌等为载体形式和在交通工具上设置的商业广告。

区、县市政管理行政主管部门负责本行政区域内户外广告的设置规划和监督管理工作。

…………

第十二条 在建筑物、构筑物上设置户外广告设施，不得破坏城市风貌、景观和影响市容环境，并不得有下列情形：

（一）影响原建筑物、构筑物容貌；

（二）超过城市规划中限定的建筑物、构筑物高度；

（三）超过户外广告设施设置规定的限制高度；

（四）法律、法规禁止的其他情形。

在居住建筑上设置户外广告设施，必须符合户外广告设置规划，并征得该建筑内居民的同意。

禁止在危险建筑物、构筑物上设置户外广告设施。

第十三条　禁止在城市绿地上设置户外广告设施。禁止在河湖、水库水面上设置户外广告设施。禁止在空中设置悬浮的户外广告设施。禁止在飞行的飞行器上悬挂户外广告。

第十四条　设置户外广告设施应当符合户外广告设施的安全技术标准、管理标准和规范，保证户外广告设施设置的安全和牢固。建设和维护户外广告设施，应当遵守国家和本市有关安全生产的规定。

配置户外广告夜间照明设施的，应当保持照明设施功能完好；设置霓虹灯、电子显示装置、灯箱等设施的，应当保持画面显示完整。出现断亮、残损的，应当及时维护、更换，并在修复前停止使用。

第十五条　户外广告设施的经营者是户外广告设施维护、管理的责任人（以下简称管理责任人），应当定期巡视、维护，保持户外广告设施的安全、整洁、美观。户外广告设施存在安全隐患或者出现破损、污迹和严重褪色的，应当及时维修、更新。户外广告设施的版面不得出现空置。

对户外广告设施存在安全隐患可能危及人身、财产安全的，市政管理行政主管部门应当责令管理责任人立即排除安全隐患，不能立即排除隐患的，应当责令限期排除，并督促、落实安全隐患的排除工作。在限期排除期间，管理责任人应当在安全隐患现场的明显位置设置警示标志，必要时还应当派人值守，防止发生事故。

第十六条　在居住区及其周边设置户外广告设施，应当避免噪声污染、光污染和遮挡日照等对居民生活造成的不利影响。

…………

第十九条　本市鼓励建设单位或者施工单位粉饰建设施工工地围挡，美化市容环境，但是禁止利用施工工地围挡设置户外广告。

…………

第二十条　按照户外广告设施设置规划，可以在建筑物、构筑物及其使用范围内的土地上设置户外广告设施的，设置人应当与该建筑物、构筑物的所有权人签订协议，并在签订协议前到市政管理行政主管部门查阅在该建筑物、构筑物及其使用范围内的土地上设置户外广告的规划条件和设计要求。设置人设置的户外广告设施，必须符合规划条件和设计要求，并依法接受市政管理行政主管部门的监督检查。

…………

第三十四条　本办法自2004年10月1日起施行。1998年11月15日市人民政府发布的《北京市户外广告管理规定》同时废止。

关于利用单位内部设施开展社区服务的若干规定

（北京市人民政府令第77号，2001年6月4日）

《关于利用单位内部设施开展社区服务的若干规定》已经2001年5月22日市人民政府第35次常务会议通过，现予发布，自2001年7月1日起施行。

第一条　为充分利用单位内部设施资源，满足社区成员需求，完善社区功能，推进社区建设，根据本市实际情况，制定本规定。

第二条　本规定所称单位内部设施是指机关、团体、部队、企业事业单位（以下统称单位）所有或者管理，只为本单位内部成员利用的下列设施资源：

（一）操场、游泳馆、健身房等体育设施；

（二）礼堂、图书馆、培训教室、多功能厅等教育、文化、娱乐设施；

（三）食堂、浴池等生活服务设施；

（四）医务室、健康咨询等卫生设施和项目；

（五）其他可满足社区需求的设施。

第三条 本市行政区域内利用单位内部设施对所在社区提供服务的，适用本规定。

第四条 市人民政府有关部门和区、县人民政府应当鼓励、指导、协调单位利用内部设施开展社区服务。

市社区建设工作领导小组办公室负责对全市利用单位内部设施开展社区服务工作的指导、检查和评比。

各区、县社区建设工作领导小组办公室负责组织实施。

第五条 民政、文化、教育、卫生、体育等行政主管部门应当制定相应政策，鼓励、支持、规范单位利用内部设施开展社区服务的工作。

第六条 利用单位内部设施开展社区服务，坚持政府扶持与社会参与相结合和共驻、共建社区的原则，充分发挥单位和社区居民委员会的作用，逐步实现社区居民自我管理、自我服务、自我教育、自我监督。

第七条 单位利用内部设施开展社区服务，应当坚持公益性原则，不得以营利为目的。

第八条 鼓励单位利用本单位设施以培训、讲座等多种形式向社区居民开展普及科学文化知识，提供生活服务咨询等活动。

第九条 市和区、县财政应当每年在年度财政预算中安排一定数额的专项资金，用于对利用内部设施开展社区服务的先进单位和个人的奖励。社区居民委员会应当将奖励的情况向社区居民公开。

第十条 单位利用浴室、游泳场馆等内部设施开展社区服务，需要增加用水的，由单位提出增加用水指标的申请，报节约用水管理部门核准，用水价格按原价格标准执行。

单位利用内部设施开展社区服务相应增加的清扫保洁、垃圾处理和清运等卫生及其他管理费用可以减免。

第十一条 单位利用内部设施开展社区服务，社区居民委员会应当与单位就服务的内容、方式、时间以及双方的权利义务等内容进行协商，并签订协议。

签订协议前，社区居民委员会应当广泛征求社区居民的意见，对重大问题应当经社区居民代表会议讨论决定。

协议签订后，由社区居民委员会向所在地街道办事处申领市社区建设工作领导小组办公室统一印制的社区服务标志。

第十二条 单位利用内部设施开展社区服务，应当与社区居民委员会协商制订相应的管理制度，明确管理责任。

第十三条 单位利用内部设施开展社区服务，应当做到：

（一）悬挂统一的社区服务标志；

（二）不得以出租、转租、转让以及其他方式变相开展经营活动；

（三）收取费用的，收费标准等同于本单位内部职工；

（四）设施安全和卫生条件等达到基本要求，为社区居民提供安全优质服务。

第十四条 社区居民应当协助、配合单位做好社区服务工作，爱护服务设施，遵守有关管理制度。

第十五条 在利用单位内部设施开展社区服务中，社区居民委员会应当做好下列工作：

（一）及时了解社区居民对社区服务的需求；

（二）与单位签订协议时体现社区居民的意见，保障社区居民的利益；

（三）为单位开展社区服务提供帮助；

（四）及时向单位反映社区居民的意见，并协助单位做好整改；

（五）协调解决社区居民与单位之间的纠纷。

第十六条 单位在开展社区服务过程中，不履行协议或者违反本规定第十三条规定的，社区居民委员会应当解除协议，并由所在地街道办事处收回社区服务标志；对变相开展经营活动的，由工商行政管理、税务等部门依法处理。

第十七条 本规定自 2001 年 7 月 1 日起施行。

北京市人民政府关于取消和下放一批行政执法职权的决定

（京政发〔2021〕5号，2021年3月23日）

各区人民政府，市政府各委、办、局，各市属机构：

根据《中华人民共和国行政处罚法》《中华人民共和国行政强制法》及《北京市街道办事处条例》等相关法律法规规定，为做好《中华人民共和国固体废物污染环境防治法》《北京市生活垃圾管理条例》《北京市物业管理条例》等相关法律法规规章制定、修改或废止后，相关行政执法职权的执行与衔接，市政府决定取消和下放一批行政执法职权。

一、取消19项行政执法职权

自本决定发布之日起，取消下列行政处罚权：

（一）原由街道办事处和乡镇人民政府行使的生活垃圾管理、垃圾渣土管理、禁止车辆运输泄漏遗撒、食品安全管理方面的12项行政处罚权。

（二）原由区城管执法部门和街道办事处、乡镇人民政府行使的燃气管理方面的7项行政处罚权。

二、下放21项行政执法职权的行使层级

自2021年5月1日起，将原由城管执法部门行使的固体废物污染环境防治、生活垃圾管理、物业管理、燃气管理、建筑垃圾处置管理方面的18项行政处罚权、3项行政强制权下放至街道办事处和乡镇人民政府并以其名义相对集中行使。

三、工作要求

（一）各区政府、市有关部门要高度重视，抓紧做好此次取消和下放行政执法职权的落实和衔接工作，进一步细化配套措施。对于不再进行行政处罚的，要坚决取消；对于因法规规章废止，相关违法行为依据其他法规规章处罚的，要做好衔接；对于行政处罚权合并的，要加强指导。

（二）街道办事处、乡镇人民政府和区有关部门要在各自权限内行使行政执法职权。下放至街道办事处、乡镇人民政府的行政执法职权，需要在特定区域调整管辖的，按有关规定执行。

（三）在行政执法职权的下放及划转衔接工作中，涉及职权划转、案件交接等方面工作，按照《北京市人民政府办公厅关于印发〈机构改革期间行政执法工作衔接规则〉的通知》有关要求执行。

（四）因法律法规规章变更，需要对已下放行政执法职权清单内的事项进行名称变更、事项合并、权限划分调整的，按照权力清单动态管理相关规定执行，市政府不再另行作出决定。

（五）涉及基层综合执法队伍建设、基层综合执法相关管理制度、基层综合执法协调配合机制等方面工作，按照《北京市人民政府关于向街道办事处和乡镇人民政府下放部分行政执法职权并实行综合执法的决定》执行。

附件：1. 取消的行政执法职权目录

2. 下放的行政执法职权目录

附件 1

取消的行政执法职权目录

序号	原执法部门	职权编号	取权名称	职权类型	依据名称	行使层级	取消理由	取消后监管措施
1	城管执法部门	C2512900	对再生资源回收经营者未公示可回收物目录的行为进行处罚	行政处罚	《北京市生活垃圾管理条例》	街道乡镇	新修订《北京市生活垃圾管理条例》删除此处罚事项。	不再处罚。
2	城管执法部门	C4610300	对未按照规定及时维修、更换、清洗或者补设在道路及其他公共场所设置的垃圾容器的行为进行处罚	行政处罚	《北京市人民政府关于加强垃圾渣土管理的规定》	街道乡镇	《北京市人民政府关于加强垃圾渣土管理的规定》废止。	相应违法行为依据《北京市生活垃圾管理条例》《北京市市容环境卫生条例》进行处罚。
3	城管执法部门	C4610400	对城镇地区内单位和个人未按照规定的时间、地点和方式倾倒生活垃圾的和单位随意倾倒或者堆放生活垃圾的行为进行处罚	行政处罚	《北京市人民政府关于加强垃圾渣土管理的规定》	街道乡镇		
4	城管执法部门	C4610600	对单位或者个人将建设施工、拆除建筑物和房屋修缮、装修等产生的建筑垃圾、渣土未单独堆放或者倒入生活垃圾收集站的行为进行处罚	行政处罚	《北京市人民政府关于加强垃圾渣土管理的规定》	街道乡镇		
5	城管执法部门	C4610700	对城镇地区内运输流体、散装货物的车辆的车轮带泥行驶的行为进行处罚	行政处罚	《北京市人民政府关于禁止车辆运输泄漏遗撒的规定》	街道乡镇	《北京市人民政府关于禁止车辆运输泄漏遗撒的规定》废止。	相应违法行为依据《北京市生活垃圾管理条例》《北京市市容环境卫生条例》进行处罚。
6	城管执法部门	C4610800	对运输车辆沿途泄漏、遗撒的行为进行处罚	行政处罚	《北京市人民政府关于禁止车辆运输泄漏遗撒的规定》	街道乡镇		

续表

序号	原执法部门	取权编号	取权名称	职权类型	依据名称	行使层级	取消理由	取消后监管措施
7	城管执法部门	C4610900	对使用无准运证件的运输车辆从事运输的行为进行处罚	行政处罚	《北京市人民政府关于禁止车辆运输泄漏遗撒的规定》	街道乡镇	《北京市人民政府关于禁止车辆运输泄漏遗撒的规定》废止。	相应违法行为依据《北京市生活垃圾管理条例》《北京市市容环境卫生条例》进行处罚。
8	城管执法部门	C4611000	对使用不符合规定要求的运输车辆从事运输的行为进行处罚	行政处罚	《北京市人民政府关于禁止车辆运输泄漏遗撒的规定》	街道乡镇		
9	城管执法部门	C4611100	对运输散装货物的车辆未密封、包扎、覆盖造成泄漏、遗撒的行为进行处罚	行政处罚	《北京市人民政府关于禁止车辆运输泄漏遗撒的规定》	街道乡镇		
10	城管执法部门	C4611200	对运输流体货物的车辆未使用不渗漏容器造成泄漏、遗撒的行为进行处罚	行政处罚	《北京市人民政府关于禁止车辆运输泄漏遗撒的规定》	街道乡镇		
11	城管执法部门	C4611300	对城镇地区内运输渣土、砂石的车辆不符合本市技术标准造成遗撒的行为进行处罚	行政处罚	《北京市人民政府关于禁止车辆运输泄漏遗撒的规定》	街道乡镇		
12	城管执法部门	C4638600	对餐饮服务提供者未按照规定单独收集、委托有资质的企业运输和处理餐厨垃圾或自建符合标准的餐厨垃圾处理设施就地处理的行为进行处罚	行政处罚	《北京市食品安全条例》	街道乡镇	《北京市食品安全条例》废止。	相应违法行为依据《北京市生活垃圾管理条例》予以处罚。
13	城管执法部门	C4620500	对燃气的供应与使用过程中倒灌瓶装液化石油气的行为进行处罚	行政处罚	《北京市燃气管理条例》	区级、街道乡镇	依据新修订《北京市燃气管理条例》，对相关职权进行合并。	相应违法行为依据“C4621200对用户存在燃气使用禁止行为且逾期不改正的行为进行处罚”等相关职权予以处罚。
14	城管执法部门	C4620600	对在燃气供应与使用过程中摔、砸、滚动、倒置气瓶的行为进行处罚	行政处罚	《北京市燃气管理条例》	区级、街道乡镇		

续表

序号	原执法部门	职权编号	职权名称	职权类型	依据名称	行使层级	取消理由	取消后监管措施
15	城管执法部门	C4620700	对在燃气供应与使用过程中加热气瓶、倾倒瓶内残液或者拆修瓶阀等附件的行为进行处罚	行政处罚	《北京市燃气管理条例》	区级、街道乡镇	依据新修订《北京市燃气管理条例》,对相关职权进行合并。	相应违法行为依据“C4621200对用户存在燃气使用禁止行为且逾期不改正的行为进行处罚”等相关职权予以处罚。
16	城管执法部门	C4620900	对在燃气供应与使用过程中在安装燃气计量表、阀门、燃气蒸发器等燃气设施的房间内堆放易燃易爆物品、居住和办公,在燃气设施的专用房间内使用明火的行为进行处罚	行政处罚	《北京市燃气管理条例》	区级、街道乡镇		
17	城管执法部门	C4621000	对在燃气供应与使用过程中使用明火检查燃气泄漏的行为进行处罚	行政处罚	《北京市燃气管理条例》	区级、街道乡镇		
18	城管执法部门	C4621100	对在燃气供应与使用过程中将燃气管道作为负重支架或者电器设备的接地导线的行为进行处罚	行政处罚	《北京市燃气管理条例》	区级、街道乡镇		
19	城管执法部门	C4621300	对燃气供应企业擅自改动燃气设施的行为进行处罚	行政处罚	《北京市燃气管理条例》	区级、街道乡镇		

附件 2

下放的行政执法职权目录

序号	原执法部门	职权编号	取权名称	行政处罚	依据名称	行使层级	权限划分	权限划分说明
1	城管执法部门	C4647800	对餐饮经营者、餐饮配送服务提供者或旅馆经营单位主动向消费者提供一次性用品的行为进行处罚	行政处罚	《北京市生活垃圾管理条例》	街道乡镇		
2	城管执法部门	C4647900	对生活垃圾分类管理责任人未开展宣传或未指定专人负责指导、监督垃圾分类工作的行为进行处罚	行政处罚	《北京市生活垃圾管理条例》	街道乡镇		
3	城管执法部门	C4648000	对单位和个人未按规定分类投放生活垃圾的行为进行处罚	行政处罚	《中华人民共和国固体废物污染环境防治法》《北京市生活垃圾管理条例》	街道乡镇		
4	城管执法部门	C4648100	对生活垃圾分类管理责任人未及时制止翻拣、混合已分类生活垃圾的行为进行处罚	行政处罚	《北京市生活垃圾管理条例》	街道乡镇		
5	城管执法部门	C4648200	对在物业管理区域内占用、堵塞、封闭其他共用部位（或者损坏其他共用设施设备）的行为进行处罚	行政处罚	《北京市物业管理条例》	街道乡镇		
6	城管执法部门	C4648300	对在物业管理区域内侵占绿地、毁坏绿化植物和绿化设施拒不改正的行为进行处罚	行政处罚	《北京市物业管理条例》	街道乡镇		

续表

序号	原执法部门	职权编号	职权名称	行政处罚	依据名称	行使层级	权限划分	权限划分说明
7	城管执法部门	C4648800	对拒绝、阻挠固体废物污染环境防治监督检查或在接受监督检查时弄虚作假的行为进行处罚	行政处罚	《中华人民共和国固体废物污染环境防治法》	街道乡镇		
8	城管执法部门	C4649000	对工程施工单位未编制建筑垃圾处理方案并备案的行为进行处罚	行政处罚	《中华人民共和国固体废物污染环境防治法》《北京市建筑垃圾处置管理规定》	街道乡镇		
9	城管执法部门	C4649400	对燃气供应企业未建立健全用户服务制度、规范服务行为并遵守相关规定的行为进行处罚	行政处罚	《北京市燃气管理条例》	区级、街道乡镇	分区域办理；分条件办理	跨街道乡镇辖区的管道燃气供应企业由区城管执法局行使处罚权；其他燃气经营者、使用者、燃气燃烧器具生产销售安装单位，由街道乡镇行使处罚权。具体执法范围由区政府予以明确。区政府已经明确具体执法范围的，按照已经明确的范围执行。罚款等处罚权由街道乡镇行使；需要吊销许可证的由街道乡镇提请区城管执法局行使处罚权。
10	城管执法部门	C4649500	对管道燃气供应企业未按照规范维修、安装、改装、移动或者拆除居民用户专有部分的燃气设施的行为进行处罚	行政处罚	《北京市燃气管理条例》	区级、街道乡镇		
11	城管执法部门	C4649600	对燃气供应企业未对直接配送瓶装液化石油气居民用户的用气场所、燃气设施和用气设备进行安全检查的行为进行处罚	行政处罚	《北京市燃气管理条例》	区级、街道乡镇		
12	城管执法部门	C4649700	对燃气供应企业对非居民用户未直接配送、安装气瓶，并对其用气场所、燃气设施和用气设备进行安全检查的行为进行处罚	行政处罚	《北京市燃气管理条例》	区级、街道乡镇		

续表

序号	原执法部门	职权编号	取权名称	行政处罚	依据名称	行使层级	权限划分	权限划分说明
13	城管执法部门	C4649800	对燃气供应企业销售瓶装燃气未遵守相关规定的行为进行处罚	行政处罚	《北京市燃气管理条例》	区级、街道乡镇	分区域办理；分条件办理	跨街道乡镇辖区的管道燃气供应企业由区城管执法局行使处罚权；其他燃气经营者、使用者、燃气燃烧器具生产销售安装单位，由街道乡镇行使处罚权。具体执法范围由区政府予以明确。区政府已经明确具体执法范围的，按照已经明确的范围执行。罚款等处罚权由街道乡镇行使；需要吊销许可证的由街道乡镇提请区城管执法局行使处罚权。
14	城管执法部门	C4649900	对燃气供应企业违反规定与非居民用户签订供用气合同（进行供气）的行为进行处罚	行政处罚	《北京市燃气管理条例》	区级、街道乡镇		
15	城管执法部门	C4650000	对燃气供应企业未在用户持有的气瓶定期检验周期、报废期限到期前三十日内通知用户将气瓶送交处理的行为进行处罚	行政处罚	《北京市燃气管理条例》	区级、街道乡镇	分区域办理；分条件办理	跨街道乡镇辖区的管道燃气供应企业由区城管执法局行使处罚权；其他燃气经营者、使用者、燃气燃烧器具生产销售安装单位，由街道乡镇行使处罚权。具体执法范围由区政府予以明确。区政府已经明确具体执法范围的，按照已经明确的范围执行。罚款等处罚权由街道乡镇行使；需要吊销许可证的由街道乡镇提请区城管执法局行使处罚权。
16	城管执法部门	C4650200	对燃气供应企业销售瓶装液化石油气未如实记录用户基本信息以及用户持有气瓶的数量、定期检验周期和报废期限等情况的行为进行处罚	行政处罚	《北京市燃气管理条例》	区级、街道乡镇		

续表

序号	原执法部门	职权编号	取权名称	行政处罚	依据名称	行使层级	权限划分	权限划分说明
17	城管执法部门	C4650500	对燃气供应企业未建立和完善安全保障制度并遵守相关规定的行为进行处罚	行政处罚	《北京市燃气管理条例》	区级、街道乡镇	分区域办理；分条件办理	跨街道乡镇辖区的管道燃气供应企业由区城管执法局行使处罚权；其他燃气经营者、使用者、燃气燃烧器具生产销售安装单位，由街道乡镇行使处罚权。具体执法范围由区政府予以明确。区政府已经明确具体执法范围的，按照已经明确的范围执行。罚款等处罚权由街道乡镇行使；需要吊销许可证的由街道乡镇提请区城管执法局行使处罚权。
18	城管执法部门	C4650600	对燃气供应企业未按要求对燃气用户暂停供气或者限制购气并进行报告的行为进行处罚	行政处罚	《北京市燃气管理条例》	区级、街道乡镇		
19	城管执法部门	D4602000	对用于生活垃圾相关违法活动的设施工具采取查封、扣押的强制措施	行政处罚	《北京市生活垃圾管理条例》	市级、区级、街道乡镇	分条件办理	按照行政处罚案件办理权限行使。
20	城管执法部门	D4602100	对用于实施建筑垃圾处理相关违法活动的设施、工具等采取查封、扣押的强制措施	行政处罚	《北京市建筑垃圾处置管理规定》	市级、区级、街道乡镇		
21	城管执法部门	D4602300	对违法收集、贮存、运输、利用、处置的固体废物及设施、设备、场所、工具、物品采取查封、扣押的强制措施	行政处罚	《中华人民共和国固体废物污染环境防治法》	市级、区级、街道乡镇		

北京市人民政府关于贯彻执行国务院住房制度改革领导小组对北京市住房制度改革实施方案批复的通知

（京政发〔1992〕35号，1992年5月30日）

各区、县人民政府，市政府各委、办、局，各总公司，各高等院校：

现将《国务院住房制度改革领导小组关于对北京市住房制度改革实施方案的批复》《北京市住房制度改革实施方案》，以及《北京市住房基金管理办法》《北京市住房公积金制度实施办法》《北京市城镇公有住房租金改革办法》《北京市职工购买公有住宅楼房管理办法》《北京市城镇居民购买商品住宅楼房管理办法》《北京市私有住宅楼房管理与维修办法》《北京市城镇住宅合作社管理办法》一并印发给你们，请认真贯彻落实。

《北京市住房制度改革实施方案》是在四年试点基础上形成，并经国务院住房制度改革领导小组批准，于1992年7月1日起施行。房改方案总结了各区县、各部门、各单位创造的改革经验，吸取了试点过程中群众提出的意见和有关专家，学者的建议，具有广泛的社会基础。房改方案公布后，仍然要坚持“统一政策、分散决策、因地制宜，逐步推开”的原则，不搞一刀切，不搞一个模式。要充分尊重群众的首创精神。各区县、各部门、各单位要根据全市房改方案，结合自己的实际情况，创造、选择、确定房改的具体形式，及时总结经验，不断完善，使全市住房制度改革积极稳妥地向前推进。

住房制度改革是经济体制改革的重要组成部分，牵动面广、政策性强，市政府各部门要加强协调，互相配合。计划、规划、财政、税收、物价、国有资产、民政、劳动、人事、工商行政管理、房管等部门和金融、保险机构，要依据房改方案和国家有关规定，同步制定有关配套规定。

各区县政府、各部门、各单位要加强对房改工作的领导，主要负责人要精心组织，切实抓好这项工作。要进一步做好房改宣传工作，使广大干部、群众充分认识和了解住房制度改革的意义和有关政策，保证房改方案的顺利实施。

附件：1.《国务院住房制度改革领导小组关于对北京市住房制度改革实施方案的批复》（略）

2.《北京市住房制度改革实施方案》（略）

3. 关于《北京市住房制度改革实施方案》的请示（略）

4.《北京市住房基金管理办法》（略）

5.《北京市住房公积金制度实施办法》（略）

6.《北京市城镇公有住房租金改革办法》（略）

7.《北京市职工购买公有住宅楼房管理办法》（略）

8.《北京市城镇居民购买商品住宅楼房管理办法》（略）

9.《北京市私有住宅楼房管理与维修办法》

10.《北京市城镇住宅合作社管理办法》（略）

附件 9

北京市私有住宅楼房管理与维修办法

第一条 为实施《北京市住房制度改革实施方案》，制定本办法。

第二条 本办法所称私有住宅楼房，是指个人按本市住房制度改革的有关规定购买的单元式住宅楼房（以下简称私有住房）。

第三条 同一楼房的产权人享有平等的权利和义务。产权人须遵守国家和本市私有房屋管理的有关规定。

第四条 住宅楼房售出后，一律由售房单位组织楼房管理机构，全面负责售出楼房的日常管理。具体职责是：

一、组织和协调楼房共用部位、共用设施的使用、维修，负责私有住房自来水设施跑水、下水管道和垃圾道堵塞、燃气设施故障、供暖设备漏水、电源线路和照明设备故障等项目的急修。

二、管理公共维修基金，定期向产权人公布使用情况。

三、及时向售房单位反映产权人的意见。

四、调解产权人之间因房屋使用与维修发生的纠纷。

第五条 私有住房的各项维修费用（供暖、燃气设施除外），由产权人负担。其中，共用部位、共用设施维修所需费用，从公共维修基金的利息中支付，不足部分，可由产权人按各自占有房屋建筑面积的比例分摊。

第六条 公共维修基金由产权人在购房时按每平方米建筑面积 30 元交纳。以准成本价购房的，可由产权人和售房单位各交纳 50%（单位交纳部分可从售房款中支付）。产权人出售私有住房或其私有住房拆除更新时，应退还其交纳的公共维修基金本金，其中售房单位交纳部分应退还原单位。

第七条 私有住房电梯、高压水泵的管理及其运行、维护和更新费用，由售房单位负责和负担。供暖、燃气设施的维修、更新和费用负担，按本市公有住宅楼房管理的有关规定执行。

第八条 私有住房的正常修缮，由产权人负责，也可委托管房单位或其他房屋修缮单位承担。

承担修缮施工任务的单位，应保证维修及时和施工质量。修缮费用按《北京市房屋修缮工程预算定额》执行。或由双方协商议定。

第九条 产权人应合理使用共用部位和毗连部位，保证走廊、楼梯、通道畅通。对楼房的承重结构和暖气、燃气、上下水、供电等设施设备的使用，应遵守有关规定。需要拆改的，须经管房单位或有关设施设备的管理部门批准。擅自拆改或使用不当造成损坏或发生故障的，按有关规定由责任者负责修复或赔偿。

产权人有权按照自己的意愿使用住房，但不得影响建筑安全和他人的正常使用，不得妨害市容观瞻。产权人改变住房使用性质的，应征询管房单位的意见，报所在地房地产管理机关批准。

第十条 市和区、县房地产管理局应加强对私有住房的管理，定期组织有关部门进行房屋安全检查，监督售房单位对售出楼房的管理与维修工作。对管理不善的单位，房地产管理局应给予警告并限期改正；对因未履行职责造成产权人损失的，责任单位应予赔偿。

第十一条 本市住房制度改革前已有的私有住宅楼房的管理与维修，参照本办法执行。

第十二条 本办法具体执行中的问题，由市房地产管理局负责解释。

第十三条 本办法自 1992 年 7 月 1 日起施行。

中共北京市委 北京市人民政府 关于加强新时代街道工作的意见

（2019 年 2 月 23 日）

街道是城市管理和社会治理的基础，是巩固基层政权、落实党和国家路线方针政策的依托，是联系和服务群众的纽带，在超大城市基层治理体系中发挥着不可替代的中枢作用。随着中国特色社会主义进入新时代，北京正处于向高质量发展的深刻转型阶段，人民群众对美好生活的需要呈现新变化新特点，城市基层治理面临一系列新情况新挑战。为加强和改进街道工作，构建具有首都特色的超大城市治理体系，提出如下意见。

一、总体要求

（一）指导思想。以习近平新时代中国特色社会主义思想为指导，全面贯彻落实习近平总书记对北京重要讲话精神，坚持以人民为中心的发展思想，紧紧围绕首都城市战略定位，加强“四个中心”功能建设，提高“四个服务”水平，以强化基层治理，增强群众获得感、幸福感、安全感为目标，以加强党对基层治理的全面领导为根本，以深化“街乡吹哨、部门报到”改革为重点，以增强街道统筹协调能力为抓手，做强街道、做优社区，构建简约高效的基层管理体制，为推进首都治理体系和治理能力现代化、建设国际一流的和谐宜居之都夯实基础。

（二）基本原则

坚持党建引领。以基层党建引领基层治理创新，强化街道社区党组织在基层治理中的领导地位，充分发挥总揽全局、协调各方、服务群众的战斗堡垒作用，夯实党的执政基础。

坚持赋权下沉增效。深化街道管理体制改革，推动重心下移、权力下放、力量下沉，形成到一线解决问题的工作导向，实现责权统一、上下联动，切实发挥街道在城市治理中的基础作用。

坚持民有所呼、我有所应。围绕增强便利性、宜居性、多样性、公正性、安全性，推动为民办事常态化、机制化，把解决群众身边问题的实效作为检验工作的标准，打通服务群众、抓落实的“最后一公里”。

坚持共建共治共享。转变治理理念，创新治理模式，从政府自上而下单向治理向多元主体协商共治转变，加强社会协同，扩大公众参与，促进社区自治，强化法治保障，激发基层治理活力。

（三）工作目标。立足基层服务管理，着力从街道、街区、社区三个层面做强做实街道工作，统筹推进街道改革、街区更新、社区治理，实现党对基层治理的领导全面加强，党建引领基层治理体系更加完善；街道统筹能力显著提升，简约高效的基层管理体制基本确立；城市环境质量和生活品质显著提升，精准高效服务群众的响应机制更加健全；精治共治法治水平显著提升，多元共治的城市治理格局逐步形成，基层治理社会化、法治化、智能化、专业化水平不断提高。建设道德风尚优良、人文特色鲜明的文明街道，多元主体积极参与、创业创新生态良好的活力街道，人居环境一流、生活舒适便利的宜居街道，社会和谐稳定、群众安全感高的平安街道，努力把街道社区打造成为人民群众安居乐业的幸福家园。

二、主要任务

（一）提高城市基层党建工作水平，加强党对基层治理的全面领导

1. 强化街道社区党组织政治功能。履行全面从严治党主体责任，不断提升基层党组织的组织力。完善街道党工委对地区治理重大工作的领导体制机制，优化决策程序，涉及基层治理的重大事项、重点工作、重要问题由街道

党工委讨论决定，全面提升街道抓党建、抓治理、抓服务的领导能力。加强街道社区党组织对地区各类组织和各项工作的领导，街道党工委可吸纳优秀社区党组织书记担任兼职党工委委员，推进社区党组织书记、居委会主任“一肩挑”，推动将党的领导写入各类组织章程，注重把基层党组织推荐的人选通过法定程序明确为各类组织的负责人，把党的主张转化为各类组织和群众的自觉行动，确保基层工作体现党的意志，确保党的路线方针政策在基层有效贯彻落实。

2. 健全完善城市基层党建体系。以区域化党建为重点，构建市、区、街道、社区党组织四级上下贯通，社区党建、单位党建、行业党建多方联动，基层党组织覆盖广泛、组织有力的基层党建工作体系。做实街道、社区党建工作协调委员会，推动区、街道党员领导干部担任下一级党建工作协调委员会主任，建立联络员制度，深化推进“三项清单”“四个双向”(“三项清单”是需求清单、资源清单、项目清单，“四个双向”是属地和驻区单位双向需求征集、双向提供服务、双向沟通反馈、双向考核评价)，推动各级各类党组织到一线解决问题、到基层服务群众。完善街道社区党建、单位党建、行业党建横向联动体系，扩大非公企业、商务楼宇、商圈园区、网络媒体等新兴领域党建覆盖，实现组织共建、资源共享、机制衔接、功能优化。深化党建带群建促社建的开放联动体系，建立健全党委统筹、组织联建、工作联动、队伍联合、服务联办、保障联享、责任联查的工作机制，引领群众组织和社会组织参与基层治理。

3. 深化党建引领基层治理。适应基层治理新特点和新规律，探索党建引领新路径，推动党建和基层治理深度融合。深化“街乡吹哨、部门报到”工作并向社区延伸，完善基层治理的应急机制、服务群众的响应机制和打通抓落实“最后一公里”的工作机制，努力把党的政治优势、组织优势转化为基层治理优势。加强基层服务型党组织建设，制定组织建设、党员管理、治理结构、服务群众和工作职责等基本规范，推动基层党组织在服务中更好地发挥领导作用。健全街道社区党组织领导下的居民自治、民主协商、群团带动、社会参与等机制，推动各单位党组织和在职党员“双报到”制度化、常态化，健全党员干部走访联系群众、企业制度，总结推广“周末大扫除”等经验做法，引领各类组织做好服务群众工作，并在服务中凸显党组织的领导地位。积极推进“回天有我”社会服务活动，探索大型社区各方参与、居民共治的有效路径。

（二）推进城市治理重心下移，构建简约高效的基层管理体制

4. 明确街道职能定位。街道党工委、办事处依据法律、法规、规章和上级党委、政府的授权，代表区委区政府对辖区党的建设、公共服务、城市管理、社会治理等行使综合管理职能，全面负责辖区地区性、社会性、群众性工作的统筹协调。

加强街道能力建设，切实提升统筹协调能力、服务能力、管理能力和动员能力。提升统筹协调能力，充分发挥党组织在基层治理中的领导作用，创新党建工作内容和方式，形成以街道为指挥平台、专业部门高效履责的工作合力。提升服务能力，完善配套服务设施，提供优质公共服务，发挥街道直接面对居民、联系群众广泛、回应诉求快速的优势，解决好群众身边问题，提高居民生活质量和便利度；同时主动对接辖区企业、“两新”组织、商务楼宇等，优化营商环境，激发创业创新活力。提升管理能力，坚持依法行政，加强制度建设，不断完善决策议事协调机制，统筹推进街区更新、社会秩序规范、综合执法改革等工作，构建城市精细化管理体系。提升动员能力，扩大基层民主，广泛动员居民群众，调动区域内机关、企事业单位、各类组织的积极性，整合各方力量，共同参与基层治理工作。

5. 深化街道机构综合设置改革。坚持精简、效能、便民的原则，整合相近职能，按照综合化、扁平化方向，街道一般设置党群工作、民生保障、城市管理、平安建设、社区建设、综合保障等6个内设机构和1个街道综合执法队。编制规模较小的街道可进一步综合设置。内设机构负责人可由街道党政领导班子副职兼任。突出街道面向群众的特点，按照服务功能综合设置窗口类、平台类、活动类街道所

属事业单位。下派街道干部担任社区专员，加强基层工作力量。同步优化整合区级职能部门内设机构设置，围绕街道机构改革完善运行机制，推进面向基层的政务服务流程再造，确保工作顺畅高效有序。

6. 切实向街道放权赋权。按照重心下移、条专块统、责权一致的原则，优化街道职责事项清单，推动区级职能部门向街道下放职权，重点下放给街道“六权”：辖区设施规划编制、建设和验收参与权，全市性、全区性涉及本街道辖区范围内重大事项和重大决策的建议权，职能部门综合执法指挥调度权，职能部门派出机构工作情况考核评价和人事任免建议权，多部门协同解决的综合性事项统筹协调和考核督办权，下沉资金、人员的统筹管理和自主支配权。区委区政府及其职能部门要支持、保障街道充分行使统筹管理权，职能部门派出机构要主动接受街道统一领导和指挥调度。

7. 构建实体化街道综合执法机构。推进行政执法权限和力量向基层延伸和下沉，强化街道统一指挥和统筹协调职责，整合现有站所、分局执法力量和资源，组建统一的综合行政执法机构，按照有关法律规定相对集中行使行政处罚权，以街道名义开展执法工作，并接受上级主管部门的业务指导和监督，逐步实现一支队伍管执法。加强对街道综合行政执法机构、执法人员的业务指导和培训，建立执法全过程记录、行政执法公示制度，严格确定行政执法责任和责任追究机制。除中央明确要求实行派驻体制的机构外，区直部门设在街道的机构原则上实行属地管理，继续实行派驻体制的，要建立健全纳入街道统一指挥协调的工作机制，工作考核和主要负责同志任免要听取所在街道党工委意见。及时清理、修订、完善不符合基层实际和发展需要的法规及政策规定，为综合执法改革提供制度保障。

8. 规范整合基层治理力量。推动基层管理资源和工作力量向网格下沉，建立以街道为主体、以网格为基本单元、以街巷长为统领的基层精细化管理体系。全面推广街巷长、“小巷管家”做法，将街巷长、“小巷管家”和网格员、协管员、社区工作者、志愿者、社区专员等基层力量统一纳入网格化体系“组团式”管理，统一调度使用。完善管理服务事项标准和流程，实现管理服务制度化、规范化、程序化。加强对各类协管员队伍的规范管理，逐步建立市级全面统筹、区级总体负责、街道集中管理使用的协管员队伍管理体制机制，整合市级部门协管员队伍建设经费并统一打包下拨各区，由各区统一组织协管员招录和培训，并下沉街道社区统筹管理使用考核（统称为“城市协管员”），市、区两级原则上不再保留协管员队伍。

9. 改革基层考核评价体系。建立街道发展综合评价体系，定期以街道为单元对公共服务、城市管理、生活品质、环境卫生、营商环境、景观风貌等进行综合评价，加强对街道工作的整体把握和分类指导。健全由区委区政府统一组织，以辖区居民满意度为主、以社区和职能部门评价为辅、监督检查和第三方评估相结合的街道工作考核评价机制，职能部门不再单独考核。区委区政府要加强对职能部门落实“街乡吹哨、部门报到”工作情况的督查，并作为重要内容纳入绩效考核。街道定期组织驻区单位和居民代表对区级职能部门及其派出机构进行考核评价，考评结果占被考核部门绩效权重的比例不低于三分之一，同时作为干部人事任免、调动、奖惩的重要依据；对水、电、气、热、电信等公共服务企业服务情况进行监督，评价结果纳入公共服务企业绩效评价。以工作效果为导向，统筹规范督查检查考核工作，实现基层考核评价简洁精准高效。引入社会评价机构，科学确立群众满意度评价体系，确保考核客观、公正、有效。

10. 优化调整街道社区规模。调整街道设立标准，统筹考虑人口规模密度、地域面积、人文历史、街区功能、居民认同等因素，优化街道行政区划设置。优化调整街道界线，完善统筹协调机制，加强跨界地区规范管理。合理确定社区管辖范围和规模，重点对1000户以下的小型社区和3000户以上的大型社区适当调整。完善街道、社区名称评审设定制度，体现地名地域人文历史和居民认同感。

11. 妥善解决城市化进程中的遗留问题。适应城市化发展需要，建立与城市化水平相匹配的管理体制，积极稳妥推进乡镇、地区办事处向街道办事处转制，完善和规范街道对农业户籍人口、乡镇对社区居民的管理服务政策机制，确保基本公共服务和日常管理的全人口、全区域覆盖。按照“撤村不撤社”的原则，由集体经济组织作为集体资产所有权主体代表，推进农村集体资产产权制度改革，在保障集体经济组织成员权益的前提下，修订撤村条件和标准，加快推进城乡接合部撤村建居工作。加强城中村治理，完善土地管理、农转居等相关政策，探索建立地区公共服务管理经费由街道财政与村集体资产共担机制，将城中村移交街道统一管理，逐步解决管辖范围交叉、经费渠道不同、管理标准不一等难题。

（三）提高保障和改善民生水平，切实增强群众获得感

12. 建立群众诉求快速响应机制。整合各类热线归集到12345市民服务热线，建立全市统一的群众诉求受理平台，实现事项咨询、建议、举报、投诉“一号通”。坚持民有所呼、我有所应，市民诉求就是哨声，各街道要闻风而动、接诉即办。完善向街道、部门双向派单机制和职责清单，街道职责范围内能直接办理的即接即办，不能直接办理的，由街道根据职责清单统筹调度相关部门办理。市民服务热线以响应率、解决率、满意度为依据，对接办问题进行分类筛查和评比，定期通报排名靠后的街道和工作不力的部门单位。及时汇总涉及政策机制的共性问题，责成有关区和市级职能部门研究解决。拓宽社情民意反映渠道，在发挥传统媒体优势的基础上，利用微信、微博、贴吧、短视频等网络新媒体倾听群众呼声，迅速回应群众关切。强化公共服务民意导向，建立健全以民意征集、协商立项、项目落实、效果评价为流程的民生工程民意立项工作机制，将民意征集与社区协商嵌入结合、程序前置，凡面向居民开展的工程建设、惠民政策、公共资源配置等，实施前须听取群众意见建议。

13. 改善基层基本公共服务。按照兜底线、织密网、建机制的要求，提升基本公共服务保障水平。完善街区学前教育公共服务体系，健全成本分担资助机制，鼓励支持新办普惠制幼儿园。扩大优质教育覆盖面和受益面，引导街道参与学区规划建设，提升区域整体教育质量，让孩子就近上学。以紧密型医联体为载体，统筹区域内医疗资源，推进分级诊疗，加强基层医疗卫生机构建设，做实家庭医生签约服务，方便居民就医。加强居家养老服务体系建设，推进街道养老照料中心、社区养老服务驿站需求全覆盖，加强规范化建设和运营管理，全面推进医养结合，鼓励单位内部食堂、商业餐饮机构开办老年餐桌，让老年人就近享受服务。

14. 提升生活性服务业品质。以满足居民便利性、宜居性、多样性服务需求为导向，推动生活性服务业向规范化、多元化、连锁化、品牌化方向发展。加强规划设计，把生活性服务业设施规划细化到街道、社区，分区域、分业态制定补建提升计划。完善一刻钟社区服务圈，制定服务标准，加强分类引导，补充基本便民服务网点，重点织补早餐点、菜场、便利店等便民设施。完善政策机制，鼓励居住区相邻的腾退空间和存量空间用于补充便民服务设施。优化营商环境，推动生活性服务业品牌连锁企业“一区一照”注册登记工作，建立“红黑名单”制度，提升服务质量。鼓励街道组织开展“互联网+”服务，创新“小物超市”“深夜食堂”等经营模式，支持便民综合体、社区商业“E中心”建设。

15. 完善基层公共文化服务体系。扩大文化服务覆盖面，提升居民参与度，为基层群众提供更多优质、便捷的公共文化体育产品。实施文化惠民工程，完善公共图书、文体活动、公益演出服务配送体系，推动基层公共文化服务均等化。加强基层公共文化体育服务阵地建设，合理利用历史街区、民宅村落、闲置厂房兴办公共文化项目，推进综合文化体育设施全覆盖，提高使用率。推进特色街区、胡同、院落、楼门建设，挖掘社区文化资源，打造社区文化精品。促进基层公共文化体育服务社会化，通过购买服务、资金补贴、免费开放场地等方式，大力培育发展各类群众性社区团体，引领广大群众开展各类喜闻乐见的大众文体活动，丰富居民群众的精神文化生活。

16. 织密基层公共安全网。推动“平安街道”“平安社区”等创建活动向矛盾多发、管理缺失、影响安全稳定的新领域、新群体延

伸。加强辖区公共安全领域和重大活动城市安全风险管理，落实安全责任制，协助专业部门组织开展应急演练、监督辖区单位安全生产等工作。统筹群防群治资源，协助加强消防、禁毒、养犬等管理工作。完善立体化社会治安防控体系，建立执法即时响应机制，依托“雪亮工程”，推进智慧社区建设，打造24小时城市安全网。探索通过购买服务方式建立街道应急小分队，实现辖区居民安全服务保障“即刻到家”。加强社会心理服务体系建设，协助解决涉及社会稳定的心理健康问题。

17. 改进基层政务服务。深化街道政务服务中心“一窗受理、集成服务”改革，着力提升群众、企业办事便捷度和满意率。推进街道政务服务标准化建设，将直接面向群众、企业量大面广的区级部门服务和审批事项下沉到街道，把社区不该办、办不好的政务服务上收，规范运行程序、规则和权责关系。将全市政务服务“一张网”延伸到街道、社区、楼宇，实现与街道公共服务信息平台、综合执法平台的深度融合，建立街道与部门信息数据资源共享交换机制，实现服务事项的全人群覆盖、全口径集成和全市通办。最大限度精简办事程序，缩短办理时限，提高网上办理比重，加快建设移动客户端、自助终端，实现就近办理、自助办理、一次办理。助力优化营商环境，鼓励社会创业创新，服务商圈、楼宇经济，激发各类经济主体和组织的活力。

（四）实施街区更新，提升城市精细化管理水平

18. 建立健全街区更新机制。建立区级统筹、街道主体、部门协作、专业力量支持、社会公众广泛参与的街区更新实施机制，推行以街区为单元的城市更新模式，推动街区小规模、渐进式、可持续更新，实现人居环境和城市品质的整体提升。制定街区更新实施方案和城市设计导则，科学划分街区单元，围绕功能优化、业态提升、风貌塑造、文化培育、环境整治等开展街区问题诊断和方案设计。搭建多元主体全过程参与平台，坚持以居民、企业需求意见为导向完善街区服务功能，培育街区自我发展、自我更新能力。健全街区责任规划师、建筑师制度，充分发挥专家和专业团队作用。完善项目立项、规划审批、土地政策、房屋管理、资金保障等支持措施，推动街区更新成片区、分步骤、有顺序地开展。

19. 提升街区公共空间品质。推动街区城市修补和生态修复，制定街区公共空间改造提升设计导则和行动计划，扩大街区公共空间规模，提高街区公共空间品质和服务质量。优化灯杆、护栏、广告栏等城市家具配置，推广综合杆等技术，推动市政设施小型化、隐形化、一体化建设，促进公共空间视觉清朗。加强城市公共空间景观设计建造，挖掘传统文化底蕴，融合时代气息，推动形成街道文化品牌和社区文化特色。加强疏解腾退空间精细利用和边角地整治，促进留白增绿、见缝插绿、拆墙见绿、拆违还绿，实现每个城区至少建成一处一定规模的城市森林，每个街区都要建成一批口袋公园、小微绿地，实现绿地500米服务半径基本全覆盖。加强公共服务设施、绿道蓝网、慢行系统的衔接，促进公园绿地开放共享，增强公共空间有效连通，提高可达性和系统性，形成完善的公共空间体系。

20. 加强城市环境整治。深入推进以街巷环境治理为重点的城市环境整治，落实“十无一创建”标准（“十无”：每条街巷无私搭乱建、无“开墙打洞”、无乱停车、无乱占道、无乱搭架空线、无外立面破损、无违规广告牌匾、无道路破损、无违规经营、无堆物堆料；“一创建”：创建文明街巷），打造一批精品街区、文明街巷。建立健全违法建设长效管控机制，减少存量、严控增量，确保新生违建零增长，创建无违建街道。构建“十有”常态管理机制（“十有”：每条街巷有街巷长、有自治共建理事会、有物业管理单位、有社区志愿服务团队、有街区治理导则和实施方案、有居民公约、有责任公示牌、有配套设施、有绿植景观、有文化内涵），加大政策和资金保障力度，持续推进“开墙打洞”整治、主次干道架空线入地、广告牌匾标识规范治理、建筑物外立面整治提升等工作。推进“厕所革命”，加强生活垃圾分类治理。发挥基层综合执法优势，建立长效机制，基本实现违法群租房、地下空间散租、占道经营等动态清零。抓好群众性精神文明创建，改善街区环境卫生和城市秩序。规

范管理街区停车秩序，支持街道通过停车自治管理、错时共享、资源挖潜等方式缓解停车难。科学设置非机动车停放区和机动车禁停区，鼓励引导市民绿色出行。

21. 着力改善居住质量。实施居住区环境整治分类指导，严格落实新建居住区规划配套指标，加强配套设施验收接受管理，确保规划实施；加强老城平房院落修缮整治，补齐配套设施，提升服务标准；开展以“六治七补三规范”为主要内容的老旧小区综合整治（“六治”：治危房、治违法建设、治“开墙打洞”、治群租、治地下空间违规使用、治乱搭架空线；“七补”：补抗震节能、补市政基础设施、补居民上下楼设施、补停车设施、补社区综合服务设施、补小区治理体系、补小区信息化应用能力；“三规范”：规范小区自治管理、规范物业管理、规范地下空间利用），优化就地翻建、房屋大修和环境整治为主的治理模式。探索政府保基础、社会资本和业主共同参与、谁出资谁受益的投融资机制，明确整治菜单目录，根据规划要求、小区实际和居民意愿，有序推动项目实施。推进央属、市属等单位自管产老旧公房维护更新，建立以产权单位为主体的更新维护投入机制。严禁规划公共配套设施用房改变性质挪作他用，已改变用途的公共服务配套设施用房要加强整改，回归原规划用途。探索建立物业管理长效机制，扩大业主委员会、物业服务企业党的组织覆盖，建立健全社区党组织领导，居民委员会、业主委员会、物业服务企业共同参与的小区治理机制。加强平房区、老旧小区等无物业小区的管理，鼓励区、街道组织物业服务企业统一管理或支持大型物业服务企业代管。暂时没有条件实施物业管理的老旧小区，实行准物业管理。强化街道对物业服务企业的监督管理，建立物业服务企业履约考评机制，考评结果作为企业信用评价的重要依据。

22. 健全市政基础设施维护维修机制。严格落实市政设施运行管理单位主体责任，公开服务信息和内容，畅通服务渠道，健全管理制度，确保维护资金充足、物资保障到位，切实做到水电气热、路灯、信号灯等市政设施维护全覆盖、无盲区、全生命周期管理。健全市政基础设施维护维修响应机制，加强街道与市政基础设施等企业的对接，做好巡查排查、日常维护、应急处置工作。加强市政服务企业工作考核，有关结果作为企业绩效考核的重要依据。按照工作部署和流程，市有关部门协助做好老旧小区市政管线的改造和移交工作。

23. 建立健全街道大数据管理服务平台。依托网格化管理平台，统一底图、统一标准，健全数据采集更新机制，完善街道基础信息数据库。推进城市大脑建设，实现多网融合、互联互通，推进人、地、房、事、物、组织等基础数据深度整合，全面增强数据动态掌握、分析和预警能力。加强重点区域物联网建设，推动状态监测与可视化，增强城市部件、事件感知能力，提升城市治理的预见性、精准性、高效性。建立街道社区人居环境大数据体检机制，运用“互联网+”创新基层治理，依托网上家园建设，打造线上线下各类社会主体紧密互动的公共平台。持续推进“北京通”“一证通”等便民服务应用建设，推广智慧停车服务系统，推动大数据建设和应用成果向基层延伸。

（五）强化共建共治共享，激发社区治理活力

24. 提升社区治理水平。加大街道对社区支持、指导和相关保障力度，完善以社区党组织为核心，社区居委会为主体，社区服务站为平台，物业、市政公用等服务企业、驻社区单位和各类社会组织广泛参与、协同联动的社区治理体系。做实社区居委会下设六个工作委员会，增强联系服务群众、组织居民自治、民主议事协商等能力。弘扬社会主义核心价值观，推进以德治理城乡社区，探索将居民参与社区治理、履行社区公约等情况纳入社会信用体系。抓好社区减负增效，修订社区职责清单，落实社区工作事项发文市、区联审制度，从源头上减少不合理的下派社区事项。加强职能部门内部整合和优化提升，一个部门社区最多填报一张表格（系统）。推进社区服务站改革，探索“一站多居”，调整人员配置，优化服务方式，推行“综合窗口”“全能社工”模式。实行社区全响应服务机制，推行错时延时、全程代办、预约办理和“互联网+”服务，方便

居民群众办事。加大社区建设资金支持力度，动态调整社区公益事业专项补助资金，实现街道年度预算80%以上用于为群众办实事。完善社区工作者管理制度，建立以社区居民群众满意度为主要评价标准的社区工作考核机制，取消对社区的“一票否决”事项。

25. 扩大社会组织参与。建立以街道社区服务中心为依托的社会组织服务（孵化）中心，为社会组织对接群众服务需求提供平台和相关服务，2020年底前实现全覆盖。依托社会组织服务（孵化）中心，加快培育生活服务类、公益慈善类、居民互助类及针对特定群体的社区社会组织，并给予公益创投、补贴奖励、活动场地费用减免等支持。推进街道成立社区社会组织联合会，规范社区社会组织行为，并为其提供资源支持、承接项目、代管资金、人员培训等服务。制定并公开街道购买社会组织服务指导目录，重点支持街道、社区运用“三社联动”等工作体系解决社区居民多样化服务需求。

26. 增强社会动员能力。建立分层协商和公共沟通互动制度，完善区、街道、社区三级协商联动机制，建立社区月协商制度，推进议事协商常态化、机制化。完善社会单位履行社会责任评价制度，将机关、国有企事业单位党组织回社区报到情况纳入单位述职评议内容。完善激励保障和奖励政策，推动单位内部生活服务类设施向社区开放，在水、电、气等方面给予政策倾斜。深化“门前三包”责任制，提升单位个人参与城市管理、维护城市环境的积极性和自觉性。探索在街区成立商户协会，发挥自律自管作用。大力发展志愿服务队伍，培养以社区党员、团员青年、居民代表、楼门院长、退休干部等为主体的骨干力量，发挥志愿服务力量在基层治理中的积极作用。完善人民调解、司法调解、行政调解、多元纠纷调解服务体系，实现“小事不出社区、大事不出街道”。

（六）健全完善激励保障制度，营造干事创业的良好环境

27. 注重从街道乡镇培养选拔干部。新提拔进入地区党政领导班子的，一般应具有街道乡镇领导工作经历。注重在市级党政部门领导班子中配备具有街道乡镇等基层领导工作经历的干部。各区要树立以基层为先的导向，加强街道社区干部队伍建设，各方面表现突出、年富力强的优秀干部要优先选配到街道乡镇任职。加大街道乡镇与市、区两级机关和国有企事业单位之间干部交流力度，每年选派一定数量的干部双向交流任职或挂职。探索从街道事业编制人员中选拔街道领导干部，从优秀社区党组织书记中定向招录一定数量的公务员和事业编制人员。全面推行职务与职级并行制度，拓展街道干部职级晋升通道。健全容错纠错机制，鼓励基层干部担当作为。

28. 加大人员编制待遇向基层倾斜力度。进一步推动市、区两级行政事业编制精简下沉到基层，加大对城乡接合部、城市化快速发展等地区编制倾斜力度，力争2020年底前街道乡镇行政编制在本区行政编制总量中占比不低于40%，街道乡镇城管执法编制在本区城管执法编制总量中占比不低于80%（其中中心城区达到85%）。区级编制部门只核定街道行政编制和科级领导职数总量，不再核定到内设机构，各街道可根据工作需要统筹调整。综合考虑街道功能定位、区域面积、实有管理服务人口规模等因素，研究街道编制核定标准，优化街道编制资源配置。提高街道干部收入待遇，确保年收入高于市、区部门同级别人员，年度考核“优秀”等指标高于全区平均水平10%，同时对一线执法人员进一步给予待遇倾斜。加大街道干部培训力度，提升街道干部能力和素质。完善街道干部年休假、健康体检、疗养等制度。

29. 提高基层工作保障水平。完善街道财政保障机制，除跨街道的事项由区级部门统筹外，下沉到街道的其他公共服务经费原则上由街道自主统筹安排。各区在现有街道资金渠道基础上，在街道年度预算中应安排一定比例的机动经费用于紧急事项、群众迫切需要解决的临时事项。强化公共服务政策集成，整合社区建设相关资金，拓宽融资渠道。科学设定街道社区基层公共服务资源配置和辐射半径，通过收缴配套、购置租赁、统筹共享、完善提升、集中新建等方式补齐街道社区服务设施。允许并支持各级党政机关、企事业单位等将闲置用

房及设施，通过备案、委托等方式交由街道管理使用，用于公共和公益事业。

30. 强化街道社区工作的法治保障。制定《北京市街道办事处条例》，研究制定或修订社区治理、志愿服务、物业管理、停车管理、垃圾分类、规范养犬等相关法规规章和政策标准，完善基层治理法规体系。推进基层治理领域法规规章“立、改、废”，及时将基层创新经验做法上升为政策法规。加大全民普法力度，健全依法决策机制，依法严格惩处各类违法违规行为，营造良好的法治环境。

三、组织保障

（一）加强组织领导。抓好街道工作是市、区、街道的共同责任，各级党委、政府要按照“市里相关工作要抓到街乡镇”的要求，把加强街道工作纳入重要议事日程，定期研究基层治理工作重大问题。区委书记要认真履行第一责任人职责，街道党工委书记要履行好直接责任人职责。要将街道工作纳入地方党政领导班子和领导干部考核评价、各级党（工）委书记述职评议考核的重要内容以及各级党校的培训内容，推动街道改革各项任务全面落实。

（二）强化督促落实。市委城市工作办会同市委社会工委市民政局牵头做好任务分工，确定任务清单，明确责任单位、完成时限，将街道改革工作落实情况纳入市委、市政府督查重点项目。市委组织部、市委编办、市发展改革委、市规划自然资源委、市住房城乡建设委、市城市管理委等相关部门要认真履职，涉及本领域的工作任务要抓好落实。各区要发挥主责作用，明确本地区目标任务，细化落实措施，强化组织保障。各街道要落实属地责任，加大实践创新，确保各项措施落地见效。

（三）加大宣传激励。要加强宣传和舆论引导，及时总结提炼推进街道改革发展中的好经验、好做法，形成一批在全国有影响力的基层治理创新品牌。充分发挥报刊、电视等传统媒体和网络新媒体作用，加大先进典型宣传力度。继续办好“新时代新担当新作为”栏目，将对街道社区的表彰奖励纳入现有相关评比表彰项目中，大力表彰工作成效显著的基层干部，发挥示范带动效应，营造全社会关心、支持、参与街道建设和基层治理的良好氛围。

北京市社区管理办法（试行）

（京办发〔2008〕19号）

第一章　总则

第一条　为加强社区建设，规范社区管理，发展基层民主，完善社区服务，促进社会和谐，根据国家有关法律、法规和政策，结合我市实际，制定本办法。

第二条　社区是指聚居在一定地域范围内的人们所组成的社会生活共同体。本办法所称的社区，是指经过社区体制改革后作了规模调整的社区居民委员会（以下简称社区居委会）辖区。社区居委会的设立、撤销、规模调整，由所在区（县）人民政府决定。

第三条　指导思想。以邓小平理论和“三个代表”重要思想为指导，按照科学发展观的要求，以实现好、维护好、发展好居民群众在社区的共同利益为出发点和落脚点，创新社区管理体制和运行机制，健全社区公共服务体系，完善社区公共服务设施，增强社区民主自治功能，促进社区和谐稳定，努力为建设繁荣、文明、和谐、宜居的首善之区奠定基础。

第四条　基本原则。

（一）加强领导，形成合力。按照“党委领导、政府负责、社会协同、公众参与”的要求，发挥党的领导和政府主导作用，发挥居民群众的主体作用，调动驻社区单位和各类组织的积极性，形成社区建设的整体合力。

（二）以人为本，服务群众。以社区群众

的需求为导向，以社区群众的参与为动力，以社区群众的拥护为准则，使社区群众在社区建设中得实惠，让社区成员共享社区发展成果。

（三）与时俱进，改革创新。坚持解放思想、实事求是、与时俱进的思想路线，正确处理政府、市场、社会的关系，不断完善社区管理方法，不断创新社区服务方式。

（四）分类指导，循序渐进。根据社区的不同特点，有针对性地开展工作。既要着眼长远、整体推进，又要立足当前、稳步实施，促进社区建设全面、协调和可持续发展。

第五条　工作目标。按照党的十七大提出的"管理有序、服务完善、文明祥和"的要求，坚持服务功能完善、居住环境舒适、治安秩序良好、文化生活丰富、管理手段科学、人际关系和谐、公众参与广泛的工作标准，努力做到区域规划好、设施配置好、服务效能好、资源效益好、群众反映好。

第二章　组织体系

第六条　社区组织包括社区党组织、社区自治组织、社区服务站及社区各类社会组织等。

第七条　社区党组织是党在社区的基层组织，是党在社区全部工作和战斗力的基础，是社区各类组织和各项工作的领导核心。社区党组织由党员大会或党员代表大会选举产生，在街道党工委的领导下开展工作。其主要职责是：

（一）宣传和执行党的路线方针政策，宣传和执行上级党组织和本组织的决议，团结、组织干部群众努力完成社区各项任务。

（二）讨论决定本社区建设、管理和服务中的重要问题和重大事项。

（三）领导社区自治组织，支持和保证其依法充分行使职权，完善公开办事制度，推进社区居民自治；领导社区群众组织，支持和保证其依照各自的章程开展工作；领导社区服务站和各类社区服务组织开展社区服务工作，创新社区服务机制，提高社区服务水平。

（四）联系群众、服务群众、宣传群众、教育群众，反映群众的意见和诉求，化解社会矛盾，维护社会稳定，把工作重点放到凝聚群众力量参与和谐社区建设、共同创造幸福生活上来。

（五）加强社区党建协调工作，指导社区社会组织党组织、新经济组织党组织开展党建工作；组织、协调驻社区单位党组织开展区域性党建工作，促进资源共享。

（六）加强社区党组织自身建设，做好社区党员的教育管理和发展党员工作；与有关部门搞好社区流动党员的教育、管理和服务工作。

第八条　社区居民会议是社区居民依法行使民主管理权利的组织形式。社区居民会议有三种组成形式：由本居住地区全体十八周岁以上的居民组成；由每户派代表组成；由居民小组代表组成。其主要职责是：

（一）制定和修改本社区《居民自治章程》和《居民公约》。

（二）讨论、决定本社区建设的发展规划和年度计划，并监督实施。

（三）听取、审议社区居委会的年度工作报告和财务收支情况报告。

（四）对社区居委会及下属委员会、社区居委会成员的工作进行监督检查和民主评议。

（五）依法补选和罢免社区居委会成员，确认社区居委会成员的辞职申请。

（六）决定居住在本社区的流动人口是否参加居民会议及参加的比例和名额。

（七）讨论本社区建设管理和涉及本社区居民利益的其他重要事项。

第九条　社区居委会是社区居民自我管理、自我服务、自我教育、自我监督的基层群众性自治组织，由本居住地区居民依法选举产生。其主要职责是：

（一）宣传宪法、法律、法规和国家的政策，维护居民的合法权益，在社区党组织领导下依法实行民主选举、民主决策、民主管理和民主监督。

（二）召集和主持社区居民会议，定期向社区居民会议报告工作，执行社区居民会议的决定，完成社区居民会议提出的各项任务。教育、引导居民遵守社区居民会议的决定、《居民自治章程》和《居民公约》。

（三）依托社区服务站办理本社区居民的公共事务和公益事业，开展多种形式的社区便民利民服务活动。参与协调处理涉及社区成员利益的重大事项，开展共驻共建，整合社区资源，管理和维护本社区居委会财产，经社区居民会议讨论同意，筹集本社区公益事业资金，定期公开收支账目。

（四）组织开展社区教育、文化、科普和体育等多种形式的社会主义精神文明建设活动，教育居民争做文明市民、创建文明社区。

（五）指导、监督业主大会、业主委员会和物业管理工作。

（六）调解民间纠纷，协助维护社会治安，及时了解社情民意，向人民政府或其派出机构反映居民的意见、要求和提出建议。

（七）参与对本市各级政府和街道办事处相关工作的监督评议。

（八）结合本社区实际，完成其他工作任务。

社区居委会可下设若干居民小组。居民小组在社区居委会的领导下，协助做好本区域范围内的工作。居民小组可根据社区实际，采取楼委会、院委会、楼门自治小组等不同组织形式。

第十条 社区服务站是政府在社区层面设立的公共服务平台，在街道办事处的领导和政府职能部门的业务指导下开展工作，同时接受社区党组织的领导和社区居委会的监督。其主要职责是：

（一）代理代办政府在社区的公共服务。主要是协助政府职能部门办理本社区内各种公共服务事项，把政府公共服务延伸到社区，实现政府职能重心下移。

（二）组织开展社区公益服务。主要是协助社区居委会办理本社区居民的公共事务和公益事业。

（三）组织开展社区便民利民服务。主要是充分利用社区资源，动员社会力量，开展服务，方便居民生活。

（四）培育和壮大社区公益性服务组织，支持和引导社区社会组织积极发挥作用。

（五）及时了解反映社情民意。通过各种渠道，及时了解和反映社区居民意见和建议，并努力解决存在的问题；积极支持和配合社区居委会依法开展社区居民自治、开展人民调解，提供法律服务，维护社区和谐稳定。

（六）定期向街道办事处、社区党组织汇报工作，向社区居委会通报工作，接受社区居委会和居民群众的监督和评议。

社区服务站是非营利性公共服务机构，要坚持“依法、公开、高效、便民”的工作原则，为社区居民提供优质服务。

将各区（县）现有的社区工作站、社区居民事务办理站、社区事务代办站等社区事务办理服务机构，逐步整合过渡为统一的社区服务站，逐步实现与社区居委会职能分开，逐步在全市形成统一形象标识、统一项目设置、统一运行流程、统一服务规范、统一资源调配的公共服务网络。

适应工作需要，社区服务站要确保一定面积的工作用房。社区服务站原则上按每500户居民配备1名专职工作人员标准执行。社区服务站一般设站长、副站长各1名，原则上专设，也可由社区党组织或社区居委会负责人兼任；社区服务站工作人员面向社会公开招考，与街道（乡镇）签订服务协议，纳入社区工作者管理，其工作绩效接受社区居委会和居民群众的监督评议；社区党组织、社区居委会相关人员与社区服务站工作人员可视情况适度交叉任职。

第十一条 社区社会组织在法律允许范围内，按照各自章程，自主开展活动，充分发挥其扩大参与、提供服务、反映诉求和规范行为等方面的作用。对具有公益性质、服务居民的政务类、服务类社会组织，应简化登记手续，并以政府购买服务等形式予以扶持。

第十二条 社区志愿者服务组织积极引导社区居民参与社区公益性、福利性、群众性活动，开展各种自助、互助的社区志愿服务。社区党组织、社区居委会、社区服务站对社区志愿服务活动要加强指导、协调和支持。

第十三条 业主委员会是物业管理区域内代表全体业主按照“民主、自治、自律、公益”的原则对物业实施管理的组织，是业主大会的执行机构。业主委员会按市场规则聘请物业服务企业对房屋及配套的设施设备和相关场地进行维修、养护、管理，维护相关区域内的环境卫生和秩序。业主大会、业主委员会作出的决定，应当告知相关的社区居委会、社区服务站，并接受社区居委会的指导与监督、听取社区服务站的意见和建议。

第十四条　驻社区单位充分利用自身条件，发挥各自优势，主动配合、支持所在社区党组织、社区居委会和社区服务站开展工作，教育、引导本单位职工积极参与社区建设，共商社区事务，共享社区资源，共建社区家园。

第三章　治理机制

第十五条　坚持加强党的领导、完善居民自治和严格依法办事的有机统一，构筑与社会主义市场经济相适应的居站并设、议办分开、公众参与、共建共享的社区管理新模式，形成政府调控机制与社会协调机制互联、政府行政功能与社会自治功能互补、政府管理力量与社会协同力量互动的社区治理体制和运行机制，对社区进行有效覆盖和全面管理。

第十六条　建立健全多元治理机制。着眼提高社区运行效率，理顺和规范社区组织体系各主体之间的关系，推动形成以社区党组织为核心、以社区自治组织为基础、以社区服务站为依托、以社区社会组织为补充、驻社区单位密切配合、社区居民群众广泛参与的现代社区治理结构。

第十七条　建立健全居民自治机制。积极推进社区自治工作的制度化、规范化。培育居民自治意识，完善社区居民自治规章。健全社区居民会议制度，规范社区民主决策程序，提高民主决策水平。进一步完善社区议事协商会议和社区事务听证会制度，研究解决居住在社区的流动人口参与社区居民自治的有效途径。健全社区居委会内设委员会的工作体制，明确职责，发挥各委员会的作用。

第十八条　建立健全工作准入机制。坚持政府依法行政和居民依法自治的原则，进一步理顺和规范政府部门与社区的关系，减轻社区居委会工作负担。属于政府部门和单位承担的行政性职能和工作，原则上不得转移给社区居委会，不得以行政命令方式向社区居委会直接分派任务和下达指标，不得随意在社区设机构、挂牌子。对于社区居委会法定职责之外、确需依托社区居委会办理的行政性工作，应提供必要的经费保障及政策指导，并与同级社会建设部门协商同意后协调落实。

第十九条　建立健全资源共享机制。充分利用机关、团体、企事业单位内部设施资源，为社区居民服务。按照资源共享、互惠互利的原则，积极引导社区内或周边机关、团体、企事业单位将内部服务设施向社区居民开放，完善社区功能。

第二十条　建立健全民意表达机制。推行民情信箱、民情热线、民情日记、民情联络员、民情恳谈会等工作方法，健全完善分片包户、居民接待日、网上论坛等制度，充分发挥楼（门、院）长、居民组长、居民代表、社区志愿者的骨干作用，引导居民群众以理性、合法的形式表达个人意愿，进一步畅通民意诉求渠道。

第二十一条　建立健全监督评价机制。完善民主监督制度，组织居民有序开展监督评价活动。完善社区事务公示制度，公开办事制度和办事程序，保障居民群众的知情权、参与权、选择权、监督权。充分发挥社区内人大代表和政协委员的积极作用，对社区事务进行有效监督。完善评议标准、评议方法，逐步建立健全评议监督体系。

第二十二条　建立健全表彰激励机制。市、区（县）政府对在社区建设工作中做出显著成绩的单位和个人给予表彰奖励。根据社区建设的实绩、水平和群众评价，对工作成绩突出、居民满意度高的社区工作者、基层组织、社会单位和先进个人进行评选表彰。

健全激励措施，探索激励办法，促进社区志愿服务经常化。

第二十三条　建立健全长效工作机制。完善社区各项规章制度，包括社区党组织工作制度、社区居委会工作制度、社区服务站工作制度、业主委员会工作制度、社区社会组织培育、参与制度等，实现社区管理规范化、制度化、科学化。

第四章 服务支持

第二十四条 按照政府主导、部门规划、街道组织、社会参与、社区落实的原则，建立与社会主义市场经济体制相适应、覆盖社区全体居民、服务主体多元、服务功能完善、服务质量优良和管理水平较高的社区服务体系，努力实现社区居民困有所助、难有所帮、需有所应。

第二十五条 推进公共服务进社区。强化政府公共服务职能，促进政府职能部门、街道办事处工作与社区工作的有效衔接，大力推进社区就业服务、社会保障服务、救助服务、公共卫生和计划生育服务、文化教育体育服务、公益法律服务、流动人口管理服务、治安服务以及环境绿化美化服务等公共服务体系建设，使政府公共服务覆盖社区。

第二十六条 增强社区服务功能。改造提升老旧居住区便民网点和商业服务设施，确保新建、改建居住区按规定比例设置便民利民服务网点。继续重点开展面向社区老年人、儿童、残疾人、贫困户、优抚对象、下岗失业人员、独生子女伤残死亡家庭等的帮扶救助服务。扶持社区家政服务，加快发展社区配送服务、代理服务，鼓励通过特许直营或连锁经营等方式，推动社区服务产业化。规范社区物业管理，维护业主合法权益，提高物业服务水平。

第二十七条 推广社区“一门式服务”。依托社区服务站，在社区开办“一门式”服务窗口，方便居民办事。除法律、法规明确规定需在社区独立设置的工作平台外，逐步将其他各类工作站（所、中心）、活动站（室）等统一纳入社区服务站，由社区服务站按照“一窗多能、一岗多责、定岗定责”的原则统筹配备工作人员，完成相关工作任务。

第二十八条 创新和规范公共服务提供方式。通过政府“购买服务”“合同外包”“项目委托”等多种形式，将部分公共服务转交给专业化社会组织或社会机构承担，逐步实现公共服务专业化、社会化、市场化，推动政府、市场和社会共同服务社区。

第二十九条 完善服务设施。以社区常住人口规模、地域面积和功能定位为基本依据，采用新建、改造、调整、共享等多种方式，规划和配置好社区各类公共服务设施。充分考虑新建社区与原有社区、中心地段社区与边缘地区社区、商务区与纯居住区的不同条件和不同需求，实行统筹兼顾、合理配置。确保社区办公和服务用房与住宅区建设、旧城改造同步规划、同步设计、同步检查验收、同步投入使用。

鼓励社会各界将自有物业无偿或廉价提供给社区居委会和社区服务站使用。

社区各类组织应当合理利用社区服务设施，不得擅自改变其使用性质。

第三十条 推进社区信息化，建设数字社区。整合各类服务热线、呼叫热线、信息系统和资源，规范新建系统、调整在建系统、改进已建系统，加快互连互通，逐步实现“一网式”“一号式”服务，构建市、区、街、居四级社区工作信息化平台。加快推进信息亭、信息服务自助终端等设施建设，实现协同服务、便民利民。

第五章 运行保障

第三十一条 加强统筹协调。市、区（县）党委和政府要加强对社区建设、管理、服务工作的领导，将社区建设纳入经济社会协调发展的整体规划，精心组织实施。建立社区建设工作统筹协调机制，在市、区（县）党委、政府的领导下，由市、区（县）社会建设工作领导小组及其办公室负责日常协调工作。各相关职能部门、人民团体按照各自职责共同做好社区建设工作。

（一）市、区（县）社会建设部门负责贯彻党委、政府关于社区建设的工作部署，牵头制订本市、区（县）社区建设的总体规划、有关政策并组织实施；统筹协调和监督社区建设的相关工作；提出加强社区建设的意见、建议；开展调查研究，总结推广社区建设的先进典型经验；指导基层开展社区建设工作。

（二）市、区（县）社会建设工作领导小组各成员单位，按照各自的职责，支持和参与本地区社区建设。

（三）街道办事处负责组织实施本辖区社区建设工作规划和年度计划；领导社区服务站办理社区公共服务和公益事业等工作；依法指导社区居委会开展社区自治，指导和监督辖区居委会的民主选举、民主管理、民主决策和民主监督；整合辖区内社区建设资源，协调解决社区建设中的困难和问题；监督政府有关职能部门在社区开展的工作；负责本辖区社区工作者培训；搞好社区设施建设、管理；建立健全社区服务网络。

第三十二条　加强社区物业管理和服务。市、区（县）物业行政管理部门与街道党工委、街道办事处、社区党组织、社区居委会和社区服务站建立沟通渠道，及时了解业主委员会、物业服务企业在社区内的工作情况，支持、配合社区党组织、社区居委会和社区服务站做好社区管理和服务工作。

第三十三条　加大社区建设经费投入。按照“费随事转”的原则，凡属政府事权范围内的事项，原则上由政府投入。下列社区建设经费纳入政府财政年度预算管理：

（一）社区党组织、社区居委会和社区服务站的工作经费。

（二）社区工作者的工资、福利待遇。

（三）社区服务设施建设管理、运营、维护等经费。

（四）社区信息网络建设及管理、运营、维护等经费。落实社区公益事业专项补助资金。建立社区建设经费增长机制，适当增加对财力相对薄弱区（县）的转移支付。

第三十四条　建立社区多元投入机制。探索建立政府投入与社会投入相结合、无偿服务与有偿服务相结合、社会化与产业化相结合的社区事业投入和发展机制，广泛吸引社会力量和社会资金兴办社区基础设施。

完善公共财政政策，研究转移支付、定向补助等不同的财政扶持政策，在社区公共管理和公共服务领域加大政府购买服务的力度。

第三十五条　加强对经费使用的管理和监督。健全社区各项工作经费的财务管理制度，规范社区工作经费的核定、审批、使用等各个环节，强化专项资金审计监督，确保社区各项经费到位，做到专款专用。社区实行财务公开，收支情况定期公布，接受居民监督。

对政府投入经费及接受无偿捐赠所形成的国有资产，按照分级管理的原则，由各级政府进行监督管理，具体使用者负责国有资产的安全完整，防止国有资产流失。

第六章　队伍建设

第三十六条　切实加强社区工作者队伍建设。完善以培养、选拔、使用、激励为主要内容的政策措施，拓宽选人视野，优化人员结构，提高队伍素质，努力造就一支数量充足、结构合理、素质较高、乐于奉献的社区工作者队伍。

第三十七条　推进社区工作者的职业化、专业化进程。取得国家社会工作者职业水平证书人员，在公开招聘社区工作者时，同等条件下优先录用；在岗社区工作者未取得水平证书的，应鼓励他们通过岗位培训、学历教育等方式取得水平证书。

建立健全社区工作者的录用、考评、教育培训、档案管理等各项制度。

第三十八条　规范社区工作者的工资待遇。根据社区工作者的岗位、工作年限、工作实绩，确定其相应的等级工资待遇，落实各项社会保障措施。随着全市和各区（县）经济水平的提高，不断提高社区工作者的收入水平。

第三十九条　加强社区志愿者队伍建设。充分发挥共产党员、共青团员的先锋模范作用，支持、动员、激励国家公职人员、专家学者、专业技术人员、教师、青少年学生以及身体健康的离退休人员等参与社区志愿服务。按照社区志愿者的特长组建多种类型、多个层次的社区志愿者队伍，形成功能齐全、方便快捷的社区志愿服务网络。积极推行社区志愿者注册制度。

第四十条　提升社区各类服务组织从业人员素质。积极吸引各类专业技术人才参与社区服务，壮大服务队伍，加强岗位职业培训，努力提高社区服务组织从业人员的职业道德水平和业务水平。

第七章　附则

第四十一条　市有关部门应根据本办法制定配套政策措施，各区（县）可根据本办法制定具体实施细则。

第四十二条　本办法自发布之日起试行。

北京市住房和城乡建设委员会 北京市公安局 北京市互联网信息办公室 北京市文化和旅游局 关于规范管理短租住房的通知

（京建法〔2020〕12 号，2020 年 12 月 18 日）

各有关单位：

为加强短租住房管理，根据《中华人民共和国民法典》《中华人民共和国电子商务法》《中华人民共和国网络安全法》《中华人民共和国治安管理处罚法》《中华人民共和国反恐怖主义法》等相关规定，现就有关事项通知如下：

一、本通知所称短租住房是指利用本市国有土地上的规划用途为住宅的居住小区内房屋，按日或者小时收费，提供住宿休息服务的经营场所。

二、本市短租住房按区域实行差异化管理，首都功能核心区内禁止经营短租住房。

在本市其他区域经营短租住房的，应当符合下列条件：

（一）符合本小区管理规约。无管理规约的应当取得业主委员会、物业管理委员会书面同意或取得本栋楼内其他业主的书面同意；

（二）取得出租住房业主的书面同意；

（三）房屋符合建筑、消防、治安、卫生等方面的安全条件；

（四）经营者与房屋所在地公安派出所签订治安责任保证书；

（五）书面告知所在小区物业服务企业，无物业服务企业的，书面告知社区居委会。

三、短租住房经营者通过互联网平台发布短租住房信息的，应当向互联网平台提交下列材料：

（一）所在小区管理规约或业主委员会、物业管理委员会、本栋楼内其他业主书面同意的材料；

（二）业主身份证明；

（三）房屋权属证明；

（四）出租住房业主同意房屋用于短租经营的书面材料；

（五）经营者身份证明；

（六）经营者与房屋所在地公安派出所签订的治安责任保证书。

四、互联网平台提供短租住房信息发布服务的，应当履行下列责任：

（一）核验短租住房经营者提交的材料；

（二）登记房屋详细地址，核实房屋状况，确认符合相关规定；

（三）对短租住房经营者身份信息进行登记、审查并完成实名身份认证，对交易订单签订人和实际住宿人员逐人登记身份信息和有效联系方式；

（四）按照公安、住房城乡建设（房管）行政主管部门要求及时报送住宿人员、房屋等信息。

五、互联网平台不得为下列短租住房提供信息发布服务：

（一）经营者提交的材料不齐全或核验未通过的；

（二）位置、面积与实际或权属证书记载不符的；

（三）图片、配套设施与实际不符的；

（四）使用旅馆业法规所规定名称的。

六、短租住房经营者应在住宿人员入住前，当面核对住宿人员身份证件信息，即时通过规定的信息系统申报登记信息。登记信息内容包括：住宿人员姓名、身份证件类别、身份证件号码、居住时间、有效联系方式等。

短租住房经营者不得向无合法有效身份证明的人出租房屋。

七、住宿人员应当携带合法有效身份证件，配合经营者和互联网平台登记申报身份信息和有效联系方式，不得利用短租住房从事违法犯罪活动、损害公共利益或者妨碍他人正常工作、生活。

八、物业服务企业或房屋管理单位发现居住小区内存在违规经营短租住房的，应对违法违规行为进行劝阻、制止，劝阻、制止无效的，及时报告有关行政主管部门及属地街道办事处、乡镇人民政府。

九、街道办事处、乡镇人民政府应加强对本辖区内短租住房的监督、巡查，发现违规经营短租住房的，应当及时组织属地公安、住房城乡建设（房管）、文旅等有关行政主管部门联合执法。

住房城乡建设（房管）、公安、网信、文旅等有关行政主管部门应当按照各自职责，做好短租住房的监督管理工作。

十、短租住房出租人、短租住房经营者将房屋出租给无身份证件的人或未按规定登记相关信息的，由公安等有关部门依照《中华人民共和国治安管理处罚法》《中华人民共和国反恐怖主义法》的相关规定处罚；互联网平台未要求房源发布者提供真实身份信息或者向不提供真实身份信息的用户提供相关服务的，由公安、网信等有关部门依照《中华人民共和国网络安全法》《中华人民共和国反恐怖主义法》《中华人民共和国电子商务法》的相关规定处罚；互联网平台未履行核验短租住房经营者提交的相关材料的，由有关部门依照《中华人民共和国电子商务法》相关规定处罚；短租住房存在其他违法情形或安全隐患的，依照相关法律法规查处。

十一、本通知自2021年2月1日起施行。

北京市住房和城乡建设委员会关于印发《北京市公共租赁住房后期管理暂行办法》的通知

（京建法〔2013〕15号，2013年7月25日）

各区县住房城乡建设委（房管局），东城、西城区住房城市建设委，经济技术开发区建设局（房地局），各有关单位：

为做好公共租赁住房租赁管理、物业服务等管理工作，根据《公共租赁住房管理办法》（住房和城乡建设部令第11号）、《关于加强本市公共租赁住房建设和管理的通知》（京政发〔2011〕61号）和《关于加强保障性住房使用监督管理的意见（试行）》（京政发〔2012〕13号），北京市住房和城乡建设委员会制定了《北京市公共租赁住房后期管理暂行办法》，现印发给你们，请结合实际，认真贯彻执行。

北京市公共租赁住房后期管理暂行办法

第一章　总则

第一条　为规范本市公共租赁住房后期监督管理，切实提高管理服务水平，根据《公共租赁住房管理办法》（住房和城乡建设部令第11号）、《关于加强本市公共租赁住房建设和管理的通知》（京政发〔2011〕61号）、《关于加强保障性住房使用监督管理的意见（试行）》（京政发〔2012〕13号）及相关规定，制定本办法。

第二条　本办法所称公共租赁住房后期管理，是指公共租赁住房租赁管理、物业服务等工作。

第三条　市住房城乡建设主管部门负责本市公共租赁住房后期监督管理。

各区县住房保障管理部门负责本行政区域内公共租赁住房后期监督管理工作，对公共租赁住房产权单位进行指导、监督和检查，依照规定组织相关部门对公共租赁住房承租家庭资格进行复核。

公共租赁住房产权单位应负责租赁管理、物业服务等工作，并协助住房保障管理部门加强承租家庭资格动态管理，协助街道办事处（乡镇人民政府）及社区管理部门等开展社区服务。

第四条 市住房城乡建设主管部门建立本市公共租赁住房管理信息系统，完善公共租赁住房使用情况、申请轮候家庭及配租家庭动态档案，实现全市动态管理。

公共租赁住房产权单位和区县住房保障管理部门应及时将公共租赁住房使用情况、承租家庭信息变动情况录入公共租赁住房管理信息系统，保证信息准确。

第五条 公共租赁住房产权单位具体承担下列职责：

（一）建立岗位职责和人员管理制度，制定公共租赁住房运营管理方案和租赁管理服务规范，并组织实施；

（二）办理房屋入住手续，与承租家庭签订房屋租赁合同，并按租赁合同约定提供服务；

（三）负责房屋租金确定、收缴等工作，并协助承租家庭办理租金补贴；

（四）建立承租家庭动态档案，定期入户走访，及时掌握承租家庭成员基本信息变化情况；

（五）受理承租家庭房屋合同变更、调换及调整、续租申请，并按照区县住房保障管理部门的决定办理相关手续；

（六）宣传、贯彻执行住房保障政策，开展日常检查，接受、处理举报和投诉，按租赁合同约定监督承租家庭房屋使用情况；

（七）按租赁合同约定纠正和处理违规使用房屋行为，办理合同终止手续，并及时报告区县住房保障管理部门；

（八）负责公共租赁住房自用和共用部位及设施设备的维修养护，保持房屋及设施设备完好，确保房屋正常使用；

（九）负责组织开展公共租赁住房物业服务；

（十）按要求定期向区县住房保障主管部门报告公共租赁住房后期管理工作情况，并接受相关主管部门检查；

（十一）按照有关规定或合同约定应承担的其他工作。

第六条 承租家庭应自觉遵守本市公共租赁住房管理规定和租赁合同约定，按时交纳房屋租金，合理使用房屋，配合产权单位开展房屋及设施设备维修养护工作。

第七条 物业服务企业受公共租赁住房产权单位委托，依据国家及本市住宅物业管理服务有关规定，按照委托物业服务合同做好物业服务工作。

第二章 租赁管理

第八条 公共租赁住房产权单位应在管理区域内设立房屋租赁管理服务站，安排房屋租赁管理人员（以下简称房管员）为承租家庭提供租赁管理服务，监督物业服务企业工作，具体负责公共租赁住房的入住手续办理、家庭档案建立、租赁合同签订、变更、续租或终止、租金收缴、合同履约监督、房屋及设施设备维修养护服务等工作。

同一公共租赁住房管理区域应至少配备2名房管员，实际管理户数超过500户的，产权单位应配备不少于3名房管员，并按照每超过300户增配1名房管员的标准增配房管员。

第九条 公共租赁住房产权单位在组织家庭办理房屋入住手续前30日，应将拟办理入住家庭情况书面告知家庭申请所在区县住房保障管理部门，获取家庭成员基本信息。

区县住房保障管理部门对产权单位提供的拟入住家庭名单进行复核后，对不再符合公共租赁住房配租条件的家庭，书面通知产权单位停止办理入住手续。

第十条 承租家庭办理公共租赁住房入住手续时，应与公共租赁住房产权单位签订公共租赁住房租赁合同。承租人为保障性住房申请核定表中的申请人，其他入住家庭成员应与保障性住房申请核定表中所列家庭成员一致。

公共租赁住房入住家庭实行实名登记备案制。产权单位建立入住家庭档案，完善入住家庭成员基本信息管理台账，并进行动态更新。

公共租赁住房租赁合同签订后10日内，产权单位将承租家庭名单、配租房屋情况、房屋租金等材料分别报送承租家庭申请所在区县及项目所在区县住房保障管理部门备案。

第十一条 公共租赁住房租金按本市相关规定确定并实行动态调整。公共租赁住房产权单位按租赁合同约定收缴房屋租金。承租家庭符合公共租赁住房租金补贴申请条件的，可按规定向街道办事处（乡镇人民政府）住房保障管理部门申请租金补贴。

第十二条 承租家庭因自身原因提出在申请家庭成员间变更承租人的，可向公共租赁住房产权单位设立的租赁管理服务站提出申请，并按下列程序办理：

（一）承租家庭推举一名具有完全民事行为能力的承租人，填写变更书面申请，明确变更原因。产权单位核定家庭各项费用均已结清后，收齐承租人身份证、户口本、租赁合同、死亡证明、共同申请人同意变更意见书等材料后，报送到承租家庭原申请户籍所在区县住房保障管理部门审核。

（二）区县住房保障管理部门组织街道办事处（乡镇人民政府）住房保障管理部门对家庭申请情况进行复核，家庭仍符合配租条件的，应在公共租赁住房小区公示10日。公示无异议的，区县住房保障管理部门应在15日内将同意变更意见反馈给产权单位；公示有异议的，区县住房保障管理部门组织相关部门进行复核。

（三）产权单位在接到反馈意见5日内，为家庭办理承租人变更手续，租赁期限为原合同剩余期限。

经复核，家庭不再符合配租条件的，区县住房保障管理部门按照相关规定作出取消家庭保障资格的决定，并在15日内将处理结果书面告知产权单位。

第十三条 承租家庭因人口变化需调整配租住房，或因家庭自身原因申请在同套型内与其他承租家庭调换配租住房的，承租家庭可向公共租赁住房产权单位提出申请，经区县住房保障管理部门审核后，产权单位予以调整或调换。具体申请程序和办理时限按第十二条相关规定执行。

市住房城乡建设主管部门建立承租家庭调换登记轮候册。承租家庭住房调换后应与产权单位重新签订租赁合同，租赁期限为原合同剩余期限。

公共租赁住房承租家庭配租住房调整及调换实施细则，由市住房城乡建设主管部门另行制订。

第十四条 承租家庭在租赁期内自愿退出公共租赁住房的，承租家庭应提前30日向公共租赁住房产权单位提出书面申请，结清相关费用，并在规定期限内将住房腾空交回产权单位。产权单位在与承租人解除租赁合同15日内，应书面通知承租人原申请所在区县住房保障管理部门。

承租家庭自愿退出公共租赁住房视同放弃一次配租资格，可继续轮候。同一家庭只能放弃两次配租资格，超过两次须重新申请。

第十五条 承租家庭在租赁期内，通过购置、继承、受赠等方式取得其他住房，并不再符合公共租赁住房配租条件的，应退出承租的公共租赁住房。

各区县住房保障管理部门每年对承租家庭住房变动情况进行复核。经复核，承租家庭不再符合公共租赁住房配租条件的，区县住房保障管理部门作出取消保障资格的决定，并在15日内书面告知公共租赁住房产权单位。

第十六条 租赁合同期满后承租家庭需要续租的，应在租赁期满前3个月向公共租赁住房产权单位提出续租申请，产权单位收齐相关申请材料后，报送到承租家庭原申请户籍所在区县住房保障管理部门复核。区县住房保障管理部门接到家庭申请材料2个月内，组织街道办事处（乡镇人民政府）住房保障管理部门完成家庭资格复核工作，并依下列情况做出处理决定，书面告知公共租赁住房产权单位：

（一）承租家庭仍符合届时公共租赁住房配租条件的，可继续承租公共租赁住房。

（二）承租家庭不再符合届时公共租赁住房配租条件，但家庭成员在本市均无他处住房的，可申请继续承租住房，经市或区县住房保障管理部门批准后，应按同区域同类型住房的市场租金标准交纳房屋租金。

（三）承租家庭不再符合届时公共租赁住房配租条件，且家庭成员在本市他处有住房的，应退出公共租赁住房。

产权单位在接到区县住房保障管理部门书面意见后，在1个月内完成与承租家庭续租，或收回承租的公共租赁住房。

产权单位无法向承租家庭提供原住房续租的，经住房保障管理部门同意，可在持有的房源中调配其他房屋给承租家庭。

第十七条 公共租赁住房产权单位负责房屋室内自用部位和自用设施设备维修养护服务。自用部位包括户门、室门、外窗、户内顶棚、墙面、地面、阳台、设置的防盗栏等。自用设施设备包括户内电气、燃气、供热、自来水分户表以内的管线及配件，卫生洁具、厨房器具和相关的上、下水管道及其他配套电器。

产权单位接到承租家庭报修后，应组织专业人员或委托物业服务企业专业人员及时上门维修，需收取费用的应按约定标准向承租家庭收取。

第十八条 公共租赁住房产权单位应按租赁合同约定，组织房管员对承租家庭进行入户检查，及时掌握承租家庭人员变化、房屋使用、室内设备设施状况等情况，并做好检查记录。检查记录由产权单位归入承租家庭档案管理。

产权单位组织入户检查时，承租家庭应至少有一名具有完全民事行为能力的家庭成员在场。入户检查的房管员应不少于2人，并按照规定佩戴工作证件。

产权单位每季度按照不低于实际入住家庭户数30%的比例组织入户检查，每年必须对入住家庭检查1次。对曾有违规使用房屋行为的家庭，产权单位应对其组织不定期抽查，并适当增加入户检查次数。

第十九条 承租家庭有转租、转借、闲置、改变用途、违章搭盖、擅自拆改房屋和违规使用公共空间等违规行为或其他违反租赁合同约定行为的，公共租赁住房产权单位房管员应按租赁合同约定及时制止，制作询问笔录。当事人不配合无法制作询问笔录的，房管员应及时做好工作记录。

承租家庭拒不改正的，产权单位应按房屋租赁合同约定处理，直至解除租赁合同，要求家庭退出公共租赁住房。

产权单位应在15日内将处理结果向相关区县住房保障管理部门报告，并及时将检查及处理情况录入公共租赁住房管理信息系统。

第二十条 公共租赁住房产权单位应向承租家庭明确公共租赁住房使用规则，并对承租家庭租住行为进行检查监督，发现家庭有危害小区住户居住安全、破坏小区环境卫生等方面行为应及时制止，并按有关规定处理或报告相关管理部门处理。

第二十一条 公共租赁住房产权单位应在租赁管理服务站设立举报信箱，定期开箱收集举报信息；公开举报电话，设置专（兼）职人员负责接听，并做好违规违约使用房屋举报信息汇总登记、调查、处理工作。

产权单位可将承租家庭履行租赁合同的情况在楼栋内等场所予以公示，接受小区承租家庭监督，公示内容包括公共租赁住房租金交纳、租金补贴额及房屋使用情况等。

第二十二条 公共租赁住房产权单位应协助区县住房保障管理部门完成对承租家庭成员收入、住房情况的复核，公示张贴及意见收集等工作，协助住房保障管理部门做好政策宣传，引导承租家庭合理使用房屋，维护小区秩序。

第二十三条 公共租赁住房产权单位应建立承租家庭意见征询机制，每半年组织召开一次由各楼栋或单元承租家庭代表参加的联席会，每年组织承租家庭填写满意度调查问卷，征询改进小区物业服务、租赁管理、使用监督管理、社会公共服务、社区建设等方面意见和建议，并将结果书面反馈区县住房保障管理部门。

第二十四条 公共租赁住房产权单位应按季、年向区县住房保障管理部门报告本单位持有管理的公共租赁住房出租、空置、租金收缴、违规使用、举报查处、退出等情况。

第三章 物业服务

第二十五条 集中建设的公共租赁住房，

公共租赁住房产权单位可自行管理，也可通过招投标方式将全部或部分专项服务委托给物业服务企业或其他专业性服务企业。同等条件下优先选择有保障性住房小区物业服务业绩的物业服务企业承担。

配建的公共租赁住房，应与本物业管理区域内的其他物业实施统一管理。建设单位不得通过增设护栏等方式将公共租赁住房与区域内其他物业分隔。

第二十六条 公共租赁住房应配置租赁管理服务办公用房，用于区域内公共租赁住房及承租家庭档案资料保存、住户接待、人员值班备勤等日常工作。

集中建设的公共租赁住房，公共租赁住房产权单位应合理安排配套用房，满足小区物业服务和租赁管理办公使用。

配建的公共租赁住房，建设单位应在首层配建建筑面积不低于100平方米的配套用房，由产权单位按公共租赁住房回购价格收购作为租赁管理服务办公用房使用。

本办法实施前已建成的公共租赁住房，产权单位可向建设单位收购建筑面积不低于100平方米的配套用房作为租赁管理服务办公用房。无法收购的，产权单位可安排建筑面积100平方米左右的首层房屋作为租赁管理办公用房。

第二十七条 集中建设的公共租赁住房由多个产权单位共同持有的，应由持有房屋建筑面积最多的产权单位牵头，会同其他产权单位组建业主大会或建立业主联席会议制度，共同决定小区物业服务等公共事项。

配建公共租赁住房的产权单位，应积极配合建设单位推进业主大会的成立，产权单位按持有房屋建筑面积在业主大会中行使业主权利。

第二十八条 配建的公共租赁住房，建设单位和产权单位可在公共租赁住房建设收购协议中约定公共租赁住房交付后的物业服务费承担及支付方式。

第二十九条 公共租赁住房产权单位应负责公共租赁住房及其配套设施设备的维修养护，确保房屋正常使用。

公共租赁住房可形成独立物业管理区域的，暂不交存住宅专项维修资金。配建的公共租赁住房应按本市相关管理规定交存住宅专项维修资金。

第三十条 公共租赁住房产权单位持有的地下空间，应按照本市规定合理使用，面向承租家庭提供各类服务。管理区域范围内的电梯、宣传栏等公共空间，应首先满足小区居民服务和政策宣传需要。

规划用于公共租赁住房的停车位应优先满足本小区内承租家庭租赁使用。

第四章 监督管理

第三十一条 市、区县住房保障管理部门应采取定期检查、档案资料抽查、对承租家庭走访、举报投诉处理、舆情社情监测等方式，加强对公共租赁住房产权单位开展的后期管理工作、承租家庭房屋使用情况进行监督考核。

第三十二条 市住房城乡建设主管部门建立公共租赁住房信用信息共享制度，将公共租赁住房产权单位、受委托参与管理服务企业、承租家庭的违规违约处理情况进行记录、归集、共享，并可按照有关权限和程序与其他部门共享，为社会信用管理提供信息服务。

第三十三条 公共租赁住房产权单位及其委托的管理服务单位有下列行为之一的，住房保障管理部门应及时督促产权单位按规定整改。拒不改正的，住房保障行政管理部门按《公共租赁住房管理办法》（住房和城乡建设部令第11号）相关规定予以处罚：

（一）向不符合配租条件的对象出租公共租赁住房的；

（二）未履行公共租赁住房及其配套设施设备维修养护义务的；

（三）改变公共租赁住房的保障性住房性质、用途，以及配套设施的规划用途的。

第三十四条 承租家庭有下列行为之一的，公共租赁住房产权单位可按租赁合同约定解除合同，收回房屋：

（一）将房屋转租、转借或者擅自调换承租住房的；

（二）改变承租住房用途或房屋结构；

（三）破坏或者擅自装修承租住房，拒不

恢复原状的；

（四）连续3个月以上在承租住房内居住不满30日的；

（五）累计3个月未按照合同约定交纳租金的；

（六）被区县住房保障管理部门取消公共租赁住房配租资格的；

（七）其他违反法律、法规规定及租赁合同行为的。

责令退回承租住房的家庭，产权单位可给予两个月的过渡期，过渡期内按照同区域、同类型住房的市场租金收取租金；逾期仍拒不退回的，公共租赁住房产权单位可以向人民法院提起诉讼，要求承租人腾退公共租赁住房，并按租赁合同约定，按照两倍公共租赁住房租金标准收取租金。

第三十五条 公共租赁住房产权单位应按租赁合同约定对承租家庭的违规违约行为进行处理。承租家庭有将房屋转租、转借、擅自调换、闲置、改变用途等违规行为及在房屋内从事违法活动的，产权单位应及时向区县住房保障管理部门报告。经核实后，区县住房保障行政管理部门应取消家庭保障资格，并通过媒体公示，记入信用档案，5年内不得再次申请保障性住房，并按照《公共租赁住房管理办法》（住房和城乡建设部令第11号）相关规定予以处理。

第三十六条 各级住房保障管理部门、公共租赁住房产权单位及相关管理服务单位的工作人员，如有参与或隐瞒公共租赁住房转租、转借、闲置等违规行为的，应按照本市相关规定处理。

第三十七条 公共租赁住房产权单位应加强对委托的管理服务企业进行监督、检查、考核。对于考核不合格或居民反映问题较突出的，应令其限期整改或重新选聘。

第五章 附则

第三十八条 社会单位利用自有土地建设持有的公共租赁住房、通过市场趸租方式筹集的公共租赁住房的后期管理工作参照本办法规定执行。

公共租赁住房办理首次入住手续前，产权单位或筹集单位应向项目所在区县住房保障管理部门登记备案。

第三十九条 各产业园区管委会或所属企业组织筹集运营的公共租赁住房后期管理办法由园区管理机构参照本办法制定，经区县人民政府批准后实施，并报市住房保障工作领导小组办公室备案。

第四十条 本办法自2013年9月1日起施行。此前公共租赁住房管理规定中与本办法不一致的，以本办法为准。

附件：1. 承租家庭申请书

2. 租赁服务办理通知书

3. 取消家庭住房保障资格通知书

4. 公共租赁住房承租家庭情况登记表

5. 公共租赁住房项目入住、房源及退出备案表

6. 公共租赁住房入户检查情况记录表

7. 公共租赁住房承租家庭违规违约使用房屋明细表

附件1

承租家庭申请书

____________：

承租人________，身份证号码________，备案登记编号_________，租赁合同编号_________。本家庭为_____区县保障性住房申请家庭，于___年___月___日起承租位于___区（县）__________号楼___单元___号公共租赁住房，建筑面积___平方米，合同期限_____年，月租金___元，承租家庭成员共___人，分别为____________。现经承租家庭成员协商一致，提出申请：

□因承租人死亡变更承租人；□家庭成员间变更承租人；□调整配租房屋；□同套型内

调换配租房屋地点；□续签租赁合同；□自愿终止租赁合同。具体原因说明：

____

____

____。

特此申请。

申请人：　　　　　　　　联系电话：

①承租人签名：　　　　日期：

②承租家庭成员签名：　日期：

③承租家庭成员签名：　日期：

④承租家庭成员签名：　日期：

注：本通知书一式两份，交办理保障家庭入住手续单位一份，区县住房保障管理部门留存一份。

附件2

租赁服务办理通知书

__________：

与你单位签订________项目公共租赁住房租赁合同的家庭________（身份证号码________，备案登记编号________），经复核，仍符合公共租赁住房配租条件。依据我市保障性住房相关管理规定，________区（县）住房保障管理部门作出以下决定：

□同意该家庭办理承租人变更；

□同意该家庭办理续租原有住房；

□同意该家庭纳入公共租赁住房调换轮候册，有合适房屋时可调换。

□同意该家庭__________

请你单位在收到本通知后，为该家庭办理相关手续，并在手续办理后及时将结果反馈区县住房保障管理部门。本通知有效期六个月。

特此通知。

联系人：　　　　　　联系电话：

区（县）住房保障管理部门

年　　月　　日

注：本通知书一式两份，交办理保障家庭入住手续单位一份，区县住房保障管理部门留存一份。

附件3

取消家庭住房保障资格通知书

__________：

与你单位签订公共租赁住房租赁合同的家庭__________（身份证号码__________，备案登记编号__________），经复核，已不再符合公共租赁住房配租条件。依据我市保障性住房相关管理规定，______区（县）住房保障管理部门已作出取消该家庭住房保障资格的决定。

请你单位在收到本通知后，按租赁合同相关约定处理，并将处理结果及时反馈区县住房保障管理部门。

特此通知。

联系人：　　　　　　联系电话：

区（县）住房保障管理部门

年　　月　　日

注：本通知书一式两份，交办理保障家庭入住手续单位一份，区县住房保障管理部门留存一份。

附件 4

________公共租赁住房承租家庭情况登记表

<table>
<tr><td colspan="3">一、房屋基本情况</td><td colspan="2">房屋座落</td><td colspan="4">___区(县)________路______号(院)</td><td>房号</td><td colspan="2">号楼　单元　号</td></tr>
<tr><td>居室</td><td colspan="4">□零居室　□一居室　□二居室
(□单宿　□小户型　□中户型　□大户型)</td><td>建筑面积</td><td>m²</td><td>月租金标准</td><td>元/m²</td><td>月租金</td><td colspan="2">元</td></tr>
<tr><td colspan="2">二、承租家庭基本情况</td><td>区(县)</td><td colspan="2"></td><td>街乡镇</td><td></td><td>备案登记编号</td><td></td><td>合同编号</td><td colspan="2"></td></tr>
<tr><td>与承租人关系</td><td>姓名</td><td>性别</td><td>年龄</td><td>婚姻状况</td><td colspan="2">身份证件号码（暂住证号码）</td><td colspan="3">户口所在地</td><td colspan="2">工作或学习单位</td></tr>
<tr><td>承租人</td><td></td><td></td><td></td><td></td><td colspan="2"></td><td>□本区</td><td>□外区</td><td>□京外</td><td colspan="2"></td></tr>
<tr><td></td><td></td><td></td><td></td><td></td><td colspan="2"></td><td>□本区</td><td>□外区</td><td>□京外</td><td colspan="2"></td></tr>
<tr><td></td><td></td><td></td><td></td><td></td><td colspan="2"></td><td>□本区</td><td>□外区</td><td>□京外</td><td colspan="2"></td></tr>
<tr><td></td><td></td><td></td><td></td><td></td><td colspan="2"></td><td>□本区</td><td>□外区</td><td>□京外</td><td colspan="2"></td></tr>
<tr><td></td><td></td><td></td><td></td><td></td><td colspan="2"></td><td>□本区</td><td>□外区</td><td>□京外</td><td colspan="2"></td></tr>
<tr><td>承租人电话</td><td colspan="2"></td><td>通讯地址</td><td colspan="2"></td><td>电子邮箱</td><td></td><td>紧急联系人</td><td></td><td>联系电话</td><td></td></tr>
<tr><td>起租日期</td><td colspan="2"></td><td>终租日期</td><td></td><td>承租年限</td><td></td><td>家庭人均月收入</td><td>元</td><td>入住人数</td><td>人</td><td>人均住房面积　m²</td></tr>
<tr><td colspan="2">申请家庭类型</td><td colspan="10">□三房轮候家庭(□廉租租金补贴、□廉租实物配租、□经济适用住房、□限价商品住房)　□保障性住房(公共租赁住房)申请家庭
□产业园区符合条件家庭　□社会单位符合条件家庭　□其他__________</td></tr>
<tr><td colspan="2">家庭结构</td><td colspan="10">□单身一人(□未婚　□离异　□丧偶)　□夫妻两人　□单亲两人　□三口之家　□三人以上家庭</td></tr>
<tr><td colspan="2">家庭特殊情况</td><td colspan="10">□希望就近上幼儿园(家庭有年满 3 周岁幼儿)　□希望就近上小学(家庭有年满 6 周岁儿童)　□失业登记希望就近工作　□低保家庭
□优抚家庭及退役军人　□家庭有 4050 人员　□劳模家庭　□家庭成员中有大病　□家庭成员中有重残　□其他______________</td></tr>
<tr><td colspan="2">车辆情况</td><td colspan="3">□摩托车　□残疾人三轮车
□电瓶车</td><td>□机动车</td><td>品牌
车牌号</td><td>是否养犬</td><td>□是
□否</td><td>是否愿意参加社区公益活动</td><td colspan="2">□是　□否</td></tr>
</table>

承租家庭签字：　　　　　　　　登记日期：　　　年　　月　　日

附件 5－1

________公共租赁住房　入住情况　备案表

产权单位(盖章)：　　　　　　　　(______年______月)　　　　　　　　首次选房日期：

总入住家庭		户		套型 宿舍		单居		小套型		中套型		大套型	
序号	备案编号	区县	承租人姓名	承租人身份证号	家庭人口数	合同编号	楼号	单元号	房号	户型	套型建筑面积	月租金	备注

填表人：　　　　　　　　审核人：　　　　　　　　填表日期：　　　　　　　　联系电话：

产权单位(盖章)：上表填报的数据经我部门审核为经我单位组织入住的实际情况，同意上报区县住房保障管理部门备案。

说明：1. 房屋套型按公共租赁住房建设标准划分，产权单位也可根据配租房源情况将零居室、一居室、二居室对应到各类套型。

2. 项目初次选房入住后填报，项目运营期间在每季度第一月 5 日前上报上季度新选房入住家庭情况。

附件 5－2

________公共租赁住房____号楼　未入住房屋　备案表

（示范表格）

产权单位（盖章）：　　　　　　　　　　　　　　　　　　　　　　项目座落：

单元号								
房号	1	2	3	4	5	6	7	8
户型	东北三居	东向一居	东向两居	东向两居	东向两居	南向两居	南向一居	西南三居
层数	建筑面积	建筑面积	建筑面积	建筑面积	建筑面积	建筑面积	建筑面积	建筑面积
6								
5								
4								
3								
2								
1								

填表人：　　　　　　　审核人：　　　　　　　填表日期：　　　　　　　联系电话：

产权单位（盖章）：未入住房源情况经我单位核对属实，同意上报区县住房保障管理部门备案。

说明：1. 房源状态在楼盘表上用颜色标示：未入住房源以绿色标识；已入住房源用红色标识。

2. 按一栋楼一个楼盘表报送，彩色打印报送。

附件 5－3

______公共租赁住房　退房情况　备案表

产权单位(盖章)：　　　　　　　　　　(______年______月)　　　　　　　　　　共有______户家庭退房

序号	备案编号	区县	承租人姓名	身份证号码	原租赁合同编号	楼号	单元号	房号	户型	套型建筑面积	退房原因	是否计入放弃一次

填表人：　　　　　　　　审核人：　　　　　　　　填表日期：　　　　　　　　联系电话：

产权单位(盖章)：退房家庭情况经我单位核对属实，同意上报区县住房保障管理部门备案。

说明：项目运营期间在每季度第一月 5 日前上报上季度退房家庭情况。退房原因为合同到期或自愿退出。

附件 6

________公共租赁住房入户检查情况记录表(参考样式)

项目交用时间：______年______月　　　　　　　　　　　　　　　　　　　　记录表编号：

承租人 姓名		家庭备案 登记编号		实际居住 情况	□是本人居住　共______人,其他人员姓名： □非本人居住				
房号户型	号楼　单元　室			套型	□大套型　□中套型　□小套型　□单居　□宿舍				
租金交纳 情况	□按时交纳租金　□拖欠租金(□1 月　□2 月　□3 月　□超过 3 月)			检查时间	年　月　日　时　分				
房屋使用情况：□无违规行为　□有违规使用行为 □有违法行为				房屋及设施设备情况：□完好　□基本完好　□需维修					
发现违规行为： □转租　□转借　□擅自调换　□闲置　□改变房屋用途 □改变房屋结构　□破坏或擅自装修　□违规使用公共空间 □其他违规行为__________				□户门　□室门　□外窗　户内顶棚　□墙面　□地面　□阳台 □防盗栏　□洗面盆　□马桶　□热水器　□厨柜　□灶具及油烟机 □管道维修(□电　□燃气　□供热　□自来水　□厨房下水　□卫生间下水) □其他__________					
承租家庭 意见	□检查与实际相符　□检查与实际不符			承租家庭 签字		家庭固 定电话		移动 电话	
不符情况 说明				其他需说明 的情况					

产权单位入户检查人员签字：__________，__________

附件 7

________公共租赁住房承租家庭违规违约使用房屋明细表

产权单位(盖章)：　　　　　　　　　　(______年______月)　　　　　　　　　　制表日期：

序号	受理时间	违规违约家庭姓名	备案编号	户型	楼号	单元及房号	发现方式	违规行为类型	违规行为具体内容	调查结果	处理结果	未调查处理原因
1												
2												
3												
4												
5												
6												
7												

填表人：　　　　　　　　　　单位负责人：　　　　　　　　　　联系电话：

说明：1. 填写的项目为已交付使用办理入住手续的项目。2. 房屋类型包括公共租赁住房、廉租实物住房。3. 违规行为类型包括：A 出租(转租)、B 转借、C 闲置、D 擅自改变房屋用途、E 擅自拆改房屋、F 违规使用公共空间、G 违规出售、H 擅自调换、I 拖欠租金、J 其他，可直接填写相应字母。4. 发现方式包括：K 单位巡查、L 信访举报、M 网络媒体报导、N 巡查中介发现、O 街道批转线索、P 区县批转线索、Q 市级批转线索，R 其他等，可直接填写相应字母。5. 请各公共租赁住房产权单位在每季度第一月 5 日前将汇总表(含电子表)盖章后报送到项目所在区县住房保障管理部门。

北京市发展和改革委员会
关于北京市居民用水实行阶梯水价的通知

（京发改〔2014〕865号，2014年4月28日）

各有关单位：

根据国家有关文件精神，为落实最严格的水资源管理制度，大力促进水资源节约，经市政府批准，决定本市居民用水实行阶梯水价。现将有关事项通知如下：

一、水量分档和水价标准。按年度用水量计算，将居民家庭全年用水量划分为三档，水价分档递增。第一阶梯用水量不超过180立方米，水价为每立方米5元；第二阶梯用水量在181～260立方米之间，水价为每立方米7元；第三阶梯用水量为260立方米以上，水价为每立方米9元。

二、阶梯水价实施范围为本市所有抄表到户的居民用户。居民用户原则上以住宅为单位，一个房产证明对应的住宅为一户；没有房产证明的，以供水企业为居民用户安装的水表为单位。

三、关于多人口家庭用水问题。对确因家庭人口较多而导致用水量增加的家庭，具备分表条件的，应给予分表；不具备分表条件且人口为6人（含）以上的家庭，每户每增加1人，每年各档阶梯水量基数分别增加30立方米，由供水企业根据用户提供的居民户口簿或居（村）委会提供的实际居住证明，直接认定其阶梯水量和水价。

四、少数不具备一户一表条件而无法抄表到户的居民用户，暂不执行阶梯水价，水价按照第一阶梯水价标准执行。

五、根据国家要求，执行居民水价的学校、社会福利机构、城乡社区居委会、便民浴池、园林环卫等非居民用户，水价标准按高于第一阶梯价格水平确定，统一执行每立方米6元，并按照《北京市节约用水办法》，继续执行超定额累进加价政策。

…………

八、本通知自2014年5月1日起执行。2014年的阶梯用水量按实际8个月的用水量计算，即：第一阶梯用水量不超过120立方米，第二阶梯用水量在121～176立方米之间，第三阶梯用水量为176立方米以上。

特此通知。

附件：《北京市居民用水阶梯水价表》

附件

北京市居民用水阶梯水价表

单位：元/立方米

<table>
<tr><th rowspan="2">供水类型</th><th rowspan="2">阶梯</th><th rowspan="2">户年用水量（立方米）</th><th rowspan="2">水价</th><th colspan="3">其中</th></tr>
<tr><th>水费</th><th>水资源费</th><th>污水处理费</th></tr>
<tr><td rowspan="3">自来水</td><td>第一阶梯</td><td>0～180（含）</td><td>5</td><td>2.07</td><td rowspan="3">1.57</td><td rowspan="3">1.36</td></tr>
<tr><td>第二阶梯</td><td>181～260（含）</td><td>7</td><td>4.07</td></tr>
<tr><td>第三阶梯</td><td>260以上</td><td>9</td><td>6.07</td></tr>
</table>

续表

供水类型	阶梯	户年用水量（立方米）	水价	其中		
				水费	水资源费	污水处理费
自备井	第一阶梯	0～180（含）	5	1.03	2.61	1.36
	第二阶梯	181～260（含）	7	3.03		
	第三阶梯	260以上	9	5.03		

注：1. 执行居民水价的非居民用户，水价统一按每立方米6元执行，其中：自来水供水的水费标准为每立方米3.07元，自备井供水的水费标准为每立方米2.03元；水资源费和污水处理费按阶梯水价相应标准执行。

2. 执行居民水价的非居民用户用水范围：学校教学和学生生活用水；向老年人、残疾人、孤残儿童开展养护、托管、康复服务的社会福利机构用水；城乡社区居委会公益性服务设施用水；政府扶持的便民浴池用水；园林、环卫所属的非营业性公园、绿化、洒水、公厕、垃圾楼用水。具体学校以市教育部门按相关规定认定为准；社会福利机构和城乡社区居委会公益性服务设施以市民政部门按相关规定认定为准；便民浴池以市商务部门会同市水务部门按相关规定认定为准。

北京市市政市容管理委员会 北京市发展和改革委员会 北京市住房和城乡建设委员会 北京市规划委员会 北京市财政局 北京市质量技术监督局关于印发北京市居住建筑供热计量管理办法（试行）的通知（摘）

（京政容发〔2010〕98号，2010年9月21日）

各区县市政市容委、发展改革委、住房城乡建设委、规划分局、财政局、质监局，各有关单位：

为推进我市供热计量改革，现将《北京市居住建筑供热计量管理办法（试行）》印发给你们，请结合实际，认真贯彻落实。特此通知。

附件：北京市居住建筑供热计量管理办法（试行）

附件

北京市居住建筑供热计量管理办法（试行）

第一条　为推进本市供热计量改革，提高社会节能意识，促进节能减排，建设绿色北京，依据《中华人民共和国节约能源法》《民用建筑节能条例》《北京市供热采暖管理办法》《民用建筑供热计量管理办法》和《北京市推进供热计量改革综合工作方案》等规定，结合本市实际，制定本办法。

第二条　本市行政区域内从事居住建筑开发、规划、设计、建设、施工、监理、供热节能与建筑节能改造的单位和居住建筑供热单位、热用户，应当遵守本办法。

第三条　本市新建居住建筑和具备供热计量条件的既有居住建筑应当实行供热计量收费。

…………

第十六条　热量结算点设置在居住建筑楼栋热力入口的热量表，并由分户热计量装置对楼栋热量表计量的热量值进行分摊，计算出楼栋内各用户的用热量。

楼栋热量表和分户热计量装置的选用、安装等技术要求应当符合《北京市供热计量应用技术导则》的规定。

第十七条 居住建筑供热计量收费试行价格实行两部制热价，由基本热价和计量热价两部分构成。其中，基本热价按照建筑面积征收，燃煤锅炉供应的居住建筑基本热价标准为7元/建筑平方米·采暖季，市热力集团供应的居住建筑基本热价标准为12元/建筑平方米·采暖季，燃气、燃油、电锅炉供应的居住建筑基本热价标准为18元/建筑平方米·采暖季；计量热价按照用热量征收，价格标准为0.16元/千瓦时（44.45元/吉焦）。

用户热费具体计算公式为：用户热费＝基本热费＋计量热费；其中，基本热费＝基本热价×建筑面积，计量热费＝计量热价×用热量。

遇有价格政策调整时，按照发展改革部门有关文件规定执行。

…………

第十九条 供热单位是供热计量收费的责任主体，应当与居民用户签订供用热合同，约定双方的权利和义务，并在合同中明确供热计量方式、供热面积、热费缴纳方式、结算方式及时间等内容；《居民供热采暖合同（热计量收费版）》示范文本由市市政市容主管部门会同市工商行政主管部门制定发布。

…………

第二十三条 居民用户和居住建筑的建设单位、权属单位、物业服务单位应当积极配合供热单位或者项目改造单位，开展建筑节能与供热计量改造、供热运行调节和供热计量收费等工作。

…………

第二十八条 本办法中有关用语的含义：

（一）供热计量是指采用集中供热方式的热计量，包括热源、热力站供热量以及建筑物（热力入口）、用户用热量的计量。

（二）供热计量收费是指供用热双方按照基本热价和计量热价相结合的两部制价格进行热费结算。

（三）供热按照住宅面积收费是指按照现行《关于调整我市民用供热价格和热电厂热力出厂价格的通知》（京价（商）字〔2001〕372号）中规定的居民供暖价格。

（四）新建居住建筑是指自2010年1月1日起通过竣工验收的集中供热居住建筑。

（五）既有居住建筑是指在2010年1月1日前通过竣工验收的集中供热居住建筑。

（六）既有二步节能居住建筑是指按照《民用建筑节能设计标准（采暖居住建筑部分）北京地区实施细则》（1997年7月发布）建造的居住建筑。

（七）既有三步节能居住建筑是指按照《居住建筑节能设计标准》（2004年6月发布、2006年11月修编）建造的居住建筑。

第二十九条 本办法自2010年10月1日起实施。

北京市房屋土地管理局关于加快办理出售公有住房权属审查、面积测算、买卖过户、登记发证手续有关问题的通知

（京房地权字〔1998〕第473号，1998年5月26日）

各区县房地局（土地局）、市局各有关业务处所：

为适应我市住房制度改革的需要，加快房改售房权属审查、买卖过户、登记发证工作的进度，现将有关事项通知如下：

一、房屋权属审查

售房单位所售房屋的产权，房地权属管理部门按以下规定进行审查，经审查确认后，出具确权证明。确权证明要按统一格式（见附

件）并加盖主管部门公章。

（一）已取得房屋所有权证的房屋，凡与现状相符未发生权属纠纷的，不再进行产权确认。

（二）新建、翻建、扩建的房屋，提交建设工程规划许可证，可以确认产权；1984 年 4 月 10 日以前建设但手续不全的，单位出具书面具结后，可以确认产权。

（三）合建、联建的房屋，有关各方提交计委立项批复、建设工程规划许可证及合建、联建协议，可以分别确认产权。出地方在计委立项的，可以先确认其相应部分的产权；出资方应当以出资额为限，办理交易手续后，可以确认其产权。

（四）集资建设的房屋，提交集资建房的批准文件、建设工程规划许可证、集资建房协议书，可以确认产权。

本规定第（二）、（三）、（四）条在房屋产权审查确认时，申请人在 1991 年 5 月 31 日以前取得土地使用权，无权属纠纷、又无法提交土地来源证明文件的，可以由申请人出具书面具结；1991 年 6 月 1 日以后取得土地使用权的，应当提交土地来源证明文件。

（五）调拨及单位合并、分立沿用的房屋，应提交调拨或单位合并、分立的文件，可以确认产权；证件不全、确无权属纠纷的，由申请人出具书面具结后，可以确认产权。

（六）交换的房屋，提交房屋产权交换协议，可以确认产权。

（七）企业改组、改制、重组发生产权转移的房屋，提交企业改组、改制、重组的批准文件以及房屋产权移交文件，可以确认产权。

（八）1988 年 10 月 1 日以前购买的商品房，提交买卖合同；1988 年 10 月 1 日至 1995 年 4 月 18 日期间购买的商品房，提交建设工程规划许可证、买卖合同、买卖契证；1995 年 4 月 18 日以后购买的商品房，应提交商品房销售许可证、买卖合同、买卖契证、竣工质量验收证明，可以确认产权。

（九）1987 年 10 月 1 日前购买的公有住房，提交买卖合同；1987 年 10 月 1 日以后购买的公有住房，提交买卖合同、买卖契证，可以确认产权。

（十）有权属纠纷的房屋，纠纷各方同意先向职工出售公有房屋再解决权属纠纷并达成书面协议（包括售房价款的管理）的，有关各方提交协议后，由房地权属管理部门书面向房改售房方案审批部门说明纠纷各方达成协议的有关情况，并附协议书。售房方案审批后，可以为购房人办理买卖过户、登记发证手续。

（十一）以上规定适用于国有土地上房屋所有权的确认。

1986 年 12 月 31 日以前，全民所有制单位、城市集体所有制单位在农村集体土地上建设、购买、受赠等房屋产权的确认，凡符合国家土地管理局《确定土地所有权和使用权若干规定》并办理相应手续、提交有效证明文件的，可以确认产权。

1987 年 1 月 1 日以后，全民所有制单位、城市集体所有制单位在农村集体土地上建设、购买的房屋，提交依法补办集体土地转为国有土地手续的证明文件，以及房屋建设、买卖的证明文件，可以确认产权。

二、房屋面积测算

（一）房改售房方案经批准后，售房单位可以自行测算或委托专业测绘部门对所售房屋的面积进行测算。

（二）房改售房面积应当按照有关规定进行测算，并出具房改售房面积测算书面报告，报告内容应当包括：房屋面积测算方法，整幢楼房的建筑面积，各单元（套）建筑面积清单。采用实测方法的，应当按照市房地局市房政字〔1989〕第 030 号文规定进行，各单元（套）的建筑面积之和应当与减去应扣除公用部位建筑面积后的整幢楼房的面积相等；采用 1.333 系数测算的，应当按照市房改办、市房地局京房管改字（1992）第 480 号文规定进行，各单元（套）的建筑面积之和应当与用该系数测算的整幢楼房的建筑面积相等。

多产权楼房中的各产权单位可以分别采用 1.333 系数单独进行房屋面积测算，只提供所测算的各单元（套）的建筑面积清单。

（三）房改售房面积测算后，只须填写北京市房屋登记表，不再绘制房地平面图。

三、房屋买卖过户

（一）办理房改售房买卖过户手续，售房单位须提交房改售房方案批复、北京市房屋登记表、房屋买卖合同、房屋所有权证，未取得房屋所有权证的，应当提交确权证明。

（二）交易管理部门办理买卖过户手续均以房屋买卖合同中的房价为准，在房屋买卖合同上加盖房改售房鉴证章。

四、房屋登记发证

（一）售房单位办理房屋买卖过户手续后，须提交房改售房方案批复、北京市房屋登记表、经鉴证的房屋买卖合同、房屋所有权证，未取得房屋所有权证的，应当提交确权证明，到房地权属登记部门申请登记。

（二）登记部门审查确认后，填制核发房屋所有权证。证中只须附北京市房屋登记表，不再附房地平面图。

五、办理时限

自售房单位按本规定提交全部证明文件之日起，各部门应当按以下规定时限办结：

（一）交易部门：自收件之日起20个工作日内，办结买卖过户手续。

（二）登记部门：自收件之日起30个工作日内向售房单位出具房屋确权证明；30个工作日内核发房屋所有权证。

六、其他事项

（一）房改售房应当由售房单位为购房人统一办理房屋买卖过户及登记手续。

（二）房改售房所需房屋所有权证，由市房地局加印公章及“成本价出售住宅”专用章或“标准价出售住宅”专用章后，由各区县房地局领取使用。

（三）售房单位在房改售房后，批余部分应当按规定办理变更登记。如果批余部分需继续出售，登记部门应当在房屋所有权证或确权证明中注记已售出房屋情况。出具确权证明后，房屋全部售出的，不再向售房单位核发房屋所有权证。

（四）本通知中有关测量技术问题，由市房地局勘察测绘所解释，其他问题由市房地局权属管理处解释。

附件：确权证明

附件

确权证明

__________市/区/县房改办：

坐落于__________区（县）__________号的房屋__________幢，建筑面积______平方米，正在申请办理房屋所有权登记，经审查房屋所有权属于__________所有。请贵办公室办理该单位房改售房方案审批的有关手续。

科公章

年　　月　　日

第二部分

房屋及设备设施管理

承接查验

北京市房屋建筑使用安全管理办法

（北京市人民政府令第229号，2011年1月26日）

《北京市房屋建筑使用安全管理办法》已经2011年1月4日市人民政府第82次常务会议审议通过，现予公布，自2011年5月1日起施行。

第一条 为了加强房屋建筑使用安全管理，保障居住和使用安全，制定本办法。

第二条 本市行政区域内依法建造或者登记的各类房屋建筑及其附属构筑物和配套设施设备的使用安全管理，适用本办法。

其他法律法规对配套设施设备使用安全管理另有规定的，从其规定。

第三条 市和区县住房城乡建设行政主管部门负责房屋建筑使用安全的监督管理。

规划、质量技术监督、市政市容、卫生、气象、农村工作、人民防空、安全生产、公安等部门应当按照各自职责，做好房屋建筑使用安全的相关监督管理工作。

第四条 房屋建筑使用安全责任由房屋建筑所有权人承担。

所有权人对房屋建筑使用安全可以自行管理，也可以委托物业服务企业以及其他单位、个人管理，受托管理人应当按照规定和约定承担房屋建筑使用安全管理责任。

自行管理的单位和受托管理的物业服务企业应当配备房屋建筑安全管理员。安全管理员应当具备房屋建筑结构和设施设备安全管理的专业知识。

第五条 房屋建筑使用人应当安全使用房屋建筑，及时向所有权人、受托管理人报告发现的安全问题，配合开展对房屋建筑的检查维护、安全评估、安全鉴定、抗震鉴定、安全问题治理等活动。

第六条 房屋建筑工程交付使用时，建设单位应当提交质量保证书、使用说明书，明示房屋建筑的性能指标、使用维护保养要求，并按照规定和约定承担保修责任。

房屋建筑工程的勘察、设计、施工、监理单位依法承担相应的质量安全责任。

第七条 房屋建筑所有权人或者受托管理人应当对房屋建筑进行检查维护，发现危及房屋建筑使用安全的问题时，应当及时向住房城乡建设行政主管部门报告，并有权对危害房屋建筑使用安全的行为进行制止。

自行管理的单位和受托管理的物业服务企业应当按照住房城乡建设行政主管部门的规定建立房屋建筑使用安全管理档案。

第八条 禁止下列影响房屋建筑使用安全的行为：

（一）擅自变动房屋建筑主体和承重结构；

（二）违法存放爆炸性、毒害性、放射性、腐蚀性等危险物品；

（三）超过设计使用荷载使用房屋建筑；

（四）损坏、挪用或者擅自拆除、停用消防设施、器材；

（五）占用、堵塞、封闭房屋建筑的疏散通道、安全出口以及其他妨碍安全疏散的行为；

（六）在人员密集场所门窗上设置障碍物；

（七）损坏或者擅自拆改供水、排水、供电、供气、供热、防雷装置、电梯等设施设备；

（八）其他违反法律、法规、规章的行为。

第九条 区分所有权的房屋建筑主体和承重结构属于房屋建筑的共有部分，进行装饰装修活动需要变动建筑主体和承重结构的，须经全体所有权人共同决定后，方可委托具有相应资质的设计单位出具设计方案，装饰装修企业应当按照设计方案进行施工。

第十条 房屋建筑所有权人应当根据房屋建筑的类型、设计使用年限、使用时间等情况，按照规定定期委托房屋安全鉴定机构对房屋建筑进行安全评估。建设单位、设计单位应当按照规定履行定期告知的义务。

第十一条 房屋建筑有下列情形之一的，房屋建筑所有权人应当委托房屋安全鉴定机构进行安全鉴定：

（一）出现开裂、变形等结构损伤的；

（二）出现地基不均匀沉降的；

（三）因自然灾害或者事故可能导致结构损伤的；

（四）未按照规定变动建筑主体和承重结构的；

（五）进行结构改造或者改变使用用途可能影响房屋建筑安全的；

（六）毗邻的建设工程施工可能影响房屋建筑使用安全的；

（七）经安全评估发现房屋建筑存在安全隐患需要进行安全鉴定的；

（八）其他依法应当进行安全鉴定的。

有关行政部门根据公共利益的需要可以委托房屋安全鉴定机构进行安全鉴定。

第十二条 房屋建筑有下列情形的，房屋建筑所有权人应当委托进行抗震鉴定：

（一）达到设计使用年限需要继续使用的；

（二）未采取抗震设防措施或者达不到现行抗震设防类别、烈度的；

（三）进行结构改造或者改变使用用途可能影响抗震性能的；

（四）其他依法应当进行抗震鉴定的。

出具抗震鉴定报告依据的房屋建筑现状检查检测数据，应当由依法取得计量认证的单位提供。

第十三条 房屋安全鉴定机构从事房屋建筑安全评估、安全鉴定活动应当向市住房城乡建设行政主管部门备案，并提交下列材料：

（一）房屋安全鉴定机构设立的相关证明文件，或者工程质量检测机构的检测资质证书及具备建设工程结构检查能力的证明文件；

（二）经过计量检定的检测仪器、设备清单；

（三）技术负责人的土建类高级技术职称证书，鉴定负责人的土建类中级以上技术职称证书；

（四）管理制度及质量控制措施。

上述内容发生变更的，房屋安全鉴定机构应当在30日内办理变更备案。

第十四条 房屋安全鉴定机构进行房屋建筑安全评估、安全鉴定活动，应当有两名以上鉴定人员参加，并按照国家和本市相关规定和技术标准进行评估与鉴定，及时、准确、真实地向委托人出具房屋建筑安全评估、安全鉴定报告，同时报送住房城乡建设行政主管部门。对鉴定为危险房屋的，房屋安全鉴定机构应当在作出鉴定结论后24小时内书面通知委托人，同时报告住房城乡建设行政主管部门。

第十五条 房屋建筑安全鉴定报告应当由鉴定负责人、技术负责人、机构负责人签字。房屋安全鉴定机构及相关负责人对出具的报告依法承担法律责任。

房屋建筑安全鉴定报告涉及结构体系计算的，应当由具备相应资格的注册结构工程师出具计算书，涉及结构实体检测的，应当由经过相应计量认证的单位出具检测数据。

本市采用统一的房屋建筑安全鉴定报告文本，由市住房城乡建设行政主管部门制发并免费提供。

第十六条 房屋安全鉴定机构不得出具虚假的安全评估、安全鉴定报告。

任何单位和个人不得干涉正常的安全评估、安全鉴定活动，不得伪造、变造安全评估、安全鉴定报告。

第十七条 委托人及利害关系人对房屋建筑安全鉴定结论有异议的，可以向市房屋安全鉴定管理机构申请重新鉴定，市房屋安全鉴定管理机构可以组织重新鉴定。

第十八条 房屋建筑所有权人应当根据鉴定报告的处理建议对房屋建筑采取修缮、拆除以及其他解除危险的安全治理措施并承担相应的治理费用。

第十九条 经鉴定为危险房屋的，应当根据鉴定报告的处理建议使用或者停止使用房屋建筑：

（一）鉴定为观察使用的，应当按照鉴定报告注明的观察使用时限使用；

（二）鉴定为处理使用的，使用人应当按照鉴定报告限制使用的要求搬出危险部位，房屋建筑所有权人应当委托原设计单位或者具有相应资质等级的设计单位出具解危技术措施方案，并按照设计单位确定的后续使用年限使用；

（三）鉴定为停止使用、整体拆除的，使用人应当停止使用，立即搬出。

使用人拒不按照前款规定搬出的，住房城

乡建设行政主管部门应当书面责令使用人搬出，情况紧急危及公共安全的，区县人民政府可以责成有关部门组织强制搬出，并妥善安置。

第二十条 使用人搬出的危险房屋为其唯一居住用房的，可以向房屋所在地区县人民政府申请临时安置住房。危险房屋治理结束后，使用人应当搬出临时安置住房。

第二十一条 低收入家庭承担危险房屋治理费用有困难，或者在危险房屋治理期间支付临时安置住房租金有困难的，可以申请补助，具体补助办法由区县人民政府制定。

第二十二条 对房屋建筑进行应急抢险应当按照国家和本市应对突发事件的有关规定执行。对危险房屋的修缮工程，相关行政部门应当及时办理审批手续；需要紧急抢修的，可以先行抢修。

第二十三条 住房城乡建设行政主管部门及有关部门应当建立房屋建筑使用安全信息通报和信息共享制度，实现对房屋建筑使用安全的综合治理。

市住房城乡建设行政主管部门应当建立房屋安全鉴定机构信用信息管理系统，记载并公布备案和监督管理信息。

第二十四条 住房城乡建设行政主管部门建立房屋建筑安全信息档案，记载房屋建筑安全的相关信息。发现下列情况时应当及时记载并予以公布：

（一）擅自变动建筑主体和承重结构的；

（二）应当进行安全鉴定未鉴定的；

（三）经鉴定为危险房屋未治理的。

房屋登记部门在办理房屋转移登记时应当告知受让人查询房屋建筑使用安全信息档案。

第二十五条 房屋建筑所有权人未按照规定进行安全鉴定、抗震鉴定或者房屋建筑经鉴定为危险房屋未及时治理的，住房城乡建设、规划等行政主管部门应当按照各自职责督促所有权人及时履责；拒不履责的，行政主管部门可以指定有关单位代为履行，所需费用由所有权人承担。

第二十六条 学校、幼儿园、医院、体育场馆、商场、图书馆、公共娱乐场所、宾馆、饭店以及客运车站候车厅、机场候机厅等人员密集的公共建筑，应当每5年进行一次安全评估；达到设计使用年限需要继续使用的，应当每2年进行一次安全评估。

住房城乡建设行政主管部门应当会同相关行业主管部门定期对人员密集的公共建筑进行巡查，对未按照规定进行安全评估、安全鉴定、抗震鉴定或者未按照鉴定报告的处理建议及时治理的，应当督促所有权人及时履责，拒不履责的，可以指定有关单位代为履行，费用由所有权人承担。

第二十七条 行政主管部门办理相关证照依法查验经营场所时，应当核实房屋建筑的相关情况，对以危险房屋作为经营场所的，不得办理相关证照。

第二十八条 违反本办法第四条第三款规定，自行管理的单位或者受托管理的物业服务企业未配备安全管理员的，由住房城乡建设行政主管部门责令限期改正；拒不改正的，处1万元以上3万元以下罚款。

第二十九条 违反本办法第七条规定，未按照规定建立房屋建筑使用安全管理档案并如实记录的，由住房城乡建设行政主管部门责令限期改正；并可以处1万元以上3万元以下罚款。

第三十条 违反本办法第八条第（三）项规定，超过设计使用荷载使用房屋建筑的，由住房城乡建设行政主管部门责令限期改正；拒不改正的，处1万元以上3万元以下罚款。

第三十一条 违反本办法第十四条、第十五条、第十六条规定，房屋安全鉴定机构有下列行为的，由市住房城乡建设行政主管部门责令限期改正，计入房屋安全鉴定机构信用信息管理系统，并处5万元以上10万元以下罚款：

（一）出具虚假鉴定报告的；

（二）鉴定结论存在严重错误的；

（三）未及时将危险房屋鉴定结论通知委托人导致责任人未及时履责发生事故的。

第三十二条 违反本办法第二十六条规定，人员密集的公共建筑的所有权人未按照规定进行安全评估、安全鉴定、抗震鉴定或者未按照鉴定报告的处理建议及时治理的，由住房城乡建设行政主管部门责令限期改正；拒不改正的，处10万元以下罚款。

人员密集的公共建筑经鉴定为危险房屋，生产经营单位以其为经营场所，不具备安全生产条件的，负有安全生产监督管理职责的部门应当按照《北京市安全生产条例》的规定，责令限期改正，逾期未改正的，责令停产停业整顿，经停产停业整顿仍不符合安全生产条件的，予以关闭。

第三十三条 阻碍国家机关工作人员依法履行房屋建筑使用安全监管职责，违反《中华人民共和国治安管理处罚法》的，由公安机关给予治安处罚；构成犯罪的，依法追究刑事责任。

第三十四条 房屋建筑所有权人下落不明或者权属不明的，本办法规定的房屋建筑所有权人责任由实际占有人承担。

第三十五条 农村村民自建住宅的使用安全管理由区县人民政府参照本办法制定具体办法；市住房城乡建设、规划、农村工作等行政主管部门负责对农村村民自建住宅的监督管理工作进行指导。

第三十六条 本办法自2011年5月1日起施行。1991年1月5日北京市人民政府批准，1991年3月9日原北京市房地产管理局发布，根据2004年6月1日北京市人民政府第150号令修改的《北京市实施〈城市危险房屋管理规定〉的若干规定》同时废止。

北京市人民政府关于印发北京市城镇房屋建筑使用安全综合治理办法的通知

（京政发〔2010〕17号，2010年6月2日）

各区、县人民政府，市政府各委、办、局，各市属机构：

现将《北京市城镇房屋建筑使用安全综合治理办法》印发给你们，请认真遵照执行。

北京市城镇房屋建筑使用安全综合治理办法

第一章 总则

第一条 为规范房屋建筑使用行为，加强房屋建筑使用安全管理，保障人民群众生命财产安全，依据国家相关法律法规，结合实际，制定本办法。

第二条 本市行政区域内城镇国有土地上各类房屋建筑的安全使用、检查维护、安全评估与鉴定、安全问题治理等活动及其监督管理，适用本办法。

本办法所称房屋建筑是指依法建造或者依法登记的居住建筑、公共建筑、工业建筑，包括附属构筑物和与其配套的线路、管道、设备等。

本办法所称附属构筑物是指房屋配套建设的围墙、烟囱、水塔等。

本办法所称设备是指电梯、压力容器、锅炉等特种设备，燃气设施、消防设施、电气设施、供暖设施、防雷装置和二次供水设备等。

第三条 房屋建筑使用安全管理应当遵循合理使用、定期检查、预防为主、防治结合、综合治理、确保安全的原则。

第四条 市住房城乡建设部门负责全市城镇房屋建筑使用安全的监督管理。区县住房城乡建设部门负责本辖区内城镇房屋建筑使用安全的监督管理。

规划、市政市容、公安、安全监管、质监、卫生、气象、工商、环保、城管等行政主管部门，应当按照各自职责，做好房屋建筑使用安全的相关监督管理工作。

第二章 安全责任

第五条 房屋建筑的所有人是房屋建筑使用安全责任人（以下简称安全责任人）。房屋建筑所有人下落不明或者房屋建筑权属不清晰的，实际占有人是安全责任人。

第六条 安全责任人应当对房屋建筑的安全使用、检查维护、安全评估与鉴定、安全问题治理等承担责任，保证房屋建筑的安全性、适用性、耐久性。

第七条 房屋建筑管理人（以下简称管理人）是对房屋建筑使用安全承担管理责任的自然人、法人或者其他组织。

自行管理的房屋建筑，安全责任人是管理人。委托管理的房屋建筑，受托人是管理人。

第八条 管理人应当对房屋建筑进行检查维护，对于检查中发现的房屋建筑使用安全问题应向安全责任人和有关行政主管部门报告，可以受安全责任人委托组织对房屋建筑安全问题进行治理，对危害房屋建筑使用安全的行为进行制止、报告，并定期开展房屋建筑使用安全宣传活动。

第九条 房屋建筑使用人（以下简称使用人）应当合理使用房屋建筑，并进行日常查看，发现使用安全问题时应向安全责任人、管理人报告。

第十条 房屋建筑设计单位应当在房屋建筑达到设计使用寿命前1年，以书面形式告知安全责任人、管理人、使用人，并同时告知区县住房城乡建设部门。

第十一条 新建房屋建筑，建设单位在交付使用时，应当向购房人提交质量保证书、房屋建筑使用说明书及其他文件，明确告知购房人房屋建筑的各项性能指标、使用与维护保养要求、质量保修内容等。

第三章 安全使用

第十二条 居住建筑的使用人，不得违反法律、法规以及管理规约，将住宅改变为居住之外的经营性用房。使用人依照法律、法规以及管理规约，将住宅改变为经营性用房的，应当经有利害关系的房屋建筑所有人同意。

第十三条 使用人不得在房屋顶部增设塔架，不得超过城市规划中限定的建筑物高度设置广告牌，不得在房屋顶部、地下或者其他部位增设永久性或者临时性建筑或者构筑物等，不得改变房屋承重体系。

因特殊需要，经房屋建筑所有人和利害关系人同意，在房屋顶部或者其他部位搭建附属房屋，应当经规划部门批准；在房屋建筑外墙或者房屋顶部增设广告牌，应当符合户外广告设置规划，并遵守国家和本市的有关规定。

第十四条 使用人在使用房屋建筑时，不得有下列影响安全和公共利益的行为：

（一）擅自变动建筑主体和承重结构；

（二）违法存放易燃、易爆、放射性、侵蚀性和危害人体健康的物品；

（三）超过设计使用荷载使用房屋；

（四）损坏、挪用或者擅自拆除、停用消防设施、器材，占用、堵塞、封闭疏散通道、安全出口或者其他妨碍安全疏散的行为，在人员密集场所门窗上设置影响逃生和灭火救援的障碍物；

（五）擅自拆改防雷装置；

（六）擅自拆改燃气、供暖、供电、通讯线路等设施设备。

第十五条 实施房屋装修前，应当向房屋管理单位、物业服务企业等管理人办理登记手续。未办理登记手续的，不得进行装修施工。管理人应当将装修中的禁止行为明确告知当事人。

第十六条 装修施工应当严格按照设计方案实施，保证房屋建筑的整体结构安全。管理人应当依据相关规定对房屋建筑的装修活动进行巡查和监督。

第四章 检查维护

第十七条 管理人应当建立房屋建筑安全管理信息档案并向住房城乡建设部门报告相关信息；一个物业管理区域内应当至少配备一名房屋建筑结构安全员和一名设备设施管理员对所辖房屋建筑进行安全管理。

第十八条 管理人应当对房屋建筑进行下列内容的日常检查：

（一）房屋的开裂、变形，地基不均匀沉降等异常现象；

（二）木质产品和木质构件的虫蛀、腐朽等现象；

（三）白蚁蚁害区蚁情；

（四）金属构件等防腐或者防火涂层的完好性；

（五）室内外公共区域装饰装修的松动、起翘、脱落等现象；

（六）房屋建筑附属构筑物的安全牢固情况；

（七）房屋建筑公共部位空调的运行状况；

（八）安全出口、疏散通道是否畅通，消防设施、消防器材运行情况，消防安全标志的完好性；

（九）供水、排水、供电、供气、供热、通讯、有线电视、特种设备等基础设施设备的完好性及运行情况。

第十九条 管理人应当实施或者协调使用人实施下列特定情况的检查：

（一）在采暖期到来之前，对采暖设施的完好性和安全性进行检查；

（二）在雨季到来之前，对公共部位的外窗渗漏情况、屋面渗漏情况、屋面及室外排水设施情况等进行检查，并按规定进行防雷装置检测；

（三）大风、大雪天气到来之前，对公共部位的外窗和房屋建筑附属构筑物的牢固性进行检查。

第二十条 管理人对日常检查、特定情况检查发现的问题应当及时予以处理，消除安全隐患。对违法行为制止无效时，管理人应当向安全责任人和相关行政主管部门报告。

第二十一条 住房城乡建设、规划、市政市容、公安、安全监管、质监、卫生、气象、环保等行政主管部门按照各自职责开展房屋建筑安全检查工作时，安全责任人、管理人、使用人应当配合。

第二十二条 线路、管道、设备的维修应当由具有相应资质的单位组织实施。

供水、排水、供电、供气、供热、通讯、有线电视等单位，应当依据法律、法规、规章及约定承担管理区域内相关管线和设施设备维修、养护的责任。

第五章 安全评估与鉴定

第二十三条 房屋安全评估由安全责任人委托房屋安全鉴定机构进行；房屋安全鉴定由安全责任人、管理人、使用人或者对房屋建筑安全造成影响的责任人委托房屋安全鉴定机构进行。

房屋安全鉴定机构应当将评估与鉴定结论告知委托人，并同时上报市、区县住房城乡建设部门，记入房屋建筑安全管理信息档案。

第二十四条 安全责任人应当根据物业类型、已使用时间、设计使用年限等不同情况，定期委托房屋安全鉴定机构进行安全评估。

（一）学校、幼儿园、医院、体育馆、商场、影剧院、宾馆等大型公共建筑和人员密集场所的房屋建筑，每5年应当进行一次安全评估；

（二）使用满30年的居住建筑，每10年应当进行一次安全评估；

（三）达到设计使用年限仍继续使用的，每2年应当进行一次安全评估；

（四）建在河涌、水渠、山坡、软基、采空区等危险地段的房屋建筑，自房屋建筑交付使用起，每5年应当进行一次安全评估；

（五）梁、板、柱等结构构件和阳台、雨罩、空调室外机支撑构件等外墙构件及地下室工程，自房屋建筑交付使用第30年起应当进行第一次安全评估，以后每10年应当进行一次安全评估；

（六）悬挑阳台、外窗、玻璃幕墙、外墙贴面砖石或抹灰、屋檐等，自房屋建筑交付使用起每10年应当进行一次安全评估。

具体评估办法由市住房城乡建设部门另行制定。

第二十五条 房屋建筑有下列情形之一的，安全责任人应当委托房屋安全鉴定机构进行安全鉴定：

（一）出现结构开裂、变形，地基不均匀沉降等危及使用安全迹象的；

（二）拟进行结构改造或者改变使用用途的；

（三）遭受自然灾害影响，出现结构损伤的；

（四）毗邻建设工程施工现场，房屋建筑使用安全可能或者已经受到影响的；

（五）因火灾、爆炸、碰撞、振动等外部

事故影响，出现损伤的；

（六）擅自变动建筑主体和承重结构的；

（七）经安全评估发现房屋存在安全隐患需要进行安全鉴定的；

（八）其他依法应当进行安全鉴定的。

房屋安全鉴定费用，由安全责任人承担；人为原因导致房屋建筑出现安全问题的，鉴定费用由责任人承担。

第二十六条 住房城乡建设部门对出现本办法第二十五条规定的情形，应当督促安全责任人委托鉴定机构对房屋进行安全鉴定；安全责任人拒不委托鉴定的，由住房城乡建设部门直接委托鉴定，费用由安全责任人承担。

第二十七条 房屋安全鉴定由依法设立的房屋安全鉴定机构实施。

房屋安全鉴定机构应当对其出具的鉴定报告负法律责任。

第二十八条 房屋安全鉴定机构应当与委托人签订房屋安全鉴定合同，并按合同约定以及国家和本市法律法规和规范标准规定的程序、项目和内容实施鉴定活动，及时准确地出具房屋安全鉴定报告。

房屋安全鉴定机构不得转包或者分包鉴定业务。

第六章 安全问题的治理

第一节 治理责任

第二十九条 房屋建筑安全问题的治理，由安全责任人、管理人实施。

管理人应当在安全责任人授权范围内进行治理。

在危及人身安全的紧急情况下，管理人、使用人可依法采取必要的措施对安全问题进行治理，以排除危险，并应当及时通知安全责任人。

第三十条 对存在安全问题的房屋建筑，应当根据具体情况分别采取修缮、解除危险、拆除的处理措施。

房屋建筑安全问题的治理费用，由安全责任人承担；人为原因导致房屋建筑出现安全问题的，其治理费用由责任人承担。

第二节 房屋修缮

第三十一条 房屋修缮工程必须符合国家和本市相关法律法规和规范标准的要求。

本办法所称修缮，是指为保持和提高房屋的完好程度与使用功能或者为延长房屋耐用年限，对既有房屋建筑进行必要的维护、维修、拆改、翻修和再装饰所进行的查勘、设计、施工和验收等过程控制活动。

第三十二条 未经抗震设防或者建筑抗震设防类别需提高的房屋建筑，应当进行抗震鉴定并依据鉴定结论进行加固处理。

第三十三条 房屋修缮前应当进行查勘，并对需要修缮的部位、项目、数量等做出详细的查勘记录。

第三十四条 修缮工程设计必须保证建筑物的安全和使用功能。当涉及增加荷载以及承重结构需要改动或者加固时，必须由原结构设计单位或者具有相应资质等级的设计单位依据房屋安全鉴定机构的鉴定报告，出具结构改造设计图或者加固设计图。

第三十五条 修缮工程所用材料必须符合国家和本市相关法律法规和规范标准的相关要求和设计要求。

第三十六条 修缮工程投资额达到30万元以上或者建筑面积达到300平方米以上时，应当依法取得施工许可。修缮工程施工中，严禁违反设计文件擅自变动建筑主体、承重结构或者使用功能。

第三十七条 修缮工程质量验收程序和组织应当符合现行《建筑工程施工质量验收统一标准》的要求。

第三节 危险房屋解除危险

第三十八条 确认危险房屋的鉴定结论，应当由房屋安全鉴定机构做出。

经鉴定属于危险房屋的，安全责任人、管理人应当按照房屋安全鉴定机构鉴定结论的处理类别进行治理。危险房屋的处理类别分为观察使用、处理使用、停止使用和整体拆除。

观察使用。适用于采取适当安全技术措施后，尚能短期使用但需继续观察的房屋。房屋安全鉴定机构在出具的鉴定报告中应当注明观察使用或者下一次进行安全鉴定的时限。

处理使用。适用于采取适当技术措施后，可解除危险的房屋。设计单位在加固设计文件中应当说明后续使用年限。

停止使用。适用于已无修缮价值，暂时不便拆除，又不危及相邻建筑和影响他人安全的房屋。

整体拆除。适用于整幢危险且无修缮价值，需立即拆除的房屋。

第三十九条 经鉴定为危险房屋的，安全责任人应当按照房屋安全鉴定机构的处理建议，及时加固或者修缮治理；安全责任人拒不按照处理建议修缮治理，或者进行阻碍的，区县住房城乡建设部门有权采取指定单位代为治理等强制措施，发生的费用由安全责任人承担。

第四十条 鉴定结论的处理建议为停止使用或者整体拆除的，使用人应当立即搬出。使用人拒不搬出的，区县住房城乡建设部门应当向安全责任人、使用人发出停止住用通知，要求限期搬出。逾期未搬出的，由区县政府组织搬出。

第四十一条 发生房屋倒塌事故时，安全责任人、管理人应当立即采取妥善的处理措施，并在事故发生后1小时内向房屋所在地区县住房城乡建设部门报告。

第四十二条 区县住房城乡建设部门接到危险房屋鉴定结论后，应当对解危情况进行检查，发现房屋未及时解危的，应当向安全责任人、管理人发出城镇危险房屋解危通知，要求及时解危。

经核定的城镇低收入家庭（含低保家庭），无力承担危险房屋治理费用的，由房屋所在地区县政府实施解危。

第四十三条 使用人搬出的危险房屋为其唯一居住用房的，可以向房屋所在地区县政府申请临时安置住房。

安全责任人积极主动治理危险房屋，治理期间使用政府提供的安置住房的，租金按公房租金标准计收；由区县住房城乡建设部门代为治理，治理期间使用政府提供的安置住房的，租金按该区域市场价格计收。

经核定的城镇低收入家庭（含低保家庭），危险房屋治理期间，安置房的租金按廉租住房有关规定计收。

使用人由政府提供临时安置住房的，在危险房屋治理结束后应当限期搬出，逾期不搬的，按该区域市场价格计收租金。

第四十四条 危险房屋修缮工程应当按有关规定报经批准的，审批机关须及时办理；危险房屋需要紧急抢修的，可先进行抢修，再按规定补办审批手续。

第七章 应急抢险

第四十五条 房屋应急抢险遵循属地为主、分级负责、预防为主、防治结合、快速反应、统一指挥、保障有力的原则。

超过设计使用年限、修缮不及时或者风、雨、雪等自然外力作用，以及由于非正常使用等原因导致出现房屋倒塌、人员伤亡的突发性事故时，安全责任人、管理人应当立即采取妥善处理措施，并向房屋所在地区县住房城乡建设部门报告，积极配合进行应急抢险和对事故进行调查处理。

第四十六条 市建筑工程事故应急指挥部城镇房屋安全突发事故应急分指挥部（以下简称分指挥部）负责研究制定本市城镇房屋安全突发事故的应急工作管理规划和年度工作计划；协调推进房屋安全突发事故应急机制建设；组织指挥重大和特别重大房屋安全突发事故的应对处置工作；指导、协调、督促区县政府开展一般和较大房屋安全突发事故的应对处置工作；负责指导、督促各区县政府房屋安全行政主管部门和相关单位开展应急管理工作。

各区县政府负责定期组织排查和及时督促责任主体消除本辖区内各类房屋安全隐患；负责组织、协调、实施本辖区内一般、较大房屋安全突发事故的应对处置工作；配合分指挥部开展重大以上房屋安全突发事故的处置工作，做好先期救援和后期保障工作；负责督促、协调房屋安全行政主管部门动态收集、跟踪各类房屋安全突发事故预警和处置信息，并及时上报分指挥部办公室；负责分指挥部交办的其他工作。

第四十七条 突发事故发生后，分指挥部和区县政府实施房屋应急抢险时，可以根据实际需要采取下列措施：

（一）禁止或者限制使用有关设备、设施，关闭或者限制使用有关场所，中止人员密集的活动或者可能导致危害扩大的生产经营活动以及采取其他保护措施；

（二）封锁危险场所，划定警戒区域，实行交通管制以及其他控制措施；

（三）切断电力、可燃气体和液体的输送；

（四）利用邻近建筑物和有关设施；

（五）拆除或者破损毗邻的建筑物和构筑物。

对因房屋应急抢险需要而拆除或者破损的毗邻建筑物和构筑物，应当在事后予以修复。

第四十八条 市、区县政府在紧急情况下，应安排房屋应急治理资金，用于紧急情况下危险房屋的鉴定、加固、拆除或者居住人员的搬出安置等费用垫付。

第八章 监督与管理

第四十九条 本市涉及房屋建筑使用安全的行政主管部门应当按其职责，负责房屋建筑使用安全的监督和管理。区县相应行政主管部门负责本辖区内房屋建筑使用安全活动的管理。

住房城乡建设部门负责对违反房屋安全管理行为的查处工作。

规划部门负责对未按照建设工程规划许可证规定内容进行建设，违反规划管理行为的查处工作。

城管部门负责对房屋违法增设广告牌、未取得建设工程规划许可证进行建设，构成违法建设行为的查处工作。

公安机关负责对阻碍国家机关工作人员依法执行职务行为的查处工作；负责对消防违法行为的查处工作。

安全监管部门负责对生产经营单位在房屋建筑使用过程中不履行安全生产管理职责行为的查处工作。

质监部门负责对违反房屋建筑特种设备安全规定行为的查处工作。

卫生部门负责对房屋建筑使用过程中违反卫生管理行为的查处工作。

气象部门负责对违反防雷安全管理行为的查处工作。

环保部门负责对违反环境保护相关法律法规行为的查处工作。

第五十条 市、区县住房城乡建设部门和其他有关部门应当加强对房屋建筑使用安全管理执行法律法规情况的监督检查。在履行监督检查职责时，有权采取以下措施：

（一）要求安全责任人、管理人、使用人提供有关房屋建筑使用安全方面的文件和资料；

（二）进入被检查现场进行检查；

（三）发现有影响房屋建筑使用安全的行为时，责令改正。

第五十一条 管理人违反本办法，对已发现的或者应当发现的房屋建筑安全问题未按照职责范围进行治理和报告的，由住房城乡建设部门予以通报批评。

第五十二条 房屋安全鉴定机构违反本办法规定，有下列行为之一的，由住房城乡建设部门予以通报批评：

（一）未按照国家和本市法律法规和规范标准规定的程序、项目和内容实施鉴定活动的；

（二）将鉴定业务转包或者分包的。

第五十三条 使用人未登记进行住宅室内装饰装修活动的，由住房城乡建设部门依据《住宅室内装饰装修管理办法》第三十五条规定处罚。

第五十四条 使用人在房屋建筑装修改造过程中，违反规定使用明火作业的，由公安机关依据《中华人民共和国消防法》第六十三条规定处罚。

第五十五条 使用人在装修过程中擅自变动房屋建筑主体和承重结构的，由住房城乡建设部门依据《建设工程质量管理条例》第六十九条规定处罚。

第五十六条 对于房屋修缮过程中，设计单位、施工单位、装修单位的违法行为，由规划、住房城乡建设部门依照《中华人民共和国建筑法》及《建设工程质量管理条例》的有关规定处罚。

第五十七条 使用人擅自变动或者破坏房屋建筑抗震构件、隔震装置、减震部件或者地震反应观测系统等抗震设施的，由住房城乡建设部门依据《房屋建筑工程抗震设防管理规定》第二十六条规定处罚。

第五十八条　经鉴定需抗震加固的房屋建筑工程在进行装修改造时未进行抗震加固的，由住房城乡建设部门依据《房屋建筑工程抗震设防管理规定》第二十八条规定处罚。

第五十九条　阻碍国家机关工作人员依法执行职务，构成违反治安管理行为的，由公安机关依法给予处罚；构成犯罪的，依法追究刑事责任。

第六十条　国家机关工作人员玩忽职守、徇私舞弊、滥用职权的，由其所在单位、上级机关或者监察机关追究行政责任；构成犯罪的，由司法机关依法追究刑事责任。

第九章　附则

第六十一条　区分所有权的房屋建筑，建筑物的基础、承重结构、外墙、屋顶等基本结构部分，通道、楼梯、大堂等公共通行部分，消防、公共照明等附属设施、设备，避难层、设备层或者设备间等结构部分属于全体业主共有。

第六十二条　城市市区（包括建制镇的建成区）之外的农村房屋建筑使用安全管理由区县政府参照本办法执行。

地下室及人防工程安全使用

北京市人民防空工程建设与使用管理规定（摘）

（1998年4月1日北京市人民政府令第1号公布，根据2001年8月27日北京市人民政府令第82号第一次修改，根据2004年6月1日北京市人民政府令第150号第二次修改，根据2010年11月27日北京市人民政府令第226号第三次修改）

第一章　总则

第一条　为了加强人民防空工程（以下简称人防工程）的建设和使用管理，提高城市整体防护能力，保护人民的生命和财产安全，为经济建设服务，结合本市实际情况，制定本规定。

第二条　本规定所称人防工程包括为保障战时人员与物资掩蔽、人民防空指挥、医疗救护等单独修建的地下防护建筑，以及结合地面建筑修建的战时可用于防空的地下室。

第三条　本市行政区域内人防工程的规划、建设、维护和使用管理，应当遵守本规定。法律、法规另有规定的除外。

…………

第六条　本市鼓励支持企业事业组织、社会团体、个人建设和使用人防工程。人防工程平时由投资者使用管理，收益归投资者所有。

平时使用人防工程实行有偿使用的原则。

…………

第三章　人防工程的维护与使用

第十九条　本市鼓励平时利用人防工程为经济建设和人民生活服务。

市人民防空主管部门对人防工程的维护管理进行监督检查。

公用人防工程的维护管理由人民防空主管部门负责。有关单位应当按照国家规定对本单位已经修建或者使用的人防工程进行维护管理，使其保持良好使用状态和防护能力。

第二十条　人防工程的维护管理应当执行国家规定的技术规程，实行分工负责的原则。

第二十一条　人防工程的建设或者使用单位应当确定专职人员负责人防工程的维护管理，建立、健全人防工程维护管理的各项规章制度，发现安全隐患及时处理并向人民防空主管部门报告。

人民防空主管部门应当加强对人防工程使用安全的监督检查。对可能造成人防工程重大安全隐患的行为，人民防空主管部门有权予以制止。

第二十二条　禁止下列侵害人防工程的行为：

（一）在人防工程内生产和储存爆炸、剧毒、易燃、放射性和腐蚀性物品；

（二）进行影响人防工程使用或者降低人防工程防护能力的作业；

（三）向人防工程内排入废水、废气和倾倒废弃物；

（四）破坏人防工程的行为。

第二十三条　任何组织或者个人不得擅自拆除公用的人民防空工程和专用配套工程；确需拆除的，必须报经所在地区、县人民防空主管部门批准，并由拆除单位补建或者补偿。

其他人民防空工程确需拆除的，报所在地区、县人民防空主管部门备案。

第二十四条　任何组织或者个人不得擅自改造人防工程；确需改造的，应当报人民防空主管部门批准，在按照人防工程有关技术规范采取有效安全措施后进行，并不得改变人防工程的主体结构和降低人防工程的原有防护能力。

第二十五条　平时使用人防工程，应当按照规定报人民防空主管部门审查批准，并向人民防空主管部门申请办理《人防工程使用证》。

平时使用公用的人防工程，使用人应当按照国家和本市的规定交纳人防工程使用费。

…………

第五章 附则

第三十二条 本规定自1998年5月1日起施行。1986年8月15日市人民政府发布的《北京市实施〈人民防空工程维护管理规定〉的细则》同时废止。

北京市人民防空工程和普通地下室安全使用管理办法

（2004年11月23日北京市人民政府令第152号发布，根据2011年7月11日北京市人民政府令第236号第一次修改，根据2018年2月12日北京市人民政府令第277号第二次修改）

第一条 为了加强本市人民防空工程和普通地下室的安全使用管理，保障人民群众生命和财产安全，根据国家有关法律、法规，结合本市实际情况，制定本办法。

第二条 本办法适用于本市行政区域内平时使用的人民防空工程和普通地下室（以下统称“地下空间”）的安全使用管理。法律、法规另有规定的从其规定。

第三条 本市地下空间安全使用，坚持谁所有谁负责，谁使用谁负责的原则。

人民防空工程安全使用责任由人民防空工程使用许可被许可使用人承担。

普通地下室安全使用责任由普通地下室所有权人承担。所有权人委托物业服务企业以及其他单位、个人管理的，受托管理人应当按照规定和约定承担普通地下室安全使用责任。

第四条 利用地下空间从事商业、文化娱乐业、旅店业以及其他生产经营活动或者作为居住场所的，地下空间的被许可使用人、所有权人及受托管理人（以下统称“安全使用责任人”）应当保证地下空间符合下列条件：

（一）符合防火、卫生等管理规定，并经公安消防机构、卫生计生行政主管部门依法检查合格；

（二）房屋建筑安全，不存在危险构件；

（三）具有上下水、卫生间、用电设施；

（四）通风良好，设置机械通风系统或者空气调节装置，并保证有效使用。地下空间平时使用必需的新风量，以及相应的新风系统、回风系统等设置符合设计规范要求；

（五）具有防汛、防雨水倒灌设施；

（六）按规定设置和配备机械防烟排烟系统、自动喷淋系统、应急照明系统、火灾自动报警系统以及其他消防设施和器材。

第五条 地下空间的安全使用责任人利用地下空间，应当遵守下列规定：

（一）制定落实治安、消防、卫生、建筑等管理法律、法规、规章的具体措施；

（二）建立防火、防汛、治安、卫生等责任制度。提供给他人使用的，与使用人签订地下空间安全使用责任书，明确使用人对地下空间的安全使用义务，并对使用人履行义务的情况进行监督；发现使用人违反安全管理法律、法规、规章或者安全使用义务的，及时制止、纠正，并向有关行政主管部门报告；

（三）使用人民防空工程，应当按照所在地区人民防空主管部门批准的要求使用；

（四）不得擅自改变地下空间工程的主体结构或者拆除地下空间工程的设备设施；

（五）安全出口和疏散通道符合安全规范。安全出口不得采用卷帘门、转门、吊门或者侧拉门，门向疏散方向开启；

（六）在地下空间的入口处设置人民防空主管部门、住房城乡建设行政主管部门制发的人民防空工程、普通地下室使用标志牌；

（七）建立安全设施检查、维修管理制度，保障安全设施正常使用；

（八）对有关行政主管部门检查发现的事故隐患，在规定的时间内予以消除；

（九）依法及时报告火灾、传染病疫情等突发性事件；

（十）不得将地下空间出租给无合法有效证件、证明的单位或者个人；

（十一）遵守国家及本市其他有关地下空

间安全使用的管理规定。

第六条　地下空间的使用人，应当遵守下列规定：

（一）履行地下空间安全使用责任书中的安全使用义务和本办法第五条第（四）项、第（八）项、第（九）项的规定；

（二）根据不同的使用性质，保证地下空间在使用中符合国家规定的相关行业的卫生标准；

（三）装饰、装修材料符合国家和本市规定的消防、卫生要求；进行装饰、装修等施工作业期间，不得投入使用；

（四）不得存放液化石油气钢瓶，不得使用液化石油气和闪点小于60℃的液体做燃料；

（五）保障安全出口、疏散通道畅通，有人时不得上锁；

（六）不得在地下空间内从事危险化学品、烟花爆竹等危险物品的生产经营。不得在地下空间内储存易燃易爆物品；

（七）按照国家有关消防安全技术规定安装、使用电器产品，设计、敷设用电线路；禁止超负荷用电；

（八）不得在地下空间内设置油浸电力变压器和其他油浸电气设备；

（九）地下空间内所容纳的人员不得超过核定人数。核定人数的具体办法和标准，由市人民防空主管部门、住房城乡建设行政主管部门制定；

（十）对从业人员进行安全教育，并制定安全事故应急救援预案；

（十一）遵守国家及本市其他有关地下空间安全使用的管理规定。

第七条　按照规划用途利用地下空间从事旅店业，设置宿舍，以及作为其他居住场所的，地下空间的安全使用责任人、使用人除应当遵守本办法第五条、第六条规定外，还应当遵守下列规定：

（一）房间内人均使用面积不得少于5平方米；

（二）不得设置上下床；

（三）配备有效的防灭病媒生物设施、消毒设施和垃圾、废弃物的存放专用设施。

禁止将规划用途为非居住用途的地下空间用于居住。

第八条　地下空间的安全使用应当符合本市有关房屋建筑使用安全管理、治安管理和房屋租赁管理的相关规定以及规范、标准。

地下空间用于出租的，应当按照本市房屋租赁管理的相关规定办理登记。禁止将违法建设的地下空间出租。

第九条　市和区人民防空主管部门、住房城乡建设行政主管部门分别负责人民防空工程、普通地下室安全使用的综合管理工作。市和区安全生产监督管理部门负责对地下空间内安全生产工作实施综合监督管理。

城乡规划、公安、卫生计生、工商、文化等行政主管部门，应当按照法律、法规、规章和市人民政府规定的安全监管职责，负责地下空间安全使用的相关管理工作。

第十条　区人民政府按照属地管理的原则，负责本行政区域内地下空间安全使用的综合治理工作，建立地下空间安全使用巡查和考核制度。

第十一条　街道办事处和乡、镇人民政府组织、协调并监督人民防空、住房城乡建设、安全生产、城乡规划、公安、卫生计生、工商、文化等职能部门派出机构或者专职人员对本辖区内地下空间的行政执法工作。

街道办事处和乡、镇人民政府应当建立对本辖区内地下空间安全使用的巡视制度，定期清查本辖区内地下空间的使用情况；发现违法使用地下空间或者地下空间存在事故隐患的，及时通知有关行政主管部门。有关行政主管部门接到通知后，应当及时依法处理。

第十二条　市人民防空主管部门应当编制市人民防空工程使用总体规划，各区人民防空主管部门应当根据市人民防空工程使用总体规划和本行政区域实际情况，制定区人民防空工程使用规划，报市人民防空主管部门同意后经区人民政府批准公布。

平时使用人民防空工程应当优先满足社会公益性事业的需要，居住区内的人民防空工程应当优先满足居住区配套服务和社区服务的需要。

第十三条　平时使用人民防空工程，应当符合人民防空工程使用规划，并依法申请人民防空工程使用许可。

人民防空主管部门对申请进行审查时，应当对人民防空工程进行查验，确保其符合安全使用条件；作出行政许可决定时，应当明确人民防空工程及其设施设备使用的范围。

人民防空工程使用许可有效期为1年，期限届满，被许可使用人可以申请延期使用许可，对按照规定使用的申请人，人民防空主管部门应当准许延期。

第十四条 使用普通地下室，应当符合规划确定的使用用途，使用人不得擅自改变使用用途。

第十五条 使用普通地下室从事商业、文化娱乐业以及其他生产经营活动或者作为居住场所的，装饰装修及使用前应当向普通地下室所在地区住房城乡建设行政主管部门办理备案。办理普通地下室备案时应当提交下列材料：

（一）使用人对使用用途、范围和期限的说明；

（二）产权登记证明或者所有权人共同决定使用普通地下室的证明；

（三）按规划用途使用的，提交规划文件；规划用途不明确的，提交城乡规划行政主管部门对使用用途确认的文件；改变规划用途的，提交城乡规划行政主管部门变更规划文件；

（四）卫生计生行政主管部门检查合格证明或者具有相应资质的检测机构出具的通风系统和空调系统卫生检测合格证明；

（五）依法须经消防安全检查方可投入使用、营业的，提交公安消防机构出具的消防安全检查合格证明；

（六）进行结构改造的，提交房屋安全鉴定机构出具的房屋结构安全鉴定报告；

（七）依法应当提交的其他文件。

使用人提交材料齐全的，住房城乡建设行政主管部门应当在15日内备案。备案情况发生变更的，使用人应当在30日内向住房城乡建设行政主管部门办理变更备案。

第十六条 利用地下空间从事生产经营活动需要取得相关证照的，行政主管部门办理证照时，应当核实地下空间使用许可或者备案的情况，对不符合条件的，不予办理相关证照。

第十七条 市和区人民防空主管部门、住房城乡建设行政主管部门应当健全所管理的地下空间的数量、位置、面积、产权人和管理单位等基本情况的记录档案。区人民防空主管部门、住房城乡建设行政主管部门应当将记录档案提供给街道办事处和乡、镇人民政府使用。

第十八条 安全生产、人民防空、住房城乡建设、公安、卫生计生、工商、文化等负有地下空间安全使用管理职责的行政主管部门对利用地下空间从事生产经营的单位进行监督检查时，行使以下职权：

（一）进入地下空间进行检查，调阅有关资料，向有关单位和人员了解情况；

（二）对检查中发现的安全生产违法行为，当场予以纠正或者要求限期改正；对依法应当给予行政处罚的行为，依法作出行政处罚决定；

（三）对检查中发现的事故隐患，应当责令立即排除；重大事故隐患排除前或者排除过程中无法保证安全的，应当责令有关人员从危险区域内撤出，责令暂时停产停业或者停止使用；重大事故隐患排除后，经审查同意，方可恢复生产经营和使用；

（四）对有根据认为不符合保障安全生产的国家标准或者行业标准的设施、设备、器材予以查封或者扣押，并应当在15日内依法作出处理决定。

第十九条 地下空间存在结构安全问题的，负责地下空间综合管理工作部门可以委托房屋安全鉴定机构进行鉴定，经鉴定应当停止使用的，责令使用人停止使用、搬出地下空间；使用人拒不搬出，情况紧急危及公共安全，为预防突发事件的发生，区人民政府可以责成有关部门组织搬出，并妥善安置。

地下空间不具备通风系统和空调系统，或者通风系统和空调系统存在卫生安全问题，卫生计生行政主管部门依法责令停止使用的，负责地下空间综合管理工作部门应当责令居住使用人搬出，居住使用人拒不搬出，情况紧急危及公共安全，为预防突发事件的发生，区人民政府可以责成有关部门组织搬出，并妥善安置。

地下空间使用存在消防违法行为，经公安消防机构依法责令停止使用，违法行为人拒不执行的，由公安消防机构强制执行。

第二十条 有下列违法行为的，由区人民防空主管部门责令改正，依法予以处罚。当事人在法定期限内不申请行政复议或者提起行政诉讼，又不履行行政决定的，区人民防空主管部门可以依法申请人民法院强制执行：

（一）侵占人民防空工程的；

（二）未经批准使用人民防空工程的；

（三）擅自改变批准使用用途的；

（四）擅自改造人民防空工程、拆除人民防空工程设备设施或者采用其他方法危害人民防空工程安全和防空效能的。

第二十一条 地下空间安全使用责任人违反本办法第五条规定，不履行安全管理义务的，由有关部门依照下列规定处罚：

（一）违反本办法第五条第（一）项、第（二）项规定的，由人民防空主管部门、住房城乡建设行政主管部门处500元以上1000元以下罚款；

（二）违反本办法第五条第（六）项规定的，由人民防空主管部门、住房城乡建设行政主管部门处500元以上1000元以下罚款；

（三）违反本办法第五条第（十）项规定的，由区公安机关处1000元罚款。

第二十二条 地下空间的使用人违反本办法第六条第（二）项、第（三）项、第（四）项、第（五）项、第（六）项、第（七）项、第（八）项、第（十）项规定的，由公安消防机构、卫生计生行政主管部门、安全生产监督管理部门依法处理。

地下空间的使用人违反本办法第六条第（九）项规定，地下空间容纳的人员超过核定人数的，由人民防空主管部门、住房城乡建设行政主管部门责令改正，并处3万元罚款。其中对作为文化娱乐场所的，由公安机关责令改正，给予警告，责令停业整顿，并处1000元以上1万元以下罚款；情节严重的，由工商行政管理部门依法吊销营业执照。

第二十三条 地下空间安全使用责任人、使用人违反本办法第七条第一款第（一）项、第（二）项规定，对设置旅馆的，由区公安机关处1万元以上3万元以下罚款；对设置宿舍，以及作为其他居住场所的，由区公安机关处500元以上1000元以下罚款。

第二十四条 违反本办法第十五条规定，出租、使用普通地下室未依法向住房城乡建设行政主管部门登记备案的，由住房城乡建设行政主管部门责令改正，并可对从事经营活动的处1万元以上3万元以下罚款，对从事非经营活动的处500元以上1000元以下罚款。

第二十五条 建设单位未组织竣工验收或者验收不合格，擅自交付使用人民防空工程的，由住房城乡建设行政主管部门按照建设工程质量管理的相关规定予以处罚。

第二十六条 擅自改变规划用途使用地下空间的，由城乡规划行政主管部门依法处理。

第二十七条 本办法自2005年1月1日起施行。

北京市人民防空办公室关于印发《北京市人防工程内有限空间安全管理规定》的通知

（京人防发〔2020〕48号，2020年5月25日）

各区人防办、北京经济技术开发区开发建设局：

现将《北京市人防工程内有限空间安全管理规定》印发给你们，望遵照执行。

北京市人防工程内有限空间安全管理规定

第一条 为加强本市人防工程内有限空间的安全管理，预防有限空间事故的发生，依据《中华人民共和国安全生产法》《北京市有限空间作业安全生产规范》《地下有限空间作业安全技术规范》《北京市人民防空工程建设与使用管理规定》等法律法规、标准规范，结合实际，制定本规定。

第二条 本市行政区域内人防工程内有限空间的安全管理，适用于本规定。

第三条 本市行政区域内人防工程内有限空间的安全管理，坚持谁所有谁负责，谁使用谁负责的原则。

人防工程内有限空间的安全使用责任，由人防工程使用许可被许可人承担。

第四条 有限空间是指封闭或部分封闭、进出口受限但人员可以进入、未被设计为固定工作场所、自然通风不良，易造成有毒有害、易燃易爆物质积聚或氧含量不足的空间。

第五条 本规定所指的有限空间是指人防工程内符合有限空间标准的空间。主要包括：水箱、集水坑、污水井、隔油池、早期坑道、地道。

有限空间作业是指作业人员进入有限空间实施的作业活动。

第六条 人防工程内有限空间危险作业主要包括：电气焊作业、油漆喷涂作业、各类管井保养维修清理及升级改造作业、清淤作业等。

第七条 各区人民防空行政主管部门应当指定管理部门或配备专职、兼职管理人员，负责有限空间的安全管理。

第八条 各区人民防空行政主管部门应当定期对负责有限空间安全管理的人员进行培训，并建立培训档案。

第九条 人防工程所有人或被许可使用人，应当建立健全有人防工程内有限空间管理制度，配备与有限空间作业相匹配的安全防护设备、个人防护设备和应急救援装备等。

第十条 各区人民防空行政主管部门应当对每处人防工程内有限空间进行辨识，明确有限空间的数量、位置以及危险有害因素等基本情况，建立人防工程有限空间管理台账，并及时更新。

第十一条 各区人民防空行政主管部门在办理人防工程使用行政许可时，应当一并告知被许可人使用人防工程内有限空间的数量、位置以及危险有害因素等基本情况，被许可人应当在相关部位设立明显的警示标志并指定专人负责管理。

第十二条 人防工程所有人或被许可使用人，不具备《北京市有限空间作业安全生产规范》和《地下有限空间作业安全技术规范》要求的，严禁擅自实施有限空间作业；具备作业安全生产条件的，严格按照技术规范组织实施。

第十三条 人防工程所有人或被许可使用人存在有限空间作业安全生产发包行为的，应将作业项目发包给符合《北京市有限空间作业安全生产规范》《地下有限空间作业安全技术规范》规定的作业单位，并与作业单位签订人防工程有限空间安全生产管理协议，对各自的安全生产职责进行约定。

第十四条 本规定自 2020 年 7 月 1 日起施行。

设备设施管理

北京市无障碍环境建设条例（摘）

（北京市人民代表大会常务委员会公告〔十五届〕第63号，2021年9月24日）

《北京市无障碍环境建设条例》已由北京市第十五届人民代表大会常务委员会第三十三次会议于2021年9月24日通过，现予公布，自2021年11月1日起施行。

第一章　总则

第一条　为了提升无障碍环境建设水平，保障社会成员平等参与社会生活的权利，促进友好人居环境建设，提高社会文明程度，根据有关法律、行政法规，结合本市实际，制定本条例。

第二条　本条例所称无障碍环境建设，是指为便于残疾人、老年人等社会成员自主安全地通行道路、出入相关建筑物、搭乘公共交通工具、交流信息、获得社会服务所进行的建设活动。

…………

第六条　无障碍环境建设是全社会的共同责任，政府、市场、社会和个人共同推动无障碍环境建设。

任何单位和个人都应当爱护无障碍环境，有权对破坏无障碍环境的行为进行劝阻、投诉和举报。

…………

第二章　无障碍设施建设与管理

第九条　新建、扩建和改建道路、公共建筑、公共交通设施、居住建筑、居住区，应当符合无障碍设施工程建设标准。有关单位应当严格执行国家和本市关于无障碍设施工程建设的标准，保障残疾人、老年人等社会成员的通行安全和使用便利。

新建、扩建和改建的无障碍设施工程应当与主体工程同步设计、同步施工、同步验收投入使用，并与周边的无障碍设施相衔接。

…………

第十四条　无障碍设施管理责任人应当加强对无障碍设施的日常巡查，履行下列维护管理责任，确保无障碍设施正常使用：

（一）设置符合国家标准的无障碍标识，保证标识位置醒目、内容清晰、规范，指明无障碍设施的走向以及具体位置；

（二）定期对无障碍设施进行维护和保养；

（三）发现无障碍设施、标识损毁、损坏的，及时维修；

（四）发现无障碍设施被占用的，及时纠正；

（五）对确需改造的无障碍设施，履行改造责任。

本条前款所称管理责任人，是指道路、公共建筑、公共交通设施、居住建筑、居住区的所有权人；所有权人、管理人和使用人对维护管理和改造责任的承担另有约定的，按照约定执行。

第十五条　已经建成的道路、公共建筑、公共交通设施、居住建筑、居住区应当建设但未建设无障碍设施的，有关管理责任人应当在限定的时间内完成整改。

已经建成且无障碍设施符合原建设标准的道路、公共建筑、公共交通设施、居住建筑、居住区，按照新的标准进行无障碍设施改造的，由市人民政府组织有关部门制定无障碍设施改造计划，区人民政府负责组织实施，管理责任人应当在限定的时间内完成改造。市、区人民政府可以采取财政补贴等措施予以扶持。具体扶持办法由市政府有关部门制定。

残疾人、老年人家庭申请进行生活设施无障碍改造的，区人民政府可以按照本市相关规定予以补贴。

本市支持社会力量参与无障碍设施改造。

…………

第十九条　任何单位、个人不得损毁、侵占或者擅自停止使用道路、公共建筑、居住建筑和居住区内的无障碍设施。

经批准临时占用道路的，应当避免占用无障碍设施；确需占用的，应当设置护栏、警示标志或者语音提示，并采取必要的替代措施。临时占用期届满，占用单位应当及时恢复无障碍设施功能。

…………

第六章　附则

第四十三条　本条例自2021年11月1日起施行。2004年4月1日北京市第十二届人民代表大会常务委员会第十次会议通过的《北京市无障碍设施建设和管理条例》同时废止。

北京市生活饮用水卫生监督管理条例（摘）

（1997年4月16日北京市第十届人民代表大会常务委员会第三十六次会议通过，根据2016年11月25日北京市第十四届人民代表大会常务委员会第三十一次会议通过的《关于修改部分地方性法规的决定》修正，北京市人民代表大会常务委员会公告〔十四届〕第28号公布）

第一章　总则

第一条　为了保证生活饮用水（以下简称饮用水）卫生，防止饮用水污染和有害因素对人体的危害，保障人民身体健康，制定本条例。

第二条　本条例适用于集中式供水（包括城镇公共供水、自备水源供水和农村简易自来水供水）、二次供水的饮用水，供水的设备及用品，也适用于供水的场所、设施和环境。

本市行政区域内的任何单位和个人都必须遵守本条例。

…………

第五条　本市鼓励对饮用水卫生的社会监督。对违反本条例的行为，任何单位和个人都有权检举和控告。

…………

第七条　饮用水的供水过程必须符合下列卫生要求：

（一）保持供水设施和周围环境清洁，与有毒有害场所或者污染源保持规定的防护距离；

（二）自备水源供水设施与城镇公共供水管网不得有任何连接；

（三）二次供水设施与城镇公共供水管网不得直接连接；

（四）供水设施与非饮用水不得相通；

（五）供水设施必须安全密闭，有必要的卫生防护设施；

（六）供水设备应当按照卫生行政部门规定的期限清洗、消毒；

（七）新设备、新管网使用前或者旧设备、旧管网修复后，必须严格清洗、消毒；

（八）集中式供水必须有水质消毒设备；

（九）凡与饮用水直接接触的供水设备及用品，应当无毒无害，不得污染水质；

（十）直接从事供水、管水或者供水设施清洗、消毒等卫生维护工作的人员上岗时应当保持个人卫生；有碍水质卫生疾病的患者和病原携带者，不得直接从事供水、管水或者供水设施清洗、消毒等卫生维护工作；

（十一）国家和本市有关饮用水供水过程的其他卫生要求。

…………

第九条　供水设施的产权单位或其委托的单位是供水设施管理责任单位，负责供水设施的日常卫生管理。

第十条　集中式供水、二次供水设施的管理责任单位和从事供水设施的清洗、消毒等卫生维护工作的单位必须取得卫生行政部门的卫生许可证后，方可供水或者从事清洗、消毒等卫生维护工作。

卫生许可证由卫生行政部门定期复验。

第十一条 供水设施的管理责任单位应当建立健全饮用水卫生管理制度，配备专职或者兼职卫生管理人员，组织从业人员进行卫生知识培训和健康检查。

…………

第二十五条 拒绝、阻碍饮用水卫生监督人员依法执行职务的，由公安机关依照治安管理处罚条例的规定处罚；构成犯罪的，依法追究刑事责任。

…………

第二十七条 本条例用语含义如下：

…………

二次供水：将来自集中式供水的管道水另行加压、贮存，再送至用户的供水方式。

…………

供水设备及用品：指在饮用水供水过程中与饮用水直接接触的设备及各种管材、管件、防护涂料、净水剂、除垢剂、水质处理器等材料、化学物质及用具。

第二十八条 本条例自 1997 年 7 月 1 日起施行。1986 年 7 月 14 日市人民政府发布的《北京市人民政府关于生活饮用水卫生监督管理的暂行规定》和 1990 年 4 月 26 日市人民政府发布的《北京市高层建筑生活饮用水卫生监督管理办法》同时废止。

北京市中水设施建设管理试行办法

（1987 年 5 月 10 日北京市人民政府京政发〔1987〕60 号文件发布，
根据 2010 年 11 月 27 日北京市人民政府令第 226 号修改）

第一条 为推动城市污水的综合利用，进一步节约用水，根据北京城市总体规划和本市有关规定，制定本办法。

第二条 本办法所称中水，是指生活污水经过处理后，达到规定的水质标准，可在一定范围内重复使用的非饮用水。所称中水设施，是指中水的水处理、集水、供水以及计量、检测等设施。

中水主要用于厕所冲洗、园林灌溉、道路保洁、汽车洗刷以及喷水池、冷却设备补充用水等。

第三条 凡在本市行政区域内新建下列工程，应按规定配套建设中水设施：

（一）建筑面积 2 万平方米以上的旅馆、饭店、公寓等。

（二）建筑面积 3 万平方米以上的机关、科研单位、大专院校和大型文化、体育等建筑。

（三）按规划应配套建设中水设施的住宅小区、集中建筑区等。

现有建筑属上述第（一）、（二）项规定范围内的，可根据条件，逐步配建中水设施。

第四条 中水设施由建设单位负责设计和建设，并与主体建筑工程同时设计、同时施工、同时交付使用。中水设施的建设投资纳入主体工程预、决算。

第五条 中水管道、水箱等设备外部应涂成浅绿色。中水管道、水箱等严禁与自来水管道、水箱直接连接。

第六条 中水设施的设计审查和工程验收，应按国家和本市有关规定执行，并有市节水办公室参加。经审查或验收合格的，方可进行施工或投入运行。

第七条 中水水质必须达到本办法附表所列各项水质标准。

第八条 中水设施交付使用后，由房屋管理单位负责日常管理与维修。房屋管理单位应制定管理制度和工作规程，保持中水设施运行的完好状态，定期化验中水水质，保证达到规定的水质标准。

中水设施的管理人员必须经过专门培训，并经市节水办公室考核，领取合格证后，方可从事管理工作。

第九条 属本办法第三条所列建筑工程，不按规定设计和建设中水设施的，规划部门不发给建设工程许可证，节水办公室不发给计划用水许可证，供水部门不予供水。中水设施因管理不善停用或中水水质达不到规定标准的，由节水办公室限期恢复使用或限期达到水质标准；逾期仍不恢复使用或达不到水质标准的，依照有关规定予以处罚。

第十条　认真执行本办法，中水设施管理和节约用水成绩突出、效果显著的，依照本市节约用水的有关规定给以奖励。

第十一条　本办法由市水行政主管部门负责监督实施。

第十二条　本办法经市人民政府批准，自1987年6月1日起试行。

北京市集中空调通风系统卫生管理办法

（北京市人民政府令第224号，2010年11月27日）

《北京市集中空调通风系统卫生管理办法》已经2010年10月19日市人民政府第75次常务会议审议通过，现予公布，自2011年4月1日起施行。

第一条　为了加强集中空调通风系统卫生管理，预防和控制空气传播性疾病传播，保障公众身体健康，根据有关法律、法规，结合本市实际情况，制定本办法。

第二条　本办法适用于本市行政区域内下列公共建筑和居住建筑集中空调通风系统的卫生管理：

（一）宾馆、饭店、商场、公寓式酒店等商业建筑；

（二）行政办公楼、商务写字楼等办公建筑；

（三）博物馆、图书馆、美术馆、音乐厅、影剧院、游艺厅、歌舞厅等文化娱乐建筑；

（四）机场、火车站、长途客运站等交通建筑；

（五）医疗机构、学校、体育馆和其他用于社会公共活动的公共建筑；

（六）住宅、公寓等居住建筑。

国家对国境口岸、军事设施等使用的集中空调通风系统卫生管理另有规定的，从其规定。

本办法所称集中空调通风系统包括输送、处理空气的通风管、通风口、空气处理机组、风机盘管，处理冷却水的开放式冷却塔等设备设施。

第三条　集中空调通风系统的卫生维护管理由所有权人负责。所有权人应当指定专业人员负责集中空调通风系统日常卫生维护管理，建立健全日常清洗维护、定期检测、安全隐患排查等管理制度和突发公共卫生事件应急处理预案，确保集中空调通风系统卫生质量符合集中空调通风系统卫生管理标准。

所有权人可以委托专业管理单位对集中空调通风系统进行日常卫生维护管理。所有权人委托专业管理单位进行维护管理的，应当签订协议，明确双方权利和义务，并督促专业管理单位落实卫生维护管理职责。

第四条　集中空调通风系统的所有权人或者其委托的专业管理单位（以下统称管理责任人）应当建立集中空调通风系统的卫生维护管理档案。卫生维护管理档案应当包括下列内容：

（一）集中空调通风系统的竣工图、设计说明书等相关资料；

（二）专业维护管理人员的基本情况；

（三）集中空调通风系统日常卫生检查、检测、清洗维护记录；

（四）市卫生行政部门规定的其他资料。

第五条　集中空调通风系统运行期间，管理责任人应当对开放式冷却塔的冷却水进行持续消毒，并按照集中空调通风系统卫生管理标准进行检测。冷却水中检出嗜肺军团菌等致病微生物，管理责任人应当及时报告所在区、县卫生行政部门，并按照有关规定采取防控措施。

集中空调通风系统初次启用或者停用一定时间后再次使用的，管理责任人应当按照集中空调通风系统卫生管理标准对开放式冷却塔进行全面清洗消毒。

第六条 管理责任人应当指定专人负责管理集中空调通风系统机房，确保机房内清洁干燥，不得在机房内存放与集中空调通风系统运行无关的物品。

第七条 管理责任人应当及时对机组、过滤网、通风管、通风口、风机盘管等设备设施的卫生状况进行检查，清除黏附积尘、污物、铁锈、菌斑等污染物，集中收集、排放冷凝水。

第八条 管理责任人发现建筑物内存在有毒有害气体、粉尘等，可能通过集中空调通风系统扩散的，应当采取关闭通风口等措施，防止通过集中空调通风系统对其他区域造成污染。

第九条 管理责任人应当按照集中空调通风系统卫生管理标准委托具有相应资质的检测机构对集中空调通风系统进行检测，根据检测结果采取相应的卫生处理措施。经检测，集中空调通风系统不符合集中空调通风系统卫生管理标准的，管理责任人应当按照集中空调通风系统清洗规范自行清洗或者委托专业清洗服务机构清洗。

委托清洗的，管理责任人可以委托具有相应资质的检测机构对清洗后的集中空调通风系统进行检测。

第十条 新建、改建、扩建集中空调通风系统的，建设单位应当委托具有相应资质的设计单位进行设计，并使用符合产品质量规定的集中空调通风系统设备设施。

设计单位应当按照集中空调通风系统卫生管理标准对集中空调通风系统进行设计，施工单位应当按照设计进行施工，确保集中空调通风系统设备设施的设置符合集中空调通风系统卫生管理标准。

集中空调通风系统新建、改建、扩建工程竣工后，建设单位应当对集中空调通风系统设备设施的设置组织竣工验收。

第十一条 管理责任人应当自集中空调通风系统建成并交付使用之日起2个月内将集中空调通风系统投入使用情况报告所在区、县卫生行政部门。

第十二条 市卫生行政部门主管本市集中空调通风系统卫生监督管理工作。

区、县人民政府领导本行政区域内的集中空调通风系统卫生管理工作。区、县卫生行政部门负责本行政区域内集中空调通风系统的日常监督管理工作。

规划、住房和城乡建设、质量技术监督、旅游、商务、体育、交通、教育、文化等行政部门按照各自职责负责集中空调通风系统卫生管理的相关工作。

第十三条 市卫生行政部门应当会同市质量技术监督行政部门组织制定本市集中空调通风系统卫生管理标准并向社会公布。

第十四条 卫生行政部门应当对本行政区域内的集中空调通风系统存在的卫生安全隐患进行监测、评估，根据使用集中空调通风系统场所的不同情况建立分类管理制度，开展日常巡查、重点抽查等工作，确保每年至少进行一次监督检查。

卫生行政部门对集中空调通风系统卫生状况进行监督检查时，有权查阅管理责任人的卫生管理档案等相关资料；发现集中空调通风系统滋生嗜肺军团菌等致病微生物，卫生行政部门有权责令管理责任人立即停止全部或者部分集中空调通风系统运行，采取必要的卫生防控措施，并按照相关规定向同级人民政府报告。

第十五条 传染病在本地暴发、流行期间，可能通过集中空调通风系统造成疾病传播的，区、县人民政府报经市人民政府决定，可以采取下列防控措施：

（一）暂停全部或者部分集中空调通风系统运行；

（二）组织专业技术机构对集中空调通风系统及建筑内相关区域进行强制清洗消毒；

（三）限制相关场所内开展人群聚集性活动，限制人员出入相关场所；

（四）封闭疾病传播的相关场所；

（五）法律、法规、规章规定的其他防控措施。

第十六条 卫生、司法行政等有关行政部门应当开展集中空调通风系统卫生知识和有关法律、法规、规章的宣传教育，营造促进社会单位、个人主动加强集中空调通风系统卫生管理的良好环境。

新闻、出版、广播、电视等单位应当加强对集中空调通风系统卫生知识和有关法律、法规、规章的宣传，提高全社会防控集中空调通风系统公共卫生事件的安全意识。

第十七条　任何单位和个人发现管理责任人有违反集中空调通风系统卫生管理规定的行为，或者发现集中空调通风系统存在卫生安全隐患的，可以向卫生行政部门举报，卫生行政部门应当及时组织调查并依法处理。

第十八条　卫生行政部门及其工作人员应当恪尽职守，做好集中空调通风系统卫生管理工作；有玩忽职守、滥用职权、徇私舞弊行为的，由其上级主管部门或者监察机关责令改正，对直接负责的主管人员和其他直接责任人员给予行政处分；构成犯罪的，依法追究刑事责任。

第十九条　管理责任人未按照本办法第四条规定建立集中空调通风系统卫生维护管理档案或者建立档案不符合规定的，由卫生行政部门责令改正，并可处2000元以上5000元以下罚款。

管理责任人未按照本办法第十一条规定将集中空调通风系统投入使用情况报告卫生行政部门的，由所在区、县卫生行政部门责令改正，并可处2000元以上5000元以下罚款。

第二十条　管理责任人未按照本办法第五条第一款规定对开放式冷却塔的冷却水进行消毒检测的，由卫生行政部门责令改正，并可处1万元以上3万元以下罚款；检出嗜肺军团菌等致病微生物未及时报告卫生行政部门、未按照有关规定采取防控措施的，由卫生行政部门责令改正，并可处3万元以上5万元以下罚款。

管理责任人未按照本办法第七条、第九条第一款规定对机组、过滤网、通风管、通风口、风机盘管等设备设施进行检测、维护清洗的，由卫生行政部门责令改正，并可处1万元以上3万元以下罚款；造成设备设施卫生状况不符合集中空调通风系统卫生管理标准的，由卫生行政部门责令改正，拒不改正的，处3万元以上5万元以下罚款。

第二十一条　管理责任人未按照本办法第八条规定采取关闭通风口等措施，造成有毒有害气体、粉尘通过集中空调通风系统对其他区域造成污染的，由卫生行政部门责令改正，并处5000元以上1万元以下罚款。

第二十二条　对违反本办法的行为，其他法律、法规、规章已经规定法律责任的，由有关部门依法处理。

第二十三条　本办法自2011年4月1日起施行。

北京市住宅区及住宅安全防范设施建设和使用管理办法

（北京市人民政府令第132号，2003年8月7日）

《北京市住宅区及住宅安全防范设施建设和使用管理办法》已经2003年7月29日市人民政府第11次常务会议审议通过，现予公布，自2003年10月1日起施行。

第一条　为了规范住宅区及住宅安全防范设施的建设和使用，增强住宅区及住宅的安全防范功能，保护公民人身、财产安全，根据本市实际情况，制定本办法。

第二条　本办法所称安全防范设施，是指为了预防、制止违法犯罪行为和重大治安事件，在住宅区内和住宅建筑主体上设置的报警、监控、出入口控制等安全技术防范产品，以及综合运用安全技术防范产品和其他相关产品所构成的系统。

第三条　本办法适用于本市行政区域内安全防范设施的建设和使用管理。

第四条　本市公安机关负责本办法的组织实施。

公安、规划、建设等行政主管部门应当按照本办法规定的职责，负责安全防范设施建设和使用的监督、管理工作。

第五条　新建、改建、扩建住宅区及住宅的设计文件，应当包括安全防范设施工程的设计内容。

安全防范设施工程的设计，应当符合本市住宅区及住宅安全防范设计标准及其他有关规范。规划行政主管部门对安全防范设施工程的设计，应当依法进行审查。

第六条 施工单位应当按照安全防范设施工程的设计文件施工，不得擅自改动。安全防范设施工程设计的修改，应当由原设计单位负责。

第七条 公安、规划、建设行政主管部门应当按照国家和本市有关规定，对从事安全防范设施工程设计、施工的单位进行资质管理。

第八条 新建、改建、扩建住宅区及住宅工程竣工后，建设单位应当按照国家安全防范系统验收规则组织验收。安全防范设施工程经竣工验收合格后，住宅区及住宅工程方可交付使用。

第九条 本办法施行前已建成的住宅区及住宅没有安装安全防范设施的，公安机关应当与产权人协商制定方案，逐步安装。

第十条 住宅区及住宅安全防范设施公共部分的使用和维护，由物业管理单位负责；没有物业管理单位的，由产权人负责。

住宅区及住宅的物业管理单位或者产权人（以下简称管理人）应当遵守下列规定：

（一）保证安全防范设施不间断运行，并有效记录监控信息；

（二）妥善保存监控系统所记录的信息资料，且保存期限不得少于7日；

（三）不得擅自改变安全防范设施的用途和位置；

（四）建立安全防范设施的日常检查、维护制度，对被损坏或者出现故障的安全防范设施，及时维修、排除故障。

管理人对通过安全防范设施发现的涉嫌犯罪或者违反治安管理的行为应当及时报警。

第十一条 管理人应当依法管理监控系统所记录的信息资料，保守秘密，不得利用监控系统所记录的信息资料干扰他人的正常生活，侵犯他人的合法权益。

第十二条 一切单位和个人都应当爱护安全防范设施，不得损坏或者擅自改动安全防范设施；对破坏安全防范设施或者管理人不依法履行管理职责的行为，有权向公安机关举报。公安机关接到举报后，应当及时处理，不得推诿、拖延。

第十三条 对违反本办法第九条规定，管理人不依法履行管理职责的，由公安机关责令改正，并可处500元以上1000元以下的罚款。

对违反本办法的行为，其他法律、法规、规章已经规定了行政处罚的，由有关部门依法处理。

第十四条 本办法自2003年10月1日起施行。

北京市住房和城乡建设委员会 北京市人民政府国有资产监督管理委员会 北京市城市管理委员会 北京市水务局 北京住房资金管理中心印发《关于加强城镇国有土地上依法建造住宅维修工作的指导意见》的通知

（2021年7月29日）

各有关单位：

为切实做好城镇房屋安全使用和维修管理工作，市住房城乡建设委会同相关部门研究制定了《关于加强城镇国有土地上依法建造住宅维修工作的指导意见（试行）》，经市政府同意，现印发给你们，请结合各区实际情况，认真组织落实。

特此通知。

附件：关于加强城镇国有土地上依法建造住宅维修工作的指导意见（试行）

附件

关于加强城镇国有土地上依法建造住宅维修工作的指导意见（试行）

为认真贯彻落实市委市政府“接诉即办”“每月一题”推动解决房屋修缮类重点民生诉求的工作要求，及时解决房屋渗漏、下水管道堵塞等居民诉求集中的房屋维修问题，根据《北京市物业管理条例》《北京市建设工程质量条例》和《北京市房屋建筑使用安全管理办法》（北京市人民政府令第229号），现就加强城镇国有土地上依法建造住宅（以下简称城镇住宅）维修工作，提出如下指导意见：

一、明确各方维修责任

城镇住宅维修责任，质量保修期内的，建设单位应当按照与业主签订的住宅工程质量保证书中承诺的质量保修范围、保修期限等，承担保修责任。保修期外的根据住宅不同产权性质、不同管理方式来确定：

（一）实施物业服务管理的住宅。物业服务合同内的维修事项由物业服务人承担，物业服务合同之外的维修事项由业主个人承担，物业服务人需对收费维修项目进行公示。房屋质量保修期满后的共有部位（包括屋面、雨落管、公共部位外窗等）和共用设施设备的维修、更新和改造项目，符合使用专项维修资金条件的，按程序申请专项维修资金进行维修。

（二）直管公房。已售公房的个人专有部分维修由业主承担，未售公房以及直管公房共有部位和共用设施设备的维修由产权单位承担。

（三）企事业单位所有并自行管理的住宅，包括未实施物业管理的房改房。业主承担个人专有部分的维修；房屋共用部位和共用设施设备的维修，在售房款和公共维修资金未使用完的，应使用相应的资金，在售房款和公共维修资金已经使用完以及二次上市的住宅，由所涉及的业主承担；未实施房改的住宅维修由产权单位承担。

（四）（原）产权单位已灭失且无物业管理的住宅和无物业管理的回迁房。业主承担个人专有部分的维修，共用部位和共用设施设备的维修由所涉及的全体业主承担；街道办事处（乡镇人民政府）或社区应协调属地社会企业提供有偿维修服务，同时尽快组织召开业主大会，选聘物业服务人。

（五）城镇私有平房。由房屋所有权人承担维修责任。城镇“困难户、五保户”的住宅维修工作，根据相关政策由属地民政部门确认，维修费用由属地政府协调解决。

专业经营单位依据国家和本市有关规定承担专业管线维修责任。

因周边施工造成城镇住宅地基下沉、墙体开裂变形等损伤的，应由房屋产权人或利害关系人委托鉴定，根据鉴定报告的结论，由造成损伤的责任单位承担鉴定费用和维修责任。

因住宅使用人使用不当造成住宅需要维修的，或者自行更换外窗、雨落管等设施的，相应维修责任由使用人承担。

二、落实合理使用和检查维护责任

（一）城镇住宅业主、使用人应当合理使用房屋建筑，不得故意损坏住宅及设施，不得擅自变动建筑主体、承重结构，不得擅自拆改供暖、燃气等管线，不得向下水管道投放杂物，室内厨卫装修不得破坏防水层，不得违规出租房屋。

（二）城镇住宅所有权人、管理人（包括物业服务人和已售公房的原产权单位）和供暖、燃气等专业经营单位，应切实履行检查维护责任，发现危及房屋使用安全的问题时，有权对危害房屋使用安全的行为进行制止，并应当及时向属地相关行政主管部门报告。

（三）建立计划维修与事故维修相结合的维修机制。重点做好以下几个方面：

1. 房屋所有权人、管理人应根据屋面防水设计使用年限和实际状况做好总体维修计划，并根据上年度的日常检查和特定检查结果安排本年度维修计划，对于需要维修的应在汛期到来之前完成维修。

房屋所有权人、管理人应在汛期到来之前对屋面防水和雨水落水管断裂等情况进行检查，发现损伤应及时维修。

2. 房屋所有权人、管理人应根据排水主管道老化程度和管道堵塞情况，采取高压冲洗法等进行定期维修。出现突发情况时，应及时维修。

三、加强维修工作监督管理

（一）市城市管理委、市水务局和市国资委应当督促专业经营单位落实专业管线及设施维修督导责任。市国资委、区政府督促公房管理单位落实维修责任。

（二）各区政府应当加强城镇住宅维修工作的组织领导，建立综合协调的工作机制，组织辖区内各街道（乡镇）和各行业管理部门协调做好房屋维修工作。

（三）各区建设行政主管部门和街道（乡镇）应加强对建设单位履行住宅房屋质量保修责任的监督管理，依法查处违法违规行为。

（四）街道（乡镇）督促房屋所有权人、管理人、使用人、专业经营单位落实各方责任，会同居委会调处住宅维修过程中业主（使用人）之间的矛盾纠纷。用好“吹哨报到”机制，及时解决城镇住宅维修工作中遇到的各种问题。

（五）街道（乡镇）承担城镇住宅应急维修责任。城镇住宅发生房屋漏雨、下水主管道堵塞等需要应急维修、维修责任人暂时无力维修的，或者发生突发情况需要紧急维修的，街道（乡镇）应当组织相关抢险队伍进行应急维修。应急维修的费用按照工程造价定额确定，发生的费用由维修责任人承担。

四、工作要求

（一）构建党建引领社区治理框架下的房屋维修机制。本市城镇国有土地上依法建造住宅的维修，各区政府纳入社区治理体系，坚持党委领导、政府主导、居民自治、多方参与、协商共建、科技支撑的工作格局。建立健全社区党组织领导下业主主责，管理人、使用人、专业经营单位各负其责，邻里之间友好协商，社会力量参与的维修机制，努力实现既依法依规，又能快速维修。

（二）强化工作督导。市住房城乡建设委会同市政务服务局，针对诉求较多的小区，对属地区进行督导，各区要对诉求集中小区管理人和属地街道（乡镇）加强督导，协调落实房屋维修的主体责任。针对城镇住宅所有权人或管理人应急维修不及时，拒不履行维修责任，导致业主向市民服务热线“12345”反映问题较多的，纳入考核范围。

（三）加大宣传培训覆盖面。各区定期组织街道（乡镇）对房屋安全使用与维修的宣传和培训；认真梳理属地房屋维修的典型案例，强化正向引导，落实各方责任。

北京市住房和城乡建设委员会关于加强实施物业管理住宅小区二次供水设施设备安全防范工作的通知

（京建发〔2017〕379号，2017年9月8日）

各区住房城乡建设委（房管局）、各物业服务企业：

为切实保障本市居民生命财产安全，维护社会和谐稳定，现就加强本市实施物业管理住宅小区二次供水设施设备安全防范工作通知如下：

一、各物业服务企业要按照以下要求，在住宅小区内开展全面检查，排除安全隐患，落实岗位责任。

(一) 建立健全二次供水设备间管理巡视制度及台账记录制度，制定和完善应急处置预案；

(二) 确保本企业相关从业人员持证上岗，加强外包清洗单位资质、人员、作业等方面的规范监管；

(三) 实行生活水箱箱盖双锁、双人管理，同时加强钥匙管理；

(四) 二次供水设备间进出口、机房要有防鼠措施，保障安全使用；

(五) 按照《生活饮用水卫生监督管理办法》相关规定，选择具有专业资质的单位定期对生活水箱进行清洗、消毒，并对水质进行每年不少于一次的检测。各类蓄水设施要加强卫生防护、定期清洗消毒，保障水质卫生不被污染；

(六) 对二次供水设备间出入门进行防盗、防火改造，更换为C级门锁，在设备间内、外加装监控设备并与中控室对接，纳入统一管理，全面提升安全管控级别；

(七) 有条件的单位可将小区二次供水改造为无负压供水方式；

(八) 积极开展宣传教育和专业培训活动，增强员工安全防范意识，提高应急处置能力。

二、各区住房城乡建设委（房管局）要充分提高思想认识，加强领导，切实履行属地管理责任，加大对本辖区物业服务企业和物业项目的日常巡查和专项检查力度，将二次供水设施设备安全防范工作纳入监管考核范围。

北京市卫生局关于印发《北京市生活饮用水卫生许可证发放、复验管理办法》等五个生活饮用水卫生管理办法的通知

（京卫防字〔1998〕24号，1998年3月20日）

各区、县卫生局，各级卫生防疫机构及有关单位：

为了贯彻实施《北京市生活饮用水卫生监督管理条例》，我局组织制定了《北京市生活饮用水卫生许可证发放、复验管理办法》《北京市供水设备及用品的卫生管理办法》《北京市新建、改建、扩建生活饮用水供水设施预防性卫生监督管理办法》《北京市生活饮用水从业人员卫生管理办法》和《北京市生活饮用水卫生监测管理办法》等五个生活饮用水卫生管理办法。现印发给你们，请遵照执行。

附件：五个生活饮用水卫生管理办法

附件1

北京市生活饮用水卫生许可证发放、复验管理办法

第一条 为了实施《北京市生活饮用水卫生监督管理条例》（以下简称《条例》），制定本办法。

第二条 本办法适用于本市行政区域内的集中式供水、二次供水设施的管理责任单位（以下简称“管理责任单位”）和从事供水设施的清洗、消毒等卫生维护工作的单位（以下简称“卫生维护单位”）。

第三条 市卫生行政部门负责全市发放生活饮用水卫生许可证（以下简称“卫生许可证”）的管理工作；城镇公共供水和卫生维护单位卫生许可证由市卫生行政部门负责发放。

区、县卫生行政部门负责辖区内除前款规定之外的卫生许可证的发放。

第四条 卫生许可证的发放程序：

一、管理责任单位和卫生维护单位应到卫生行政部门领取卫生许可证申请书并提供相关材料。卫生许可证申请书一式三份，加盖公章

后报卫生行政部门。

二、卫生行政部门确定的卫生防疫机构对申请项目进行卫生质量评价，并出具评价报告。

三、卫生行政部门对经卫生审查评价质量合格的，应在二周内发给卫生许可证。

第五条 卫生许可证发放条件：

一、管理责任单位、卫生维护单位必须建立健全生活饮用水卫生管理制度，设专、兼职的卫生管理人员（以下简称管水员）。

二、管水员和从事供水设施的清洗消毒等卫生维护工作的人员，要按规定进行健康检查和卫生知识培训，持证上岗。

三、供水设备应当运转正常。

四、供水设施在规定的卫生防护距离内不得有污染源。

五、自备水源供水设施与城镇公共供水管网不得有任何连接；二次洪水设施与城镇公共供水管网不得直接连接，应当设不承压水箱。

第六条 卫生维护单位申请卫生许可证时必须具有固定的营业场所和固定的从业人员；具有从事此项工作应具有的设备、工具及个人卫生防护设备等用品。

卫生维护单位必须领取卫生许可证后，方可到工商行政部门办理营业执照。

第七条 卫生许可证的复验程序同卫生许可证的发放程序。

第八条 卫生许可证每两年复验一次，加盖合格标识。

第九条 北京市生活饮用水卫生许可证，由市卫生局统一印制；加盖发证机关公章，标明生活饮用水许可项目。

第十条 违反本办法规定的行为，按照《北京市生活饮用水卫生监督管理条例》予以处罚。

第十一条 本办法自1998年3月20日起施行，本办法用市卫生局负责解释。

附件2

北京市新建、改建、扩建生活饮用水供水设施预防性卫生监督管理办法

第一条 为了实施《北京市生活饮用水卫生监督管理条例》，制定本办法。

第二条 本办法适用于本市行政区域内新建、改建、扩建供水设施工程的选址、设计审查和竣工验收。

第三条 市卫生行政部门主管全市生活饮用水预防性卫生监督管理。

区、县卫生行政部门负责辖区内生活饮用水预防性卫生监督管理。

第四条 申报新建、改建、扩建供水设施的工程的选址、设计审查时，应当填写《建设项目卫生审查申请书》，并向卫生行政部门提交以下资料：

一、有关主管部门的批件；

二、选址资料、施工设计图纸等有关资料；

三、供水卫生设施必备资料；

四、其他有关资料。

卫生行政部门在接到前款规定的申请书和资料后，按有关规定和标准进行审查和现场勘察并在30日内提出书面审查意见。

建设单位取得卫生行政部门出具的工程设计审查认可书后，方可办理施工手续。

第五条 新建、改建、扩建供水设施工程竣工时，建设单位必须向卫生行政部门提出建设项目竣工卫生验收申请，并提交前条规定的资料后，15日内由卫生行政部门发给《建设项目竣工卫生验收认可书》。

供水设施责任单位持建设项目竣工卫生验收认可书向当地的卫生行政部门申请办理北京市生活饮用水卫生许可证。

第六条 建设单位使用的利用新材料制作的供水设备及用品，必须有省级以上卫生行政部门颁发的卫生许可批件。

第七条 集中式供水设施的选址应根据城乡建设规划、水文地质资料及附近地区卫生状况，从卫生、经济、技术、水资源等方面进行

综合评价，选择水质良好、有水量保障、便于卫生防护的水源。

对水源水质不符合卫生标准的，必须采取措施进行处理，符合卫生标准后，方可使用。

第八条　二次供水设施的设计应符合下列卫生要求：

一、二次供水设施应安装在便于卫生防护的构筑物内；供水管线为单向供水，不得与非生活饮用水管线连通。

二、高、低位水箱应安装在有排水条件的托架上，其水箱顶部距构筑物屋顶距离不得小于80cm；并设有透气管罩；水箱观察孔位置和大小的设计要便于定期检查和清洗水箱。

三、水箱的溢水管、排水管不得与下水管或雨水管直接连通。

四、为便于清洗水箱，排水管要设计在水箱的底部，有利排水。

五、生活饮用水水箱与消防用水地应单独设计。

第九条　违反本办法规定的行为，按照《北京市生活饮用水卫生监督管理条例》予以处罚。

第十条　本办法自1998年3月20日起施行，本办法由市卫生局负责解释。

附件3

北京市生活饮用水从业人员卫生管理办法（已停用）

附件4

北京市供水设备及用品的卫生管理办法（已停用）

附件5

北京市生活饮用水卫生监测管理办法（已废止）

北京市卫生局关于印发《北京市无负压、无吸程（稳压、稳流）自动供水设备安装使用卫生规定》的通知

（京卫疾控字〔2004〕133号，2004年7月20日）

各区县卫生局、市卫生监督所、市疾控中心：

为进一步加强我市生活饮用水卫生管理，依据《北京市生活饮用水卫生监督管理条例》和国家《生活饮用水卫生监督管理办法》规定，我局组织制定了《北京市无负压、无吸程（稳压、稳流）自动供水设备安装使用卫生规定》，并经过有关专家和部分卫生监督机构讨论修改，现印发给你们执行。在执行过程中如发现问题，请及时向市卫生局反馈。

第一条　依据《北京市生活饮用水卫生监督管理条例》和国家《生活饮用水卫生监督管理办法》规定，为执行国家鼓励有益于饮用水卫生安全的新产品、新技术、新工艺的研制开发和推广应用的政策，满足我市生活饮用水卫生管理工作需要，特制定本规定。

第二条　本规定适用于在本市安装、使用无负压、无吸程（稳压、稳流）自动供水设备（下简称新设备）单位。

第三条 安装、使用新设备必须具备的条件：

供水管网布局合理、水量充足，能满足一定水压的民用建筑二次供水设施或居民小区供水系统，以及具备双路市政主管网供水的单位。其具体条件如下：

（一）设备必须首先取得省级卫生行政部门颁发的卫生许可批件，并持相应证件到用户所在地卫生监督机构登记，留存相关资料。

（二）在本市民用建筑安装、推广及使用新设备前，其生产、销售企业或单位应组织有水务（供水）、卫生管理、水质分析、给排水、节水等方面专家参加的论证会，提出明确意见。

（三）使用单位的自来水管网的进水量应不小于用户日最高用水量，且使用该设备后不产生负压；自来水进水压力应不低于0.15MPa；使用该设备对自来水管网串接处产生的压降差小于0.01至0.02MPa；在用水量为小流量或者不用水时应做到自动停机保压。

（四）新设备安装环境卫生要求必须符合北京市卫生局（京卫疾控字〔2003〕87号）文件的附件《北京市生活饮用水设计审查和竣工验收卫生要求》有关规定。

（五）供水管网水中余氯含量达不到《生活饮用水水质卫生规范》规定的地区需加装水处理设备（如：补氯设备、臭氧、紫外线饮用水处理设备等），在设计施工中应预留安装有关设备的位置。

（六）新设备与市政供水管线连接处必须设有倒流防止器、防污隔断阀以及相应防止局部污染的措施，避免对居民供水系统和市政管网系统产生污染。

（七）新设备的稳流补偿和管道过滤装置应设有便捷的清洗管道及阀门，使用单位每周至少检查一次。

（八）新设备与水接触部分的设备、容器及管材、管件、阀门应选用铜、不锈钢或者耐腐蚀的塑料及复合材质。

第四条 在安装新设备前，使用单位应向当地区县卫生行政部门提交供水设施改造项目审查登记表。

第五条 在本市首次使用新设备的单位必须将设计图纸和相关资料提交市级卫生行政部门进行审查，经同意后方可使用。

第六条 采用新设备供水的单位必须按照规定办理工程的设计审查、竣工验收手续并申领生活饮用水卫生许可证（二次供水）后方可供水。

第七条 工程经卫生监督机构验收合格并经一年不定期抽检水质合格、管理规范的单位列入水质合格单位名单，可年度免检。

第八条 本规定执行中的问题，由市卫生局负责解释。

第九条 本规定自公布之日起执行。北京市卫生局文件京卫疾控字〔2003〕87号附件《北京市生活饮用水设计审查和竣工验收卫生要求》中关于二次供水设施卫生要求（二）设备及材质卫生要求的第5项“采用无负压、无吸程供水设备为供水方式时，应首先取得市政供水有关部门的书面同意意见，并应有省级以上卫生行政部门颁发的卫生许可批件。”规定自本规定公布之日废止。

供水设施改造项目审查登记表
（采用变频稳压、稳流设备）

单位名称		工程名称及地址	
单位地址		供水人口	
邮政编码		产品名称	
联系电话		产品型号	
联系人		生产企业	
手机号码		批准文号	
供水设备主要参数：			
主管线管径 mm		主管线水压 MPa	
允许压降值		设备接入端管径	
过滤器型号、数量		设备输出端管径	
倒流防止装置名称及数量		排污口数量	
设备扬程 m		稳流补偿器容积 m^3	
供水流量 m^3/h		供水范围（面积或户数）	
消毒效果评估：余氯含量：合格□　不合格□ 消毒设备：安装□　不安装□ 现场卫生审查意见： 卫生监督员： 年　月　日			

北京市卫生局关于进一步明确生活饮用水水质日常监测管理工作的通知

（京卫法监字〔2010〕114号，2010年1月1日）

各区（县）卫生局，市卫生监督所、市疾病预防控制中心及其他有关单位：

为保障本市生活饮用水卫生安全，加强生活饮用水水质监测管理，进一步明确各类供水设施的水质采样点位置、检验项目及监测频率等，现将有关工作通知如下：

一、做好水质检验工作

供水责任单位应定期检验水质并登记检验结果，做好水质档案管理工作。具备条件的，可以建立水质检验实验室，配备必要的人员和设备，自行检验水质；不具备条件的供水单位，可以委托本市具有质量技术监督管理部门认定的合法资质的单位（以下简称具有检验资质的单位）进行检验。

办理卫生行政许可所需的水质检验工作，应当由具有检验资质的第三方承担。

水质检验单位承担水质检验应当按照《生活饮用水标准检验方法》（GB/T 5750.1—5750.13）规定的有关检测方法进行检测，并对样品采集和水质检验结果的真实性负责。

因生活饮用水卫生监督抽检和突发事件应急处置需要进行的水质检验工作由疾病预防控制机构承担。

二、供水设施的水质采样点位置、检验项目及监测频率

（一）城镇公共供水设施

城镇公共供水的采样点、检测项目及频率参照《城市供水水质标准》（CJ/T 206—2005）执行。

（二）产权归企事业单位所有的自备水源供水设施和日供水1000立方米以上的农村简易自来水供水设施

1. 采样点设置在末梢水。

2. 水质检验项目：参照水质常规检验项目执行（附件1、附件2）。

3. 监测频次：每年检验一次。

（三）农村日供水量1000立方米以下的小型集中式供水设施

1. 采样点设置在末梢水。

2. 水质检验项目：

常规检测项目：首次监测时检测项目同自备水源供水设施的检测项目。

日常监测项目：色度、浑浊度、臭和味、肉眼可见物、pH、溶解性总固体、总硬度、耗氧量、氟化物、硝酸盐、硫酸盐、氯化物、铁、锰、砷、菌落总数、大肠菌群。

3. 监测频次：每年检验一次。

（四）二次供水设施

1. 采样点设置在原水入口、设备出水口、末梢水。

2. 水质检验项目：

（1）必测项目：色度、pH、浑浊度、臭和味、肉眼可见物、硫酸盐、氯化物、氨氮、亚硝酸盐氮、硝酸盐氮、挥发酚类、耗氧量、总硬度、铁、锰、铜、铅、菌落总数、总大肠菌群、耐热大肠菌群、大肠埃希氏菌。

（2）选测项目：必要时可以根据水箱类型、消毒方式等因素加测相关检验项目及消毒副产物。

3. 监测频次：每年检验一次。

（五）管道直饮水的水质卫生监测

1. 采样点设置在原水入口、设备出水口。

2. 水质检验项目：按照所使用设备取得卫生许可批件的相应卫生规范进行检测。

3. 监测频次：每年检验一次。

（六）现场制售水的水质卫生监测

1. 采样点设置在原水入口、设备出水口。

2. 水质检验项目：按照所使用设备取得

卫生许可批件的相应卫生规范进行检测。

3. 监测频次：每年检验二次，其中一次应安排在每年六、七月份。

三、《北京市卫生局关于印发〈北京市生活饮用水卫生许可证发放、复验管理办法〉等五个生活饮用水卫生管理办法的通知》（京卫防字〔1998〕24号）中《北京市生活饮用水卫生监测管理办法》同时废止。其他文件中规定的关于生活饮用水日常监测要求与本通知规定的不同的，以本通知为准。

附件：1. 水质常规检验项目及限值

2. 饮用水中消毒剂常规指标及要求

附件 1

水质常规检验项目及限值

项 目	限 值
1、微生物指标*	
总大肠菌群（MPN/100mL 或 CFU/100mL）	不得检出
耐热大肠菌群（MPN/100mL 或 CFU/100mL）	不得检出
大肠埃希氏菌（MPN/100mL 或 CFU/100mL）	不得检出
菌落总数（CFU/mL）	100
2、毒理指标	
砷（mg/L）	0.01
镉（mg/L）	0.005
铬（六价 mg/L）	0.05
铅（mg/L）	0.01
汞（mg/L）	0.001
硒（mg/L）	0.01
氰化物（mg/L）	0.05
氟化物（mg/L）	1.0
硝酸盐（以 N 计 mg/L）	10，地下水源限制时 20
三氯甲烷（mg/L）	0.06
四氯化碳（mg/L）	0.002
溴酸盐（使用臭氧时 mg/L）	0.01
甲醛（使用臭氧时 mg/L）	0.9
亚氯酸盐（使用二氧化氯消毒时 mg/L）	0.7
氯酸盐（使用复合二氧化氯消毒时 mg/L）	0.7
3、感官性状和一般化学指标	
色度（铂钴色度单位）	15
浑浊度（NTU一散射浊度单位）	1，水源与净水技术条件限制时为 3
臭和味	无异臭、异味
肉眼可见物	无

续表

项　目	限　值
pH	不小于6.5且不大于8.5
溶解性总固体（mg/L）	1000
总硬度（以 $CaCO_3$ 计）（mg/L）	450
耗氧量（COD_{Mn} 法，以 O_2 计 mg/L）	3，（水源限制，原水耗氧量＞6mg/L 时为5）
挥发酚类（以苯酚计 mg/L）	0.002
阴离子合成洗涤剂（mg/L）	0.3
铝（mg/L）	0.2
铁（mg/L）	0.3
锰（mg/L）	0.1
铜（mg/L）	1.0
锌（mg/L）	1.0
氯化物（mg/L）	250
硫酸盐（mg/L）	250
4、放射性物质	
总 α 放射性（Bq/L）	0.5
总 β 放射性（Bq/L）	1

*MPN，最大可能数；CFU，菌落形成单位。当水样检出总大肠菌群时，应进一步检验大肠埃希氏菌或耐热大肠菌群；水样未检出总大肠菌群，不必检验大肠埃希氏菌或耐热大肠菌群。放射性指标每个办证周期监测一次。

附件2

饮用水中消毒剂常规指标及要求

消毒剂名称	接触时间	出厂水中限值	出厂水中余量	管网末梢水中余量
氯气及游离氯制剂（游离氯 mg/L）	与水接触至少 30min 出厂	4	≥0.3	≥0.05
一氯胺（总氯 mg/L）	与水接触至少 120min 出厂	3	≥0.5	≥0.05
臭氧（O_3 mg/L）	与水接触至少 12min 出厂	0.3		0.02；如加氯，总氯≥0.05
二氧化氯（ClO_2 mg/L）	与水接触至少 30min 出厂	0.8	≥0.1	≥0.02

北京市市政管理委员会关于印发《北京市居住小区物业管理企业与各专业管理部门职责分工的规定》的通知

（京政管委字〔1995〕78号，1995年8月22日）

市房地、供电、电信、公用、环卫、园林、公安交通、消防局、市市政处，各开发建设企业、各物业管理企业：

现将《北京市居住小区物业管理企业与各专业管理部门职责分工的规定》印发给你们，请认真贯彻实施。

附：《北京市居住小区物业管理企业与各专业管理部门职责分工的规定》

附件

北京市居住小区物业管理企业与各专业管理部门职责分工的规定

第一条　为加强本市居住小区社会化、专业化管理，提高居住小区管理水平，为居民创造良好的居住生活环境和提供方便、周到的服务，根据《北京市居住小区物业管理办法》，制定本规定。

第二条　本市居住小区内的电力、电信、燃气、供热、供水、排水、道路、环卫、绿化、房屋土地、路灯、消防、公安交通等专业工作的管理，均需遵守本规定。

第三条　市、区、县房屋土地管理机关负责本规定的组织实施和监督检查。

第四条　本市电力、电信、燃气、供热、供水、排水、道路、环卫、绿化、房屋土地、路灯、消防、公安交通等部门（以下统称专业管理部门）和居住小区内物业管理企业，应当按照本规定的要求，建立管理和服务的责任制度，保证各项设施的完好和各项专业工作的正常进行。

第五条　居住小区内住宅楼低压供电设施管理职责：

（一）使用架空线路供电的，高层楼以楼内配电箱为界，多层楼以楼外墙为界。界限以内（不包括配电箱和计费电度表）至用户的供电线路及设备，由物业管理企业负责维护、管理；

（二）使用地下埋设线路供电的，以电缆进线兀接箱为界。界限以内（不包括兀接箱和计费电度表）至用户的供电线路及设备，由物业管理企业负责维护、管理；

（三）上述界线以外供电线路及设备由供电部门与建设单位协商落实维护管理职责。

第六条　居住小区内供水设施管理职责：

高层楼以楼内供水泵房总计费水表为界，多层楼以楼外自来水表井为界。界限以外（含计费水表）的供水管线及设备，由供水部门负责维护、管理；界限以内（含水表井）至用户的供水管线及设备由物业管理企业负责维护、管理。

第七条　居住小区内道路和市政排水设施的管理职责，以3.5米路宽为界。凡道路宽度在3.5米（含3.5米）以上的，其道路和埋设在道路下的市政排水设施，由市政工程管理部门负责维护、管理；道路宽度在3.5米以下的，由物业管理企业负责维护、管理。

居住小区内各种地下设施检查井井盖的维护、管理、由地下设施检查井的产权单位负责。有关产权单位也可委托物业管理企业维护、管理。

第八条　居住小区内供热设施管理职责：

（一）采用锅炉供热的，其供热设备、设施，及供热管线均由物业管理企业负责维护、管理，或由其委托专业供暖公司维护、管理；

（二）采用集中供热的，其供热管线及供热设备、设施，均由集中供热部门负责维护、管理，或由其委托专业供暖公司维护、管理。集中供热部门可将居住区内供热交换站及二次供热管线、用户室内散热设备等，委托物业管理企业维护、管理。

第九条 居住小区内供气（包括煤气、天然气）、电话、路灯及相关设备、设施、管线等，均分别由供气企业、电信和路灯管理部门各自负责维护、管理。

第十条 居住小区内环境卫生管理职责：

（一）清扫保洁。通行公共汽车的道路，由所在地环卫部门负责；其他道路、住宅楼房周围及绿地内、楼内公共部位等，由物业管理企业负责；

（二）垃圾清运。将垃圾由垃圾楼（站）运至垃圾转运站或垃圾消纳场，由所在地环卫部门负责；将垃圾由住宅楼运至垃圾楼（站），由物业管理企业负责；

（三）公共厕所的清掏和维护。公共厕所的产权属于环卫部门的，由环卫部门负责；未办理产权移交的，由物业管理企业负责，或由其委托环卫部门负责。

第十一条 居住小区内绿化管理职责：

居住小区内绿化的规划设计、建设施工、施工质量监督和竣工验收，由园林绿化部门负责；树木、花草、绿地等的日常养护和管理，可由园林绿化部门委托物业管理企业负责，物业管理企业接受委托的，应当接受园林绿化部门的业务指导。

第十二条 居住小区内交通安全管理职责：

居住小区规划红线内的机动车停车场（库）、非机动车存车处等交通设施，均由物业管理企业负责维护、管理；发生交通事故或发现交通违章，报请公安交通管理部门处理；设立收费停车场，由公安交通管理部门审核批准。

第十三条 居住小区内消防安全管理职责：

（一）供水管网及管网上设置的地下式消防井、消火栓等消防设施，由供水部门负责维护、管理，公安消防部门负责监督检查；

（二）高、低压消防供水系统，包括泵房、管道、室内消防栓以及防火门、消防电梯、轻便灭火器材、消防通道等，由物业管理企业负责维修、管理，并接受公安消防部门的监督检查。

第十四条 居住小区物业管理企业和各专业部门应当忠于职守，认真履行职责，密切配合。各项业务管理所需费用征收和使用，按照《北京市居住小区物业管理办法》的有关规定执行。

第十五条 本规定执行中的具体问题，由市房屋土地管理局负责解释。

第十六条 本规定自发布之日起施行。

住宅专项维修资金

北京市住房和城乡建设委员会 北京市财政局 北京市审计局 北京市住房资金管理中心 关于简化程序方便应急情况下使用住宅专项维修资金有关问题的通知

［2013 年 11 月 21 日京建法〔2013〕20 号发布，根据 2016 年 11 月 22 日印发的北京市住房和城乡建设委员会 北京市财政局 北京市住房资金管理中心《关于修改〈关于简化程序方便应急情况下使用住宅专项维修资金有关问题的通知〉的通知》（京建法〔2016〕15 号）修改］

各区县住房城乡建设委（房管局），东城、西城区住房城市建设委，经济技术开发区房地局，市住房资金管理中心各区县管理部，各相关单位和相关业主：

为保证物业管理区域内发生《北京市物业管理办法》（市政府令第 219 号）第 34 条规定的 6 种危及房屋使用安全的紧急情况时，物业共用部位、共用设施设备能够得到及时维修，本着“确保安全，明确职责，减少交叉，规范程序，方便使用，依法追责”的原则，根据《物权法》、《住宅专项维修资金管理办法》（建设部、财政部令第 165 号）、《北京市物业管理办法》、《北京市住宅专项维修资金管理办法》（京建物 836 号）的有关规定，现就我市住宅专项维修资金应急使用有关问题通知如下：

一、实施应急维修需要使用住宅专项维修资金的，无需经住宅专项维修资金列支范围内专有部分占建筑物总面积三分之二以上的业主且占总人数三分之二以上的业主同意，但业主委员会应当在物业管理区域内的显著位置就专项维修资金用于应急维修的有关情况告知业主；没有业主委员会的，由物业服务企业告知。

二、应急维修需要使用商品住宅专项维修资金，维修资金尚未划转至业主大会专用账户的，由物业服务企业向物业所在区县建委或房管局物业管理或房屋安全管理部门（具体地址见附件 1）提出申请；维修资金已经划转至业主大会专用账户的，由业主委员会向物业所在区县建委或房管局物业管理或房屋安全管理部门提出申请；业主委员会不愿意提出申请，业主委员会任期届满且换届未完成、名存实亡或业主委员会怠于履行职责的，由物业服务企业向物业所在区县建委或房管局物业管理或房屋安全管理部门提出申请；物业服务企业、业主委员会未按规定申请应急维修的，由相关业主向区县建委或房管局物业管理或房屋安全管理部门提出代修申请。相关业主是指《北京市物业管理办法》第 34 条规定的 6 种危及房屋使用安全的紧急情况发生时所涉及的房屋所有权人。业主委员会、物业服务企业不履行申请职责的，事后要依法追究相关责任。

应急维修使用本市系统单位售后公有住房住宅专项维修资金的，由物业服务企业或相关业主通知原售房单位向物业所在区县建委或房管局的房改部门（具体地址见附件 2）提出申请；售房款和维修资金记在物业服务企业名下的，由物业服务企业提出申请；危改回迁住房原售房单位不愿提出申请或找不到原售房单位的，由物业服务企业提出申请；公有住房售房单位已经灭失的，由其上级单位提出申请，上级单位不愿申请或没有上级单位的，由物业服务企业提出申请。公有住房原售房单位、物业服务企业未按规定申请应急维修的，由相关业主向物业所在区县建委或房管局的房改部门提出代修申请。

应急使用中央国家机关在京单位售后公有住房（含职工住宅）住宅专项维修资金的，由物业服务企业或相关业主通知原售房单位到中央国家机关住房制度改革办公室提出申请；使用中共中央直属机关在京单位售后公有住房（含职工住宅）住宅专项维修资金的，由物业服务企业或相关业主通知原售房单位向中共中央直属机关住房资金管理中心提出申请（具体地址见附件 3）。

三、商品住宅小区或同一个物业管理区域内既有商品住宅又有售后公有住房的小区实施应急维修，维修资金尚未划转至业主大会专用账户的，由物业服务企业组织实施；维修资金已经划转至业主大会专用账户的，由业主委员会或其委托的物业服务企业组织实施；因业主委员会、物业服务企业相互扯皮、不能履职无法实施应急维修，严重影响业主生活的，由物业所在区县建委或房管局组织代修，或由物业所在区县建委或房管局与属地街道办事处、乡镇人民政府协商，由属地街道办事处、乡镇人民政府组织代修，同时追究相关物业服务企业和业主委员会的责任。

同一个物业管理区域，主要是公有住房和售后公有住房的，应急维修由原售房单位或其委托的物业服务企业组织实施。原售房单位、物业服务企业未按规定实施维修的，由物业所在区县建委、房管局或街道办事处、乡镇人民政府组织实施，同时追究相关售房单位、物业服务企业的责任。

四、应急维修使用住宅专项维修资金的费用，由产权人按照各自拥有物业建筑面积的比例分摊。产权属于开发建设单位的，由开发建设单位分摊；产权属于单位的，由单位分摊；产权属于个人的，由个人分摊。对个人购买的房改房，分摊应支付的维修资金先使用售房单位交存的专项维修资金，售房单位交存的专项维修资金不足的，差额部分从个人交存的专项维修资金中列支。

应急维修工程涉及的应分摊业主尚未交纳专项维修资金的，应立即补交应交纳的专项维修资金或分摊相应的维修费用。拒不交纳专项维修资金、分摊相应维修费用的业主，在办理所涉及房屋产权登记、过户、继承等手续时，应先补缴专项维修资金及其滞纳金，滞纳金交纳标准可由开发建设单位或业主大会在《临时管理规约》或《管理规约》中约定。

区县建委、房管局或街道办事处、乡镇人民政府组织代修的，维修费用从相关业主住宅专项维修资金账户中列支。

五、应急维修使用住宅专项维修资金相关程序

（一）由业主委员会、物业服务企业、售后公有住房原售房单位或其上级单位提出申请并提交以下材料：

1. 已填好的应急维修使用商品住宅专项维修资金申请表或应急维修使用售后公有住房住宅专项维修资金申请表（见附件 4－1、附件 4－2）；

2. 所选施工单位需提交营业执照、资质证书副本和复印件；

3. 应急维修工程预算书；

4. 住宅专项维修资金分摊明细表（见附件 5－1、附件 5－2）。

各区县审核部门不得擅自要求申请人提交其他材料作为申请应急使用住宅专项维修资金的要件。

（二）申请材料符合要求，各区县建委或房管局应当在接到申请后的 2 个工作日内作出同意的决定；情况特别紧急的，应当场作出同意决定。申请材料有问题的，应指导申请单位或个人抓紧补正相关材料。申请单位对申报材料的真实性和合法性负责。各区县建委或房管局如果对申报材料无确切把握，可要求申请人提供专业机构出具的鉴定报告、造价咨询报告或有关部门出具的整改意见书。各区县建委或房管局发现有虚报维修范围、虚报工程预算的情况，应依法依规严厉查处。

（三）住宅专项维修资金尚未划转至业主大会专用账户的，由申请人持区县建委或房管局同意使用的批复材料（应急维修使用商品住宅专项维修资金申请表、应急维修使用售后公有住房住宅专项维修资金申请表及加盖审批部门公章的住宅专项维修资金分摊明细表）到市住房资金管理中心区县管理部（具体地址见附件 6）办理资金划转手续；专项维修资金已划转至业主大会专用账户的，由申请人持区县建委或房管局同意备案的批复材料到业主大会开户银行办理资金支付手续。市住房资金管理中心区县管理部、业主大会开户银行应当在接到区县建委或房管局同意使用的批复意见之日起

2个工作日内办理支付，经办银行应当配合将维修资金及时转账到物业服务企业、业主委员会或公有住房住宅专项维修资金使用申请单位指定账户；发生特别紧急的情况时，市住房资金管理中心区县管理部、经办银行应当在接到区县建委或房管局作出的批复意见之日起24小时内（指工作日）办理支付。审批材料有问题或付款失败的，市住房资金管理中心区县管理部应当及时通知原审批部门及申请人抓紧补正相关材料。

六、应急维修工程完工后，施工企业应书面向业主委员会、物业服务企业、公有住房原售房单位或其上级单位报告。申请应急使用住宅专项维修资金的业主委员会（未成立业主大会的，可以由社区居委会召集业主代表）、物业服务企业、公有住房售房单位或其上级单位应当组织有关单位验收，出具工程验收报告，并在5个工作日内作出是否合格的意见；不合格的，施工企业要无条件整改到工程合格。区县建委或房管局组织代修的，工程完工后，施工企业应向区县建委或房管局报告，区县建委或房管局应当在5个工作日内作出是否合格的意见；不合格的，施工企业应无条件整改到工程合格。业主委员会、物业服务企业、公有住房原售房单位或其上级单位、区县建委或房管局未在规定时限内作出意见的，视为同意。

实施应急维修的施工企业应当承担所实施维修工程的质量保证责任，保修期内出现质量问题应及时修复。施工企业可以为其所实施的维修工程投保，出现质量问题后所需的修复费用由保险公司支付。

七、物业服务企业、业主委员会、公有住房原售房单位或其上级单位虚报维修范围、虚报工程预算，一经发现，追究相关人员责任，有刑事犯罪的，移送司法机关。

八、各区县建委或房管局工作人员在受理和审核应急使用住宅专项维修资金申请过程中，不得设置障碍刁难申请人，不得故意拖延审核时限。市住房资金管理中心区县管理部在接到区县建委或房管局同意使用维修资金的批复材料后，应在规定时间内完成资金支付手续，不得无故拖延。各区县建委或房管局、市住房资金管理中心区县管理部对行政管理人员不作为、乱作为的行为要及时严肃查处。

九、应急维修工程完工后，业主委员会、物业服务企业或其他组织维修的单位，应将工程使用住宅专项维修资金总额及业主分摊费用情况在物业管理区域内的显著位置告知业主，业主提出质疑的，组织单位应给予明确书面答复。

十、各物业服务企业和房屋管理单位应当在本通知下发之日起20日内，对所管物业管理区域内的房屋和共用部位、共用设施设备进行排查，建立应急维修台账。市住房资金管理中心区县管理部应当配合物业服务企业和房屋管理单位在3个月内以物业管理区域为单位建立维修资金台账，按户登记业主姓名、房屋面积、维修资金余额，建立产权明晰，资金数量准确的维修资金明细账。

十一、本通知中所称使用中央国家机关在京单位售后公有住房（含职工住宅）、中共中央直属机关在京单位售后公有住房（含职工住宅）住宅专项维修资金的情况，是指同一物业管理区域内与商品住宅和本市系统单位售后公有住房有交叉的房屋。

十二、自本通知下发之日起，实行具结方式房改售房的，不再封存单位和个人交纳的住宅专项维修资金，已经封存的，遇到应急维修，须解封支取单位和个人交纳的住宅专项维修资金，不需另行提供《解除封存通知书》。

十三、应急维修使用住宅专项维修资金工作政策性强，涉及业主的切身利益，各区县建委、房管局要加强指导，及时组织培训，遇有问题请及时反馈市住房城乡建设委等相关部门。

十四、应急维修的过程中，有关单位和个人不履职的，可向 bjwyjb@163.com 邮箱投诉，市住房城乡建设委应当会同相关部门及时组织查处。

十五、本通知自印发之日起施行，此前有关规定与本通知不一致的，以本通知为准。

附件：1. 商品住宅专项维修资金使用审核（备案）业务受理部门一览表

2. 市级售后公有住房住宅专项维修资金使用审核受理部门一览表

3. 国家机关事务管理局中央国家机关住

房制度改革办公室地址及联系电话

4－1. 应急维修使用商品住宅专项维修资金申请表

4－2. 应急维修使用售后公有住房住宅专项维修资金申请表

5－1. 应急维修使用商品住宅专项维修资金分摊明细表

5－2. 应急维修使用售后公有住房住宅专项维修资金分摊明细表

6. 北京市住房资金管理中心区县管理部地址及联系电话

附件 1

商品住宅专项维修资金使用审核（备案）业务受理部门一览表

序号	单位名称	地址	部门	联系电话
1	东城区房管局	东城区育群胡同 21 号	房屋安全设备科	64047711－3114
2	西城区房管局	西城区西安门大街 115 号	房屋安全设备科	66126957
3	朝阳区房管局	朝阳区北三里屯南 56 号	房屋安全设备科	64186156
4	海淀区房管局	海淀区东北旺南路 27 号上地办公区	物业科	62525752
5	丰台区房管局	丰台区大井东里甲 2 号	房屋安全设备科	63843656
6	石景山区住建委	石景山区八角西街 66 号	物业科	68872095
7	门头沟区住建委	门头沟区新桥南大街 48 号	房屋安全管理科	61801940
8	房山区住建委	房山区良乡政通路 7 号	物业科	89356011
9	通州区住建委	通州区车站街路 49 号	房屋管理科	69546717
10	昌平区住建委	昌平区南环东路 36 号	房屋安全管理科	69746096
11	顺义区住建委	顺义区府前东街甲 25 号	物业科	69448360
12	大兴区住建委	大兴区兴政街 29 号	小区办	69263591
13	平谷区住建委	平谷区府前街 31 号	物业科	89992390
14	怀柔区住建委	怀柔区青春路 48 号	房屋安全设备科	69641817
15	密云县住建委	密云县水源东路 339 号	房屋安全设备管理中心	69085449
16	延庆县住建委	延庆县东外大街 89 号	小区办	69104558
17	开发区房地局	亦庄经济技术开发区荣华中路 15 号	物业办	67865715

附件 2

市级售后公有住房住宅专项维修资金使用审核受理部门一览表

序号	单位	地址	部门	电话
1	东城区房管局	东城区育群胡同 21 号 309 室	房改办	64047711－3058
2	西城区房管局	西城区西安门大街 115 号	房改办	66126930
3	朝阳区房管局	朝阳区三里屯南 56 号	房改办	64186153
4	海淀区房管局	海淀区东北旺南路 27 号 A 座 230 室	房改办	82618122
5	丰台区房管局	丰台区大井东里甲 2 号	房改办	63850248
6	石景山区住建委	石景山区八角西街 66 号方地大厦	房改办	68863649
7	怀柔区住建委	怀柔区青春路 48 号	房改办	69641163
8	通州区住建委	通州区车站路 49 号	房改办	52470283
9	昌平区住建委	昌平区太安胡同 5 号	房改办	69723181
10	平谷区住建委	平谷区府前街 31 号	房改办	89993813
11	延庆县住建委	延庆县东外大街 89 号	房改办	69176250
12	大兴区住建委	大兴区兴政街 29 号	房改办	69261254
13	顺义区住建委	顺义区光明北街 7 号	房改办	69441338
14	门头沟区住建委	门头沟区新桥大街 61 号	房改办	69850400
15	密云县住建委	密云县水源东路 339 号	房改办	69042876
16	房山区住建委	房山区良乡正通路 7 号	房改办	89353651
17	亦庄经济技术开发区房地局	开发区荣华中路 15 号博大大厦	物业科	67865715

附件 3

国家机关事务管理局中央国家机关住房制度改革办公室地址及联系电话

办公地址：北京市西城区西安门大街 22 号

联系电话：63093741　63095063　83084478

中共中央直属机关住房资金管理中心地址及联系电话

办公地址：北京市西城区大红罗厂街 22 号

联系电话：83084296

附件 4－1

应急维修使用商品住宅专项维修资金申请表

编号：　　　　区［　　　　］年第　　号

<table>
<tr><td>申请人</td><td colspan="6">（印章）</td></tr>
<tr><td>小区坐落及名称</td><td colspan="6">区（县）　　街道（乡镇）　　大街（路）　　号　　小区</td></tr>
<tr><td>物业服务企业名称</td><td colspan="4"></td><td>资质证书编号</td><td></td></tr>
<tr><td rowspan="2">施工单位名称</td><td colspan="4" rowspan="2"></td><td>资质证书编号</td><td></td></tr>
<tr><td>营业执照编号</td><td></td></tr>
<tr><td>维修资金使用用途</td><td colspan="6">小区　　号楼　　维修工程</td></tr>
<tr><td>工程预算总额（万元）</td><td></td><td>工程对应建筑物总面积（平方米）</td><td></td><td colspan="2">工程费用分摊标准（元/平方米）</td><td></td></tr>
<tr><td>工程对应总户数（户）</td><td></td><td>已交纳维修资金户数（户）</td><td></td><td colspan="2">可支用维修资金金额（万元）</td><td></td></tr>
<tr><td>收款单位全称</td><td colspan="6"></td></tr>
<tr><td>收款单位开户银行全称</td><td colspan="6"></td></tr>
<tr><td>收款账号</td><td colspan="6"></td></tr>
<tr><td>提交申请材料</td><td colspan="6">□1、应急维修工程预算书
□2、施工单位营业执照和资质证书副本复印件（盖章）
□3、住宅维修资金管理系统生成的分摊明细表</td></tr>
<tr><td>经办人姓名</td><td colspan="2"></td><td colspan="2">联系电话</td><td colspan="2"></td></tr>
<tr><td>区县建委、房管局审查意见</td><td colspan="3">经办人签字：</td><td colspan="3">负责人签字：　　　（公章）
年　　月　　日</td></tr>
</table>

本表一式三份，申请单位或申请人留存一份，区县建委或房管局留存一份，市住房资金管理中心区县管理部留存一份。

附件 4－2

应急维修使用售后公有住房住宅专项维修资金申请表

编号：　　　　区［　　　　］年第　　号

<table>
<tr><td>申请人</td><td colspan="5">（印章）</td></tr>
<tr><td>申请支取售后公有住房维修资金信息</td><td colspan="5">申请支取　　　　　　　　单位（全称）名下
□单位交存的维修资金部分　□个人交存维修资金（房改房适用）</td></tr>
<tr><td>小区坐落及名称</td><td colspan="5">区（县）　　街道（乡镇）　　大街（路）　　号　　　　小区</td></tr>
<tr><td>物业服务企业名称</td><td colspan="3"></td><td>资质证书编号</td><td></td></tr>
<tr><td rowspan="2">施工单位名称</td><td colspan="3" rowspan="2"></td><td>资质证书编号</td><td></td></tr>
<tr><td>营业执照编号</td><td></td></tr>
<tr><td>维修资金使用用途</td><td colspan="5">小区　　　　号楼　　　　　　　　维修工程</td></tr>
<tr><td>工程预算总额（万元）</td><td></td><td>工程对应建筑物总面积（平方米）</td><td></td><td>工程费用分摊标准（元/平方米）</td><td></td></tr>
<tr><td>工程对应总户数（户）</td><td></td><td>已交纳维修资金户数（户）</td><td></td><td>可支用维修资金金额（万元）</td><td></td></tr>
<tr><td>收款单位全称</td><td colspan="5"></td></tr>
<tr><td>收款单位开户银行全称</td><td colspan="5"></td></tr>
<tr><td>收款账号</td><td colspan="5"></td></tr>
<tr><td>提交申请材料</td><td colspan="5">□1、应急维修工程预算书
□2、施工单位营业执照和资质证书副本复印件（盖章）
□3、住宅专项维修资金分摊明细表</td></tr>
<tr><td>经办人姓名</td><td colspan="2"></td><td>联系电话</td><td colspan="2"></td></tr>
<tr><td>区县建委、房管局审查意见</td><td colspan="2">经办人签字：</td><td colspan="3">负责人签字：　　　　（公章）
年　　月　　日</td></tr>
</table>

本表一式三份，申请单位或申请人留存一份，区县建委或房管局留存一份，市住房资金管理中心区县管理部留存一份。

附件 5－1

应急维修使用商品住宅专项维修资金分摊明细表

任务单编号：

资金账号	产业地址	账户类型	收支类型	分摊金额（元）	支取本金（元）	支取利息（元）	可用额度（元）	实际本金（元）	实际利息（元）	剩余额度（%）	业主签名
小计											
合计											

制表人：　　　　审核人：　　　　打印日期：　　年　　月　　日　　　　第　　页/共　　页

附件 5－2

应急维修使用售后公有住房住宅专项维修资金分摊明细表

年　月　日

申请单位：

支取信息：申请支取＿＿＿＿单位（全称和单位登记号）名下维修资金。　　共　页第　页

存款方式：□活期　□封存

支取明细：小区名称：　　幢号[楼号]：

序号	单元号	所在层数	房号	建筑面积（平方米）	业主姓名	支取金额（元）			
						单位部分	个人部分	利息滚本部分	合计
1									
2									
3									
4									
5									
……									
20									
本页小计									
合计									
经办人签字：			申请单位盖章：				审批部门盖章：		

备注：支取后账户余额至少保留 10 元，且单位部分和个人部分账户余额合计不得为 0。

附件 6

北京市住房资金管理中心区县管理部地址及联系电话

序号	单位名称	办公地址	售后公有住房维修资金业务联系电话	商品住宅维修资金业务联系电话	商品住宅专项维修资金业务范围
1	东城管理部	东城区贡院西街九号一层	52185902－8035、8032	52185902－8035、8032	东城区
2	西城管理部	西城区宣武门西大街甲 129 号金隅大厦 7 层 701 室	66411921	66411921	原西城区
3	西城管理部南区	西城区半步桥街 48 号金泰开阳大厦一层	51232982、83、84 转 8010 或 8011、8005	51232982、83、84 转 8010 或 8011、8005	原宣武区
4	朝阳管理部	朝阳区百子湾西里 402 楼 109 号金海商富中心写字楼	59694396 转 1012、1013	59694396 转 1012、1013	朝阳区
5	海淀管理部	西直门外高梁桥斜街 59 号中坤大厦第 13 层	82191634	82191634	海淀区
6	丰台管理部	丰台区莲花池西里 29 号公交调度指挥中心 14 层	63968705	63968705	丰台区
7	石景山管理部	石景山区石景山路 22 号万商大厦四层	68688399	68688399	石景山区
8	门头沟管理部	门头沟区剧场东街 8－7 号绿岛家园 1 号楼底商	69820259、69820199	69820259、69820199	门头沟区
9	房山管理部	房山区良乡吴店西里 9 号楼	60345389	60345389	房山区
10	通州管理部	通州区吉祥园 20 号楼北侧	80888320	80888320	通州区
11	顺义管理部	顺义区府前东街 2 号顺建大厦 2 层	69432216	69432216	顺义区
12	昌平管理部	昌平府学路 15 号（昌平东关图书馆对面）	69746808	69746808	昌平区

续表

序号	单位名称	办公地址	售后公有住房维修资金业务联系电话	商品住宅维修资金业务联系电话	商品住宅专项维修资金业务范围
13	大兴管理部	大兴区黄村镇兴丰大街三段132号	69256374	69256374	大兴区
14	平谷管理部	平谷区建设西街17号院3号楼（平谷区财政局向南200米路东）	89985149	89985149	平谷区
15	怀柔管理部	怀柔区富乐大街26号院11号楼（信和商务楼二层）	69682104、69682105	69682104、69682105	怀柔区
16	密云管理部	密云县东源路31号	69087748	69087748	密云区
17	延庆管理部	延庆县康安小区11号楼一层	69144096	69144096	延庆县
18	方庄管理部	丰台区方庄芳城园三区18号楼	67642052	67642052	北京经济技术开发区
19	中关村管理部	海淀区学院路35号北航世宁大厦11层1108室	82332105	/	/
20	西客站管理部	海淀区莲花池东路39号	63970940	/	/
21	燕山管理部	房山区燕山向阳路73号	69347431	/	/
22	宣武管理部监狱管理局营业厅	右安门东街7号	83502105	/	/

北京市住房和城乡建设委员会 北京市财政局 北京市审计局 北京市住房资金管理中心关于印发《北京市住宅专项维修资金管理办法》的通知

（京建物〔2009〕836号，2009年11月10日）

各区县建委（房管局）、财政局、审计分局，市住房资金管理中心各区县管理部，各有关单位：

为贯彻实施建设部、财政部《住宅专项维修资金管理办法》（建设部、财政部令第165号），进一步加强我市住宅专项维修资金管理，根据我市住宅专项维修资金管理工作实际，我们制定了《北京市住宅专项维修资金管理办法》。现印发给你们，请遵照执行。

特此通知。

附件：《北京市住宅专项维修资金管理办法》

附件

北京市住宅专项维修资金管理办法

第一章 总则

第一条 为加强对本市住宅专项维修资金的管理，保障住宅共用部位、共用设施设备的维修和安全使用，维护住宅专项维修资金所有者的合法权益，根据《中华人民共和国物权法》、《物业管理条例》和《住宅专项维修资金管理办法》（建设部、财政部令第165号）等有关法律、法规和规章的规定，结合本市实际，制定本办法。

第二条 本市行政区域内商品住宅、售后公有住房住宅专项维修资金的交存、使用、管理和监督，适用本办法。

本办法所称住宅专项维修资金，是指专项用于住宅共用部位、共用设施设备保修期满后的维修和更新、改造的资金。

第三条 本办法所称住宅共用部位，是指根据法律、法规和房屋买卖合同，由单幢住宅内业主或者单幢住宅内业主及与之结构相连的非住宅业主共有的部位。一般包括：住宅的基础、承重墙体、柱、梁、楼板、屋顶以及户外的墙面、门厅、楼梯间、走廊通道等。

本办法所称共用设施设备，是指根据法律、法规和房屋买卖合同，由住宅业主或者住宅业主及有关非住宅业主共有的附属设施设备。一般包括电梯、天线、照明、消防设施、绿地、道路、路灯、沟渠、池、井、非经营性车场车库、公益性文体设施和共用设施设备使用的房屋等。

第四条 住宅专项维修资金管理实行专户存储、专款专用、所有权人决策、政府监督的原则。

第五条 市房屋行政主管部门负责本市商品住宅和售后公有住房住宅专项维修资金的指导和监督工作。

市住房资金管理部门负责本市住宅专项维修资金的日常管理工作。

市财政主管部门、市审计主管部门按照各自职责负责住宅专项维修资金代管期间的财务监督和审计监督工作。

区、县房屋行政主管部门会同市住房资金管理部门区县管理部负责本辖区内商品住宅和售后公有住房住宅专项维修资金的指导、监督和日常管理工作。

第二章 交存

第六条 下列物业的业主应当按照本办法的规定交存住宅专项维修资金：

（一）住宅，但一个业主所有且与其他物业不具有共用部位、共用设施设备的除外。

（二）住宅物业管理区域内的非住宅或者住宅物业管理区域外与单幢住宅结构相连的非住宅。

前款所列物业属于出售公有住房的，售房单位应当按照本办法的规定交存住宅专项维修资金。

第七条 商品住宅的业主、非住宅的业主按照所拥有物业的建筑面积交存住宅专项维修资金，首期住宅专项维修资金的交存标准为：独立式住宅、非住宅为50元/平方米；多层住宅、非住宅为100元/平方米；高层住宅、非住宅为200元/平方米。

本办法所称的多层住宅、非住宅是指地上结构最高层数为六层以下（含六层）的建筑；高层住宅、非住宅是指地上结构最高层数为七层以上（含七层）的建筑。

市房屋行政主管部门根据本市住宅建筑安装工程每平方米造价的变化情况，适时调整首期住宅专项维修资金的交存标准。

第八条 出售公有住房的，按照下列规定交存住宅专项维修资金：

（一）业主按照所拥有物业的建筑面积交存住宅专项维修资金，每平方米建筑面积交存首期住宅专项维修资金的数额为购房当年房改成本价的2%。

（二）售房单位按照多层住宅售房款的20%、高层住宅售房款的30%，从售房款中一次性提取住宅专项维修资金。

第九条 业主交存的住宅专项维修资金属于业主所有。

从公有住房售房款中提取的住宅专项维修资金属于公有住房售房单位所有。

第十条 业主大会成立前，商品住宅业主、非住宅的业主交存的住宅专项维修资金，由市住房资金管理部门负责日常管理。

经市房屋行政主管部门会同市财政主管部门、市审计主管部门和市住房资金管理部门共同决定，由市住房资金管理部门委托本市一家商业银行，作为住宅专项维修资金的专户管理银行，并在专户管理银行开立住宅专项维修资金专户。

开立住宅专项维修资金专户，以物业管理区域为单位设账，按房屋户门号设分户账；未划定物业管理区域的，以幢为单位设账，按房屋户门号设分户账。

第十一条 业主大会成立前，售后公有住房住宅专项维修资金，由市住房资金管理部门负责日常管理。

市住房资金管理部门应当委托本市一家商业银行，作为售后公有住房住宅专项维修资金的专户管理银行，并在专户管理银行开立售后公有住房住宅专项维修资金专户。

开立售后公有住房住宅专项维修资金专户，应当按照售房单位设账，按幢设分账；其中，业主交存的住宅专项维修资金，按房屋户门号设分户账。

第十二条 商品住宅的业主、非住宅的业主应当在办理房屋入住手续前，将首期住宅专项维修资金存入住宅专项维修资金专户。

预售商品住宅的，建设单位应当在办理房屋初始登记前，将未售出房屋的首期住宅专项维修资金存入住宅专项维修资金专户。

售后公有住房的业主及售房单位应当在办理房屋登记手续前，将首期住宅专项维修资金交由售房单位存入售后公有住房住宅专项维修资金专户。

公有住房售房单位应当在收到售房款之日起30日内，将提取的住宅专项维修资金存入公有住房住宅专项维修资金专户。

第十三条 商品住宅的业主、非住宅的业主未按本办法规定交存首期住宅专项维修资金的，建设单位不得将房屋交付购买人；预售商品住宅的建设单位、售后公有住房的业主和售房单位未按照本办法规定交存首期住宅专项维修资金的，房屋登记部门不予办理房屋登记手续。

第十四条 专户管理银行、代收住宅专项维修资金的售房单位应当出具由市财政主管部门统一监制的北京市住宅专项维修资金专用票据。

第十五条 经业主大会决议，业主委员会可以在本市一家商业银行开立本物业管理区域的住宅专项维修资金专户，并向市住房资金管理部门申请划转本物业管理区域内业主交存的住宅专项维修资金。

市住房资金管理部门应当在收到申请之日起30日内，将该物业管理区域内业主交存的住宅专项维修资金账面余额划转至业主大会开立的住宅专项维修资金账户，并将有关账目等移交业主委员会。

划转住宅专项维修资金时，业主委员会应当与开户银行、区县房屋行政主管部门签订发生本办法规定的危及房屋安全等紧急情况，需要立即对住宅共用部位、共用设施设备进行维修和更新、改造时，同意区县房屋行政主管部门组织代修并从维修工程涉及的业主交存的住宅专项维修资金中支付相应费用的授权协议书。

第十六条 开立业主大会住宅专项维修资金专户，应当以物业管理区域为单位设账，按房屋户门号设分户账。业主大会住宅专项维修资金专户应当使用信汇凭证或电汇凭证结算，不得支取现金，不得使用其他票据或者结算凭证。用于支付维修及更新、改造工程费用的住宅专项维修资金只能支付到约定的施工单位或物业服务企业账户中。

住宅专项维修资金划转后的账目管理单位，由业主大会决定。业主大会应当建立住宅专项维修资金管理制度。

第十七条 业主大会开立的住宅专项维修资金账户，应当接受所在区、县房屋行政主管部门的监督。

业主委员会不得擅自变更开户银行。确需变更的，应当经业主大会决定，并按照首次开户办法重新开立住宅专项维修资金账户。

业主大会、业主委员会只能委托开户银行购买一级市场国债，禁止其他任何有风险的理财或投资，以确保住宅专项维修资金账户内的资金安全和正常使用。

第十八条　业主分户账面住宅专项维修资金余额（售后公有住房不含售房单位交存部分）不足首期交存额30%的，应当及时续交。

专户管理银行、业主大会开户银行应当及时向分户账面余额不足首期交存额30%的业主发出续交通知。业主应当在接到续交通知之日起30日内，将续交的住宅专项维修资金存储到专户管理银行、业主大会开户银行。

成立业主大会的，住宅专项维修资金的续交方案应当在管理规约中予以明确；未成立业主大会的，业主续交后的分户账面余额不得低于首期交存的额度。

第十九条　本办法实施前，商品住宅、已售公有住房未建立住宅专项维修资金的，应当按照本办法规定的交存标准、交存方案进行补建。

业主未按规定补建、续交住宅专项维修资金的，业主委员会应当督促其交纳，也可以依据管理规约向人民法院提起诉讼。

第三章　使用

第二十条　住宅专项维修资金应当专项用于住宅共用部位、共用设施设备保修期满后的维修和更新、改造，不得挪作他用。

第二十一条　住宅共用部位的维修和更新、改造范围包括：

（一）屋面防水层破损，顶层房间渗漏的；

（二）楼房外墙出现雨水渗漏，引起外墙内表面浸湿；

（三）地下室出现渗漏、积水的；

（四）楼房外墙外装饰层出现裂缝、脱落或空鼓率超过国家相应标准、规范的规定值；

（五）增加保温层、建筑保温层出现破损或脱落，或建筑保温不良引起外墙内表面出现潮湿、结露、结霜或霉变；

（六）外墙及楼梯间、公共走廊涂饰层出现开裂、锈渍、起泡、翘皮、脱落、污染的；

（七）公共区域窗台、门廊挑檐、楼梯踏步及扶手、维护墙、院门等出现破损的；

（八）公共区域门窗或窗纱普遍破损的；

（九）其他情况。

第二十二条　住宅共用设施设备的维修和更新、改造范围包括：

（一）电梯主要部件需要进行维修或更换的；

（二）二次供水系统设备部件磨损、锈蚀严重的；

（三）避雷设施不满足安全要求的；

（四）配电设备部分电缆、电线、配电箱（柜）内元件损坏的；

（五）消防系统出现功能障碍，或部分设备、部件损坏严重的；

（六）楼内排水（排污）设备出现故障，给、排水管道漏水、锈蚀严重、排污泵锈蚀或其他设备损坏的；

（七）其他情况。

第二十三条　住宅专项维修资金的使用，应当遵循方便快捷、公开透明、受益人和负担人相一致的原则。

第二十四条　住宅共用部位、共用设施设备的维修和更新、改造费用，按照下列规定分摊：

（一）商品住宅之间或者商品住宅与非住宅之间共用部位、共用设施设备的维修和更新、改造费用，由相关业主按照各自拥有物业建筑面积的比例分摊。

专属一个单元业主的共用部位、共用设施设备的维修和更新、改造费用，由该单元全体业主按照各自拥有物业建筑面积的比例分摊；专属一个楼层业主的共用部位、共用设施设备的维修和更新、改造费用，由该楼层全体业主按照各自拥有物业建筑面积的比例分摊。

（二）售后公有住房之间共用部位、共用设施设备的维修和更新、改造费用，涉及多个楼幢的，由各楼幢按照建筑面积的比例分摊。每个楼幢的费用，按照该楼幢全体业主交存住宅专项维修资金总额与公有住房售房单位交存住宅专项维修资金总额的比例分摊；其中，应由业主承担的，再由相关业主按照各自拥有物业建筑面积的比例分摊。

（三）售后公有住房与商品住宅或者非住宅之间共用部位、共用设施设备的维修和更新、改造费用，先按照建筑面积比例分摊到各相关物业；其中，售后公有住房应分摊的费用，再按照本条第（二）项的原则进行分摊。

第二十五条 住宅共用部位、共用设施设备维修和更新、改造，涉及尚未售出的商品住宅、非住宅或者公有住房的，建设单位或者公有住房售房单位应当按照尚未售出商品住宅或者公有住房的建筑面积，分摊维修和更新、改造费用。

第二十六条 住宅专项维修资金划转业主大会管理前，需要使用住宅专项维修资金的，按照以下程序办理：

（一）物业服务企业根据维修和更新、改造项目提出使用建议；没有物业服务企业的，由相关业主提出使用建议；

（二）住宅专项维修资金列支范围内专有部分占建筑物总面积三分之二以上的业主且占总人数三分之二以上的业主讨论通过使用建议；

（三）物业服务企业或者相关业主组织实施使用方案；

（四）物业服务企业或者相关业主持有关材料，向区、县建委（房管局）房屋安全和设备管理部门申请列支；其中，使用售后公有住房住宅专项维修资金的，向区、县房改管理部门申请列支；

（五）区、县建委（房管局）房屋安全和设备管理部门、房改管理部门审核同意后，向市住房资金管理部门区县管理部发出划转住宅专项维修资金的通知；

（六）市住房资金管理部门区县管理部将所需住宅专项维修资金划转至维修单位。

第二十七条 住宅专项维修资金划转业主大会管理后，需要使用住宅专项维修资金的，按照以下程序办理：

（一）物业服务企业提出使用方案，使用方案应当包括拟维修和更新、改造的项目、费用预算、列支范围、发生危及房屋安全等紧急情况以及其他需临时使用住宅专项维修资金的情况的处置办法等；

（二）业主大会依法通过使用方案；

（三）物业服务企业组织实施使用方案；

（四）物业服务企业持有关材料向业主委员会提出列支住宅专项维修资金；

（五）业主委员会依据使用方案审核同意，并报区、县建委（房管局）房屋安全和设备管理部门备案；使用售后公有住房住宅专项维修资金的，经区、县房改管理部门审核同意；区、县建委（房管局）房屋安全和设备管理部门、房改管理部门发现不符合有关法律、法规、规章规定和使用方案的，应当责令改正；

（六）业主委员会向开户银行发出划转住宅专项维修资金的通知；使用售后公有住房住宅专项维修资金的，区、县房改管理部门向市住房资金管理部门区县管理部发出支付住宅专项维修资金的通知；

（七）业主大会开户银行将所需住宅专项维修资金划转至维修单位。

第二十八条 为保证工程质量和住宅专项维修资金的合理使用，鼓励业主聘请专业工程造价咨询机构及工程监理机构对工程预算进行评估及对工程进行监理。

第二十九条 发生危及房屋使用安全等紧急情况，需要立即对住宅共用部位、共用设施设备进行维修和更新、改造的，应当按照以下规定列支住宅专项维修资金：

（一）住宅专项维修资金划转业主大会管理前，按照本办法第二十六条第（四）项、第（五）项、第（六）项的规定办理；

（二）住宅专项维修资金划转业主大会管理后，按照本办法第二十七条第（四）项、第（五）项、第（六）项、第（七）项的规定办理。

前款所称的紧急情况一般包括：

（一）屋面防水损坏造成渗漏的；

（二）电梯故障危及人身安全的；

（三）高层住宅水泵损坏导致供水中断的；

（四）楼体单侧外立面五分之一以上有脱落危险的；

（五）消防系统出现功能障碍，消防管理部门要求对消防设施设备维修及更新、改造的。

工程完工后，物业服务企业、业主委员会

(未成立业主大会的，可以由社区居委会召集业主代表）应当组织有关单位验收，并出具工程验收报告。验收合格后，物业服务企业持相关材料申请使用住宅专项维修资金。

第三十条　发生危及房屋使用安全等紧急情况，未按规定实施维修和更新、改造的，区、县建委（房管局）房屋安全和设备管理部门可以组织代修，费用从相关业主住宅专项维修资金账户中列支；其中涉及已售公有住房的，应当从售后公有住房住宅专项维修资金中列支。

区、县建委（房管局）房屋安全和设备管理部门组织代修的，按照以下程序办理：

（一）组织相关专业部门进行鉴定并出具鉴定报告；

（二）由社区居委会或街道办事处、乡镇人民政府就工程事项出具相关证明；

（三）由具有相应资质的施工单位制作工程预算并经工程造价咨询机构审定；

（四）区、县建委（房管局）房屋安全和设备管理部门、房改管理部门将工程费用分摊至相关业主明细账户；

（五）区、县建委（房管局）房屋安全和设备管理部门、房改管理部门审核同意后，向市住房资金管理部门区县管理部发出划转住宅专项维修资金的通知；

（六）市住房资金管理部门区县管理部将所需住宅专项维修资金划转至维修单位。

第三十一条　下列费用不得从住宅专项维修资金中列支：

（一）依法应当由建设单位或者施工单位承担的住宅共用部位、共用设施设备维修、更新和改造费用；

（二）依法应当由相关单位承担的供水、供电、供气、供热、通讯、有线电视等管线和设施设备的维修、养护费用；

（三）应当由当事人承担的因人为损坏住宅共用部位、共用设施设备所需的修复费用；

（四）根据物业服务合同约定，属于物业服务内容的住宅共用部位、共用设施设备的日常维修和养护费用。

第三十二条　下列资金应当转入住宅专项维修资金滚存使用：

（一）住宅专项维修资金的存储利息；

（二）利用住宅专项维修资金购买国债的增值收益；

（三）利用住宅共用部位、共用设施设备进行经营的，业主所得收益，但业主大会另有决定的除外；

（四）住宅共用设施设备报废后回收的残值。

第四章　监督管理

第三十三条　房屋所有权转让时，房屋分户账中结余的住宅专项维修资金随房屋所有权同时过户。受让人应当持房屋权属证明及本人身份证明到市住房资金管理部门区县管理部办理变更手续。

住宅专项维修资金已划至业主委员会开立的专用账户的，受让人应当到业主大会开户银行办理变更手续。

第三十四条　住宅专项维修资金划转至业主大会开户银行后，业主补建、续交住宅专项维修资金、退款、业主信息变更等日常业务由开户银行办理。

第三十五条　房屋灭失的，按照以下规定返还住宅专项维修资金：

（一）房屋分户账中结余的住宅专项维修资金返还业主；

（二）售房单位交存的住宅专项维修资金账面余额返还售房单位；售房单位不存在的，按照售房单位财务隶属关系，收缴同级国库。

第三十六条　市住房资金管理部门应当将代管的住宅专项维修资金按照区、县设账管理，并定期向各区、县人民政府通报该区、县住宅专项维修资金的归集、划转和使用情况。

第三十七条　市住房资金管理部门、业主委员会应当每年至少一次与专户管理银行、业主大会开户银行核对住宅专项维修资金账目，并向业主、公有住房售房单位公布下列情况：

（一）住宅专项维修资金交存、使用、增值收益和结存的金额；

（二）发生列支的项目、费用和分摊；

（三）业主、公有住房售房单位分户账中住宅专项维修资金交存、使用、增值收益和结存的金额；

（四）其他有关住宅专项维修资金使用和管理的情况。

业主、公有住房售房单位对公布的情况有异议的，可以要求复核。

第三十八条 专户管理银行、业主大会开户银行应当每年至少一次向市住房资金管理部门、业主委员会发送住宅专项维修资金对账单。

市住房资金管理部门、业主委员会对资金账户变化情况有异议的，可以要求开户银行进行复核。

专户管理银行、业主大会开户银行应当建立住宅专项维修资金查询制度，接受业主、公有住房售房单位对其分户账中住宅专项维修资金使用、增值收益和账面余额的查询。

第三十九条 代管期间住宅专项维修资金的管理和使用，应当依法接受市审计主管部门的审计监督。

第四十条 住宅专项维修资金的财务管理和会计核算应当执行财政部门的有关规定。

市财政主管部门应当加强对代管期间住宅专项维修资金收支财务管理和会计核算制度执行情况的监督。

第四十一条 住宅专项维修资金专用票据的购领、使用、保存、核销管理，应当按照财政部门的有关规定执行，并接受市财政主管部门的监督检查。

第四十二条 对违反本办法规定的单位和个人，按照《住宅专项维修资金管理办法》的有关规定予以处理。

第五章 附则

第四十三条 本市经济适用住房、限价商品房、集资合作建房的住宅专项维修资金的交存、使用、管理和监督，依照本办法中商品住宅的有关规定执行。

第四十四条 本办法自二〇〇九年十二月一日起施行。原北京市房屋土地管理局、北京市人民政府住房制度改革办公室、北京市财政局《关于归集住宅共用部位共用设施设备维修基金的通知》（京房地物字〔1999〕第1088号）以及北京市建设委员会、北京市财政局、北京市审计局、北京市住房资金管理中心《关于发布〈北京市专项维修资金使用管理办法（试行）〉的通告》（京建物〔2006〕2号）同时废止。

第三部分

安全生产

基 本 规 定

北京市生产经营单位安全生产主体责任规定

（北京市人民政府令第 285 号，2019 年 5 月 30 日）

《北京市生产经营单位安全生产主体责任规定》已经 2019 年 4 月 16 日市人民政府第 32 次常务会议审议通过，现予公布，自 2019 年 7 月 15 日起施行。

北京市生产经营单位安全生产主体责任规定

第一条 为落实生产经营单位安全生产主体责任，根据《中华人民共和国安全生产法》等法律、法规，结合本市实际情况，制定本规定。

第二条 本市行政区域内的生产经营单位应当依照本规定履行安全生产主体责任。

第三条 生产经营单位是安全生产的责任主体，应当遵守有关安全生产的法律、法规、规章和标准，建立、健全安全生产责任制和安全生产规章制度，改善安全生产条件，推进安全生产标准化建设，加强安全生产管理，提高安全生产水平，并对未履行安全生产主体责任导致的后果负责。

第四条 生产经营单位的主要负责人对本单位的安全生产工作全面负责，履行下列职责：

（一）建立、健全并督促落实安全生产责任制；

（二）组织制定并督促落实安全生产规章制度和操作规程；

（三）组织制定并实施安全生产教育和培训计划；

（四）保证安全生产投入的有效实施；

（五）每季度至少研究一次安全生产工作；

（六）督促检查安全生产工作，及时消除生产安全事故隐患；

（七）每年向职工代表大会或者职工大会报告安全生产工作情况；依法不需要建立职工代表大会或者职工大会的小型或者微型企业等规模较小的生产经营单位，应当每年向从业人员通报安全生产工作情况；

（八）组织制定并实施生产安全事故应急救援预案；

（九）及时、如实报告生产安全事故。

第五条 生产经营单位分管安全生产工作的负责人或者安全总监协助主要负责人履行安全生产职责，其他分管负责人对分管业务范围内的安全生产工作负责。

安全总监的具体办法，由市应急管理部门会同国有资产管理部门和有关行业管理部门制定。

第六条 生产经营单位的安全生产责任制应当明确主要负责人、其他负责人、各职能部门负责人、车间和班组负责人、其他从业人员等全体人员的安全生产责任范围和考核标准等内容。

生产经营单位应当每年对安全生产责任制落实情况进行考核，考核结果作为安全生产奖励和惩罚的依据。

第七条 生产经营单位的主要负责人应当组织制定下列安全生产规章制度：

（一）安全生产教育和培训制度；

（二）安全生产检查制度；

（三）生产安全事故隐患排查和治理制度；

（四）具有较大危险因素的生产经营场所、设备和设施的安全管理制度；

（五）安全生产资金投入或者安全生产费用提取、使用和管理制度；

（六）危险作业管理制度；

（七）特种作业人员管理制度；

（八）劳动防护用品配备和使用制度；

（九）安全生产奖励和惩罚制度；

（十）生产安全事故报告和调查处理制度；

（十一）法律、法规、规章规定的其他安

全生产制度。

第八条　生产经营单位应当依照法律、法规、规章和国家标准、行业标准，结合工艺流程、技术设备特点以及原辅料危险性等情况，制定安全操作规程。

安全操作规程应当覆盖本单位生产经营活动的全过程。

安全操作规程应当明确安全操作要求、作业环境要求、作业防护要求、禁止事项、紧急情况现场处置措施等内容。

第九条　生产经营单位应当履行下列安全生产资金投入的责任：

（一）保证具备安全生产条件所必需的资金投入；

（二）安排用于配备劳动防护用品、进行安全生产教育和培训的经费；

（三）有关生产经营单位应当按照国家规定提取和使用安全生产费用，专门用于改善安全生产条件。

第十条　本市按照国家规定建立安全生产责任保险制度。矿山、金属冶炼、建筑施工、道路运输、危险物品、烟花爆竹、民用爆炸物品等生产经营单位，应当投保安全生产责任保险。鼓励其他生产经营单位投保安全生产责任保险。

安全生产责任保险的具体办法，由市应急管理部门会同有关部门制定。

第十一条　矿山、金属冶炼、建筑施工、道路运输、危险物品的生产经营单位，应当按照下列规定设置安全生产管理机构或者配备专职安全生产管理人员，但国家另有规定的除外：

（一）从业人员总数超过100人的，应当设置安全生产管理机构，按照不少于从业人员总数1%的比例配备专职安全生产管理人员，且最低不得少于3人；

（二）从业人员总数在100人以下的，应当配备专职安全生产管理人员。

第十二条　本规定第十一条规定以外的生产经营单位，应当按照下列规定设置安全生产管理机构或者配备安全生产管理人员：

（一）从业人员总数超过300人的，应当设置安全生产管理机构，按照不少于从业人员总数0.5%的比例配备专职安全生产管理人员，且最低不得少于3人；

（二）从业人员总数超过100人且在300人以下的，应当配备不少于2人的专职安全生产管理人员；

（三）从业人员总数在100人以下的，应当配备专职或者兼职安全生产管理人员，或者委托依法设立的安全生产技术、管理服务机构提供安全生产管理服务。

第十三条　生产经营单位使用被派遣劳动者的，应当将被派遣劳动者纳入本单位从业人员统一管理，被派遣劳动者的数量计入本单位从业人员总数。

第十四条　矿山、金属冶炼、危险物品的生产经营单位配备的安全生产管理人员中，具有相应类别的注册安全工程师的数量，不得少于安全生产管理人员总数的15%，且最低不得少于1人。

鼓励其他生产经营单位聘用注册安全工程师从事安全生产管理工作。

第十五条　生产经营单位的安全生产管理机构或者安全生产管理人员履行下列职责：

（一）组织或者参与拟订安全生产规章制度、操作规程和生产安全事故应急救援预案；

（二）组织或者参与安全生产教育和培训，如实记录安全生产教育和培训情况；

（三）督促落实重大危险源的安全管理措施；

（四）组织或者参与应急救援演练；

（五）检查安全生产状况，及时排查事故隐患，提出改进安全生产管理的建议；

（六）制止和纠正违章指挥、强令冒险作业、违反操作规程的行为；

（七）督促落实安全生产整改措施；

（八）督促本单位其他机构和人员履行安全生产职责，组织或者参与安全生产考核，提出奖惩意见；

（九）依法组织或者参与生产安全事故调查处理。

第十六条　生产经营单位的主要负责人和安全生产管理人员应当具备与所从事的生产经营活动相适应的安全生产知识和管理能力。

第十七条　生产经营单位应当履行下列安

全生产教育和培训的责任：

（一）对从业人员进行安全生产教育和培训，保证从业人员具备必要的安全生产知识，熟悉有关安全生产规章制度和安全操作规程，掌握本岗位安全操作技能，了解事故应急处理措施，知悉自身在安全生产方面的权利和义务；

（二）对新招用、换岗、离岗6个月以上的人员，以及采用新工艺、新技术、新材料或者使用新设备的人员，进行安全生产教育和培训；

（三）教育和培训的内容和学时，符合法律、法规、规章的规定；

（四）未经安全生产教育和培训合格的人员，不得安排上岗作业；

（五）建立安全生产教育和培训档案，如实记录教育和培训的时间、内容、参加人员以及考核结果等情况。

第十八条 生产经营单位的安全生产教育和培训档案应当包括下列内容：

（一）教育和培训的内容或者影像资料；

（二）教育和培训的签到表和培训学时记录；

（三）考试试卷或者从业人员本人签名的考核记录。

小型或者微型企业等规模较小的生产经营单位的安全生产教育和培训档案，应当至少包括本条第一款第一项规定的内容。

第十九条 生产经营单位进行特种作业活动，应当使用取得相应资格的特种作业人员。

生产经营单位应当核实特种作业人员的操作资格，按照准许的作业类别和操作项目安排特种作业人员上岗作业。

第二十条 生产经营单位应当履行下列场所和设备设施的安全责任：

（一）不得使用违法建（构）筑物从事生产经营活动；

（二）不得擅自变更规划许可确定的场所使用功能，危及生产安全；

（三）不得占用、堵塞、封闭疏散通道、安全出口或者埋压、圈占、遮挡消火栓；

（四）不得违反规定存放易燃易爆物品、危险物品、放射性物品等物品；

（五）生产、经营、储存、使用危险物品的车间、商店、仓库不得与员工宿舍设置在同一座建筑物内；

（六）不得使用国家和本市明令淘汰的危及生产安全的设备及工艺；

（七）不得违反法律、法规、规章和国家标准、行业标准的其他禁止性规定和要求。

第二十一条 生产经营单位设备设施的安装、运行和管理，应当符合国家标准或者行业标准，定期维护、保养和检修，保证设备设施的正常运转。

存在较大危险因素设备设施的安全防护装置，应当符合国家标准或者行业标准，不得违反规定拆除或者停止使用。

第二十二条 生产经营单位应当在存在较大危险因素的生产经营场所或者设备设施上设置明显的安全警示标志。安全警示标志应当符合国家标准或者行业标准。

第二十三条 生产经营单位作出下列涉及安全生产的经营决策，应当听取安全生产管理机构或者安全生产管理人员的意见：

（一）安全生产投入计划；

（二）生产经营布局调整方案；

（三）存在较大危险因素设备设施的更新、改造计划；

（四）采用新工艺、新流程、新材料的计划；

（五）生产经营场所、项目、设备设施的发包或者出租计划等。

第二十四条 生产经营单位应当向从业人员如实告知作业场所和工作岗位存在的危险因素、防范措施以及事故应急措施。

第二十五条 生产经营单位进行爆破、吊装、挖掘、悬吊、建设工程拆除、油罐清洗等危险作业，以及在有限空间内作业、动火作业、高处作业、带电作业、临近高压输电线路作业，应当遵守下列规定：

（一）制定作业方案，按照本单位内部批准权限审批；

（二）落实安全交底，向作业人员详细说明作业内容、主要危险因素、作业安全要求和应急措施等内容；

（三）安排专门人员进行现场管理，确认现场作业条件、作业人员上岗资格、身体状况符合安全作业要求，监督作业人员遵守操作规程，落实安全措施；

（四）配备与现场作业活动相适应的劳动防护用品，以及相应的安全警示标志、安全防护设备、应急救援装备；

（五）发现直接危及人身安全的紧急情况，立即采取应急措施，停止作业或者撤出作业人员。

第二十六条　有下列情形之一的，生产经营单位应当签订安全生产管理协议，或者在有关合同中明确各自的安全生产管理职责：

（一）发包或者出租生产经营项目、场所、设备的；

（二）两个以上生产经营单位在同一作业区域内进行生产经营活动，可能危及对方生产安全的；

（三）委托其他生产经营单位从事本规定第二十五条规定所列作业的。

第二十七条　安全生产管理协议应当包括下列内容：

（一）双方安全生产职责、各自管理的区域范围；

（二）作业场所、作业人员、设备设施的安全生产管理责任；

（三）双方有关安全生产的权利和义务；

（四）生产安全事故报告和应急救援责任。

第二十八条　生产经营单位应当定期为从业人员无偿提供和更新符合国家标准或者行业标准的劳动防护用品，督促、教育从业人员正确佩戴、使用，并如实记录购买和发放劳动防护用品的情况。

劳动防护用品不得以货币或者其他物品替代。

第二十九条　生产经营单位应当定期对作业场所、工艺、设备和岗位进行危害辨识，开展风险评估，确定风险等级，采取相应的风险管控措施；按照国家和本市有关规定开展生产安全事故隐患排查治理；发现直接危及人身安全的紧急情况，现场负责人有权停止作业、撤离人员。

小型或者微型企业等规模较小的生产经营单位，应当至少排查治理用火、用电、用气等方面的生产安全事故隐患。

第三十条　生产经营单位应当履行下列生产安全事故应急救援的责任：

（一）制定生产安全事故应急救援预案，并与所在地的区政府组织制定的生产安全事故应急救援预案相衔接；

（二）每年至少组织一次应急救援演练；

（三）配备必要的应急救援人员；

（四）发生生产安全事故后，迅速采取有效措施，组织抢救，防止事故扩大，减少人员伤亡和财产损失。

小型或者微型企业等规模较小的生产经营单位，可以不制定生产安全事故应急救援预案，但应当编制现场处置方案，指定兼职的应急救援人员，并可以与邻近的应急救援队伍签订应急救援协议。

第三十一条　危险物品的生产、经营、储存单位以及矿山、金属冶炼、城市轨道交通运营、建筑施工单位，应当建立应急救援组织，配备应急救援人员和必要的应急救援器材、设备设施和物资，并进行经常性维护、保养，保证正常运行。

第三十二条　市和区应急管理、经济信息化、公安、规划自然资源、住房城乡建设、城市管理、交通、水务、市场监管、园林绿化和农业农村等负有安全生产监督管理职责的部门（以下统称负有安全生产监督管理职责的部门）在各自职责范围内，对相关行业、领域的生产经营单位履行安全生产主体责任的情况实施监督管理。

其他政府部门按照法律、法规、规章和市政府确定的职责，对相关行业、领域的生产经营单位履行安全生产主体责任的情况实施管理。

第三十三条　负有安全生产监督管理职责的部门应当对下列生产经营单位进行重点监督检查：

（一）近三年内发生过生产安全事故的；

（二）近两年内受到过安全生产行政处罚的；

（三）上一年被举报投诉存在生产安全事故隐患，经查证属实的。

第三十四条　生产经营单位的主要负责人未履行本规定第四条规定的安全生产管理职

责，或者未组织制定本规定第七条规定所列安全生产规章制度之一的，由负有安全生产监督管理职责的部门责令改正；拒不改正的，责令停产停业整顿，并处 2 万元以上 5 万元以下罚款。

生产经营单位的主要负责人有前款违法行为，导致发生生产安全事故的，依法给予撤职处分；构成犯罪的，依法追究刑事责任。

生产经营单位的主要负责人依照前款规定受刑事处罚或者撤职处分的，自刑罚执行完毕或者受处分之日起，5 年内不得担任任何生产经营单位的主要负责人；对重大、特别重大生产安全事故负有责任的，终身不得担任本行业生产经营单位的主要负责人。

第三十五条 违反本规定第九条规定，生产经营单位未履行安全生产资金投入责任，致使生产经营单位不具备安全生产条件的，由负有安全生产监督管理职责的部门责令改正，提供必需的资金；拒不改正的，责令停产停业整顿。

有前款违法行为，导致发生生产安全事故的，对生产经营单位的主要负责人依法给予撤职处分，由负有安全生产监督管理职责的部门对个人经营的投资人处 2 万元以上 20 万元以下罚款；构成犯罪的，依法追究刑事责任。

第三十六条 违反本规定第十一条或者第十二条规定，生产经营单位未按照规定设置安全生产管理机构或者配备安全生产管理人员的，由负有安全生产监督管理职责的部门责令改正，可以处 5 万元以下罚款；拒不改正的，责令停产停业整顿，并处 5 万元以上 10 万元以下罚款，对其直接负责的主管人员和其他直接责任人员处 1 万元以上 2 万元以下罚款。

第三十七条 违反本规定第十四条第一款规定，生产经营单位未按照规定配备注册安全工程师的，由负有安全生产监督管理职责的部门责令改正，可以处 5000 元以上 2 万元以下罚款。

第三十八条 违反本规定第十五条规定，生产经营单位的安全生产管理人员未履行安全生产管理职责的，由负有安全生产监督管理职责的部门责令改正；导致发生生产安全事故的，暂停或者撤销其与安全生产有关的资格；构成犯罪的，依法追究刑事责任。

第三十九条 违反本规定第十七条规定，生产经营单位未履行安全生产教育和培训责任的，由负有安全生产监督管理职责的部门责令改正；拒不改正的，责令停产停业整顿，可以处 2 万元以下罚款。

第四十条 违反本规定第十八条规定，生产经营单位未建立或者健全安全生产教育和培训档案的，由负有安全生产监督管理职责的部门责令改正，可以处 1000 元以上 1 万元以下罚款。

第四十一条 违反本规定第十九条规定，生产经营单位使用未取得相应资格的特种作业人员，或者特种作业人员未按照准许的作业类别和操作项目作业的，由负有安全生产监督管理职责的部门责令改正，可以处 5 万元以下罚款；拒不改正的，责令停产停业整顿，并处 5 万元以上 10 万元以下罚款，对其直接负责的主管人员和其他直接责任人员处 1 万元以上 2 万元以下罚款。

第四十二条 违反本规定第二十条第一项至第六项规定之一，不具备安全生产条件的，由负有安全生产监督管理职责的部门依法责令停产停业整顿；经停产停业整顿仍不具备安全生产条件的，予以关闭；有关部门应当依法吊销其有关证照。

第四十三条 违反本规定第二十一条第二款规定，拆除或者停止使用安全防护装置的，由负有安全生产监督管理职责的部门责令改正，处 5000 元以上 5 万元以下罚款。

第四十四条 违反本规定第二十二条规定，生产经营单位未在存在较大危险因素的生产经营场所或者设备设施上设置明显的安全警示标志的，由负有安全生产监督管理职责的部门责令改正，可以处 5 万元以下罚款；拒不改正的，处 5 万元以上 20 万元以下罚款，对其直接负责的主管人员和其他直接责任人员处 1 万元以上 2 万元以下罚款；情节严重的，责令停产停业整顿；构成犯罪的，依法追究刑事责任。

第四十五条 违反本规定第二十四条规定，生产经营单位未向从业人员如实告知作业场所和工作岗位存在的危险因素、防范措施以及事故应急措施的，由负有安全生产监督管理职责的部门责令改正，可以处5万元以下罚款；拒不改正的，责令停产停业整顿，并处5万元以上10万元以下罚款，对其直接负责的主管人员和其他直接责任人员处1万元以上2万元以下罚款。

第四十六条 违反本规定第二十五条规定，生产经营单位未遵守作业规定之一的，由负有安全生产监督管理职责的部门责令改正；拒不改正的，责令停产停业整顿，可以处2万元以上10万元以下罚款。

第四十七条 违反本规定第二十六条规定，生产经营单位未签订安全生产管理协议，或者未在有关合同中明确各自的安全生产管理职责的，由负有安全生产监督管理职责的部门责令改正，可以处5万元以下罚款，对其直接负责的主管人员和其他直接责任人员可以处1万元以下罚款；拒不改正的，责令停产停业整顿。

第四十八条 违反本规定第二十八条规定，生产经营单位未提供劳动防护用品的，或者未提供符合规定要求的劳动防护用品的，或者以货币、其他物品替代的，由负有安全生产监督管理职责的部门责令改正；拒不改正的，责令停产停业整顿，可以处5万元以下罚款。

第四十九条 负有安全生产监督管理职责的部门责令生产经营单位改正违反本规定的行为的，生产经营单位在未改正前不得安排从业人员从事相关作业；仍然安排从业人员从事相关作业的，从业人员有权拒绝，生产经营单位不得因此降低从业人员工资、福利等待遇或者解除与其订立的劳动合同。

第五十条 对未履行安全生产主体责任的生产经营单位，除依法实施行政处罚外，负有安全生产监督管理职责的部门可以对生产经营单位的主要负责人进行约谈和教育培训，并依法公示生产经营单位或者生产经营单位的主要负责人的行政处罚信息。

第五十一条 负有安全生产监督管理职责的部门应当将生产经营单位受到行政处罚或者行政强制的信息，共享到本市公共信用信息平台，并可以向社会公布。有关政府部门可以根据本市公共信用信息管理规定，对生产经营单位采取惩戒措施。

第五十二条 生产经营单位或者生产经营单位的主要负责人受到罚款处理后逾期不缴纳的，负有安全生产监督管理职责的部门可以每日按照罚款数额的3%加处罚款。

生产经营单位或者生产经营单位的主要负责人在法定期限内不申请行政复议或者提起行政诉讼，又不缴纳罚款的，负有安全生产监督管理职责的部门可以依法申请人民法院强制执行。

第五十三条 人民法院依法作出执行裁定、发出执行通知，当事人仍不履行义务的，人民法院依法发出限制消费令；当事人有履行能力而拒不履行义务或者违反限制消费令的，人民法院按照规定将其纳入失信被执行人名单。有关政府部门可以对当事人依法采取惩戒措施。

第五十四条 本规定所称的小型或者微型企业，按照国家有关中小企业划型标准执行。

第五十五条 本规定自2019年7月15日起施行。

北京市气象灾害防御条例（摘）

（北京市人民代表大会常务委员会公告〔十五届〕第9号，2018年11月23日）

《北京市气象灾害防御条例》已由北京市第十五届人民代表大会常务委员会第九次会议于2018年11月23日通过，现予公布，自2019年1月1日起施行。

第一章 总则

第一条 为了加强气象灾害防御，避免和减轻气象灾害造成的损失，维护城市正常运行，保障人民生命财产安全，根据《中华人民共和国气象法》《中华人民共和国突发事件应对法》《气象灾害防御条例》等法律、行政法规，结合本市实际情况，制定本条例。

第二条 本条例适用于本市行政区域内气象灾害的预防、预报预警、应急处置和隐患治理等活动。

本条例所称气象灾害，是指暴雨、暴雪、寒潮、大风、沙尘暴、低温、高温、干旱、雷电、冰雹、霜冻和大雾等造成人身财产、社会功能、生态环境等损害的事件。

第三条 气象灾害防御工作坚持以人为本、顺应自然的理念，实行政府主导、部门联动、社会参与的原则，构建预防科学、预报准确、预警及时、应对快速、治理有效的气象防灾减灾体系。

…………

第十条 公民、法人和其他组织应当增强防灾避险意识，提高自救互救能力；主动获取气象灾害预警信息，做好应急准备，依法服从有关部门的指挥，开展自救互救；配合有关部门做好灾情调查工作。

…………

第二章 预防

…………

第二十一条 机关、团体、企业事业单位应当将气象灾害防御纳入本单位突发事件应急预案，配合所在地人民政府开展气象灾害应急演练和培训。

供水、排水、供电、供气、供热、供油、交通、通信、危险化学品、有线电视网络等重要设施和车站、机场、景区、商场、学校、医院、社会福利机构等公共场所以及其他人员密集场所的经营、管理单位，应当根据本单位特点制定气象灾害应急预案，建立日常检查制度，明确责任人，及时消除隐患，保障运营安全。

…………

第二十八条 车站、机场、景区、商场、学校、医院、社会福利机构等公共场所以及其他人员密集场所的经营、管理单位，应当通过电子显示装置、有线广播等方式向公众传播气象灾害预警信息，并及时更新。

…………

第四章 隐患治理

…………

第四十条 建筑物、构筑物、户外广告牌、玻璃幕墙、树木的所有权人或者管理人，应当定期开展防风避险巡查，设置必要的警示标识，采取措施及时消除搁置物、悬挂物脱落、坠落和树木折断等安全隐患，避免和减轻大风灾害造成的危害。

…………

第四十三条 建筑物、构筑物、场所和设施应当安装符合国家和本市有关标准的防雷装置。所有权人或者管理人应当对投入使用的防雷装置进行日常维护，并按照有关技术标准进行安全检测。

…………

第六章 附则

第四十九条 本条例自 2019 年 1 月 1 日起施行。

北京市安全生产条例

（2004年7月29日北京市第十二届人民代表大会常务委员会第十三次会议通过，2011年5月27日北京市第十三届人民代表大会常务委员会第二十五次会议修订，根据2016年11月25日北京市第十四届人民代表大会常务委员会第三十一次会议通过的《关于修改部分地方性法规的决定》修正，北京市人民代表大会常务委员会公告〔十四届〕第28号公布）

第一章 总则

第一条 为了加强安全生产监督管理，防止生产安全事故，保障人民群众生命和财产安全，促进经济和社会协调发展，根据《中华人民共和国安全生产法》，结合本市实际情况，制定本条例。

第二条 在本市行政区域内从事生产经营活动的单位（以下统称生产经营单位）应当遵守《中华人民共和国安全生产法》和本条例。

有关法律、法规对消防安全和道路交通安全、铁路交通安全、水上交通安全、民用航空安全另有规定的，适用其规定。

第三条 本市安全生产管理应当以人为本，坚持安全第一、预防为主的方针，建立健全以生命安全为核心的安全生产责任体系和物质技术保障体系，保障城市安全运行，促进首都安全发展。

第四条 生产经营单位应当根据本单位生产经营活动的特点，加强安全生产管理，建立健全安全生产责任制度，完善安全生产条件，确保安全生产，保障从业人员和社会公众的安全健康。

第五条 生产经营单位的主要负责人对本单位的安全生产工作全面负责。

第六条 工会依法组织职工参加本单位安全生产工作的民主管理和民主监督，维护职工在安全生产方面的合法权益，对单位执行安全生产法律、法规的情况进行监督。

第七条 各级人民政府应当加强对安全生产工作的领导，将安全生产工作纳入国民经济和社会发展计划，合理调整产业结构，加大安全生产投入，将安全生产专项工作所需经费列入本级政府预算，支持、督促各有关部门依法履行安全生产监督管理职责，及时协调、解决安全生产监督管理中的重大问题。

第八条 各级人民政府的主要领导人和政府有关部门的正职负责人对本行政区域和本部门的安全生产工作负全面领导责任；各级人民政府的其他领导人和政府有关部门的其他负责人对分管范围内的安全生产工作负领导责任。

第九条 市和区、县安全生产监督管理部门对本行政区域内安全生产工作实施综合监督管理，指导、协调和监督政府有关部门履行安全生产监督和管理职责，依法对生产经营单位的安全生产工作实施监督检查。

公安、住房和城乡建设、质量技术监督、国土资源、煤炭、电力、国防科技工业等负有安全生产监督管理职责的政府有关部门，按照有关法律、法规的规定，分别对消防、道路交通、建筑施工、特种设备、矿山、电力、民用爆破器材生产等方面的安全生产工作实施监督管理。

商务、文化、教育、卫生、旅游、交通、市政市容、农业、民防等政府有关部门，按照法律、法规、规章的规定和市人民政府确定的职责，负责有关行业或者领域的安全生产管理工作。

第十条 各级人民政府及其有关部门应当采取多种形式，加强对有关安全生产的法律、法规和安全生产知识的宣传，组织开展安全生产教育和培训，推进安全文化建设，增强全社会的安全生产意识和安全防范能力。

第十一条 各级人民政府及其有关部门应当鼓励安全生产科学技术研究，支持安全生产先进适用技术、装备、工艺的推广应用，提高安全生产信息化水平，推进安全生产产业发展。

第十二条 本市推进安全生产社会化服务体系建设，支持、指导、规范有关社会服务机构依法开展评价、认证、检测、检验、咨询、宣传和技术培训等安全生产服务活动。

有关社会服务机构应当按照法律、法规规定和合同约定从事安全生产服务活动，保障所提供的报告、信息真实准确，并对其作出的安全评价、认证、检测、检验的结果负责。

第十三条 安全生产协会和其他相关行业协会应当加强行业自律，对生产经营单位的安全生产工作进行指导，提供安全生产管理和技术咨询等服务。

本市鼓励安全生产协会和其他相关行业协会参与安全生产标准的制定。

第十四条 市和区、县人民政府对在改善安全生产条件、推进安全文化建设、防止生产安全事故、参加抢险救护、安全生产科学技术研究和推广应用、安全生产监督管理等方面取得显著成绩的单位和个人，给予表彰和奖励。

第二章 生产经营单位的安全生产保障

第十五条 生产经营单位应当具备下列安全生产条件：

（一）生产经营场所和设备、设施符合有关安全生产法律、法规的规定和国家标准或者行业标准的要求。

（二）矿山、建筑施工单位和危险化学品、烟花爆竹、民用爆破器材生产单位依法取得安全生产许可证。

（三）建立健全安全生产责任制，制定安全生产规章制度和相关操作规程。

（四）依法设置安全生产管理机构或者配备安全生产管理人员。

（五）从业人员配备符合国家标准或者行业标准的劳动防护用品。

（六）主要负责人和安全生产管理人员具备与生产经营活动相适应的安全生产知识和管理能力。

（七）从业人员经安全生产教育和培训合格。特种作业人员按照国家和本市的有关规定，经专门的安全作业培训并考核合格，取得特种作业操作资格证书。

（八）法律、法规和国家标准或者行业标准、地方标准规定的其他安全生产条件。

不具备安全生产条件的单位不得从事生产经营活动。

第十六条 生产经营单位的主要负责人对本单位安全生产工作负有下列职责：

（一）建立健全并督促落实安全生产责任制；

（二）组织制定并督促落实安全生产规章制度和操作规程；

（三）保证安全生产投入；

（四）定期研究安全生产问题；

（五）督促、检查安全生产工作，及时消除生产安全事故隐患；

（六）组织实施本单位从业人员的职业健康工作；

（七）组织制定并实施生产安全事故应急救援预案；

（八）及时、如实报告生产安全事故。

生产经营单位的主要负责人应当每年向职工代表大会或者职工大会报告本单位的安全生产情况。

第十七条 生产经营单位的安全生产责任制应当明确各岗位的责任人员、责任内容和考核要求，形成包括全体人员和全部生产经营活动的责任体系。

第十八条 生产经营单位应当制定下列安全生产规章制度：

（一）安全生产教育和培训制度；

（二）安全生产检查制度；

（三）生产安全事故隐患排查治理制度；

（四）具有较大危险因素的生产经营场所、设备和设施的安全管理制度；

（五）危险作业管理制度；

（六）特种作业人员管理制度；

（七）劳动防护用品配备和管理制度；

（八）安全生产奖励和惩罚制度；

（九）生产安全事故报告和调查处理制度；

（十）其他保障安全生产的规章制度。

第十九条 生产经营单位应当具备的安全

生产条件所必需的资金投入，由生产经营单位的决策机构、主要负责人或者个人经营的投资人予以保证，并对由于安全生产所必需的资金投入不足导致的后果承担责任。

矿山、建筑施工单位和危险化学品、烟花爆竹、民用爆破器材生产单位实行提取安全费用制度。具体办法由市人民政府制定。

第二十条　生产经营单位的安全生产资金投入或者安全费用，应当专项用于下列安全生产事项：

（一）安全技术措施工程建设；

（二）安全设备、设施的更新和维护；

（三）安全生产宣传、教育和培训；

（四）劳动防护用品配备；

（五）重大危险源监控；

（六）生产安全事故应急救援演练；

（七）应急救援队伍建设或者救援服务；

（八）其他保障安全生产的事项。

第二十一条　生产经营单位应当对从业人员进行安全生产教育和培训，并建立考核制度。未经安全生产教育和培训合格的人员不得上岗作业。生产经营单位应当对安全生产教育、培训和考核情况进行记录，并按照规定的期限保存。

第二十二条　生产经营单位的主要负责人和安全生产管理人员应当接受相应的安全生产知识和管理能力的培训，具体培训和考核办法按照国家有关规定执行。

危险物品的生产、经营、储存单位从事危险作业的人员应当按照国家有关规定参加专门的安全作业培训，经培训合格方可上岗。

第二十三条　以劳务派遣形式用工的，劳务派遣单位应当对劳务派遣人员进行必要的安全生产教育和培训；用工单位应当对劳务派遣人员进行岗位安全操作规程和安全操作技能的教育和培训。

用工单位与劳务派遣单位应当在劳务派遣协议中明确各自承担的教育和培训的职责和具体内容。

第二十四条　安全生产的教育和培训主要包括下列内容：

（一）安全生产法律、法规和规章；

（二）安全生产规章制度和操作规程；

（三）岗位安全操作技能；

（四）安全设备、设施、工具、劳动防护用品的使用、维护和保管知识；

（五）生产安全事故的防范意识和应急措施、自救互救知识；

（六）生产安全事故案例。

第二十五条　生产经营单位主要负责人、安全生产管理人员和从业人员每年接受的在岗安全生产教育和培训时间不得少于8学时。

新招用的从业人员上岗前接受安全生产教育和培训的时间不得少于24学时；换岗的，离岗6个月以上的，以及生产经营单位采用新工艺、新技术、新材料或者使用新设备的，均不得少于4学时。

法律、法规对安全生产教育和培训的时间另有规定的，从其规定。

第二十六条　矿山、建筑施工单位，城市轨道交通运营单位，危险物品的生产、经营、储存单位及从业人员超过300人的其他生产经营单位，应当设置安全生产管理机构或者配备专职安全生产管理人员。专职安全生产管理人员的配备按照国家或者本市有关规定执行。

前款规定以外的生产经营单位，应当配备专职或者兼职的安全生产管理人员，或者委托具有国家规定的相关专业技术资格的工程技术人员提供安全生产管理服务。

第二十七条　安全生产管理机构和安全生产管理人员履行下列职责：

（一）提出安全生产工作计划并组织实施；

（二）组织开展安全生产检查，督促消除生产安全事故隐患；

（三）组织实施生产安全事故应急演练；

（四）督促本单位各部门履行安全生产职责，组织安全生产考核，提出奖惩意见；

（五）依法组织本单位生产安全事故调查处理。

第二十八条　生产经营单位新建、改建、扩建工程项目（以下统称建设项目）的安全设施，应当与主体工程同时设计、同时施工、同时投入生产和使用。

建设项目投入生产或者使用前，建设单位应当根据有关规定对建设项目的安全设施组织验收，验收合格后方可投入生产使用。

本市逐步在工业建设项目、城市基础设施建设项目、城市公共交通建设项目等领域推行安全评价制度，具体办法由市人民政府另行规定。

第二十九条 矿山建设项目和用于生产、储存危险物品的建设项目的安全设施设计应当按照国家有关规定报政府有关部门审查。

生产经营单位申请安全设施设计审查，应当提交下列文件：

（一）设计审查申请表；

（二）建设项目可行性研究报告安全专篇；

（三）安全评价报告；

（四）有关安全设施的设计文件及设计单位资质证明。

经审查批准的安全设施设计需要变更的，应当经原审查部门审查同意。

第三十条 矿山建设项目和用于生产、储存危险物品的建设项目竣工投入生产或者使用前，应当按照法律、行政法规的规定对安全设施进行验收；验收合格后方可投入生产和使用。

生产经营单位申请安全设施验收，应当提交下列文件：

（一）安全设施验收申请表；

（二）建设项目安全设施的综合报告；

（三）安全生产规章制度和操作规程。

第三十一条 生产经营单位安全设备的设计、制造、安装、使用、检测、维修、改造和报废，应当符合国家标准、行业标准。

生产经营单位应当对安全设备进行经常性维护、保养，并定期检测，保证正常运转。维护、保养、检测应当作好记录，并由有关人员签字。维护、保养、检测记录应当包括安全设备的名称和维护、保养、检测的时间、人员等内容。

第三十二条 生产经营单位应当在有较大危险因素的生产经营场所和有关设备、设施上，设置符合国家标准或者行业标准的安全警示标志。

安全警示标志应当明显、保持完好、便于从业人员和社会公众识别。

第三十三条 生产经营单位对重大危险源应当登记建档，进行定期检测、评估、监控，制定应急预案，告知从业人员和相关人员在紧急情况下应当采取的应急措施。

登记建档应当包括重大危险源的名称、地点、性质和可能造成的危害等内容。

第三十四条 生产经营单位应当按照国家有关规定将本单位重大危险源及有关安全措施、应急措施报安全生产监督管理部门和政府其他有关部门备案。

第三十五条 生产经营单位的生产区域、生活区域、储存区域之间应当保持规定的安全距离。

生产、经营、储存、使用危险物品的车间、商店和仓库周边的安全防护应当符合国家有关规定，不得与员工宿舍在同一座建筑物内，并与员工宿舍保持规定的安全距离。

生产经营场所和员工宿舍应当设有符合紧急疏散要求、标志明显、保持畅通的出口。任何单位或者个人不得以任何理由和任何方式封闭生产经营场所或者堵塞员工宿舍的出口。

第三十六条 生产经营单位应当按照国家有关规定，明确本单位各岗位从业人员配备劳动防护用品的种类和型号，为从业人员无偿提供符合国家标准或者行业标准的劳动防护用品，不得以货币形式或者其他物品替代。购买和发放劳动防护用品的情况应当记录在案。

第三十七条 生产经营单位应当根据本单位生产经营活动的特点，对安全生产状况进行经常性检查。检查情况应当记录在案，并按照规定的期限保存。

生产经营单位对本单位存在的生产安全事故隐患的治理负全部责任，发现事故隐患的，应当立即采取措施，予以消除；对非本单位原因造成的事故隐患，不能及时消除或者难以消除的，应当采取必要的安全措施，并及时向所在地的安全生产监督管理部门或者政府其他有关部门报告。

第三十八条 生产经营单位设置户外广告、牌匾，应当遵守有关户外设施的安全技术标准和管理规范，并进行经常性检查和维护，确保安全、牢固；发现生产安全事故隐患的，应当及时予以消除。

第三十九条 生产经营单位进行爆破、吊装、悬吊、挖掘、建设工程拆除等危险作业，临近高压输电线路作业，以及在有限空间内作业，应当执行本单位的危险作业管理制度，安排负责现场安全管理的专门人员，落实下列现场安全管理措施：

（一）确认现场作业条件符合安全作业要求；

（二）确认作业人员的上岗资质、身体状况及配备的劳动防护用品符合安全作业要求；

（三）就危险因素、作业安全要求和应急措施向作业人员详细说明；

（四）发现直接危及人身安全的紧急情况时，采取应急措施，停止作业或者撤出作业人员。

根据危险作业生产安全事故发生情况，市安全生产监督管理部门可以制定专项管理措施，生产经营单位应当执行。

第四十条　生产经营单位不得将生产经营项目、场所、设备，发包、出租给不具备国家规定的安全生产条件或者相应资质的单位和个人从事生产经营活动。

生产经营单位将生产经营项目、场所、设备发包或者出租的，应当与承包单位、承租单位签订专门的安全生产管理协议，或者在承包、租赁合同中约定各自的安全生产管理职责。

同一建筑物内的多个生产经营单位共同委托物业服务企业或者其他管理人进行管理的，由物业服务企业或者其他管理人依照委托协议承担其管理范围内的安全生产管理职责。

第四十一条　危险化学品生产单位不得向未取得危险化学品经营许可证的经营单位或者个人销售危险化学品。

危险化学品经营单位不得从未取得危险化学品生产许可证或者危险化学品经营许可证的单位采购危险化学品。

危险化学品应当储存在专用仓库、专用场地或者专用储存室内，储存方式、方法和数量应当符合国家标准、地方标准，并由专人管理。

第四十二条　供水、排水、污水处理、供电、供气、供热、环卫等市政基础设施管理单位和轨道交通运营单位、传输管线施工和运营单位，应当加强设备、设施日常维护和施工现场安全管理，定期开展运行安全评价，及时排除生产安全事故隐患，保障基础设施的安全运行。

第四十三条　歌舞厅、影剧院、体育场（馆）、宾馆、饭店、商（市）场、旅游区（点）、网吧等公众聚集的经营场所，其生产经营单位应当遵守下列规定：

（一）不得改变经营场所建筑的主体和承重结构；

（二）在经营场所设置标志明显的安全出口和符合疏散要求的疏散通道并确保畅通；

（三）按照有关规定在经营场所配备应急广播和指挥系统、应急照明设施、消防器材，安装必要的安全监控系统，并确保完好、有效；

（四）制定可靠的安全措施和生产安全事故应急救援预案，配备应急救援人员；

（五）有关负责人能够熟练使用应急广播和指挥系统，掌握应急救援预案的全部内容；

（六）从业人员能够熟练使用消防器材，了解安全出口和疏散通道的位置及本岗位的应急救援职责；

（七）经营场所实际容纳的人员不超过规定的容纳人数。

前款规定的场所设在同一建筑物内的，生产经营单位应当按照国家标准、地方标准和有关技术规范设置安全出口和疏散通道并保持畅通。

第四十四条　生产经营单位承办大型群众性活动的，应当制定符合规定要求的活动方案和突发事件的应急预案，并按照国家和本市有关规定履行审批手续。

活动举办期间，承办单位应当落实各项安全措施，保证活动场所的设备、设施安全运转，配备足够的工作人员维持现场秩序，必要时可以申请公安机关协助。在人员相对聚集时，承办单位应当采取控制和疏散措施，确保参加活动的人数在安全条件允许的范围内。

第三章　从业人员的权利和义务

第四十五条　生产经营单位的从业人员享有《中华人民共和国安全生产法》规定的权利，履行相应义务。

第四十六条　生产经营单位与从业人员订

立的劳动合同中应当载明有关保障从业人员劳动安全、防止职业危害，以及为从业人员办理工伤保险和其他依法应当办理的安全生产强制性保险等事项。

生产经营单位不得以任何形式与从业人员订立协议，免除或者减轻其对从业人员因生产安全事故伤亡依法应当承担的责任。

第四十七条 从业人员有权向生产经营单位了解下列事项：

（一）作业场所和工作岗位存在的危险因素；

（二）已采取的防范生产安全事故和职业危害的技术措施和管理措施；

（三）发生直接危及人身安全的紧急情况时的应急措施。

生产经营单位应当通过作业场所公示、书面告知、答复、教育培训等方式，将前款所列事项告知从业人员，保障从业人员的知情权。

第四十八条 从业人员有权对本单位安全生产工作和有关职业安全健康问题提出批评、检举、控告；有权拒绝违章指挥和强令冒险作业。

生产经营单位不得因从业人员对本单位安全生产工作提出批评、检举、控告或者拒绝违章指挥、强令冒险作业而降低其工资、福利等待遇或者解除与其订立的劳动合同。

第四十九条 从业人员有权要求生产经营单位依法参加工伤保险和其他安全生产保险。

生产经营单位未依法参加前款规定的保险，从业人员因生产安全事故受到损害的，生产经营单位应当按照相关保险规定的待遇项目和标准支付费用，从业人员依照有关民事法律尚有获得赔偿权利的，有权提出赔偿要求。

第五十条 从业人员应当履行下列义务：

（一）遵守本单位安全生产规章制度和岗位操作规程、施工作业规程；

（二）接受安全生产教育和培训，参加应急演练；

（三）报告生产安全事故隐患或者不安全因素；

（四）发生生产安全事故紧急撤离时，服从现场统一指挥；

（五）配合事故调查，如实提供有关情况；

（六）从事特种作业的，经过专门培训并取得特种作业资格。

第四章 安全生产的监督管理

第五十一条 安全生产监督管理实行属地原则，由生产经营活动所在地的政府及其有关部门实施。

第五十二条 市和区、县人民政府应当建立安全生产控制指标体系，对安全生产工作实行目标管理；每季度至少召开一次会议，专题研究本地区安全生产工作，组织、协调重大生产安全事故隐患治理。

乡镇人民政府和街道办事处根据本地区安全生产工作的需要，设立或者明确负责安全生产工作的机构，配备或者聘请人员，监督、检查本地区安全生产工作，发现安全生产违法行为或者生产安全事故隐患的，应当责令生产经营单位改正或者排除，并及时向安全生产监督管理部门和政府其他有关部门报告。

第五十三条 安全生产监督管理部门履行下列职责：

（一）综合分析本地区安全生产形势，定期向本级人民政府报告安全生产工作，提出安全生产工作的意见和建议，发布安全生产信息；

（二）指导协调、监督检查本级人民政府有关部门和下级人民政府履行安全生产监督管理职责，提出意见和建议；

（三）负责组织对本级人民政府有关部门和下级人民政府的安全生产工作进行综合考核；

（四）法律、法规、规章和市人民政府规定的其他职责。

第五十四条 市人民政府对所属有关部门和区、县人民政府安全生产工作进行综合考核；区、县人民政府对所属有关部门和乡镇人民政府、街道办事处安全生产工作进行综合考核。考核结果纳入绩效考核内容。

第五十五条 市和区、县人民政府应当加强安全生产基础研究、应用研究和安全生产先进技术的推广；完善安全生产技术支撑体系，支持生产经营单位安全技术改造；保障安全生产基础设施建设资金的投入；推进安全生产重点领域、重点单位的物联网建设；监督管理国家安排的安全生产专项资金，确保专款专用，并安排配套资金予以保障。

第五十六条　市人民政府有关部门应当加强对有关行业或者领域安全生产工作的指导，定期统计生产安全事故、从业人员伤亡和职业危害情况，组织制定有关行业或者领域的安全生产标准、管理规范并督促落实。

市质量技术监督部门应当加强规划，组织、指导有关安全生产地方标准的制定，及时协调和处理标准化工作中的问题。

第五十七条　在本市举办重要会议或者重大活动期间，市安全生产监督管理部门可以根据市人民政府的要求，制定专项安全生产管理措施，生产经营单位应当执行。

第五十八条　安全生产监督管理部门和政府其他有关部门应当建立健全重大危险源备案工作制度，加强对重大危险源的监督管理工作。

第五十九条　生产经营单位销售重点监管的化学品，应当如实记录购买者和所购买化学品的相关信息，并将相关证明材料存档备查。重点监管的化学品目录由市安全生产监督管理部门会同公安机关制定并向社会公布。

第六十条　在重大危险源、高压输电线路和输油、输气管道等场所和设施的安全距离范围内，城乡规划主管部门不得批准建设建筑物、构筑物。

对不符合规定安全距离要求的建筑物、构筑物，应当依法予以拆除或者采取其他保障安全的措施。

第六十一条　安全生产监督管理部门根据工作需要，配备安全生产监督检查人员。

安全生产监督检查人员执行监督检查任务时，应当出示有效的监督执法证件，并将检查的时间、地点、内容、发现的问题及其处理情况，作出书面记录，由检查人员和被检查单位的负责人签字。

第六十二条　安全生产监督管理部门应当制定安全生产监督检查计划，有关部门应当按照计划对生产经营单位的安全生产状况进行联合检查；需要分别检查的，应当相互协调，避免重复检查。

负有安全生产监督管理职责的部门在检查中发现安全问题应当及时处理；应当由其他部门处理的，及时移送有关部门并形成记录备查，接受移送的部门应当及时处理。

第六十三条　任何单位或者个人对生产安全事故隐患或者安全生产违法行为，均有权向安全生产监督管理部门和政府其他有关部门报告或者举报。查证属实的，由有关部门按照规定给予奖励。

安全生产监督管理部门和政府其他有关部门应当公开举报电话、通信地址或者电子邮件地址，受理有关安全生产的举报；受理的举报事项经调查核实后，应当形成书面材料；需要落实整改措施的，报经有关负责人签字并督促落实。

第六十四条　居民委员会、村民委员会发现所在区域的生产经营单位存在生产安全事故隐患或者安全生产违法行为的，应当向所在地人民政府或者安全生产监督管理部门、其他有关部门报告。

第六十五条　区、县安全生产监督管理部门或者政府其他有关部门接到生产安全事故隐患报告的，应当及时调查、了解有关情况，组织协调消除事故隐患；属于重大生产安全事故隐患的，应当及时报请区、县人民政府采取治理措施；对于超出本级人民政府管理权限的，有关区、县人民政府应当及时报告市人民政府。

区、县人民政府应当将治理重大生产安全事故隐患的有关情况，向市安全生产监督管理部门通报。

第六十六条　安全生产监督管理部门和政府其他有关部门在检查过程中发现生产安全事故隐患的，应当责令生产经营单位采取措施立即消除；不能立即消除的，应当责令限期消除，并督促落实。在限期消除期间，安全生产监督管理部门或者政府其他有关部门可以在生产经营场所的明显位置设置事故隐患提示标志。

重大生产安全事故隐患消除前或者消除过程中无法保证安全的，安全生产监督管理部门和政府其他有关部门可以责令生产经营单位全部或者部分停产停业，或者采取其他限制措施；隐患消除后，经审查同意，方可恢复生产经营活动。

第六十七条　安全生产监督管理部门在监

督检查过程中有根据认为生产经营单位的设备、设施和器材不符合保障安全生产国家标准或者行业标准的，可以予以查封或者扣押，但应当在15日内依法作出处理决定。

第六十八条 市和区、县人民政府有关部门应当对生产经营单位承办的大型群众性活动安全措施的落实、活动场所设备设施的安全运转及维护现场秩序工作人员的配备等情况进行检查，督促承办单位落实相关安全措施和应急预案。

第六十九条 生产经营单位发生一次死亡3人以上责任事故或者年度内发生两起死亡责任事故的，政府有关部门可以依法降低其相应的生产经营资质，限制其一年内参加政府投资、政府融资建设项目和政府采购项目的投标及该年度政府奖项的评奖，并将有关情况记入本市企业信用信息系统。

前款规定的生产经营单位应当委托具有相应资质的安全生产评价机构进行安全评价，并落实有关安全措施。

第七十条 矿山、道路交通运输、建筑施工、危险化学品、烟花爆竹等领域的生产经营单位按照国家有关规定实行安全生产风险抵押金制度。生产经营单位发生生产安全事故时，安全生产风险抵押金转作事故抢险救灾和善后处理资金。

本市建立安全生产责任保险制度，并在各行业或者领域逐步实施。前款规定的生产经营单位参加安全生产责任保险的，不再存缴安全生产风险抵押金。

第七十一条 市安全生产监督管理部门应当定期向社会公布全市安全生产状况和生产安全事故情况，并及时公开严重安全生产违法行为的情况和重大、特大生产安全事故的有关信息。

市安全生产监督管理部门应当建立安全生产违法行为记录系统，记载生产经营单位及其主要负责人、个人经营的投资人、有关中介机构等安全生产活动当事人的违法行为、责任事故及处理结果。任何单位和个人有权查询相关记录。

第七十二条 本市建立安全生产信息网络平台，及时提供安全生产法律、法规、标准、政策、措施等信息服务。

政府有关部门应当建立健全安全生产信息沟通制度，互相通报有关安全生产的政策和执法监督信息。

区、县人民政府及其有关部门应当采取多种形式，及时将有关安全生产的政策和措施告知生产经营单位，并提供相关信息服务。

行业协会应当配合政府有关部门做好有关安全生产信息的宣传工作。

第七十三条 新闻、出版、广播、电视等单位应当对违反安全生产法律、法规的行为进行舆论监督，通过开设公益性专题栏目等形式，对社会公众进行安全意识教育和自救互救知识宣传。

第五章 生产安全事故的应急救援与调查处理

第七十四条 市和区、县人民政府应当组织有关部门制定本地区特大生产安全事故应急救援预案，建立应急救援体系。

第七十五条 特大生产安全事故应急救援预案主要包括下列内容：

（一）应急救援的指挥和协调机构；

（二）有关部门在应急救援中的职责和分工；

（三）危险目标的确定和潜在危险性评估；

（四）应急救援组织及其人员、装备；

（五）紧急处置、人员疏散、工程抢险、医疗急救等措施方案；

（六）社会支持救助方案；

（七）应急救援组织的训练和演习；

（八）应急救援物资储备；

（九）经费保障。

第七十六条 生产经营单位应当根据本单位生产经营的特点，制定生产安全事故应急救援预案，对生产经营活动中容易发生生产安全事故的领域和环节进行监控，建立应急救援组织或者配备应急救援人员，储备必要的应急救援设备、器材，按照国家有关规定在作业区域设置救生舱等紧急避险救生设施。

规模较小的生产经营单位可以委托专业应急救援机构提供救援服务。规模较大的生产经营单位可以组建专业应急救援队伍，受市和区、县人民政府委托执行应急救援任务，市和区、县人民政府应当给予必要的支持。

第七十七条　生产经营单位制定的生产安全事故应急救援预案主要包括下列内容：

（一）应急救援组织及其职责；

（二）危险目标的确定和潜在危险性评估；

（三）应急救援预案启动程序；

（四）紧急处置措施方案；

（五）应急救援组织的训练和演习；

（六）应急救援设备器材的储备；

（七）经费保障。

生产经营单位应当定期演练生产安全事故应急救援预案，每年不得少于一次。

第七十八条　生产经营单位发生生产安全事故的，事故现场有关人员应当立即报告本单位负责人。

单位负责人接到事故报告应当迅速启动应急救援预案，采取有效措施组织抢救，防止事故扩大、减少人员伤亡和财产损失，并按照国家有关规定及时、如实报告安全生产监督管理部门或者政府其他有关部门。单位负责人对事故情况不得隐瞒不报、谎报或者拖延报告。

生产经营单位应当保护事故现场；需要移动现场物品时，应当作出标记和书面记录，妥善保管有关证物。生产经营单位不得故意破坏事故现场、毁灭有关证据。

第七十九条　发生生产安全事故造成人员伤害需要抢救的，发生事故的生产经营单位应当及时将受伤人员送到医疗机构，并垫付医疗费用。

第八十条　事故调查处理应当按照实事求是、尊重科学的原则，及时、准确地查清事故原因，查明事故性质和责任，总结事故教训、提出整改措施，并对事故责任者提出处理意见。

事故调查和处理的具体办法，按照国家和本市有关规定执行。

第八十一条　任何单位和个人不得阻挠和干涉对事故的依法调查、对事故责任的认定及对事故责任人员的处理。

第八十二条　市和区、县人民政府有关部门应当定期统计分析本系统生产安全事故情况，并将有关情况报告同级安全生产监督管理部门。

第六章　法律责任

第八十三条　法律、法规对违反本条例行为的法律责任有规定的，适用其规定；法律、法规没有规定的，适用本条例的规定。

第八十四条　各级人民政府、安全生产监督管理部门或者政府其他有关部门的工作人员，有下列情形之一的，依法给予行政处分；构成犯罪的，依法追究刑事责任：

（一）未按照规定的权限、条件和程序作出行政许可决定或者因其他失职、渎职行为，造成重大生产安全事故隐患的；

（二）未按照规定履行安全生产监督管理责任的；

（三）发生生产安全事故，未按照规定组织救援或者玩忽职守致使人员伤亡或者财产损失扩大的；

（四）对生产安全事故隐瞒不报、谎报或者拖延报告的；

（五）阻挠、干涉生产安全事故调查处理或者生产安全事故责任追究的。

特大生产安全事故行政责任的追究，依照国家有关规定执行。

第八十五条　生产经营单位的主要负责人未履行本条例规定的安全生产管理职责的，责令限期改正；逾期未改正的，责令生产经营单位停产停业整顿。

生产经营单位的主要负责人未履行本条例规定的安全生产管理职责，导致发生生产安全事故，构成犯罪的，依法追究刑事责任；尚不够刑事处罚的，给予撤职处分或者处 2 万元以上 20 万元以下罚款。

生产经营单位的主要负责人依照前款规定受刑事处罚或者撤职处分的，自刑罚执行完毕或者受处分之日起，5 年内不得担任任何生产经营单位的主要负责人。

第八十六条　生产经营单位有下列行为之一的，责令限期改正；逾期未改正的，责令停产停业整顿，可以并处 2 万元以下罚款：

（一）违反第十五条第七项，特种作业人员未按照规定经专门的安全作业培训并取得特种作业操作资格证书上岗作业的；

（二）未按照本条例第二十一条、第二十二条和第二十五条规定对从业人员进行安全生产教育和培训的；

（三）未按照本条例第二十六条第一款规定设置安全生产管理机构或者配备专职安全生产管理人员的；

（四）未按照本条例第五十九条规定如实记录相关信息的。

第八十七条 生产经营单位违反本条例第二十八条规定，有下列行为之一的，责令限期改正；逾期未改正的，责令停止建设或者停产停业整顿：

（一）建设项目没有安全设施设计的；

（二）建设项目安全设施未与主体工程同时设计、同时施工、同时投入生产和使用的。

第八十八条 生产经营单位违反本条例第三十六条规定，未提供劳动防护用品的，或者未提供符合规定要求的劳动防护用品的，或者以货币形式、其他物品替代的，责令限期改正；逾期未改正的，责令停产停业整顿，可以并处5万元以下罚款。

第八十九条 生产经营单位违反本条例第三十九条规定，未安排专门人员，落实现场安全管理措施的，责令改正；拒不改正的，责令停产停业整顿，可以并处2万元以上10万元以下罚款。

第九十条 生产经营单位违反本条例第四十条第一款规定，将生产经营项目、场所、设备发包或者出租给不具备安全生产条件或者相应资质的单位或者个人的，责令限期改正，没收违法所得；违法所得5万元以上的，并处违法所得1倍以上5倍以下的罚款；没有违法所得或者违法所得不足5万元的，单处或者并处1万元以上5万元以下的罚款；导致发生生产安全事故给他人造成损害的，与承包方、承租方承担连带赔偿责任。

第九十一条 生产经营单位违反本条例第四十一条规定，有下列行为之一的，处2万元以上20万元以下罚款：

（一）向未取得危险化学品经营许可证的经营单位销售危险化学品的；

（二）从未取得危险化学品生产许可证或者危险化学品经营许可证的单位采购危险化学品的。

第九十二条 生产经营单位违反本条例第四十七条规定，不履行对从业人员告知义务的，责令限期改正；逾期未改正的，依法追究生产经营单位主要负责人的责任。

第九十三条 生产经营单位违反本条例第五十七条规定，在本市举办重要会议或者重大活动期间，未执行专项安全生产管理措施的，责令限期改正；拒绝执行的，责令停止生产经营活动。

第九十四条 矿山、道路交通运输、建筑施工、危险化学品、烟花爆竹等领域的生产经营单位违反本条例第七十条规定，未存缴安全生产风险抵押金或者未参加安全生产责任保险的，责令限期改正，可以并处1万元以上10万元以下罚款。

第九十五条 生产经营单位不具备本条例规定的安全生产条件，经停产停业整顿仍不具备条件的，予以关闭；有关部门应当依法吊销其有关证照。

歌舞厅、影剧院、体育场（馆）、宾馆、饭店、商（市）场、旅游区（点）、网吧等公众聚集经营场所的生产经营单位不具备本条例规定的安全生产条件的，责令限期改正；逾期未改正的，依照前款规定处理。

第九十六条 生产经营单位违反规定，对生产安全事故情况隐瞒不报、谎报或者拖延报告，导致对发生事故的过错无法查明的，生产安全事故认定为生产经营单位的责任事故。

第九十七条 本条例规定的行政处罚，由安全生产监督管理部门决定；予以关闭的行政处罚由安全生产监督管理部门报请市或者区、县人民政府按照国务院规定的权限决定。有关法律、法规对行政处罚的决定机关另有规定的，适用其规定。

第七章 附则

第九十八条 本条例自2011年9月1日起施行。

北京市生产安全事故隐患排查治理办法

（北京市人民政府令第266号，2015年11月24日）

《北京市生产安全事故隐患排查治理办法》已经2015年11月10日市人民政府第97次常务会议审议通过，现予公布，自2016年7月1日起施行。

第一条　为加强和规范生产安全事故隐患排查治理工作，防止和减少生产安全事故，根据《中华人民共和国安全生产法》和《北京市安全生产条例》，制定本办法。

第二条　本市行政区域内生产安全事故隐患的排查治理和监督管理活动适用本办法。

本办法所称生产安全事故隐患（以下简称事故隐患），是指生产经营单位在生产经营活动中存在的可能导致生产安全事故发生的物的危险状态、人的不安全行为和管理上的缺陷。

第三条　事故隐患排查治理工作应当坚持生命至上、预防为主、科学管理、单位主责、政府监督、社会参与的原则。

第四条　市和区人民政府应当加强对事故隐患排查治理监督管理工作的领导，支持和督促各有关部门依法履行事故隐患排查治理监督管理职责，及时协调解决事故隐患排查治理中存在的重大问题，将事故隐患排查治理监督管理工作列入政府工作部门考核内容，并在本级财政预算中安排资金，用于事故隐患排查治理监督管理工作。

乡、镇人民政府以及街道办事处应当协助有关部门依法履行事故隐患排查治理监督管理职责。

第五条　市和区安全生产监督管理部门对本行政区域内事故隐患的排查治理实施综合监督管理，指导、协调、监督政府有关部门履行事故隐患排查治理监督管理职责，并依法对生产经营单位事故隐患排查治理工作实施监督管理。

发展改革、经济信息化、公安、国土资源、住房城乡建设、市政市容、交通、水务、质量技术监督、安全生产监督管理、园林绿化和农业等按照有关法律、法规负有安全生产监督管理职责的政府有关部门，在各自职责范围内对相关行业、领域的事故隐患排查治理工作实施监督管理。

安全生产监督管理部门和本条前款规定的政府有关部门，统称为负有安全生产监督管理职责的部门。

第六条　生产经营单位应当遵守法律、法规、规章和本办法有关事故隐患排查治理的规定，采取技术和管理措施，及时发现并消除事故隐患，承担事故隐患排查治理的主体责任。

对发现的事故隐患，生产经营单位应当立即消除；无法立即消除的，应当按照事故隐患危害程度、影响范围、整改难度，制定治理方案，落实治理措施，消除事故隐患。

生产经营单位应当保障隐患排查治理所需资金。所需资金按照实际发生额列支，可以依照税法有关规定实行税前扣除。

第七条　生产经营单位的主要负责人对本单位事故隐患排查治理工作全面负责，履行下列职责：

（一）组织制定本单位事故隐患排查治理制度；

（二）督促、检查本单位事故隐患排查治理工作，及时消除事故隐患；

（三）保证事故隐患排查治理投入的有效实施。

第八条　生产经营单位的安全生产管理机构以及安全生产管理人员履行下列职责：

（一）参与拟定本单位事故隐患排查治理制度；

（二）按照本单位事故隐患排查治理制度，检查本单位的安全生产状况，及时排查事故隐患，提出改进安全生产管理的建议；

（三）制止和纠正违章指挥、强令冒险作业、违反操作规程的行为；

（四）督促落实本单位事故隐患排查治理

整改措施。

第九条 从业人员发现事故隐患或者其他不安全因素，应当立即向现场安全生产管理人员或者本单位负责人报告；接到报告的人员应当及时予以处理。

从业人员发现直接危及人身安全的紧急情况时，有权停止作业或者在采取可能的应急措施后撤离作业现场。

第十条 生产经营单位应当建立健全事故隐患排查治理制度，细化和明确从业人员、基层班组等基层作业单位和工艺、技术、设备等部门，事故隐患排查的具体内容、周期、责任等事项，对事故隐患的排查、登记、报告、监控、治理、验收各环节和资金保障等事项做出具体规定。

第十一条 生产经营单位应当每月向从业人员通报事故隐患排查治理情况。

重大事故隐患消除前，生产经营单位应当向从业人员公示事故隐患的危害程度、影响范围和应急措施。

第十二条 有下列情况之一的，生产经营单位应当及时向所在地负有安全生产监督管理职责的部门报告：

（一）事故隐患无法及时消除并可能危及公共安全的；

（二）非本单位原因造成或者可能造成事故隐患的。

报告的内容应当包括事故隐患的现状、形成原因、危害后果和影响范围等情况。

第十三条 生产经营单位在事故隐患治理过程中应当采取相应的监控和防范措施，必要时应当派员值守。事故隐患消除前或者消除过程中无法保证安全的，应当从危险区域内撤出作业人员，疏散可能危及的人员，设置警戒标志，暂时停止使用相关装置、设备、设施。

第十四条 事故隐患消除后，生产经营单位应当组织验收。

暂停使用的相关装置、设备、设施未经验收合格，不得投入使用。

第十五条 本市建立健全生产安全事故隐患排查治理信息系统，全过程记录生产经营单位事故隐患排查治理情况，分析、预测安全生产形势，实现事故隐患排查治理和监督管理的信息化。

负有安全生产监督管理职责的部门应当分析事故隐患排查治理信息，定期通报本辖区事故隐患排查治理情况、发布预警信息，为生产经营单位提供指导和服务。

第十六条 生产经营单位应当按照要求使用生产安全事故隐患排查治理信息系统，如实记录事故隐患的排查时间、所属类型、所在位置、责任部门和责任人、治理措施及整改情况等内容。

第十七条 负有安全生产监督管理职责的部门应当按照年度监督检查计划，对生产经营单位事故隐患情况进行监督检查；建立事故隐患治理督办制度，督促生产经营单位消除事故隐患。

负有安全生产监督管理职责的部门应当设立并向社会公布事故隐患举报渠道。

其他负有安全生产监督管理职责的部门的职责范围难以确定或者存在争议的，由安全生产监督管理部门协调、确定。

第十八条 负有安全生产监督管理职责的部门应当按照各自职责，制定相关行业、领域的事故隐患目录。

第十九条 负有安全生产监督管理职责的部门对检查中发现的事故隐患，应当责令立即消除；重大事故隐患消除前或者消除过程中无法保证安全的，应当责令从危险区域内撤出作业人员，责令暂时停产停业或者停止使用相关设施、设备；重大事故隐患消除后，经审查同意，方可恢复生产经营和使用。

负有安全生产监督管理职责的部门采取责令暂时停产停业措施，对居民生活影响较大的，应当向社会公告。

第二十条 负有安全生产监督管理职责的部门接到本办法第十二条规定的事故隐患报告的，应当及时调查、了解有关情况，采取治理措施；对于超出本部门管理权限的，应当及时报告本级人民政府，由本级人民政府协调处理。

第二十一条 本市鼓励安全生产协会组织、技术管理服务机构和注册安全工程师等专业技术人员参与事故隐患排查治理工作，为生产经营单位提供事故隐患排查治理技术和管理服务。

第二十二条 任何单位和个人发现事故隐患，均有权向负有安全生产监督管理职责的部门举报。接到举报的部门应当依法为举报人保密，对举报有功人员应当给予奖励。

鼓励生产经营单位的从业人员举报本单位存在的事故隐患。

第二十三条 居民委员会、村民委员会发现其所在区域内的生产经营单位存在事故隐患，应当向负有安全生产监督管理职责的部门报告。

第二十四条 负有安全生产监督管理职责的部门的工作人员，未按照本办法规定履行事故隐患排查治理监督管理职责的，依法给予行政处分；构成犯罪的，依法追究刑事责任。

第二十五条 对事故隐患排查治理工作不力的生产经营单位，负有安全生产监督管理职责的部门应当对其主要负责人进行约谈和教育培训。

第二十六条 生产经营单位的主要负责人未履行本办法第七条规定的事故隐患排查治理职责的，责令限期改正；逾期未改正的，处2万元以上5万元以下罚款。

第二十七条 违反本办法第十条规定，生产经营单位未建立健全事故隐患排查治理制度的，责令限期改正，可以处10万元以下罚款；逾期未改正的，责令停产停业整顿，并处10万元以上20万元以下罚款。

第二十八条 违反本办法第十一条规定，生产经营单位未定期通报事故隐患排查治理情况，或者未公示重大事故隐患的危害程度、影响范围和应急措施的，责令限期改正，可以处5万元以下罚款；逾期未改正的，责令停产停业整顿，并处5万元以上10万元以下罚款。

第二十九条 违反本办法第十二条第一款第一项规定，生产经营单位未将无法及时消除并可能危及公共安全的事故隐患，向所在地负有安全生产监督管理职责的部门报告的，处5万元以下罚款。

第三十条 违反本办法第十六条规定，生产经营单位未按照要求使用生产安全事故隐患排查治理信息系统，如实记录隐患排查治理情况的，责令限期改正，可以处5万元以下罚款；逾期未改正的，责令停产停业整顿，并处5万元以上10万元以下罚款。

第三十一条 生产经营单位及其主要负责人，在一年内有两次以上违反本办法规定行为的，应当依法从重处罚。

第三十二条 生产经营单位及其主要负责人被约谈、教育培训或者行政处罚的信息，应当纳入本市信用信息系统，负有安全生产监督管理职责的部门可以通过报纸、广播、电视和网络等方式向社会公布。

第三十三条 本办法规定的行政处罚，由负有安全生产监督管理职责的部门按照职责分工决定。

第三十四条 本办法自2016年7月1日起施行。

北京市生产安全事故报告和调查处理办法（摘）

（北京市人民政府令第217号，2009年12月11日）

《北京市生产安全事故报告和调查处理办法》已经2009年11月10日第52次市政府常务会议通过，现予公布，自2010年3月1日起施行。

第一章 总则

第一条 为了规范本市生产安全事故的报告和调查处理，根据《中华人民共和国安全生产法》（以下简称《安全生产法》）和国务院《生产安全事故报告和调查处理条例》（以下简称《条例》），结合本市实际情况，制定本办法。

第二条 本市行政区域内生产经营单位在生产经营活动过程中，造成人员伤亡或者直接经济损失的生产安全事故以及事故发生后因抢险施救不当造成的生产安全事故（以下简称事故）的报告和调查处理适用本办法。有关法律、法规对事故报告和调查处理另有规定的，从其规定。

…………

第二章 事故报告

第五条 事故发生后，事故现场有关人员以及接到事故报告的单位负责人应当按照《条例》规定，向事故发生地区（县）安全生产监督管理部门和负有安全生产监督管理职责的有关部门报告。

…………

第七条 事故发生后，事故发生单位应当立即启动事故应急预案，采取有效措施组织抢救，防止事故扩大或者引发次生事故，减少人员伤亡和财产损失；及时将受伤人员送往医疗机构救治，并先行垫付医疗费用。

第八条 有关单位和人员应当按照《条例》的规定保护事故现场以及相关证据，全力配合事故调查组的工作。清理事故现场，应当征得事故调查组的同意。

事故调查组应当及时完成事故现场勘查、取证工作。

第三章 事故调查

第九条 事故调查按照下列规定分级负责：

（一）特别重大事故按照《条例》的规定由市人民政府组织有关部门配合国务院事故调查组进行调查。

（二）重大事故、较大事故由市安全生产监督管理部门负责组织调查。

（三）一般事故中，直接经济损失100万元以上、造成人员死亡或者重伤的，由区（县）安全生产监督管理部门负责组织调查；直接经济损失100万元以下且未造成人员死亡或者重伤的，由事故发生单位或者其上级生产经营单位负责组织调查，其中，建设施工事故由建设工程总包单位或者其确定的单位组织调查。

区（县）安全生产监督管理部门认为必要时，经本级人民政府同意，可以直接组织调查由生产经营单位负责组织调查的一般事故。

本条所称的“以上”包括本数，所称的“以下”不包括本数。

第十条 根据事故的具体情况，事故调查组由有关人民政府、安全生产监督管理部门、负有安全生产监督管理职责的有关部门、人力资源和社会保障部门、监察机关、公安机关以及工会派人组成，并依法邀请人民检察院派人参加。

事故调查组组长由安全生产监督管理部门负责人担任；市和区（县）人民政府直接组织事故调查的，事故调查组组长由负责事故调查的人民政府指定。

…………

第十三条 参加事故调查处理的部门和单位，应当保障其派出人员参加事故调查工作所需的交通工具、通信和技术设备等。

安全生产监督管理部门承担事故调查组的日常工作，并为事故调查组提供必要的工作条件。

第十四条 按照本办法第九条第（三）项规定由生产经营单位组织调查的事故，应当有本单位安全生产、人力资源、技术等有关部门以及工会参加，调查工作应当在《条例》规定的时限内完成。

第十五条 事故发生单位及相关单位应当在事故调查组规定时限内，提供下列材料：

（一）营业执照、行政许可及资质证明复印件；

（二）组织机构及相关人员职责证明；

（三）安全生产责任制度和相关管理制度；

（四）与事故相关的合同、伤亡人员身份证明及劳动关系证明；

（五）与事故相关的设备、工艺资料和安全操作规程；

（六）有关人员安全教育培训情况和特种作业人员资格证明；

（七）事故造成人员伤亡和直接经济损失等基本情况的说明；

（八）事故现场示意图；

（九）有关责任人员上一年年收入情况；

（十）与事故有关的其他材料。

前款第（一）项和第（九）项规定的材料内容，需要有关部门予以确认的，相关部门应当予以配合。

第十六条　事故调查中需要进行技术鉴定或者对直接经济损失进行评估的，事故调查组应当委托具有相应资质的单位进行技术鉴定或者评估。必要时，事故调查组可以直接组织专家进行技术鉴定或者评估。技术鉴定和评估所需时间不计入事故调查期限。

参与技术鉴定和直接经济损失评估的单位和人员，应当与事故没有直接利害关系。

…………

第四章　事故处理

第十九条　有关机关应当认真落实人民政府的批复，依法追究相关责任单位和责任人员的法律责任；在事故处理工作完成之日起10个工作日内，将落实批复的情况通知组织事故调查处理的安全生产监督管理部门。

第二十条　事故发生单位和相关责任单位应当认真吸取事故教训，落实整改措施，严肃处理本单位负有事故责任的人员；在事故处理工作完成之日起10个工作日内，将落实人民政府批复的情况报告组织事故调查处理的安全生产监督管理部门。

第二十一条　由生产经营单位负责组织调查的直接经济损失在10万元（含本数）以上100万元以下且未造成人员死亡或者重伤的一般事故，应当在《条例》规定的时限内完成事故调查处理工作；并在事故处理工作完成之日起10个工作日内，将调查处理情况报告事故发生地安全生产监督管理部门。

第五章　法律责任

第二十二条　事故发生单位的有关责任人员对事故情况隐瞒不报、谎报、拖延不报和破坏事故现场，导致事故原因和责任无法查明的，认定为该单位的责任事故。

第二十三条　按照《条例》第三十八条规定处罚的，罚款数额应当符合《安全生产法》的规定。

第二十四条　生产经营单位未对直接经济损失10万元（含本数）以上100万元以下且未造成人员死亡或者重伤的一般事故进行调查处理的，由安全生产监督管理部门责令限期改正，并可处1万元以上3万元以下罚款。

第二十五条　事故发生单位和相关责任单位未按照本办法第二十条规定处理责任人员，落实整改措施的，由安全生产监督管理部门责令限期改正，逾期不改正的，处1万元以上3万元以下罚款；未在规定时限内将落实人民政府的批复情况报告安全生产监督管理部门的，由安全生产监督管理部门责令限期改正，逾期不改正的，处5000元罚款。

第二十六条　有关行政机关及其工作人员在事故调查处理工作中不履行法定职责，或者不落实人民政府批复的，由监察机关依法追究其行政责任。

第六章　附则

第二十七条　生产经营单位在生产经营活动中发生的其他事故，市或者区（县）人民政府认为有必要的，按照本办法规定调查处理。

第二十八条　本办法自2010年3月1日起施行。

北京市文化娱乐场所经营单位安全生产规定

（北京市人民政府令第180号，2006年10月26日）

《北京市文化娱乐场所经营单位安全生产规定》已经2006年10月12日市人民政府第54次常务会议审议通过，现予公布，自2007年4月1日起施行。

第一条 为了加强安全生产监督管理，提高文化娱乐场所经营单位安全生产水平，防止和减少生产安全事故，保障人民群众生命和财产安全，根据《中华人民共和国安全生产法》和《北京市安全生产条例》及有关法律、法规，制定本规定。

第二条 本市行政区域内文化娱乐场所经营单位的安全生产，适用本规定；有关法律、法规、规章对消防安全、特种设备安全另有规定的，适用其规定。

本规定所称的文化娱乐场所经营单位包括依法设立的电影放映单位、互联网上网服务营业场所经营单位、演出场所经营单位、娱乐场所经营单位。

第三条 安全生产管理，坚持安全第一、预防为主、综合治理的方针。

第四条 市和区文化行政主管部门对文化娱乐场所经营单位的安全生产工作实施行业监督管理；公安消防、质量技术监督等部门分别对文化娱乐场所经营单位的消防安全、特种设备安全等实施专项监督管理；安全生产监督管理部门对文化娱乐场所经营单位的安全生产工作实施综合监督管理，指导、协调和监督政府有关部门履行安全生产监督管理职责。

行业协会协助政府有关部门指导会员单位做好安全生产工作，制定安全生产制度、规程，提供相关服务。

第五条 文化娱乐场所经营单位的主要负责人对本单位的安全生产工作全面负责。

第六条 文化娱乐场所经营单位应当遵守有关安全生产的法律、法规、规章，加强安全生产管理，建立、健全安全生产责任制度，完善安全生产条件，确保安全生产。

第七条 文化娱乐场所经营单位从业人员超过300人的，应当设置安全生产管理机构或者配备专职安全生产管理人员；从业人员在300人以下的，应当配备专职或者兼职的安全生产管理人员，或者委托具有国家规定的相关专业技术资格的工程技术人员提供安全生产管理服务。

第八条 文化娱乐场所经营单位应当对从业人员进行安全生产教育和培训。未经安全生产教育和培训合格的从业人员，不得上岗作业。

文化娱乐场所经营单位应当对安全生产教育和培训的情况进行记录，记录至少保存2年。

第九条 文化娱乐场所经营单位的特种作业人员应当按照国家有关规定经专门的安全作业培训，取得特种作业操作资格证书，方可上岗作业。

第十条 文化娱乐场所经营单位应当建立安全生产例会制度，定期研究本单位安全生产工作；制定有效的安全生产措施，并对措施的落实情况进行检查。

第十一条 文化娱乐场所经营单位应当建立生产安全事故隐患排查制度，对本单位容易发生事故的部位、设施，明确责任人员，制定并落实防范和应急措施。

第十二条 电影放映单位、演出场所经营单位应当在每日营业开始前和结束后以及各场次之间，对营业区域进行全面安全检查；其他文化娱乐场所经营单位应当在每日营业开始前和结束后对营业区域进行全面检查，营业期间每2小时至少进行1次安全巡查。检查和巡查应当做好记录。

第十三条 文化娱乐场所经营单位的变配电室总额定容量在630千伏安以上且电压等级为10千伏的，应当安排专人24小时值班。值班应当做好记录。

变配电室不得存放危险物品和杂物。

第十四条 变配电室应当配备用电设备和配电线路平面分布图等安全技术资料，以及必要的作业工具和劳动防护用品，并在明显位置设置变配电系统操作模拟图板。

变配电室的门、窗、电缆沟应当设置防水设施和挡鼠板。

第十五条 文化娱乐场所经营单位设置的电源线路应当符合国家标准或者行业标准；临时用电线路应当采取有效防护措施；电气设备应当安装漏电和过载保护装置。

第十六条 文化娱乐场所经营单位应当保证安全出口的畅通；不得封闭、堵塞安全出口；安全出口处不得设置门槛。

疏散门应当向疏散方向开启，不得采用卷帘门、转门、吊门、侧拉门。门内和门外1.4米范围内不得设置踏步。

第十七条　营业区域内的安全出口数目、安全疏散距离、疏散门和疏散通道的宽度应当符合国家标准或者行业标准。

第十八条　营业区域内的安全出口和疏散通道及其转角处应当设置发光疏散指示标志。指示标志应当能够在断电且无自然光照明时，指引疏散位置和疏散方向。

指示标志应当设置在安全出口的顶部和疏散通道及其转角处距地面高度1米以下的墙面上；设置在疏散通道上的指示标志的间距不得大于10米。

第十九条　营业区域内的安全出口、疏散通道和重点部位应当设置应急照明灯。应急照明灯的连续照明时间不得少于20分钟，其地面最低照度不得低于0.5勒克斯。

第二十条　营业区域内落地式的玻璃门、玻璃窗、玻璃墙应当设置安全警示标志。

安全警示标志应当明显，保持完好，便于公众识别。

舞台幕布、银幕、窗帘等应当采用经过防火处理的材料。

第二十一条　文化娱乐场所经营单位在营业区域内进行装修、维修、改造等施工且不停止营业的，应当与施工单位签订专门的安全生产管理协议，明确安全责任；施工区域应当与其他营业区域相隔离，并采取安全措施，确保安全。

第二十二条　文化娱乐场所经营单位将经营场所出租的，应当与承租单位签订安全生产管理协议，明确各自的安全生产管理职责。

文化娱乐场所经营单位对各承租单位的安全生产工作统一协调、管理。

第二十三条　歌舞娱乐场所的出入口、主要通道应当安装闭路电视监控设备，并保证闭路电视监控设备在营业期间正常运行，不得中断。

歌舞娱乐场所应当将闭路电视监控录像资料留存30日备查，不得删改或者挪作他用。

第二十四条　娱乐场所实际容纳的消费者人数不得超过核定人数。

歌舞娱乐场所的核定人数按照营业区域面积计算，平均每人不得小于1.5平方米。核定人数在500人以上的歌舞娱乐场所，应当安装人员流量统计装置。

电影放映单位、演出场所经营单位等有固定座位的区域，不得增设临时座位。

第二十五条　当接近核定人数或者人员相对聚集时，文化娱乐场所经营单位应当采取有效的控制和疏散措施，确保安全。

第二十六条　文化娱乐场所与商场等单位设在同一建筑物内的，文化娱乐场所经营单位应当保证通往建筑物外的疏散通道畅通，并在商场等单位营业结束后安排工作人员指引人群疏散。

第二十七条　互联网上网服务营业场所应当采取有效措施，确保在发生危险时，能够在终端机显示器上以视频形式予以提示。

歌舞娱乐场所应当设置报警系统，并在包间、包厢的视频设备上设置开机安全提示语。

第二十八条　文化娱乐场所经营单位应当制定生产安全事故应急救援预案。应急救援预案应当包括应急救援组织、危险目标、启动程序、紧急处置措施等内容。

应急救援预案应当每半年至少演练1次，并做好记录。

第二十九条　文化娱乐场所经营单位的有关负责人应当掌握应急救援预案的全部内容；其他人员应当能够熟练使用消防器材，了解安全出口和疏散通道的位置以及本岗位的应急救援职责。

第三十条　文化娱乐场所经营单位应当设置能够覆盖全部营业区域的应急广播，并能够使用中英文两种语言播放。

第三十一条　文化娱乐场所经营单位发生生产安全事故后，应当迅速启动应急救援预案，采取有效措施，组织人员疏散，防止事故扩大，并按照国家和本市有关规定及时、如实报告公安、安全生产监督管理、文化等有关部门。

第三十二条　安全生产监督管理部门发现文化娱乐场所经营单位存在安全生产问题，属于行业监督管理或者专项监督管理职责的，应当及时以书面形式督促有关部门处理。

第三十三条　文化娱乐场所经营单位违反本规定，有下列情形之一的，由文化行政执法部门责令改正，并按照下列规定给予行政处罚：

（一）未建立安全生产例会制度或者未制

定安全生产措施的，处 5000 元以上 1 万元以下罚款；

（二）未建立生产安全事故隐患排查制度的，处5000 元以上 2 万元以下罚款；

（三）未设置能够覆盖全部营业区域的应急广播或者不能使用中英文两种语言播放的，处 5000 元以上 2 万元以下罚款；

（四）歌舞娱乐场所容纳的消费者人数超过核定人数的，按照《娱乐场所管理条例》相关规定执行。

第三十四条 违反本规定，按照安全生产、消防、特种设备安全等法律、法规、规章的规定应当给予行政处罚的，由有关部门依法处罚。

第三十五条 本规定自 2007 年 4 月 1 日起施行。

北京市防御雷电灾害若干规定（摘）

（北京市人民政府令第 102 号，2002 年 7 月 29 日）

《北京市防御雷电灾害若干规定》已经 2002 年 7 月 16 日市人民政府第 50 次常务会议审议通过，现予公布，自 2002 年 9 月 1 日起施行。

第一条 为了防御和减轻雷电灾害（以下简称防雷），保护国家财产和人民生命财产安全，根据《中华人民共和国气象法》和国家有关规定，结合本市实际情况，制定本规定。

第二条 本市行政区域内的防雷工作，适用本规定。

…………

第六条 下列场所和设施，应当安装防雷装置：

（一）《建筑物防雷设计规范》规定的第一、二、三类防雷建筑物；

…………

第十条 按照本规定第六条规定安装的防雷装置的所有权人或者使用权人，应当做好防雷装置的日常维护工作，并按照国家气象主管机构规定的期限接受检测。

检测不合格的防雷装置，所有权人或者使用权人应当及时整改。

…………

第十二条 遭受雷电灾害的单位，应当自遭受雷电灾害之日起 3 日内向市或者区气象局报告情况。市和区气象局应当按照国家有关规定对雷电灾害进行调查和鉴定。

…………

第十五条 本规定自 2002 年 9 月 1 日起施行。

北京市住房和城乡建设委员会关于印发《北京市房屋建筑安全管理员管理办法》的通知

（京建法〔2017〕30 号，2018 年 1 月 2 日）

各区住房城乡建设委（房管局），东城、西城区住房城市建设委，经济技术开发区建设局（房地局），各物业服务企业，各房屋建筑自管单位：

为进一步落实《北京市房屋建筑使用安全管理办法》（北京市人民政府 229 号令），提升房屋建筑使用安全管理水平，提高房屋建筑使用安全管理工作人员的专业素质，市住房城乡建设委决定对《北京市住房和城乡建设委员会关于印发〈北京市房屋建筑安全员管理办法（试行）〉的通知》（京建法〔2012〕21 号）进行修改，现将修改后的《北京市房屋建筑安全管理员管理办法》印发给你们，请认真遵照执行。

特此通知。

北京市房屋建筑安全管理员管理办法

第一章 总则

第一条 为提升房屋建筑使用安全管理水平，提高房屋建筑使用安全管理工作人员的专业素质，依据《北京市房屋建筑使用安全管理办法》（北京市人民政府229号令），结合本市实际，制定本办法。

第二条 本市行政区域内房屋建筑安全管理员的管理，适用本办法。

第三条 本办法所称房屋建筑安全管理员是指具备房屋建筑结构或设施设备安全管理的专业知识和技能的房屋建筑安全管理人员。

房屋建筑安全管理员按专业分为房屋建筑结构安全管理员和房屋建筑设施设备安全管理员。

第四条 市住房城乡建设委负责全市房屋建筑安全管理员的监督管理工作。

各区房屋行政主管部门负责本行政区域内房屋建筑安全管理员的日常检查与监督管理工作。

第二章 人员要求

第五条 房屋建筑安全管理员应当具备下列条件：

（一）遵守国家法律法规，有良好的职业道德，工作认真负责，坚持原则，作风正派，廉洁自律，无违法、违规记录；

（二）年龄满18周岁，身体健康，无影响房屋建筑安全管理工作的疾病；

（三）取得相关专业中专以上学历的，从事房屋建筑及设备管理相关工作满5年；取得相关专业大专学历的，从事房屋建筑及设备管理相关工作满3年；取得相关专业大学本科以上学历的，从事房屋建筑及设备管理相关工作满2年；

（四）房屋建筑结构安全管理员应取得工业与民用建筑、工程管理等建筑类相关专业学历之一；房屋建筑设施设备安全管理员应取得机电一体化、计算机技术、供热通风与空调、物业管理等机械、电气自动化、物业管理相关专业学历之一。

不符合上述学历要求，应当从事物业管理工作满10年且从事房屋建筑及设备管理相关工作满8年。

第六条 房屋建筑自行管理的单位或者受托管理的物业服务企业（以下统称房屋管理单位）应当按照以下标准配备房屋建筑安全管理员：

（一）学校、幼儿园、医院、体育馆、商场、影剧院、宾馆、办公楼等大型公共建筑和人员密集场所的房屋建筑，每个物业管理区域或自管房项目建筑面积≤150000平方米的，应当配备房屋建筑结构和房屋建筑设施设备安全管理员各一名；建筑面积＞150000平方米的，应当配备房屋建筑结构和房屋建筑设施设备安全管理员各两名。

（二）居住建筑，每个物业管理区域或自管房项目建筑面积≤250000平方米的应当配备房屋建筑结构和房屋建筑设施设备安全管理员各一名；建筑面积＞250000平方米的应当配备房屋建筑结构和房屋建筑设施设备安全管理员各两名。

第七条 房屋建筑安全管理员不得同时服务于两个或两个以上房屋管理单位或物业管理区域、自管房项目。

第三章 工作职责

第八条 房屋建筑安全管理员应对所管理的居住建筑、公共建筑、工业建筑进行使用安全检查。使用安全检查包括日常检查和特定情况检查。对于检查中发现的房屋建筑使用安全问题应当及时向房屋建筑使用安全责任人和有关行政主管部门报告。

第九条 房屋建筑结构安全管理员应对房屋建筑的地基基础、建筑结构、建筑构件与部件、附属构筑物、建筑防水、建筑装饰装修等进行使用安全检查。

第十条 房屋建筑结构安全管理员日常检查应包括下列内容：

（一）房屋的开裂、变形，地基不均匀沉降等异常现象；

（二）木质产品和木质构件的虫蛀、腐朽等现象；

（三）建筑构件与部件的完好性及与主体结构连接部位的牢固情况；

（四）金属构件等防腐或者防火涂层的完好性；

（五）室内外共用部位装饰装修的松动、起翘、脱落等现象；

（六）建筑防水的完好情况；

（七）白蚁蚁害区蚁情；

（八）房屋建筑附属构筑物的安全牢固情况。

第十一条 房屋建筑结构安全管理员特定情况的检查应包括下列内容：

（一）在雨季到来之前，对共用部位的外窗渗漏情况、屋面渗漏情况等进行检查；

（二）恶劣天气到来前后，对共用部位的外窗和房屋建筑附属构筑物的牢固性进行检查；

（三）其他需要进行特定检查的情况。

第十二条 房屋建筑设施设备安全管理员应对房屋建筑配套的电梯、压力容器、锅炉等特种设备，燃气设施、消防设施、电气设施、供暖设施、防雷装置和二次供水设备等进行使用安全检查。

第十三条 房屋建筑设施设备安全管理员日常检查应包括下列内容：

（一）房屋建筑共用部位空调的运行状况；

（二）安全出口、疏散通道是否畅通，消防设施、消防器材运行情况，消防安全标志的完好性；

（三）供水、排水、供电、供气、供热、通讯、有线电视等基础设施设备的完好性及运行情况。

第十四条 房屋建筑设施设备安全管理员特定情况的检查应包括下列内容：

（一）在采暖期到来之前，对共用部位采暖设施的完好性和安全性进行检查；

（二）在雨季到来之前，屋面及室外排水设施等进行检查，进行防雷装置检查；

（三）恶劣天气到来前后，对重要的共用设施设备的运行情况进行检查；

（四）其他需要进行特定检查的情况。

第十五条 房屋建筑安全管理员应当对下列危害房屋建筑使用安全的行为及时制止；制止无效的，应当及时向房屋建筑使用安全责任人和相关行政主管部门报告。

（一）擅自变动建筑主体和承重结构的；

（二）违法存放易燃、易爆、放射性、侵蚀性和危害人体健康物品的；

（三）超过设计使用荷载使用房屋的；

（四）堵塞疏散通道，封闭建筑物的疏散出口，损坏消防设施的；

（五）擅自拆改防雷装置的；

（六）擅自拆改燃气、供暖、供电、通讯线路等设施设备的；

（七）未按规定办理装修申报登记手续，擅自进行装修施工的。

第十六条 房屋管理单位应按要求建立房屋建筑使用安全管理档案，积极配合相关行政主管部门对房屋建筑安全的检查，按照要求提供房屋建筑使用安全管理档案、房屋建筑安全管理员信息等。

第四章　监督管理

第十七条 房屋建筑安全管理员应当切实履行职责，不断提高安全知识和管理水平，自觉接受房屋行政主管部门的监督和指导。

第十八条 本市房屋建筑安全管理员信息纳入北京市物业服务企业信用信息系统。

第十九条 对未按本办法规定配备房屋建筑安全管理员的物业服务企业，区房屋行政主管部门应当依据《北京市物业服务企业信用信息管理办法》对物业服务企业记 3 分，对项目负责人记 1 分。

第二十条 对未按本办法规定配备房屋建筑安全管理员的房屋管理单位，区住房城乡建设行政主管部门应当按照《北京市房屋建筑使用安全管理办法》责令限期改正；拒不改正的，处 1 万元以上 3 万元以下罚款。

第五章 附则

第二十一条 本办法自印发之日起施行。《北京市住房和城乡建设委员会关于印发〈北京市房屋建筑安全管理员管理办法（试行）〉的通知》（京建法〔2012〕21号）同时废止。

北京市住房和城乡建设委员会关于做好物业行业安全生产工作的通知

（京建发〔2019〕172号，2019年4月18日）

各区住房城乡（市）建设委（房管局）、经济技术开发区房地局、各物业企业、各有关单位：

为认真贯彻落实市委市政府关于安全生产工作的决策部署，牢牢把握总体国家安全观和以人民为中心的发展思想，进一步做好物业行业安全生产工作，促进物业管理区域安全形势和物业管理秩序持续稳定好转，为首都经济社会持续健康发展和增强群众获得感、幸福感、安全感创造良好环境，现将有关事项通知如下：

一、各物业企业建立随查立改机制。按照《物业服务合同》约定及服务标准规定，每周开展巡查；按照《北京市物业管理区域安全生产自查表》（见附件1）每月开展自查。检查出的问题应立即整改，暂时无法整改的要采取合理有效的措施加以防范。

二、各物业企业落实对安全隐患和违法违规等不良行为发现、告知和报告的责任。发现违规行为后，填写《北京市物业管理区域不良行为劝阻通知书》（见附件2）和《北京市物业管理区域不良行为报告书》（见附件3），分别告知违规主体和上报行业主管部门，并抄送属地街道办事处（乡镇人民政府）。

三、各物业企业持续加大对消防通道（疏散通道）堵塞和杂物堆积、电动车违规停放充电、有限空间作业、装饰装修、违法建设等重点隐患的排查，做好高层消防防范、电气火灾综合治理等专项工作，定期发布安全提示。

四、各区房屋行政主管部门按照“党政同责、一岗双责、齐抓共管”的要求，加大检查力度，严厉惩处违法违规行为，对检查发现的问题和隐患，要建立清单台账，明确整改责任、规定整改期限，督促物业企业真查真改，全面落实安全生产责任。

五、各区房屋行政主管部门加大与其他行业主管部门的联系。日常监管发现涉及其他部门的违法违规行为，填写《北京市物业管理区域违法违规行为移送处理函》（见附件4），及时移送并做好配合工作。重点加强与消防部门针对消防通道堵塞、电动自行车治理等消防类问题的移送；加强与市场监管部门针对电梯运行不正常、报警系统失效等问题的移送；加强与公安部门针对物业企业涉黑涉恶、扰乱正常管理秩序、干扰业委会运行、骚扰业主等问题的移送；加强与城管执法部门、规划部门针对违法建设、改变建筑物规划用途等问题的移送。

六、各区房屋行政主管部门定期组织属地物业项目负责人和注册企业负责人开展安全生产培训，培训内容突出安全管理实务和隐患排查要点。做好培训纪录、培训考试和严格考勤等工作，督促企业落实培训内容和要求。

特此通知。

附件：1. 北京市物业管理区域安全生产自查表

2. 北京市物业管理区域不良行为劝阻通知书

3. 北京市物业管理区域不良行为报告书

4. 北京市物业管理区域违法违规行为移送处理函

附件 1

北京市物业管理区域安全生产自查表

（　　年　　月）

项目名称		项目地址	
物业管理单位		自查时间	
安全责任人		联系方式	

一、综合管理

序号	检查内容	自查情况
1	发现安全隐患和违法违规等不良行为，按要求劝阻当事人并上报主管部门。	□是　□否
2	针对重大活动、重要节日加强应急值班和提前自查并消除隐患，并向业主送达（发布）安全提示，协助业主做好相关安全事宜。	□是　□否
3	建立安全生产管理机构，配备专（兼）职安全生产管理人员，建立健全安全生产责任制度，明确本项目安全生产主要负责人和专项管理人员。	□是　□否
4	建立事故隐患排查责任制和整改制度。	□是　□否
5	结合项目实际制定安全生产操作规程，包括但不限于：消防、电气、特种设备、特种作业、危险作业、工具（手动电动）等重点设备、岗位的安全操作规程。	□是　□否
6	制定并落实安全生产规章制度，包括但不限于：安全生产检查制度，生产安全事故隐患排查治理制度，具有较大危险因素的生产经营场所、设备和设施的安全管理制度，危险作业管理制度，特种作业人员管理制度，劳动防护用品配备和管理制度，安全生产奖励和惩罚制度，生产安全事故报告和调查处理制度，消防管理制度，消防设施和器材管理制度，值班（带班）制度，外来人员管理制度，停车管理制度，安全生产教育和培训制度，安全生产例会制度，安全生产投入保障制度等，各项制度内容应符合项目实际。	□是　□否
7	结合项目实际，建立有效的应急预案（包括：综合应急预案、专项应急预案、现场处置方案），制定培训和演练计划。	□是　□否
8	按照法律、法规、规范要求配备专业人员并持证上岗，包括：电工、焊接、制冷与空调、锅炉、电梯、有限空间、消防、高处作业、二次供水、有害生物防治等及其他法律法规要求的岗位。	□是　□否
9	为从业人员提供符合国家标准或行业标准的劳动防护用品，监督、教育从业人员按照使用规则佩戴、使用。	□是　□否

续表

序号	检查内容	自查情况
10	为从业人员建立职业健康安全档案。	□是　□否
11	设置符合国家标准、行业标准的安全标志，建立台账，并定期组织检查和维护。	□是　□否
12	配置必要的应急救援设备和器材，建立台账并定期检查和维护。	□是　□否
13	对承担项目相关物业服务活动的承包单位或个人的监督管理： 1. 不得将物业管理事项、场所、设备发包或出租给不具备安全生产条件或相应资质的单位或个人。 2. 与分包方签订专门的安全生产管理协议，或在承发包合同中约定各自的安全生产管理职责。 3. 建立健全对承包单位监督管理制度，加强对承包单位员工的管理，进场作业人员应具备相应资格。	检查结果：
14	是否存在以下不良行为： 1. 参与或变相参与违规装饰装修和违法建设活动； 2. 以业主欠费为由限制或变相限制业主专项服务； 3. 未发布电动自行车停放充电安全提示，未劝阻并报告发现的违规行为。员工将自用电动车在设施设备间内或附近停放、充电； 4. 居住小区不满足 3 家以上宽带运营企业平等接入，经营性商务楼宇签订垄断或排他协议。	□是　□否
发现的问题	责任人签字： 年　　月　　日	
二、消防方面		
15	明确消防安全责任人，对本项目的消防安全工作全面负责。	□是　□否
16	消防控制室实行每日 24 小时专人值班制度，每班不应少于 2 人。	□是　□否
17	值班人员熟练操作控制室设备，熟练掌握突发火情处理流程。	□是　□否
18	值班记录、交接班记录与设备运行状态、报警处置保持一致。	□是　□否
19	维护火灾自动报警系统、室内外消火栓系统、自动灭火系统等设施设备，确保正常、有效使用。	□是　□否
20	消防水泵、消防风机、防火卷帘等消防用电设备控制柜、箱的转换开关处于自动位置。	□是　□否
21	维护安全疏散指示标志、应急照明设施、机械排烟送风、火灾事故广播等，保证设施设备处于正常状态。	□是　□否
22	保障疏散通道、安全出口、避难层、消防车通道畅通，落实防火防烟分区、防火间距消防技术标准。	□是　□否
23	对占用、堵塞、封闭疏散通道、安全出口、消防车通道的行为予以劝阻并督促改正，对拒不改正的，及时向消防机构报告。	□是　□否

续表

序号	检 查 内 容	自查情况
24	按规范配置消防设施和器材，并置于明显、便于取用的地点，严禁遮挡或挪作他用。定期巡视、维护消防设施和器材，保证正常、有效使用。	□是　□否
25	确定消防安全重点部位，设置防火标志，实行严格管理。	□是　□否
26	每日组织防火巡查，建立巡查记录，对发现的火灾隐患采取有效措施，及时消除隐患。	□是　□否
发现的问题	责任人签字： 年　　月　　日	
三、建筑安全		
27	建立房屋建筑使用安全管理档案。	□是　□否
28	禁止下列影响房屋建筑使用安全的行为： 擅自变动房屋建筑主体和承重结构； 违法存放爆炸性、毒害性、放射性、腐蚀性等危险物品； 超过设计使用荷载使用房屋建筑； 损坏、挪用或者擅自拆除、停用消防设施、器材； 占用、堵塞、封闭房屋建筑的疏散通道、安全出口以及其他妨碍安全疏散的行为； 在人员密集场所门窗上设置障碍物； 损坏或者擅自拆改供水、排水、供电、供气、供热、防雷装置、电梯等设施设备； 其他违反法律、法规、规章的行为。	检查结果：
29	对房屋建筑进行检查维护，发现危及房屋建筑使用安全的问题时及时向住房城乡建设行政主管部门报告，并对危害房屋建筑使用安全的行为进行制止。	□是　□否
四、电梯方面		
30	在电梯轿厢内或者出入口的明显位置张贴安全注意事项、警示标志和有效的《检验标志》。	□是　□否
31	建立电梯技术档案，内容包括技术资料、竣工验收资料、定期检测报告、日常维护保养记录、中大修记录等。	□是　□否
32	维护电梯紧急报警装置能够有效应答紧急呼救。	□是　□否
33	维修保养单位应具有相关专业资质，电梯安装、改造、维修和日常维护保养作业的人员应取得相应专业资格。	□是　□否
发现的问题	责任人签字： 年　　月　　日	

续表

序号	检 查 内 容	自查情况
五、供水设施方面		
34	按要求开展水质检验，取得卫生许可证并同人员健康证明一并在现场公示。	□是　□否
35	供水设备机房有防鼠措施，出入门具有防盗（A级锁芯）、防火功能。	□是　□否
36	生活供水水箱箱盖实行双锁、双人管理。	□是　□否
37	定期巡查，保证设施安全正常运行，及时处置突发事件。不具备应急抢修能力的，应当事先与具备抢修能力的单位签订抢修协议，共同制定应急预案并进行演练。	□是　□否
38	禁止下列行为： 擅自接装、改装公共供水设施； 擅自在水表井内安装水管或穿插其他管道； 擅自启动、拆卸、挪动公共供水设施； 在城市公共供水管网上直抽加压； 将自备水源管道、加压设备等与公共供水设施接通； 在埋设公共供水设施的地面上及两侧安全间距内挖坑、取土、植树、埋杆、倾倒废渣废液； 在埋设公共供水设施的地面上及两侧安全间距内修建与供水无关的建筑物、构筑物，或堆物、堆料。	检查结果：
发现的问题	责任人签字： 年　　月　　日	
六、排水方面		
39	遵守安全操作规程，进入排水和再生水设施有限空间实施作业的，应当采取有效的安全防护措施。	□是　□否
40	定期巡查、维护排水和再生水井盖、雨水箅子等设施。	□是　□否
41	污水处理应当按照规定定期检测，不得排放未经处理或者未达到规定处理标准的污水。	□是　□否
42	需向公共排水管网排放污水的，应当按照有关规定依法到水行政主管部门办理排水许可。	□是　□否
43	禁止下列损害排水和再生水设施的行为： 擅自占压、拆卸、移动排水和再生水设施； 穿凿、堵塞排水和再生水设施； 向排水和再生水设施倾倒垃圾、粪便、渣土、施工废料、污水处理产生的污泥等废弃物； 向排水管网排放超标污水、有毒有害及易燃易爆物质； 在排水和再生水设施用地范围内取土、爆破、埋杆、堆物； 擅自接入公共排水和再生水管网； 利用住宅区再生水设施处理粪便水和重污染水； 其他损害排水和再生水设施的行为。	□已检查　□未检查

续表

序号	检查内容	自查情况
发现的问题	责任人签字： 年　月　日	
七、电气方面		
44	变配电室的出入口设置明显的安全警示标志，在变压器、变配电柜隔离开关的操作把手上设置或悬挂安全标示牌。	□是　□否
45	机房配置防鼠措施，门、窗、电缆沟设置防水设施和挡板。	□是　□否
46	变配电室变压器、高压配电装置、低压配电装置的操作区、维护通道铺设绝缘胶垫。	□是　□否
47	变配电室配置正常照明、应急照明和疏散指示，功能完好。	□是　□否
48	电气线路、电气设备应选用具有生产许可证或CCC证书的电器产品。	□是　□否
49	电表箱、配电盘（柜）设的短路、过负荷、漏电等保护装置应保持完好有效，应至少每季度测试保护功能。	□是　□否
50	配电箱内各接线端子导线压接应规范、牢固，箱内不应堆放杂物，导线端部无变色、老化现象，金属裸露部分保护措施完好有效。	□是　□否
51	电表箱、配电盘（柜）应固定在不燃材料上，并与可燃材料保持安全距离。电表箱、配电盘（柜）内及其周围不应堆放杂物。	□是　□否
52	电气线路的敷设方式应规范、保护措施保持完好，不应在导线上悬挂其他物品，导线绝缘层无破损、老化现象。	□是　□否
53	电缆井连通其他区域的孔洞防火封堵措施应完好，电缆井防火门应锁闭并保持完好，电缆井内不应堆放杂物。	□是　□否
54	住宅小区电动车充电桩、车棚电气线路安装、敷设符合有关规定，采用质量合格的电器产品。	□是　□否
55	开展电气线路、设备设施安全检查维护保养。	□是　□否
发现的问题	责任人签字： 年　月　日	
八、有限空间		
56	依据《DB11 852.1—2012 地下有限空间作业安全技术规范　第1部分：通则》、《DB11 852.2—2013 地下有限空间作业安全技术规范　第2部分：气体检测与通风》、《DB11 852.3—2014 地下有限空间作业安全技术规范　第3部分：防护设备设施配置》，结合项目实际制定有限空间安全作业规程，编制有限空间应急救援预案，定期组织相关培训，并组织应急预案演练，配置完好有效的救援物资。	□是　□否
57	识别项目的有限空间，建立有限空间台账。	□是　□否
58	对进入有限空间进行施工、检修、清理作业的实施作业审批。未经作业审批，任何人不得进入有限空间作业。	□是　□否

续表

序号	检查内容	自查情况
59	按规范在有限空间进入点附近设置警示标志。其中，化粪池、室外消防接合器等重点场所设立显著立体标志。	□是　□否
60	有限空间作业现场配备具有从业资格（持有地下有限空间监护作业证书）的人员负责监护，保证在有限空间外持续履行职责。	□是　□否
61	配备符合要求的通风、检测、防护、照明等安全防护及救援设施设备和个人防护用品，定期维修养护，确保正常有效。	□是　□否
发现的问题	责任人签字： 年　月　日	
九、地下空间		
62	制定落实治安、消防、卫生、建筑等管理法律、法规、规章的具体措施。	□是　□否
63	不得擅自改变地下空间工程的主体结构或者拆除地下空间工程的设备设施。	□是　□否
64	安全出口和疏散通道符合安全规范。安全出口不得采用卷帘门、转门、吊门或者侧拉门，门向疏散方向开启。	□是　□否
65	在地下空间的入口处设置人民防空主管部门、建设（房屋）行政主管部门制发的人民防空工程、普通地下室使用标志牌。	□是　□否
66	建立安全设施检查、维修管理制度，保障安全设施正常使用。	□是　□否
67	对有关行政主管部门检查发现的事故隐患，在规定的时间内予以消除。	□是　□否
68	依法及时报告火灾、传染病疫情等突发性事件。	□是　□否
69	不得将地下空间出租给无合法有效证件、证明的单位或者个人。禁止将违法建设的地下空间出租，禁止将规划用途为非居住用途的地下空间出租居住。	□是　□否
70	遵守国家及本市其他有关地下空间安全使用的管理规定。	□是　□否
71	地下空间自用性宿舍必须符合《地下空间整治期间自用性宿舍消防技术措施》要求。	□是　□否
发现的问题	责任人签字： 年　月　日	
十、高处作业		
72	执行先审批、后作业制度，作业前检查各项准备工作和作业装备和防护装备。	□是　□否
73	高处作业所使用的设备设施，定期开展维修养护，定期进行安全检测，确保设备设施完好。	□是　□否

续表

序号	检查内容	自查情况
74	从事高处悬吊作业的人员应当取得特种作业操作资格证书。	□是　□否
75	在施工现场配备专职安全员，负责作业现场的安全检查和施工过程的安全监控。在其作业下方设置警戒线，在醒目处设置安全警示标志牌，并设专人看守，确保施工现场的安全。	□是　□否
76	与参与高处作业人员签订《安全责任书》，与承包单位签订安全生产管理协议，明确约定各自安全管理职责。	□是　□否
77	高处作业（在距离坠落基准面2米及以上的临边作业、在轻质量雨棚顶面上的作业）时，应实行双人作业，一人作业一人看护，并佩戴个人安全防护用具。	□是　□否
发现的问题	责任人签字： 年　月　日	
十一、公共区域		
78	维护公共区域内标志标识，确保安全有效。	□是　□否
79	检查路灯、草坪灯、景观照明、宣传栏照明、广告灯（箱）及相关配电柜（箱）电路，发现问题及时维修。	□是　□否
80	检查道路、散水、围墙和人造景观等，发现问题应当及时修补。修补期间应在作业区域设置围挡，并于显著位置设置警示标识。	□是　□否
81	检查楼外立面，包括外墙、外檐、空调栏板或护栏、外窗（楼道）和其他悬挂物等，发现问题应当及时修补。修补期间应在作业区域设置围挡，并于显著位置设置警示标识。对于需要分流的区域，应加设指示标识，引导人员或车辆由安全路线通过。	□是　□否
82	对照室外管网图和实地情况，对所有污水井、集水坑、化粪池、雨水井及其附属管线进行检查，并检查排水管线与周边市政排水管网的接口，发现问题应当及时维修或清理，并注意做好检查、清理和维修的工作记录。	□是　□否
发现的问题	责任人签字： 年　月　日	
十二、监控防控		
83	建立值班监看制度、安全检查制度、运行维护制度、应急处理制度，发现涉及公共安全的可疑信息及时向公安机关报告。	□已建立　□未建立
84	保持监控图像信息画面清晰，保证系统正常运行。	□是　□否
85	建立图像信息使用登记审批制度，对图像信息的录制人员、调取时间、调取用途等事项进行登记。	□已建立　□未建立
86	按照规定期限留存图像信息，不得擅自删改、破坏留存期限内图像信息的原始数据记录。	□是　□否

续表

序号	检查内容	自查情况
87	在公共区域设置的公共图像信息系统，应当设置标识。	□有　□无
发现的问题	责任人签字： 年　月　日	
十三、电动自行车管理		
88	加强防火检查、夜间巡查和宣传提示，及时发现和制止电动车违规停放及充电行为。	□已落实　□未落实
89	将电动车火灾防范纳入日常工作，加强对居住、商业、办公等场所及楼院的电动车存放、充电管理。严禁在疏散楼梯间、疏散走道等公共区域违规停放电动车，严禁乱接乱拉电气线路充电，严格落实电动自行车棚用电安全管理。	□已落实　□未落实
发现的问题	责任人签字： 年　月　日	
十四、药剂使用		
90	向有资质的单位购买并指定专人对有害有毒药剂（品）实施出入库的管理。	□是　□否
91	管理人员应当知晓药品的使用方法、中毒急救措施和注意事项，并对使用人加以培训。	□是　□否
92	在放置鼠药时，应当张贴明显标识，并注明药品名称、有效时间、解药名称、中毒急救措施等注意事项，以起到警示作用。	□是　□否
93	在处理过期或失效的危险品时，不应与生活垃圾混淆，可采取由购买单位回收的方式处理。	□是　□否
发现的问题	责任人签字： 年　月　日	
十五、装饰装修管理		
94	物业管理单位应当按照装饰装修管理服务协议进行现场检查，对违反法律、法规和装饰装修管理服务协议的，应当要求装修人和装饰装修企业纠正，并将检查记录存档。	□已落实　□未落实
95	物业服务企业应在物业管理区域内设立装修垃圾暂存点，设置明显标识，并定期组织清运。	□是　□否
发现的问题	责任人签字： 年　月　日	

续表

序号	检查内容	自查情况
十六、避雷系统		
96	定期对防雷装置进行巡查、维护工作。	□是 □否
97	按照国家气象主管机构规定在雨季前完成对避雷系统的检测，取得检测报告，消除不符合项。	□是 □否
发现的问题	责任人签字： 年 月 日	

汛期增项（每年6至9月）

序号	检查内容	检查结果
1	项目负责人是本项目防汛工作第一责任人，全面负责防汛准备、汛期指挥、协助抢救等工作。	□是 □否
2	逐一检查地下车库、地下室及人防首层出入口，对低于室外地面及易发生雨水倒灌窗井的部位，应配备挡水板、防汛沙袋等堵水物资，沙袋码放及挡水板高度不低于50厘米，有条件的可砌筑挡水台。	□已检查 □未检查
3	逐一对所有污水井、集水坑、化粪池、雨水井及其附属管线进行检查，并检查排水管线与周边市政排水管网的接口。发现井盖和井篦破损、管线堵塞或不畅通的，应及时维修或清理，并注意做好检查、清理和维修的工作记录。	□已检查 □未检查
4	逐一对项目内污水井、集水坑的排水泵逐一检查，重点检查运转及排水情况。由工程维修人员进行点动测试后，若出现不能正常启动、运行有异响，或管道及法兰接口渗漏等现象，应及时修复。点动测试后，将控制柜（箱）开关恢复至“自动”位置。	□已检查 □未检查
5	逐一对屋面防水层、保护层及上一汛期中的漏水点进行全面检查，如发现防水层或保护层鼓包、破损、裂纹、接口开裂等现象，应及时修补，并进行不少于48小时的闭水实验，确认无渗漏点。	□已检查 □未检查
6	逐一对屋面的雨水落水口、落水管进行检查，清理屋面的杂物，确保雨水落水口无堵塞，管线畅通。对于管线开裂、脱落、渗水等，及时更换或修复。	□已检查 □未检查
7	逐一对路灯、草坪灯、景观照明、宣传栏照明、广告灯（箱）及相关配电柜（箱）进行检查，发现安装松动、柜（箱）体破损等，应加固或更换，发现接线裸露的进行绝缘处理。	□已检查 □未检查
8	逐一对道路、散水、围墙、人造景观等进行检查，发现塌陷、倾斜、沉降、裂缝等问题，应及时修补。修复期间应在作业区域设置围挡，并于显著位置设置警示标识。	□已落实 □未落实
发现的问题	责任人签字： 年 月 日	

附件 2

北京市物业管理区域不良行为劝阻通知书

________________（项目名称）________（门牌号）________________（业主/使用人名称）：

我公司于________年______月______日巡查中发现，您（单位）存在____等不良行为，该行为涉嫌违反相关法律法规的有关规定，作为本项目的管理单位，现依据管理职责及相关行业主管部门要求，劝阻您（单位）立即停止实施上述不良行为，并自行整改到位，我公司将做好配合工作。我公司依据职责要求，已同时将您（单位）存在的不良行为报告相关行业主管部门并抄送________________（街道办事处或乡镇人民政府）。

（物业服务企业名称、公章）
年 月 日

业主/使用人（签名）：________________ 联系方式：________________

签收日期：_____年_____月_____日_____时_____分

留置送达：业主或使用人因____________________拒绝或无法接收劝阻通知书，我公司于_____年_____月_____日_____时_____分 将劝阻通知书留置在________________

见证人单位（签名）/留置说明______________________

物业服务企业联系人：________________ 联系方式：________________

注：本通知书一式三份，一份送达当事人，一份由物业服务企业留存，一份抄送属地政府

（①此联送达当事人）

北京市物业管理区域不良行为劝阻通知书

________________（小区名称）________（门牌号）________________（业主/使用人名称）：

我公司于________年______月______日巡查中发现，您（单位）存在____等不良行为，该行为涉嫌违反相关法律法规的有关规定，作为本项目的管理单位，现依据管理职责及相关行业主管部门要求，劝阻您（单位）立即停止实施上述不良行为，并自行整改到位，我公司将做好配合工作。我公司依据职责要求，已同时将您（单位）存在的不良行为报告相关行业主管部门并抄送________________（街道办事处或乡镇人民政府）。

（物业服务企业名称、公章）
年 月 日

业主/使用人（签名）：________________ 联系方式：________________

签收日期：_____年_____月_____日_____时_____分

留置送达：业主或使用人因____________________拒绝或无法接收劝阻通知书，我公司于_____年_____月_____日_____时_____分 将劝阻通知书留置在_______________

见证人单位（签名）/留置说明_________________________

物业服务企业联系人：_______________ **联系方式：**_______________

注：本通知书一式三份，一份送达当事人，一份由物业服务企业留存，一份抄送属地政府

（②此联由物业服务企业留存）

北京市物业管理区域不良行为劝阻通知书

_______________（小区名称）_________（门牌号）_________（业主/使用人名称）：

我公司于________年________月________日巡查中发现，您（单位）存在____等不良行为，该行为涉嫌违反相关法律法规的有关规定，作为本项目的管理单位，现依据管理职责及相关行业主管部门要求，劝阻您（单位）立即停止实施上述不良行为，并自行整改到位，我公司将做好配合工作。我公司依据职责要求，已同时将您（单位）存在的不良行为报告相关行业主管部门并抄送_______________（街道办事处或乡镇人民政府）。

（物业服务企业名称、公章）

年　　月　　日

业主/使用人（签名）：_______________ **联系方式：**_______________

签收日期：_____年_____月_____日_____时_____分

留置送达：业主或使用人因____________________拒绝或无法接收劝阻通知书，我公司于_____年_____月_____日_____时_____分 将劝阻通知书留置在______________________

见证人单位（签名）/留置说明_________________________

物业服务企业联系人：_______________ **联系方式：**_______________

注：本通知书一式三份，一份送达当事人，一份由物业服务企业留存，一份抄送属地政府

（③此联抄送属地街道办事处或乡镇人民政府）

附件 3

北京市物业管理区域不良行为报告书

____________________（行业主管单位名称）：

我公司于_______年_______月_______日发现，_______________（物业项目_______________名称）_________________（房号/地点）存在____

____等不良行为。对此，我公司依据管理职责，已于________年______月______日书面告知当事人立即停止实施不良行为，因劝阻制止无效，现特向贵部门报告，恳请依法处理，我公司将做好配合工作。

后附相关证明材料。

（物业服务企业名称、公章）

年 月 日

当面送达：

签收人（签名）： ________________ **联系方式：** ________________

签收日期：______年______月______日______时______分

邮寄送达：

收件人名称：________________ 地址：________________

快递单号：________________

物业服务企业联系人： ________________ **联系方式：** ________________

注：本报告书一式三份，一份送达主管部门，一份由物业服务企业留存，一份抄送属地政府

（①此联送达主管部门）

北京市物业管理区域不良行为报告书

________________（行业主管单位名称）：

我公司于________年______月______日发现，______________（物业项目名称）______________（房号/地点）存在____等不良行为。对此，我公司依据管理职责，已于________年______月______日书面告知当事人立即停止实施不良行为，因劝阻制止无效，现特向贵部门报告，恳请依法处理，我公司将做好配合工作。

后附相关证明材料。

（物业服务企业名称、公章）

年 月 日

当面送达：

签收人（签名）： ________________ **联系方式：** ________________

签收日期：______年______月______日______时______分

邮寄送达：

收件人名称：________________ 地址：________________

快递单号：________________

物业服务企业联系人： ________________ **联系方式：** ________________

注：本报告书一式三份，一份送达主管部门，一份由物业服务企业留存，一份抄送属地政府

（②此联由物业服务企业留存）

北京市物业管理区域不良行为报告书

______________（行业主管单位名称）：

我公司于______年____月____日发现，__________（物业项目__________名称）__________（房号/地点）存在____等不良行为。对此，我公司依据管理职责，已于______年____月____日书面告知当事人立即停止实施不良行为，因劝阻制止无效，现特向贵部门报告，恳请依法处理，我公司将做好配合工作。

后附相关证明材料。

（物业服务企业名称、公章）
年　　月　　日

当面送达：
签收人（签名）：__________ **联系方式：**__________
签收日期：____年____月____日____时____分
邮寄送达：
收件人名称：__________ 地址：__________
快递单号：__________
物业服务企业联系人：__________ **联系方式：**__________

注：本报告书一式三份，一份送达主管部门，一份由物业服务企业留存，一份抄送属地政府

（③此联抄送属地街道办事处或乡镇人民政府）

附件4

北京市物业管理区域违法违规行为移送处理函

______________：

我机关于____年____月____日检查发现，__________区项目的管理单位__________存在____等行为，可能违反了____________________________________的规定。对此，依据行业管理部门职责分工，现移送你单位，请予以进一步查处。

后附相关证明材料。

（房屋行政主管部门名称、公章）
年　　月　　日

当事人情况：

单位名称：________________　联系人及联系方式：________________

单位地址：________________　统一社会信用代码：________________

移送机关信息：

联系人：________________　联系方式：________________

北京市住房和城乡建设委员会 北京市财政局关于印发《北京市物业服务企业落实安全生产责任制情况检查评估工作方案》的通知

（京建发〔2017〕561号，2017年12月28日）

各区住房城乡建设委（房管局）、经济技术开发区房地局、各区财政局、各有关单位：

为进一步强化物业服务企业安全生产责任制落实，按照市安委会办公室《关于市政府有关部门建立本行业企业落实安全生产主体责任情况检查评估制度的指导意见（试行）》（京安办发〔2017〕17号）要求，市住房城乡建设委与市财政局联合制定了《北京市物业服务企业落实安全生产责任制情况检查评估工作方案》，现印发给你们，请认真遵照执行。

特此通知。

附件：北京市物业服务企业落实安全生产责任制情况检查评估工作方案

附件

北京市物业服务企业落实安全生产责任制情况检查评估工作方案

为进一步强化物业服务企业安全生产责任制落实，提升物业服务企业安全生产管理水平，促进物业服务行业安全生产形势持续稳定好转，依据市安委会办公室《关于市政府有关部门建立本行业企业落实安全生产主体责任情况检查评估制度的指导意见（试行）》（京安办发〔2017〕17号），结合行业特点，制定本方案。

一、指导思想

坚持以人为本、安全发展的理念，推动物业服务企业严格遵守安全生产法律法规和规章制度，改善安全生产条件，提高安全生产水平，减少事故隐患，落实安全生产责任。

二、工作目标

市住房城乡建设委每年组织开展对全市物业服务企业落实安全生产责任制情况的专项检查评估，具体负责指导、监督及宣传培训，并根据实际情况对各区开展的检查评估工作进行抽查。

区住房城乡建设委（房管局）负责对本区注册的物业服务企业开展检查评估工作，每年检查评估不少于企业总数的20%。

三、检查评估对象

在本市行政区工商注册，且已承接物业服务项目的企业。

四、检查评估内容

对物业服务企业落实安全生产责任制情况检查评估的具体内容包括：

1. 市安监局《北京市生产经营单位安全生产主体责任规范》（京安监发〔2016〕18号）的相关规定；

2. 安全生产有关法律法规、规章制度和强制性标准的相关规定；

3. 物业服务行业有关法律法规、规章制度和强制性标准中涉及安全生产的相关规定。

五、检查评估结果及公示

区住房城乡建设委（房管局）于每年年底前完成本年度的检查评估工作，检查评估结果统一在市住房城乡建设委网站公示。针对检查评估发现的问题，物业服务企业应当制定相应的整改措施并积极实施整改。物业服务企业拒不整改或者整改不到位的，区住房城乡建设委（房管局）应当会同区安监等部门依法依规处理。

六、资金保障

区住房城乡建设委（房管局）可以依据《北京市人民政府办公厅关于进一步加强安全生产监管执法有关事项的通知》（京政办字〔2016〕33号），通过政府购买第三方服务的方式组织开展工作，所需资金由同级财政部门予以保障。

七、有关要求

（一）检查评估方案的备案。区住房城乡建设委（房管局）在本通知发布一个月内将本单位检查评估方案报区安委会办公室备案，同时报市住房城乡建设委备案。

（二）建立检查评估台账。区住房城乡建设委（房管局）建立检查评估台账，记录检查评估工作情况。

（三）加强监管，全面落实。区住房城乡建设委（房管局）应当将检查评估工作与事故隐患排查治理、安全风险预防控制、执法检查等工作深度融合，督促物业服务企业落实安全生产责任。

北京市住房和城乡建设委员会
关于印发《物业行业安全生产隐患排查要点》的通知

（京建发〔2017〕503号，2017年11月28日）

各区住房城乡建设委（房管局）、经济技术开发区房地局、各物业服务企业、各有关单位：

为深刻汲取近期本市发生的火灾事故教训，落实市委市政府安全隐患排查治理的工作部署，按照《北京市安全生产委员会关于开展安全隐患大排查大清理大整治专项行动的通知》（京安发〔2017〕15号）要求，我委在《北京市住房城乡建设系统开展安全隐患大排查大清理大整治专项行动工作方案的通知》（京建发〔2017〕493号）的基础上，依照物业管理法律法规及合同约定，制定了《物业行业安全生产隐患排查要点》，现印发给你们，请认真遵照执行。

特此通知。

附件：物业行业安全生产隐患排查要点

附件

物业行业安全生产隐患排查要点

一、消防方面

（一）明确消防安全责任人，对本项目的消防安全工作全面负责。

（二）制定物业管理项目的消防安全制度、消防安全操作规程，制定灭火和应急疏散预案并组织演练。

（三）按照检测规范对建筑消防设施每年至少进行一次全面检测，确保完好有效。

（四）按规定配置或维护消防设施、器材，保证。正常、有效使用。

（五）保障疏散通道、安全出口、消防车通道畅通，落实防火防烟分区、防火间距消防技术标准。

（六）维护安全疏散指示标志、应急照明设施、机械排烟送风、火灾事故广播等设施处于正常状态。

（七）组织防火检查，对发现的火灾隐患采取有效措施，及时消除火灾隐患。

（八）消防控制室实行每日 24 小时专人值班制度，每班不应少于 2 人。

（九）值班人员掌握突发火情处理流程。

（十）属于消防重点单位的项目，要建立消防档案，确定消防安全重点部位，设置防火标志，实行严格管理。实行每日防火巡查，并建立巡查记录。每半年至少组织一次有针对性的消防演练。

（十一）对占用、堵塞、封闭疏散通道、安全出口、消防车通道的行为予以劝阻并督促改正；对拒不改正的，及时向公安机关消防机构或公安派出所报告。

二、电梯方面

（十二）建立电梯技术档案，内容包括技术资料、竣工验收资料、定期检测报告、日常维修养护记录、中大修记录等。

（十三）配置电梯专职安全管理人员，履行电梯安全管理责任。

（十四）电梯安全管理人员应当掌握突发事件处理流程。

（十五）建立并严格执行电梯安全运行管理制度。

（十六）在电梯轿厢内或者出入口的明显位置张贴安全注意事项、警示标志和有效的《安全检验合格》标志。

（十七）维护电梯紧急报警装置能够有效应答紧急呼救。

（十八）制定电梯事故应急措施与救援预案，并定期组织演练。

（十九）委托取得资质的单位实施电梯安装、改造、维修和日常维护保养活动。

（二十）电梯安装、改造、维修和日常维护保养作业的人员应当取得相应的特种设备作业人员证书。

（二十一）对在用电梯进行定期检验，未经定期检验或者检验不合格的电梯，不得继续使用。

三、供水设施方面

（二十二）取得卫生部门颁发的卫生许可证。

（二十三）建立水质管理制度，定期进行常规检测并对各类储水设施清洗消毒（每半年不得少于 1 次）。

（二十四）建立健全饮用水卫生管理制度，配备专职或兼职卫生管理员。

（二十五）禁止下列行为：擅自接装、改装公共供水设施；擅自在水表井内安装水管或穿插其他管道；擅自启动、拆卸、挪动公共供水设施；在城市公共供水管网上直抽加压；将自备水源管道、加压设备等与公共供水设施接通；在埋设公共供水设施的地面上及两侧安全间距内，挖坑、取土、植树、埋杆、倾倒废渣废液；在埋设公共供水设施的地面上及两侧安全间距内，修建与供水无关的建筑物、构筑物，或堆物、堆料。

四、排水方面

（二十六）制定年度养护计划，并按照计划对设施进行巡查、养护、维护，并保存记录。

（二十七）遵守安全操作规程，进入排水和再生水设施有限空间实施作业的，应当采取有效的安全防护措施。

（二十八）定期巡查、维护排水和再生水井盖、雨水箅子。

（二十九）制定排水和再生水设施突发事件应急预案并按照规定进行演练。专用排水和再生水设施运营单位不具备应急抢修能力的，应当事先与具备抢修能力的单位签订抢修协议，共同制定应急预案并进行演练。

（三十）禁止下列损害排水和再生水设施的行为：擅自占压、拆卸、移动排水和再生水设施；穿凿、堵塞排水和再生水设施；向排水和再生水设施倾倒垃圾、粪便、渣土、施工废料、污水处理产生的污泥等废弃物；向排水管网排放超标污水、有毒有害及易燃易爆物质；在排水和再生水设施用地范围内取土、爆破、埋杆、堆物；擅自接入公共排水和再生水管网；住宅区再生水设施处理粪便水和重污染水；其他损害排水和再生水设施的行为。

五、电气方面

（三十一）按照《北京市电气火灾综合治理实施方案》（京安发〔2017〕4号）附件2《电气火灾综合治理自查检查要点》开展自查。

六、有限空间

（三十二）建立、健全有限空间作业安全生产责任制，明确有限空间作业负责人、作业者、监护者职责。

（三十三）制定专项作业方案、安全作业操作规范、事故应急救援预案、安全技术措施等有限空间作业管理制度。

（三十四）保证有限空间作业的安全投入，提供符合要求的通风、检测、防护、照明等安全防护设施和个人防护用品。

（三十五）对进入有限空间进行施工、检修、清理作业的实施作业审批。未经作业审批，任何人不得进入有限空间作业。

（三十六）按规范在有限空间进入点附近设置警示标志。

（三十七）对有限空间作业负责人员、作业者和监护者开展安全教育培训，培训应有记录。

（三十八）签订有限空间承发包合同时，应当与分包方签订专门的安全生产管理协议，或在承发包合同中约定各自的安全生产管理职责。

七、地下空间

（三十九）物业服务企业应当按照规定和约定依法承担普通地下室安全使用责任。

（四十）制定落实治安、消防、卫生、建筑等管理法律、法规、规章的具体措施。

（四十一）建立防火、防汛、治安、卫生等责任制度。与使用人签订地下空间安全使用责任书，明确使用人对地下空间的安全使用义务，并对使用人履行义务的情况进行监督；发现使用人违反安全管理法律、法规、规章或者安全使用义务的，及时制止、纠正，并向有关行政主管部门报告；发现使用人违反安全管理法律、法规、规章或者安全使用义务的，及时制止、纠正，并向有关行政主管部门报告。

（四十二）使用人民防空工程，应当按照所在地人民防空主管部门批准的要求使用。

（四十三）不得擅自改变地下空间工程的主体结构或者拆除地下空间工程的设备设施。

（四十四）安全出口和疏散通道符合安全规范。安全出口不得采用卷帘门、转门、吊门或者侧拉门，门向疏散方向开启。

（四十五）在地下空间的入口处设置人民防空主管部门、建设（房屋）行政主管部门制发的人民防空工程、普通地下室使用标志牌。

（四十六）建立安全设施检查、维修管理

制度，保障安全设施正常使用。

（四十七）对有关行政主管部门检查发现的事故隐患，在规定的时间内予以消除。

（四十八）依法及时报告火灾、传染病疫情等突发性事件。

（四十九）不得将地下空间出租给无合法有效证件、证明的单位或者个人。

（五十）遵守国家及本市其他有关地下空间安全使用的管理规定。

（五十一）地下空间的安全使用应当符合本市有关房屋建筑使用安全管理、治安管理和房屋租赁管理的相关规定以及规范、标准。地下空间用于出租的，应当按照本市房屋租赁管理的相关规定办理登记。禁止将违法建设的地下空间出租，禁止将规划用途为非居住用途的地下空间出租居住。

八、建筑安全

（五十二）对房屋建筑进行检查维护，发现危及房屋建筑使用安全的问题时及时向住房城乡建设行政主管部门报告，并对危害房屋建筑使用安全的行为进行制止。

（五十三）按规定建立房屋建筑使用安全管理档案。

（五十四）禁止下列影响房屋建筑使用安全的行为：擅自变动房屋建筑主体和承重结构；违法存放爆炸性、毒害性、放射性、腐蚀性等危险物品；超过设计使用荷载使用房屋建筑；损坏、挪用或者擅自拆除、停用消防设施、器材；占用、堵塞、封闭房屋建筑的疏散通道、安全出口以及其他妨碍安全疏散的行为；在人员密集场所门窗上设置障碍物；损坏或者擅自拆改供水、排水、供电、供气、供热、防雷装置、电梯等设施设备；其他违反法律、法规、规章的行为。

九、高空作业

（五十五）从事高处悬吊作业的人员应当取得特种作业操作资格证书。

（五十六）在施工现场配备安全检查人员，负责作业现场的安全检查和施工过程的安全监控。在其作业下方设置警戒线，在醒目处设置安全警示标志牌，并设专人看守，确保施工现场的安全。

（五十七）与承包单位签订安全生产管理协议，明确约定各自安全管理职责。

十、公共区域

（五十八）维护公共区域内标志标识，确保安全有效。

（五十九）检查路灯、草坪灯、景观照明、宣传栏照明、广告灯（箱）及相关配电柜（箱）电路，发现问题及时维修。

（六十）检查道路、散水、围墙和人造景观等，发现问题应当及时修补。修补期间应在作业区域设置围挡，并于显著位置设置警示标识。

（六十一）检查楼外立面，包括外墙、外檐、空调栏板或护栏、外窗（楼道）和其他悬挂物等，发现问题应当及时修补。修补期间应在作业区域设置围挡，并于显著位置设置警示标识。对于需要分流的区域，应加设指示标识，引导人员或车辆由安全路线通过。

（六十二）对照室外管网图和实地情况，对所有污水井、集水坑、化粪池、雨水井及其附属管线进行检查，并检查排水管线与周边市政排水管网的接口，发现问题应当及时维修或清理，并注意做好检查、清理和维修的工作记录。

（六十三）对屋面防水层、保护层及上一汛期中的漏水点进行全面检查，发现问题应当及时修补。

十一、监控防范

（六十四）建立值班监看制度、安全检查制度、运行维护制度、应急处理制度。发现涉及公共安全的可疑信息及时向公安机关报告。

（六十五）保持监控图像信息画面清晰，保证系统正常运行。

（六十六）建立图像信息使用登记制度，对图像信息的录制人员、调取时间、调取用途等事项进行登记。

（六十七）按照规定期限留存图像信息，不得擅自删改、破坏留存期限内图像信息的原始数据记录。

（六十八）在公共区域设置的公共图像信息系统，应当设置标识。

十二、电动自行车管理

（六十九）将电动车火灾防范纳入日常工作，加强对居住、商业、办公等场所及楼院的电动车存放、充电管理。严禁在疏散楼梯间、疏散走道等公共区域违规停放电动车，严禁乱接乱拉电气线路充电，严格落实电动自行车棚用电安全管理。

（七十）加强防火检查、夜间巡查和宣传提示，及时发现和制止电动车违规停放及充电行为。

十三、避雷检测

（七十一）做好防雷装置的日常维护工作，并按照国家气象主管机构规定的期限进行检测。

十四、药剂使用

（七十二）向有资质的单位购买并指定专人对有害有毒药剂（品）实施出入库的管理。

（七十三）管理人员应当知晓药品的使用方法、中毒急救措施和注意事项，并对使用人加以培训。

（七十四）在放置鼠药时，应当张贴明显标识，并注明药品名称、有效时间、解药名称、中毒急救措施等注意事项，以起到警示作用。

（七十五）在处理过期或失效的危险品时，不应与生活垃圾混淆，可采取由购买单位回收的方式处理。

十五、装饰装修管理

（七十六）物业管理单位应当按照装饰装修管理服务协议进行现场检查，对违反法律、法规和装饰装修管理服务协议的，应当要求装修人和装饰装修企业纠正，并将检查记录存档。

（七十七）物业服务企业应在物业管理区域内设立装修垃圾暂存点，设置明显标识，并定期组织清运。

十六、内部管理

（七十八）安全生产责任制的建立健全情况。

（七十九）安全生产规章制度和操作规程的建立和执行情况。

（八十）事故隐患排查治理制度建立健全情况。

（八十一）按规定编制应急预案并组织定期演练情况。

（八十二）对从业人员进行安全生产教育和培训，并建立教育和培训档案。

（八十三）为从业人员提供符合国家标准或者行业标准的劳动防护用品，并监督、教育从业人员按照使用规则佩戴、使用。

（八十四）特种作业的岗位从业人员应当持证上岗，包括电工、焊接、制冷与空调作业、电梯、有限空间、消防、高处作业、供水等。

（八十五）设置或维护符合国家标准或行业标准的安全警示标志。

（八十六）配置必要的应急救援设备和器材，建立台账并定期检查。

（八十七）不得将物业管理事项、场所、设备发包或出租给不具备安全生产条件或相应资质的单位或个人。

北京市安全生产监督管理局关于印发《关于加强生产经营单位安全生产应急管理工作的指导意见》的通知

（京安监发〔2013〕29号，2013年5月16日）

各区县、北京经济技术开发区安全监管局：

为进一步加强本市生产经营单位安全生产应急管理工作，提高应急管理水平，北京市安全生产监督管理局制定了《关于加强生产经营单位安全生产应急管理工作的指导意见》（以下简称指导意见），现予印发。请各单位结合全市企业安全生产标准化达标建设工作，认真贯彻落实，并将本《指导意见》转发辖区内生产经营单位，指导和监督生产经营单位落实安全生产应急管理主体责任，完善应急管理组织体系，建立专、兼职应急救援队伍或者配备专兼职人员，完善安全生产应急管理制度，强化应急预案管理和物资储备，加强应急宣教培训和演练，认真做好隐患排查和应急处置工作。

附件：关于加强生产经营单位安全生产应急管理工作的指导意见

附件

关于加强生产经营单位安全生产应急管理工作的指导意见

为进一步加强生产经营单位安全生产应急管理工作（以下简称应急管理），提高应急管理水平，依据《中华人民共和国安全生产法》和《北京市安全生产条例》等法律、法规和规章，结合全市企业安全生产标准化达标建设工作，制定本指导意见。

本指导意见适用于本市各类生产经营单位，法律、法规、规章和规范性文件对煤矿、非煤矿山、危险化学品、烟花爆竹、建筑施工和道路交通运输企业另有规定的，从其规定。

一、落实生产经营单位应急管理主体责任

（一）生产经营单位是本单位安全生产应急管理的责任主体，其主要负责人是组织开展本单位应急管理工作的第一责任人。生产经营单位要把应急管理工作纳入本单位安全生产责任制，保证必要的应急管理和应急救援工作资金的投入。落实《中华人民共和国安全生产法》和《北京市安全生产条例》等法律法规要求，建立应急组织，制定完善应急预案，储备应急救援物资，积极开展应急演练和培训，不断提升本单位预防和应对生产安全事故的能力。

二、完善生产经营单位应急管理组织体系

（二）生产经营单位要设置或明确应急管理机构，建立专职或兼职安全生产应急救援队伍或者配备专职或兼职应急人员开展应急工作，落实各级领导、部门和相关人员的应急工作职责，形成单位主要领导全面负责、分管领导具体负责、部门分工负责、全员参与的应急管理组织体系。

鼓励生产经营单位应急管理人员由具备国家注册安全工程师资质的人员承担。

（三）生产经营单位应急管理机构主要负有以下职责：

1、组织制定并督促落实应急管理规章制度；

2、组织编制、修订并实施生产安全事故应急预案；

3、组织开展应急预案演练；

4、建立专兼职应急队伍（人员）；

5、储备、管理应急救援物资和装备；

6、组织开展应急知识宣教培训工作；

7、组织事故现场应急救援；

8、及时、如实报告生产安全事故。

（四）加强应急队伍建设。水、电、气、热等重要领域的服务保障单位应当建立以保障城市安全运行为主要力量的专职应急队伍。

鼓励其他生产经营单位建立专兼职应急队伍，未建立专兼职队伍的企业，应当把具有相关专业知识和技能的员工作为本单位的专兼职应急人员，专兼职应急人员的配置应满足本单位应急管理的需要。

三、完善生产经营单位应急管理制度建设

（五）健全安全生产应急管理制度。生产经营单位应急管理制度主要包括以下内容：应急预案编制管理与演练；专、兼职应急队伍（人员）管理；应急物资装备管理；应急管理教育培训；安全生产的预防性检查；事故隐患整改；应急值守管理；生产安全事故报告；生产安全事故应急处置；应急管理工作考评和奖惩；其他必要的应急管理内容。

（六）完善应急相关配套制度。生产经营单位应按照相关规定为专职应急人员投保工伤保险和其他安全生产保险。鼓励生产经营单位为兼职应急人员和应急志愿者参与应急救援工作提供必要的保障。

（七）建立表彰奖励制度。生产经营单位制定相应的奖励制度，对在应急管理、应急抢险工作中做出突出贡献的，以及对安全生产应急领域的科学技术研究和技术装备自主创新的集体和个人，按照制度给予表彰奖励。

四、强化生产经营单位应急预案管理和完善修订

（八）制定生产安全事故应急预案。生产经营单位的主要负责人负责组织制定并实施本单位的生产安全事故应急预案。生产经营单位应当根据法规、标准和本指导意见，认真开展风险评估，结合本单位的危险源状况、危险性分析情况和可能发生的事故特点，参照《生产经营单位安全生产事故应急预案编制导则》（AQ/T 9002—2006）制定综合应急预案、专项应急预案和现场处置方案，并确保各预案相互衔接，满足本单位各类生产安全事故的处置要求。

下列生产经营单位应针对存在的风险状况和可能发生的事故，制定专项应急预案和现场处置方案：

1、公众聚集场所的经营单位在承办演出、体育赛事、会议和集会、促销、开张等情形可能引起的生产安全事故（如火灾、人员拥挤踩踏等）。

2、高层建筑的宾馆、饭店以及商务楼宇物业管理单位可能引起的生产安全事故（如火灾、人员拥挤踩踏等）。同时，高层商务楼宇内相邻经营单位之间以及经营单位与物业管理单位之间的应急预案应做好衔接，预案中应明确楼宇内经营时间不同的经营单位在人员疏散方面的协调机制。

3、工业企业根据风险辨识存在的风险（如危险化学品储存和使用、火灾、高温灼烫、触电、机械伤害、起重伤害、气体泄漏等）和特殊风险点（粉尘、燃气、危险化学品等重点设备和重点岗位）。

4、大型游乐设施、客运索道等特种设备的使用单位可能存在的特种设备设施的风险（如停电、高处坠落等）。

5、生产经营单位在有限空间内从事巡检、施工、维修等作业时可能存在的缺氧窒息和硫化氢中毒等事故。

6、其他生产经营单位应结合本单位的危险源状况、危险性分析情况和可能发生的事故特点，制定相应的生产安全事故专项应急预案和现场处置方案。

（九）加强生产安全事故应急预案管理。生产经营单位应按照《生产安全事故应急预案管理办法》（国家安全生产监督管理总局令第17号）和《北京市生产安全事故应急预案管理办法》（京安监办发〔2012〕8号）的要求，组织行业管理、消防、安全生产等部门相关专

家或者委托安全生产技术服务机构对本单位编制的应急预案评审或论证，由主要负责人批准发布实施。生产经营单位应结合本企业发生的实际变化和应急演练中出现的问题及时完善应急预案，并应至少每三年修订一次，按照有关应急预案备案程序到相关安全生产监督管理部门备案。

1、在综合楼宇内从事歌舞娱乐场所、电子游艺场所、电影放映经营场所、体育运动项目经营单位、宾馆、饭店、商（市）场、网吧等经营活动的单位，在应急预案编制工作中要注重做好与相邻单位预案的衔接和评审。

2、高层商务楼宇物业服务单位以及其管理的生产经营单位编制的生产安全事故应急预案应注重单位间预案的衔接和评审。

3、工业企业应当组织对本单位编制的生产安全事故综合应急预案、专项应急预案、单位之间预案的衔接情况进行评审，现场处置方案可由企业内部管理人员、岗位作业人员进行评审，或参照专项预案评审要求进行评审。

4、生产经营单位在有限空间内从事巡检、施工、维修等作业的专项应急预案和现场处置方案由主要负责人批准实施。将有限空间作业委托其他单位的，委托单位应将受托方制定的现场处置方案纳入安全审查范围。

五、加强应急教育培训和演练

（十）建立应急教育和培训制度。生产经营单位应当对从业人员进行应急管理教育和培训，并建立考核制度。对从业人员进行与其所从事岗位相应的应急管理教育培训；从业人员调整工作岗位或者采用新工艺、新技术、新设备、新材料的，应当对其进行专门的应急管理教育和培训。未经应急管理教育和培训合格的从业人员，不得上岗作业。

（十一）强化应急预案的培训。生产经营单位要将生产安全事故应急预案作为安全生产教育和培训的一项重要内容。通过培训使主要负责人、安全生产应急管理人员、从业人员了解和掌握本单位生产安全事故应急预案的内容和程序，知晓应急预案中所承担的相应职责和工作。

1、生产经营单位主要负责人应熟知本单位生产安全事故应急预案的响应程序，知晓承担的应急指挥职责，明确事故应急中下属相关部门的职责分工，以及本单位预案与主管部门之间预案的衔接内容。

2、生产经营单位安全生产应急管理人员应了解本单位生产安全事故专项、综合应急预案具体内容，能及时传达应急指挥人员的指令，组织一线作业人员开展应急处置工作。

3、生产经营单位重点岗位人员应熟知现场处置方案的具体内容和现场应急设备设施的使用。

（十二）加强应急人员的培训。生产经营单位应加强专兼职应急队伍（人员）的应急救援和自救互救知识培训，熟悉应急流程，使应急人员了解和掌握医疗救护知识和应急处置措施等安全操作规范，提高现场应急处置能力。应急救援教育和培训的主要内容包括：

1、有关应急救援的法律、法规和规章，本单位应急救援相关管理制度和安全操作规程；

2、本单位、本岗位危险性和应急措施；

3、有关应急设施的性能、应急器材的使用方法；

4、生产安全事故应急救援预案和现场处置方案；

5、个人防护器具的使用和安全防护措施；

6、异常情况的鉴别和紧急处置技术要求和程序；

7、突发事件处置过程中的自救、互救知识；

8、应急通信联络方法；

9、应急救援案例。

（十三）加强全员应急培训。生产经营单位应当根据本单位生产经营活动的特点对全体员工进行专业应急管理培训。

1、公众聚集场所的经营单位及高层商务楼宇的人员密集场所物业服务单位要建立完善应急培训机制。公众聚集场所的经营单位至少每半年进行1次对本单位员工的应急培训，物业服务单位应至少每半年进行1次对本单位及所管理单位人员的应急培训，使员工和相关人员熟悉应急救援设施、应急疏散通道，并不断提高职工在灾难中应急疏散、自救互救的能力，掌握组织、引导在场群众疏散的知识和技能。

2、生产经营单位在有限空间内从事巡检、施工、维修等作业，应通过教育和培训，使应急人员熟练掌握隔绝式呼吸器具、应急通讯器材、现场快速检测、通风、应急照明、安全绳、安全梯等救援设备的使用，进一步提高应急救援水平。

（十四）加强应急物资使用人员的培训。生产经营单位要针对本单位应急物资的使用人员开展专门的培训，使其熟悉应急装备和工具的技术性能和使用方法；同时对应急物资的检查、调拨和维护等管理人员开展专业培训。结合本单位生产安全事故演练，组织应急物资岗位人员每年应至少参加1次以应急物资使用为主要内容的实战演练。

（十五）加强生产安全事故应急预案演练。生产经营单位应结合本单位应急预案，制定年度演练计划，落实演练资金，按照《突发事件应急演练指南》（应急办函〔2009〕62号）和《北京市生产经营单位生产安全事故应急预案演练管理办法（试行）》（京安监发〔2010〕102号）要求，根据本单位综合应急预案、专项应急预案和现场处置方案，组织开展演练活动。

桌面演练应结合本单位制定的综合预案、专项预案、现场处置方案进行推演，重点确定演练的流程、预案衔接、信息沟通是否到位。

实战应急演练应根据本单位制定的应急预案有针对性的开展，重点加强本单位从业人员开展以现场处置方案为主的应急演练，有效提高单位自救、互救能力，并制定演练方案，明确演练过程中的突发事件的应对措施，防止发生次生事故。

六、加强应急物资的储备和管理

（十六）加强应急物资储备。生产经营单位应按照《北京市安全生产监督管理局关于加强重点生产经营单位应急物资储备的指导意见》（京安监发〔2013〕6号）要求，配备满足本单位生产安全事故应急处置需要的救护器材、消防设备、检测仪器、通讯设施、个人防护用品等应急救援物资，加强本单位应急物资的储备。

1、公众聚集场所的经营单位及高层商务楼宇物业服务单位要按照有关规定在经营场所配备应急广播和指挥系统、应急照明设施、消防器材、安全疏散标志和指示灯，安装必要的安全监控设备，并保证完整好用。

高层建筑内宾馆、饭店等经营单位宜配备供住客自救用的防毒面具、手电筒、安全绳、缓降器、救生袋等救生器具。

2、工业企业应根据本企业事故特点配备必要的检测仪器、防护用具、消防器材、安全帽、应急灯等。

3、生产经营单位在有限空间内从事巡检、施工、维修等作业时，应配备现场有毒有害气体快速检测设备、通风设备、呼吸器具、应急通讯器材、升降器、安全绳、安全梯、防爆应急灯等。

4、其他生产经营单位应根据风险评估和应急预案，储备必要的应急物资装备。

（十七）组织实施应急物资储备。生产经营单位要将应急物资储备作为本单位应急管理工作的重要内容，结合本单位风险评估，根据风险类型确定应急物资种类、数量，确保配备种类齐全、满足应急需要。针对危险性较大的场所、设备，应每年组织本单位生产技术部门、一线作业人员和专、兼职应急人员，共同确定应急物资的种类、数量和储存方式等，据此制定年度应急物资储备方案并组织实施。

（十八）强化应急物资管理。生产经营单位应当依照应急设备设施和物资储备管理制度，确定专人对应急设施和器材进行管理，建立应急设备设施和物资管理台账，加强应急设备设施和物资的管理，定期组织对应急设施和器材检验、维修，确保应急设施和器材完好、有效，提高应急设备设施和物资使用效能。

七、认真做好隐患排查和应急处置工作

（十九）做好事故隐患防范和应对。生产

经营单位应当定期排查本单位的事故隐患。对排查出的事故隐患和存在的事故风险，不能及时整改和消隐的，要制定专项应急预案，储备必要的应急物资，做好防范和应对准备。

（二十）做好事故应急处置和报告。生产经营单位发生突发生产安全事故时，应立即启动现场处置方案和相关应急预案，组织专职或兼职应急人员开展先期处置，协助专业应急救援队伍做好各项救援措施的衔接和配合，并采取必要措施防止次生、衍生事件发生。同时应按照《生产安全事故报告和调查处理条例》（国务院令第493号）的要求及时上报。应急处置工作结束后，应积极开展善后工作，尽快组织恢复生产、生活秩序，消除环境污染，并加强事后评估，完善各项措施。

八、积极组织开展应急知识宣传普及工作

（二十一）加强公众聚集场所安全生产应急自救宣传。

1、地铁和公交运营场所、星级宾馆饭店、歌舞娱乐场所、电子游艺场所、电影放映经营场所、体育运动项目经营等较易造成群体性伤害的公众聚集场所经营单位要利用各类宣传载体，通过播出安全生产和消防安全提示，或应急自救知识宣传片等形式，向消费者宣传安全知识，提高安全防范意识，预防各类事故的发生。

2、地铁和公交运营场所应设置以安全乘车知识，以及突发情况下的人员紧急疏散、安全逃生技能等为主要内容的应急自救知识宣传片，在地铁和公交车车厢内的移动电视播放及地铁站点内的电视播放。

3、星级宾馆饭店内的有线电视节目中，应有设置安全知识和逃生自救常识短片，在开启电视时，应先播放应急知识宣传片。

4、歌舞娱乐场所、电子游艺场所、电影放映经营场所、体育运动项目经营等单位可利用开机提示和演出、放映前进行安全提示等方式，进行应急宣传和教育。

（二十二）生产经营单位应加强对本单位突发事件可能波及范围的公众进行安全和应急知识宣传，使之了解生产经营单位突发事件状态下的应急疏散、防灾避险知识，增强公众自救互救能力。

（二十三）生产经营单位应当鼓励具有相关专业知识和技能的员工加入安全生产应急志愿者队伍，充分发挥志愿者的作用，定期组织开展应急知识宣传普及活动，使志愿者能在生产安全突发事件下协助专兼职应急人员组织人员疏散等救援工作。

九、加强安全生产应急管理工作的监督检查

（二十四）市和区县安全生产监管部门负责指导、监督生产经营单位的应急管理工作，组织做好应急知识宣传教育培训工作；负有安全生产管理职责的行业管理部门负责组织开展本行业、本领域内生产经营单位安全生产应急管理工作和应急知识宣传教育培训工作。

（二十五）市和区县安全生产监管部门和负有安全生产管理职责的行业管理部门要将应急管理工作作为重要内容，纳入安全生产标准化达标建设工作中，指导、监督和检查生产经营单位应急管理工作，及时总结应急管理方面的典型经验和富有成效的做法，积极予以推广。

十、名词解释

1、本指导意见所称“公众聚集场所”，是指歌舞娱乐场所、电子游艺场所、电影放映经营场所、体育运动项目经营单位、宾馆、饭店、商（市）场、旅游区（点）、网吧等生产经营性场所。

2、本指导意见所称“工业企业”，是指机械、冶金、轻纺、建材、烟草及其他工业领域内的生产经营单位。

3、本指导意见所称“有限空间”，是指排污水井、排水管道、集水井、电缆井、化粪池、燃气井、热力井、通讯井、广播电视光缆井和综合管廊等封闭或部分封闭、进出口较为狭窄有限、未被设计成固定工作场所、自然通风不良，易造成有毒有害、易燃易爆物质积聚或氧含量不足的地下空间。

北京市安全生产委员会关于印发《北京市全面推行安全生产责任保险制度工作的实施意见》的通知（摘）

（京安发〔2017〕7号，2017年7月10日）

各区人民政府、市政府各委、办、局，各市属机构：

为进一步强化安全生产综合治理，推动北京市安全生产责任保险制度，根据《中共中央国务院关于推进安全生产领域改革发展的意见》（中发〔2016〕32号）、《国务院安全生产委员会关于加快推进安全生产社会化服务体系建设的指导意见》（安委〔2016〕11号）和《北京市安全生产条例》的有关规定，在总结前期试点工作经验基础上，经市政府同意，市安委会研究制定了《北京市全面推行安全生产责任保险制度工作的实施意见》。现印发给你们，请结合实际，认真抓好贯彻落实。

附件：《北京市全面推行安全生产责任保险制度工作的实施意见》

附件

北京市全面推行安全生产责任保险制度工作的实施意见

为进一步强化安全生产综合治理，根据《中共中央国务院关于推进安全生产领域改革发展的意见》（中发〔2016〕32号）、《国务院安全生产委员会关于加快推进安全生产社会化服务体系建设的指导意见》（安委〔2016〕11号）和《北京市安全生产条例》的有关规定，在总结前期试点工作经验基础上，经市政府同意，现就本市全面推行安全生产责任保险制度（以下简称“安责险制度”）提出如下实施意见：

一、进一步提高对推行安责险制度的认识

（一）推行安责险制度是全面深化安全生产领域改革的必然要求……

（二）推行安责险制度是加强安全生产综合治理的一项重要举措……

二、明确本市推行安责险制度的工作目标

（三）本市全面推行安责险制度工作的目标……

三、建立健全安责险制度体系

（四）建立顺畅的运行机制……

（五）完善配套的制度体系……

（六）构建科学的管理机制……

（七）突出双重保障功能。充分发挥安责险制度的事前预防和事后保障作用，通过加强和固化对参保企业的安全风险评估和安全隐患排查服务，鼓励保险服务机构开展事故预防相关技术的研发推广应用，积极开展安全培训、安全知识竞赛等活动，强化安责险制度事前预防机制，提高风险辨识管控和隐患排查治理水平，帮助参保企业有效降低风险。注重发挥安责险“小投入，大保障”作用，规范理赔服务标准，建立事故应急救援的预付赔款和伤亡人员紧急医疗费用垫付机制，通过及时有效的保险理赔服务切实减轻企业负担，缓解社会矛盾。

（八）发挥双重考核作用。落实各级政府工作任务，将安责险制度推行工作作为对各级

政府和有关行业管理部门年度安全生产综合考核的重要内容，保证工作推动的力度。加大对以保险经纪机构为主的运营服务中心的工作考核力度，政府有关主管部门要根据不同服务职能对保险经纪机构进行考核；依托经纪公司对承保公司进行考核。要将监督评议考核结果作为各类保险服务机构准入和退出本市安责险制度推行工作的主要依据。要通过发挥双重考核机制的激励约束作用，提高各单位工作的主动性和积极性，形成工作合力。

（九）建立安责险制度取代安全生产风险抵押金制度。根据《中共中央国务院关于推进安全生产领域改革发展的意见》关于“取消安全生产风险抵押金制度，建立健全安全生产责任保险制度”的有关要求，结合本市特点，研究出台企业投保安责险替代缴纳安全生产风险抵押金的具体政策。

四、规范安责险服务机构运营服务

（十）进一步改进承保服务……

（十一）加大事故预防工作力度……

（十二）强化事后理赔服务工作……

（十三）完善保险服务机构的奖惩措施……

五、进一步加大安责险制度的宣传力度

（十四）发挥政府主导宣传的作用……

（十五）加大保险服务机构宣传的力度……

六、发挥安责险信息系统的作用

（十六）加快建设功能完善的本市安责险信息系统……

（十七）推动各部门广泛使用北京安责险信息系统……

七、加强安责险的组织实施工作

（十八）加强组织领导。各级安全生产委员会要统一领导本地区安责险制度推行工作，成立领导组织机构，明确相关部门负责组织实施，健全工作机制，统筹协调政府有关部门，密切配合，开展经常性的工作交流和联合检查，推动辖区内企业投保安责险；完善考核制度，落实工作责任，将推行工作作为对属地街道、乡镇和行业管理部门年度考核的重要内容。保险监管部门要认真研究制定相关政策措施，鼓励和引导保险服务机构积极进行产品创新和服务创新，引导和督促保险服务机构规范经营，查处扰乱市场违法经营行为，建立和维护统一、规范、有序的安责险市场秩序。

（十九）强化实施保障……

（二十）推动工作融合……

北京市安全生产委员会关于印发《北京市企业安全生产违法行为警示办法》的通知

（京安发〔2010〕15 号，2010 年 10 月 26 日）

各区县安委会，市安委会各成员单位：

为进一步推动企业落实安全生产主体责任，推进企业安全生产诚信体系建设，加强对存在安全生产违法行为企业的重点监管，根据国家和本市有关法律法规和《国务院关于进一步加强企业安全生产工作的通知》（国发〔2010〕23 号）精神，结合我市实际，市安委会办公室组织制定了《北京市企业安全生产违法行为警示办法》。现印发给你们，请认真贯彻执行。

北京市企业安全生产违法行为警示办法

第一条 为了加强生产经营单位（以下简称企业）安全生产信用建设，督促企业增强信用观念，进一步落实企业安全生产主体责任，根据安全生产有关法律、法规及《国务院关于进一步加强企业安全生产工作的通知》（国发〔2010〕23号）等规定，结合本市安全生产工作实际，制定本办法。

第二条 本办法适用于本市行政区域内有关部门、单位和公众对违反安全生产法律法规等行为的企业的公布及相关监督管理工作。

第三条 市安全监管部门按照工作职责，将在安全生产方面存在本办法第五条规定情形的企业纳入"安全生产违法行为警示名单"（以下简称"警示名单"），进行归集向社会公布并会同有关部门对其实施重点监管。

第四条 "警示名单"的公布和监管遵循依法、客观、准确以及惩戒过失的原则。

第五条 企业在一个年度周期内有下列违反安全生产法律法规行为之一的纳入"警示名单"。

（一）发生1起以上较大生产安全责任事故的；

（二）发生2起以上一般生产安全责任事故的；

（三）发生造成社会恶劣影响的生产安全责任事故的；

（四）谎报、瞒报事故以及严重漏报事故的；

（五）受到安全监管部门3次以上处罚的；

（六）拒不执行安全监管监察指令、行政处罚决定，或者抗拒执法的；

（七）存在重大安全生产事故隐患整改不力的；

（八）企业未取得安全生产相应资质，非法从事有资质要求的生产经营活动，或违规擅自改变生产经营范围的；

（九）将生产经营项目、场所、设备发包或者出租给不具备安全生产条件或者相应资质的单位或个人，情节恶劣或后果严重的；

（十）其他违反安全生产法律法规行为产生恶劣社会影响的。

第六条 市安全监管部门对"警示名单"归集和公布实施综合监督管理，适时公布违法企业名称、事由等有关信息，并向投资、财政、国土资源、规划、建设、工商、金融等主管部门通报。

各区县安全监管部门对本行政区域内矿山、危险化学品、工业制造业等违法企业纳入"警示名单"进行确认，并及时汇总报送，对被纳入"警示名单"的单位，按照属地监管的原则实施重点监管。

第七条 "警示名单"的归集和公布按下列程序进行。

（一）归集。按照职责分工，区县安全监管部门通过安全检查、事故查处、群众举报等途径，归集存在符合本办法第五条规定行为的企业名称、违法违规行为等信息，并填写《北京市安全生产"警示名单"信息归集表》。

（二）告知。对拟列入"警示名单"的企业单位，区县安全监管部门应当告知当事企业，并听取其陈述和申辩意见。当事企业提出的事实、理由和证据成立的，应当采纳。

（三）确认。区县安全监管部门按照有关规定和条件对归集的"警示名单"进行审定、确认，填写《北京市安全生产"警示名单"汇总表》。

区县安全监管部门及时将《北京市安全生产"警示名单"信息归集表》和《北京市安全生产"警示名单"汇总表》报送市安全监管局。市安全监管局组织进行复核。

（四）公布。市安全监管局建立信息公布渠道，通过媒体适时对外公布。公布期限为一年。

（五）消除。纳入"警示名单"的企业，在公布期限届满时予以消除。在公布期限内，对事故隐患整改不到位或再次出现违法行为的企业，由区县安全监管部门提出意见予以保留。

第八条 对纳入"警示名单"的企业，除依法给予行政处罚外，并实施以下重点监管措施：

（一）加大检查频次和力度。"警示名单"

信息公布系统与北京企业信用系统相衔接，安全监管部门和相关部门将“警示名单”的企业纳入重点监管范围，加大监管力度。

（二）纳入“警示名单”的企业，一年内严格限制新增项目的核准、用地审批、证券融资等，并作为银行决定是否贷款等重要参考依据。

（三）有关行政主管部门依法降低其相应的生产经营资质，限制其一年内参加政府投资、政府融资建设项目和政府采购项目的投标，以及参加该年度政府奖项、社会奖项的评定。

（四）对于发生重大、特别重大生产安全责任事故负有主要责任的企业，其主要负责人终身不得担任本行业企业的主要负责人。

3 年内连续进入“警示名单”且整改后仍不符合安全生产条件的企业，由安全监管部门提请同级人民政府依法予以关闭。

第九条　市住房城乡建设、交通、消防、特种设备等行政主管部门，对纳入“警示名单”的企业依照各自职责，依法加强监管。

第十条　本办法中的“以上”包括本数。

第十一条　本办法由市安全生产委员会办公室负责解释。

第十二条　本办法自公布之日起实行。

北京市突发事件应急委员会关于印发北京市防汛应急预案的通知

（京应急委发〔2019〕3 号，2019 年 6 月 25 日）

各区人民政府，市政府各委、办、局，各相关单位：

《北京市防污应急预案（2019 年修订）》已经市政府同意，现印发给你们，请认真贯彻实施。

北京市防汛应急预案

（2019 年修订）

1　总则

1.1　指导思想

以习近平新时代中国特色社会主义思想为指导，弘扬生命至上、安全第一的思想，坚持以防为主、防抗救相结合，坚持常态减灾和非常态救灾相统一，从注重灾后救助向注重灾前预防转变，从应对单一灾种向综合减灾转变，从减少灾害损失向减轻灾害风险转变，建立“党委领导、政府负责、社会协同、公众参与、法治保障”的防汛工作体系，提高指挥决策、预报预警、社会动员能力，不断提升防汛应急处置和管理水平。

1.2　基本原则

坚持生命至上、安全第一、常备不懈的原则；坚持依法防汛、政府主导、属地负责、专业处置与社会动员相结合的原则；坚持因地制宜、城乡统筹、资源整合、突出重点、局部利益服从全局利益的原则。

1.3　工作目标

立足于防大汛、抗大洪、抢大险、救大灾，依法、科学、迅速、有效应对汛情、险情，最大程度减少、减轻洪涝灾害损失，确保人民群众生命财产安全，确保城市运行安全，确保首都安全度汛。

1.4　编制依据

依据《中华人民共和国防洪法》《中华人民共和国突发事件应对法》《中华人民共和国防汛条例》《国家突发事件总体应急预案》《国家防汛抗旱应急预案》《北京市实施〈中华人民共和国防洪法〉办法》《北京市实施〈中华人民共和国突发事件应对法〉办法》《北京市突发事件总体应急预案》和其他有关法律、法规及规定，结合本市机构改革“三定方案”与防汛工作实际，制定本预案。

1.5 适用范围

本预案适用于本市行政区域内防汛应急工作。

2 指挥体系及职责

北京市人民政府防汛抗旱指挥部（以下简称市防汛指挥部）在市委、市政府和市应急委的领导下，在国家防汛抗旱总指挥部与应急管理部的指导下组织全市防汛抗洪工作，对全市防汛减灾工作实行统一决策、统一指挥、统一调度。

2.1 市防汛指挥部

市防汛指挥部总指挥由市长担任，常务副总指挥由常务副市长担任，执行副总指挥由主管副市长担任，副总指挥由相关副市长担任，秘书长由市政府秘书长担任，副秘书长由市政府分管副秘书长担任，副指挥和成员由市防汛指挥部成员单位主要领导或主管领导担任。

市防汛指挥部下设防汛专项分指挥部、流域防汛指挥部、区防汛指挥部和市政府相关部门及企事业单位防汛指挥部（以下统称各相关防汛指挥部）。

市防汛指挥部的主要职责是：

（1）贯彻落实《中华人民共和国突发事件应对法》《中华人民共和国防洪法》《中华人民共和国防汛条例》《北京市实施〈中华人民共和国突发事件应对法〉办法》《北京市实施〈中华人民共和国防洪法〉办法》等相关法律法规；

（2）研究制定本市应对防汛突发事件的政策措施和指导意见，制定工作规划和年度计划；

（3）审查各防汛专项分指挥部、各流域防汛指挥部、各区防汛指挥部防汛应急预案；指导市有关工作部门编制防汛应急预案；

（4）负责具体指挥本市特别重大、重大防汛突发事件应急处置工作，指导各专项分指挥部和各区防汛指挥部开展较大、一般防汛突发事件应急处置工作；

（5）负责防汛突发事件发展态势的综合研判，组织指导协调本市防汛突发事件应急救援和处置工作；

（6）负责组织指挥调度全市防汛应急抢险救援队伍；指挥调配防汛抢险救援应急物资；

（7）负责组织全市汛情对外发布；

（8）负责按权限申请蓄滞洪区调度运用；

（9）组建防汛抢险救灾专家队伍，为防汛抢险救灾提供技术支撑；

（10）承办上级部门交办的其他事项。

2.2 市防汛指挥部成员单位

市防汛指挥部成员单位主要包括：市委宣传部、市发展改革委、市教委、市经济和信息化局、市公安局、市民政局、市财政局、市规划自然资源委、市生态环境局、市住房城乡建设委、市城市管理委、市交通委、市水务局、市农业农村局、市商务局、市文化和旅游局、市卫生健康委、市应急管理局、市国资委、市体育局、市园林绿化局、市人防办、中国铁路北京局集团有限公司、民航华北地区管理局、市通信管理局、市气象局、市公安局交管局、市消防总队、市委网信办、北京经济技术开发区、北京卫戍区、武警北京市总队。各成员单位按照市防汛指挥部要求做好防汛相关工作。

2.3 市防汛指挥部办公室

北京市人民政府防汛抗旱指挥部办公室（以下简称市防汛办）为市防汛指挥部常设办事机构，设在市应急管理局，市防汛办主任由市应急管理局局长担任。

市防汛办主要职责：承担市防汛指挥部日常工作，指导防汛专项分指挥部办公室、流域防汛指挥部办公室、各区防汛指挥部办公室工作；组织协调本市水旱灾害应急救援，协调指导重要河湖和重要水工程实施防御洪水和应急水量调度工作；负责组织防汛会商，收集汇总雨情、水情、灾情、工情、险情，提出预警响应和防汛突发事件应急响应启动建议，为市防汛指挥部决策提供服务；完成市防汛指挥部及领导交办的其他工作。

2.4 防汛专项分指挥部

防汛专项分指挥部包括防汛宣传专项分指挥部、水务防汛专项分指挥部、地质灾害防汛专项分指挥部、住房城乡建设防汛专项分指挥部、道路交通防汛专项分指挥部、城市地下管线防汛专项分指挥部、旅游防汛专项分指挥部7个专项分指挥部。

防汛宣传专项分指挥部：由市委宣传部牵头组建，市委宣传部主管同志任指挥。办公室设在市委宣传部。负责组织、协调、指导全市防汛安全宣传、教育工作；指导北京市人民政府新闻办公室组织广播、电视、报刊、互联网、新媒体等各类新闻媒体做好防汛抢险救灾新闻发布工作；负责组织、指导网信办对互联网等新闻发布平台做好防汛舆情应对和引导工作；负责防汛安全知识教育宣传工作；完成市防汛指挥部交办的其他工作。

水务防汛专项分指挥部：由市水务局牵头组建，市水务局主要负责同志任指挥。办公室设在市水务局；负责组织、协调、指导全市水旱灾害防御工作；负责编制河湖、重要水工程的防御洪水及应急水量调度方案，按程序报批并组织实施；承担水情、山洪的监测，负责洪水预报预警及预防行动工作；组织、协调、指导蓄滞洪区安全建设、管理和运用补偿工作；负责防御洪水和城市内涝应急抢险的技术支撑；指导各区水务部门、城市排水集团按照管理职责做好城镇积水排除工作；及时向市防汛指挥部报告应对部署、洪水调度、水情信息、处置措施等情况；完成市防汛指挥部交办的其他工作。

地质灾害防汛专项分指挥部：由市规划自然资源委牵头组建，市规划自然资源委主要负责同志任指挥。办公室设在市规划自然资源委。负责本市地质灾害防治工作；负责地质灾害应急救援的应急调查和技术支撑工作；负责指导各区政府开展地质灾害群测群防、专业监测、预报预警及预防行动工作；配合各区防汛指挥部开展受地质灾害威胁人员的避险转移工作；及时向市防汛指挥部报告应对部署、灾害调查等情况；完成市防汛指挥部交办的其他工作。

住房城乡建设防汛专项分指挥部：由市住房城乡建设委牵头组建，市住房城乡建设委主要负责同志任指挥。办公室设在市住房城乡建设委。负责组织、协调、指挥监管范围内全市在建房屋建筑和市政工程、在建轨道交通、全市人防工事、普通地下空间、低洼院落等安全度汛及暴雨、洪水、地质灾害的预防行动工作；及时向市防汛指挥部报告应对部署、灾害调查、处置结果等情况；完成市防汛指挥部交办的其他工作。

道路交通防汛专项分指挥部：由市交通委牵头组建，市交通委主要负责同志任指挥。办公室设在市交通委。负责组织、协调、指挥雨天城市道路、高速公路、山区道路、轨道交通等全市交通安全运行保障及暴雨、洪水、地质灾害的预防行动工作；负责组织道路积水封路、交通疏导、应急排水、道路塌陷等抢险和修复工作；及时向市防汛指挥部报告应对部署、积水、灾害调查、处置结果等情况；完成市防汛指挥部交办的其他工作。

城市地下管线防汛专项分指挥部：由市城市管理委牵头组建，市城市管理委主要负责同志任指挥。办公室设在市城市管理委。负责组织、协调、指挥供水、供电、供气、供热、供油等城市生命线的暴雨、洪水、地质灾害的预防行动、安全度汛和防汛抢险工作；负责城市地下管线突发事件的应急处置；及时向市防汛指挥部报告应对部署、设施受损、处置措施、抢修结果等情况；完成市防汛指挥部交办的其他工作。

旅游防汛专项分指挥部：由市文化和旅游局牵头组建，市文化和旅游局主要负责同志任指挥。办公室设在市文化和旅游局。负责组织、协调、指导全市旅游系统暴雨、洪水、地质灾害的预防行动及防汛安全工作；指导旅游景区及各区防汛指挥部做好旅游景区的预警、关闭、避险、转移、安置、警示、人员疏导等工作；做好旅行社的防汛安全管理工作；配合各区防汛指挥部做好民俗户的管理工作；及时向市防汛指挥部报告应对部署、处置措施等情况；完成市防汛指挥部交办的其他工作。

2.5　流域防汛指挥部

流域防汛指挥部包括永定河流域防汛指挥部、潮白河流域防汛指挥部、北运河流域防汛指挥部、大清河（拒马河）流域防汛指挥部、蓟运河（泃河）流域防汛指挥部5个流域防汛指挥部。

永定河、北运河流域防汛指挥部的指挥由永定河和北运河流经区域的区行政首长轮流担任，永定河流域防汛指挥部办公室设在永定河管理处。北运河流域防汛指挥部办公室设在北运河管理处。潮白河流域防汛指挥部的指挥由顺义区的行政首长担任，办公室设在潮白河管理处。大清河（拒马河）流域防汛指挥部指挥由房山区的行政首长担任，办公室设在房山区防汛指挥部办公室。蓟运河（泃河）流域防汛指挥部指挥由平谷区的行政首长担任，办公室设在平谷区防汛指挥部办公室。

流域防汛指挥部负责组织、协调、指挥、实施流域内水旱灾害防御工作，组织协调流域内雨水情监测、洪水预报调度、巡堤查险、防洪抢险等相关工作。及时向市防汛指挥部及水务防汛专项分指挥部报告应对部署、洪水调度、工程险情、抢险措施、避险转移、水毁损失等情况；协助市防汛指挥部做好超标准洪水应急抢险和救援技术支撑工作。

2.6　区防汛指挥部

各区在区委、区政府的领导下组建区防汛指挥部，区防汛指挥部包括东城区、西城区、朝阳区、海淀区、丰台区、石景山区、门头沟区、房山区、通州区、顺义区、大兴区、昌平区、平谷区、怀柔区、密云区、延庆区 16 个区防汛指挥部。防汛工作实行属地负责制，区长是本区防汛第一责任人。乡镇（街道）成立相应防汛组织，村（社区）由专人负责防汛工作，在上级防汛指挥部的领导下，负责本行政区域内的防汛抗洪工作。

主要职责如下：

负责指挥辖区内防洪排水抢险工作；负责做好辖区内重点部位、重要设施等的防汛工作，落实各部门以及乡镇（街道）、村（社区）的安全度汛责任制，制定防汛应急预案，组织应急抢险队伍，配备必要的抢险物资，及时启动避难场所，做好抢险、救灾、人员转移和安置工作。

负责辖区内危旧房屋、低洼院落、山洪易发区、泥石流等地质灾害易发区、采空区、水库、河道、小塘坝、蓄滞洪区、旅游景区的群众安全避险转移；负责辖区内城乡接合部、城中村、棚户区的安全度汛保障工作；负责辖区内的河道清障工作，保障行洪河道畅通；负责区管道路、桥梁等设施的防汛抢险处置工作；负责在紧急情况下采取封路措施。

加强区域暴雨等灾害天气的预报、预警工作，及时告知群众避险转移；加强避险自救知识宣传，提高群众自我保护能力。

3　总体要求

各相关防汛指挥部每年 4 月底前落实并完成防汛责任制、应急预案、抢险队伍、物资储备、避险措施、隐患排查等工作，并将落实情况报市防汛办。

3.1　落实责任制

行政首长和各相关单位主要负责人是本地区、本行业、本单位防汛第一责任人。各级防汛指挥部完善防汛组织机构和防汛责任体系，防汛责任制落实到每一级政府、每一个行业、每一个单位、每一个责任人；河道、水库（塘坝）、闸站、险工（点）、避险点、蓄滞洪区等防汛重点部位逐一落实责任人；建立专项分指挥部与各区防汛指挥部、流域防汛指挥部与各区防汛指挥部、政府与企业、单位与个人、社区与居民条块结合的防汛责任制体系，充分发挥乡镇长、村长、街巷长的基层防汛作用，形成市、区、乡镇（街道）、村（社区）四级防汛责任制体系，实现防汛指挥机构和责任制体系的全覆盖。

3.2　落实防汛预案

各相关防汛指挥部要完善应急预案，加强预案间的衔接，提高预案的可操作性；完善涵盖应急抢险、洪水调度、防御洪水、安全避险等类型的防汛应急预案体系；指导检查所属部门、单位的防汛预案；加强预案精细化管理，实现对防汛重点部位、防汛风险点、防汛突发事件的全覆盖；指导各类防汛突发事件应对工作。

3.3　落实抢险队伍

市防汛指挥部统一协调指挥本市各类防汛应急专业队伍，建立应急协调联动机制，协调解放军和武警部队参与应急抢险救援工作，指导综合性应急救援队伍建设和各区防汛指挥部及社会应急救援力量建设。各区防汛指挥部统一协调指挥本区防汛应急专业队伍，加强应急抢险队伍的技能培训和演练工作。各行业、部门加强本行业、部门的防汛应急抢险队伍技能培训和实战演练，充分整合抢险队伍、装备设备，建设专业化与社会化相结合，具备处置各类险情能力的防汛抢险队伍。

3.4　落实物资储备

市防汛指挥部负责制定本市防汛应急物资

储备和应急救援装备规划并组织实施，完善防汛抢险救灾物资调度机制。其他各相关防汛指挥部科学规划建设防汛物资储备仓库，明确防汛抢险救灾物资储备种类和数量，建立台账，规范防汛物资管理制度，完善防汛抢险救灾物资调度联动机制，提高防汛抢险救灾物资保障能力。

3.5 落实避险措施

各相关防汛指挥部按照“七包七落实”要求落实低洼地区、危旧房屋、山洪易发区、泥石流等地质灾害易发区、采空区、蓄滞洪区、存在防洪风险的旅游景区等危险区域的群众避险措施，制定群众安全避险预案及危险地区群众搬迁计划。

3.6 落实隐患排查

各相关防汛指挥部组织开展防汛安全检查，对河道水库、排水设施、危旧房屋、积滞水点、地下空间、山洪易发区、泥石流等地质灾害易发区、存在防洪风险的旅游景区等重点部位开展安全度汛隐患排查，落实责任单位，建立防汛隐患台账，落实工程及非工程整改措施。

3.7 加强宣传教育

各相关防汛指挥部利用电视、广播、报刊、互联网、手机客户端、手机短信、微博、微信、公共交通移动媒体、公共交通广告等媒体，普及防汛知识，发布防汛信息，增强市民防汛意识和自救互救能力，做到进单位、进学校、进景区、进村庄、进社区、进家庭、进公共场所，努力实现社会宣传全覆盖。

3.8 加强培训演练

各相关防汛指挥部每年汛前至少组织一次培训，重点对指挥调度人员、抢险救灾人员、防汛业务人员进行培训。

各相关防汛指挥部每年至少组织一次应急演练，以检验、改善和强化应急准备和应急处置能力。专业抢险队伍必须每年针对当地易发生的各类险情进行防汛抢险演练，不断提高公众防灾减灾意识和避险自救能力。

3.9 加强应急值守

各相关防汛指挥部汛期按照“在岗、在职、在责”要求，实行24小时领导在岗带班、值班制度，确保通信畅通。密切关注天气变化，加强气象和汛情会商监测，全程跟踪雨情、水情、工情、险情、灾情，并及时采取应急响应措施。

3.10 加强信息报送

各相关防汛指挥部负责通过各自行业系统渠道，汇总上报职责范围内的防汛工作信息。各区防汛指挥部负责汇总上报所辖区域内的防汛工作信息。

各相关防汛指挥部启动和终止蓝色预警响应时，应向市防汛办报告。启动黄色及以上预警响应时，要按照“零报告”与“一小时一报”要求向市防汛办报告汛情信息，内容包括雨情、水情、工情、险情、灾情、应对措施、时间、地点、人员、事件等基本要素和相应的分析等。

当防汛突发事件发生时，各相关防汛指挥部应立即向市防汛指挥部报告，详细信息最迟不得晚于事件发生后2小时报告，并及时续报发展趋势和处置进展情况。防汛突发事件处置基本结束后报送综合情况。涉及人员死亡（失踪）信息由市防汛办负责统计报送。市防汛办应及时向市委值班室、市政府总值班室报告。任何单位不得迟报、漏报、谎报和瞒报防汛突发事件信息。社会各单位和个人有权利和义务向市防汛办和相关政府职能部门报告防汛突发险情和隐患，并有权对相关部门的工作过失和不当处置行为进行举报。

3.11 加强监督检查

各相关防汛指挥部在汛前深入基层对灾害易发区与重点部位的隐患、防汛工作责任、预案、队伍、物资、措施、人员值守落实情况开展拉网式排查，建立整改台账，实行销号式管理。

市防汛指挥部加强对各级防汛指挥部防汛责任制、预案、抢险队伍、物资储备、避险措施、隐患排查落实与消除情况的监督检查；加强对宣传培训、防汛演练、汛期值守、险情处置、安全自查台账的监督检查。

4 监测与预防

4.1 监测与预报

市气象局加强灾害性天气的跟踪监测，完善区域灾害性天气监测预报系统，提高短时临近预报精准度，准确预报降雨量级、强度、影响区域。

市水务局加强重点河道、水库的洪水实时监测预警和山洪沟道的监测，及时预报水库、河道洪峰流量、最高水位、峰现时间、持续时间、洪水总量、影响范围等要素。

市规划自然资源委加强地质灾害跟踪监测与评估，提高受地质灾害影响严重的城镇、聚居地、高速公路、山区道路和旅游景区等局部区域的监测预报精度。

市气象局、市水务局、市规划自然资源委汛期加密暴雨、洪水、地质灾害气象风险的预报频次，采取分区域、分时段的递进式预报、渐进式预警、跟进式服务。加强与河北、天津雨情、水情、工情、险情等监测预报和信息共享。

各流域防汛指挥部与各区防汛指挥部加强管辖区河道上下游、左右岸的汛情、雨情、水情、工情、险情等监测，并及时通报下游及周边地区。

各相关防汛指挥部加强对所管辖区内防汛重点部位与灾害易发区的雨情、水情、工情、险情等监测。

当市气象局预报有强降雨天气时，要通过媒体及时播报降雨预报信息与气象信息，按程序商请市防汛办后经市预警中心通过广播、电视、报刊、互联网、新媒体、手机短信等渠道广泛发布提示信息。

全市各类防汛提示性信息由各单位负责拟定，商市防汛办后，经市应急办报批，由市预警中心发布。

4.2　预防行动

4.2.1　当市气象局发布预报未来 24 小时内全市超 25 至 50 毫米或局地 100 毫米或局地雨强超 50 毫米/小时降雨时，市防汛办要及时下发强降雨应对通知。

各级防汛指挥部和成员单位根据强降雨应对通知有针对性地做好降雨部署工作。

4.2.2　当气象局发布预报未来 24 小时内全市 50 至 70 毫米或局地有 200 毫米或局地雨强超 70 毫米/小时强降雨时，市防汛办主管领导和主要负责同志要组织各专项防汛指挥部、各流域防汛指挥部、各区防汛指挥部、各相关防汛指挥部副指挥参加的全网防汛视频会商，部署强降雨应对工作。各级防汛指挥部、各成员单位立即组织开展应急准备工作，加强对所辖区域内重点水利工程、在建工程、地下空间、低洼院落、危旧房屋、山洪沟道、地质灾害易发区、旅游景区、易积滞水点等防汛重点部位与灾害易发区的巡查与布控工作；视情况做好山洪、泥石流易发区、危旧房屋、低洼院落等易出险部位的群众避险转移准备工作；加强室外运动单位、人员的宣传劝导，做好涉山、涉水旅游景区内旅游人员避险转移准备；加强对准备工作的督促检查并及时向市防汛指挥部报告落实情况。

4.2.3　当气象局发布预报未来 24 小时内全市 100 毫米以上或局地达到 300 毫米或局地雨强达到 100 毫米/小时强降雨时，市防汛指挥部执行副总指挥要组织各专项防汛指挥部、各流域防汛指挥部、各区防汛指挥部、各相关防汛指挥部指挥和北京卫戍区、武警北京市总队领导参加的全网防汛视频会商，部署强降雨应对工作。必要时，与天津、河北展开联合防汛会商，共同部署强降雨应对部署工作。

水务防汛专项分指挥部做好水情监测、洪水预报，做好洪水调度准备工作。协调指导城市排水集团、各区水务局按照管理职责做好城镇积水排除准备工作。

道路交通防汛专项分指挥部根据预案制定公交及地铁运营计划；针对道路易积滞水点提前布控；通过道路电子显示屏及公交车、地铁车站显示屏发布强降雨提示信息。

住房城乡建设防汛专项分指挥部针对地铁、人防工事、普通地下空间、房屋、在建工程等，提前做好防倒灌工作；通知抢修人员做好相关准备，组织指导相关单位提前布控低洼院落积水排除和群众避险转移安置工作。

地质灾害防汛专项分指挥部做好受地质灾害威胁地区监测；组织指导专业队伍和群测群防员做好巡查准备；安排技术调查队伍做好相关准备。

城市地下管线防汛专项分指挥部要安排人员对水电气热等管线做好巡查准备，组织相关单位准备清理主干道路淤泥落叶等垃圾。

旅游防汛专项分指挥部要协调相关部门做好强降雨提示信息发布；通知旅行社减少户外

旅游；指导各区做好民俗户管理。

流域防汛指挥部展开对河道、水库、闸坝的巡查，通知相关抢险队伍做好抢险准备工作。

市气象局密切监视天气，加密与市防汛指挥部的天气会商。

市园林绿化局组织队伍做好清扫落叶和倒伏树木的准备工作。

市体育局视情况暂停举办有组织的户外体育类活动并加强对登山、探险、徒步、骑行、涉水运动等相关活动人员的疏散撤回工作。

市通信管理局组织各基础电信企业和铁塔公司做好通信服务保障的各项准备工作。

国网北京市电力公司做好机闸、泵站等重点防汛设施及重点部位外围电网（外电源）供电保障工作。

各区防汛指挥部针对山洪易发区、泥石流易发区、采矿区、低洼地区、危旧房屋、易积滞水点做好相关布控工作；做好山洪泥石流沟道、地质灾害隐患点、涉山涉水景区的人员疏导和转移安置工作；通知相关抢险队伍做好准备，通知乡镇（街道）、村（社区）防汛负责人做好防汛抢险的各项准备。

北京经济技术开发区、北京西客站等单位做好本区域内重点部位、重要设施等的防汛抢险准备工作。

各成员单位按照职责做好重点区域防汛抢险准备与保障工作。

防汛抢险救灾物资储运单位随时做好调运准备。

应急抢险队伍做好应急抢险准备工作。北京卫戍区、武警北京市总队做好参加防汛抢险的准备。

各社会单位检查本单位排水防涝设施，做好防范准备工作。

5　预警与响应

5.1　预警分级与发布

5.1.1　汛情预警包括暴雨预警、洪水预警、地质灾害气象风险预警，由高到低依次为一级、二级、三级和四级，分别用红色、橙色、黄色、蓝色表示，一级为最高级别。

5.1.2　在汛期，全市性暴雨预警、市重点河道的洪水预警、地质灾害气象风险预警分别由市气象局、市水务局、市规划自然资源委按程序发布、变更及解除，并报市防汛办备案。

暴雨蓝色预警由市气象局发布并报市防汛办备案；暴雨黄色预警经市气象局商请市防汛办后，由市气象局按程序发布。暴雨橙色、红色预警经市气象局商请市防汛办，由市防汛办分别报市防汛指挥部执行副总指挥、总指挥批准后，通过预警中心发布。

洪水蓝色预警由市水务局发布并报市防汛办备案；洪水黄色预警经市水务局商请市防汛办后，由市水务局按程序发布。洪水橙色、红色预警经市水务局商请市防汛办，由市防汛办分别报市防汛指挥部执行副总指挥、总指挥批准后，通过预警中心发布。

地质灾害气象风险蓝色预警由市规划自然资源委发布并报市防汛办备案；地质灾害气象风险黄色预警经市规划自然资源委商请市防汛办后，由市规划自然资源委按程序发布。地质灾害气象风险橙色、红色预警经市规划自然资源委商请市防汛办，由市防汛办分别报市防汛指挥部执行副总指挥、总指挥批准后，通过预警中心发布。

各区防汛指挥部参照市防汛应急预案预警发布流程制定各区预警发布及响应规程。根据本区实际情况可自主发布、变更及解除暴雨预警、洪水预警、地质灾害气象风险预警，报市防汛办备案。

5.1.3　非汛期，全市性暴雨预警、地质灾害气象风险预警、洪水预警的发布、变更和解除，按照《北京市突发事件预警信息发布管理办法》和有关应急预案的规定执行。

5.2　预警响应

市防汛指挥部根据暴雨和洪水预警信息级别、发展势态及危害程度，启动对应的预警响应，从低到高划分为蓝色预警响应、黄色预警响应、橙色预警响应和红色预警响应。地质灾害预警信息发布及响应，按照本市地质灾害应急预案有关规定执行。

响应启动后，防汛突发事件未发生时，各相关防汛部门和单位根据预案进入临战状态，做好应急准备工作；防汛突发事件发生后，各相关防汛部门和单位立即开展应急处置工作。

全市性预警响应由市防汛指挥部启动和结束，其中：全市性蓝色和黄色预警响应的启动和结束由市防汛指挥部副指挥（市应急管理局负责同志）批准，全市性橙色预警橙色预警响应的启动和结束由市防汛指挥部执行副总指挥批准，全市性红色预警响应的启动和结束由市防汛指挥部总指挥批准。

当市防汛指挥部没有启动预警响应时，各相关防汛指挥部可根据所辖行业、流域、区域情况自主启动和结束预警响应，并报市防汛办备案。

各流域、区防汛指挥部加强对跨界沟道、河流的管控与监测，必要时，与河北、天津的相邻市区县、乡镇联合开展防洪抢险调度工作。

5.2.1　蓝色预警响应

当发布暴雨蓝色预警、洪水蓝色预警、地质灾害气象风险蓝色预警，市防汛指挥部可启动全市或特定区域蓝色预警响应。

各级防汛指挥部采取的应急行动：

（1）市防汛指挥部及时掌握汛情，适时加密会商，加强对防汛工作的指导，做好防汛联动保障。市防汛指挥部副指挥或市防汛办负责同志在市防汛指挥部指挥。相关防汛指挥部副指挥或带班局领导在各自指挥部指挥，乡镇（街道）、村（社区）防汛负责人到防汛指挥位置开展工作。

（2）防汛宣传专项分指挥部利用各媒体、公共场所大型显示屏等实时播报汛情、安全提示等信息，适时关注和引导舆情。

（3）水务、道路交通、住房城乡建设、地质灾害、城市地下管线、旅游防汛专项分指挥部对重点部位进行布控，加强巡查，及时处置。

（4）流域防汛指挥部加强与各区防汛指挥部的沟通，密切关注雨水情变化，加强对河道、水库、闸坝的巡查，做好洪水监测、预报及调度工作。

（5）各区防汛指挥部及相关成员单位密切关注汛情险情，加强对所辖区域的山洪泥石流沟道、地质灾害易发区、河道、水库、塘坝及水工建筑物、排水设施、下凹式立交桥、易积滞水点、旅游景区、老旧平房、低洼院落、建筑工地、人防工事等防汛重点部位、隐患部位的监视，提前布控，及时采取措施；加强与流域防汛指挥部及河道上下游、左右岸的信息沟通，做好险情处置和群众避险转移安置工作，确保群众生命财产安全，确保党员干部和群众在一起。乡镇（街道）、村（社区）的防汛责任人及同级河长在上级防汛指挥部的指导下做好防汛工作。

5.2.2　黄色预警响应

当发布暴雨黄色预警、洪水黄色预警、地质灾害气象风险黄色预警，市防汛指挥部可启动全市或特定区域黄色预警响应。

在执行蓝色预警响应行动基础上，进入黄色预警响应状态。

（1）市防汛指挥部采取的应急行动：

市防汛指挥部加密会商，及时掌握汛情险情及各部门工作动态，加强对各相关防汛指挥部的指挥调度，及时与河北、天津沟通联系。市防汛指挥部副指挥（市应急管理局负责同志）在市防汛指挥部指挥，相关防汛指挥部副指挥在各自指挥部指挥，乡镇（街道）、村（社区）主要领导或防汛负责人在防汛指挥位置进行指挥。

（2）各防汛专项分指挥部采取的应急行动：

①防汛宣传专项分指挥部利用广播、电视、报刊、互联网、新媒体等媒介，加强汛情及应对措施等动态信息的播报，主动引导舆情，加强正面信息的宣传报道，及时处理不实信息。

②水务防汛专项分指挥部密切关注水情、汛情、工情、险情，加强水库、河道的洪水预报和汛情研判，科学实施洪水调度，提出防御洪水应对措施；加强水利工程巡堤查险、做好应急抢险准备；加强对山洪沟道上下游的洪水监测与预报预警；协调指导各区水务局、城市排水集团按照管理职责做好城镇积水排除工作。

③道路交通防汛专项分指挥部及时调整公交及地铁运营计划，必要时增加运力，妥善疏散滞留旅客；及时组织指导开展下凹式立交桥、城市道路的积水排除工作；疏导积滞水点交通，必要时采取断路、绕行措施；及时通过

道路电子显示屏及公交车、地铁车站显示屏发布汛期预警信息。

④住房城乡建设防汛专项分指挥部适时暂停地铁、房屋等在建工程施工，做好防倒灌工作；做好人防工事、普通地下空间的防倒灌工作；及时抢修漏雨房屋，排除低洼院落积水，做好群众避险转移安置工作。

⑤地质灾害防汛专项分指挥部做好受地质灾害威胁地区监测；组织专业队伍和群测群防员加密地质灾害隐患点巡查；开展应急调查并提供相应的应急保障。

⑥城市地下管线防汛专项分指挥部加强对水电气热等管线的巡查，视天气情况提前开启或延迟关闭道路照明，组织相关单位清理主干道路淤泥落叶等垃圾。

⑦旅游防汛专项分指挥部适时组织相关区和部门关闭景区，疏导游客，协调相关部门做好信息发布工作；协调相关部门减少户外旅游活动，做好旅行社的管理工作，配合各区防汛指挥部做好民俗户的管理工作。

（3）各流域防汛指挥部采取的应急行动：

流域防汛指挥部加强对河道、水库、闸坝的巡查和调度，保证安全运行，指导各区防汛指挥部做好抢险准备工作，指导受洪水威胁区域内的人员转移工作。

（4）各区防汛指挥部采取的应急行动：

各区防汛指挥部做好重点地区的巡查抢险以及山洪易发区、泥石流易发区、采矿区、低洼地区、危旧房屋的险情处置与群众避险转移和安置工作；负责所辖区内景区、山洪泥石流沟道、地质灾害隐患点人员疏导与管控；采取关闭旅游景区、实施交通管制等临时性措施。乡镇（街道）、村（社区）根据防汛预案和上级指令，做好辖区人员应急撤离的各项准备、具体实施、受灾救助等应急处置工作，有关情况及时上报。

（5）各相关防汛指挥部采取的应急行动：

①市应急管理局加强指导各相关防汛指挥部的应急救助工作，加强灾情汇总统计和救灾物资调运工作。

②市气象局加密天气预报服务工作，增加临近天气预报频次。

③市园林绿化局及时加强绿化带的巡视看管工作，及时清理倒树、断枝、落叶，消除对道路交通与雨水口的影响。

④市体育局视情况暂停举办有组织的户外体育类活动并加强对登山、探险、徒步、骑行、涉水运动等相关活动人员的疏散引导工作。

⑤市通信管理局协调指导各通信运营企业做好通信服务保障。

⑥国网北京市电力公司做好机闸、泵站等重点防汛设施及重点部位外围电网（外电源）供电保障工作。

⑦各成员单位按照职责做好重点区域防汛抢险准备与保障工作。

⑧北京经济技术开发区做好本区域内重点部位、重要设施等的防汛工作，落实各部门安全度汛责任制，及时启动避难场所，做好抢险、救灾、人员转移和安置工作。

⑨北京卫戍区、中部战区、武警北京市总队做好参加防汛抢险的准备。

⑩各社会单位检查本单位排水防涝设施，做好防范和处置工作。

5.2.3　橙色预警响应

当发布暴雨橙色预警、洪水橙色预警、地质灾害气象风险橙色预警，市防汛指挥部可启动全市或特定区域橙色预警响应。

在执行黄色预警响应行动基础上，进入橙色预警响应状态。

（1）市防汛指挥部采取的应急行动：

市防汛指挥部执行副总指挥在市防汛指挥部实施抗洪抢险统一指挥，并将情况上报国家防汛抗旱总指挥部、海河流域防汛抗旱总指挥部。相关防汛指挥部指挥在各自分指挥部指挥，乡镇（街道）、村（社区）主要领导及防汛负责人在防汛指挥位置进行指挥，必要时，按照市防汛指挥部要求到达指定位置指挥。

（2）各防汛专项分指挥部采取的应急行动：

①防汛宣传专项分指挥部组织各新闻媒体及时向社会发布相关信息；协调新闻单位滚动播报汛情信息和抗洪、抢险、救灾动态；主动引导舆情，加强正面信息的宣传报道，及时处理不实信息。

②水务防汛专项分指挥部加密水库、河道的洪水预报、汛情研判分析，提出洪水发展态

势与应对措施，根据预案开展洪水调度；持续加大对山洪沟道和河道的雨水情的监测预警；指导协调各区水务局、城市排水集团按照管理职责全力做好城镇的积水排除工作；水利工程抢险队伍开展应急抢险；必要时，派工作组赶赴灾害现场协助各区防汛指挥部开展应急抢险并提供技术保障。

③道路交通防汛专项分指挥部协调相关部门做好机场、车站等地的滞留旅客疏散工作；必要时采取交通管制，保障抢险救灾物资车辆的通行。

④住房城乡建设防汛专项分指挥部采取在建工程停止施工措施。

⑤地质灾害防汛专项分指挥部持续加大对地质灾害易发区的群测群防、专业监测和预报预警工作；必要时，派出工作组指导各区防汛指挥部开展受地质灾害威胁人员的避险转移工作；协助各区防汛指挥部开展应急抢险工作并提供技术保障。

⑥城市地下管线防汛专项分指挥部及时开展对水电气热等管线的抢修工作。

⑦旅游防汛专项分指挥部组织关闭所有山区景区及非山区景区中的普通涉水类景区，疏导游客，协调相关部门取消一切户外旅游活动。

（3）各流域防汛指挥部采取的应急行动：

流域防汛指挥部组织开展抗洪抢险，按照预案进行洪水调度；及时与上下游省市及区县互通信息，联合调度。在国家防汛抗旱总指挥部、海河流域防汛抗旱总指挥部和市防汛指挥部的总体指挥调度下，做好流域防洪抢险工作。

（4）各区防汛指挥部采取的应急行动：

各区防汛指挥部做好抗洪减灾和群众避险安置工作，采取措施减少次生灾害；相关区派专人对山洪泥石流沟道进行管控，做好灾害处置、秩序维护和灾民安置工作。乡镇（街道）、村（社区）密切掌握辖区汛情发展，坚决执行上级指令，并根据防汛预案，及时落实各项防汛抢险措施，做好人员应急撤离转移、受灾群众安置和后勤保障工作，有关情况及时上报。

（5）各相关防汛指挥部采取的应急行动：

①市应急管理局组织救灾物资调运，灾情核查统计，指导相关区应急管理部门做好紧急转移群众的安置和保障工作。

②市公安局做好社会治安维稳工作。

③教育部门做好中小学校、幼儿园的降雨应对工作，保障在校学生安全。

④体育局停止一切室外有组织的体育活动，登山、探险、徒步、骑行、涉水等运动参与人员得到及时疏散撤离。

⑤北京经济技术开发区全力做好本区域内重点部位、重要设施等的防汛工作，及时启动避难场所，做好抢险、救灾、人员转移和安置工作。

⑥北京卫戍区、中部战区和武警北京市总队按照相关要求，分别组织驻京部队和武警部队参加抗洪抢险。

⑦相关单位可暂停举办大型群众性活动。

⑧各社会单位可视情况安排错峰上下班。

5.2.4　红色预警响应

当发布暴雨红色预警、洪水红色预警、地质灾害气象风险红色预警，市防汛指挥部可根据实际情况启动全市或特定区域红色预警响应。

在执行橙色预警响应行动的基础上，进入红色预警响应状态。

各级防汛指挥部采取的应急行动：

（1）市防汛指挥部在市委、市政府的领导下，总指挥在市防汛指挥部统一指挥全市防汛工作，各专项防汛指挥部、各区防汛指挥部总指挥或主要领导在各自防汛指挥部指挥、各乡镇（街道）、村（社区）主要负责人在防汛指挥位置指挥。

（2）市防汛指挥部总指挥对防汛工作进行紧急部署，必要时市委、市政府主要领导发表电视广播讲话，动员全市军民全力抢险救灾，根据防汛形势发展，宣布进入紧急防汛期，按照有关法律法规和应急预案规定，向国务院及有关部门报告情况。

（3）市防汛指挥部成员单位组织指挥本系统、本行业全力投入防汛抢险救灾工作，确保各项防范措施落实到位。

（4）各区及时迅速落实各项防汛抢险措施，及时化解可能出现的险情，全力保障人民生命财产安全。

（5）乡镇（街道）、村（社区）全面落实各项防汛应急抢险措施，全力保障辖区群众特别是撤离转移人员、受灾群众的生命财产安全。

（6）全市各级抢险队伍进入应急抢险状态，各类应急物资保障单位为防汛抢险救灾工作提供全力保障。

（7）北京卫戍区、中部战区和武警北京市总队根据市防汛指挥部的指令，执行抢险救灾任务。

（8）公共广播、电视和公共场所大型显示屏管理单位等及时播发和随时插播有关预警信息、安全提示，各电信运营商协助做好上述相关信息的短信发布工作。

5.2.5　紧急防汛期

需要宣布全市或有关区域进入紧急防汛期时，由市防汛办提出建议，报请市政府主要领导批准后，由市防汛指挥部宣布进入紧急防汛期。

各区政府需要宣布进入紧急防汛期时，需经市政府批准后，由本区防汛指挥部宣布进入紧急防汛期，并报市防汛指挥部备案。

在紧急防汛期，市防汛指挥部或其授权的专项、流域、区防汛指挥部有权对壅水、阻水严重的桥梁、引道、码头和其他跨河工程设施作出紧急处置；市防汛指挥部根据防汛抗洪的需要，有权在其管辖范围内调用物资、设备、交通运输工具和人力，决定采取取土占地、砍伐林木、清除阻水障碍物和其他必要的紧急措施；必要时，公安机关、交通管理等有关部门按照防汛指挥机构的决定，依法实施陆地和水面交通管制。

紧急防汛期结束，由宣布单位依法宣布解除紧急防汛期，并通过新闻单位向社会发布解除紧急防汛期的消息。

5.3　预警响应结束

预警已解除，可宣布预警响应结束。

6　突发事件与应急响应

针对降雨引起的流域洪水、道路积水、房屋倒塌、地下设施倒灌、游客被困、地质灾害等事件等突发事件及其次生衍生灾害，启动应急响应。

6.1　分类

防汛突发事件按特点主要分为以下六类。

水利工程及河道类：因降雨引发的水库、闸坝等防洪工程设施险情或主要河道产生洪水造成的河道水位上涨、漫溢等灾害。

道路积水塌陷类：道路、桥梁、涵洞、地下通道等部位因降雨发生的积水、路面塌陷、公路塌方等事件。

山洪地质灾害类：山区因降雨引发的山洪及泥石流、山体滑坡、崩塌、大面积塌陷等地质灾害。

地下管线事故类：城市供水、供气、供热、供电、输油等地下管线设施因暴雨洪水引发的断水、断气、断热、断电等次生灾害。

城镇房屋和在建工程类：因降雨造成的房屋进水、危旧房屋倒塌、普通地下室进水、在建工程进水倒灌等次生灾害。

游客被困类：因降雨引发的游客人身伤亡及财产损失等。

6.2　分级

（1）当出现下列情况之一时，为一般防汛突发事件。

水利工程及河道类：重要水库水位在汛限水位以下时，坝体等水工建筑物局部出现险情；或者当主要河道及城区主要河湖水系出现一般洪水，堤防局部发生滑坡、管涌等险情。

道路积水塌陷类：低洼路段积水，局部道路积水深度在30厘米以下，造成局部交通拥堵等情况；因突降大雨，山区公路发生500立方米以内的塌方，影响交通安全。

山洪地质灾害类：山区因突发大雨发生局部山洪及地质灾害，影响正常生产生活；受地质灾害威胁，需转移搬迁100人以下，或可能造成500万元以下经济损失的险情。

地下管线事故类：事态不复杂，处置主责部门清晰，影响范围较小；造成100万元以上1000万元以下直接经济损失；造成10人以下重伤。

城镇房屋和在建工程类：强降雨导致城镇房屋倒塌造成500万元以下直接经济损失，3人以下死亡；强降雨导致在建工程浸泡造成在建工程100万元以上1000万元以下直接经济损失，3人以上10人以下重伤，3人以下死亡。

游客被困类：因降雨造成或可能造成旅游者3人以下死亡（含失踪），10人以下重伤，50人以下滞留超过24小时，并对当地生产生活秩序造成一定影响。

（2）当出现下列情况之一时，为较大防汛突发事件。

水利工程及河道类：重要水库水位接近汛限水位时，坝体等水工建筑物发生较大范围险情；或者当主要河道及城区主要河湖水系出现较大洪水，堤防较大范围发生滑坡、管涌等险情。

道路积水塌陷类：极端降雨条件下地下设施（地铁）局部进水，城市道路发生较大面积积水，积水深度在30厘米以上50厘米以下，造成主要道路短时严重交通堵塞等较大险情和灾情；因暴雨条件下，山区公路发生500立方米以上5000立方米以下的大面积塌方、局部泥石流或局部出现小范围裂缝等险情和灾情，造成交通中断。

山洪地质灾害类：山区因突降暴雨发生局部山洪、较大范围山体滑坡、局部泥石流、崩塌、地面塌陷等险情或灾情，造成交通中断，对生产生活造成较大影响；受地质灾害威胁，需转移搬迁100人以上500人以下，或可能造成500万元以上5000万元以下经济损失的险情和灾情。

地下管线事故类：事态较复杂，但管线处置主责部门清晰；造成1000万元以上5000万元以下直接经济损失；造成10人以上50人以下重伤。

城镇房屋和在建工程类：强降雨导致城镇房屋倒塌造成500万元以上1000万元以下直接经济损失，3人以上10人以下死亡；强降雨导致在建工程浸泡造成在建工程1000万元以上5000万元以下直接经济损失，10人以上50人以下重伤，3人以上10人以下死亡。

游客被困类：因降雨造成或可能造成旅游者3人以上10人以下死亡（含失踪），10人以上50人以下重伤，50人以上200人以下滞留超过24小时，并对当地生产生活秩序造成较大影响。

（3）当出现下列情况之一时，为重大防汛突发事件。

水利工程及河道类：重要水库水位超汛限水位，坝体等水工建筑物出现重大险情，危及水库安全；或者主要河道及城区主要河湖水系出现大洪水，堤防局部地段已经或可能发生溃堤、决口等重大险情。

道路积水塌陷类：因强降雨或极端降雨，造成多处地下设施进水，道路大范围积水，积水深度在50厘米以上100厘米以下，造成城市主干道中断等重大险情和灾情；因强降雨或极端降雨，造成山区公路发生多处山洪、泥石流或较大面积山体滑坡、采空区大面塌陷等重大险情和灾情，造成交通中断。

山洪地质灾害类：山区因强降雨发生多处山洪、多处较大泥石流或较大面积山体滑坡、崩塌等重大险情或灾情，危及群众生命财产安全；受山洪和地质灾害威胁，需转移搬迁500人以上1000人以下，或可能造成5000万元以上1亿元以下经济损失的险情和灾情。

地下管线事故类：事态复杂，需要协调多个部门和单位共同应对；造成5000万元以上1亿元以下直接经济损失；造成50人以上100人以下重伤。

城镇房屋和在建工程类：强降雨导致城镇房屋倒塌造成1000万元以上5000万元以下直接经济损失，10人以上30人以下死亡；强降雨导致在建工程浸泡造成在建工程5000万元以上1亿元以下直接经济损失，50人以上100人以下重伤，10人以上30人以下死亡。

游客被困类：因降雨造成或可能造成旅游者10人以上30人以下死亡（含失踪），50人以上100人以下重伤，200人以上500人以下滞留超过24小时，并对当地生产生活秩序造成较严重影响。

（4）当出现下列情况之一时，为特别重大防汛突发事件。

水利工程及河道类：重要水库坝体等水工建筑物发生严重险情，威胁水库安全和下游人民生命财产安全；或者主要河道及城区主要河湖水系出现特大以上洪水，主要防洪工程设施已经或可能发生决口、溃堤、倒闸等多处重大险情和灾情。

道路积水塌陷类：因强降雨造成道路大面积积水，积水深度在100厘米以上，造成大范围交通中断或瘫痪等严重险情和灾情，严重影响城市正常运行和市民正常生产生活；山区公路出现大面积山体滑坡、特大山洪、严重泥石流灾害及采空区严重塌陷，造成人员伤亡等重大险情和灾情，严重交通中断。

山洪地质灾害类：山区因强降雨发生特大山洪、严重泥石流、滑坡、崩塌等地质灾害，造成重大人员伤亡；受特大山洪和地质灾害威胁，需转移搬迁1000人以上，或可能造成1亿元以上经济损失的险情和灾情。

地下管线事故类：事态极为复杂，对首都城市公共安全、政治稳定和社会秩序产生特别严重的危害或威胁，需要市应急委统一组织协调；造成1亿元以上直接经济损失；造成100人以上重伤。

城镇房屋和在建工程类：强降雨导致城镇房屋造成5000万元以上直接经济损失，30人以上死亡；强降雨导致在建工程浸泡造成在建工程1亿元以上直接经济损失，100人以上重伤，30人以上死亡。

游客被困类：因降雨造成或可能造成旅游者30人以上死亡（含失踪），100人以上重伤，500人以上滞留超过24小时，并对当地生产生活秩序造成严重影响。

6.3 应急响应

6.3.1 Ⅲ级响应

当发生一般防汛突发事件时，启动Ⅲ级应急响应，由所在属地防汛指挥部负责指挥，相关行业主管部门及专家队伍、责任单位、抢险救援力量组成现场指挥部，根据实际情况，按照预案组织抢险，及时向市防汛指挥部报告险情处置情况，需市防汛指挥部支援时，及时请示报告。

6.3.2 Ⅱ级响应

当发生较大防汛突发事件时，启动Ⅱ级应急响应，由市级相应行业主管部门或分指挥部负责指挥，属地防汛指挥部、相应专家队伍、责任单位、抢险救援力量组成现场指挥部，根据实际情况，按照预案组织抢险，及时向市防汛指挥部报告险情处置情况，需要市领导赶赴现场时，由市政府行业分管领导或副秘书长赶赴现场，当较大防汛突发事件引发或可能引发较大次生衍生灾害时，其他相关行业分管领导或副秘书长应赶赴现场配合做好相关处置工作。

6.3.3 Ⅰ级响应

当发生重大、特别重大以上防汛突发事件时，启动Ⅰ级应急响应，由市防汛指挥部负责指挥，由行业分管副总指挥或总指挥赶赴现场，组织属地防汛指挥部、相关行业主管单位及专家队伍、责任单位、抢险救援队伍等各方力量组建市级现场防汛指挥部。统一指挥协调防汛突发事件应急处置工作。根据实际情况，按照预案组织抢险，及时向市委、市政府和市应急委报告险情处置情况。当重大防汛突发事件引发或可能引发重大次生衍生灾害时，其他相关行业分管副总指挥赶赴现场配合做好相关处置工作。

6.4 处置原则

事件的处置按照“谁先到达谁先处置，逐步移交指挥权”“属地为主、专业处置、部门联动、分工协作”的原则，由属地、相关责任主体、相关行业防汛指挥部和责任单位，按照预案负责组织实施抢险。

事件发生后，属地防汛指挥部组织公安、消防、交管、水务抢险队伍为第一响应力量开展先期处置。随着事态的发展，当市防汛指挥部领导赶赴现场时，属地防汛指挥部视情况向市防汛指挥部领导移交指挥权。

属地防汛指挥部、行业主管部门、相应行业防汛分指挥加强协调联动，相互配合，充分发挥专家和专业人员的作用，协同应对事件发生，避免发生次生、衍生灾害，努力将灾害造成的损失降到最低。

6.5 处置措施

各有关指挥机构、部门应根据应急处置实际情况，及时采取下列一项或多项措施：

（1）在确保抢险救援人员安全的前提下，根据相关行业专家意见，对受到流域洪水、山洪、泥石流、积滞水威胁的人员进行抢险救援、疏散、撤离并及时妥善安置；

（2）迅速关闭涉山涉水旅游景区、停止大型户外活动；

（3）对事发区域实行交通管制以及其他控制措施，交通、公安等有关部门要保证紧急情况下抢险救援车辆的优先安排、优先调度、优先放行，确保抢险救灾物资和人员能够及时、安全到达；

(4) 立即抢修被损坏的交通、通信、供水、排水、供电、供气等公共设施，短时间难以恢复的，要实施临时性过渡方案，保障社会生产生活基本正常；

(5) 启用储备的防汛应急抢险物资，必要时调用其他急需物资、设备、设施、工具；

(6) 向受到山洪、泥石流等其他防汛突发事件危害的人员提供避难场所和食品、饮用水、燃料等生活必需品；

(7) 拆除、迁移妨碍防汛抢险和救援的设施、设备或其他障碍物等；

(8) 采取防止发生因防汛突发事件导致的次生、衍生灾害的必要措施，以及有关法律、法规、规章规定或市政府认为必要的其他应急处置措施。

6.6 响应结束

事件危害基本消除后，按照“谁启动、谁结束”原则，由相关指挥机构、部门宣布应急响应结束。因一般、较大防汛突发事件启动的应急响应，由启动相应应急响应的属地防汛指挥部、专项分指挥部和相关行业主管部门、重点地区管委会宣布应急响应结束。因重大以上防汛突发事件启动的应急响应，由市防汛办提出建议，并报主管市领导批准后由市防汛指挥部宣布应急响应结束。

7 社会动员与信息发布

7.1 社会动员

市、区防汛指挥部应当根据应对防汛工作的实际需要，动员公民、法人及其他组织参与防汛工作，充分发挥社会力量在防汛工作中的作用，形成政府主导、全社会广泛动员、市民积极参与的防汛工作格局。

社会志愿服务组织在市志愿服务联合会、团市委统筹下、参与防汛应急培训和演练，当发生全市性防汛险情时，在市防汛指挥部统一指挥下，在保证自身安全的前提下，依法参加防汛抢险救灾工作。

广大公民要及时关注天气动态和防汛信息提示，主动学习防汛避险知识，提高自救互救能力，当遇到重大汛情险情时，根据属地防汛指挥机构安排，参与防汛工作。

7.2 信息发布

预警信息内容包括预警级别、起始或终止时间、可能影响范围、发布机构、发布时间等。

预警响应和应急信息由市、区防汛指挥部发布，内容包括响应级别、应对措施、安全提示、起始或终止时间等。

信息发布可通过广播、电视、报刊、电话、微信、微博、手机短信、警报器、显示屏、宣传车或组织人员入户通知的方式进行，对老、弱、病、残、孕等特殊人群以及学校等特殊场所和警报盲区应采取有针对性的公告方式。

防汛宣传专项分指挥部按照相关规定，负责新闻发布和舆论引导工作。重大、特别重大防汛突发事件发生后，应在5小时内发布权威信息，在24小时内举行新闻发布会，并持续发布权威信息。

8 恢复与重建

8.1 灾后救助

市应急管理局负责防汛灾情核查、损失评估、救灾捐赠等灾害救助工作，承担市级救灾资金、物资的调拨、分配、管理、紧急配送和监督使用工作，会同有关方面组织协调紧急转移安置受灾群众、因灾损毁房屋恢复重建补助和受灾群众生活救助工作。

8.2 总结评估

市防汛指挥部根据防汛突发事件的具体情况，指定相关防汛指挥部对防汛突发事件发生的原因、过程和损失，以及事前、事中、事后全过程的应对工作，进行全面客观的总结、分析与评估，提出改进措施，形成总结评估报告。

8.3 抢险物资补充

针对防汛抢险救灾物资消耗情况，按照分级筹措的要求，市、区财政部门及时拨款，保证物资及时补充到位。

8.4 水毁工程及设施修复

8.4.1 应急度汛工程

对影响防汛安全的水利防洪设施水毁工程，应尽快组织应急抢险修复。对其他遭到毁坏的市政设施、交通、电力、通信、供油、供气、供水、排水、房屋、人防工程、跨河管线、水文测报、地质灾害监测设备等，由相关部门负责尽快组织抢险修复，恢复功能。

8.4.2 汛后水毁工程

各区政府负责辖区内积滞水点治理工程

建设。

市水务局负责水库、河道堤防、闸坝等水利工程和供排水设施水毁修复；组织指导内涝防治工程规划和建设实施。

市交通委负责组织市域内道路、积滞水点治理等水毁设施的治理和修复。

市农业农村局负责组织农业生产设施等工程的汛后修复。

市规划自然资源委负责组织指导地质灾害治理等工程的汛后修复。

其他水毁工程由相应行业主管部门负责汛后组织修复。所需资金由市、区发展改革、财政部门按照事权、财权划分原则分别安排。

8.5　灾后重建

各级政府及相关部门应尽快组织灾后重建工作。灾后重建原则上不低于原标准恢复。

8.6　保险与补偿

在灾后恢复重建工作中，相关区人民政府及其部门应当将损失情况及时向保险监督管理机构和保险服务机构通报，协助做好保险理赔工作。

依照《中华人民共和国防洪法》和《北京市实施〈中华人民共和国防洪法〉办法》规定调用的物资、设备、交通运输工具等，在汛期结束后应当及时归还；造成损坏或者无法归还的，按照有关规定给予适当补偿或者作其他处理。

9　保障措施

9.1　技术保障

各相关防汛指挥部建立和完善防汛应急指挥技术支撑体系，满足各种复杂情况下指挥处置的要求。主要包括：指挥通信系统、指挥调度系统、信息采集系统、信息报送系统、信息发布系统、分析决策支持系统、视频会议系统等。

各相关防汛指挥部组建专家顾问组，为防汛抗洪救灾工作提出建议。

9.2　资金保障

各相关防汛指挥部日常运作和保障、信息化建设、防汛物资储备、抢险队伍建设、水毁工程修复、抗洪抢险救灾等所需经费，列入各级部门预算，由同级财政部门予以保障。

根据《北京市突发事件总体应急预案》《北京市应对突发事件专项准备资金管理暂行办法》和《北京市民政应急救济专项转移支付资金管理办法》，防汛应急资金纳入本市应急资金保障体系，按相关规定使用。

9.3　制度保障

建立和完善汛情会商发布机制、郊区流域化防汛工作联动机制、城区网格化防汛工作联动机制、雨水口门前双包工作机制、道路交通信息远端发布机制、军地应急抢险救灾工作联动机制、京津冀防汛抗洪联防联动机制等工作，形成上下衔接、左右互通、指挥顺畅、覆盖全面的防汛制度机制。

10　附则

10.1　奖励与惩罚

市防汛指挥部对在防汛工作中表现突出或做出贡献的先进集体和个人按照有关规定进行表彰、奖励；对因工作失误造成损失，或因玩忽职守、失职、渎职等违法违纪行为延误防汛突发事件处置，造成重大影响的，要会同相关部门，对有关责任人进行行政处分，构成犯罪的，依法追究刑事责任。

10.2　预案管理

10.2.1　本市防汛应急预案体系

本市防汛应急预案体系包括市级防汛总体预案、市级防汛专项预案、流域防汛预案、各区防汛预案及有关部门和单位防汛预案等。

10.2.2　预案制定

本预案由北京市人民政府制定，由市应急办会同市防汛指挥部办公室负责解释。参照本预案，结合各自实际情况，各专项防汛指挥部、各流域防汛指挥部、各区防汛指挥部、各成员单位、天安门管理委员会、西客站管理委员会和重点企业要制定本地区、本行业、本部门防汛应急分预案，并报市防汛指挥部备案。

10.2.3　预案修订

市政府负责适时组织对本预案进行修订，一般情况下每3～5年修订一次，特殊情况下及时修订。

10.2.4　预案实施

本预案自发布之日起正式实施，原《北京市防汛应急预案（2018年修订）》（京应急委发〔2018〕7号）同时废止。

消防安全

北京市烟花爆竹安全管理规定（摘）

（2005年9月9日北京市第十二届人民代表大会常务委员会第二十二次会议通过，根据2010年12月23日北京市第十三届人民代表大会常务委员会第二十二次会议《关于修改部分地方性法规的决定》修正，根据2017年12月1日北京市第十四届人民代表大会常务委员会第四十二次会议《关于修改〈北京市烟花爆竹安全管理规定〉的决定》第二次修正，北京市人民代表大会常务委员会公告〔十四届〕第39号公布）

第一条　为了加强烟花爆竹安全管理，保障国家、集体财产和公民人身财产安全，改善环境质量，维护社会秩序，根据国家有关法律、法规，结合本市实际情况，制定本规定。

第二条　在本市行政区域内生产、销售、储存、运输、燃放烟花爆竹的安全管理工作适用本规定。法律、法规另有规定的，从其规定。

…………

第四条　本市各级人民政府、街道办事处和居民委员会、村民委员会，以及机关、团体、企事业单位和其他组织，应当开展依法、文明、安全燃放烟花爆竹的宣传、教育活动。

…………

第十三条　禁止在下列地点及其周边销售、燃放烟花爆竹：

（一）文物保护单位；

（二）车站、机场等交通枢纽；

（三）油气罐、站等易燃、易爆危险物品储存场所和其他重点消防单位；

（四）输、变电设施；

（五）医疗机构、幼儿园、中小学校、敬老院；

（六）山林、苗圃等重点防火区；

（七）重要军事设施；

（八）市、区人民政府根据维护正常工作、生活秩序的要求，确定和公布的其他禁止燃放烟花爆竹的地点。

…………

第十四条　本市五环路以内（含五环路）区域为禁止燃放烟花爆竹的区域。

…………

限制燃放烟花爆竹的区域，农历除夕至正月初一，正月初二至十五每日的七时至二十四时，可以燃放烟花爆竹，其他时间不得燃放烟花爆竹。

国家、本市在庆典活动和其他节日期间，需要在禁止或者限制燃放烟花爆竹区域内燃放烟花爆竹的，由市人民政府决定并予以公告。

第十五条　空气重污染橙色和红色预警期间本市行政区域内禁止销售、燃放烟花爆竹。

…………

第二十五条　本规定自2005年12月1日起施行。1993年10月12日北京市第十届人民代表大会常务委员会第六次会议通过的《北京市关于禁止燃放烟花爆竹的规定》同时废止。

北京市消防条例（摘）

（1996 年 9 月 6 日北京市第十届人民代表大会常务委员会第三十次会议通过，
1998 年 9 月 17 日北京市第十一届人民代表大会常务委员会第五次会议修订，
2002 年 3 月 29 日北京市第十一届人民代表大会常务委员会第三十三次会议修正，
2011 年 5 月 27 日北京市第十三届人民代表大会常务委员会第二十五次会议修订，
北京市人民代表大会常务委员会公告〔十三届〕第 17 号公布）

第一章 总则

第一条 为了预防火灾和减少火灾危害，加强应急救援工作，保护人身、财产安全，维护公共安全，根据《中华人民共和国消防法》和有关法律、行政法规，结合本市实际情况，制定本条例。

第二条 本市行政区域内的机关、团体、企业、事业等单位及个人，应当遵守本条例。

森林、军事设施、铁路、民航、矿井地下部分的消防工作，国家另有规定的，从其规定。

第三条 消防工作贯彻预防为主、防消结合的方针，按照政府统一领导、部门依法监管、单位全面负责、公民积极参与的原则，实行消防安全责任制，建立健全社会化的消防工作网络。

…………

第六条 机关、团体、企业、事业等单位应当依法履行法律、法规规定的单位消防安全职责，对本单位的消防安全负责。

…………

第八条 本市鼓励有关企事业单位、科研机构开展消防科学技术研究和创新，鼓励消防组织运用先进科技成果提升灭火救援能力。

第二章 消防安全责任

…………

第十二条 单位应当履行下列消防安全职责：

（一）落实消防安全责任制，制定本单位的消防安全制度、消防安全操作规程，制定灭火和应急疏散预案并组织演练；

（二）按照国家标准、行业标准配置消防设施、器材，设置消防安全标志，并定期组织检验、维修，确保完好有效；

（三）按照检测规范对建筑消防设施每年至少进行一次全面检测，确保完好有效，不具备检测条件的应当委托具备相应资质的检测机构进行检测，检测记录应当完整准确，存档备查；

（四）保障疏散通道、安全出口、消防车通道畅通，保证防火防烟分区、防火间距符合消防技术标准；

（五）组织防火检查，对发现的火灾隐患采取消防安全防范措施，及时消除火灾隐患；

（六）组织进行有针对性的消防演练，对消防设备操作控制人员、专职和兼职防火人员等重点岗位的人员进行专项培训；

（七）按照消防技术标准和管理规定，对电器设备、燃气用具及其线路、管路进行检测、维护和管理；

（八）按照国家标准设置消防控制室，消防控制室的值班人员应当遵守国家和本市消防控制室操作规程，不得擅离职守；

（九）法律、法规规定的其他消防安全职责。

单位的主要负责人是本单位的消防安全责任人，对本单位的消防安全工作全面负责。

第十三条 消防安全重点单位除应当遵守本条例第十二条规定外，还应当履行下列消防安全职责：

（一）确定消防安全管理人，组织实施本单位的消防安全管理工作；

（二）建立消防档案，确定消防安全重点部位，设置防火标志，实行严格管理；

（三）实行每日防火巡查，并建立巡查记录；

（四）对职工进行岗前消防安全培训，每年至少组织一次消防安全培训，每半年至少组织一次有针对性的消防演练；

（五）按照电气防火技术标准和管理规定定期对电气防火安全进行检测，检测记录应当完整准确，存档备查。

第十四条　个人应当履行下列消防安全义务：

（一）遵守消防法律、法规和消防安全规定；

（二）遵守单位制定的防火安全责任制度和安全操作规程；

（三）维护消防安全、保护消防设施、报告火警；

（四）按规定接受消防安全教育培训，参加消防演练；

（五）安全用火、用电、用油、用气；

（六）对被监护人进行消防安全教育。

第三章　火灾预防

…………

第十六条　新建、改建公共供水设施的，建设单位应当按照国家和本市标准同步建设消火栓等消防供水设施。公共供水设施尚未覆盖的区域，区、县人民政府应当组织建设消防取水码头、消防水池等消防储水取水设施。

公共供水设施的维护管理单位应当保障消防供水设施的正常使用，因检修、施工等原因不能保证消防供水的，应当提前告知所在区、县公安机关消防机构。公安机关消防机构发现消防供水设施不能正常使用的，应当通知维护管理单位及时维护、保养。

…………

第二十条　消防安全重点单位应当将本单位消防安全责任人、消防安全管理人的基本情况和消防安全管理制度、应急预案向所在区、县公安机关消防机构备案。

市和区、县公安机关消防机构对检查中发现或者主动申报的发生火灾可能性较大，以及发生火灾可能造成重大人身伤亡、财产损失的单位，应当进行风险评估，根据评估结果确定消防安全重点单位，并由公安机关报本级人民政府备案。

第二十一条　建筑物由所有权人直接管理使用的，所有权人应当履行消防安全职责。

建筑物由所有权人以出租、委托等方式交由他人管理使用的，管理使用人应当履行消防安全职责。所有权人应当与管理使用人签订消防安全协议，监督管理使用人落实消防安全职责和措施，不得向管理使用人提出危及消防安全的要求。

第二十二条　同一建筑物有两个以上所有权人的，所有权人对各自专有部分履行消防安全职责。对专有部分以外的共有部分，所有权人共同履行消防安全职责。

第二十三条　对建筑物内共用消防设施和器材进行检测、维修、更新、改造所需的经费，保修期内由建设单位承担；保修期满的，按照物业专项维修资金的管理规定列支；未建立物业专项维修资金的，由业主约定承担；没有约定或者约定不明确的，按照业主专有部分占建筑物总面积的比例确定。

乡镇人民政府和街道办事处应当对业主约定或者确定共用消防设施和器材维护费用的有关事项给予协调和指导。

第二十四条　住宅区的物业服务企业或者其他管理人应当做好下列消防安全工作：

（一）开展日常消防安全宣传教育，提示火灾隐患，组织居民进行灭火和应急疏散演练。

（二）组织安全巡查，发现火灾隐患及时采取措施。

（三）对管理区域内的共用消防设施、器材进行维护管理，确保完好有效。

（四）保障疏散通道、安全出口、消防车通道畅通，划定和设置停车泊位及设施时不得占用、堵塞消防车通道。

（五）对占用、堵塞、封闭疏散通道、安全出口、消防车通道的行为予以劝阻并督促改正；对拒不改正的，及时向公安机关消防机构或者公安派出所报告。

（六）对初起火灾采取必要的处置措施。

第二十五条　高层建筑的管理使用人应当

遵守下列消防安全规定：

（一）成立消防安全组织统一管理消防工作，或者配备防火负责人和从事消防设施管理、维护的专职技术人员；

（二）按照国家和本市的消防技术标准和管理规定，整改、消除火灾隐患；

（三）清除高层建筑周边、消防扑救场地上空妨碍登高消防车作业的建筑、设施、设备；

（四）在出入口、电梯口、防火门等醒目位置设置提示火灾危险性、安全逃生路线、安全出口、消防设施器材使用方法的明显标志和警示标语；

（五）设置安全疏散路线指导图；

（六）不得生产、经营、储存易燃易爆危险品；

（七）需要暂时停用消防设施、器材的，采取有效替代措施；停用消防设施、器材超过24小时的，报告所在地公安机关消防机构。

本市倡导高层建筑的管理使用人配备缓降器、软梯、救生袋和防毒面具等避难救生设施；倡导高层建筑的管理使用人自备救生绳、口哨、手电筒等自救工具。

第二十六条 人防工程和普通地下室的管理使用人应当遵守下列消防安全规定：

（一）维修消防设施时采取有效的替代措施；

（二）不得生产、经营、储存易燃易爆危险品；

（三）不得占用安全出口外的人员疏散场地；

（四）不得使用液化石油气；

（五）不得变更规划使用功能。

第二十七条 建设工程的施工单位对建设工程施工现场的消防安全负责，并遵守下列规定：

（一）确定施工现场的主要负责人作为消防安全责任人，负责施工现场的消防安全工作，并指定专人负责日常消防安全管理工作。

（二）建立健全用火用电管理制度，规范用火用电管理，确保安装电气设备、进行电焊气焊等作业由培训合格并取得资格证书的人员按照标准规范操作；临时用电设备和电线符合产品质量标准。

（三）设置临时消防车通道并保证临时消防车通道的畅通；不得在临时消防车通道上堆物、堆料或者挤占临时消防车通道。

（四）按照消防安全管理规定存放、保管、使用施工材料。

（五）施工暂设和安全网、围网、施工保温材料符合消防安全规范，不得使用易燃、可燃材料，不得在建设工程内设置宿舍。

（六）配置消防器材，设置临时消防给水系统。对建筑高度超过24米的建设工程，随施工进度设置消防竖管等临时消防供水设施；在正式消防给水系统投入使用前，不得拆除或者停用临时消防供水设施。

建设工程施工实行总承包和分包的，由总承包单位对施工现场的消防安全实行统一管理，分包单位负责分包范围内施工现场的消防安全，并接受总承包单位的监督管理。

建设工程的施工单位在开工前应当将施工组织设计、施工现场消防安全措施和保卫方案向公安机关消防机构备案。

第二十八条 人员密集场所的经营管理人应当做好下列消防安全工作：

（一）设置符合标准且标志明显的安全出口和疏散通道，配备应急广播、应急照明等消防设施和器材；

（二）有关工作人员应当掌握火灾应急预案的内容，熟练使用消防设施和器材，了解安全出口和疏散通道的位置及本岗位的应急救援职责；

（三）向进入场所的人员开展应急疏散宣传提示；

（四）使用天然气、液化石油气的场所，应当安装浓度检测报警装置；

（五）发生火灾时，立即组织、引导在场人员疏散。

第二十九条 生产、储存、经营易燃易爆危险品的场所不得与居住场所设置在同一建筑物内，并应当与居住场所保持安全距离。

生产、储存、经营其他物品的场所一般不得与居住场所设置在同一建筑物内；确需设置在同一建筑物内的，应当符合国家和本市工程建设消防技术标准，生产经营区域与生活区域应当采取防火分隔措施，分别设置安全出口和疏散通道。

…………

第三十五条　任何单位和个人不得实施下列行为：

（一）埋压、圈占、损毁、挪用消防设施和器材；

（二）超负荷用电，安装不合规格的保险丝、保险片；

（三）擅自拆改、安装燃气设施和用具；

（四）利用住宅生产、经营、储存易燃易爆危险品，在阳台堆放易燃易爆危险品；

（五）在公共通道、楼梯、安全出口等部位堆物、堆料或者搭设棚屋；

（六）占用消防车通道。

第三十六条　消防车通道应当设置明显标志。消防车通道标志式样由市公安机关消防机构统一制定。建筑物附属的消防车通道标志由建筑物的管理使用单位设置；其他区域的消防车通道标志由区、县公安机关消防机构根据需要设置。有条件的地区应当设置消防车通道标线。

任何单位和个人不得擅自改变消防车通道用途或者设置妨碍消防车通行和火灾扑救的障碍物。

公安消防队在灭火救援时，有权强制清理占用消防车通道的障碍物。

第三十七条　消防产品质量认证、消防设施检测、消防安全监测等消防技术服务机构和执业人员，应当依法获得相应的资质、资格，并自依法获得相应资质、资格之日起30日内向市公安机关消防机构备案，市公安机关消防机构应当将依法备案并具备合法经营资质的消防技术服务机构名录向社会公布。

消防技术服务机构应当具备与开展业务相适应的人员、设施、设备和场地，建立健全管理制度和服务质量规范，依法出具证明文件，对服务质量负责。

…………

第三十九条　禁止在设置禁火标志的场所及其他具有火灾、爆炸危险的场所吸烟、使用明火。因施工等特殊情况需要使用明火作业的，应当按照规定事先办理单位内部审批手续，采取相应的消防安全措施；作业人员应当遵守消防安全规定。

…………

第四十二条　公安机关消防机构应当制定单位消防安全管理制度、火灾应急预案、火灾应急演练示范文本，并向社会公布。

…………

第四十八条　单位应当通过多种形式开展经常性的消防安全宣传教育。消防安全重点单位对每名员工应当至少每年进行一次消防安全培训。宣传教育和培训内容应当包括：

（一）有关消防法律法规、消防安全制度和保障消防安全的操作规程；

（二）本单位、本岗位的火灾危险性和防火措施；

（三）有关消防设施的性能、灭火器材的使用方法；

（四）报火警、扑救初起火灾及自救逃生的知识和技能。

…………

第五十二条　每年11月9日为本市消防日。

…………

第五十七条　鼓励单位和居民委员会、村民委员会建立志愿消防队等多种形式的消防组织，开展群众性自防自救工作。

…………

第六十条　任何人发现火灾都应当立即报警。任何单位、个人都应当无偿为报警提供便利，不得阻拦报警。严禁谎报火警。

任何单位发生火灾，必须立即组织力量扑救。邻近单位应当给予支援。

…………

第六十三条　公安机关消防机构有权根据需要封闭火灾现场，负责调查火灾原因，统计火灾损失。

火灾扑灭后，起火单位和相关人员应当按照公安机关消防机构的要求保护现场，接受事故调查，如实提供火灾事实情况。任何单位和个人未经公安机关消防机构同意，不得进入、清理封闭的火灾现场。

…………

第六十五条　单位专职消防队、志愿消防队参加扑救本单位以外的火灾所损耗的燃料、灭火剂和器材、装备等，由火灾发生地的区、县人民政府给予补偿。

…………

第七章　监督检查

第六十七条　公安机关消防机构应当根据本地区消防安全情况开展火灾风险监测、评估，建立分级分类监督检查制度，完善火灾多发季节、重大节假日、重大活动期间的消防监督措施及消防安全重点单位抽查制度。

第六十八条　公安机关消防机构进行消防安全监督检查可以行使下列职权：

（一）进入单位进行检查，调阅有关资料，向有关单位和人员了解情况。

（二）检查中发现能够即时排除的火灾隐患，责令立即排除；不及时消除隐患可能严重威胁公共安全的，依照规定对危险部位或者场所采取临时查封措施；重大火灾隐患排除前或者排除过程中无法保证安全的，责令从危险区域内撤出作业人员，责令暂时停产停业或者停止使用；重大火灾隐患排除后，经公安机关消防机构检查合格，方可恢复生产经营和使用。

（三）对有证据证明不符合保障消防安全的国家和本市标准的设备、设施、器材予以查封或者扣押，并应当在15日内依法作出处理决定。

（四）对检查中发现的消防安全违法行为，当场予以纠正或者责令限期改正；对应当给予行政处罚的行为，依法作出行政处罚决定。

第六十九条　对具有下列火灾隐患，不及时消除可能严重威胁公共安全的危险部位或者场所，公安机关消防机构可以依照有关规定予以临时查封：

（一）疏散通道、安全出口不能满足安全疏散需要的；

（二）建筑消防设施不具备防火灭火功能的；

（三）人员密集场所违反消防安全规定生产、经营、使用、储存易燃易爆危险品的；

（四）公众聚集场所违反消防技术标准，采用易燃、可燃材料装饰装修，可能导致重大人员伤亡的；

（五）其他可能严重威胁公共安全的火灾隐患。

…………

第七十四条　公安机关消防机构实施消防监督检查时，检查人员不得少于两人，并应当出示执法身份证件。

消防监督检查人员应当填写检查记录，如实记录检查情况。

…………

第九十条　单位或者个人违反《中华人民共和国消防法》和本条例规定，导致火灾发生或者火灾危害扩大，给他人人身、财产造成损害的，应当依法承担民事责任。

第九十一条　本条例设定的行政处罚，除另有规定外，由公安机关消防机构决定。

第九章　附则

第九十二条　本条例自2011年9月1日起施行。

北京市消防安全责任监督管理办法（摘）

（北京市人民政府令第143号，2004年3月18日）

《北京市消防安全责任监督管理办法》已经2004年3月11日市人民政府第20次常务会议审议通过，现予公布，自2004年4月20日起施行。

第一条　为了加强对单位消防安全工作的监督管理，预防火灾和减少火灾危害，保护公共财产和公民人身、财产安全，根据国家和本市有关法律、法规，结合本市实际情况，制定本办法。

第二条　本办法所称单位，是指本市行政区域内的机关、团体、企业、事业单位、个体工商户以及其他组织。

…………

第四条　本市对单位消防安全工作实行责任制度。

第五条　法人单位的法定代表人或者非法人单位的主要负责人，是单位的消防安全责任人，对本单位的消防安全工作全面负责。

第六条　单位应当逐级落实消防安全责任制和岗位消防安全责任制，明确逐级和岗位消防安全职责，确定各级和各岗位的消防安全责任人。

第七条　单位可以根据需要确定本单位的消防安全管理人。消防安全管理人对单位的消防安全责任人负责，具体组织、落实本单位的消防安全工作。

消防安全重点单位应当设置或者确定本单位消防安全工作管理的责任部门，并确定专职或者兼职的消防安全管理人员。消防安全工作人员经本单位考核合格后，方可上岗。

第八条　单位应当履行下列消防安全义务：

（一）制定并落实消防安全管理措施和消防安全操作规程。

（二）建立本单位消防安全责任考核、奖惩制度。

（三）开展消防安全宣传教育和消防知识培训，定期进行灭火技术训练。

（四）进行经常性的内部防火安全检查，及时制止、纠正违法、违章行为，发现并消除火灾隐患。

（五）按规定配置消防设施、器材并指定专人维护管理，保证消防设施、器材的正常、有效使用。

（六）按规定设置安全疏散指示标志和应急照明设施，保证防火门、防火卷帘、消防安全疏散指示标志、应急照明、机械排烟送风、火灾事故广播等设施处于正常状态。

（七）保证疏散通道、安全出口的畅通。不得占用疏散通道或者在疏散通道、安全出口上设置影响疏散的障碍物，不得在营业、生产、教学、工作期间封闭安全出口，不得遮挡安全疏散指示标志。

（八）消防值班人员、巡逻人员坚守岗位，不得擅离职守。

（九）火灾发生后，及时报警、迅速组织扑救和人员疏散。不得不报、迟报、谎报火警，或者隐瞒火灾情况。

（十）火灾扑灭后，及时保护现场，接受事故调查并如实提供火灾事故情况。未经公安消防机构许可，不得进入、撤除、清理火灾现场。

（十一）法律、法规和规章规定的其他消防安全义务。

…………

第十条　实行承包、租赁或者委托经营、管理的，产权单位应当提供符合消防安全要求的建筑物。

当事人在订立的合同中，可以依法明确各方的消防安全责任；当事人未订立合同或者在合同中未明确消防安全责任的，承包、承租或者受委托经营、管理的单位应当承担消防安全责任。

第十一条　城镇居民居住区（含居住小区）的消防安全责任由产权管理单位负责；产权管理单位委托物业管理企业等单位管理的，由受委托的管理单位负责。

城镇居民居住区（含居住小区）的消防安全责任单位应当履行下列义务：

（一）制定消防安全制度，落实消防安全责任。

（二）开展消防安全宣传教育。

（三）进行经常性的消防安全检查，及时消除火灾隐患。

（四）划定和设置停车泊位及设施时，不得占用、堵塞消防车通道。对占用、堵塞消防车通道的行为，及时制止、纠正。

（五）保障公共消防设施和器材、消防安全标志、疏散通道、安全出口等设施符合消防安全要求。

第十二条　单位应当定期进行内部消防安全检查；其中，公众聚集场所在营业期间应当至少每两小时进行一次防火巡查，营业开始前和结束后，应当对营业现场进行全面检查。

单位应当填写消防安全检查记录，对消防设施和器材的状况、是否存在火灾隐患以及对火灾隐患的整改措施等作出记载，并由检查人员和有关责任人员签字。单位应当建立消防安全检查记录档案，妥善保管消防安全记录，以备查验。

第十三条 单位应当对存在的火灾隐患及时予以消除。

在火灾隐患排除前，单位应当采取消防安全防范措施；对随时可能引发火灾或者一旦发生火灾将严重危及人身、财产安全的，应当立即停止对危险部位、设施的使用。

第十四条 公安消防机构应当依法履行下列职责：

（一）建立监督检查制度，对单位贯彻落实消防安全责任制度的情况进行定期的监督检查，对消防安全重点单位实行重点检查。

（二）对发现火灾隐患以及单位不落实消防安全责任制度的，立即通知有关单位或者个人改正。

（三）对火灾事故及时进行调查，并按照国家有关规定上报火灾事故情况，不得隐瞒不报、谎报或者拖延不报。

（四）对涉及消防安全需要审查批准或者验收的事项，必须严格依法办理；对不符合消防安全要求的，不得批准或者验收通过。

（五）对群众举报的火灾隐患和违反消防法律、法规和规章的行为进行调查、处理。

第十五条 公安消防机构依法对单位进行消防安全监督检查时，应当将监督检查的情况和处理结果予以记录，并由监督检查人员签字后归档。公众有权查阅公安消防机构的监督检查记录。

公安消防机构对发现单位中随时有可能发生火灾危险的部位或者设施，有权责令有关单位立即改正或者立即停止使用相关部位、设施。

对严重存在火灾隐患的公众聚集场所，公安消防机构有权向社会公告。

…………

第二十一条 本办法自2004年4月20日起施行。

2000年3月13日市人民政府第53号令发布的《北京市防火安全工作管理规定》同时废止。

北京市建设工程施工现场消防安全管理规定（摘）

（北京市人民政府令第84号，2001年8月29日）

《北京市建设工程施工现场消防安全管理规定》已经2001年8月14日市人民政府第37次常务会议通过，现予公布，自2001年12月1日起施行。

第一条 为加强建设工程施工现场消防管理，保障施工现场的消防安全，根据有关法律、法规，结合本市实际情况，制定本规定。

第二条 本规定适用于本市行政区域内新建、改建、扩建以及装饰、装修和房屋修缮等建设工程施工现场（以下简称施工现场）的消防安全管理。

…………

第四条 施工现场的消防安全由施工单位负责。

建设工程施工实行总承包和分包的，由总承包单位对施工现场的消防安全实行统一管理，分包单位负责分包范围内施工现场的消防安全，并接受总承包单位的监督管理。

第五条 施工单位应当落实防火安全责任制，确定一名施工现场负责人，具体负责施工现场的防火工作，配备或者指定防火工作人员，负责日常防火安全管理工作。

…………

第十一条 建设工程内不准存放易燃易爆化学危险物品和易燃可燃材料。对易燃易爆化学危险物品和压缩可燃气体容器等，应当按其性质设置专用库房分类存放。

施工中使用易燃易爆化学危险物品时，应当制订防火安全措施；不得在作业场所分装、调料；不得在建设工程内使用液化石油气；使用后的废弃易燃易爆化学危险物料应当及时清除。

…………

第二十一条 本规定自2001年12月1日起施行。

1989年7月18日市人民政府第20号令发布的《北京市建设工程施工现场消防安全管理办法》同时废止。

北京市城镇居民住宅防火安全管理规定

（北京市人民政府令第30号，1995年11月16日）

《北京市城镇居民住宅防火安全管理规定》已经1995年10月31日市人民政府第70次常务会议通过，现予发布，自1995年12月1日起施行。

第一条 为加强本市城镇居民住宅的防火安全管理，预防和减少火灾，保护公共财产和公民生命财产的安全，根据国家有关法律、法规，结合本市实际情况，制定本规定。

第二条 本规定适用于本市行政区域内城镇居民住宅的防火安全管理。

第三条 市消防局是本市城镇居民住宅防火安全监督管理的主管机关，各区、县公安消防监督机关和公安派出所按照各自的职责权限，具体负责城镇居民住宅防火安全的监督管理工作。

各级人民政府的防火安全委员会负责组织、协调本辖区内的城镇居民住宅防火安全工作。

第四条 城镇居民住宅的防火安全责任由城镇居民住宅的产权人负责；产权人委托管理单位管理的，由管理单位负责。

城镇居民住宅的使用人应当遵守消防法律、法规、规章，服从城镇居民住宅的产权人或者管理单位（以下统称房管单位）的管理，做好防火安全工作。

第五条 居民委员会（含家属委员会，下同）在街道办事处或者乡镇人民政府的指导下，协助房管单位，组织居民做好防火安全工作。

第六条 房管单位在对所属城镇居民住宅的管理工作中，应当遵守下列规定：

（一）贯彻执行消防法律、法规、规章，根据本规定制定居民防火安全制度，确定专人负责防火安全工作；

（二）开展义务消防活动，定期进行灭火演习；

（三）做好经常性和重大节假日的防火安全检查；

（四）发现火险隐患及时解决，并向当地公安消防监督机关或者公安派出所报告；

（五）保证公共通道、楼梯、防火间距和安全出口符合消防要求；

（六）负责维护管理消防设施、设备和器材，确保其完好有效。在重点部位配备专用灭火器材。

第七条 房管单位负责高层住宅楼高压水泵、消防系统的日常维修管理，定期进行检查，做好维修检查记录；至少每半年对消防供水系统及消火栓箱做一次带水试运行。

应当在电梯机房、轿厢和值班室配备专用灭火器材。

第八条 不得在城镇居民住宅楼的地下室储存、使用易燃易爆物品；从事经营活动的不得动用明火。

第九条 凡改变城镇居民住宅原设计使用性质的，必须符合相应的消防法规和消防技术规范要求，采取防火安全措施。

第十条 城镇居民住宅的使用人，必须遵守下列规定：

（一）不得将未熄灭的烟头等带有火种的物品扔倒在垃圾道内；

（二）安装、使用电器设备，必须符合有关技术规范，并采取必要的防火安全措施；

（三）不得埋压、圈占、损毁消防设施、设备和器材，不得将消防设施、设备和器材挪作他用；

(四〕不得在公共通道、楼梯、安全出口等处堆物、堆料或者搭设棚屋；

(五）不得在阳台上堆放易燃易爆物品。

第十一条 房管单位违反本规定的，由公安消防监督机关根据情节轻重，给予警告，责令改正，并按照下列规定处以罚款：

(一）违反本规定第六条、第七条规定的，处200元以上2000元以下罚款；

(二）违反本规定第八条规定的，处500元以上5000元以下罚款。

房管单位违反本规定，除按上述规定处罚外，对房管单位的直接责任人或者主管负责人可以并处200元以下罚款。

第十二条 城镇居民住宅的使用人违反本规定的，由公安消防监督机关或者公安派出所根据情节轻重，给予警告，责令改正；逾期不改正的，可处以50元以上200元以下罚款。

第十三条 本规定执行中的具体问题，由市消防局负责解释。

第十四条 本规定自1995年12月1日起施行。

北京市公安局关于印发《北京市房屋租赁消防安全管理规定》的通告

（北京市公安局通告2014年第20号，2014年10月21日）

为进一步规范北京市房屋租赁消防安全管理，北京市公安局根据《北京市消防条例》《北京市房屋租赁管理若干规定》，制定《北京市房屋租赁消防安全管理规定》，本规定自2014年11月20日起施行。

特此通告。

第一条 为了进一步加强本市房屋租赁的消防安全管理，维护房屋租赁各方合法权益，确保人民群众生命财产安全，根据《北京市消防条例》《北京市房屋租赁管理若干规定》，制订本规定。

第二条 本规定适用于本市房屋租赁过程中的消防安全管理活动。

第三条 出租房屋的消防安全责任由出租人负责。禁止出租不符合消防安全标准和要求的房屋。

建筑物由所有权人以出租、委托等方式交由他人管理使用的，所有权人应当与管理使用人签订消防安全协议，监督管理使用人落实消防安全职责和措施，不得向管理使用人提出危及消防安全的要求。

出租人应当事先告知承租人相关的消防安全要求，并在房屋租赁期间经常进行安全检查，及时发现和排除房屋安全隐患，及时制止承租人、居住使用人危害消防安全的行为。

第四条 承租人、管理使用人应当履行消防安全职责。应当合理、安全使用居住房屋及其附属消防设施、设备，自觉接受、配合行政主管部门及出租人的监督检查，杜绝危害消防安全的行为。

单位承租房屋作为集体宿舍供本单位职工居住的，单位应当按照规定履行消防安全管理职责。

第五条 出租房屋所在地物业服务企业或者其他管理人应当做好下列消防安全工作：

(一）开展日常消防安全宣传教育，提示火灾隐患，组织居民进行灭火和应急疏散演练；

(二）组织安全巡查，发现火灾隐患及时采取措施；

(三）对管理区域内的共用消防设施、器材进行维护管理，确保完好有效；

(四）保障疏散通道、安全出口、消防车通道畅通，划定和设置停车泊位及设施时不得占用、堵塞消防车通道；

(五）对占用、堵塞、封闭疏散通道、安全出口、消防车通道的行为予以劝阻并督促改正；对拒不改正的，及时向公安机关消防机构或者公安派出所报告；

(六）对初起火灾采取必要的处置措施。

第六条 本市出租的居住房屋应当符合以

下消防安全条件：

（一）本市同一房屋内出租房间达到10间以上或者出租房屋居住使用人达到15人以上的，每间房间及公共部位应安装独立式火灾探测报警器，每一承租户应至少配备1具灭火器（每具灭火器的规格为2公斤以上的ABC型及相应灭火级别水系灭火器）；鼓励本市其他出租房屋按照上述标准安装独立式火灾探测报警器，并配备灭火器；

（二）室内电器产品的安装、线路敷设符合消防技术标准和管理规定；

（三）法律、法规、规章等规定的其他标准和要求。

第七条　出租的居住房屋及附属设施内严禁实施以下危害消防安全的行为：

（一）生产、经营、储存易燃、易爆危险物品；

（二）堆放物品、停放车辆等占用、堵塞疏散通道、安全出口；

（三）在人防工程和普通地下室内使用液化石油气；

（四）超负荷用电，安装不合规格的保险丝、保险片；

（五）擅自拆改、安装燃气设施和用具；

（六）在公共通道、楼梯、安全出口等部位堆物、堆料或者搭设棚屋；

（七）其他危害消防安全的行为。

第八条　出租房屋存在消防安全违法行为的，由公安机关依法处理。

第九条　本规定自2014年11月20日起施行。

北京市火灾事故应急救援预案（2018年修订）

（2018年3月26日）

1　总则

1.1　火灾事故现状及特点

北京是我国的首都，全国政治中心、文化中心、国际交往中心、科技创新中心，世界著名的古都和现代化国际城市，人口稠密、建筑密集、经济要素高度积聚，政治、文化及国际交往活动频繁，防火形势始终严峻复杂。当前，本市火灾隐患主要集中发生在8类场所或区域，即城乡接合部、老旧居民区、人员密集场所、高层及大型综合体建筑、地下空间、轨道交通、易燃易爆单位、文物古建单位等。

随着京津冀协同发展战略实施和建设国际一流和谐宜居之都步伐加快，首都经济社会快速发展，新材料、新工艺、新技术不断涌现应用，高层、地下、大空间建筑大量增多，可以预见、难以预见的传统、非传统消防安全因素相互交织，火灾风险防控难度日益增加。

1.2　指导思想

坚持以习近平新时代中国特色社会主义思想为指导，按照建设国际一流和谐宜居之都的目标要求，突出问题导向，强化底线思维，坚持改革驱动、科技支撑、共建共治，加快建设“统一领导、集中指挥、结构完整、功能全面、反应灵敏、运转高效”的灭火抢险救援体系，切实提升灭火救援能力水平，确保城市安全运行。

1.3　工作原则

1.3.1　统一领导、集中指挥。发生火灾事故，特别是重大、特别重大火灾事故，必须坚持在市委、市政府的统一领导下，积极参与，群策群力，保证灭火救援工作协调有序开展。

1.3.2　救人第一、先控制后处置。开展灭火救援行动，必须坚持以人为本，以积极抢救人员生命为第一要务。对于火灾现场要以控制灾情蔓延扩大为重点，最大限度地降低火灾损失及因火灾引发的次生灾害损失。

1.3.3　科学决策、果断处置。根据火灾的不同类型，捕捉有利战机，果断决策，快速行动，严格控制事态发展，做好安全防护工作，保证灭火救援工作的快速有效。

1.3.4　协同作战、统一行动。灭火救援现场各参战力量要根据指挥部的指令，按照任务分工统一行动，相互之间密切配合、协调一致。

1.4 编制目的

针对本市火灾事故的现状和特点，为切实有效应对和处置火灾事故，加强基础工作，理顺体制机制，实现决策科学化、指挥智能化、保障统筹化，进一步提高应对重特大火灾事故的能力，制定本预案。

1.5 编制依据

依据《中华人民共和国突发事件应对法》《中华人民共和国消防法》《中华人民共和国安全生产法》《生产安全事故报告和调查处理条例》《火灾事故调查规定》《火灾统计管理规定》《公安消防部队执勤战斗条令》《北京市实施〈中华人民共和国突发事件应对法〉办法》《北京市消防条例（2011年修订）》《北京市消防安全责任监督管理办法》《北京市突发事件总体应急预案（2016年修订）》等相关法律、法规和规范性文件，结合本市火灾事故应急工作实际，制定本预案。

1.6 预案体系

北京市火灾事故应急救援预案分市、区、单位和基层组织三级管理。《北京市火灾事故应急救援预案》是本市处置火灾事故的市级专项应急预案。市级部门应急预案是市相关部门根据市级专项应急预案和部门职责，为应对火灾事故制定印发的应急预案。区级专项、部门应急预案由区相关专项应急指挥部办公室、相关部门制定印发。各类机关、企业事业单位、社会团体和居委会、村委会等基层组织结合各自工作实际，制定本单位火灾事故应急救援预案。

1.7 适用范围

本预案适用于发生在本市行政区域内，对社会秩序和公众生命财产造成危害和损失的各类火灾事故，以及其他灾害或事故所引发的火灾事故的灭火救援工作。

2 应急救援组织指挥体系

2.1 指挥机构

市消防安全应急指挥部在市应急委的领导下，负责组织指挥和扑救全市行政区域内的火灾事故，并参加其他灾害或事故的抢险救援工作。市消防安全应急指挥部由总指挥、副总指挥和成员组成，下设办公室和工作组。

总指挥由主管消防工作的副市长担任。副总指挥由市政府分管消防工作的副秘书长、市公安局分管消防工作的副局长以及市公安局消防局局长担任。

成员由市委宣传部、市公安局、市经济信息化委、市财政局、市住房城乡建设委、市城市管理委、市交通委、市水务局、市卫生计生委、市安全监管局、市政府外办（港澳办）、市台办、市商务委、市民防局、市通信管理局、市气象局、市电力公司、市地铁运营公司、北京京港地铁有限公司以及各区政府、天安门等重点地区管委会（办事处）有关负责同志组成。

2.2 办事机构

市消防安全应急指挥部办公室为市消防安全应急指挥部常设办事机构，设在市公安局消防局，办公室主任由市公安局消防局局长担任。

2.3 工作分组

市消防安全应急指挥部下设灭火指挥组、社会面控制组、后勤保障组、医疗救护组、新闻发布组、善后工作组和专家顾问组，根据实际需要开展灭火救援、起火原因调查等各项工作。

2.3.1 灭火指挥组：由市公安局消防局牵头，成员单位包括市住房城乡建设委、市城市管理委、市水务局、市安全监管局、市民防局，负责制定具体灭火救援方案，指挥现场扑救；了解掌握火情，调集救援力量；负责各参战部队之间的通信组网，确保救援现场通信畅通。

2.3.2 社会面控制组：由属地区政府、天安门等重点地区管委会（办事处）牵头负责，成员单位包括市公安局属地分局等，负责火灾现场周边的交通管制，保障灭火救援和物资运输车辆优先通行；组织力量疏散周围群众，维持现场秩序。

2.3.3 医疗救护组：由市卫生计生委牵头，负责组织指挥医疗救护队伍到达现场，协调属地医疗机构，对受灾群众和灭火救援行动中受伤人员实施紧急医疗救援，必要时设立现场医疗急救站。

2.3.4　新闻发布组：在市突发事件新闻宣传工作协调小组的领导下，由市消防安全应急指挥部办公室组建，成员单位包括市委宣传部、市政府外办、属地区政府、天安门等重点地区管委会（办事处）等，负责根据指挥部统一安排，协调有关部门起草新闻发布稿，及时、准确、全面地向社会发布火灾事故信息；做好媒体记者的登记接待和服务引导工作；加强对境内外媒体报道情况和网上舆情的收集整理、分析研判，协调有关部门依法依规进行响应。

2.3.5　善后工作组：由市民政局、属地区政府及相关单位有关人员组成，负责开展伤亡人员及家属善后各项工作。

2.3.6　后勤保障组：由属地区政府、天安门等重点地区管委会（办事处）牵头，市财政局、市交通委、市民政局、市商务委配合，负责紧急调运灭火救援所需专业装备和灭火剂等物资，落实灭火救援人员的生活保障；及时掌握扑救火灾所需物资的分布和储备情况，制定战勤保障预案。

2.3.7　专家顾问组：由消防、建筑、化工、气象、地震、市政等领域有关专家组成，负责在编制灭火救援和通讯保障预案、开展大规模消防应急救援演练、建设消防应急救援队伍等方面提供参考意见；参与开展应急救援队伍教育培训；在火灾事故现场为灭火救援行动提供技术保障，协助指挥决策；协调本领域救援队伍参与应急处置。

2.4　现场指挥部

根据火灾事故处置工作需要，由市消防安全应急指挥部办公室组织相关成员单位成立现场指挥部，现场指挥部总指挥依据事故性质和等级，由到场消防部门最高指挥员担任。现场指挥部主要承担现场灭火救援任务，负责组织、协调、指挥事发当地政府、各工作组和成员单位开展现场应急处置，做好治安维护、交通保障、人员疏散、群众安置、后勤保障等各项工作。

2.5　分指挥部

各区政府、天安门等重点地区管委会（办事处）相应成立火灾事故应急救援分指挥部，负责本行政区域内火灾事故应急处置的指挥协调工作。

3　应急响应

3.1　值守应急

3.1.1　市消防安全应急指挥部办公室、各区政府和相关成员单位，对于发生在重要地点、特殊时期，可能产生较大影响的火灾事故，应当加强应急值守，应急人员全部到位，实行主要负责人24小时带班制度。

3.1.2　根据火灾事故警情规模、事件性质及影响，市消防安全应急指挥部可以按照工作部署及岗位职责分工，应急召回相关人员。

3.1.3　参与火灾事故应急响应的各有关单位应当时刻保持通信畅通。

3.2　信息报告

3.2.1　以下火灾事故及抢险救援警情相关信息，市消防安全应急指挥部办公室、各区政府和相关单位应立即向市应急办报告，最迟不晚于接报后10分钟，详细信息最迟不晚于事件发生后2小时报告：首都政治中心区的火警及抢险救援事件；大型商圈的火警及抢险救援事件；市级以上重点工程项目的火警及抢险救援事件；地铁的火警及抢险救援事件；启动三级及以上响应的火警信息；有人员死亡或有3人以上受伤的火警。

3.2.2　对于暂时无法判明性质或等级的火灾事故，市消防安全应急指挥部办公室、各区政府和相关单位应迅速核实，最迟不晚于接报后30分钟向市应急办报告，并根据事件可能达到或演化的等级和影响程度，做好信息报告工作。

3.2.3　火灾信息报告内容包括：火灾发生时间、地点及单位名称；起火单位基本情况（包括建筑层数、使用功能、生产性质、危险化学品储存种类、数量等）；人员被困及伤亡情况；火势发展情况；响应等级和调派力量情况等。

3.2.4　市消防安全应急指挥部办公室适时组织相关单位，对火灾事故进行阶段性汇总分析，及时做好信息续报工作，并及时核报市应急办询问的情况。

3.3　基本响应

3.3.1　火灾事故发生后，相关单位与区政府按照市消防安全应急指挥部的指令，分级负责，联动配合，开展应急处置工作。

3.3.2 接到火灾报警后，事发单位相关人员按照应急处置预案，开启固定消防设施，组织、引导人员疏散，救助遇险人员，组织力量进行火灾扑救。

3.3.3 相关成员单位根据处置方案立即派出专业救援队伍，开展灭火抢险救援工作。

3.4 分级响应

3.4.1 五级响应

报警描述为发生在小型工厂企业、小商铺、小摊档、单层、多层民用建筑、露天堆垛、单体汽车等不明显的火灾（火灾初起，火势较小，燃烧面积在100平方米以内），且火灾发生时无人员伤亡或被困的，执行五级响应。由属地消防支队、中队开展处置。

3.4.2 四级响应

报警描述为明显火灾（火已燃起，正在蔓延，燃烧面积在300平方米以内），造成个别人员被困或受伤的火灾，由火灾事故发生地区政府启动四级响应。属地区政府和属地消防支队、中队开展处置，区相关成员单位配合执行。市消防安全应急指挥部办公室关注事态发展，必要时协调处置工作。

3.4.3 三级响应

报警描述为非常明显的火灾（火已着大，蔓延迅速，燃烧面积在600平方米以内），造成人员死亡（被困）3人以下或重伤10人以下的火灾，有危险化学品或有毒物品发生燃烧或泄漏的火灾，或者前期到场现场指挥员认为四级响应到场灭火力量不能控制的火灾，由市消防安全应急指挥部办公室或属地区政府启动三级响应。市消防安全应急指挥部办公室或属地区政府有关负责同志赶赴事故现场进行指挥，组织成立由市消防安全应急指挥部相关成员单位和火灾事故属地区政府组成的现场指挥部，负责火灾事故的具体处置工作。必要时市消防安全应急指挥部副总指挥到现场参与指挥协调。

3.4.4 二级响应

报警描述为火势蔓延迅猛，燃烧面积在1000平方米以内的火灾，造成3人以上10人以下死亡（被困），或10人以上50人以下重伤的火灾，高层、地下、油气储罐等攻坚艰难的火灾，火场有可能发生爆炸、倒塌、沸溢、毒气扩散等突变险情的情况，或前期到场现场指挥员认为三级响应到场灭火力量不能控制的火灾，由市消防安全应急指挥部启动二级响应。市消防安全应急指挥部办公室组织成立由相关单位、火灾事故属地区政府和专家顾问组成的现场指挥部，负责火灾事故的具体处置工作。市消防安全应急指挥部副总指挥赶赴现场指挥处置，必要时市消防安全应急指挥部总指挥到现场进行指挥协调。

3.4.5 一级响应

报警描述为重特大恶性火灾，火灾燃烧面积在1000平方米以上，随时或已经发生爆炸、倒塌、沸溢、毒气扩散等险情，造成10人以上死亡（被困）或50人以上重伤的火灾，或前期到场现场指挥员认为二级响应到场灭火力量不能控制且发展趋势非常严峻的火灾，由市消防安全应急指挥部启动一级响应。市消防安全应急指挥部办公室组织成立由相关单位、火灾事故属地区政府和专家顾问组成的现场指挥部，负责火灾事故的具体处置工作。市消防安全应急指挥部总指挥赶赴现场指挥处置，必要时市委、市政府主要领导同志到现场进行指挥协调。

3.5 力量调集

3.5.1 对启动三级以上应急响应的火灾事故，市消防安全应急指挥部根据灾情需要，调集相关增援力量到场参与处置。

3.5.2 市消防安全应急指挥部根据全市区域特点和灭火救援力量分布情况，将全市划分为五个战区，并根据灾情就近调集其他战区消防力量进行增援。

中心战区：包括东城区、西城区、天安门地区管委会。

东南战区：包括朝阳区、通州区、北京经济技术开发区管委会。

东北战区：包括顺义区、平谷区、怀柔区、密云区。

西南战区：包括丰台区、大兴区、房山区、西站地区管委会、燕山办事处。

西北战区：包括海淀区、石景山区、门头沟区、昌平区、延庆区。

3.5.3 各增援力量应按照市消防安全应

急指挥部命令，迅速到指定地点集结或直接赶赴事故现场，在现场指挥部的统一指挥下开展工作。

3.6　处置行动

在火灾事故救援中，现场指挥部要根据现场情况，迅速准确判断火情，采取有效措施有序展开行动，尽快处置，减少损失；根据火势发展情况确定和调整灭火救援分工，各成员单位按照分工展开救援。

3.6.1　到达火灾事故现场后，现场指挥部要根据现场情况派出若干侦察小组立即开展火情侦查，主要查明以下情况：火灾事故的性质、燃烧范围和发展趋势；是否有人员受到威胁，所在地点、数量和抢救、疏散的途径；有无爆炸、毒害、腐蚀、放射等物质及数量、存放形式、具体位置；火灾事故现场的电源、水源等情况；需要保护和疏散的贵重物资及其受威胁程度；火灾事故现场建筑物特点、毗邻建筑状况等；火灾事故现场相关设施可利用情况；火灾事故现场周边道路交通情况。

3.6.2　根据现场情况，把主要力量部署在以下方面：人员受到威胁的地方或场所；有可能引起爆炸、毒害或造成重大损失的部位；有重要物资受到威胁的地方；有可能引起建筑物倒塌或变形的方面；需要实行管制或可能引起社会秩序混乱的方面；火灾事故现场需要的其他方面。

3.6.3　当有人员被困或受到威胁时，第一时间展开救援，对救出的被困人员立即实施救护。

3.6.4　正确使用现场水源，确保重点、兼顾一般，保证火灾事故现场不间断供水。

3.6.5　根据事故现场需要，划定警戒区域，由市公安局公安交通管理局及属地分局设置警戒标志和岗哨，禁止无关人员、车辆进入警戒区域，维持事故现场秩序，组织人员撤离危险区域，转移和疏散受灾人员，视情实施交通管制。

3.7　信息发布

3.7.1　按照本市突发事件新闻发布有关规定，通过新闻媒体向社会发布火灾预警和应急处置的有关信息，并正确引导舆论导向。

3.7.2　启动三级、四级响应的火灾事故，由市消防安全应急指挥部办公室或属地区政府组织发布相关信息。启动一级、二级响应的火灾事故，在市突发事件新闻宣传工作协调小组的领导下，由市消防安全应急指挥部办公室成立新闻发布工作组，组织起草新闻发布稿和突发事件情况报告，及时、准确、全面地向社会发布火灾事故信息。重大、特别重大突发事件发生后，应最迟在5小时内发布权威信息，在24小时内举行新闻发布会，并持续发布权威信息。

3.7.3　对可能产生国际影响的以及涉及国外、港、澳、台人员的火灾事故，对外信息发布和新闻报道工作由市消防安全应急指挥部办公室会同市委宣传部、市外宣办、市政府外办（港澳办）、市台办等部门共同组织开展。

3.8　响应升级

发生重大、特别重大火灾后，本市灭火救援力量不足时，由市公安局消防局报请公安部消防局，调动周边省（区、市）的消防力量跨区域紧急增援。

当火灾事故进一步扩大，超出本市灭火救援能力，需要国家有关部门或其他省市提供援助和支持时，由市应急委报请国务院统一协调调度各方应急力量和物资共同参与处置工作。

3.9　响应结束

3.9.1　火灾现场的被困人员全部被救出，火势被彻底扑灭，整个灭火救援战斗行动基本结束，应急处置工作结束。

3.9.2　四级响应应急处置结束后，由属地区政府、天安门等重点地区管委会（办事处）宣布应急响应结束。

3.9.3　三级响应应急处置结束后，由市消防安全应急指挥部办公室或属地区政府、天安门等重点地区管委会（办事处）宣布应急响应结束。

3.9.4　二级响应应急处置结束后，由市消防安全应急指挥部办公室报市消防安全应急指挥部副总指挥批准后，宣布应急响应结束。

3.9.5　一级响应应急处置结束后，由市消防安全应急指挥部办公室报市消防安全应急指挥部总指挥批准后，宣布应急响应结束。

3.9.6　市消防安全应急指挥部办公室应及时将解除应急状态的信息通知相关单位和属

地区政府，必要时，通过新闻媒体向社会发布应急响应结束的消息。

4 后期处置

4.1 善后恢复

应急处置工作结束、应急状态解除后，由属地区政府负责组织对伤亡人员及家属进行善后工作。市民政局负责做好火灾事故的有关社会救助保障工作；协同属地政府做好受灾群众的转移安置工作，组织和发放救灾救济款物，保证受灾群众的基本生活。

4.2 事故调查

应急处置结束后，依据《中华人民共和国消防法》《火灾事故调查规定（公安部121号令)》，由公安机关消防机构组织调查火灾原因，统计火灾损失。

国家有关法律、行政法规或者国务院另有规定的，依照其规定执行。

4.3 总结评估

较大以上火灾事故处置结束后，市消防安全应急指挥部办公室应在一周内，组织相关部门和单位开展应对工作总结评估，并形成总结评估报告报市应急办。

5 应急保障

5.1 资金保障

市财政局结合市消防安全应急指挥部办公室年度灭火救援工作需要，对所需灭火救援等消耗性装备给予必要保障。因发生特别重大、重大火灾事故，导致年度预算安排的经费不能满足需要时，按照有关规定，动用应对突发事件专项准备资金或公共财政应急储备资金。

5.2 装备保障

5.2.1 市消防安全应急指挥部办公室根据全市消防安全保卫的需要，配置功能齐全、数量充足的消防车辆、装备，以满足灭火救援战斗的需要，同时做好各种器材装备、灭火药剂的储备工作，不便储备的，应与相关设备制造商和物资供应商签订应急供应协议。

5.2.2 市消防安全应急指挥部相关成员单位应根据各自职责分工，配备必要的器材装备，满足应急状态时的工作需要。

5.2.3 各机关、团体、企业事业单位应制定消防安全应急预案，并配备必要的器材装备和专业值守人员，保障在初起火灾状态下的应急处置。

5.3 技术保障

5.3.1 市消防安全应急指挥部应依托市公安局消防局119调度指挥系统，完善指挥通信网络建设，并与各成员单位及相关部门保持日常及火灾事故处置现场的有线、无线通信联络。

5.3.2 在火灾事故处置现场通信干线中断或现有网络出现盲区时，应利用卫星、微波等通信手段，保持事故现场与相关应急指挥部门的联系。

5.4 队伍保障

5.4.1 市公安局消防局作为火灾事故专业处置队伍，实行24小时备勤，通过经常性训练，保证灭火救援人员的应急处置能力。

5.4.2 各相关单位组建本系统的专业应急救援队伍，根据需要，参加灭火救援工作。

5.5 通信保障

由市公安局消防局负责消防灭火救援力量的现场通信组网，保证现场通信联络畅通。市公安局负责现场参战的市公安局各警种之间的通信组网，保证通信畅通。市通信管理局负责现场各部门之间的通信联络。其他单位现场参战力量的内部通信保障由各单位自行解决。

5.6 宣传教育与培训

由市消防安全应急指挥部办公室制定年度宣传教育计划，编制宣传材料和培训教材，面向社会开展消防安全知识的宣传教育，重点宣传火灾事故应急状态下群众自救互救知识和企业消防安全措施及要求，切实提高全社会应对火灾事故的能力。

市消防安全应急指挥部各成员单位要组织做好本系统、本地区应急处置力量应对火灾事故处置能力的培训工作，并对市民开展必要的消防安全知识培训。

5.7 应急演练

5.7.1 市消防安全应急指挥部办公室会同相关单位，定期组织综合性或专业性的火灾事故灭火救援应急演练。

5.7.2 各区政府组织本行政区域内的单位和群众开展应对火灾事故的灭火救援应急演练。

5.7.3 本市各消防安全重点单位应根据各自制定的应急预案，组织开展本单位火灾事故应急演练，保证在紧急情况下能高效有序地投入先期处置。

6 附则

本预案有关数量的表述中“以上”含本数，“以下”不含。

本预案由北京市人民政府负责制定，由市应急办会同市消防安全应急指挥部办公室负责解释。

市各相关部门、各区政府和各基层单位应依据本预案及时制定相关应急预案，并报市消防安全应急指挥部办公室备案。

随着城市建设发展和相关法律法规的制定、修改和完善，以及应急处置过程和各类应急演练中发现的问题，适时对本预案进行修订。

7 附件

7.1 火灾事故划分标准

特别重大火灾事故：造成30人以上死亡，或100人以上重伤，或者1亿元以上直接财产损失的火灾。

重大火灾事故：造成10人以上30人以下死亡，或50人以上100人以下重伤，或者5000万以上1亿以下直接财产损失的火灾。

较大火灾事故：造成3人以上10人以下死亡，或10人以上50人以下重伤，或者1000万以上5000万以下直接财产损失的火灾。

一般火灾事故：造成3人以下死亡，或10人以下重伤，或者1000万以下直接财产损失的火灾。

7.2 北京市消防安全应急指挥部职责分工

一、市消防安全应急指挥部职责

（一）分析总结本市消防突发事件应对工作，研究制定本市应对消防突发事件的政策措施和指导意见，制定工作规划和年度工作计划；

（二）组织开展市消防安全应急指挥部所属应急救援队伍的建设管理以及应急物资的储备保障等工作；

（三）具体指挥本市消防突发事件应急处置工作；

（四）负责组织、协调有关部门和社会各界力量参与灭火和救援，指导各地区指挥部工作；

（五）确定总体灭火和救援决策行动方案，下达灭火和救援指令，并根据灾情变化，适时调动成员单位赶赴现场处置；

（六）承办市应急委交办的其他事项。

市消防安全应急指挥部总指挥：负责领导市消防安全应急指挥部的全面工作。

市消防安全应急指挥部副总指挥：负责协助总指挥做好有关工作，协调各成员单位参与火灾扑救和灾害事故的抢险救援以及监督检查责任制落实工作。其中：

市政府主管消防工作的副秘书长：负责协助总指挥做好市消防安全应急指挥部各项工作；受总指挥委托，协调各成员单位参与火灾事故的应急救援工作。

市公安局主管消防工作的副局长：负责协助总指挥做好市消防安全应急指挥部各项工作；负责消防安全应急指挥部管理工作；负责组织维护火灾事故现场的秩序稳定；负责组织指挥火灾事故现场排爆、案件侦破、消防设施遭受人为破坏、劫持人质等重大刑事案件及恐怖袭击事件应急处置工作；负责承办市消防安全应急指挥部涉及相关公安治安的其他事项。

市公安局消防局局长：负责协助总指挥做好市消防安全应急指挥部各项工作；受总指挥委托，负责消防安全应急指挥部办公室的全面工作；负责管理消防安全应急指挥部日常工作。

二、市消防安全应急指挥部办公室职责

市消防安全应急指挥部办公室根据市消防安全应急指挥部的决定，具体承担本市消防突发事件应对工作的规划、组织、协调、指导、检查职责，其主要职责是：

（一）组织落实市消防安全应急指挥部决定，协调和调动成员单位应对消防突发事件相关工作；

（二）承担市消防安全应急指挥部值守应急工作；

（三）及时收集、分析、处理、上报重要信息，并提出处置建议；

（四）负责本市消防突发事件风险评估控

制、隐患排查整改工作；

（五）配合有关部门承担市消防安全应急指挥部新闻发布工作；

（六）组织拟订（修订）与市消防安全应急指挥部职能相关的专项、部门应急预案，指导区制定（修订）区消防突发事件专项、部门应急预案；

（七）负责本市消防突发事件应急演练；

（八）负责本市应对消防突发事件的宣传教育与培训；

（九）负责市消防安全应急指挥部应急指挥技术系统的建设与管理工作；

（十）负责市消防安全应急指挥部专家顾问组的联系，为市指挥部提供决策咨询和工作建议；

（十一）负责现场指挥部的组建，参与火灾事故现场应急处置工作；

（十二）承担市消防安全应急指挥部的日常工作。

三、市消防安全应急指挥部成员单位及其职责

成员单位包括市有关部门、单位和各区政府，应对火灾事故的职责分工如下：

市委宣传部：发生较大以上火灾事故时，负责按照本市新闻发布相关应急预案规定，协调组织火灾事故的宣传报道工作，配合事故处置部门组织管理灭火救援现场记者，负责审定事故新闻口径，协调组织现场新闻发布会，实施配合协调相关部门开展防火及应急知识的宣传工作。

市公安局：负责协助维护火灾现场秩序，保护现场，控制火灾肇事嫌疑人。

市经济信息化委：负责组织、协调火灾事故处置工作中电子政务网络、800兆无线政务网的应急通信保障工作。

市民政局、市商务委：负责处置好火灾事故的有关社会救助保障工作；协同地方政府做好受灾群众的转移安置工作，组织和发放救灾救济款物，保证受灾群众的基本生活；负责配合外事部门在火灾事故中，妥善安置外国驻华大使馆及其外国来京人员和在京港、澳、台、华侨及海外旅游人员；负责承办市消防安全应急指挥部涉及相关社会救助工作的其他事项。

市财政局：负责协调落实火灾事故中灭火救援所需资金；负责承办市消防安全应急指挥部涉及相关资金保障的其他事项。

市住房城乡建设委：负责协助消防抢险专业队伍开展房屋建筑和市政基础设施工程火灾事故中的工程抢险救援工作；负责协助开展火灾事故的原因分析，负责调查和处理工作；负责承办市消防安全应急指挥部涉及相关消防工程建设的其他事项。

市城市管理委：负责协调、组织专业队伍开展火灾事故中燃气、供热等相关市政设施的抢险救援工作；负责承办市消防安全应急指挥部涉及相关市政设施等其他事项。

市交通委：负责在火灾事故中组织协调有关部门做好交通运输保障工作；负责在火灾事故中组织协调有关部门恢复道路、公路、桥梁等交通设施；负责承办市消防安全应急指挥部涉及相关交通运输保障和道路桥梁恢复的其他事项。

市水务局：负责组织指挥专业队伍对火灾事故中供水、排水设施的抢险救援工作；负责承办市消防安全应急指挥部涉及相关供水、排水设施的其他事项。

市卫生计生委：负责组织指挥事故现场的医疗救护工作，对受伤人员实施紧急救治和转运。

市安全监管局：负责组织指挥生产安全专业抢险队伍开展生产安全火灾事故的抢险救援工作；负责组织生产安全专家对火灾事故相关生产安全的应急处置和抢险救援提出相应意见；负责承办市消防安全应急指挥部涉及相关安全生产监督管理的其他事项。

市政府外办（港澳办）、市台办：负责配合相关部门妥善安置在火灾事故中外国驻华外交人员和在京的港、澳、台人员、华侨及其他外国来京人员；负责向外交部、港澳驻京机构及相关国家驻华使馆、国际组织通报本市突发火灾事故的相关信息。

市民防局：负责组织协调人防工程火灾事故中的处置指挥和抢修排险工作；负责承办市消防安全应急指挥部涉及相关人防工程的其他事项。

市通信管理局：负责做好火灾事故的通信

保障工作；负责组织对火灾事故中公众电信网络系统实施抢险救援，并为灭火救援及其指挥系统提供应急通信保障；负责承办市消防安全应急指挥部涉及相关通信系统的其他事项。

市气象局：负责组织应急天气会商，派遣气象保障小组进驻火灾事故现场，及时提供天气实况监测和预报信息；协助指挥部及相关部门做好应急指挥和其他工作。

市公安局公安交通管理局：负责组织指挥火灾事故现场区域及周边道路的交通管制和交通疏导分流工作，开辟消防通道，保证灭火救援人员、车辆、器材装备的通行；负责制订和完善122台和119台联勤联动机制；负责承办市消防安全应急指挥部涉及相关公安交通的其他事项。

市公安局消防局：负责协助副总指挥管理消防安全应急指挥部的工作；负责消防安全应急指挥部办公室的统筹协调工作；负责组织协调有关部门开展火灾现场的灭火救援工作；负责组织协调有关部门开展火灾现场的消防设施检查、火灾原因调查、媒体宣传报道工作；负责消防安全应急指挥部办公室的日常工作；负责组织指挥消防专业队伍开展灭火救援训练，指导各类消防应急队伍开展消防应急演练；负责承办市消防安全应急指挥部涉及相关灭火救援的其他事项。

北京市电力公司：负责组织实施火灾事故现场断电，以及因火灾事故造成的电力设施故障的抢修作业。

各区政府、天安门地区管委会、西站地区管委会、北京经济技术开发区管委会、房山区政府燕山办事处、市政府清河办事处、市地铁运营公司、北京京港地铁有限公司：负责配合市消防安全应急指挥部开展火灾事故处置工作；负责配合火灾事故中人员疏散安全和抢险救援工作；负责配合设立火灾事故现场应急指挥部；负责承办需配合市消防安全应急指挥部应对火灾事故的其他事项。

特种设备管理和特种作业

北京市电梯安全监督管理办法

（北京市人民政府令第 205 号，2008 年 4 月 10 日）

《北京市电梯安全监督管理办法》已经 2008 年 3 月 21 日市人民政府第 1 次常务会议审议通过，现予公布，自 2008 年 6 月 1 日起施行。

第一章 总则

第一条 为了保证电梯安全运行，预防和减少事故，保障人民群众生命和财产安全，根据《中华人民共和国安全生产法》和国务院《特种设备安全监察条例》，结合本市实际情况，制定本办法。

第二条 本市行政区域内电梯的生产（含制造、安装、改造、维修、日常维护保养，下同）、使用、检验检测及其监督检查等活动，应当遵守本办法。

第三条 电梯生产、使用单位应当建立健全安全管理制度和岗位安全责任制度。电梯生产、使用单位的主要负责人应当对本单位电梯安全全面负责。

第四条 市和区（县）质量技术监督局是本市负责电梯安全监督管理工作的主管部门（以下简称电梯安全监督管理部门）。

区（县）电梯安全监督管理部门应当做好本行政区域内电梯的安全监督管理。

市电梯安全监督管理部门应当加强对区（县）电梯安全监督管理部门的督促、检查和指导。

第五条 区（县）人民政府应当加强对电梯安全管理工作的领导，督促和支持区（县）电梯安全监督管理部门依法履行监督管理职责，及时协调、解决电梯安全监督管理中的重大问题。

第六条 学校、新闻媒体、社会团体、基层群众性自治组织应当开展电梯安全知识和电梯安全法律的宣传、普及工作，倡导文明乘梯，增强安全意识和自我保护能力。

第七条 本市鼓励推行科学的管理方法，采用先进技术，提高电梯安全性能和管理水平，增强电梯生产、使用单位防范事故的能力。

第八条 任何单位和个人有权向电梯安全监督管理部门举报电梯安全违法行为和电梯事故隐患。

第二章 电梯的生产

第九条 电梯制造单位应当按照安全技术规范的要求提供相应的随机文件，并保证制造电梯的配件供应。

第十条 电梯的安装、改造、维修施工前，施工单位应当将拟进行的电梯安装、改造、维修情况书面告知所在地区（县）电梯安全监督管理部门，告知后即可施工。施工时，应当执行北京市《电梯安装维修作业安全规范》，确保施工过程中的安全。

电梯的安装、改造、维修和日常维护保养单位，应当执行北京市《电梯安装、改造、重大维修和维护保养自检规则》，做好自检记录。

第十一条 电梯的安装、改造、重大维修工程竣工后，施工单位应当在监督检验合格后 30 日内将有关技术资料移交使用单位。电梯使用单位应当将其存入该电梯的安全技术档案。

第十二条 从事电梯日常维护保养的单位应当做好下列工作：

（一）按照电梯使用维护说明书提出的保养项目、方法和周期要求，制定电梯的日常维护保养方案，确保其维护保养电梯的安全技术性能；

（二）至少每 15 日进行一次日常维护保养工作；

（三）制定应急措施和救援预案，至少每半年进行一次应急演练；

（四）设立 24 小时日常维护保养值班电

话，接到故障通知后及时予以排除；

（五）接到电梯乘客被困故障报告后，30分钟内赶到现场实施救援；

（六）对电梯进行日常维护保养时，执行北京市《电梯日常维护保养规则》，并做好记录；

（七）协助电梯使用单位制定电梯安全管理制度和应急预案。

第十三条 电梯安装、改造、维修和日常维护保养单位应当对电梯作业人员进行安全教育和技术培训，并记录教育和培训情况。

安全教育和技术培训记录，至少保存2年。

第十四条 从事电梯安装、改造、维修和日常维护保养作业的人员，应当取得相应的《特种设备作业人员证》。其中，从事电梯安装、改造作业的人员，应当取得电梯安装项目资格；从事电梯维修、日常维护保养作业的人员，应当取得电梯维修项目资格。未取得《特种设备作业人员证》的人员，不得上岗作业。

电梯安装、改造、维修和日常维护保养作业人员作业时应当持证。

第三章 电梯的使用

第十五条 电梯使用单位应当做到：

（一）设置电梯的安全管理机构或者配备电梯专职安全管理人员；

（二）建立并严格执行电梯安全运行管理制度，建立完整的电梯安全技术档案；

（三）保证电梯紧急报警装置能够有效应答紧急呼救；

（四）在电梯轿厢内或者出入口的明显位置张贴安全注意事项、警示标志和有效的《安全检验合格》标志；

（五）制定电梯事故应急措施与救援预案，并定期组织演练；

（六）发生电梯乘客被困故障时，迅速采取措施对被困人员进行抚慰和组织救援。

第十六条 电梯出现故障或者发生异常情况时，电梯使用单位应当组织进行全面检查，消除电梯事故隐患后，方可重新投入使用。

第十七条 电梯使用单位应当使用符合安全技术规范的电梯，不得购置未取得电梯制造许可的单位制造的电梯；应当委托取得相应许可的单位实施电梯安装、改造、维修和日常维护保养活动。

第十八条 电梯投入使用前或者投入使用后30日内，电梯使用单位应当向电梯所在地的区（县）电梯安全监督管理部门登记。

在用电梯停用拟超过15日的，电梯使用单位应当自停用之日起10日内书面告知原登记部门；重新启用前，应当书面告知原登记部门。

电梯报废时，电梯使用单位应当自报废之日起30日内到原登记部门办理注销。

第十九条 电梯的安装、改造、重大维修过程，必须经过电梯检验检测机构按照安全技术规范要求进行的监督检验。

未经监督检验合格的电梯，电梯使用单位不得投入使用。

第二十条 在用电梯应当进行定期检验，定期检验周期为一年。电梯使用单位应当在电梯安全检验合格有效期届满前一个月向电梯检验检测机构提出定期检验要求。

未经定期检验或者检验不合格的电梯，不得继续使用。

第二十一条 电梯使用单位的安全管理人员应当履行下列职责：

（一）进行电梯运行的日常巡视，做好电梯日常使用状况记录，落实电梯的定期检验计划；

（二）妥善保管电梯层门钥匙、机房钥匙和电源钥匙；

（三）监督电梯日常维护保养单位定期检修、保养电梯；

（四）发现电梯存在安全隐患需要停止使用的，有权作出停止使用的决定，并立即报告本单位负责人；

（五）遇有火灾、地震等影响电梯运行和电梯乘客人身安全的突发性事件时，应当迅速采取措施，停止电梯运行。

第二十二条 电梯乘客应当按照电梯安全注意事项和警示标志正确使用电梯，不得有下列行为：

（一）使用明示处于非正常状态下的电梯；

（二）强行扒撬电梯层门、轿门；

（三）在电梯内蹦跳、打闹；

（四）携带易燃易爆物品或者危险化学品搭乘电梯；

（五）拆除、毁坏电梯的部件或者标志、标识；

（六）运载超过电梯额定载荷的货物；

（七）其他危及电梯安全运行的行为。

乘坐的电梯发生故障时，电梯乘客应当通过报警装置与电梯管理人员取得联系，服从指挥。

第二十三条　电梯进行更新、改造、维修或者日常维护保养所需费用，由电梯的所有权人承担。

电梯的所有权人将电梯交付他人使用管理的，应当与使用管理单位签订书面合同，明确双方安全管理责任和电梯更新、改造、维修或者日常维护保养的出资义务。

居民住宅电梯的更新、改造和维修所需资金的管理，按照国家和本市有关住宅专项维修资金的规定执行。

第四章　检验检测

第二十四条　电梯检验检测机构和检验检测人员开展电梯检验检测活动，应当遵循诚信和便民原则，为电梯生产、使用单位提供可靠、便捷的检验检测服务。

电梯检验检测机构和检验检测人员对涉及的被检验检测单位的商业秘密，负有保密义务。

第二十五条　电梯检验检测机构应当确保从事检验检测活动的人员具有国家规定的资格，开展检验检测活动符合安全技术规范的要求，并对检验检测的结果负责。

第二十六条　电梯检验检测机构应当自接到检验检测申请之日起5个工作日内安排检验检测。检验检测完毕后，电梯检验检测机构应当在10个工作日内出具电梯检验检测报告；经检验检测合格的，还应当一并发放《安全检验合格》标志。

第二十七条　电梯使用单位对电梯检验检测结果有异议的，可以在收到电梯检验检测报告之日起15日内以书面形式向电梯检验检测机构提出。电梯检验检测机构应当在15日内向电梯使用单位作出书面答复。

电梯检验检测机构逾期未答复或者电梯使用单位对电梯检验检测机构的书面答复仍有异议的，可以在收到答复之日起15日内向当地电梯安全监督管理部门申请复验。受理复验申请的电梯安全监督管理部门，应当在30日内作出复验结论。

第二十八条　电梯检验检测机构在实施检验检测活动中发现安全隐患的，应当书面告知电梯使用单位；发现严重事故隐患时，还应当立即报告所在地的电梯安全监督管理部门。

第二十九条　电梯检验检测机构和检验检测人员不得从事电梯的生产、销售活动，不得以其名义推荐或者监制、监销电梯。

第三十条　电梯检验检测机构和检验检测人员利用检验检测工作故意刁难电梯生产、使用单位的，电梯生产、使用单位有权向电梯安全监督管理部门投诉。接到投诉的电梯安全监督管理部门应当及时进行调查处理。

经调查属实的，电梯安全监督管理部门可以另行指定电梯检验检测机构承担该单位电梯的检验检测工作。

第五章　监督检查

第三十一条　电梯安全监督管理部门应当对学校、幼儿园、机场、车站、商场、体育场馆、展览馆等人员密集场所以及重要会议或者重大活动场所的电梯实施重点安全监察。

第三十二条　电梯安全监督管理部门对电梯生产、使用单位和检验检测机构进行现场检查时，被检查单位应当予以配合。

第三十三条　电梯安全监督管理部门发现电梯的生产、使用单位或者检验检测机构有违反《特种设备安全监察条例》和本办法规定的行为或者在用电梯存在事故隐患的，应当以书面形式发出特种设备安全监察指令，责令有关单位及时采取措施予以改正或者消除事故隐患。

发现重大事故隐患的，电梯安全监督管理部门应当报告同级人民政府；需要有关部门支持、配合的，还应当通知其他有关部门。

第三十四条 居民委员会、村民委员会发现辖区内电梯生产、使用单位存在电梯安全事故隐患或者违法行为时，应及时向所在地电梯安全监督管理部门等负有安全监督管理职责的部门报告，协助政府有关部门进行监督检查。

有关部门接到报告后，对属于本部门职责范围的，应当及时处理；不属于本部门职责范围的，应当及时转交有权处理的部门，并将转交情况告知报告单位。

第三十五条 电梯发生事故的，事故发生单位应当迅速采取有效措施，组织抢救，防止事故扩大，减少人员伤亡和财产损失。

电梯事故的报告和调查处理程序，按照国务院《生产安全事故报告和调查处理条例》的规定执行。

第三十六条 市电梯安全监督管理部门应当按照《特种设备安全监察条例》第六十一条的规定定期向社会公布电梯安全状况，并将全市在用电梯的数量、分布情况以及电梯安装、改造、维修单位情况及时向社会公布。

第六章 法律责任

第三十七条 违反本办法第十条第一款规定，电梯安装、改造、维修单位未执行本市《电梯安装维修作业安全规范》导致存在安全隐患的，由电梯安全监督管理部门责令限期改正；逾期未改正的，处5000元以下罚款。

违反本办法第十条第二款规定，电梯安装、改造、维修或者日常维护保养单位未执行本市《电梯安装、改造、重大维修和维护保养自检规则》导致存在安全隐患的，由电梯安全监督管理部门责令限期改正；逾期未改正的，处5000元以下罚款。

电梯安装、改造、维修或者日常维护保养单位由于上述违法行为，导致发生电梯事故，造成人员伤亡或者财产损失的，依照安全生产有关法律、法规进行处理。

第三十八条 从事电梯日常维护保养的单位有违反本办法第十二条规定情形之一的，由电梯安全监督管理部门责令限期改正；逾期未改正的，处2000元以上5000元以下罚款。

第三十九条 违反本办法第十三条规定，电梯安装、改造、维修或者日常维护保养单位未对电梯作业人员进行安全教育和培训的，由电梯安全监督管理部门责令限期改正；逾期未改正的，处2000元以上2万元以下罚款。

第四十条 违反本办法第十四条第二款规定，电梯安装、改造、维修或者日常维护保养作业人员未持证进行作业的，由电梯安全监督管理部门责令改正，并对相关的电梯安装、改造、维修或者日常维护保养单位处500元以上5000元以下罚款。

第四十一条 电梯使用单位违反本办法第十五条规定的，由电梯安全监督管理部门分别按照《特种设备安全监察条例》有关规定进行处理。其中，对违反第（三）、（四）、（六）项规定的，由电梯安全监督管理部门责令限期改正；逾期未改正的，按照下列数额罚款：

（一）违反第（三）项规定，电梯紧急报警装置不能有效应答紧急呼救的，处2000元罚款；

（二）违反第（四）项规定，未在电梯轿厢内或者出入口的明显位置张贴有效的《安全检验合格》标志的，处500元罚款；

（三）违反第（六）项规定，发生电梯乘客被困故障时，未及时采取措施对被困人员进行抚慰和组织救援的，处5000元罚款。

第四十二条 违反本办法第十七条规定，电梯使用单位委托未取得相应许可的单位实施电梯安装、改造、维修或者日常维护保养活动的，由电梯安全监督管理部门责令立即停止违法行为，对相关电梯使用单位处5000元以上5万元以下罚款。

第四十三条 违反本办法第十九条第二款规定，电梯使用单位使用未经监督检验合格电梯的，由电梯安全监督管理部门责令限期改正，并处2000元以上2万元以下罚款。

第四十四条 违反本办法第二十六条规定，电梯检验检测机构未按照规定期限安排检验检测、出具电梯检验检测报告或者发放《安全检验合格》标志的，由电梯安全监督管理部门责令限期改正，并处5000元以上1万元以下罚款。

电梯检验检测机构由于上述违法行为给电梯使用单位造成损失的，应当承担赔偿责任。

第七章 附则

第四十五条 居民家庭自用电梯的使用安全管理和检验检测，不适用本办法。

第四十六条 本办法自2008年6月1日起施行。2003年6月10日市人民政府发布的《北京市电梯安全监察办法》同时废止。

北京市人民政府办公厅 转发市安委会办公室关于进一步加强本市有限空间作业安全监管意见的通知

（京政办发〔2010〕19号，2010年6月11日）

各区、县人民政府，市政府各委、办、局，各市属机构：

市安委会办公室《关于进一步加强本市有限空间作业安全监管的意见》已经市政府同意，现转发给你们，请认真贯彻落实。

关于进一步加强本市有限空间作业安全监管的意见

有限空间是指封闭或部分封闭，进出口较为狭窄有限，未被设计为固定工作场所，自然通风不良，易造成有毒有害、易燃易爆物质积聚或氧气含量不足的空间。随着本市经济的快速发展，城市规模不断扩大，市政工程建设、地下管道施工维修等领域有限空间作业的安全生产问题日益突出。为全面落实安全生产管理责任，切实保障人民群众生命安全，现就进一步加强本市有限空间作业安全监管工作提出如下意见：

一、落实生产经营单位安全生产主体责任

生产经营单位是安全生产的责任主体。凡从事有限空间作业的单位要严格按照《缺氧危险作业安全规程》（GB 8958—2006）和本市关于有限空间作业安全生产的相关要求，认真开展隐患排查治理工作，确保安全生产条件符合各项规定。凡未接受岗前安全培训教育的，不得从事有限空间作业；凡未对作业现场进行通风检测的，不得实施有限空间作业；凡不具备相应应急救援能力的，不得盲目组织施救。严禁作业单位不采取任何防护措施，不配备任何防护装备，冒险下井违章作业。

各行政机关和企事业单位内部开展污水井、化粪池维修疏通等临时性有限空间作业时，不具备相应安全生产条件的，应委托环卫、排水等相关专业部门进行作业，并与承包单位签署安全协议，明确各自安全管理责任。不得将有限空间作业发包给不具备安全生产条件的单位或个人，一旦发生生产安全事故并给他人造成损害的，委托单位须承担连带赔偿责任。

二、加强重点领域安全监管

市各有关部门要按照《北京市人民政府关于印发市政府工作部门安全监管（管理）职责的通知》（京政发〔2004〕22号）等文件要求，切实承担本行业和领域有限空间作业的安全监管（管理）职责。

各级安全监管部门要加强对有限空间作业安全综合监管的组织、指导、协调和监督，加大对危险化学品生产经营单位和机械、冶金、轻纺、建材、烟草等行业生产经营单位的监督检查力度，认真研究有限空间作业的特点和规律，做好形势分析和预警预报，运用科技和信

息化手段解决城市管理问题，统筹做好有限空间作业安全监管工作。

市市政市容、水务、住房城乡建设、发展改革、通信、广电等部门要加强对本行业有限空间作业的监督检查，督促监管企业落实作业规范，提高安全生产保障条件。要强化对物业管理企业和市政工程建设、燃气、热力、排水、环卫等重点单位的监管。市市政市容、水务主管部门要依据行政许可的相关法律法规研究粪便处理、排水等行业和领域的准入制度，制定相关标准，全面提升行业安全管理整体水平。其他行业主管部门也要依据职责，督促本行业生产经营单位做好单位内部临时性有限空间作业的安全管理工作。

各行业主管部门在积极履行自身监管职责的同时，要与安全监管部门相互配合、通力协作，建立联动机制，形成监管合力，全力消除有限空间作业事故隐患，坚决控制和减少事故发生。

三、落实属地安全监管责任

各区县政府要加强组织领导，对本区县有限空间作业的安全生产工作负总责。要全面掌握本区县有限空间作业安全生产监管情况，认真研究存在的问题，采取有效措施，积极推动各项工作有序开展。要引导和支持从事有限空间作业的企业逐步实现专业化、市场化、规模化、规范化运营。要完善有限空间作业生产安全事故应急机制，加强应急处置能力建设，及时组织协调有关部门积极应对、妥善处置。

四、开展专项执法检查

市各有关部门、各区县政府要根据有限空间作业生产安全事故的季节性特征，认真研究制定专项整治方案，集中力量及时开展专项执法。要加强对重点行业和领域的监管，重点检查有限空间作业制度建立情况、一线班组设备设施配备情况、劳动防护用品配备情况、警示标识设置情况、宣传教育培训情况、承发包管理情况及作业现场管理情况等。要加大行政处罚力度，严厉打击各项违法违规作业行为，切实提高执法效果。

五、加强宣传教育培训

市安委会负责全市有限空间作业安全生产宣传工作，并为各区县政府和各行业主管部门开展宣传活动提供指导和帮助。各行业主管部门要结合本行业特点，组织开展有针对性的安全生产宣传活动。各区县政府要充分利用各种宣传教育培训资源，采取灵活多样的方式深入企业，深入基层，开展有限空间作业安全知识及有关规范标准的宣传教育活动，使一线班组和作业人员增强安全意识，克服麻痹思想和侥幸心理，提高自救互救能力。

六、实行特种作业管理

从 2010 年 7 月 1 日起，凡从事化粪池（井）、粪井、排水管道及其附属构筑物（含污水井、雨水井、提升井、闸井、格栅间、集水池等）运行、保养、维修、清理等地下有限空间作业活动的，须安排现场监护人员。现场监护人员经过安全技术培训取得特种作业操作资格证书方可上岗作业。凡未按规定安排现场监护人员，或现场监护人员未取得资格证书从事上述各类有限空间作业的，将依法严肃处理。各区县政府、市各有关部门要掌握从事上述各类有限空间作业单位的情况，及时督促有关单位组织作业人员参加培训考核，实现监护人员持证上岗作业。

七、加大事故查处和责任追究力度

各区县政府要严格按照事故处理“四不放过”的原则，查明有限空间作业生产安全事故的原因，分清责任，依法严肃处理。同时，要进一步研究防范措施，完善安全生产举报奖励制度，鼓励广大市民举报有限空间作业违法行为，提高安全监管执法和舆论监督效能。

北京市安全生产监督管理局关于地下有限空间作业现场监护人员必须持证上岗的通告

（京安监发〔2010〕68号，2010年5月17日）

为加强本市地下有限空间作业安全监管，提高地下有限空间作业人员的安全意识和操作技能，防止和减少生产安全事故发生，根据《中华人民共和国安全生产法》及相关法律法规规定，通告如下：

一、自2010年7月1日起，在本市行政区域内，凡从事化粪池（井）、粪井、排水管道及其附属构筑物（含污水井、雨水井、提升井、闸井、格栅间、集水池等）运行、保养、维修、清理等地下有限空间作业活动的，作业现场必须安排监护人员。

二、现场监护人员必须经专门的安全技术培训，取得特种作业操作资格证书，方可上岗作业。

三、任何单位委托进行或自行进行上述地下有限空间作业活动的，必须使用持有特种作业操作资格证书的现场监护人员，否则不得进行作业活动。

四、对违反本通告从事地下有限空间作业活动的，依照安全生产法律法规规定给予行政处罚。

特此通告。

北京市电梯安全使用管理规定

（京劳特发〔1996〕326号，1996年10月29日）

第一条 为加强对本市电梯的安全管理，保障电梯安全运行，依据《北京市劳动保护监察条例》和劳动部《起重机械安全监察规定》等有关规定，制定本规定。

第二条 本规定适用于本市行政区域内电梯产权单位以及受其委托的电梯使用管理单位（以下简称产权单位）。

第三条 本规定所称的电梯是指各类电梯、自动扶梯、杂物梯。

第四条 电梯的产权单位应对电梯使用过程中的安全负责，严格执行国家有关规定，并应履行下列职责：

（一）设置专人负责电梯的日常管理，记录电梯运行状况和维修保养工作内容，建立健全各项安全管理制度，积极采用先进技术，降低故障率；

（二）确定合理的电梯运行时间，加强日常维修保养，住宅楼电梯应根据本市关于加强居民高层住宅楼电梯管理，改善运行服务的有关规定，做好运行服务。住宅电梯无故障运行不得低于7000次；

（三）新安装、大修改造的电梯，除按国家标准进行各项试验外，其控制线路中应加装有锁紧装置的计数器，无故障试运行不得少于3000次；

（四）安装、维修保养人员和电梯司机均应持市劳动行政部门核发的特种作业操作证上岗，并定期参加复审；

（五）在便于接到报警信号的位置设立电梯管理人员的岗位，制定紧急救援方案和操作程序，在接到报警信号40分钟内排除设备故障，解救乘客；

（六）在电梯出入口明显位置张贴安全警示标志、使用准则，电梯出入口应有足够照明，住宅电梯和病床电梯不得以无司机状态运行；

（七）应当在电梯轿厢内明显位置张贴《电梯安全使用许可证》，注明：注册登记及检验合格标志、电梯管理部门、管理人员、安装企业、维修保养企业以及相应的应急报警、投诉电话号码；

（八）发生事故应积极组织抢救，报告市及区（县）劳动行政部门，通知维修保养企业。

第五条 安装、改造电梯，产权单位应在安装、改造工程施工前将电梯的有关资料报送市劳动行政部门备案，经核准后，方可施工。

工程完工后，产权单位应向电梯安全技术检验机构申请检验。

第六条 电梯的产权单位应使用市劳动行政部门统一制定的《起重机械安全技术档案（电梯类）》对电梯逐台建档、建卡、注册登记。电梯技术档案资料应包括：

（一）《起重机械安全技术档案（电梯类）》和《起重机械登记卡片（电梯类）》；

（二）产品质量合格证明；大修改造后的电梯应有质量验收证明（或质量验收报告）；更改部分须有变更设计的证明文件；

（三）电梯安装验收证明和报告；

（四）运转、保养、维修记录；

（五）定期安全检查和事故记录；

（六）电梯随机文件，至少包括：井道及机房土建图、电气控制原理图、电气敷设图、电器元件代号说明书、安装调试说明书、使用维护说明书、出厂明细表（装箱单）等技术资料。

第七条 电梯的产权单位应建立健全各项安全技术管理制度。各项安全技术管理的规章制度应包括：

（一）岗位安全操作规程；

（二）维修保养制度；

（三）岗位责任制；

（四）岗位交接班制度；

（五）维修保养人员、电梯司机操作证管理及培训制度；

（六）设备档案管理制度；

（七）设备安全使用管理制度（包括：乘客须知）。

第八条 电梯的产权单位应持电梯技术档案资料和安全技术检验报告书逐台向劳动行政部门申报。经劳动行政部门审查合格后，发给《电梯安全使用许可证》。《电梯安全使用许可证》有效期为一年。凡未取得《电梯安全使用许可证》的电梯不得使用。

第九条 电梯的产权单位应在《电梯安全使用许可证》有效期到期前申请下一年度的安全技术检验，经检验合格的，换发新一年度的《电梯安全使用许可证》。

第十条 除定期检验外，下列情况必须申请安全技术检验：

（一）新安装或经过大修改造后的电梯；

（二）经过重要改装或严重损坏后，经过修复的电梯；

（三）停止使用超过半年，需重新启用的电梯；

（四）发生重大事故，修复后需重新启用的电梯。

第十一条 电梯的产权单位应加强对电梯的维修保养和日常检查，制定维修保养计划，保证电梯在运行时技术状况良好，并根据设备状况、运行时间、累计工作量确定检修周期。

第十二条 电梯产权单位应与持有市劳动行政部门核发的安全认可证书的企业签订安装、大修改造、维修保养合同，并明确被委托企业的责任。

第十三条 产权单位如需自行维护保养电梯，应按电梯数量及工作状况配备足够的维护保养人员，其管理部门应将电梯管理人员、维护保养人员、联系电话及有关资料报送设备所在区（县）劳动行政部门，经核准后，方可自行维护保养。

第十四条 电梯变更产权时，其产权单位应将随机的《起重机械安全技术档案（电梯类）》《电梯安全使用许可证》等全部技术档案资料一同转交给新用户，并到劳动行政部门办理转户手续。

第十五条 电梯机构部分发生严重腐蚀、变形、裂纹等缺陷，电气控制系统紊乱，存在严重安全隐患，已无法修复或无修复价值时，应报废。报废的电梯，其产权单位应报劳动行政部门备案注销。报废后的电梯严禁继续使用。

第十六条 凡发生电梯事故，产权单位应立即向市及设备所在区（县）劳动行政部门报告，并负责保护事故现场；发生人员伤亡的，应立即组织抢救，防止事故扩大，并按有关规定向公安部门、检察机关报告。

第十七条 自动人行道的安全使用管理，参照本规定执行。

第十八条 本规定自发布之日起施行。

第四部分

客户服务

物 业 收 费

关于印发《北京市清理规范城镇供水供电供气供暖行业收费促进行业高质量发展实施方案》的通知

（京发改〔2021〕1082号，2021年7月30日，北京市发展和改革委员会 北京市财政局 北京市规划和自然资源委员会 北京市住房和城乡建设委员会 北京市城市管理委员会 北京市水务局 北京市市场监督管理局发布）

各区人民政府，各有关单位：

按照市政府要求，现将《北京市清理规范城镇供水供电供气供暖行业收费促进行业高质量发展实施方案》印发给你们，请遵照执行。

北京市清理规范城镇供水供电供气供暖行业收费促进行业高质量发展实施方案

为贯彻落实国务院办公厅《转发国家发展改革委等部门关于清理规范城镇供水供电供气供暖行业收费促进行业高质量发展意见的通知》（国办函〔2020〕129号，以下简称《意见》）要求，清理规范本市城镇供水供电供气供暖行业收费，理清价费关系，完善价格机制，提升服务质量，促进行业高质量发展，结合本市实际，现制定本实施方案。

一、总体要求

以习近平新时代中国特色社会主义思想为指导，全面贯彻党的十九大和十九届二中、三中、四中、五中全会精神，坚持“权责对等、清费顺价、标本兼治、稳步推进”原则，深化供水供电供气供暖行业市场化改革，区分网络型自然垄断环节和竞争性环节，明确属性定位，合理界定政府、企业、用户的权利义务，进一步深化公用事业领域“放管服”改革，加快推进竞争性环节的市场化，提升对网络型自然垄断环节价格监管的科学化、精细化、规范化水平，有效发挥价格机制激励约束作用，清理取消不合理收费，降低城镇经济社会运行基础成本，不断提升水电气暖等产品和服务供给的质量和效率，进一步提高人民群众满意度、增强人民群众获得感。

到2025年，清理规范供水供电供气供暖行业收费取得明显成效，科学、规范、透明的价格形成机制基本建立，政府投入机制进一步健全，相关行业定价办法、成本监审办法、价格行为和服务规范健全完善，水电气暖等产品和服务供给质量和效率明显提高。

二、清理取消不合理收费

《意见》中明确取消的供水供电供气供暖环节收费项目及其他类似名目费用，没有合法有效政策依据的自2021年3月1日起全部取消。

三、严格规范价格收费行为

（一）明确可保留的收费项目。供水供电供气供热企业设施产权分界点以后至用水用电用气用热器具前，为满足用户个性化需求所提供的延伸服务等，应明确服务项目、服务内容，允许收取合理费用，实行明码标价。本市老旧小区水电气暖改造工程费用筹措方式，按现行政策执行。

（二）规范政府定价行为。制定完善城镇供水供电供气供暖成本监审和定价办法，明确成本构成，细化职工薪酬、折旧费、损耗等约束性指标，合理制定价格。研究制定高可靠性供电收费政策，研究完善自备电厂系统备用费政策，继续减免余热、余压、余气自备电厂系统备用费。加强成本和价格信息公开，保障用户知情权。

（三）规范经营者收费行为。供水供电供气供热企业应抄表到户、服务到户，严格按照政府规定的销售价格向终端用户收取水电气暖费用。对供水供电供气供热企业暂未直抄到户的终端用户，任何单位或个人不得在水电气暖费用中加收其他费用或设置捆绑条件，对具备表计条件的终端用户，应按照政府规定的销售价格执行；对不具备表计条件的终端用户，水电气暖费用应由终端用户公平分摊。物业公共部位、共用设施和配套设施的运行维护费用等，不得以水电气暖费用为基数加收服务类费用。经营者要建立健全各项收费及费用分摊相关信息的公示制度，及时向终端用户公开。严禁以强制服务、捆绑收费等形式收取不合理费用。严禁供水供电供气供热企业实施垄断行为，对违反反垄断法、妨碍市场公平竞争、损害其他市场主体和消费者利益的，按照相关法律法规予以处罚。

（四）规范接入工程收费。在城镇规划建设用地范围内，供水供电供气供热企业的投资界面应延伸至用户建筑区划红线，除法律法规和相关政策另有规定外，不得由用户承担建筑区划红线外发生的任何费用。从用户建筑区划红线连接至公共管网发生的入网工程建设，由供水供电供气供热企业承担的部分，纳入企业经营成本；按规定由政府承担的部分，及时拨款委托供水供电供气供热企业建设，或者由政府直接投资建设。

（五）规范其他各类收费。严禁政府部门、相关机构对供水供电供气供暖计量装置强制检定收费；供水供电供气供热企业或用户自愿委托相关机构对计量装置进行检定的，按照“谁委托、谁付费”原则，检定费用由委托方支付，但计量装置经检定确有问题的，由供水供电供气供热企业承担检定费用，并免费为用户更换合格的计量装置。严禁向终端用户收取水电气热计量装置费用。任何单位代收供水供电供气供暖费时，严禁向用户加收额外费用或设置捆绑条件。建筑区划红线内供水供电供气供暖管网的建设安装、更新改造、维修维护等费用已由政府承担的，不得再向用户收取。新建商品房、保障性住房等建筑区划红线内供水供电供气供暖管线及配套设备设施的建设安装费用统一纳入房屋开发建设成本，不得另外向买受人收取；投入使用后，可依法依规移交给供水供电供气供热企业实行专业化运营管理，相关运行维护等费用纳入企业经营成本。建筑区划红线内属于用户资产的供热设施经验收合格依法依规移交供热企业管理的，相关维修维护等费用由供热企业承担，纳入企业经营成本，不得另行向用户收取。

（六）规范特许经营收费。政府采取特许经营协议等方式授权供水供电供气供热企业以入网费、集中管网建设费、并网配套费等名目收取专项建设费用补偿收入的，应结合理顺水电气暖价格、建立健全补贴机制逐步取消。

四、加快完善价格形成机制

（一）完善供水价格机制。加快建立健全以“准许成本加合理收益”为基础，有利于激励提升供水质量、促进节约用水的价格机制。建筑区划红线内供水（含二次加压调蓄）设施依法依规移交给供水企业管理的，其运行维护、修理更新等费用计入供水成本。在严格成本监审的基础上，综合考虑企业生产经营及行业发展需要、社会承受能力、促进全社会节水等因素，合理制定并动态调整供水价格。

（二）完善电价机制。按照国家电力体制改革总体要求和统一部署，逐步理顺输配电价结构，加快形成结构优化、水平合理的输配电价体系。平稳推进上网电价机制改革，有序放开各类电源上网电价。有序放开除居民、农业、重要公用事业和公益性服务以外的用电价格，逐步取消工商业目录电价。完善峰谷分时电价政策，健全差别电价机制。深入研究并逐步解决电价政策性交叉补贴问题。

（三）完善配气价格机制。加强城镇燃气配气环节价格审核，由燃气企业投资建设的市政管网、市政管网至建筑区划红线外的管网，企业自用的储气设施，以及其他与配气业务相关的设备设施等，纳入配气价格有效资产。建筑区划红线内按法律法规规定由燃气企业承担运行维护、抢修和更新改造的成本，以及燃气表后至燃具前由燃气企业为排除安全隐患而开展的上门服务、安全检查、设施修理、材料更换等服务成本，纳入企业经营成本。

（四）完善供暖价格机制。合理制定并动态调整热力销售价格。本市新建居住建筑、新建公共建筑、具备供热计量条件的既有居住建筑和既有公共建筑应当实行供热计量收费。暂不具备供热计量条件的按供热面积计收热费，并通过稳步推行热计量改造实行供热计量收费。热电联产的企业，应将成本在电、热之间合理分摊。

五、提升服务水平

（一）健全行业管理制度和技术标准体系。城市管理、水务部门要加快完善供水供电供气供暖等城市基础设施规划、工程设计、工程建设、工程验收、运行维护等制度规定，明确工程验收标准和程序，加强标准协调衔接，加快形成系统性技术标准体系。梳理完善已有的行业规范和技术标准，及时调整不合理规定。加快制定出台尚未明确的行业规范和技术标准。

（二）加快完善行业服务质量体系。城市管理、水务部门要按照深化“放管服”改革要求，制定完善供水供电供气供暖行业服务质量规范和评价体系。加强行业服务质量管理，通过采取行业服务质量评估、公开通报行业服务情况等方式，提升行业整体服务质量。

（三）不断提高企业服务水平。供水供电供气供热企业要增强服务意识，提高工作效率和服务水平，向用户提供安全、便捷、稳定、价格合理的产品和服务。制定简捷、标准化的服务办理流程，公开服务标准、资费标准等信息，严格落实承诺制度，接受社会监督。积极推进“一站式”办理和“互联网＋”服务模式，推动申请报装、维修、过户、缴费、开具发票等“一窗受理、一网通办、一站办结”，进一步压缩办理时限，推动有关服务事项进驻政务服务大厅。

六、改善发展环境

（一）提升市政配套基础设施规划建设管理水平。坚持市政配套基础设施先规划后建设、先地下后地上，加强专项规划编制，统筹城镇基础设施规划、建设和管理，确保建成区与新城区及园区互联互通，地上与地下整体协调，避免条块分割、多头管理。储备土地应进行必要的前期开发建设，完善与地块相关的道路及供水供电供气供热等配套基础设施建设方案，落实工程建设资金，确保市政配套基础设施与建设项目同步使用。与储备土地直接相关的市政配套基础设施建设费用按规定纳入土地开发支出，不得由供水供电供气供热企业负担。规划自然部门制定实施提升市政公用基础设施配套建设水平方案，城市管理、水务部门会同供水供电供气供热企业制定接入工程建设需求清单，督促指导各区统筹建设时序，确保入网工程建设满足用户需求。

（二）加快放开经营服务市场。城市管理、水务部门会同有关部门持续深化供水供电供气供暖行业体制机制改革，进一步放开市场准入限制，推动向规模化、集约化、跨地区经营方向发展，促进行业提质增效。支持通过政府和社会资本合作（PPP）、混合经营等方式，引导社会资本有序进入，增加市场供给。创新项目投资运营管理方式，实行投资、建设、运营和监管分开，促进设计施工、工程验收、运行维护等环节公平竞争。鼓励推进企业主营业务和工程设计施工业务分离，同步加强工程设计审查、施工监理、竣工验收等工作，确保工程质量。加强对全市行业准入、工程建设和运行维护全环节的监督指导，确保经营服务市场稳步有序放开。

（三）完善相关法律法规制度。各部门应不断总结实践经验，根据国家有关法律法规，建立健全地方性法规，合理界定政府、企业、用户的权利义务。尤其对建筑区划红线内外的工程，要分清管网设施设备产权和运行维护、抢修、更新改造的责任，明晰管理边界，确保主体明确、权责相符。

七、切实抓好政策落实

（一）加强组织领导。各部门各区要充分认识清理规范供水供电供气供暖行业收费的重要意义，切实提高政治站位，统一思想，强化责任担当。发展改革部门要抓好统筹，会同财政、规划自然、住房城乡建设、城市管理、水务、市场监管部门建立联合工作机制，细化工作方案，相关市级部门按任务分工抓好落实，各区要切实落实属地责任。

（二）稳妥推进实施。各区各部门在具体政策措施制定中要兼顾各方利益，充分评估可能出现的风险，制定应对预案，稳妥把握节奏和力度，合理设置过渡期，确保不影响正常生产生活。行业主管部门会同财政、发展改革部门，持续推动相关企业加强绩效管理和成本控制，通过提质增效的方式，抑制企业成本不合理增长。取消收费项目后属于公共服务范围的，财政、发展改革部门要及时通过财政补贴、价格补偿等方式保障公共服务供给，对需要理顺价格的，要精心选择合适时机，对低收入群体予以重点关注，加大财政投入力度，做好兜底保障工作，确保平稳落地。对采取特许经营等方式的供水供电供气供暖企业，要合理制定相关收费标准，明确政府付费和使用者付费的界限，妥善处理好价格补偿和政府补贴的关系，保障项目正常运营。

（三）强化监督检查。城市管理、水务部门要督促供水供电供气供热企业按照“规范化、标准化、便民化”要求，全面梳理自查现行收费项目和标准，取消不合理收费项目，纠正强制性收费，降低偏高收费标准。市场监管部门重点加强对工程安装、维护维修领域的价格监管和反垄断执法，着力查处不执行政府定价或政府指导价、收取不合理费用以及达成实施垄断协议、滥用市场支配地位和滥用行政权力排除限制竞争等违法违规行为。对违法违规典型案例，要及时向社会公开曝光，发挥警示作用。

（四）加强宣传引导。各部门各区要通过多种渠道、多种方式广泛宣传清理规范供水供电供气供暖行业收费、促进行业高质量发展的重要意义和典型经验做法，加强政策解读，及时回应社会关切，营造良好舆论氛围。

附件：北京市清理规范城镇供水供电供气供暖行业收费促进行业高质量发展实施方案任务分工表

附件

北京市清理规范城镇供水供电供气供暖行业收费促进行业高质量发展实施方案任务分工表

序号	任务事项	主要任务	牵头部门	配合部门
1	清理取消不合理收费	《意见》中明确取消的供水供电供气供暖环节收费项目及其他类似名目费用，没有合法有效政策依据的自 2021 年 3 月 1 日起全部取消。	市发展改革委	各区人民政府
2	明确可保留的收费项目	供水供电供气供热企业设施产权分界点以后至用水用电用气用热器具前，为满足用户个性化需求所提供的延伸服务等，应明确服务项目、服务内容，允许收取合理费用，实行明码标价。本市老旧小区水电气暖改造工程费用筹措方式，按现行政策执行。	市发展改革委	各区人民政府，市市场监管局、市水务局、市城市管理委
3	规范政府定价行为	制定完善城镇供水供电供气供暖成本监审和定价办法，明确成本构成，细化职工薪酬、折旧费、损耗等约束性指标，合理制定价格。研究制定高可靠性供电收费政策，研究完善自备电厂系统备用费政策，继续减免余热、余压、余气自备电厂系统备用费。加强成本和价格信息公开，保障用户知情权。	市发展改革委	市城市管理委、市水务局

续表

序号	任务事项	主要任务	牵头部门	配合部门
4	规范经营者收费行为	供水供电供气供热企业应抄表到户、服务到户，严格按照政府规定的销售价格向终端用户收取水电气暖费用。对供水供电供气供热企业暂未直抄到户的终端用户，任何单位或个人不得在水电气暖费用中加收其他费用或设置捆绑条件，对具备表计条件的终端用户，应按照政府规定的销售价格执行；对不具备表计条件的终端用户，水电气暖费用应由终端用户公平分摊。物业公共部位、共用设施和配套设施的运行维护费用等，不得以水电气暖费用为基数加收服务类费用。经营者要建立健全各项收费及费用分摊相关信息的公示制度，及时向终端用户公开。严禁以强制服务、捆绑收费等形式收取不合理费用。严禁供水供电供气供热企业实施垄断行为，对违反反垄断法、妨碍市场公平竞争、损害其他市场主体和消费者利益的，按照相关法律法规予以处罚。市场监管部门重点加强对工程安装、维护维修领域的价格监管和反垄断执法，着力查处不执行政府定价或政府指导价、收取不合理费用以及达成实施垄断协议、滥用市场支配地位和滥用行政权力排除限制竞争等违法违规行为。对违法违规典型案例，要及时向社会公开曝光，发挥警示作用。	市发展改革委、市市场监管局	市城市管理委、市水务局
5	规范接入工程收费	在城镇规划建设用地范围内，供水供电供气供热企业的投资界面应延伸至用户建筑区划红线，除法律法规和相关政策另有规定外，不得由用户承担建筑区划红线外发生的任何费用。从用户建筑区划红线连接至公共管网发生的入网工程建设，由供水供电供气供热企业承担的部分，纳入企业经营成本；按规定由政府承担的部分，及时拨款委托供水供电供气供热企业建设，或者由政府直接投资建设。	各区人民政府	市发展改革委、市市场监管局、市规划自然资源委、市住房城乡建设委、市城市管理委、市水务局
6	规范其他各类收费	严禁政府部门、相关机构对供水供电供气供暖计量装置强制检定收费；供水供电供气供热企业或用户自愿委托相关机构对计量装置进行检定的，按照“谁委托、谁付费”原则，检定费用由委托方支付，但计量装置经检定确有问题的，由供水供电供气供热企业承担检定费用，并免费为用户更换合格的计量装置。严禁向终端用户收取水电气热计量装置费用。任何单位代收供水供电供气供暖费时，严禁向用户加收额外费用或设置捆绑条件。建筑区划红线内供水供电供气供暖管网的建设安装、更新改造、维修维护等费用已由政府承担的，不得再向用户收取。新建商品房、保障性住房等建筑区划红线内供水供电供气供暖管线及配套设备设施的建设安装费用统一纳入房屋开发建设成本，不得另外向买受人收取；投入使用后，可依法依规移交给供水供电供气供热企业实行专业化运营管理，相关运行维护等费用纳入企业经营成本。建筑区划红线内属于用户资产的供热设施经验收合格依法依规移交供热企业管理的，相关维修维护等费用由供热企业承担，纳入企业经营成本，不得另行向用户收取。	市发展改革委	市城市管理委、市水务局、市市场监管局、市住房城乡建设委

续表

序号	任务事项	主要任务	牵头部门	配合部门
7	规范特许经营收费	政府采取特许经营协议等方式授权供水供电供气供热企业以入网费、集中管网建设费、并网配套费等名目收取专项建设费用补偿收入的，应结合合理顺水电气暖价格、建立健全补贴机制逐步取消。	各区人民政府	市城市管理委、市水务局
8	完善供水价格机制	加快建立健全以“准许成本加合理收益”为基础，有利于激励提升供水质量、促进节约用水的价格机制。建筑区划红线内供水（含二次加压调蓄）设施依法依规移交给供水企业管理的，其运行维护、修理更新等费用计入供水成本。在严格成本监审的基础上，综合考虑企业生产经营及行业发展需要、社会承受能力、促进全社会节水等因素，合理制定并动态调整供水价格。	市发展改革委	市水务局
9	完善电价机制	按照国家电力体制改革总体要求和统一部署，逐步理顺输配电价结构，加快形成结构优化、水平合理的输配电价体系。平稳推进上网电价机制改革，有序放开各类电源上网电价。有序放开除居民、农业、重要公用事业和公益性服务以外的用电价格，逐步取消工商业目录电价。完善峰谷分时电价政策，健全差别电价机制。深入研究并逐步解决电价政策性交叉补贴问题。	市发展改革委	市城市管理委
10	完善配气价格机制	加强城镇燃气配气环节价格审核，由燃气企业投资建设的市政管网、市政管网至建筑区划红线外的管网，企业自用的储气设施，以及其他与配气业务相关的设备设施等，纳入配气价格有效资产。建筑区划红线内按法律法规规定由燃气企业承担运行维护、抢修和更新改造的成本，以及燃气表后至燃具前由燃气企业为排除安全隐患而开展的上门服务、安全检查、设施修理、材料更换等服务成本，纳入企业经营成本。	市发展改革委	市城市管理委
11	完善供暖价格机制	合理制定并动态调整热力销售价格。本市新建居住建筑、新建公共建筑、具备供热计量条件的既有居住建筑和既有公共建筑应当实行供热计量收费。暂不具备供热计量条件的按供热面积计收热费，并通过稳步推行热计量改造实行供热计量收费。热电联产的企业，应将成本在电、热之间合理分摊。	市发展改革委	市城市管理委
12	健全行业管理制度和技术标准体系	城市管理、水务部门要加快完善供水供电供气供暖等城市基础设施规划、工程设计、工程建设、工程验收、运行维护等制度规定，明确工程验收标准和程序，加强标准协调衔接，加快形成系统性技术标准体系。梳理完善已有的行业规范和技术标准，及时调整不合理规定。加快制定出台尚未明确的行业规范和技术标准。	市城市管理委、市水务局	市规划自然资源委、市住房城乡建设委、市市场监管局

续表

序号	任务事项	主要任务	牵头部门	配合部门
13	加快完善行业服务质量体系	城市管理、水务部门要按照深化“放管服”改革要求，制定完善供水供电供气供暖行业服务质量规范和评价体系。加强行业服务质量管理，通过采取行业服务质量评估、公开通报行业服务情况等方式，提升行业整体服务质量。	市城市管理委、市水务局	
14	不断提高企业服务水平	供水供电供气供热企业要增强服务意识，提高工作效率和服务水平，向用户提供安全、便捷、稳定、价格合理的产品和服务。制定简捷、标准化的服务办理流程，公开服务标准、资费标准等信息，严格落实承诺制度，接受社会监督。积极推进“一站式”办理和“互联网＋”服务模式，推动申请报装、维修、过户、缴费、开具发票等“一窗受理、一网通办、一站办结”，进一步压缩办理时限，推动有关服务事项进驻政务服务大厅。	市城市管理委、市水务局	市发展改革委
15	提升市政配套基础设施规划建设管理水平	坚持市政配套基础设施先规划后建设、先地下后地上，加强专项规划编制，统筹城镇基础设施规划、建设和管理，确保建成区与新城区及园区互联互通，地上与地下整体协调，避免条块分割、多头管理。储备土地应进行必要的前期开发建设，完善与地块相关的道路及供水供电供气供热等配套基础设施建设方案，落实工程建设资金，确保市政配套基础设施与建设项目同步使用。	各区人民政府	市规划自然资源委
16	提升市政配套基础设施规划建设管理水平	与储备土地直接相关的市政配套基础设施建设费用按规定纳入土地开发支出，不得由供水供电供气供热企业负担。规划自然部门制定实施提升市政公用基础设施配套建设水平方案，城市管理、水务部门会同供水供电供气供热企业制定接入工程建设需求清单，督促指导各区统筹建设时序，确保入网工程建设满足用户需求。	市发展改革委、市规划自然资源委	市城市管理委、市水务局
17	加快放开经营服务市场	城市管理、水务部门会同有关部门持续深化供水供电供气供暖行业体制机制改革，进一步放开市场准入限制，推动向规模化、集约化、跨地区经营方向发展，促进行业提质增效。支持通过政府和社会资本合作（PPP）、混合经营等方式，引导社会资本有序进入，增加市场供给。创新项目投资运营管理方式，实行投资、建设、运营和监管分开，促进设计施工、工程验收、运行维护等环节公平竞争。鼓励推进企业主营业务和工程设计施工业务分离，同步加强工程设计审查、施工监理、竣工验收等工作，确保工程质量。加强对全市行业准入、工程建设和运行维护全环节的监督指导，确保经营服务市场稳步有序放开。	市城市管理委、市水务局	市住房城乡建设委

续表

序号	任务事项	主要任务	牵头部门	配合部门
18	完善相关法律法规制度	各部门应不断总结实践经验，根据国家有关法律法规，建立健全地方性法规，合理界定政府、企业、用户的权利义务。尤其对建筑区划红线内外的工程，要分清管网设施设备产权和运行维护、抢修、更新改造的责任，明晰管理边界，确保主体明确、权责相符。	市城市管理委、市水务局	市发展改革委、市规划自然资源委、市住房城乡建设委
19	稳妥推进实施	行业主管部门会同财政、发改部门，要持续推动相关企业加强绩效管理和成本控制，通过提质增效的方式，抑制企业成本不合理增长。	市城市管理委、市水务局	市财政局、市发展改革委
20	稳妥推进实施	取消收费项目后属于公共服务范围的，财政、发展改革部门要及时通过财政补贴、价格补偿等方式保障公共服务供给，对需要理顺价格的，要精心选择合适时机，对低收入群体予以重点关注，加大财政投入力度，做好兜底保障工作，确保平稳落地。对采取特许经营等方式的供水供电供气供暖企业，要合理制定相关收费标准，明确政府付费和使用者付费的界限，妥善处理好价格补偿和政府补贴的关系，保障项目正常运营。	市发展改革委	市财政局、市城市管理委、市水务局
21	强化监督检查	城市管理、水务部门要督促供水供电供气供热企业按照“规范化、标准化、便民化”要求，全面梳理自查现行收费项目和标准，取消不合理收费项目，纠正强制性收费，降低偏高收费标准。	市城市管理委、市水务局	市发展改革委、市市场监管局
22	加强宣传引导	各部门各区要通过多种渠道、多种方式广泛宣传清理规范供水供电供气供暖行业收费、促进行业高质量发展的重要意义和典型经验做法，加强政策解读，及时回应社会关切，营造良好舆论氛围。	市发展改革委、市市场监管局、市规划自然资源委、市住房城乡建设委、市城市管理委、市水务局、各区人民政府	

关于按房改政策出售公有住房和安居（康居）住房物业服务费缴纳问题的通知

（京建物〔2006〕30号，2006年1月25日）

《办法》实施前，按房改政策出售公有住宅的单位、购买安居（康居）住宅的职工所在单位和房改、安居（康居）购房人，仍应按照《办法》实施前物业服务费用水平各自承担相应的物业服务费用缴纳义务，即物业服务收费水平和物业服务费用缴纳责任主体维持不变。其中，按房改政策出售公有住宅的单位、购买安居（康居）住宅的职工所在单位和房改、安居（康居）购房人对物业服务费用缴纳责任主体另有约定的，按照约定执行。

特此通知。

北京市住房和城乡建设委员会关于经济适用住房物业服务收费有关问题的通知

（京建发〔2016〕4号，2016年1月7日）

各区住房城乡建设委、房管局，各物业服务企业：

根据北京市人民政府《关于印发〈2015年推进简政放权放管结合转变政府职能工作方案〉的通知》（京政发〔2015〕42号）和北京市发展和改革委员会《关于印发〈北京市定价目录〉的通知》（京发改规〔2015〕1号）的有关规定，现将我市经济适用住房物业服务收费有关问题通知如下：

一、未成立业主大会的经济适用住房小区和危改回迁小区，物业服务收费标准执行《关于发布北京市物业服务收费管理办法（试行）和北京市经济适用住房小区物业服务收费政府指导价收费标准的通告》（京发改〔2005〕2662号）附件中规定标准的，仍按原标准执行。物业服务企业不得擅自涨价。

物业服务合同期限届满，需要调整物业服务收费标准的，按照以下程序办理：

（一）物业服务企业于物业服务合同期限届满6个月前在小区显著位置公示；

（二）物业服务企业向属地街道办事处、乡镇人民政府提出调价申请；

（三）属地街道办事处、乡镇人民政府组织物业管理区域内全体业主表决，经专有部分占建筑物总面积过半数的业主且占总人数过半数的业主同意；

（四）属地街道办事处、乡镇人民政府将业主共同决定在小区显著位置公示。

二、已经成立业主大会的经济适用住房小区和危改回迁小区，物业服务收费执行市场调节价，由业主与物业服务企业在物业服务合同中约定。

三、为经济适用住房小区提供物业服务的物业服务企业不得擅自撤管。

物业服务企业决定在物业服务合同期限届满后不再续约的，应当在合同期满3个月前书面告知全体业主。

物业服务企业擅自停止物业服务的，由区房屋行政主管部门按照《北京市物业管理办法》（北京市人民政府令第219号）及有关规定处罚。

四、未成立业主大会的经济适用住房小区和危改回迁小区，物业服务企业停止物业服务的，属地街道办事处、乡镇人民政府应当会同相关部门组织提供应急服务，可以成立应急物业服务队，或者指定、聘请物业服务企业。同时，尽快组织成立业主大会，由全体业主依法共同决定物业管理方式。

五、各区房屋行政主管部门应指导、协调街道办事处、乡镇人民政府做好本辖区经济适用住房小区物业服务收费标准确定工作，确保社区稳定。

六、本通知中所称经济适用住房小区是指按照《北京市人民政府办公厅印发关于加快经济适用住房建设的若干规定（试行）的通知》（京政发〔1998〕54号）文件的规定，由市发展改革、规划、建设部门批准建设的，按照政府指导价销售的经济适用住房小区。

危改回迁小区是指执行《北京市加快城市危旧房改造实施办法（试行）》（京政办发〔2000〕19号）政策的危改回迁小区。

北京市国土资源和房屋管理局《关于房改房上市后向产权人收取物业管理费问题的复函》

（京国土房管物〔2004〕348号，2004年4月7日）

北京豪克祥物业管理有限责任公司：

关于房改房上市后对取得私有产权住户收取物业管理费的函收悉。现答复如下：

《北京市普通居住小区物业管理收费暂行办法》第五条规定，按房改规定出售公有住宅楼房的单位负担产权人交费项目，住户负担使用人交费项目。按照本市房改房上市交易的有关规定，按房改规定购买公有住宅楼房的住户将购买的房屋上市交易后，该房屋的产权性质转变为商品房产权，新购买并取得该房屋所有权的住户应负担全部物业管理交费项目。

此复。

物 业 公 示

关于物业项目收支情况公示有关问题的通知

（京建发〔2011〕592号，2011年12月26日）

各区县住房城乡建设委（房管局），经济技术开发区房地局，各物业服务企业：

为贯彻落实《北京市物业管理办法》，构建公开透明的物业管理市场环境，规范物业服务企业经营行为，保障业主在物业管理活动中的知情权、监督权，现将物业项目收支情况公示有关问题通知如下：

一、自2012年1月1日起，物业项目收支情况采取网上填写，现场公示。

二、物业服务企业应当于每年第一季度登录《北京市物业管理动态监管系统》，填写上一年度物业服务合同履行情况、物业项目收支情况和本年度物业项目收支预算，并打印出带有条形码的报告书在物业管理区域内显著位置进行公示，公示时间不得少于15日。

三、各区县房屋行政主管部门应当对辖区内物业服务项目收支公示情况进行检查，并于每年5月1日前将检查情况汇总上报市住房城乡建设委。对未履行公示义务或未按要求公示的物业服务企业，要责令限期改正，并将其违规行为记入物业服务企业信用信息系统。

装饰装修管理

关于进一步加强建筑垃圾治理工作的通知

（京建法〔2018〕5号，2018年2月28日，北京市住房和城乡建设委员会
北京市城市管理委员会 北京市城市管理综合行政执法局 北京市交通委员会
北京市公安局公安交通管理局 北京市环境保护局发布）

各有关部门、有关单位：

为贯彻落实国家和本市关于大气污染治理和城市环境整治工作的总体要求，提升首都城市精细化管理水平，切实有效控制大气污染，依据《大气污染防治法》《固体废物污染环境防治法》《城市市容和环境卫生管理条例》《城市建筑垃圾管理规定》《北京市大气污染防治条例》《北京市市容环境卫生条例》《北京市生活垃圾管理条例》《北京市建设工程施工现场管理办法》《北京市人民政府办公厅关于印发全面推进建筑垃圾综合管理循环利用工作意见的通知》（京政办发〔2011〕31号）等法律法规文件，现就进一步加强本市建筑垃圾治理工作的有关要求通知如下：

一、充分发挥市建筑垃圾综合管理循环利用领导小组的组织协调作用

市建筑垃圾综合管理循环利用领导小组切实加强组织协调，城市管理、城管执法、住房城乡建设、交通运输、公安交管、环境保护等各成员单位要依法依职权，切实履行对建筑垃圾的监管责任，通过行政审批、执法检查、行政处罚、联合惩戒等措施，确保治理工作取得实效。市建筑垃圾综合管理循环利用领导小组将对各成员单位及各区人民政府履职情况进行监督，对履职不到位、落实工作任务不力的单位，将严肃追究责任。

二、加强建筑垃圾产生源头管理

本通知所称建筑垃圾，是指建设单位、施工单位新建、改建、扩建和拆除房屋建筑和市政基础设施等以及居民装饰装修房屋过程中所产生的弃土、废料及其他废弃物。

…………

（二）加强居民住宅小区建筑垃圾产生源头管理

1. 实施物业管理的居民住宅小区，居民装修垃圾应当由物业服务企业统一清运，业主、装饰装修企业不得自行清运。物业服务企业受托清运居民装修垃圾，应当明码标价并选择具有经营许可的运输企业，与运输企业签订委托清运合同，与消纳场签订处置协议，并依法取得消纳证。物业服务企业不得允许无经营许可运输企业的运输车辆进入物业管理区域收集或运输居民装修垃圾。

物业服务企业应当加强居民装修垃圾的日常管理，在物业管理区域内设立居民装修垃圾暂存点，设置明显标识，督促业主、装饰装修企业按照要求投放居民装修垃圾，并及时组织清运。居民装修垃圾不得与有害垃圾、厨余垃圾、可再生资源和其他生活垃圾混装混运。

2. 未实施物业管理的居民住宅小区，居民进行室内装饰装修工程开工前，应当向属地街道办事处（或乡镇政府）登记，由属地街道办事处（或乡镇政府）统一办理消纳证，并及时组织清运居民装修垃圾。

…………

六、其他要求

鼓励社会各界和广大市民通过拨打市政府便民服务电话12345、环境保护投诉举报电话12369、城管热线96310或填报“环保有奖举报”专栏（网址：www.bjepb.gov.cn）举报建筑垃圾相关违法违规行为，接到举报的部门应当依法及时调查处理，并将有关情况反馈举报人。

本通知自2018年4月1日起实施。

特此通知。

北京市住房和城乡建设委员会 北京市公安局关于加强住宅装饰装修活动中擅自变动建筑主体和承重结构违法行为监督执法的通知

（京建房〔2009〕917号，2009年12月26日）

各区县建委、房管局，各区县公安分局，各有关单位：

近年来，本市住宅装饰装修活动中，业主或者住宅使用人（以下简称装修人）违法擅自变动建筑主体和承重结构情况时有发生，影响了房屋整体结构安全，侵害了异产毗连房屋其他业主的公共利益。为进一步加强对擅自变动建筑主体和承重结构违法行为的监督管理，保证房屋使用安全，维护公共利益，现就加强住宅装饰装修活动中擅自变动建筑主体和承重结构违法行为监督执法的有关事项通知如下：

一、装修人和装饰装修企业进行住宅装饰装修活动时，应当严格按照《住宅室内装饰装修管理办法》（建设部令第110号）以及国家和本市的有关规定实施装饰装修活动。

二、凡两名以上业主共用毗连结构的房屋，其建筑主体和承重结构属全体业主共有，全体业主享有共同管理的权利。业主在行使个人住宅专有权时，不得损害其他业主的合法权益。

装修人在装饰装修活动中，严禁实施擅自变动建筑主体和承重结构的行为。装修人出现上述行为时，受侵害的业主或业主委员会可依照法律、法规以及管理规约的规定向人民法院提起诉讼，要求装修人停止侵害、消除危险、排除妨害、赔偿损失。

三、住宅物业服务企业和房屋管理单位（以下简称房屋管理单位）应当将住宅装饰装修工程的禁止性行为和注意事项告知装修人和装饰装修企业。发现装饰装修活动中存在擅自变动建筑主体和承重结构违法行为时，房屋管理单位应当立即制止；已造成事实后果或者拒不改正的，应当及时报告业主委员会或居委会、街道办事处，并会同业主委员会或居委会、街道办事处组织相关业主与装修人进行协调，要求其改正违法行为；装修人仍不改正的，房屋管理单位应当上报区县住房城乡建设行政主管部门处理。

四、任何单位和个人发现装修人、装饰装修企业或装修从业人员在住宅装饰装修活动中，有违法变动建筑主体和承重结构违法行为的，均可向房屋管理单位投诉或者向区县住房城乡建设行政主管部门投诉、举报。

五、区县住房城乡建设行政主管部门在接到投诉、举报后，应当会同房屋管理单位及时到现场检查核实。住房城乡建设行政主管部门在履行检查职责时，装修人、装饰装修企业和装修从业人员应当配合执法检查，不得拒绝或阻碍执法人员依法执行职务。

六、住房城乡建设行政主管部门应当首先检查装修施工是否有经原设计单位或者具有相应资质等级的设计单位出具的施工图。经检查没有施工图或施工图不符合要求的，再按照下列程序确定拆改内容是否属于建筑主体和承重结构：

（一）查看该房屋建筑的设计图纸，根据设计图纸确定是否属于建筑主体和承重结构。

（二）如果无法查看设计图纸的，则由原设计单位或具有相应资质等级的设计单位认定是否属于建筑主体和承重结构。

（三）对于未经设计的平房或者其他房屋建筑，由有相应资质的设计单位或者依法设立的房屋安全鉴定机构认定是否属于建筑主体和承重结构。

七、经认定，装修人擅自变动建筑主体和承重结构等危及房屋安全违法行为事实清楚、证据确凿的，区县住房城乡建设行政主管部门应当按照《建设工程质量管理条例》规定进行处罚。

因擅自变动建筑主体和承重结构导致房屋成为危房，或造成其他重大损失，危及公共安全，涉嫌构成犯罪的，区县住房城乡建设行政主管部门应按有关规定移送公安机关依法处理。

八、区县住房城乡建设行政主管部门在检查时，当事人阻碍或拒不配合执法，构成违反治安管理行为的，由公安机关依法予以治安处罚；构成犯罪的，依法追究刑事责任。

九、装饰装修企业在没有设计单位提出设计方案情况下擅自变动建筑主体和承重结构的，区县住房城乡建设行政主管部门应当责令其限期改正，改正期间不得在本市承揽工程，并计入本市企业信用信息系统和建筑业企业动态监管系统。同时，将违法违规行为通报北京市建筑装饰协会，作为行业自律管理依据。

十、装修人恢复拆改的建筑主体和承重结构时，应当委托具有相应资质的设计单位出具施工图，并委托具有资质的施工企业施工。

十一、装修人在整改期内不改正的，区县住房城乡建设行政主管部门可将装修人违法行为处理结果在住宅所在物业管理区域内公示，并将处理结果抄送区县房屋登记部门；区县房屋登记部门可将房屋变动建筑主体和承重结构情况记载在房屋登记簿中，在办理房屋转移登记时告知受让人。

装修人改正后，区县住房城乡建设行政主管部门应当撤销公示，并通知区县房屋登记部门将改正情况记载在房屋登记簿中。

十二、装修人拆改建筑主体和承重结构情节严重的，区县住房城乡建设行政主管部门应当督促装修人限期内委托房屋安全鉴定机构进行房屋安全鉴定。装修人限期内不鉴定的，区县住房城乡建设行政主管部门可委托房屋安全鉴定机构进行鉴定，鉴定费用由装修人承担。

鉴定结论为危险房屋的，区县住房城乡建设行政主管部门应组织恢复被拆改的建筑主体和承重结构，房屋管理单位应当配合。区县住房城乡建设行政主管部门恢复工作发生的费用按《城市危险房屋管理规定》（建设部令第129号）有关规定执行。

装修人阻碍恢复，构成违反治安管理行为的，由公安机关依法予以治安处罚；构成犯罪的，依法追究刑事责任。

十三、市和区县住房城乡建设、公安部门建立联动机制，及时研究处理执法中遇到的疑难问题，并互相反馈案件处理情况。

十四、区县建设、房屋行政主管部门分立的，住宅装饰装修活动中擅自变动建筑主体和承重结构违法行为的监督执法工作，由所属区县人民政府规定的具有相应职责的执法部门实施。

十五、本通知自2010年1月1日起实施。

第五部分

环境管理

环 境 保 护

北京市水污染防治条例（摘）

（2010年11月19日北京市第十三届人民代表大会常务委员会第二十一次会议通过，
根据2018年3月30日北京市第十五届人民代表大会常务委员会第三次会议通过的
《关于修改〈北京市大气污染防治条例〉等七部地方性法规的决定》修正，
根据2019年11月27日北京市第十五届人民代表大会常务委员会第十六次会议通过的
《关于修改〈北京市实施中华人民共和国节约能源法办法〉等八部地方性法规的决定》修正，
根据2021年9月24日北京市第十五届人民代表大会常务委员会第三十三次会议通过的
《关于修改部分地方性法规的决定》修正，北京市人民代表大会
常务委员会公告〔十五届〕第61号公布）

第一章　总则

第一条　为了保护和改善本市水环境，保障饮用水安全，推进污水再生利用，促进经济社会全面协调可持续发展，根据《中华人民共和国水污染防治法》《中华人民共和国水法》及国家其他有关法律、法规，结合本市实际情况，制定本条例。

第二条　本条例适用于本市行政区域内地表水体和地下水体的污染防治，以及与水污染防治相关的水资源管理和再生水利用等相关活动。

第三条　水污染防治应当坚持预防为主、防治结合、综合治理的原则。

本市水污染防治坚持城乡统筹，实行流域管理，严格保护饮用水水源；坚持水污染防治与水资源开发利用相结合，推进污水资源化，提高水资源循环利用率；坚持污染物排放总量控制，在削减污染物的同时补充生态环境用水，逐步改善水环境质量，恢复和保护水体生态功能。

…………

第十一条　任何单位和个人都有义务保护水环境，并有权对污染损害水环境的行为进行检举。

本市各级人民政府应当加强水环境保护的宣传教育，普及相关科学知识，提高公民的水环境保护意识，拓宽公众参与水环境保护的渠道，并对在水环境保护方面做出显著成绩的单位和个人给予表彰和奖励。

…………

第三十七条　城镇污水集中处理设施的运营单位按照国家有关规定提供污水处理的有偿服务。

城镇用水单位和个人应当按照国家有关规定缴纳污水处理费。污水处理费应当用于污水管网和城镇污水集中处理设施的养护、运行、保护和建设，不得挪作他用。

…………

第六十九条　本市生态环境用水应当优先使用雨水和再生水。严格限制使用地下水和自来水作为城市景观用水。

住宅小区、单位内部景观用水和市政杂用水具备使用雨水或者再生水条件的，应当使用雨水或者再生水，不得使用地下水和自来水。

…………

第七章　附则

第九十四条　本条例所称公共污水处理设施，是指城镇集中污水处理设施及开发区、工业园区的集中污水处理设施。

第九十五条　本条例自2011年3月1日起施行。2002年5月15日北京市第十一届人民代表大会常务委员会第三十四次会议通过的《北京市实施〈中华人民共和国水污染防治法〉办法》同时废止。

北京市大气污染防治条例（摘）

（2014 年 1 月 22 日北京市第十四届人民代表大会第二次会议通过，
根据 2018 年 3 月 30 日北京市第十五届人民代表大会常务委员会第三次会议通过的
《关于修改〈北京市大气污染防治条例〉等七部地方性法规的决定》修正，
北京市人民代表大会常务委员会公告〔十五届〕第 3 号公布）

第一章 总则

第一条 为了防治大气污染，改善本市大气环境质量，保障人体健康，推进生态文明建设，促进经济、社会可持续发展，根据有关法律、行政法规，结合本市实际情况，制定本条例。

第二条 本条例适用于本市行政区域内大气污染防治。

第三条 大气污染防治坚持以人为本、环境优先、政府主导、全民参与、科学有效、严防严治的原则。

…………

第三十一条 向大气排放污染物的企业事业单位和其他生产经营者，应当保持大气污染防治设施的正常使用。

第三十二条 向大气排放污染物的企业事业单位和其他生产经营者，应当按照国家和本市有关规定，缴纳环境保护税。

…………

第三十七条 公民负有依法保护大气环境的义务，应当遵守大气污染防治法律法规，树立大气环境保护意识，自觉践行绿色生活方式，减少向大气排放污染物。

第三十八条 公民、法人和其他组织有权要求市、区人民政府及其环境保护等有关部门公开大气环境质量、突发大气环境事件，以及相关的行政许可、行政处罚等信息。

第三十九条 公民、法人和其他组织有权向环境保护行政主管部门或者其他有关部门，举报污染大气环境的单位和个人。

公民、法人和其他组织发现市、区人民政府及其环境保护行政主管部门或者其他有关部门不依法履行大气环境监督管理职责，可以向其上级人民政府或者监察机关举报。

…………

第五十九条 饮食服务、服装干洗和机动车维修等项目，应当设置油烟、异味和废气处理装置等污染防治设施并保持正常使用，防止影响周边环境。

在居民住宅楼、未配套设立专用烟道的商住综合楼、商住综合楼内与居住层相邻的商业楼层内，禁止新建、改建、扩建产生油烟、异味、废气的饮食服务、服装干洗和机动车维修等项目。

…………

第六十一条 任何单位和个人不得进行露天焚烧秸秆、树叶、枯草、垃圾、电子废物、油毡、橡胶、塑料、皮革、沥青等向大气排放污染物的行为。

任何单位和个人不得在政府划定的禁止范围内露天烧烤食品或者为露天烧烤食品提供场地。

…………

第八章 附则

第一百二十六条 本条例自 2014 年 3 月 1 日起施行。2000 年 12 月 8 日北京市第十一届人民代表大会常务委员会第二十三次会议通过的《北京市实施〈中华人民共和国大气污染防治法〉办法》同时废止。

北京市节约用水办法（摘）

（北京市人民政府令第244号，2012年4月27日）

《北京市节约用水办法》已经2012年4月12日市人民政府第120次常务会议审议通过，现予公布，自2012年7月1日起施行。

第一章 总则

第一条 为加强节约用水管理，科学合理利用水资源，建设节水型社会，根据《中华人民共和国水法》和《北京市实施〈中华人民共和国水法〉办法》，制定本办法。

第二条 本市行政区域内的节约用水和节约用水管理工作，适用本办法。

第三条 本市坚持经济社会发展与水环境状况和水资源承载能力相适应的用水方针，实行用水总量和用水效率控制，采取法律、行政、经济、工程、科技等措施，促进节约用水。

区域发展规划、新城和重点发展区域规划的编制、重大建设项目的布局，应当进行水资源论证。

第四条 本市建立健全节约用水责任和考核制度。各级人民政府应当把节约用水工作纳入国民经济和社会发展计划；健全节约用水社会化服务体系，推广节水新技术、新工艺、新设备，培育和发展节水产业；组织开展节约用水宣传，提高全社会的节约用水意识。

单位和个人都有节约用水的义务。

…………

第十三条 供水单位应当与用水单位签订供用水合同，明确双方权利义务，约定用水单位违反节水法律法规规章拒不改正的，经节水管理部门通知后，供水单位停止供水；因采取停止供水措施而发生的管道改造等费用由违法用水单位承担。

第十四条 用水单位在本市行政区域内迁移的，应当及时到市或者相关区、县节水管理部门申请重新核定用水指标。

第十五条 用水应当计量、缴费。

供水单位和用水户应当安装水计量设施，并加强对水计量设施的检查与日常维护，保证计量准确。供水单位应当对水计量设施定期进行校验，发现水计量设施损坏的，应当及时修理或者更换。

用水单位无水计量设施的，由节水管理部门责令限期安装，并自取水之日起，按照工程设计取水能力或者取水设备额定流量全时程运行计算取水量，直至安装水计量设施为止。

第十六条 用水单位有两类以上用水性质类别需要执行不同用水价格计价的，应当根据不同用水性质类别分别安装水计量设施。

用水单位未按照不同用水性质类别分别安装水计量设施单独计价缴费，或者擅自改动供水管线，逃避分类计量的，按照该单位用水性质类别中水价最高的标准缴费。

第十七条 节水管理部门应当加强对直接从河流、湖泊或者地下取用水资源的单位水计量设施的查验，按时收取水资源费。供水单位应当完善用水计量和查表制度，准确记录用水量，按时收取水费。

用水单位和个人应当配合节水管理部门和供水单位工作人员的查表、收费工作。

第十八条 用水单位应当按照节水管理部门下达的用水指标用水，节水管理部门每两个月对用水单位进行一次考核。

公共管网供水的用水单位超出用水指标用水的，除据实缴纳水费外，由节水管理部门根据该单位用水实际执行的水价标准，按照下列倍数收取累进加价费用：超出规定数量20%（含本数）以下的部分，按照水价的一倍标准收取；超出规定数量20%至40%（含本数）的部分，按照水价的二倍标准收取；超出规定数量40%以上的部分，按照水价的三倍标准收取。

自备水源供水的用水单位超出用水指标用

水的，除据实缴纳水资源费外，由节水管理部门根据该单位用水实际执行的水资源费标准，按照下列倍数收取累进加价水资源费：超出规定数量20%（含本数）以下的部分，按照水资源费的五倍标准收取；超出规定数量20%至40%（含本数）的部分，按照水资源费的十倍标准收取；超出规定数量40%以上的部分，按照水资源费的十五倍标准收取。

…………

第二十六条　现场制、售饮用水的单位或者个人应当安装尾水回收设施，对尾水进行利用，不得直接排放，并依照本市有关规定向设备所在地卫生行政主管部门备案。对未安装尾水回收设施的，任何单位和个人不得提供水源；违反规定提供水源的，由节水管理部门责令限期改正。

对本办法实施前已经安装的现场制、售饮用水设备，有关单位或者个人应当自本办法实施之日起6个月内安装尾水回收设施。

…………

第三十条　鼓励绿化使用雨水和再生水，逐步减少使用自来水。

城镇地区的绿地、树木、花卉应当采用喷灌、微灌、滴灌等节水灌溉方式，并严格执行园林绿化灌溉制度，提高绿化用水效率。

住宅小区、单位内部的景观环境用水和其他市政杂用用水，应当使用雨水或者再生水，不得使用自来水。

…………

第三十三条　提供洗车服务的用水单位应当建设循环用水设施；再生水输配水管线覆盖地区内的，应当使用再生水。

提供洗车服务的用水单位，应当向节水管理部门报送已建成循环用水设施的登记表，登记表的格式由市节水管理部门制定；再生水输配水管线覆盖地区内的，应当按照要求向节水管理部门报送再生水供水合同。

……………

第四十二条　公共供水设施、消防设施的管理责任人应当加强对供水设施和消防设施的日常维护管理，采取有效措施，防止单位和个人浪费用水或者擅自取水。

…………

第六章　附则

第六十九条　本办法自2012年7月1日起施行。

北京市排水和再生水管理办法（摘）

（北京市人民政府令第215号，2009年11月26日）

《北京市排水和再生水管理办法》已经2009年11月10日第52次市政府常务会议通过，现予公布，自2010年1月1日起施行。

第一章　总则

第一条　为了加强本市排水和再生水管理，保证排水和再生水设施正常运行，实现水资源可持续利用，根据有关法律、法规，结合本市实际情况，制定本办法。

第二条　本市行政区域内排水和再生水规划，排水和再生水设施的建设、运营、使用、保护和相关管理活动，适用本办法。

…………

第三章　运营与养护

第十二条　城镇地区公共排水和再生水设施运营单位，由水行政主管部门会同有关部门确定。

专用排水和再生水设施由所有权人负责运营和养护，并承担相应资金。其中，住宅区实行物业管理的，由业主或者其委托的物业服务企业负责；有住宅管理单位的，由住宅管理单位负责。

…………

第十八条 禁止下列损害排水和再生水设施的行为：

（一）擅自占压、拆卸、移动排水和再生水设施；

（二）穿凿、堵塞排水和再生水设施；

（三）向排水和再生水设施倾倒垃圾、粪便、渣土、施工废料、污水处理产生的污泥等废弃物；

（四）向排水管网排放超标污水、有毒有害及易燃易爆物质；

（五）在排水和再生水设施用地范围内取土、爆破、埋杆、堆物；

（六）擅自接入公共排水和再生水管网；

（七）住宅区再生水设施处理粪便水和重污染水；

（八）其他损害排水和再生水设施的行为。

…………

第二十三条 用水单位和个人应当交纳污水处理费。污水处理费应当包括污水管网维护管理、污水处理、污泥处置等费用。

污水处理费的征收标准由市价格行政主管部门会同市财政部门依照国家和本市有关规定制定并公布。污水处理费应当用于公共排水和污水处理设施的养护、运行、保护和建设。

第五章 再生水利用

第二十四条 本市将再生水纳入水资源统一配置，实行地表水、地下水、再生水等联合调度、总量控制。

第二十五条 再生水主要用于工业、农业、环境等用水领域。

新建、改建工业企业、农田灌溉应当优先使用再生水；河道、湖泊、景观补充水优先使用再生水；再生水供水区域内的施工、洗车、降尘、园林绿化、道路清扫和其他市政杂用用水应当使用再生水。

第二十六条 再生水供水企业供水应当与用户签订合同，供水水质、水压应当符合国家和本市的相关标准，不得擅自间断供水或者停止供水。因工程施工、设备维修等原因需要停止向用户供水的，应当提前24小时通知用户。发生灾害或者事故、突发事件的，再生水供水企业应当及时组织抢修，并通知再生水用户，报告水行政主管部门。

发现再生水水质超标情况时，再生水供水企业应当停止供水，及时通知再生水用户并向水行政主管部门报告。

第二十七条 再生水用户内部再生水供水系统和自来水供水系统应当相互独立，再生水设施和管线应当有明显标识，不得擅自改动使用性质，室外取水口应当有防护措施，保证用水安全。

有特殊水质要求的，再生水用户应当根据再生水水质特点，制定相应的使用规程，采取必要的水质处理与维护措施，保证再生水使用安全。

第二十八条 本市再生水价格由市价格行政主管部门会同有关部门制定并公布。

…………

第四十二条 本办法自2010年1月1日起施行。1986年1月24日市人民政府发布的《北京市城市市政排水设施管理暂行办法》同时废止。

北京市环境噪声污染防治办法（摘）

（北京市人民政府令第181号，2006年11月27日）

《北京市环境噪声污染防治办法》已经2006年11月17日市人民政府第56次常务会议审议通过，现予公布，自2007年1月1日起施行。

第一章 总则

第一条 为防治环境噪声污染，保护和改善生活环境，根据《中华人民共和国环境噪声污染防治法》，结合本市实际情况，制定本办法。

第二条　本办法适用于本市行政区域内环境噪声污染的防治。

…………

第四条　居民委员会、村民委员会应当协助政府及相关部门对居住区噪声污染实施监督管理，调解邻里之间因噪声产生的纠纷。

第五条　任何单位和个人都有保护环境不受噪声污染的义务，并有权对产生环境噪声污染的单位和个人进行投诉、举报。

…………

第十一条　居民住宅楼内不得设置可能产生噪声污染的餐饮和娱乐场所。

销售新建居民住宅的，房地产开发企业应当明示所销售住宅的建筑隔声情况及所在地声环境状况。

…………

第十七条　中考、高考期间及市人民政府规定的其他特殊时段内，除抢修抢险外禁止在噪声敏感建筑物集中区域内从事产生噪声的施工作业。

…………

第五章　社会生活噪声污染防治

第二十八条　禁止任何单位和个人在噪声敏感建筑物集中区域使用干扰他人的音响器材。但属于下列情况者，允许在一定时间内使用，并控制音量：

（一）经依法批准的大型社会活动；

（二）课、工间操；

（三）抢险救灾等紧急情况。

禁止商业经营活动在室外使用音响器材或者采用其他发出噪声的方法招揽顾客，干扰周围生活环境。

第二十九条　在街道、广场、公园等公共场所组织娱乐、集会等活动，使用家用电器、乐器及其他音响器材的，应当控制音量，避免干扰周围生活环境。

第三十条　加工、维修、餐饮、娱乐、健身、超市及其他商业服务业经营者应当采取有效措施，防止生产经营活动产生噪声干扰周围生活环境。

第三十一条　在商业经营活动中使用空调器、冷却塔等可能产生环境噪声污染的设备、设施的，其经营管理者应当采取有效措施，使其边界噪声符合国家规定的环境噪声排放标准。

第三十二条　本市生产、销售的机动车防盗报警器应当符合国家规定的标准。

本市机动车辆不得安装使用不符合标准的机动车防盗报警器。

市质量技术监督行政主管部门对发现的不符合标准的机动车防盗报警器，应当向社会公布。

第三十三条　在噪声敏感建筑物集中区域内，设置或者解除机动车警戒或者寻车时，不得产生噪声。

机动车防盗报警器以鸣响方式报警后，使用者应当及时处理，避免长时间鸣响干扰周围生活环境。

第三十四条　使用家用电器、乐器或者进行其他室内娱乐活动的，应当控制音量或者采取其他有效措施，避免干扰周围生活环境。

第三十五条　法定休息日、节假日全天及工作日12时至14时、18时至次日8时，禁止在已竣工交付使用的居民住宅楼内进行产生噪声的装修作业。在其他时段内进行装修作业的，应当采取措施，减轻对周围生活环境的干扰。

在已竣工交付使用的其他建筑内进行装修作业的，应当采取措施，减轻对周围生活环境的干扰。

…………

第七章　附则

第四十七条　本办法自2007年1月1日起施行。1984年3月8日市人民政府发布、1997年12月31日市人民政府修改的《北京市环境噪声管理暂行办法》同时废止。

市 容 卫 生

北京市市容环境卫生条例（摘）

（2002年9月6日北京市第十一届人民代表大会常务委员会第三十六次会议通过，
根据2006年12月8日北京市第十二届人民代表大会常务委员会第三十三次会议通过的
《关于修改〈北京市市容环境卫生条例〉的决定》修正，根据2016年11月25日北京市第十四届
人民代表大会常务委员会第三十一次会议通过的《关于修改部分地方性法规的决定》修正，
根据2020年4月24日北京市第十五届人民代表大会常务委员会第二十一次会议通过的
《关于修改〈北京市市容环境卫生条例〉的决定》修正，根据2021年9月24日北京市第十五届
人民代表大会常务委员会第三十三次会议通过的《关于修改部分地方性法规的决定》修正，
北京市人民代表大会常务委员会公告〔十五届〕第61号公布）

第一章 总则

第一条 为了加强市容环境卫生工作，创造整洁、优美、文明的生活和工作环境，保障人民身体健康，根据国家有关法律、法规，结合本市实际情况，制定本条例。

第二条 本市行政区域内市容环境卫生工作适用本条例。

本条例所称城镇地区，是指《北京城市总体规划》确定的中心城、新城、建制镇。

第三条 本市各级人民政府应当加强对市容环境卫生工作的领导、组织、协调和监督。

本市各级人民政府应当将市容环境卫生事业纳入国民经济和社会发展计划，保证市容环境卫生事业发展的需要，使市容环境卫生事业与本市经济和社会发展相适应。

…………

第七条 维护市容环境卫生，是全社会的共同责任。

任何单位和个人都有享受整洁优美市容环境的权利，同时负有维护市容环境卫生、爱护环境卫生设施的义务；对损害、破坏市容环境卫生的行为有权劝阻和举报。

…………

第十条 本市城市管理综合执法部门按照授权的范围，依法对本条例规定的市容环境卫生违法行为实施行政处罚。

第十一条 行政管理部门和城市管理综合执法部门及其工作人员应当依法行政，行政行为应当符合法定职权和法定程序。

…………

第十二条 行政管理部门和城市管理综合执法部门及其工作人员应当积极履行管理和监督职责；对于单位和个人举报或者投诉的损害市容环境卫生的行为，应当依法及时处理。

不履行法定职责的，由所在单位或者上级主管部门对直接负责的主管人员和其他直接责任人员依法给予处分。

第十三条 行政管理部门和城市管理综合执法部门及其工作人员在市容环境卫生管理工作中不得滥用职权，损害公民、法人或者其他组织的合法权益。

违反前款规定的，由所在单位或者上级主管部门对直接负责的主管人员和其他直接责任人员依法给予处分；给当事人造成损失的，应当依法给予赔偿；构成犯罪的，依法追究刑事责任。

…………

第三章 市容环境卫生责任

第二十条 市和区城市管理部门应当履行下列职责：

（一）编制本行政区域内的市容环境卫生工作计划；

（二）制定环境卫生专业作业标准和规范；

（三）组织落实市容环境卫生工作；

（四）组织市容环境卫生的监督检查工作。

第二十一条 本市实行市容环境卫生责任制度。单位和个人应当做好市容环境卫生责任区内的市容环境卫生工作。

市容环境卫生责任区是指单位和个人所有、使用或者管理的建筑物、构筑物或者其他设施、场所及其一定范围内的区域。

第二十二条 市容环境卫生责任人的确定原则是：建筑物、构筑物或者设施、场所由所有权人负责；所有权人、管理人、使用人之间约定管理责任的，由约定的责任人负责。

下列区域的责任人按照如下规定确定：

（一）城市道路及其人行过街桥、人行地下过街通道等附属设施由道路维修养护单位和清扫专业作业单位根据职责分工负责；其中新建、改建、扩建施工中的和未经验收边施工边通车的道路，由建设单位负责。

（二）居住地区，包括胡同、街巷、住宅小区等，由街道办事处或者乡镇人民政府负责；实行物业管理的，由物业管理单位负责。居民应当按照规定交纳保洁费用。

（三）集贸市场、展览展销等场所，由经营管理单位负责。

（四）公路、铁路及其管理范围，由经营管理单位负责。

（五）河湖及其管理范围，由河湖管理单位负责。

（六）建设工地的施工现场由施工单位负责；尚未施工的，由建设单位负责。

（七）城市绿地由管理养护单位负责。

（八）风景名胜区由管理单位负责。

（九）机关、团体、部队、学校和企事业单位的周边区域，由本单位负责。

市容环境卫生责任人不明确的，由所在的区人民政府确定；跨区的，由市人民政府确定。

市容环境卫生责任区的具体范围，按照市人民政府的有关规定划定。

第二十三条 城镇地区内市容环境卫生责任区的责任标准是：

（一）保持市容整洁，无乱设摊、乱搭建、乱张贴、乱涂写、乱刻画、乱吊挂、乱堆放等行为；

（二）保持环境卫生整洁，无暴露垃圾、粪便、污水，无污迹，无渣土，按照规定扫雪铲冰；

（三）保持环境卫生设施的整洁、完好。

农村地区市容环境卫生责任区的责任标准由市城市管理部门会同市农业农村等有关部门制定。

责任人对在市容环境卫生责任区内发生的损害、破坏市容环境卫生的行为，有权予以劝阻、制止并要求城市管理综合执法部门查处。

第二十四条 市容环境卫生责任区的具体范围和责任要求，由区城市管理部门书面告知责任人。

市容环境卫生责任人应当按照规定的要求履行维护市容环境卫生责任。违反规定的，责令改正，并处二百元以上一千元以下罚款。

第二十五条 城市管理部门应当建立市容环境卫生责任的考评制度，并组织检查。

第四章 城市容貌

第一节 建筑物、构筑物

第二十六条 建筑物、构筑物的容貌应当符合以下规定：

（一）建筑物、构筑物的体量、造型、色调和风格应当与周围景观相协调。

（二）不得擅自改变建筑物原设计风格、色调。

（三）不得擅自在临街的建筑物上插挂彩旗、加装灯饰以及其他装饰物。

（四）建筑物、构筑物外立面应当保持整洁和完好，并按照本市有关规定定期粉刷、修饰。

（五）建筑物顶部、外走廊等应当保持整洁、无堆物堆料；主要街道两侧和重点地区的建筑物的顶部、阳台外和窗外不得设置不符合容貌景观标准的设施，不得吊挂、晾晒和摆放物品，平台、阳台内堆放的物品不得超出护栏的高度，并保持整洁。主要街道和重点地区的范围由市人民政府确定并公布。

（六）新建、改建建筑物，应当按照设计标准统一设置阳台和窗户的护栏、空调设备托架、公用电视接收系统等设施；现有建筑物设置的护栏、空调设备托架、公用电视接收系统等设施没有达到要求的，应当逐步改装或者拆除。

违反前款第（三）项、第（五）项规定的，责令限期改正；逾期不改正的，强制拆除或者清除，并可处五十元以上五百元以下罚款。违反前款第（四）项规定的，由区人民政府责令限期改正；逾期不改正的，委托专业企业按照规定代为粉刷、修饰，所需费用由责任人承担；对不支付费用的，可以依法申请人民法院执行。

第二十七条 对未经批准建设的影响市容的建筑物、构筑物或者其他设施，由城市管理综合执法部门责令限期拆除；逾期未拆除的，经市或者区人民政府批准后，予以强制拆除，并可对建筑物按照建筑面积处每平方米三百元以上三千元以下罚款，可对构筑物、其他设施处工程造价一倍的罚款。

对未经批准正在建设的影响市容的建筑物、构筑物或者其他设施，城市管理综合执法部门可以查封、暂扣其施工工具和设备，并依照前款规定予以处理。

未经批准建设的影响市容的建筑物、构筑物或者其他设施，无法确定其所有人和管理人的，城市管理综合执法部门应当在公共媒体以及建筑物、构筑物或者其他设施的所在地发布公告，督促所有权人或者管理人改正违法行为。公告期间不得少于十五日。公告期间届满，未改正违法行为的，由城市管理综合执法部门报经市或者区人民政府批准后予以强制拆除。

对未经批准建设的影响市容的建筑物、构筑物或者其他设施，供水、供电、供气、供热等企业不得提供服务；从事经营活动的，有关主管部门不得办理相关证照。对参与建设的工程设计单位和施工单位，由规划自然资源、住房和城乡建设主管部门依照有关规定予以处理。

第二十八条 在主要道路及其他公共场所设置建筑小品、雕塑等建筑景观的，应当与周围景观相协调，并按照规定定期维护。出现破旧、污损的，应当及时粉刷、修饰。

第二十九条 街道两侧的建筑物前，应当按照本市容貌景观标准的要求，选用透景、半透景的围墙、栅栏或者绿篱、花坛（池）、草坪等作为分界并保持整洁、美观。

第二节 道路及其相关设施

第三十条 道路及其附属设施的容貌应当符合下列规定：

（一）保持道路路面和人行步道平整，保持道缘石、无障碍设施完好；出现破损、短缺的，应当及时修复。

（二）保持立交桥、人行过街桥、人行地下过街通道整洁、完好。

（三）保持道路和桥梁上设置的隔离墩、防护栏、防护墙、隔音板和照明、排水等设施整洁、完好、有效；出现破旧、污损的，应当及时清洗、修复、更换。

第三十一条 在道路上设置的井盖、雨箅，应当保持完好。出现损坏、丢失、移位的，所有权人或者维护管理单位应当立即采取设置警示标志、护栏等临时防护措施并及时维修、更换。

违反前款规定的，责令改正，并可处二百元以上二千元以下罚款。公路范围内违法行为的行政处罚由交通行政管理部门依法负责实施。

第三十二条 在道路及其他公共场所设置的各类设施，应当协调美观。

市城市管理部门应当会同规划自然资源、公安机关交通管理、交通、园林绿化、电信、邮政等有关部门，制定公共场所各类设施的设置规划和设置标准，报市人民政府批准后实施。

第三十三条 需要在道路及其他公共场所设置邮政、电信、信息、环境卫生等设施的，应当向城市管理部门提出申请，经城市管理部门组织有关部门审查批准后，方可设置。设施的目录，由市城市管理部门向社会公布。

现有设施不符合规划的，城市管理部门应当会同有关部门制定改造方案，逐步达到规定标准。

违反第一款规定，未经批准或者未按照批准的要求在公共场所设置各类设施的，由城市管理综合执法部门责令限期拆除，逾期未拆除的，报经市或者区人民政府批准后，强制拆除。

第三十四条 在道路及其他公共场所设置的交通、电信、邮政、电力、环境卫生等各类设施，应当保持完好和整洁美观。出现破旧、污损或者丢失的，所有权人或者维护单位应当及时维修、更换、清洗或者补设。违反规定的，责令限期改正，并可处五百元以上五千元以下罚款。

第三十五条 任何单位和个人不得擅自占用城市道路、人行过街桥、人行地下过街通道及其他公共场所堆物堆料、摆摊设点，影响市容环境卫生。

经批准临时占用城市道路、广场等公共场所举办文化、商业等活动的，应当保持公共场所整洁，举办单位应当按照要求设置环境卫生设施，及时清除产生的垃圾等废弃物；举办活动结束，应当及时清除设置的设施。

临街的商业、饮食业等行业的经营者不得超出门、窗进行店外经营。

机动车、非机动车辆应当按照规定停放。

违反第一款规定的，责令改正，没收违法所得和非法财物，并可处五百元以上五千元以下的罚款；对在城市道路及其他公共场所堆放的影响市容的物品无法确认其所有人和管理人的，城市管理综合执法部门应当在公共媒体以及物品所在地发布公告，督促物品所有人或者管理人履行责任。公告期间不得少于七日。公告期间届满无人认领的，城市管理综合执法部门可以对违法堆放的物品予以清除。违反第二款规定的，责令改正，并可处一千元以上一万元以下罚款。违反第三款规定的，责令改正，并可处三百元以上三千元以下罚款。

第三十六条 禁止在城市道路及其他公共场所的护栏、电线杆、树木、绿篱等处晾晒衣物或者吊挂物品。

违反前款规定的，责令改正，并可处二十元以上五十元以下罚款。公路范围内违法行为的行政处罚由交通行政管理部门依法负责实施。

第三十七条 禁止擅自挖掘道路。

经批准挖掘道路的，应当按照规定的时间和要求施工，不得擅自延长工期，竣工后应当及时清理现场，恢复原状。

第三节 户外广告设施、牌匾标识和标语宣传品

第三十八条 本市对户外广告设施实行统一规划。户外广告应当按照设置专业规划的规定进行设置，并应当符合户外广告设施安全技术标准。

违反规定的，由城市管理综合执法部门责令限期拆除，逾期未拆除的，强制拆除，并可处一万元以上十万元以下罚款。无法确定其所有人和管理人的，城市管理综合执法部门应当在公共媒体以及户外广告的所在地发布公告，督促所有权人或者管理人改正违法行为。公告期间不得少于十五日。公告期间届满，未改正违法行为的，由城市管理综合执法部门予以强制拆除。

第三十九条 机关、团体、部队、院校、企事业单位和其他组织及个体工商户的名称、字号、标志等牌匾标识，应当按照本市牌匾标识设置规范规定的位置、体量、数量等要求进行设置，与周围景观相协调。违反规定的，由城市管理综合执法部门责令限期改正，逾期不改正的，予以强制拆除，并可处五百元以上五千元以下罚款。

牌匾标识的设置应当牢固安全、整洁美观，照明和显亮设施功能完好，不断亮、不残损。牌匾标识画面污损、字体残缺、灯光显示不完整等影响市容的，应当及时维修或者更换。违反规定的，责令停止使用，限期修复，并可处五百元以上五千元以下罚款。

第四十条 乡镇人民政府和街道办事处应当在胡同、街巷和住宅小区等处选择适当地点组织设置公共信息栏，为发布信息者提供方便，并负责管理和保洁。

第四十一条 任何人不得擅自在公共场所散发、悬挂、张贴宣传品、广告，不得在建筑物、构筑物等处刻画、涂写、喷涂标语及宣传品、广告。违反规定的，责令清除，没收非法财物和违法所得，并处一百元以上一千元以下罚款；情节严重的，处一千元以上一万元以下罚款。

擅自利用或者组织张贴、涂写、刻画、喷涂、散发标语、宣传品和广告进行宣传的，没收非法财物和违法所得，并处一万元以上十万

元以下罚款；情节严重的，处十万元以上五十万元以下罚款。

第四节　夜景照明

第四十二条　本市夜景照明总体规划和实施方案，由市城市管理部门会同市规划自然资源主管部门共同制定，报市人民政府批准后组织实施。

区夜景照明规划应当根据本市夜景照明总体规划制定，并报市城市管理部门备案。

第四十三条　本市夜景照明规划区域内的建筑物、构筑物、道路、广场、绿地等，应当按照规划要求建设夜景照明设施。

夜景照明建设方案，应当按照规定经区城市管理部门审核同意后，方可实施。

本市对夜景照明设施实行供用电优惠政策，鼓励夜景照明设施的建设和开启。

违反第一款、第二款规定，未按照规划要求建设夜景照明设施、夜景照明建设方案未经行政许可或者夜景照明设施未按照许可要求进行设置的，责令限期改正，逾期不改正的，处五百元以上五千元以下罚款。

第四十四条　夜景照明和路灯照明的设置单位或者管理单位应当加强照明设施的维护管理，做到整洁美观、使用安全，并达到规定的标准和要求。

夜景照明和路灯照明设施损坏、断亮的，应当及时维修或者更换。夜景照明和路灯照明的设置单位或者管理单位应当按照规定开闭夜景照明和路灯照明设施。违反规定的，责令限期改正；逾期不改正的，可处五百元以上一千元以下罚款。

第五章　环境卫生

第四十五条　道路及其他公共场所的专业清扫保洁责任单位应当按照作业规范和环境卫生标准要求，定时清扫，及时保洁。违反规定的，责令改正，并可处一百元以上一千元以下罚款。

第四十六条　城镇地区内新建、改建、扩建建设工程应当按照规定设置围挡、临时厕所和垃圾收集设施。建设工程施工或者拆除作业期间，应当采取措施防止尘土飞扬、污水流溢；产生的建筑垃圾应当日产日清；对需要回填的土方，应当进行苫盖。建设工程竣工后，施工单位或者建设单位应当及时清除弃物弃料和围挡、临时厕所、垃圾收集设施及其他临时建筑设施。违反规定的，责令限期改正，并处二千元以上二万元以下罚款。

第四十七条　维修、清疏排水管道、沟渠，维修、更换路灯、电线杆及其他公共设施所产生的废弃物，作业单位应当按照规定及时清除，不得乱堆乱放。违反规定的，责令限期清理，并可处五百元以上五千元以下罚款。

第四十八条　城市绿地管理养护单位应当保持绿地整洁。在道路两侧栽培、修剪树木或者花卉等作业所产生的枝叶、泥土，作业单位应当及时清除，不得乱堆乱放。违反规定的，责令限期改正，并可处五百元以上五千元以下罚款。

第四十九条　在道路上行驶的机动车辆应当保持车身整洁和外观良好。

车身不整洁或者破损的，应当及时清洗、维修。

第五十条　不得占用道路、绿地等公共场所从事车辆清洗、维修等业务。

进行车辆清洗、维修的，应当保持场所整洁，采取措施防止污水流溢、废弃物向外散落。

违反第一款、第二款规定的，责令改正，并处五十元以上三百元以下罚款；情节严重的，处三百元以上三千元以下罚款。

第五十一条　收购废旧物品的经营者应当保持收购场所整洁，不得乱堆乱放、焚烧废旧物品。废旧物品存储场所的经营者应当对收购废旧物品采取围挡、遮盖等措施，不得污染周围环境。违反规定的，责令限期改正，并处三百元以上三千元以下罚款。

第五十二条　在公共场所禁止下列影响市容环境卫生的行为：

（一）随地吐痰、便溺；

（二）乱丢瓜果皮核、烟头、纸屑、口香糖、塑料袋、包装物等废弃物；

（三）乱倒污水、垃圾，焚烧树叶、垃圾；

（四）其他影响市容环境卫生的行为。

违反前款规定的，责令改正，并可处五十

元罚款；情节严重的，处二百元罚款。

第五十三条 禁止在城镇地区饲养鸡、鸭、鹅、兔、羊、猪等家禽家畜；因教学、科研以及其他特殊需要饲养的，按照有关规定执行。违反规定的，责令限期改正，并可按照每只（头）处二十元以上五十元以下罚款。

禁止在居民住宅楼房的顶部、阳台外和窗外搭建鸽舍。饲养鸽子应当采取有效措施防止影响市容环境卫生。影响市容环境卫生的，责令限期改正，并处五十元以上五百元以下罚款；严重影响市容环境卫生和周围居民正常生活的，可以责令拆除鸽舍。

第六章 环境卫生设施建设和管理

第五十四条 本市生活垃圾等废弃物处理设施的建设，由城市管理部门按照规划统一组织实施。

建设生活垃圾等废弃物处理设施，应当符合环境保护的要求和技术标准。

第五十五条 设置建筑垃圾、渣土消纳场所的，应当向城市管理部门提出申请，经许可后，方可设置。违反规定的，责令改正，并处五千元以上一万元以下罚款。

第五十六条 新建、改建住宅区，开发建设单位应当按照规划要求配套建设公共厕所、密闭式垃圾收集站和其他环境卫生设施。

新建、改建、扩建道路以及商业、文化、体育、医疗、交通等公共建筑和场所，建设单位应当按照规划要求配套建设公共厕所。

城乡接壤地区的公共厕所、密闭式垃圾收集站和其他环境卫生设施，由区人民政府组织建设。

第五十七条 新建、改建、扩建公共厕所，应当符合本市环境卫生设施建设定额指标的规定和公共厕所建设标准。现有公共厕所不符合公共厕所建设标准的，由所在地区人民政府负责制定改造方案，逐步达到规定标准。

公共厕所的维护管理责任人，应当按照国家和本市的有关标准对公共厕所进行维护和管理，确保公共厕所正常使用。违反规定，不能保证公共厕所正常使用的，责令限期改正，并可处五百元以上三千元以下罚款。

本市鼓励商场、饭店、旅馆、体育场（馆）、停车场等公共建筑和公共场所的附属式公共厕所对外开放。

第五十八条 对厕所的粪便应当排入污水处理系统或者贮（化）粪池。

城镇地区内负有清掏粪便责任的单位应当及时清掏，对清掏的粪便密闭运输，并倾倒在指定的消纳场所。

违反第一款、第二款规定的，责令改正，并处一千元以上二千元以下罚款；其中违反第二款规定，随意倾倒粪便的，处五千元以上五万元以下罚款。

第五十九条 按照环境卫生设施建设定额指标和设置标准配套建设的环境卫生设施，应当与建设项目主体工程同时设计、同时施工、同时验收、同时投入使用，所需资金应当纳入建设项目总投资。

第六十条 建设环境卫生设施应当严格按照规划批准的内容进行，保证工程质量。规划自然资源主管部门审批时，应当征求城市管理部门的意见。

新建、改建、扩建建设工程竣工后，其配套环境卫生设施应当由城市管理部门验收；验收合格后，方可投入使用。

违反第二款规定，环境卫生设施未经验收或者验收不合格擅自投入使用的，责令限期改正，并处五千元以上三万元以下罚款。

第六十一条 禁止任何单位和个人占用、损毁环境卫生设施。

任何单位和个人不得擅自拆除、迁移、改建、停用环境卫生设施和改变环境卫生设施用途。因市政工程、房屋拆迁等确需拆除、迁移或者停用环境卫生设施的，应当提前报告城市管理部门，并按照规定重建或者补建。

违反第一款规定的，责令恢复原状或者赔偿损失，并处五百元以上三千元以下罚款；违反第二款规定的，责令改正，并可处五千元以上五万元以下罚款。

第七章 市容环境卫生专业作业

第六十二条 本市鼓励单位和个人兴办市容环境卫生专业作业企业。

市容环境卫生专业作业企业应当具备规定的专业技术条件。

第六十三条　市容环境卫生专业作业服务项目的承揽单位，可以由有关管理部门或者单位采取招标、委托等方式确定。

招标单位或者委托单位可以提出高于本市城市容貌标准和环境卫生标准的作业服务标准。

中标或者接受委托的市容环境卫生专业作业企业应当按照规定或者约定的要求，完成清扫、收集、运输和处理废弃物的工作。

中标或者接受委托的市容环境卫生专业作业企业不得将服务项目转让或者再委托给他人。

第六十四条　市容环境卫生专业作业企业应当遵守专业作业规范，达到城市容貌标准和环境卫生标准规定的要求，按照方便、周到的原则，不断拓展服务领域，提高服务水平。

市容环境卫生专业作业企业应当接受行政主管部门的监督检查。

第六十五条　侮辱、殴打市容环境卫生专业作业人员，妨碍其正常工作或者阻碍城市管理综合执法部门工作人员依法执行职务，构成违反治安管理行为的，由公安机关依照《中华人民共和国治安管理处罚法》予以处罚；构成犯罪的，依法追究刑事责任。

第八章　附则

第六十六条　市人民政府可以依据本条例制定本市农村地区市容环境卫生管理规定。

第六十七条　本条例自2002年10月1日起施行。

1993年9月17日市第十届人民代表大会常务委员会第五次会议通过、根据1997年4月16日市第十届人民代表大会常务委员会第三十六次会议《关于修改〈北京市城市市容环境卫生条例〉的决定》修正的《北京市城市市容环境卫生条例》，1994年8月17日市人民政府第17号令发布、根据1997年12月31日市人民政府第12号令修改的《违反〈北京市城市市容环境卫生条例〉行政处罚办法》，1985年11月30日市人民政府京政发〔1985〕167号文件发布、根据1994年9月5日市人民政府第20号令修改的《北京市人民政府关于加强新建、改建居住区环境卫生管理的规定》，1986年10月29日市人民政府京政发〔1986〕148号文件发布、根据1994年9月5日市人民政府第20号令第一次修改、根据1997年12月31日市人民政府第12号令第二次修改的《北京市人民政府关于维护楼房阳台整洁的规定》同时废止。

北京市控制吸烟条例（摘）

（2014年11月28日北京市第十四届人民代表大会常务委员会第十五次会议通过，
根据2021年9月24日北京市第十五届人民代表大会常务委员会第三十三次会议通过的
《关于修改部分地方性法规的决定》修正，北京市人民代表大会
常务委员会公告〔十五届〕第61号公布）

第一条　为了减少吸烟造成的危害，维护公众健康权益，创造良好公共环境，提高城市文明水平，根据有关法律、行政法规，结合本市实际情况，制定本条例。

第二条　本条例适用于本市行政区域内控制吸烟工作。

对吸烟可能危害公共安全的，按照相关法律法规执行。

第三条　本市控制吸烟工作坚持政府与社会共同治理、管理与自律相互结合，实行政府管理、单位负责、个人守法、社会监督的原则。

…………

第九条　公共场所、工作场所的室内区域以及公共交通工具内禁止吸烟。

第十条　下列公共场所、工作场所的室外

区域禁止吸烟：

（一）幼儿园、中小学校、少年宫、儿童福利机构等以未成年人为主要活动人群的场所；

（二）对社会开放的文物保护单位；

（三）体育场、健身场的比赛区和坐席区；

（四）妇幼保健机构、儿童医院。

市人民政府可以根据举办大型活动的需要，临时划定禁止吸烟的室外区域。

第十一条 除本条例第十条规定以外的其他公共场所、工作场所的室外区域，可以划定吸烟区。

吸烟区的划定应当遵守下列规定：

（一）设置明显的指示标志和吸烟有害健康的警示标识；

（二）远离人员密集区域和行人必经的主要通道；

（三）符合消防安全要求。

第十二条 国家机关、企事业单位、社会团体和其他社会组织应当将控制吸烟工作纳入本单位日常管理，依法划定禁止吸烟区域，制止违法吸烟和不文明吸烟行为；其法定代表人或者主要负责人负责本单位的控制吸烟工作。

鼓励国家机关、企事业单位、社会团体和其他社会组织自行实施全面禁烟。

第十三条 禁止吸烟场所的经营者、管理者负有下列责任：

（一）建立禁止吸烟管理制度，做好宣传教育工作；

（二）在禁止吸烟场所设置明显的禁止吸烟标志和举报投诉电话号码标识；

（三）不得在禁止吸烟场所提供烟具和附有烟草广告的物品；

（四）开展禁止吸烟检查工作，制作并留存相关记录；

（五）对在禁止吸烟场所内的吸烟者予以劝阻，对不听劝阻的要求其离开；对不听劝阻且不离开的，向卫生健康部门投诉举报。

禁止吸烟场所的经营者、管理者可以利用烟雾报警、浓度监测、视频图像采集等技术手段监控吸烟行为，加强对禁止吸烟场所的管理。

第十四条 个人应当遵守法律法规的规定，不得在禁止吸烟场所和排队等候队伍中吸烟；在非禁止吸烟场所吸烟的，应当合理避让不吸烟者，不乱弹烟灰，不乱扔烟头。

第十五条 个人在禁止吸烟场所内发现吸烟行为的，可以行使下列权利：

（一）劝阻吸烟者停止吸烟；

（二）要求该场所的经营者、管理者劝阻吸烟者停止吸烟；

（三）向卫生健康部门投诉举报。

第十六条 市卫生健康部门应当公布吸烟违法行为投诉举报电话；对投诉举报的违法行为，市或者区卫生健康部门应当及时处理，建立投诉举报及处理情况登记。

…………

第二十一条 禁止从事下列行为：

（一）利用广播、电影、电视、报纸、期刊、图书、音像制品、电子出版物、移动通信、互联网等大众传播媒介发布或者变相发布烟草广告；

（二）在公共场所和公共交通工具设置烟草广告；

（三）设置户外烟草广告；

（四）各种形式的烟草促销、冠名赞助活动。

第二十二条 市和区卫生健康部门依法开展控制吸烟卫生监督管理工作，有权进入相关场所并向有关单位和个人进行调查核实，有权查看相关场所的监控、监测、公共安全图像信息等证据材料。有关单位和个人应当协助配合并如实反映情况。

第二十三条 场所的经营者、管理者违反本条例第十一条第二款规定的，按照下列规定处罚：

（一）违反本条例第十一条第二款第一项、第二项规定的，由市或者区卫生健康部门责令限期改正。

（二）违反本条例第十一条第二款第三项规定的，由消防救援机构依法查处。

第二十四条 场所的经营者、管理者违反本条例第十三条第一款规定的，按照下列规定处罚：

（一）违反本条例第十三条第一款第一项

至第四项规定的，由市或者区卫生健康部门责令限期改正；拒不改正的，处二千元以上五千元以下罚款。

（二）违反本条例第十三条第一款第五项规定的，由市或者区卫生健康部门给予警告，并处五千元以上一万元以下罚款。

第二十五条　个人违反本条例第十四条规定，在幼儿园、中小学校、少年宫、儿童福利机构等以未成年人为主要活动人群的场所吸烟的，由市或者区卫生健康部门责令改正，给予警告，可以并处二百元以上五百元以下罚款；在其他禁止吸烟场所或者排队等候队伍中吸烟的，由市或者区卫生健康部门责令改正，可以处五十元罚款，拒不改正的，处二百元罚款。

个人违反本条例第十四条规定，乱扔烟头的，由城市管理综合执法部门按照市容环境管理的相关法规予以处罚。

…………

第二十八条　在禁止吸烟场所吸烟不听劝阻，构成扰乱社会秩序或者阻碍有关部门依法执行职务等违反治安管理行为的，由公安部门依法予以处罚；构成犯罪的，依法追究刑事责任。

第二十九条　政府有关部门及其工作人员不依法履行控制吸烟职责，或者滥用职权、谋取私利的，依法给予处分；构成犯罪的，依法追究刑事责任。

第三十条　本条例自 2015 年 6 月 1 日起施行。1995 年 12 月 21 日北京市第十届人民代表大会常务委员会第二十三次会议通过的《北京市公共场所禁止吸烟的规定》同时废止。

北京市生活垃圾管理条例（摘）

（2011 年 11 月 18 日北京市第十三届人民代表大会常务委员会第二十八次会议通过，根据 2019 年 11 月 27 日北京市第十五届人民代表大会常务委员会第十六次会议通过的《关于修改〈北京市生活垃圾管理条例〉的决定》修正，根据 2020 年 9 月 25 日北京市第十五届人民代表大会常务委员会第二十四次会议通过的《关于修改〈北京市生活垃圾管理条例〉的决定》修正，北京市人民代表大会常务委员会公告〔十三届〕第 20 号公布）

第一章　总则

第一条　为了加强生活垃圾管理，改善城乡环境，保障人体健康，维护生态安全，促进首都经济社会可持续发展，依据国家有关法律、法规，结合本市实际情况，制定本条例。

第二条　本市行政区域内生活垃圾的管理活动适用本条例。

本条例所称生活垃圾，包括单位和个人在日常生活中或者为日常生活提供服务的活动中产生的固体废物，以及法律、行政法规规定视为生活垃圾的固体废物。

建筑垃圾按照本条例规定进行管理。危险废物、医疗废物、废弃电器电子产品按照国家相关法律、法规和本市其他有关规定进行管理。

…………

第六条　单位和个人应当遵守国家和本市生活垃圾管理的规定，依法履行生活垃圾产生者的责任，减少生活垃圾产生，承担生活垃圾分类义务，并有权对违反生活垃圾管理的行为进行举报。

党政机关和事业单位要带头开展垃圾减量、分类工作，发挥示范引导作用。

第七条　从事生活垃圾清扫、收集、运输、处理服务的企业事业单位应当按照作业标准以及相关规定，提供安全并符合环境保护要求的服务。

本市制定鼓励政策，引导社会投资进入生活垃圾清扫、收集、运输、处理及循环利用等领域。

第八条　本市按照多排放多付费、少排放少付费，混合垃圾多付费、分类垃圾少付费的原则，逐步建立计量收费、分类计价、易于收缴的生活垃圾处理收费制度，加强收费管理，促进生活垃圾减量、分类和资源化利用。具体办法由市发展改革部门会同市城市管理、财政等部门制定。

产生生活垃圾的单位和个人应当按照规定缴纳生活垃圾处理费。

…………

第三章 减量与分类

第二十四条 生产者、销售者应当严格执行国家和本市对限制产品过度包装的标准和要求，减少包装材料的过度使用和包装性废物的产生；对列入国家强制回收目录的产品和包装物按照规定予以标注，并进行回收。

经营快递业务的企业在本市开展经营活动，应当使用电子运单和可降解、可重复利用的环保包装材料，减少包装材料的过度使用和包装性废物的产生。

电子商务经营者在本市销售商品需要使用快递服务的，应当选择使用环保包装材料的经营快递业务的企业。

本市鼓励经营快递业务的企业采取措施回收快件包装材料。

第二十五条 单位和个人应当减少使用或者按照规定不使用一次性用品，优先采购可重复使用和再利用产品。

党政机关和事业单位应当在符合保密规定的前提下推行无纸化办公，提高再生纸的使用比例，不使用一次性杯具。

第二十六条 禁止在本市生产、销售超薄塑料袋。超市、商场、集贸市场等商品零售场所不得使用超薄塑料袋，不得免费提供塑料袋。

餐饮经营者、餐饮配送服务提供者和旅馆经营单位不得主动向消费者提供一次性筷子、叉子、勺子、洗漱用品等，并应当设置醒目提示标识。一次性用品的详细目录，由市城市管理部门会同市市场监督管理、文化和旅游、商务等部门制定，并向社会公布。

第二十七条 餐饮经营者和党政机关、学校、企业事业单位等集体食堂应当在用餐场所的显著位置设置明显标识，提示用餐人员适量点餐，避免浪费。

鼓励餐饮经营者提供合理分量饭菜，增加小份菜品，并且为消费者打包剩余食品提供便利。餐饮经营者提供自助餐的，在作出提示后，对剩餐超过合理限度的可以收取费用。

党政机关、学校、企业事业单位等集体食堂应当设立监督员，督促用餐人员按需取餐；建立剩余菜品处理利用机制，减少餐饮浪费。提倡从源头上科学定量核定食材，按需制作。

餐饮行业协会应当发挥行业自律和服务作用，推动餐饮服务单位开展厨余垃圾减量化工作，推广先进技术，制止餐饮浪费，践行光盘行动。

第二十八条 本市采取措施逐步推行净菜上市。具体办法由市商务部门会同市农业农村部门制定。

有条件的居住区、家庭可以安装符合标准的厨余垃圾处理装置。

第二十九条 市、区人民政府应当加快建筑垃圾资源化处理设施建设，提高处理能力，并制定建筑垃圾综合管理循环利用政策，促进建筑垃圾排放减量化、运输规范化、处置资源化以及再生产品利用规模化。

本市城市管理、住房和城乡建设等相关部门应当加强对建筑垃圾的全程控制和管理，制定建筑垃圾再生产品质量标准、应用技术规程，采取措施鼓励建设工程选用建筑垃圾再生产品和可回收利用的建筑材料，支持建筑垃圾再生产品的生产企业发展。

建设单位、施工单位应当根据建筑垃圾减排处理和绿色施工有关规定，采取措施减少建筑垃圾的产生，对施工工地的建筑垃圾实施集中分类管理；具备条件的，对工程施工中产生的建筑垃圾进行综合利用。

第三十条 市城市管理部门应当会同有关部门编制再生资源回收体系建设规划，建立健全再生资源回收体系，合理布局再生资源回收网点，制定再生资源回收管理规范，规范再生资源回收市场秩序，支持再生资源回收行业发展。

市发展改革部门应当将生活垃圾源头减量、资源化利用和生产者责任延伸制度纳入循环经济和清洁生产促进相关政策。

第三十一条　可回收物应当投入可回收物收集容器，或者直接交由再生资源回收经营者处置。

市城市管理部门应当会同有关部门制定并公布可回收物目录，将回收统计数据纳入生活垃圾统计内容。

第三十二条　再生资源回收经营者应当到区城市管理部门备案，并遵守下列规定：

（一）在服务范围内，公布回收价格及服务电话；

（二）根据可回收物目录，扩大收集渠道，做到应收尽收；

（三）配备相应的贮存设施设备，不同种类的物品应当分类贮存；

（四）运输可回收物品，采取措施防止扬散、渗漏；

（五）消防、环境保护和市容环境卫生等法律、法规、规章的其他规定。

再生资源回收经营者可以采取固定站点回收、定时定点回收、上门回收等方式，开展回收服务，方便单位和个人交售可回收物品。

第三十三条　本市按照全程管理、系统衔接、科学分类、适应处理的原则建立生活垃圾分类制度，对生活垃圾实行分类投放、分类收集、分类运输、分类处理。具体办法由市城市管理部门制定。

市城市管理部门应当会同有关部门根据有利于减量化、资源化和便于识别、便于分类投放的原则，以及本市生活垃圾的特性、处理方式，制定生活垃圾分类标准向社会公布，并根据生活垃圾处理结构的变化进行调整。

第三十四条　产生生活垃圾的单位和个人是生活垃圾分类投放的责任主体，应当按照下列规定分类投放生活垃圾：

（一）按照厨余垃圾、可回收物、有害垃圾、其他垃圾的分类，分别投入相应标识的收集容器；

（二）废旧家具家电等体积较大的废弃物品，单独堆放在生活垃圾分类管理责任人指定的地点；

（三）农村村民日常生活中产生的灰土单独投放在相应的容器或者生活垃圾分类管理责任人指定的地点；

（四）国家和本市有关生活垃圾分类投放的其他规定。

居民装饰装修房屋过程中产生的建筑垃圾，按照生活垃圾分类管理责任人指定的时间、地点和要求单独堆放。

第三十五条　本市实行生活垃圾分类管理责任人制度。生活垃圾分类管理责任人按照下列规定确定：

（一）城市居住地区，包括住宅小区、胡同、街巷等，实行物业管理的，由物业管理单位负责；单位自管的，由自管的单位负责。

（二）农村居住地区，由村民委员会负责。

（三）机关、部队、企业事业单位、社会团体及其他组织的办公管理区域，由本单位负责。

（四）公共建筑，由所有权人负责；所有权人委托管理单位管理的，由管理单位负责。

（五）建设工程的施工现场，由建设单位负责。

（六）集贸市场、商场、展览展销、餐饮服务、沿街商铺等经营场所，由经营管理单位负责。

（七）机场、火车站、长途客运站、公交场站、轨道交通车站，由管理单位负责。

（八）河湖及其管理范围，由河湖管理单位负责。

（九）公园、风景名胜区、旅游景点，由管理单位负责。

（十）城市道路、公路及其人行过街桥、人行地下过街通道等附属设施，由清扫保洁单位负责。

按照前款规定不能确定生活垃圾分类管理责任人的，由所在地街道办事处或者乡镇人民政府组织确定生活垃圾分类管理责任人并向社会公布。

第三十六条　生活垃圾分类管理责任人应当遵守下列规定：

（一）建立生活垃圾分类日常管理制度；

（二）在责任范围内开展生活垃圾分类知识宣传，指定专人负责指导、监督单位和个人进行生活垃圾分类；

（三）根据生活垃圾产生量和分类方法，

按照相关规定设置生活垃圾分类收集容器，并保持生活垃圾分类收集容器完好和整洁美观，出现破旧、污损或者数量不足的，及时维修、更换、清洗或者补设；

（四）明确不同种类生活垃圾的投放时间、地点，分类收集、贮存生活垃圾；

（五）将生活垃圾交由有资质的单位收集运输，并签订生活垃圾收集运输服务合同，合同示范文本由市城市管理部门会同相关部门制定并公布；

（六）及时制止翻拣、混合已分类的生活垃圾的行为；

（七）国家和本市的其他规定。

生活垃圾分类管理责任人发现投放人不按照分类标准投放的，有权要求其改正；投放人拒不改正的，生活垃圾分类管理责任人应当向城市管理综合执法部门报告。

市住房和城乡建设部门应当督促物业服务企业依法履行生活垃圾分类管理责任人义务。

第三十七条 生活垃圾分类管理责任人应当按照下列规定设置生活垃圾分类收集容器：

（一）党政机关、企业事业单位、社会团体等单位的办公或者生产经营场所应当根据需要设置厨余垃圾、可回收物、有害垃圾、其他垃圾四类收集容器；

（二）住宅小区和自然村应当在公共区域成组设置厨余垃圾、其他垃圾两类收集容器，并至少在一处生活垃圾交投点设置可回收物、有害垃圾收集容器；

（三）其他公共场所应当根据需要设置可回收物、其他垃圾两类收集容器。

生活垃圾分类管理责任人可以根据可回收物、有害垃圾的种类和处置利用需要，细化设置收集容器。

市城市管理部门应当就生活垃圾分类收集容器的颜色、图文标识、设置标准和地点等制定规范，并向社会公布。

第三十八条 生活垃圾分类管理责任人应当按照规定，向所在地的街道办事处或者乡镇人民政府进行生活垃圾排放登记，并保存生活垃圾收集运输服务合同备查。

生活垃圾分类管理责任人应当建立生活垃圾管理台账，记录责任范围内实际产生的生活垃圾的种类、数量、运输者、去向等情况，并定期向所在地的街道办事处或者乡镇人民政府报告。

街道办事处和乡镇人民政府应当及时将数据汇总录入生活垃圾管理信息系统。

第三十九条 新建、改建、扩建建设项目的建设单位，建筑物、构筑物等拆除工程和城市道路、公路等施工工程的承担单位应当在施工前，依法办理渣土消纳许可。渣土消纳许可应当在施工现场公示。

拆除工程的承担单位向住房和城乡建设部门办理拆除工程施工备案时，堆放、清除废弃物的措施资料中应当包含渣土消纳许可证。

第四十条 居民对装饰装修过程中产生的建筑垃圾，应当承担处理费用；生活垃圾分类管理责任人应当依法办理渣土消纳许可。

第四十一条 单位和个人应当按照生活垃圾分类管理责任人公示的时间、地点投放生活垃圾，不得随意丢弃、抛撒生活垃圾。

第四章 收集、运输与处理

…………

第四十三条 从事生活垃圾收集、运输服务的企业，应当取得生活垃圾收集、运输经营许可。

第四十四条 运输生活垃圾的车辆应当取得生活垃圾准运证。运输厨余垃圾或者渣土、砂石、土方、灰浆等建筑垃圾，应当专车专用并符合相关规定。

第四十五条 收集、运输生活垃圾的单位应当遵守下列规定：

（一）按时、分类收集、运输不同种类的生活垃圾，根据生活垃圾收集量、分类方法、作业时间等因素，配备、使用符合标准的收集工具、运输车辆以及符合要求的人员；

（二）将生活垃圾分类运输至集中收集设施或者符合规定的转运、处理设施，不得混装混运，不得随意倾倒、丢弃、遗撒、堆放；

（三）建立生活垃圾管理台账，记录生活垃圾来源、种类、数量、去向等情况，并向区城市管理部门报告；

（四）国家和本市的其他规定。

生活垃圾收集、运输单位发现生活垃圾分类管理责任人所交运的生活垃圾不符合分类标准的，有权要求其改正；生活垃圾分类管理责任人拒不改正的，生活垃圾收集、运输单位应当向城市管理综合执法部门报告。

第四十六条 生活垃圾集中转运、处理设施的运行管理单位应当按照要求接收生活垃圾，并进行分类处理。

…………

第四十九条 …………

园林绿化部门应当组织建设处理设施，集中处理园林、公共绿地、公园中废弃的枝叶、花卉。

…………

第七章 附则

第七十八条 本条例中有关用语的含义：

（一）建设工程配套生活垃圾分类设施，包括垃圾分类投放站（间）、垃圾分类收集房、密闭式垃圾分类清洁站等设施设备。

（二）厨余垃圾，是指家庭中产生的菜帮菜叶、瓜果皮核、剩菜剩饭、废弃食物等易腐性垃圾；从事餐饮经营活动的企业和机关、部队、学校、企业事业等单位集体食堂在食品加工、饮食服务、单位供餐等活动中产生的食物残渣、食品加工废料和废弃食用油脂；以及农贸市场、农产品批发市场产生的蔬菜瓜果垃圾、腐肉、肉碎骨、水产品、畜禽内脏等。其中，废弃食用油脂是指不可再食用的动植物油脂和油水混合物。

（三）可回收物，是指在日常生活中或者为日常生活提供服务的活动中产生的，已经失去原有全部或者部分使用价值，回收后经过再加工可以成为生产原料或者经过整理可以再利用的物品，主要包括废纸类、塑料类、玻璃类、金属类、电子废弃物类、织物类等。

（四）有害垃圾，是指生活垃圾中的有毒有害物质，主要包括废电池（镉镍电池、氧化汞电池、铅蓄电池等），废荧光灯管（日光灯管、节能灯等），废温度计，废血压计，废药品及其包装物，废油漆、溶剂及其包装物，废杀虫剂、消毒剂及其包装物，废胶片及废相纸等。

（五）其他垃圾，是指除厨余垃圾、可回收物、有害垃圾之外的生活垃圾，以及难以辨识类别的生活垃圾。

（六）餐饮服务单位，是指餐饮经营者、餐饮配送服务提供者和机关、部队、学校、企业事业等单位的集体食堂。

（七）生活垃圾收集运输专业服务单位，包括取得从事生活垃圾经营性收集、运输许可的企业和承担环境卫生作业的事业单位。

第七十九条 本条例自 2012 年 3 月 1 日起施行。

北京市建筑垃圾处置管理规定

（北京市人民政府令第 293 号，2020 年 7 月 29 日）

《北京市建筑垃圾处置管理规定》已经 2020 年 7 月 21 日市人民政府第 77 次常务会议审议通过，现予公布，自 2020 年 10 月 1 日起施行。

第一章 总则

第一条 为了加强建筑垃圾管理，保护和改善生态环境，促进循环经济发展，依据《中华人民共和国固体废物污染环境防治法》《北京市生活垃圾管理条例》《北京市市容环境卫生条例》等法律、法规，结合本市实际情况，制定本规定。

第二条 本规定适用于本市行政区域内建筑垃圾的倾倒、堆放、贮存、运输、消纳、利用等处置活动及其监督管理。

本规定所称建筑垃圾，是指新建、改建、扩建和拆除各类建筑物、构筑物、管网等，强制拆除违法建设以及装饰装修房屋过程中产生的弃土（包括但不限于开槽渣土、级配砂石）、弃料以及其他固体废物。

第三条 本市建筑垃圾管理遵循减量化、资源化、无害化和产生者承担处置责任的原则，构建统筹规划、属地负责，政府主导、社会主责，分类处置、全程监管的管理体系。

第四条 市人民政府统一领导全市建筑垃圾管理工作，确定全市建筑垃圾管理目标，制定各区建筑垃圾总量控制指标。

市城市管理部门负责本市行政区域内建筑垃圾管理工作的综合协调、统筹规划、督促指导和检查考核，对建筑垃圾倾倒、堆放、贮存、运输、消纳、利用等处置活动实施监督管理。

市经济和信息化、公安、生态环境、住房和城乡建设、交通、水务、园林绿化、城市管理综合执法等部门按照各自职责负责建筑垃圾管理的相关工作。

第五条 区人民政府应当加强本行政区域内的建筑垃圾管理工作，组织落实市人民政府确定的本行政区域建筑垃圾管理目标和总量控制指标。区城市管理部门会同有关部门具体负责本行政区域内的建筑垃圾管理工作。

街道办事处和乡镇人民政府负责本辖区内建筑垃圾日常管理，指导居民委员会、村民委员会协助做好相关工作。

第六条 建筑垃圾产生者负有建筑垃圾处置义务；委托他人处置建筑垃圾的，应当承担处置费用，双方另有约定的除外。

任何单位和个人不得随意倾倒、抛撒或者堆放建筑垃圾，不得将建筑垃圾与其他生活垃圾、危险废物混合，不得未经许可从事建筑垃圾运输、消纳等活动。

第七条 本市建立建筑垃圾跨区异地处置调剂补偿机制。

区人民政府每年年初根据本行政区域建筑垃圾管理目标和总量控制目标，确定本行政区域建筑垃圾年度产生总量和处置总量；建筑垃圾产生总量超过本行政区域处置能力，确需跨区处置的，由市城市管理部门协调有处置能力的区进行异地处置，并由建筑垃圾转出地的区政府承担建筑垃圾处置相关费用。

异地处置补偿办法由市城市管理部门会同有关部门制定。

第八条 市城市管理部门会同有关部门组织建立本市建筑垃圾管理与服务平台，接收、记录建筑垃圾处置的相关信息，向社会开放，供社会查询，接受社会监督。

第九条 城市管理等部门应当加强信息化建设，依托卫星遥感、电子运单、在线监控等科技手段，加强对建筑垃圾倾倒、堆放、贮存、运输、消纳、利用等处置活动的监测，提升建筑垃圾治理的智能化、现代化水平。

第二章　一般处置要求

第十条 居民装饰装修房屋过程中产生的建筑垃圾，应当按照生活垃圾分类管理责任人规定的时间、地点和要求单独堆放，并承担处置费用。生活垃圾分类管理责任人按照《北京市生活垃圾管理条例》的规定确定。

生活垃圾分类管理责任人应当对居民装饰装修房屋产生的建筑垃圾制定治理方案，明确建筑垃圾投放规范、时间和地点、监督投诉方式等事项，按照随产随清的原则及时清运建筑垃圾；确因客观条件不能对建筑垃圾随产随清的，应当按照方便贮存和保洁的原则，设置建筑垃圾临时贮存点，采取措施防止扬尘污染，并做到每5日内至少清运一次。

生活垃圾分类管理责任人发现居民未按照本条第一款的规定堆放建筑垃圾的，有权要求其改正；拒不改正的，生活垃圾分类管理责任人应当向城市管理综合执法部门报告。

第十一条 建设单位委托勘察设计单位进行建设工程勘察设计，应当要求勘察设计单位测算并预估建设工程产生建筑垃圾的种类和数量，并纳入建设工程勘察成果文件和设计文件。

建设单位应当根据建设工程勘察成果文件和设计文件，制定相应的建筑垃圾治理方案，明确建筑垃圾的产生量、处置方式和清运工期，并在与施工单位签订的施工合同中予以明确。

建设单位编制建设工程概算、预算，应当在工程造价中单独列支建筑垃圾的贮存、运输、消纳、利用等处置费用。

第十二条　建设单位、生活垃圾分类管理责任人应当根据建筑垃圾的利用价值对建筑垃圾进行分拣，并按照下列要求分类处置：

（一）对弃土，自行或者委托他人采取工程回填、矿坑修复、堆山造景、低洼填平等资源化利用方式进行处置；

（二）对弃料及其他固体废物，有再利用价值的，自行或者委托他人进行资源化利用；不具有再利用价值的，送至建筑垃圾消纳场所处置。

市城市管理部门应当会同有关部门制定本市建筑垃圾分类处置的管理规范和标准，并向社会公布。

第十三条　建设单位、生活垃圾分类管理责任人委托他人处置建筑垃圾的，应当按照下列流程办理相关手续：

（一）按照就近原则选择建筑垃圾消纳场所，与其签订消纳处置协议；

（二）选择有资质的建筑垃圾运输服务单位，签订运输服务合同，要求运输服务单位将建筑垃圾交给与建设单位或者生活垃圾分类管理责任人签订消纳处置协议的消纳场所；涉及在施工现场作业的，要求运输服务单位服从施工单位的现场管理；

（三）持建筑垃圾治理方案、消纳处置协议和运输服务合同向所在地的区城市管理部门备案建筑垃圾消纳情况。

使用政府财政性资金以及国有投资占控股或者主导地位的建设工程的建设单位，应当根据工程规模依法通过招标等公平竞争方式选择建筑垃圾运输服务单位。

区城市管理部门应当对备案人提供的建筑垃圾治理方案的合理性和可行性、选择的运输服务单位的资质和能力以及建筑垃圾消纳场所的资质和能力等情况进行监督检查。

第十四条　设置建筑垃圾消纳场所，应当符合国家和本市有关场地、机械设备、排水、消防和环境卫生等规定和标准，建立安全管理制度，并取得所在地的区城市管理部门核发的建筑垃圾消纳场所设置许可。

市城市管理部门应当向社会公开本市已经取得建筑垃圾消纳场所设置许可的建筑垃圾消纳场所名录。

第十五条　市城市管理部门会同市政府有关部门组织编制的本市生活垃圾处理规划应当包含建筑垃圾消纳场所设置规划的内容，统筹安排固定式建筑垃圾资源化处置设施和建筑垃圾简易填埋场所（以下统称建筑垃圾消纳场所）的布局和用地，并与本市城乡规划和土地利用规划相衔接。

区人民政府编制的本区生活垃圾处理规划应当包含建筑垃圾消纳场所设置规划的内容，统筹安排建筑垃圾消纳场所的布局和用地，并与所在地的控制性详细规划相衔接。

第十六条　市城市管理部门应当会同市规划和自然资源等部门，就建筑垃圾产生量超出既有消纳场所消纳能力的特殊情况，制定全市临时性建筑垃圾资源化处置设施设置点或者临时贮存点（以下统称建筑垃圾临时处置点）设置方案。设置方案应当包括临时处置点的使用期限。

区城市管理部门根据设置方案，按照国家和本市相关标准和规范，设置建筑垃圾临时处置点，临时消纳、贮存建筑垃圾以及建筑垃圾资源化处置产生的再生粗细骨料。

区城市管理部门应当会同街道办事处、乡镇人民政府加强对建筑垃圾临时处置点的日常监督管理。

第十七条　建筑垃圾消纳场所和临时处置点经营单位应当遵守下列规定：

（一）按照消纳处置协议的约定接收符合分类标准的建筑垃圾；

（二）对非作业区域采取覆盖、绿化，对作业区域采取密闭或者实施洒水降尘工艺等扬尘污染防治措施，禁止土层裸露；

（三）在作业出入口设置双向称重系统，保持其正常运转，如实记录进出场的建筑垃圾运输车辆载重状况，并按照规定实时传输至本市建筑垃圾管理和服务平台；

（四）在作业场所安装运输车辆识别和扬尘污染实时监控装置，保持其正常运转，并按照规定接入本市建筑垃圾管理和服务平台；

（五）将建筑垃圾接收量、处置量及再生产品生产供应等数据实时传输至本市建筑垃圾管理和服务平台。

建筑垃圾消纳场所或者临时处置点的经营单位接收建筑垃圾发现不符合分类标准的，有权要求建筑垃圾运输服务单位改正；拒不改正的，有权拒绝接收，并应当立即向城市管理综合执法部门报告。

第十八条 在本市从事建筑垃圾运输服务的单位，应当取得区城市管理部门核发的生活垃圾运输经营许可，使用的运输车辆应当符合国家和本市相关标准，安装具备定位和称重功能的车载监控终端，并取得区城市管理部门核发的建筑垃圾准运许可。

市城市管理部门应当向社会公开本市已经取得生活垃圾运输经营许可的建筑垃圾运输服务单位名录和取得建筑垃圾准运许可的运输车辆号牌。

第十九条 建筑垃圾运输服务单位运输建筑垃圾不得超限超载，并应当采取密闭或者其他措施防止运输车辆遗撒、泄漏建筑垃圾，将建筑垃圾运输至消纳处置协议确定的建筑垃圾消纳场所，不得将建筑垃圾与其他生活垃圾、危险废物混装混运。

本市实行建筑垃圾运输电子运单制度。建筑垃圾运输服务单位运输建筑垃圾，实行一辆车对应一份电子运单，如实记录建筑垃圾的种类、数量和流向等情况。电子运单的具体管理办法，由市城市管理部门会同有关部门制定并向社会公布。

建筑垃圾运输服务单位发现建设单位、施工单位或者生活垃圾分类管理责任人交运的建筑垃圾与其他生活垃圾、危险废物混合的，有权要求其改正；拒不改正的，建筑垃圾运输服务单位有权拒绝运输，并应当立即向城市管理综合执法部门报告。

建筑垃圾运输服务单位、消纳场所发现实际接收的建筑垃圾与电子运单记录不一致的，应当立即向所在地的区城市管理部门报告。

第二十条 施工单位应当编制施工现场的建筑垃圾处理方案，明确建筑垃圾运输车辆进出施工现场的管理制度、具体负责人、检查人员和检查登记方法、投诉举报途径、突发事件处理程序等，并报区城市管理部门备案。

施工单位应当按照城市管理部门的规定对建筑垃圾进行资源化利用或者处置，并根据建筑垃圾运输服务合同的约定，通知建筑垃圾运输服务单位及时清运施工产生的建筑垃圾；对需要在施工现场贮存的建筑垃圾，应当按照规定采取密闭式垃圾站或者防尘网遮盖等扬尘防治措施。

第二十一条 施工单位应当在施工现场公示施工现场建筑垃圾处理方案概要和建设单位的建筑垃圾消纳情况备案信息。施工现场建筑垃圾处理方案概要的具体内容，由市城市管理部门会同市住房和城乡建设部门制定，并向社会公布。

住房和城乡建设、交通、园林绿化、水务等相关工程建设主管部门进行施工质量安全现场检查的，应当查验建设单位的建筑垃圾消纳情况备案信息。

第三章 资源化利用

第二十二条 市住房和城乡建设、交通、水务、园林绿化等部门应当将根据年度开工计划等确定的本行业年度建筑垃圾产生总量和弃土需求总量情况共享到建筑垃圾管理与服务平台；区城市管理部门应当定期对本行政区域内工程回填、矿坑修复、堆山造景、低洼填平等工程弃土需求情况进行调查，并适时更新、共享到建筑垃圾管理和服务平台。

建设工程有弃土需求的，建设单位应当在建筑垃圾治理方案中注明需求信息，并向建筑垃圾管理和服务平台报送。需求信息应当包括建设工程名称及场所、弃土的需求量、使用期限等。

第二十三条 建设单位、生活垃圾分类管理责任人自行或者委托他人对建筑垃圾进行资源化利用，除采取就地资源化利用方式外，应当科学确定资源化利用人和资源化利用场所，签订建筑垃圾资源化利用协议，选择有资质的建筑垃圾运输服务单位，并签订建筑垃圾运输服务合同，将建筑垃圾运送至确定的资源化利用场所。

对建筑垃圾进行资源化利用的，无需签订建筑垃圾消纳处置协议和备案建筑垃圾消纳情况。

第二十四条 本市鼓励建筑垃圾的资源化

利用，支持建筑垃圾再生产品的生产企业发展，鼓励建设工程选用建筑垃圾再生产品和可回收利用的建筑材料。

使用政府财政性资金以及国有投资占控股或者主导地位的建设工程的建设单位，应当按照国家和本市规定优先使用建筑垃圾再生产品。

建设工程使用建筑垃圾再生产品的，建设单位应当在设计任务书中明确再生产品的使用设计要求；设计单位应当将建筑垃圾再生产品使用要求纳入设计文件；施工单位应当在施工中按照设计文件要求使用建筑垃圾再生产品，并将使用建筑垃圾再生产品的相关资料纳入建设项目档案。

第二十五条　确需单独制定建筑垃圾再生产品质量标准和应用技术规程的，由市住房和城乡建设部门会同市城市管理、市场监督管理等部门编制，并同步制定使用和管理规范，按照规定程序批准后实施。

没有单独的建筑垃圾再生产品质量标准和应用技术规程的，生产和使用单位应当执行现有建筑材料的质量标准和应用技术规程。

第四章　监督管理

第二十六条　本市鼓励建设、施工、运输、环境卫生等相关行业协会商会制定行业自律规范，与政府有关部门共享信息，接受政府或者城市管理部门的委托，参与建筑垃圾管理工作；督促会员单位加强建筑垃圾处置活动的管理，对违反自律规范的会员单位采取相应的自律惩戒措施。

第二十七条　建设单位、施工单位、生活垃圾分类管理责任人、建筑垃圾运输服务单位、消纳场所和临时处置点经营单位应当建立建筑垃圾管理台账，如实记录建筑垃圾的种类、数量和流向等情况，实时向建筑垃圾管理和服务平台报送相关信息。

第二十八条　城市管理、城市管理综合执法等部门或者街道办事处、乡镇人民政府（以下统称执法机关）对存在违法处置建筑垃圾高风险区域或者场所，应当实施重点监管，增加检查比例和频次。

第二十九条　执法机关实施行政执法有权采取以下措施：

（一）进入生产经营场所实施现场检查；

（二）查阅、复制与被检查事项有关的文件、资料；

（三）对用于实施违法活动的设施、工具等，依法予以查封、扣押；

（四）为调查有关违法行为，请求公安机关予以协助。

第三十条　城市管理综合执法、住房和城乡建设、规划和自然资源、生态环境、公安机关交通管理、交通等部门和街道办事处、乡镇人民政府建立建筑垃圾监督管理和执法工作的协调配合机制，加强对建筑垃圾倾倒、堆放、贮存、运输和消纳等处置活动的日常巡查检查，发现存在擅自改变土地用途、造成环境污染、影响道路交通秩序和道路运输安全等违反其他相关法律、法规的，应当按照规定移送有关部门依法处理；涉嫌构成刑事犯罪的，按照规定移送公安机关依法查处。

第三十一条　建筑垃圾处置单位获得区城市管理部门核发运输经营许可、车辆准运许可、消纳场所设置许可的，应当持续符合许可条件或者要求；不再符合许可条件或者要求的，由区城市管理部门撤销相关许可。

第三十二条　本市建立建筑垃圾违法违规行为举报机制，鼓励社会公众通过12345市民服务热线对违反建筑垃圾管理的行为进行举报。

本市探索建立建筑垃圾处置内部举报人制度，鼓励行业内部人员举报严重违反建筑垃圾管理的行为和重大风险隐患。对查证属实的，执法机关应当加大对内部举报人的奖励力度，并对其实行严格保护。

第三十三条　执法机关应当将单位和个人违反本规定受到行政处罚或者行政强制的情况共享到本市公共信用信息平台。

第五章　法律责任

第三十四条　违反本规定第六条第二款规定，随意倾倒、抛撒或者堆放建筑垃圾的，由城市管理综合执法部门责令限期改正，给予警告，对单位处10万元以上100万元以下罚款，对产生建筑垃圾的个人处200元以下罚款。

有前款行为，造成严重后果，尚不构成犯罪的，由公安机关依照《中华人民共和国固体废物污染环境防治法》的有关规定对法定代表人、主要负责人、直接负责的主管人员和其他责任人员处以拘留。

单位违反本规定第六条第二款规定，将建筑垃圾与其他生活垃圾、危险废物混合的，由城市管理综合执法部门责令立即改正，处1000元罚款；再次违反规定的，处1万元以上5万元以下罚款。

个人违反本规定第六条第二款规定，将建筑垃圾与其他生活垃圾、危险废物混合的，由生活垃圾分类管理责任人进行劝阻；对拒不听从劝阻的，生活垃圾分类管理责任人应当向城市管理综合执法部门报告，由城市管理综合执法部门给予书面警告，再次违反规定的，处50元以上200元以下罚款。

第三十五条 违反本规定第十条第二款规定，生活垃圾分类管理责任人未制定居民装饰装修产生的建筑垃圾的治理方案，或者未明确建筑垃圾投放规范、时间和地点、监督投诉方式等事项的，由城市管理综合执法部门责令立即改正，处3000元以上3万元以下罚款。

第三十六条 违反本规定第十三条第一款第（二）项规定，建设单位、生活垃圾分类管理责任人委托他人处置建筑垃圾未选择有资质的运输服务单位的，由城市管理综合执法部门责令立即改正，处以1万元以上10万元以下罚款。

第三十七条 违反本规定第十四条第一款规定，未经许可擅自设置建筑垃圾消纳场所的，由城市管理综合执法部门责令限期清除建筑垃圾及相关设施设备，并恢复场地原状，对单位处5000元以上1万元以下罚款，对个人处3000元以下罚款；有违法所得的，没收违法所得；接收、消纳建筑垃圾，污染环境、破坏生态的，处10万元以上100万元以下罚款。没有条件恢复或者拒不恢复的，城市管理综合执法部门可以委托市容环境卫生企业代为恢复，所需费用由当事人承担，对不支付费用的，可以依法申请人民法院执行。

有前款规定的行为，属于非法占用土地的，城市管理综合执法部门应当移送规划和自然资源部门依据《中华人民共和国土地管理法实施条例》的规定处以罚款。

第三十八条 违反第十七条第一款第（一）项规定，未按照消纳处置协议的约定接收符合分类标准的建筑垃圾的，由城市管理综合执法部门责令限期改正，处5万元以上10万元以下罚款，情节严重的，由城市管理综合执法部门吊销建筑垃圾消纳场所设置许可。

违反第十七条第一款第（二）项规定，未按照规定采取扬尘污染防治措施或者采取措施不当的，由城市管理综合执法部门责令限期改正，处1万元以上10万元以下罚款；逾期未改正的，责令停工整治或者停业整治。

违反第十七条第一款第（三）项规定，未按照规定设置双向称重系统，保持其正常运转，如实记录进出场的建筑垃圾运输车辆载重状况的，由城市管理综合执法部门责令限期改正，处1万元以上10万元以下罚款。

违反本规定第十七条第一款第（四）项、第（五）项规定的，由城市管理综合执法部门责令限期改正，处2000元以上2万元以下罚款。

第三十九条 违反本规定第十八条第一款规定，未取得生活垃圾运输经营许可擅自运输建筑垃圾的，由城市管理综合执法部门责令限期改正，给予警告，处5000元以上3万元以下罚款；使用未取得建筑垃圾准运许可或者不符合标准的车辆运输建筑垃圾的，由城市管理综合执法部门责令限期改正，并处1万元以上3万元以下罚款；情节严重的，由城市管理综合执法部门吊销生活垃圾运输经营许可。

第四十条 违反本规定第十九条第一款规定，建筑垃圾运输服务单位未采取措施防止建筑垃圾遗撒、泄漏的，或者将建筑垃圾与其他生活垃圾、危险废物混装混运的，由城市管理综合执法部门责令立即改正并清除遗撒、泄漏的建筑垃圾，处2万元以上10万元以下罚款；情节严重的，由城市管理综合执法部门吊销生活垃圾运输经营许可；没有条件清除或者拒不清除的，城市管理综合执法部门可以委托市容环境卫生企业代为清除，所需费用由当事人承担，对不支付费用的，可以依法申请人民法院执行。

违反本规定第十九条第二款规定，建筑垃圾运输服务单位未按照规定使用电子运单，如实记录建筑垃圾处置情况的，由城市管理综合执法部门责令限期改正，处1000元以上1万元以下罚款；情节严重的，由城市管理综合执法部门依法吊销生活垃圾运输经营许可。

第四十一条　违反本规定第二十条第一款规定，施工单位未编制施工现场的建筑垃圾处理方案并报备案的，由城市管理综合执法部门责令限期改正，处10万元以上100万元以下罚款。

违反本规定第二十条第二款规定，施工单位未及时清运建筑垃圾，或者未按照规定对施工过程中产生的建筑垃圾进行资源化利用或者处置的，由城市管理综合执法部门责令限期改正，处10万元以上100万元以下罚款；未按照规定对现场贮存的建筑垃圾采取扬尘防治措施，由城市管理综合执法部门责令限期改正，处1万元以上10万元以下罚款；拒不改正的，责令停工整治。

第四十二条　违反本规定第二十一条第一款规定，施工单位未在施工现场公示建筑垃圾处理方案概要和建设单位的建筑垃圾消纳备案情况信息的，由住房和城乡建设、交通、园林绿化、水务等部门按照各自职责责令限期改正，处1000元以上5000元以下罚款。

第四十三条　违反本规定第二十七条规定，建设单位、生活垃圾分类管理责任人、建筑垃圾运输服务单位、消纳场所和临时处置点经营单位未按照规定建立台账并如实报告建筑垃圾处置情况的，由城市管理综合执法部门责令限期改正，处1000元以上1万元以下罚款；情节严重的，由城市管理综合执法部门依法吊销生活垃圾运输经营许可或者建筑垃圾消纳场所设置许可。

第四十四条　对违反本规定的行为，其他法律、法规规定有法律责任的，依照其他法律、法规的规定处理。

第四十五条　对违法处置建筑垃圾或者擅自设置建筑垃圾消纳场所，污染环境、破坏生态，损害社会公共利益的行为，法律规定的机关和有关组织可以依法提起民事公益诉讼。

第四十六条　本规定确定的由城市管理综合执法部门行使的行政处罚权，按照国家和本市相关规定由街道办事处或者乡镇人民政府相对集中行使处罚权进行综合执法的，按照相关规定执行。

第六章　附则

第四十七条　本规定自2020年10月1日起施行。1994年8月17日北京市人民政府第16号令发布，根据1997年12月31日北京市人民政府第12号令第一次修改，根据2002年11月18日北京市人民政府第115号令第二次修改，根据2007年11月23日北京市人民政府第200号令第三次修改的《北京市人民政府关于加强垃圾渣土管理的规定》和1996年8月13日北京市人民政府第13号令公布，根据2002年11月18日北京市人民政府第116号令第一次修改，根据2007年11月23日北京市人民政府第200号令第二次修改，根据2010年11月27日北京市人民政府第226号令第三次修改的《北京市人民政府关于禁止车辆运输泄漏遗撒的规定》同时废止。

北京市除四害工作管理规定

（1999年8月24日北京市人民政府令第34号发布，根据2014年7月9日北京市人民政府令第259号第一次修改，根据2018年2月12日北京市人民政府令第277号第二次修改）

第一条　为了预防、控制和消除鼠、蚊、蝇、蟑害（以下简称四害），防止疾病传播，保障人民身体健康，根据国家有关法律、法规，结合本市实际，制定本规定。

第二条 本市行政区域内的国家机关、部队、社会团体、企业事业单位和其他组织（以下统称单位）以及个人，均应遵守本规定。

第三条 除四害工作应当贯彻预防为主、专群结合的方针。推行治理环境为主、药械控制为辅的综合性除四害措施。

第四条 市和区爱国卫生运动委员会负责组织、协调本行政区域的除四害工作。各级爱国卫生运动委员会办公室负责本规定的具体实施。

各级卫生防疫部门负责除四害技术指导和四害密度监测。

有关行政部门在各自的职责范围内做好除四害工作。

街道办事处和乡、镇人民政府负责组织指导居民（家属）委员会、村民委员会通过制定居民公约或者村规民约等形式，动员本居住地区的住户做好除四害工作。

第五条 各级财政应当保证除四害经费，对公共环境以及全市或者全区性临时除四害活动经费予以补贴。

第六条 单位负责本单位内及门前三包责任区内的除四害工作；住户负责所居房屋及院落的除四害工作；街道办事处负责辖区内街巷的除四害工作。

未划入门前三包责任区的其他公共环境的除四害工作由该公共环境的管理部门负责。

第七条 各单位应当建立健全除四害的规章制度，其上级主管部门应当对其除四害工作进行监督。

第八条 单位和住户应当采取清除鼠迹、堵塞鼠洞、添设防范设施等措施及毒杀、诱捕等方法消灭老鼠，使鼠密度等指标符合国家控制标准。

第九条 单位和住户必须按照下列规定清除蚊蝇孳生地并运用化学、物理、生物等方法消灭蚊蝇及其幼虫，使蚊蝇密度等指标符合国家控制标准。

（一）对厕所、下水道口、垃圾桶（箱）、污物容器、雨水污水蓄积地等一切易于孳生和聚集蚊蝇的场所，必须分别采取冲洗、消毒、打扫、平整等卫生措施，防止蚊蝇孳生、聚集，及时消灭蚊蝇和蚊蝇幼虫；

（二）保持单位责任区域、住宅院落公共卫生和家庭卫生，做到室外无蚊蝇孳生地，室内无蚊蝇；

（三）农村集体经济组织和农户饲养禽畜，应搞好饲养场所及其周围的环境卫生，清除蚊蝇孳生条件。农村菜区堆肥场由乡、镇人民政府统一规划设置，垃圾处理场、粪库、粪池等由其所有者或者管理、使用者做好卫生保洁工作，粪库、粪池应加盖予以密封。在蚊蝇孳生季节，应当对上述场所定期喷洒低毒杀虫药。

第十条 单位和住户发现蟑螂应当及时采取灭杀措施，使蟑螂密度等指标符合国家控制标准。

第十一条 单位或者个人应当在所管理的食品生产经营场所和宾馆（饭店）、招待所、集贸市场、医院、机场、火车站、长途汽车站、废品收购站、动物园及公厕、垃圾转运站、垃圾处理场等场所配置相应的四害防治设施，并有人负责除四害工作。

第十二条 在全市或者全区性的除四害统一行动中，单位和住户应当按照市或者区爱国卫生运动委员会的部署，使用统一方法、指定的药物及相关器械，实行有效的除四害措施。

第十三条 任何单位和个人不得在本市生产、销售或者使用国家禁止的除四害药物及器械。

第十四条 设立除四害服务机构，应当按照国家有关规定办理相关手续，接受卫生防疫部门的业务指导，并向所在区爱国卫生运动委员会办公室备案。

第十五条 对在除四害工作中取得显著成绩的单位和个人，市和区爱国卫生运动委员会应当予以表彰或者奖励。

第十六条 对违反本规定的下列行为，由市或者区卫生计生行政部门予以处罚：

（一）未按照第八条、第九条、第十条规定采取有效除四害措施，致使四害密度等指标超过国家控制标准的，予以警告，责令限期改正，并可处以 20 元以上 500 元以下罚款；情节严重的，处以 500 元以上 1000 元以下罚款；

（二）未按照第十一条规定配置相应的四害防治设施或者无人负责除四害工作的，予以警告，责令限期改正，并可处以20元以上1000元以下罚款；

（三）未按照第十二条规定采取统一的除四害措施的，给予警告，责令限期改正；逾期不改正的，可处以20元以上1000元以下罚款。

第十七条　对违反本规定，生产、销售或者使用国家禁止的除四害药物及器械的，由有关机关按照药物及器械管理的法律、法规予以处理。

第十八条　对违反本规定，属于违反市容环境卫生管理或者食品卫生管理的行为，分别由城市管理行政部门或者卫生计生行政部门按照有关法律、法规予以处理。

第十九条　本规定自1999年9月1日起施行。1990年8月30日市人民政府发布，1993年3月9日市人民政府第一次修改，1997年12月31日市人民政府第二次修改的《北京市人民政府关于坚决防治蚊蝇孳生的规定》同时废止。

北京市城市建筑物外立面保持整洁管理规定

（2000年5月31日北京市人民政府令第56号发布，根据2002年11月18日北京市人民政府令第114号第一次修改，根据2007年11月23日北京市人民政府令第200号第二次修改）

第一条　为了保持建筑物、构筑物外立面的整洁、美观和完好，根据《北京市市容环境卫生条例》，制定本规定。

第二条　本市行政区域内城市建筑物、构筑物外立面，应当按照本规定保持整洁。

第三条　市市政管理委员会主管本市建筑物、构筑物外立面保持整洁工作，负责本规定的组织实施。

区、县市政管理委员会负责管理本辖区建筑物、构筑物外立面保持整洁工作。

规划、建设等管理机关，应当按照各自的职责，对建筑物、构筑物外立面保持整洁工作实施监督和管理。

第四条　建筑物、构筑物外立面应当保持整洁，无明显污迹，无残损、脱落、严重变色等。建筑物顶部应当保持整洁，无堆物堆料，不得擅自设置设施、设备。建筑物附着物和周边可能对建筑物造成影响的构筑物，其外立面必须与建筑物的色调、造型和建筑设计风格相协调。

第五条　本市建筑物、构筑物外立面整洁的标准，由市市政管理委员会会同市规划委员会制定并向社会公布。

第六条　建筑物、构筑物外立面为玻璃幕墙的，至少每年清洗一次；外立面为水刷石、干粘石和喷涂材料的，应当定期清洗并至少每五年粉饰一次；外立面为其他材质的，视材质情况定期清洗或者粉饰。

因施工等原因致使建筑物、构筑物外立面有明显污迹的，应当及时进行清洗、粉饰。

建筑物、构筑物外立面残损、脱落的，应当进行修补或者重新装饰、装修。

第七条　本市遇重大庆典或者举办国际性、全国性大型活动等特殊情况需要时，应当按照市人民政府的统一要求对建筑物、构筑物外立面进行清洗、粉饰。

第八条　对建筑物、构筑物的外立面进行粉饰或者重新装饰、装修，应当保持原建筑物、构筑物的色调、造型和建筑设计风格。改变原建筑物、构筑物色调、造型或者建筑设计风格的，应当先依照城市规划管理规定申报批准后再进行。

第九条　对建筑物、构筑物外立面进行粉饰或者重新装饰、装修时，应当使用符合国家和本市产品质量标准和环境保护要求的建筑涂料和装饰、装修材料。保证工程质量，在规定的期间内不出现严重变色、褪色和脱落现象。

第十条　应当承担建筑物、构筑物外立面保持整洁责任的责任人，不履行责任的，由区、县人民政府责令限期改正，逾期不改正的，委托专业企业按照规定代为粉刷、修饰，所需费用由建筑物、构筑物外立面保持整洁的责任人承担。对不支付费用的，可以依法申请人民法院执行。

第十一条 对建筑物、构筑物外立面保持整洁负有管理责任的行政机关及其工作人员，应当认真履行职责。对玩忽职守、推诿扯皮，造成建筑物、构筑物外立面保持整洁工作不落实的，由其上级机关或者监察机关依法追究主管领导和直接责任人的行政责任。

第十二条 本规定自2000年8月1日起施行。

本规定实施后，依照本规定第二条确定的建筑物、构筑物，外立面达不到整洁标准的，均须进行清洗、粉饰等作业。

北京市“门前三包”责任制管理办法

（北京市人民政府令第24号，1999年3月18日）

现发布《北京市“门前三包”责任制管理办法》，自1999年4月1日起施行。

第一条 为提高城市管理水平，创造清洁、优美的城市环境和良好的社会秩序，健全和完善“门前三包”责任制，结合本市实际情况，制定本办法。

第二条 凡本市城区、近郊区和远郊区县的建制镇、开发区、风景名胜区内的机关、团体、部队、企业事业单位和集贸市场、建筑施工现场、停车场、存车处的管理单位以及个体工商户（以下统称单位），均须遵守本办法。

街道办事处和乡、镇人民政府负责组织指导居民委员会、村民委员会通过制定居民公约或者村规民约等形式，动员本居住地区的居民、村民搞好住宅门前的环境卫生、绿化美化和协助维护社会秩序。

在本市居住和生活的公民，均有参加“门前三包”责任制工作，维护良好城市环境的义务。

第三条 本市“门前三包”责任制管理遵循专业管理和群众管理相结合的原则。各单位应当承担以下“门前三包”责任：

（一）包环境卫生。负责划定的责任区内环境整洁，清扫地面，清除痰迹、污物、废弃物和积水积雪，制止随地吐痰、乱扔乱倒废弃物和乱贴乱挂。

（二）包绿化。在划定的责任区内，按照园林管理部门的规划布置，种植并管护树木花草，维护绿化设施。

（三）包社会秩序。在划定的责任区内，不乱堆乱放杂物，不乱设摊点，不私搭乱建，不乱停车辆。发现其他单位或者个人违反规定的，或者发生打架斗殴等违反治安管理规定的，有权予以劝阻、制止，并应当向有关行政管理部门报告。

第四条 各单位“门前三包”责任区按照下列原则划定：

（一）各单位“门前三包”责任区，由所在地街道办事处或者乡、镇人民政府划定。其中地处城市道路两侧临街的单位，其责任区是本单位临街一侧房基线（有护栏或者围墙的，从护栏或者围墙起算）至便道道牙；无便道的，至道路中心线；无毗邻单位的，从本单位四周房基线起算（有护栏或者围墙的，从护栏或者围墙起算）。

（二）各单位“门前三包”责任区内有经批准的集贸市场、停车场、存车处和零散摊位等的，由集贸市场、停车场、存车处的管理单位和零散摊位的经营者按照批准或者规定的范围，承担相应的责任。

第五条 各单位按照本办法承担“门前三包”责任应当遵守下列规定：

（一）接受市和区、县有关管理部门以及街道办事处和乡、镇人民政府的监督检查。

（二）确定专人并配备必要的工具，负责“门前三包”责任区内的日常维护管理，做到地面无痰迹、烟头、纸屑，无散落或者悬挂的塑料袋等废弃物，无污水污物，无乱堆乱放，无乱停车辆，无私搭乱建，无乱贴乱挂，绿地内无废弃物，树木花草管护良好，树木上无拴、钉、刻、划，绿化设施保持完好。

第六条　本市“门前三包”责任制管理工作由市市政管理委员会主管，各区、县人民政府负责组织实施。

街道办事处和乡、镇人民政府具体负责“门前三包”责任制工作的落实，按照年度与辖区内各单位签订“门前三包”责任书。

第七条　各区、县人民政府负责对街道办事处和乡、镇人民政府“门前三包”责任制落实工作的监督检查。

城区、近郊区城市管理监察大队对各单位违反“门前三包”责任制管理的行为进行处罚。

远郊区、县人民政府应当确定有关的管理部门，对违反“门前三包”责任制管理的行为进行处罚。

城市规划、市容环境卫生、园林、工商行政等管理部门按照各自的职责，对违反城市规划、市容环境卫生、城市绿化、风景名胜区管理、工商行政管理等法律、法规和规章的行为，依法予以处罚。

第八条　对违反本办法的单位应当责令改正，并视情节轻重，处200元以上1000元以下的罚款，并对单位负责人处20元以上50元以下的罚款。

第九条　本办法执行中的具体问题，由市市政管理委员会负责解释。

第十条　本办法自1999年4月1日起施行。1985年12月17日市人民政府发布的《北京市“门前三包”责任制管理办法》同时废止。

北京市城市管理委员会 北京市市场监督管理局关于推行北京市餐饮服务单位厨余垃圾、居住小区厨余垃圾、居住小区其他垃圾、建筑垃圾收集运输服务合同示范文本的通知

（京管发〔2020〕30号，2020年10月12日）

天安门地区管委会、重点站区管委会，各区城市管理委、区市场监督管理局（分局），北京经济技术开发区管委会城市运行局、商务金融局：

为贯彻落实新修订的《北京市生活垃圾管理条例》，市城市管理委与市市场监督管理局对《北京市餐饮服务单位餐厨垃圾收集运输服务合同》（BF—2017—2721）和《北京市非居民建筑垃圾运输处理服务合同（试行版）》（BF—2014—2724）进行了修订，同时新起草了居住小区厨余垃圾、其他垃圾收集运输服务合同，形成了《北京市餐饮服务单位厨余垃圾收集运输服务合同》《北京市居住小区厨余垃圾收集运输服务合同》《北京市居住小区其他垃圾收集运输服务合同》《北京市建筑垃圾收集运输处置服务合同》（以下简称“示范文本”），现就推行示范文本有关事项通知如下：

一、示范文本分别适用本市行政区域内餐饮服务单位和居住小区物业管理单位与厨余垃圾收集运输单位之间的厨余垃圾收集运输服务关系，居住小区物业管理单位与其他垃圾收集运输单位之间的其他垃圾收集运输服务关系，建筑垃圾产生单位、建筑垃圾收集运输服务单位、建筑垃圾处置服务单位之间的建筑垃圾收集运输、处置服务关系。

二、天安门地区管委会、重点站区管委会，各区城市管理委、区市场监督管理局，北京经济技术开发区管委会城市运行局、商务金融局要切实组织落实示范文本推行工作，加强宣传，积极引导垃圾产生单位、收集运输单位使用示范文本签约，提高诚信履约意识，减少交易纠纷。

三、示范文本自发布之日起正式推行使用。当事人使用示范文本，可登录市城市管理委网站（http：//csglw.beijing.gov.cn/）、市市场监督管理局网站（http：//scjgj.beijing.gov.cn/）、首都之窗网站（http：//www.beijing.gov.cn/）下载。

四、示范文本推行使用中的问题，请及时

向市城市管理委、市市场监督管理局反馈。

特此通知。

附件：1.《北京市餐饮服务单位厨余垃圾收集运输服务合同》（BF—2020—2721）（略）

2.《北京市居住小区厨余垃圾收集运输服务合同》（BF—2020—2725）（略）

3.《北京市居住小区其他垃圾收集运输服务合同》（BF—2020—2726）（略）

4.《北京市建筑垃圾收集运输处置服务合同》（BF—2020—2724）（略）

《关于推行北京市餐饮服务单位厨余垃圾、居住小区厨余垃圾、居住小区其他垃圾、建筑垃圾收集运输服务合同示范文本的通知》的解读（略）

关于印发北京市建筑垃圾分类消纳管理办法（暂行）的函

（京管发〔2018〕142 号，2019 年 1 月 11 日，北京市城市管理委员会
北京市住房和城乡建设委员会 北京市发展改革委员会 北京市规划和自然资源委员会
北京市交通委员会 北京市生态环境局 北京市园林绿化局发布）

各区人民政府，各有关部门，各相关单位：

为进一步加强本市建筑垃圾管理，加快积存拆除垃圾的清理和资源化处置，推进循环利用，根据《城市建筑垃圾管理规定》《北京市市容环境卫生条例》《北京市生活垃圾管理条例》等法律法规，以及住房城乡建设部《关于开展建筑垃圾治理试点工作的通知》（建城函〔2018〕65 号），市城市管理委、市住房城乡建设委《关于印发北京市建筑垃圾治理实施方案的函》（京管函〔2018〕366 号）等文件精神，制定了《北京市建筑垃圾分类消纳管理办法（暂行）》，现印发给你们，请各单位认真落实。

此函。

北京市建筑垃圾分类消纳管理办法（暂行）

为进一步加强本市建筑垃圾管理，加快拆除垃圾的清理和资源化处置，推进循环利用，按照住房城乡建设部《关于开展建筑垃圾治理试点工作的通知》（建城函〔2018〕65 号），市城市管理委、市住房城乡建设委《关于印发北京市建筑垃圾治理实施方案的函》（京管函〔2018〕366 号），市住房城乡建设委《关于进一步加强建筑废弃物资源化综合利用工作的意见》（京建法〔2018〕7 号）等要求，特制定本办法。

一、建筑垃圾强制分类处置

按照工程渣土、拆除垃圾、施工垃圾、装修垃圾对建筑垃圾实施大类分流，其中：

（一）工程渣土。以工程回填、绿化回填、堆山造景、微地形或坑矿修复等综合利用处理方式为主，进入建筑垃圾简易填埋场处置为辅，禁止进入临时性或固定式建筑垃圾资源化处置设施。

（二）拆除垃圾。以现场资源化处置为主、固定式建筑垃圾资源化处置工厂处置为辅，短期内无法处置完成的可暂时存放。除东城区、西城区外，其他区原则上不得跨区处置，确需跨区处置的，应取得处置地点区政府同意。

（三）施工垃圾。朝阳区、海淀区、丰台区、石景山区、大兴区、房山区内工程建设过程中产生的建筑废弃物优先进入本区固定式建筑垃圾资源化处置工厂，暂时无法处置的，可进入本区临时性资源化处置设施。其他区施工垃圾按区城市管理部门规定，可选择进入临时性资源化处置设施。

（四）装修垃圾。朝阳区、石景山区、昌平区、房山区试点利用固定式建筑垃圾资源化处置工厂或具备装修垃圾处置工艺的临时性建筑垃圾资源化处置设施协同处置装修垃圾，其

他区装修垃圾按照城市管理部门规定，到指定建筑垃圾简易填埋场暂时存放。

二、加快积存拆除垃圾清理

（一）规范设置拆除垃圾暂时存放点位。各区应结合本区实际设置建筑垃圾堆放点位，并满足相关部门要求，具体设置标准满足建筑垃圾暂时存放场地设置规范（见附件）。暂时存放场应由资源化处置企业负责管理运行，并告知所在地街乡镇政府、区城市管理委、区规划自然资源部门和区生态环境局，暂时存放场设置期限原则上不超过3年。

（二）加快推进积存拆除垃圾清理工作。2019年8月底前，各区积存的拆除垃圾能够在现场资源化处置的应全部处置完毕，实现场平地净；确实无法在现场完成处置的，应统一清理至暂时存放点位。

（三）做好扬尘污染防控工作。建筑垃圾处置场所和暂时存放场应做好扬尘控制，按要求安装扬尘在线监控设备，并与相关部门联网；应做好路面硬化，其中场区原有硬化道路应保留；场区没有硬化道路的，应采用再生骨料铺设，并分层压实，进行简易硬化；应对非作业的面进行覆盖或喷洒抑尘剂；运输车辆应符合标准，并做到密闭；严禁接收餐厨垃圾、再生资源、有害垃圾、其他生活垃圾等固体废弃物，因历史原因在处置场内遗留的其他固体废弃物须限期清理。

三、建筑垃圾再生产品强制应用

（一）严格落实《关于进一步加强建筑废弃物资源化综合利用工作的意见》（京建法〔2018〕7号），本市政府财政性资金及国有单位资金投资控股或占主导地位的建设工程，在技术指标符合设计要求及满足使用功能的前提下，率先在指定工程部位选用再生产品，其中市政、交通、园林、水务等市级工程，按照最新发布的《建筑垃圾废弃物再生产品主要种类及应用工程部位》要求，指定工程部位选择的再生产品替代使用比例不低于10%。各相关行业管理部门按照工程监管权限对再生产品使用情况进行监管。

（二）落实北京市疏解整治促提升专项行动办公室《关于推进大型政府投资项目使用建筑垃圾再生产品的通知》（京疏整促办〔2018〕1号），市区两级发展改革部门，对未审批的政府投资项目，在评估过程中，应充分考虑使用建筑垃圾再生产品增加的投资，根据既定的项目投资支持政策予以支持；对于完成审批且根据实际情况具备调整优化设计的项目，发展改革、规划自然资源、园林绿化、交通、住房城乡建设等部门支持项目单位根据实际情况使用建筑垃圾再生产品，合理调整优化设计方案，完成项目设计变更，并对相关批复予以调整，增加的投资按照项目既定的投资支持政策予以支持，并在项目施工、建设、竣工验收等环节予以支持和指导。

（三）各区参照市级要求，提出本区建筑垃圾再生产品强制应用要求。资源化处置企业结合所在地区工程情况，生产本地区需求量大的产品，保障产品质量，且产品定价符合市场规律。

四、文件有效期

本办法自发文之日起至2021年12月31日有效。

北京市生活垃圾分类推进工作指挥部办公室
关于印发关于加强本市大件垃圾管理的指导意见的通知（摘）

（市垃圾分类指办〔2021〕57号，2021年6月28日）

北京市生活垃圾分类推进工作指挥部成员单位：

为贯彻落实《北京市生活垃圾管理条例》，指导本市大件垃圾分类投放收运处理，特制定《关于加强本市大件垃圾管理的指导意见》。现印发给你们，请遵照执行。

特此通知。

关于加强本市大件垃圾管理的指导意见

加强大件垃圾管理，补齐投放设施短板，提升清运处理能力，对改善居民生活环境、促进循环经济发展具有重要意义。为规范本市大件垃圾投放、收集、运输和处理的全过程管理，依据《北京市生活垃圾管理条例》《北京市建筑垃圾处置管理规定》，现提出以下意见。

一、总体要求

（一）指导思想

…………

（二）基本原则

坚持产生者付费。按照产生者付费原则，产生大件垃圾的居民合理承担大件垃圾清运费。通过加强宣传引导，增强居民“谁产生谁付费，多产生多付费”意识。

坚持市场机制。依托可回收物体系建设，完善政策机制，鼓励市场主体规范开展大件垃圾投放、收运和处理服务，公开服务价格，全程信息管理，提升服务水平。

坚持资源化利用。鼓励居民选用绿色环保耐用的产品，促进旧货交易、循环使用和再生利用，形成绿色发展方式和生活方式。

坚持规范收运。以方便市民投放、维护环境整洁为导向，通过投放和收运的有序衔接，健全排放登记制度，减少生活垃圾在居住区的停留时间。

二、鼓励源头减量

（一）绿色消费

鼓励居民选用绿色环保耐用的大件家具、家电，减少大件垃圾排放。

（二）旧货交易

鼓励具备条件的社会企业和生产销售厂商开展废旧家具线上线下二手交易、慈善拍卖、捐赠，开展翻新再利用等活动，在适合的场所设置旧货交易点，促进大件家具的循环利用。

三、强化分类投放

居民投放大件垃圾可选择三种方式：一是预约上门回收，二是投放至大件垃圾投放点，三是自行运送至指定的大件垃圾拆解处理场所。

（一）预约上门回收

鼓励收运服务单位开展预约上门回收服务，价格明示公开。居民可通过电话、手机App、小程序等方式，预约收运服务单位上门收集大件垃圾，方便居民投放。

鼓励设立集中投放日、定时定点投放。各区可组织街道（乡镇）、社区（村）根据辖区大件垃圾产生、收运处理情况，选择在周末卫生日、节假日等适宜时间，探索开展大件垃圾集中定点投放活动，对参与活动的居民提供费用优惠。

（二）固定点投放

居民可将大件垃圾投放至生活垃圾分类管理责任人（以下简称“管理责任人”）指定的投放点，不得混入生活垃圾分类收集容器或者随意丢弃。

1. 投放点设置。居住小区因地制宜设置大件垃圾投放点，应采用全封闭房式或无顶半封闭式，也可采用由大件垃圾收运单位设置专用回收箱的方式，不具备条件的可以由社区（村）统筹合理设置。投放点可与装修垃圾投放点合并设置，面积、容量应满足居住小区内大件垃圾的暂存需求，方便居民投放和收集整理。

2. 投放点管理。管理责任人应在居住小区生活垃圾分类公示牌中明确投放点位置，投放点公示牌应明确开放时间、投放要求、收运单位、收费标准、联系人等信息。投放点应配备灭火器，周边应有便于消防取水的设施。大件垃圾有序码放，采取围护遮挡等防污染措施。暂存的大件垃圾达一定存量后，由管理责任人预约收运服务单位进行收运，确保投放点干净整洁、不满冒，防止出现环境卫生死角。

3. 清运费用。居民将大件垃圾投放至分类投放点的，应向管理单位支付清运费，具体费用由市场调节。需提供上门搬运服务的，应支付上门搬运服务费。鼓励相关行业协会收集大件垃圾清运费价格信息，定期向社会发布供市场参考。

（三）自行运送至指定的大件垃圾拆解处理场所

区城市管理部门明确辖区大件垃圾拆解处理场所，会同街道（乡镇）将场所地址、服务时间和电话向社会公布。居民自行将大件垃圾运送至指定的大件垃圾拆解处理场所，可不承担清运费。

…………

六、其他

（一）大件垃圾

大件垃圾是指居民日常生活中废弃的床架、床垫、沙发、桌子、椅子、衣柜、书柜、家用电器等体积较大物品。其中废弃家用电器应当按照国家有关废弃电器电子产品的规定进行处理。

（二）装修垃圾

装修垃圾是指居民装饰装修房屋过程中产生的砖石砌块、石膏磁砖、卫浴台盆、木质板材等，按照《北京市建筑垃圾处置管理规定》进行管理。其中作为大件垃圾排放的，按照大件垃圾的管理要求予以投放和收运处理。

（三）单位产生的大件垃圾

机关、企事业单位、社会团体等单位产生的大件垃圾投放和收运管理参照本意见执行。

园 林 绿 化

北京市绿化条例（摘）

（2009年11月20日北京市第十三届人民代表大会常务委员会第十四次会议通过，
根据2016年11月25日北京市第十四届人民代表大会常务委员会第三十一次会议通过的
《关于修改部分地方性法规的决定》修正，根据2019年7月26日北京市第十五届
人民代表大会常务委员会第十四次会议通过的《关于修改〈北京市河湖保护管理条例〉
〈北京市农业机械化促进条例〉等十一部地方性法规的决定》修正，
北京市人民代表大会常务委员会公告〔十五届〕第15号公布）

第一章　总则

第一条　为了加强本市绿化建设和管理，改善和保护生态环境，建设宜居城市促进生态文明建设，根据有关法律和行政法规，结合本市实际情况，制定本条例。

第二条　本条例适用于本市行政区域内绿化的规划、建设、保护、监督和管理。

法律、法规对森林、古树名木、公园、自然保护区、风景名胜区有规定的，适用其规定。

…………

第十条　任何单位和个人都有权制止、投诉和举报损害绿化、破坏生态环境的行为。

…………

第二十条　建设工程应当按照规划安排绿化用地。

规划自然资源部门在办理相关审批手续时，应当按照绿地系统规划和详细规划确定建设工程附属绿化用地面积占建设工程用地总面积的比例。其中，新建居住区、居住小区绿化用地面积比例不得低于30%，并按照居住区人均不低于2平方米、居住小区人均不低于1平方米的标准建设集中绿地；成片开发或者改造的地区应当按照规划要求建设集中绿地，绿地建设费用纳入开发建设总投资。

建设单位报送的建设工程设计方案应当包括附属绿化用地平面图并标明绿化用地的面积和位置。

…………

第二十三条　建设工程附属绿化工程应当与主体工程同步建设。绿地建设费用应当纳入建设工程总投资。

居住区、居住小区建设工程分期建设的，其附属绿化工程的具体建设时序应当作为国有土地使用权出让合同或者划拨土地条件的内容并予以明确。

居住区、居住小区建设工程附属绿化用地的面积和位置应当在房屋买卖合同中予以明示。

…………

第二十五条　居住区、居住小区附属绿化工程竣工后，建设单位应当制作绿地平面图标牌，在居住区、居住小区的显著位置进行永久公示。

第二十六条　露天停车场地面应当按照技术规范进行绿化，种植可以达到遮阳效果的树木。

鼓励屋顶绿化、立体绿化等多种形式的绿化。机关、事业单位办公楼及文化体育设施，符合建筑规范适宜屋顶绿化的，应当实施屋顶绿化。

…………

第三章　义务植树

第三十一条　本市行政区域内的单位和有劳动能力的适龄公民，应当按照有关规定履行植树义务。

第三十二条　机关、团体、企业事业单位及其他单位应当组织本单位适龄公民参加植树活动。鼓励个人参加所在地区的义务植树活动。

…………

第三十三条 单位和个人可以通过植树造林、认建认养树木绿地、购买碳汇、参与绿化宣传咨询等多种形式履行植树义务。

…………

第三十五条 单位和个人将种植或者养护的树木移交绿地、树木管护责任单位的，所移交树木应当符合有关规定并经过验收。

…………

第三十六条 单位因特殊原因无法完成义务植树任务的，可以向所在区绿化委员会提出协助完成义务植树任务的申请。接到申请的区绿化委员会应当组织专业绿化单位代其完成植树任务，所需费用由申请单位承担。

第三十七条 单位或者个人通过认养公共绿地履行植树义务的，可以在区绿化委员会指导下与公共绿地管护单位签订协议，按照要求对公共绿地实施养护，并根据协议对公共绿地享有一定期限的冠名权。

…………

第四章 绿地保护

第三十九条 加强对绿地、树木的管理和保护（以下简称管护）。绿地、树木的管护责任按照下列规定确定：

（一）公共绿地由园林绿化部门负责落实。其中，城市道路、公路、河道用地范围内的绿地分别由各有关主管部门或者区园林绿化部门负责；

（二）单位所属绿地，由该单位负责；

（三）居住区、居住小区内依法属于业主所有的绿地由业主负责，业主可以委托物业服务企业进行管护；

（四）建设工程范围内保留的树木，在建设期间由建设单位负责；

（五）铁路、湖泊、水库等用地范围内的绿地由各有关主管部门负责；

（六）村庄绿地由村民委员会或者村集体经济组织负责。

前款规定以外的绿地或者零星树木及管护责任不清或者有争议的，由所在区园林绿化部门确定管护责任。

第四十条 管护单位应当按照国家和本市绿地、树木养护规范对绿地、树木进行管护并做好防火工作。

园林绿化部门应当对绿地、树木的管护给予技术指导。

第四十一条 管护单位应当加强道路附属绿地的管护，按照国家和本市有关规定制定作业方案。占用道路施工影响交通安全的，应当征得公安交通管理部门同意。公安交通管理部门应当加强道路绿化养护作业的监督检查，维护道路交通秩序。

第四十二条 居住区内严重影响居住采光、通风、安全的树木，管护单位应当按照有关技术规范及时组织修剪。当事人应当协助管护单位做好修剪工作。

第四十三条 影响管道、线路、交通等公共设施使用和安全的树木，管护单位应当按照树木修剪规范及时修剪。

第四十四条 因抢险救灾和处理突发事件等紧急情况需要，可以对树木进行修剪或者砍伐。组织紧急情况处理的单位应当在处理结束之日起10日内，将有关处理情况报告所在区园林绿化部门。

因抢险救灾和处理突发事件等紧急情况修剪或者砍伐树木，造成公民、法人和其他组织财产损失的，按照国家有关规定给予补偿。

第四十五条 市政、交通、电力、通讯等建设工程项目影响绿化的，建设单位应当按照有关规定采取保护绿地和树木的措施，并在施工前告知管护单位。

第四十六条 开发利用绿地地下空间的，应当符合国家和本市有关建设规范，不得影响树木正常生长和绿地使用功能。

…………

第五十条 禁止下列损害绿化的行为：

（一）在树木旁或者绿地内倾倒、排放污水、垃圾、渣土及其他废弃物；

（二）损毁树木、花草及绿化设施；

（三）在树木或者绿化设施上悬挂广告牌或者其他物品；

（四）在绿地内取土、搭建构筑物；

（五）在绿地内用火、烧烤；

（六）违反国家和本市有关规定截除树木主干、去除树冠；

（七）其他损害绿化成果及绿化设施的行为。

第五十一条　本市实行树木所有权登记制度。树木所有权不明确的，由所在区人民政府确定。登记工作按照国家和本市有关规定执行。

…………

第五十四条　乡、镇人民政府和街道办事处应当配备专职或者兼职绿化管理人员，做好绿化管理工作；对本辖区内违反本条例的行为应当及时予以制止，或者向市和区有关部门报告，并配合有关部门进行查处。

…………

第五十七条　任何单位和个人不得擅自改变绿地的性质和用途。中心城、新城、建制镇范围内，因基础设施建设等特殊原因需要改变公共绿地性质和用途的，应当经市人民政府批准。需要改变其他绿地性质和用途的，应当经市园林绿化部门审核、市规划自然资源部门批准。

因前款情形造成公共绿地面积减少的，建设单位应当在该绿地周边补建相应面积的绿地。

第五十八条　严格限制移植树木。因城市建设、居住安全和设施安全等特殊原因确需移植树木的，应当经园林绿化部门批准。移植许可证应当在移植现场公示，接受公众监督。

同一建设项目移植树木不满 50 株的，由区园林绿化部门批准；一次或者累计移植树木 50 株以上的，由市园林绿化部门批准。

第五十九条　严格控制砍伐树木。符合下列情形之一的树木，经批准可以砍伐：

（一）已经死亡的；

（二）发生检疫性病虫害无保留价值或者发生其他严重病虫害的；

（三）因抚育或者更新改造需要且无移植价值的；

（四）因城市建设、居住安全和设施安全等特殊原因确需移植但无法移植或者无移植价值的。

同一建设项目砍伐树木胸径小于 30 厘米并且不满 20 株的，由区园林绿化部门批准；砍伐树木胸径 30 厘米以上的，以及一次或者累计砍伐树木 20 株以上不满 50 株的，由市园林绿化部门批准；一次或者累计砍伐树木 50 株以上的，由市园林绿化部门报市人民政府批准。

砍伐许可证应当在砍伐现场公示，接受公众监督。

第六十条　未经批准不得临时占用绿地。因特殊情况确需临时占用绿地的，应当经园林绿化部门批准。其中临时占用中心城公共绿地的，由市园林绿化部门批准；临时占用其他绿地的，由区园林绿化部门批准。临时占用期限最长不得超过 2 年。临时占用绿地期满后，占用人应当按照规定恢复原状。

…………

第七章　附则

第七十七条　本条例自 2010 年 3 月 1 日起施行。1990 年 4 月 21 日北京市第九届人民代表大会常务委员会第十九次会议审议通过、1997 年 4 月 16 日北京市第十届人民代表大会常务委员会第三十六次会议修改的《北京市城市绿化条例》和 1988 年 9 月 2 日北京市第九届人民代表大会常务委员会第四次会议审议通过、1997 年 4 月 15 日北京市第十届人民代表大会常务委员会第三十六次会议修改的《北京市郊区植树造林条例》同时废止。

北京市园林绿化局关于印发《本市老旧小区绿化改造基本要求》的通知

（京绿办发〔2019〕139号，2019年7月17日）

各区园林绿化局：

为进一步加强本市绿化薄弱老旧小区提升改造工作，按照市老旧小区综合整治联系会议办公室印发的《老旧小区综合整治工作方案2018—2020年》《老旧小区综合整治联席会议成员单位职责的通知》，市园林绿化局制定了《本市老旧小区绿化改造基本要求》，现印发给你们，并提出如下要求，请结合工作实际，认真抓好贯彻落实。

一、对接本区老旧小区综合整治牵头部门，立足园林绿化部门职能定位，配合做好老旧小区整治绿化改造提升的技术服务指导等相关工作。

二、老旧小区绿化改造方案要坚持绿化面积不减、绿化景观提升的基本原则，发挥居民自治作用，改造方案要征得小区全体居民或业委会意见，形成共识。

三、配合街乡、社区及相关部门研究建立老旧小区绿地养护长效管理制度和资金保障机制，实现整治成果的长效保存。

本市老旧小区绿化改造基本要求

一、现状绿地保护和调整

（一）老旧小区绿化改造要坚持以人民为中心的原则，改造前要进入现场进行实地踏勘，广泛征求居民意见，充分考虑居民实际需求。

（二）要加强古树、大树及名贵树种的保护，原则上要求原地保护，保护好现有长势良好植物，缺损树木需要补植的以乔木、灌木为主，对严重影响居住采光、通风、安全的树木，管护单位应当按照有关技术规范及时组织修剪。

（三）禁止改变小区集中公共绿地功能和用途，保障居民特别是老年及儿童活动的需要。

（四）楼间附属绿地，确因市政改建、增设停车位需进行调整绿地，按照《北京市绿化条例》的有关规定，办理有关手续，绿地调整应坚持最小化原则，尽量减少占用现状绿地。

二、植物选择及植物种植

（一）要充分结合小区实际情况，充分挖掘绿化用地的潜力，实施见缝插绿，多元增绿，在有条件的建筑物外墙实施垂直绿化。

（二）小区内集中绿地建设应采取乔灌地被植物相结合的多种植物配置形式。在绿地中乔灌木种植面积一般控制在70%；常绿乔木与落叶乔木种植比例一般控制在1∶3～1∶4之间。

（三）绿地灌溉应采用节水灌溉技术，如喷灌或滴灌系统等。提倡雨水回收利用，可采取设置渗水井等集水设施方式，加大雨水利用力度。

（四）绿地内乔灌木种植位置与建筑及各类地上或地下市政设施应符合北京市地方标准《居住区绿地设计规划》（DB11/T 214—2003）相关规定，与各种市政管线保持安全距离；乔木栽植位置应距离住宅建筑有窗立面5米以外，满足住宅建筑对通风、采光、安全的要求。

（五）选择种植适应北京地区气候和居住区区域环境条件，具有一定的观赏价值和防护作用的植物，优先选用寿命较长、病虫害少、无针刺、无飞絮、无毒的植物种类，不宜大量使用边缘树种、整形色带和冷季型草坪等。

三、绿地养护及管理

（一）在老旧小区综合整治过程中，要充分考虑小区后期实际绿化养护情况，与相关部门做好协商，确保绿化养护管理资金到位。

（二）管护责任单位要将绿化竣工图在小区明显位置进行公示，并建立绿化档案。档案内容包括：绿化竣工图、植物名录、小区绿地验收报告、管护单位（人）等。

（三）严禁擅自侵占绿地、毁坏绿化成果的违法行为，管护单位发现有此类问题，应及时制止，并配合执法部门进行依法处理。

第六部分

秩序维护

治 安 协 助

北京市养犬管理规定

（北京市人民代表大会常务委员会公告〔十二届〕第11号，2003年9月5日）

2003年9月5日北京市十二届人民代表大会常务委员会第六次会议通过，自2003年10月15日起施行。

第一条 为加强养犬管理，保障公民健康和人身安全，维护市容环境和社会公共秩序，根据国家有关法律、法规，结合本市实际情况，制定本规定。

第二条 本市行政区域内的机关、团体、部队、企业事业单位、其他组织和个人，均应当遵守本规定。

第三条 本市对养犬实行严格管理、限管结合的方针，政府部门执法，基层组织参与管理，社会公众监督，养犬人自律。

第四条 本市各级人民政府负责本规定的组织实施。

市和区、县、乡镇人民政府以及街道办事处，应当建立由公安、工商行政管理、畜牧兽医、卫生等行政部门和城市管理综合执法组织组成的养犬管理协调工作机制。

公安机关是养犬管理工作的主管机关，全面负责养犬管理工作，并具体负责养犬登记和年检，查处无证养犬、违法携犬外出等行为。

有关行政部门和城市管理综合执法组织按照职责分工，各负其责：

（一）畜牧兽医行政部门负责犬类的免疫、检疫和其他相关管理工作；

（二）城市管理综合执法组织负责对街面流动无照售犬行为和因养犬而破坏市容环境卫生行为的查处；协助公安机关查处无证养犬、违法携犬外出等行为；

（三）工商行政管理部门负责对从事犬类经营活动的监督管理；

（四）卫生行政部门负责对人用狂犬病疫苗注射和狂犬病人诊治的管理。

居民委员会、村民委员会和其他基层组织，应当协助本市各级人民政府做好养犬管理工作。

第五条 街道办事处、乡镇人民政府以及居民委员会、村民委员会，应当在居民、村民中开展依法养犬、文明养犬的宣传教育和培训工作。

广播、电视、报纸等新闻媒体，应当做好养犬管理法律、法规以及卫生防疫的宣传教育工作。

第六条 居民委员会、村民委员会、业主委员会可以召集居民会议、村民会议、业主会议，就本居住地区有关养犬管理规定事项依法制定公约，并组织监督实施。居民、村民、业主应当遵守公约。

第七条 本市东城区、西城区、崇文区、宣武区、朝阳区、海淀区、丰台区、石景山区为重点管理区，其他区、县为一般管理区。

重点管理区内的农村地区，经区人民政府决定，可以按照一般管理区进行管理。一般管理区的城镇和人口聚集的特殊区域，经区、县人民政府决定，可以按照重点管理区进行管理。

第八条 本市行政区域内的医院和学校的教学区、学生宿舍区禁止养犬。

天安门广场以及东、西长安街和其他主要道路禁止遛犬。主要道路名录由市人民政府确定，向社会公布。

市人民政府可以在重大节假日或者举办重大活动期间划定范围禁止遛犬。

区、县人民政府可以对本行政区域内的特定地区划定范围禁止养犬、禁止遛犬。

居民会议、村民会议、业主会议经讨论决定，可以在本居住地区内划定禁止遛犬的区域。

第九条 本市实行养犬登记、年检制度。未经登记和年检，任何单位和个人不得养犬。

第十条 在重点管理区内，每户只准养一只犬，不得养烈性犬、大型犬。禁养犬的具体品种和体高、体长标准，由畜牧兽医行政部门确定，向社会公布。

国家级文物保护单位、危险物品存放单位等因特殊工作需要养犬的，必须到单位所在地公安机关办理养犬登记。

第十一条 个人养犬，应当具备下列条件：

（一）有合法身份证明；

（二）有完全民事行为能力；

（三）有固定住所且独户居住；

（四）住所在禁止养犬区域以外。

第十二条 个人在养犬前，应当征得居民委员会、村民委员会的同意。对符合养犬条件的，居民委员会、村民委员会出具符合养犬条件的证明，并与其签订养犬义务保证书。

养犬人应当自取得居民委员会、村民委员会出具的符合养犬条件的证明之日起30日内，持证明到住所地的区、县公安机关进行养犬登记，领取养犬登记证。

养犬人取得养犬登记证后，携犬到畜牧兽医行政部门批准的动物诊疗机构对犬进行健康检查，免费注射预防狂犬病疫苗，领取动物防疫监督机构出具的动物健康免疫证。

养犬登记证每年年检一次，养犬人在年检时应当出示有效的养犬登记证和动物健康免疫证。养犬登记证年检时间、地点及要求由公安机关予以公告。

第十三条 养犬应当缴纳管理服务费。

重点管理区内每只犬第一年为1000元，以后每年度为500元。

对盲人养导盲犬和肢体重残人养扶助犬的，免收管理服务费。对养绝育犬的或者生活困难的鳏寡老人养犬的，减半收取第一年管理服务费。

一般管理区的收费标准，由区、县人民政府根据实际情况确定。

养犬缴纳的费用集中上缴国库，纳入财政预算管理。养犬管理工作以及管理工作所发生服务的费用纳入有关部门的部门预算。

第十四条 养犬人住所地变更的，应当自变更之日起30日内，持养犬登记证到新住所登记机关办理变更登记。

养犬人将在一般管理区登记的犬，转移到重点管理区饲养的，应当符合重点管理区的养犬条件，并自转移之日起30日内，持养犬登记证到饲养地登记机关办理变更登记，补缴管理服务费差额。

养犬人将犬转让给他人的，受让人应当到登记机关办理变更登记。

第十五条 养犬人丢失登记证的，应当自丢失之日起15日内，到原登记机关申请补发。

第十六条 犬死亡或者失踪的，养犬人应当到登记机关办理注销手续。未办理注销手续的，不得再养犬。

养犬人因故确需放弃所饲养犬的，应当将犬送交犬类留检所，并到公安机关办理注销手续。

第十七条 养犬人应当遵守下列规定：

（一）不得携犬进入市场、商店、商业街区、饭店、公园、公共绿地、学校、医院、展览馆、影剧院、体育场馆、社区公共健身场所、游乐场、候车室等公共场所；

（二）不得携犬乘坐除小型出租汽车以外的公共交通工具；携犬乘坐小型出租汽车时，应当征得驾驶员同意，并为犬戴嘴套，或者将犬装入犬袋、犬笼，或者怀抱；

（三）携犬乘坐电梯的，应当避开乘坐电梯的高峰时间，并为犬戴嘴套，或者将犬装入犬袋、犬笼；居民委员会、村民委员会、业主委员会可以根据实际情况确定禁止携犬乘坐电梯的具体时间；

（四）携犬出户时，应当对犬束犬链，由成年人牵领，携犬人应当携带养犬登记证，并应当避让老年人、残疾人、孕妇和儿童；

（五）对烈性犬、大型犬实行拴养或者圈养，不得出户遛犬；因登记、年检、免疫、诊疗等出户的，应当将犬装入犬笼或者为犬戴嘴套、束犬链，由成年人牵领；

（六）携犬出户时，对犬在户外排泄的粪便，携犬人应当立即清除；

（七）养犬不得干扰他人正常生活；犬吠影响他人休息时，养犬人应当采取有效措施予以制止；

（八）定期为犬注射预防狂犬病疫苗；

（九）不得虐待、遗弃所养犬；

（十）严格履行养犬义务保证书规定的其他义务。

第十八条 犬伤害他人的，养犬人应当立即将被伤者送至医疗机构诊治，并先行垫付医疗费用。

因养犬人或者第三人过错。致使犬伤害他人的，养犬人或者第三人应当负担被伤害人的全部医疗费用，并依法赔偿被伤害人其他损失。

第十九条 对伤人犬或者疑似患有狂犬病的犬，养犬人应当及时送交公安机关设立的犬类留检所，由动物防疫监督机构进行检疫；对确认患有狂犬病的犬，动物防疫监督机构应当依法采取扑灭措施，并进行无害化处理。

发现狂犬病等疫病的单位、个人应当及时向区、县畜牧兽医、卫生行政部门报告；市和区、县人民政府接到报告后，应当根据疫情划定疫点、疫区，并采取紧急灭犬等防治措施。公安机关协助做好工作。

第二十条 从事犬类养殖、销售，举办犬展览，开办动物诊疗机构或者从事其他犬类经营活动的，应当取得畜牧兽医行政部门的许可，依法办理工商登记注册，并向公安机关备案。

从事动物诊疗的人员应当具有兽医资格，并经过执业登记注册。

禁养区、重点管理区内禁止从事犬类养殖、销售和举办犬展览。

第二十一条 养殖、销售犬类的单位和个人，必须遵守下列规定：

（一）对养殖的犬应当进行犬类狂犬病的预防接种，经预防接种后，由动物防疫监督机构出具动物健康免疫证；

（二）销售的犬有动物健康免疫证和检疫证明；

（三）不得将养殖的犬带出饲养场地。

第二十二条 禁止冒用、涂改、伪造、买卖与养犬和从事犬类经营活动相关的证件、证明。

第二十三条 对违反本规定的养犬行为，任何单位和个人都有权批评、劝阻，或者向居民委员会、村民委员会反映，或者向有关行政部门举报，居民委员会、村民委员会和有关部门应当及时处理。

第二十四条 因养犬干扰他人正常生活发生纠纷的，当事人可以向人民调解委员会申请调解，也可以直接向人民法院起诉；当事人没有申请调解的，人民调解委员会也可以主动调解。

人民调解委员会主持下达成的调解协议，当事人应当履行。

第二十五条 公安机关应当建立养犬违法记录档案，对多次被举报或者处罚的养犬人进行重点管理。

养犬人因违反本规定，被公安机关没收其犬、吊销养犬登记证的，在五年内不予办理养犬登记。

居民委员会、村民委员会应当将本居住地区的养犬登记、年检情况等事项向居民、村民公开。

第二十六条 对违反本规定第八条、第十条第一款、第二十二条，在禁养区内养犬的或者在重点管理区内饲养烈性犬、大型犬的以及冒用、涂改和伪造养犬登记证养犬的，由公安机关没收其犬，并可对单位处1万元罚款，对个人处5000元罚款。

第二十七条 对违反本规定第九条，未经登记、年检养犬的，由公安机关没收其犬，或者对单位处5000元罚款，对个人处2000元罚款。

第二十八条 对违反本规定第十四条、第十五条，逾期不办理养犬变更登记的或者丢失养犬登记证逾期不补办的，由公安机关责令限期改正，并可对单位处2000元罚款，对个人处500元罚款。

第二十九条 有下列行为之一的，由公安机关予以警告，并可对单位处2000元以下罚款，对个人处500元以下罚款；情节严重的，没收其犬，吊销养犬登记证：

（一）违反本规定第八条，在禁遛区遛犬的；

（二）违反本规定第十七条第一项、第二项，携犬进入公共场所、乘坐公共交通工具或者小型出租汽车的；

（三）违反本规定第十七条第三项，乘坐电梯的；

（四）违反本规定第十七条第四项、第五项，携犬出户的；

（五）违反本规定第二十一条第三项，将养殖的犬带出饲养场地的。

第三十条　对违反本规定第十七条第六项，携犬人对犬在户外排泄粪便不立即清除，破坏市容环境卫生的，由城市管理综合执法组织责令改正，并可处50元罚款。

第三十一条　对违反本规定第二十条、二十一条第一项和第二项、第二十二条，违法从事犬类经营活动的，由工商行政管理部门或者畜牧兽医行政部门依法处理；对街面流动无照售犬的，由城市管理综合执法组织依法处理。

第三十二条　负有养犬管理职责的行政部门和城市管理综合执法组织以及其工作人员，应当实行执法责任制，依照法定程序积极履行管理职责，文明执法。

负有养犬管理职责的行政部门和城市管理综合执法组织的工作人员，有下列行为之一的，由其所在单位或者上级主管部门给予批评教育责令改正；情节严重的，给予行政处分：

（一）对符合本规定条件的养犬人不予办理养犬登记、年检或者故意拖延的；

（二）对执法检查中发现的问题或者接到的举报，不依法处理或者相互推诿的；

（三）其他滥用职权、玩忽职守、徇私舞弊行为的。

第三十三条　市公安机关设立犬类留检所，负责收容处理养犬人放弃饲养的犬、被没收的犬以及无主犬。

公安机关设立的犬类留检所收容的犬，自收容之日起7日内可以被认领、领养；对无人认领、领养的，由公安机关负责处理；对病死犬，应当进行无公害处理。

第三十四条　市人民政府和有关行政部门应当制定实施本规定的配套规章和规范性文件。

第三十五条　本规定自2003年10月15日起施行。

1994年11月30日北京市第十届人民代表大会常务委员会第十四次会议通过的《北京市严格限制养犬规定》同时废止。

北京市快递安全管理办法（摘）

（2013年12月5日北京市人民政府令第253号公布，
根据2018年2月12日北京市人民政府令第277号修改）

第一条　为规范快递经营行为，保障快件寄递安全、信息安全、公共安全，促进本市快递行业健康发展，根据《中华人民共和国邮政法》以及其他法律、法规，结合本市实际，制定本办法。

第二条　本市行政区域内快递活动的安全管理，适用本办法。

第三条　快递安全管理按照预防为主、规范经营的原则，建立企业负责、行业自律、政府监管、社会监督的机制。

…………

第十九条　快递企业寄递快件需要进入社区、高等院校时，相关单位应当提供车辆通行和临时停放、快件派送等便利条件，快递企业应当遵守社区、校区管理相关规定。

…………

第三十四条　本办法自2014年3月1日起施行。

北京市公共安全图像信息系统管理办法（摘）

（北京市人民政府令第185号，2006年12月15日）

《北京市公共安全图像信息系统管理办法》已经2006年12月4日市人民政府第57次常务会议审议通过，现予公布，自2007年4月1日起施行。

第一条 为了规范本市公共安全图像信息系统的建设和管理，提高预防和处置突发公共事件的能力，保障公共安全，保护公民的合法权益，制定本办法。

第二条 本办法适用于本市行政区域内公共安全图像信息系统的建设和管理。

第三条 本办法所称的公共安全图像信息系统，是指利用图像采集设备和其他相关设备对涉及公共安全的区域进行信息记录的视频系统。

…………

第六条 单位按照本办法规定自建公共安全图像信息系统，应当符合政府的统一规划和要求，不得采集本单位范围以外的公共区域的图像信息。

…………

第九条 设置公共安全图像信息系统，不得侵犯公民个人隐私；对涉及公民个人隐私的图像信息，应当采取保密措施。

涉及国家秘密、商业秘密的公共安全图像信息系统的建设，按照国家有关规定执行。

第十条 新建、改建、扩建建设项目应当安装公共安全图像信息系统的，公共安全图像信息系统应当与项目主体工程同步规划、同步建设、同时投入使用。

第十一条 公共安全图像信息系统的使用单位，应当自系统竣工验收合格之日起30日内，将公共安全图像信息系统的建设情况按照保卫隶属关系向市或者区、县公安机关备案；没有保卫隶属关系的，向本单位所在地的区、县公安机关备案。

本办法施行前已经建成的公共安全图像信息系统的使用单位应当自本办法施行之日起30日内，将公共安全图像信息系统的建设情况按照前款规定向公安机关备案。

第十二条 公共安全图像信息系统的使用单位，应当采取下列措施，保证公共安全图像信息系统安全运行：

（一）对与公共安全图像信息系统密切接触的人员进行岗位技能和保密知识的培训；

（二）建立安全检查、运行维护、应急处理等制度；

（三）保持图像信息画面清晰，保证系统正常运行；

（四）不得擅自改变公共安全图像信息系统的用途和摄像设备的位置。

使用单位委托其他单位运营、维护、管理公共安全图像信息系统的，双方应当明确保证系统安全运行的责任。

第十三条 公共安全图像信息系统的使用单位，应当建立、健全图像信息安全管理制度，遵守下列规定：

（一）建立值班监看制度，发现涉及公共安全的可疑信息及时向公安机关报告；

（二）建立图像信息使用登记制度，对图像信息的录制人员、调取时间、调取用途等事项进行登记；

（三）按照规定期限留存图像信息，不得擅自删改、破坏留存期限内图像信息的原始数据记录。

第十四条 负责图像信息监看的工作人员，应当遵守各项图像信息安全管理制度，坚守岗位，爱护仪器设备，保守秘密。

与图像信息监看工作无关的人员不得擅自进入监看场所。留存的图像信息除按照本办法的规定使用外，任何人不得擅自查阅、复制、提供、传播。

第十五条 在公共场所设置公共安全图像信息系统，应当设置标识。

第十六条 发生社会治安、自然灾害、事故灾难、公共卫生等突发公共事件时，具有突发公共事件调查、处置权的政府有关主管部门有权查看、调取、复制图像信息，有关单位应当予以配合。

第十七条　政府有关主管部门工作人员查看、调取、复制图像信息时，应当遵守下列规定：

（一）工作人员不得少于二人；

（二）出示工作证件和证明文件；

（三）填写查看、调取、复制图像信息情况登记表；

（四）遵守图像信息的使用、保密制度，不得擅自提供、传播图像信息，对涉及国家秘密、商业秘密和公民个人隐私的图像信息予以保密。

…………

第二十七条　本办法自 2007 年 4 月 1 日起施行。

北京市公安局关于印发《北京市公共安全图像信息系统管理办法》实施意见（试行）的通知

（京公科信字〔2013〕1000 号，2013 年 9 月 9 日）

局属各单位：

根据《北京市公共安全图像信息系统管理办法》（《北京市人民政府令》第 185 号）（以下简称《管理办法》）的规定，为规范我市公共安全图像信息系统管理工作，市局制定了《北京市公共安全图像信息系统管理办法》实施意见（试行），现印发给你们，请各单位依据实施意见做好公共安全图像信息系统管理有关工作。同时提出如下要求：

一、职责分工

市局科技信息化部负责统筹、规范全市公共安全图像信息系统的管理工作，依托市政府视频管理工作平台，充分发挥视频管理办公室职能作用，逐步推进全市公共安全图像信息系统的规范建设、监控探头的唯一编码标识等工作，开展对局属有关单位公共安全图像信息系统管理工作的监督、指导、考评工作，全面掌握全市公共安全图像信息系统备案、监管等情况，负责市政府负责建设的交通道路、广场等公共场所公共安全图像信息系统的备案工作，对违反《管理办法》的行为认为有必要进行处罚的，处罚权限按照市局有关规定执行。

治安总队、内保局、网安、文保、人口总队的相关业务部门按照保卫隶属关系，负责公共安全图像信息系统的备案材料与现实情况的核对，报本单位科信部门复核，开展日常监督管理工作，对违反《管理办法》的行为认为有必要进行处罚的，处罚权限按照市局有关规定执行。上述单位的科信部门负责本单位公共安全图像信息系统备案材料的复核并予备案，负责指导、组织、监督、检查、考核本单位相关部门开展工作。

公交总队、铁路工程、铁道建筑公安局、十六分县局、天安门、西站、开发区、燕山、清河分局的治安、内保、网安、人口等业务部门按照保卫隶属关系，负责公共安全图像信息系统的备案材料与现实情况的核对，报本单位科信部门复核，开展日常监督管理工作，对违反《管理办法》的行为认为有必要进行处罚的，处罚权限按照市局有关规定执行。按要求将备案、监管、处罚等情况报本单位科信部门。上述单位的科信部门负责本单位图像信息系统备案材料的复核并予备案，负责指导、组织、检查、监督、考核本单位相关部门开展工作。

没有保卫隶属关系的公共安全图像信息系统的使用单位，由该使用单位所在地的派出所负责公共安全图像信息系统的备案材料与现实情况的核对后，报本单位科信部门复核。所在地派出所负责开展日常监督管理工作，对违反《管理办法》的行为认为有必要进行处罚的，处罚权限按照市局有关规定执行。

区县政府负责建设的交通道路、广场等公

共场所公共安全图像信息系统备案工作，由区县分局科信部门负责。

机场分局可参照上述分工原则开展公共安全图像备案和日常监督工作。

局属有关单位结合本单位的中心工作，对公共安全图像信息系统的使用单位每年开展不少于2次的检查，检查时应当参考《安全检查内容表》（附件1）开展检查，并填写检查笔录。每年的6月1日至6月15日、10月8日至10月25日，科信部门对本单位的检查工作情况进行监督复查；6月16日至6月30日、10月26日至11月10日，市局科技信息化部对局属相关单位开展的检查工作进行抽查。

二、备案工作要求

备案初审工作实行双人工作制，一名民警负责受理备案材料进行审查，另一名民警负责对备案材料进行复查，确认备案材料齐全后，填写《备案审核表》（附件2），按照备案管理规定予以备案，向备案单位出具《备案回执单》（附件1）。

三、相关材料编号和印制要求

《备案表》（附件1）、《备案回执单》的编号统一按照规定要求填写。备案表编号由13位数字组成，第一至三位表示单位编号（见附件1《公安机关受理备案单位列表》），第四至七位表示备案年份，第八至十三位代表备案序号。备案序号逐年从1号编起。例如：东城分局2013年第一份备案表编号为：1012013000001，第100份备案表编号为1012013000100；其中，回执单编号与相应的备案表编号一致；补正材料通知单（附件1）编号按上述要求执行，单独排序。

各单位按照附件样式，自行印制《备案审核表》、《备案回执单》等表格材料。

四、公章使用要求

各单位应在《备案回执单》上注明需要公安机关盖章的部位加盖公章。公章统一使用市局和区县分局单位行政章，原有盖章制度取消。

五、数据报送要求

按照市局的统一表格进行填报。

附件：1. 备案相关表格和材料（略）

2. 公共安全图像信息系统备案审核表（略）

北京市公共安全图像信息系统管理办法实施意见（试行）

第一章　总则

第一条　根据《北京市公共安全图像信息系统管理办法》（《北京市人民政府令》第185号，以下简称《管理办法》），制定本实施意见。

第二条　北京市公安局、局属有关单位依据《管理办法》和本实施意见，在政府其他有关部门的协助下，负责公共安全图像信息系统建设、使用、维护的日常监督管理工作，逐步推进公共安全图像信息系统的规范建设，监控探头的唯一编码标识等管理工作。

第三条　在本市行政区域内使用公共安全图像信息系统的单位应当按照本实施意见，将本单位建设公共安全图像信息系统的情况向公安机关备案，接受公安机关的监督检查。

第四条　公共安全图像信息系统的监督管理工作，应该坚持合法、公开、便民、效率的原则，不得泄露国家秘密和商业秘密，不得侵犯公民个人隐私。

第五条　公共安全图像信息的备案、监管和处罚应当坚持管辖分工和属地原则。

第二章　图像备案

第六条　公共安全图像信息系统使用单位根据有关规定主动向市或区、县公安机关申请备案。

第七条 公共安全图像信息系统的使用单位，应当自系统竣工验收合格之日起30日内，持下列材料向公安机关备案（纸质一式二份，电子版一份，电子版可通过互联网或者刻录光盘报送）：

（一）北京市公共安全图像信息系统备案表；

（二）单位位置示意图；

（三）公共安全图像信息系统布防图。

第八条 公共安全图像信息系统使用单位提交的备案表内容应当完整无缺项，单位位置示意图中应当表明单位所在位置及周边情况，布防图中应当标明摄像机安装的具体位置。

备案材料按照备案表、单位位置示意图、布防图的顺序进行装订。

第九条 公安机关应当指派二名工作人员受理备案。工作人员收到备案材料后，应当认真进行审查，材料齐全符合备案要求的，自受理次日起15个工作日内，由受理部门将备案审批结果送达备案申请人，按要求填写《备案回执单》。

备案材料不齐全或不符合备案要求的，工作人员应当一次性告知其需要补正的全部材料，备案申请人可以当场予以补正。也可以在10个工作日内补正有关材料并向公安机关备案。

第十条 已经向公安机关备案的内容发生变更时，公共安全图像信息系统使用单位应当依照本实施意见的第六条、第七条、第八条的有关规定重新向公安机关备案。

第十一条 公安机关对备案工作中形成的有关材料应当及时立卷归档，档案材料应当齐全、完整。

公安机关应妥善保管备案材料，不得泄露备案材料和内容。

第十二条 公共安全图像信息系统使用单位不遵守备案制度的，公安机关应按照《管理办法》第二十二条的有关规定予以行政处罚。

第十三条 公共安全图像信息系统使用单位可参考或使用《安全检查内容表》（附件1）、《值班日志》（附件1）、《信息使用登记表》（附件1）。

第三章 执法管理

第十四条 局属相关单位、分县局根据《管理办法》，对公共安全图像信息系统的使用单位依法进行管理。监督检查可以采取定期检查、临时检查、专项检查、随机抽查等方式进行，监督检查时，应当不少于二名民警并出示工作证件。监督检查情况应当如实记录，并由监督检查人员和被检查单位的有关负责人签字。

监督检查应当制作《检查笔录》，如实记录监督检查情况和发现的治安隐患，并交被检查单位负责人或者陪同检查人员核对签名。被检查单位负责人或者陪同检查人员对记录有异议的，应当允许其说明；拒绝签名的，检查民警应当在《检查笔录》上注明。

第十五条 局属相关单位、分县局业务部门对违反《管理办法》的行为具有行政处罚的职责，处罚权限按照市局有关规定执行。

第十六条 依据《管理办法》的规定，行政处罚种类有：警告、罚款。

第十七条 局属相关单位、分县局依照《管理办法》作出行政处罚决定时，应当按照《行政处罚法》《公安机关办理行政案件程序规定》等法律法规要求进行，并告知相对人相应法律权利。

第十八条 做出行政处罚应由二名以上民警进行，收集违法证据，制作法律手续，写出书面材料，连同处罚意见一起报本单位主管领导审批后，开具《公安行政处罚决定书》，一份交受处罚单位，一份由做出处罚的单位保存。

第十九条 与公共安全图像信息系统密切接触的人员，包括监控室内值班监看人员、该部门主管领导、运行维护、安全检查人员等，应当参加培训，具备岗位技能，掌握保密知识。

第二十条 公共安全图像信息系统所在地公安机关因执法工作需要，查阅、复制或者调取有关信息资料的，应当持县级以上公安机关负责人批准的证明材料。

第二十一条 有关单位工作人员按照《管理办法》及其他法律规定查看、调取、复制图像信息时，公共安全图像信息系统使用单位应当予以积极配合，留存相关材料备查，不得收取任何费用。

第二十二条 公共安全图像信息系统的建设、使用单位和个人，为侦破重大刑事案件、抓获重要犯罪嫌疑人提供重要证据或者线索，以及为维护社会治安作出突出贡献的，公安机关可以对有关单位和个人给予表彰、奖励。

第二十三条 本实施意见自颁布之日起实施。从实施之日起，《北京市公共安全图像信息系统备案管理规定（试行）》（京公内保字〔2007〕806号）废止。

车 辆 管 理

北京市机动车停车条例

（2018 年 3 月 30 日北京市第十五届人民代表大会常务委员会第三次会议通过，
根据 2021 年 9 月 24 日北京市第十五届人民代表大会常务委员会第三十三次会议通过的
《关于修改部分地方性法规的决定》修正，北京市人民代表大会
常务委员会公告〔十五届〕第 61 号公布）

第一章　总则

第一条　为了加强本市机动车停车治理，合理引导停车需求，严格规范停车秩序，促进城市综合交通体系协调、可持续发展，根据有关法律、法规，结合本市实际情况，制定本条例。

第二条　本市行政区域内机动车停车设施规划、设置、使用，以及停车秩序、服务、收费适用本条例。

第三条　本市机动车停车坚持有偿使用、共享利用、严格执法、社会共治。全社会应当共同构建和维护机动车停车秩序，遵循停车入位、停车付费、违停受罚的基本要求。

第四条　市人民政府领导本市机动车停车工作，将停车纳入城市综合交通体系，综合运用法律、经济、行政、科技等方法，严格控制首都功能核心区、北京城市副中心机动车保有量，建立降低机动车使用强度机制，建立管理职责和管辖权限综合协调机制，推进行政执法权集中统一行使。

市交通主管部门统筹本市机动车停车管理工作，会同相关部门对各区停车管理工作进行综合协调、检查指导、督促考核，组织制订、宣传贯彻停车管理相关政策、标准和服务规范。

公安机关交通管理、城市管理综合执法、住房城乡建设、规划自然资源、发展改革、财政、市场监督管理等部门按照各自职责，负责机动车停车管理相关工作。

第五条　区人民政府负责统筹协调和组织实施本行政区域内停车设施规划、设置、使用及停车秩序、服务、收费的管理工作，推进停车区域治理，监督有关部门开展停车执法。区停车管理部门负责本行政区域内机动车停车管理的具体工作。

乡镇人民政府、街道办事处负责统筹辖区内的机动车停车管理工作，组织领导、综合协调、监督检查停车执法事项，将停车纳入网格化管理范畴，确定监督、管理人员，建立居住停车机制，指导、支持、协调开展停车自治和停车泊位共享、挖潜、新增等工作。

第六条　本市鼓励社会资本投资建设停车设施；鼓励对违法停车、违法从事停车经营、擅自设置障碍物等行为进行举报；鼓励开展维护停车秩序等停车志愿活动；倡导、宣传有位购车、合理用车、绿色出行理念。

第七条　本市有序推进停车服务、管理和执法的智能化、信息化建设，引导停车服务企业利用互联网技术提高服务水平。

第八条　本市建立停车信用奖励和联合惩戒机制。将停车设施建设单位、经营单位、停车人等的违法行为记入信用信息系统，严重的可以进行公示、惩戒。市交通主管部门应当按照国家和本市要求，制定停车信用机制的具体办法。

第二章　停车泊位供给

第九条　本市停车设施实行分类分区定位、差别供给，适度满足居住停车需求，从严控制出行停车需求。盘活既有停车资源，提高利用效率；新增停车泊位以配套建设为主，临时设置、独立建设、驻车换乘建设等方式为补充。

第十条　市交通主管部门应当会同市规划自然资源主管部门，在定期普查的基础上，依

据城市总体规划和城市综合交通体系规划，结合城市建设发展和道路交通安全管理的需要，组织编制机动车停车设施专项规划。

停车设施专项规划应当确定城市停车总体发展战略，分区域发展策略，统筹地上地下，合理布局停车设施，明确控制目标和建设时序，并将停车设施与城市交通枢纽、城市轨道交通换乘站紧密衔接，经依法批准后，纳入控制性详细规划。

区人民政府根据本市机动车停车设施专项规划，制定本行政区域的停车设施规划及年度实施计划，并组织实施。

第十一条　市规划自然资源、市交通主管部门应当制定新建、改建、扩建公共建筑和居住小区等配建停车泊位的标准，明确上限、下限，并建立动态调整机制。

建设单位新建、改建、扩建公共建筑、居住小区，应当按照国家有关规定和本市确定的泊位配建标准、规划指标，配建机动车停车设施。配套建设的停车设施应当与主体工程同步设计、同步施工、同时验收、同时交付使用。

第十二条　既有居住小区内配建的停车设施不能满足业主停车需求的，按照物业管理相关法律法规并经业主同意，可以统筹利用业主共有场地设置临时停车设施。

第十三条　本市推进单位或者个人开展停车泊位有偿错时共享。停车设施管理单位应当予以支持和配合，并提供便利。

公共建筑的停车设施具备安全、管理条件的，应当将机动车停车设施向社会开放，并实行有偿使用。市人民政府应当制定具体办法，有序推进停车设施开放工作。

居住小区的停车设施在满足本居住小区居民停车需要的情况下，可以向社会开放。

第十四条　独立设置的中心城区区域配套停车设施、驻车换乘停车设施、公共汽电车场站等公益性停车设施，是城市交通基础设施，用地按照土地管理规定实行划拨或者协议出让。

独立设置的停车设施应当进行交通影响评价，重大建设项目的配建停车设施应当一并纳入项目的交通影响评价，交通影响评价结果由市交通主管部门向社会公示。重大建设项目的具体范围由市交通主管部门会同相关部门制定。

第十五条　待建土地、空闲厂区、边角空地、未移交道路等场所闲置的，可以由区人民政府负责组织协调，设置临时停车设施。

第十六条　利用地下空间资源单独选址建设公共停车设施的，建设单位可以依法单独办理规划和土地手续，并取得规划用地许可证和权属证明；市规划自然资源主管部门应当制定单独核发规划用地许可证和权属证明的具体办法。

利用人民防空工程设置停车设施，向社会开放解决居住停车需求的，可以减免相关人民防空工程使用费用。具体办法由市民防主管部门制定。

第十七条　平面停车设施进行机械式或者自走式立体化改造的，应当符合相关安全规定，与城市容貌相协调，按照要求采取隔声、减振等措施，对他人造成影响的应当依法予以补偿，符合条件的可以按照国家和本市有关规定享受鼓励政策。

设置机械式停车设备应当符合特种设备的规定，经市场监督管理部门检验合格后方可投入使用，并按照规定定期接受检验。

第十八条　确因居住小区及其周边停车设施无法满足停车需求的，区人民政府、乡镇人民政府、街道办事处可以组织公安机关交通管理、交通行政等相关部门，在居住小区周边支路及其等级以下道路设置临时居住停车区域、泊位，明示居民临时停放时段。影响交通运行的，应当及时调整或者取消。具体办法由市交通主管部门会同相关部门制定。

第十九条　新建、改建、扩建交通客运换乘场站、中小学校、医院及其他客流集中的公共场所，应当在项目用地内设置落客区，用于机动车临时停靠上下乘客，并与主体工程同步交付使用；公安机关交通管理部门应当在客流集中的公共场所周边道路设置临时停靠上下乘客专用车位，并明示临时停靠时长。

第二十条　设置停车设施，应当符合国家和本市停车设施设置标准和设计规范，并按照标准设置无障碍停车泊位和电动汽车充电设施。

第三章 治理与服务

第二十一条 经营性停车设施经营单位应当依法办理工商登记，并在经营前十五日内到区停车管理部门办理备案，备案材料应当真实准确。具体备案材料由市交通主管部门规定。

实行政府定价的收费停车设施，经营单位或者管理单位应当到区发展改革部门进行价格核定及明码标价牌编号。

违反第一款规定，未如实报送停车设施设置情况的，由城市管理综合执法部门责令限期改正；逾期未改正的，处一万元罚款。违反第二款规定，未按照规定进行价格核定及明码标价牌编号的，由价格管理部门责令限期改正；逾期未改正的，处一万元罚款。

第二十二条 停车设施设置后十日内，设置单位应当将停车泊位情况报送区停车管理部门。

违反前款规定，未按照规定的时限或者未如实报送停车设施设置情况的，由城市管理综合执法部门责令限期改正；逾期未改正的，处两千元罚款。

居住小区停车自治设置的停车泊位情况，应当由乡镇人民政府、街道办事处统计后报送区停车管理部门。

第二十三条 市交通主管部门建立停车综合管理服务系统，对停车设施实行动态管理，向社会提供信息服务，并与公安机关交通管理、城市管理综合执法、规划自然资源、住房城乡建设等部门相互共享管理信息。

市交通主管部门应当与从事停车信息服务的经营者建立信息共享机制。信息服务的经营者应当将相关信息接入停车综合管理服务系统，市交通主管部门应当对信息服务质量进行监督，制定信息服务具体规范。

市交通主管部门应当制定停车泊位编码规则，对停车泊位进行统一编码管理。定期组织开展停车资源普查，并将普查结果纳入停车综合管理服务系统。

违反第二款规定，信息服务的经营者未将相关信息接入停车综合管理服务系统的，由交通主管部门责令限期改正；逾期未改正的，处五千以上一万元以下罚款。

第二十四条 区停车管理部门应当根据本市停车综合管理服务系统，建立区域停车诱导系统，实时公布分布位置、使用状况、泊位数量等停车设施动态信息，引导车辆有序停放。

公共停车设施应当按照标准配建停车诱导设施、进出车辆信息采集及号牌识别系统，与所在区域停车诱导系统实时对接。

违反第二款规定，公共停车设施未按照标准配建停车诱导设施、进出车辆信息采集及号牌识别系统，或者未与所在区域停车诱导系统实时对接的，由城市管理综合执法部门责令限期改正；逾期未改正的，处一万元罚款。

第二十五条 国家机关、社会团体、企事业组织、个体工商户等单位，应当做好门前停车管理责任区内的停车秩序维护工作，有权对违法停车行为予以劝阻、制止或者举报。

第二十六条 任何单位和个人不得擅自在道路上和其他公共区域内设置固定或者可移动障碍物阻碍机动车停放和通行；不得在未取得所有权和专属使用权的停车泊位上设置地桩、地锁。物业服务企业应当在物业管理协议和车位租赁协议中予以明示并统一管理。

违反前款规定，擅自设置固定或者可移动障碍物的，道路范围内由公安机关交通管理部门责令停止违法行为，迅速恢复交通；实行物业管理的居住小区公共区域内，由住房城乡建设部门依据物业管理的相关规定进行处罚；其他公共场所内，由城市管理综合执法部门责令停止违法行为，恢复原状，并处五百元以上一千元以下罚款。

非电动汽车不得占用电动汽车专用泊位。违反规定的，由公安机关交通管理部门责令改正，依法给予处罚。

第二十七条 负有停车管理职责的公职人员，在停车管理中不依法履行职责，由监察机关依法予以处置。

第二十八条 本市对驻车换乘停车设施和道路停车实行政府定价，道路停车收费应当按照中心城区高于外围区域、重点区域高于非重点区域、拥堵时段高于空闲时段的原则确定，并根据高于周边非道路停车收费价格的原则动态调节。

本市对其他停车设施实行市场调节价，可以根据地理位置、服务条件、供求关系等因素自主定价。

市价格行政主管部门应当依法加强对停车收费价格的监督。

本市各类停车设施应当按照相关规定对军车停车免收停车费。残疾人持公安机关交通管理部门核发的残疾人专用通行证驾驶残疾人本人专用车辆，在本市各类非居住区停车场停放时，免收停车费。

第二十九条　调整居住小区内业主共有的停车泊位的收费价格时，应当经专有部分占建筑物总面积过半数的业主且占总人数过半数的业主同意。违反规定，未按照规定程序调整居住小区停车收费价格的，由住房城乡建设部门责令限期改正，并处十万元罚款。

第三十条　居住小区在居民委员会、村民委员会的指导下，可以成立停车自治组织，对居住小区内停车实行自我管理、自我服务。自我管理服务可以收取一定的费用，用于停车自治成本费用、停车设施建设等，费用收取和使用情况应当定期在居住小区内公示。

第三十一条　本市逐步建立居住停车区域认证机制，停车人在划定的居住停车范围内停车，可以按照居住停车价格付费。具体办法由市交通主管部门会同相关部门制定。

第三十二条　停车设施经营单位应当遵守下列规定：

（一）在显著位置明示停车设施名称、范围、编号、服务项目、收费标准、车位数量及监督电话；

（二）按照明示的标准收费，并出具专用票据；

（三）实行计时收费的停车设施，满一个计时单位后方可收取停车费，不足一个计时单位的不收取费用。

中心城区范围内的经营性停车设施，应当二十四小时开放。违反规定的，由城市管理综合执法部门责令限期改正，并处五千元以上一万元以下罚款。

违反第一款规定的，依照价格、税务相关法律法规进行处罚。

第三十三条　任何单位和个人不得违反规划将停车设施改作他用。

向社会开放的公共停车设施确需停止经营的，停车设施经营单位应当将处理方案提前报告区停车管理部门；决定停止经营的，停车设施经营单位应当提前三十日向社会公告。临时停车设施停止使用的，停车设施经营单位应当在停止使用前三十日向社会公告，并到有关部门办理相关手续。

确需改变停车设施用途的，应当依法报原审批部门办理规划变更手续，但为实现原规划用途，将临时停车设施停止使用的情况除外。

违反第一款规定，改变停车设施用途的，由城市管理综合执法部门责令限期改正、恢复原状，并处每个泊位一万元罚款。

第三十四条　举办大型群众性活动，承办者应当协调活动举办场所及周边的停车设施，提供停车服务，并向公安机关交通管理部门报告。

公安机关交通管理部门应当制定活动举办场所及其周边区域的机动车疏导方案，周边道路有条件的，可以设置临时停车区域，并明确停放时段。

第三十五条　本市机动车停车相关行业社团组织依照章程，建立健全行业自律制度，参与停车相关政策法规、行业标准、规范的研究制订和宣传贯彻，规范指导会员经营管理，组织开展诚信建设，维护会员合法权益，组织会员开展行业服务质量评价和培训，提高停车服务质量。

第四章　道路停车

第三十六条　公安机关交通管理部门负责设置、维护、调整道路停车泊位，确定停车泊位允许停放的时段。

设置道路停车泊位，遵循严格控制和中心城区减量化的原则，优先保障步行、非机动车、公共交通，保障机动车通行。服务半径内有停车设施可以提供停车泊位的，一般不得设置道路停车泊位；不具备停车条件的胡同，不得设置道路停车泊位。对已有的道路停车泊位，应当根据区域停车设施控制目标、交通运行状况、泊位周转使用效率和周边停车设施的增设情况及时进行调整或者取消。

除前款和本条例第十八条规定的情形外，其他单位和个人不得占用、设置、撤除道路停车泊位或者据为专用。

违反第三款规定，由公安机关交通管理部门责令停止违法行为，恢复原状，擅自占用或者据为专用的，并处每个泊位五百元以上一千元以下罚款；擅自设置、撤除道路停车泊位的，并处每个泊位一千元以上两千元以下罚款；情节严重的，并处每个泊位五千元罚款。

第三十七条 道路停车收费纳入政府非税收入管理，实行收支两条线，收入全额上缴区级财政，并定期向社会公开。

第三十八条 区人民政府可以采取向社会购买服务的方式，委托专业化停车企业对道路停车进行管理。委托过程应当公开透明并签订书面协议，明确双方权利义务、不得转包、协议期限、终止协议的情形等内容。

市交通主管部门应当制定协议示范文本，并将不执行电子收费、议价等行为，纳入终止协议的情形。市交通主管部门、区人民政府应当监督协议执行情况。

第三十九条 本市道路停车实行电子收费。市交通主管部门和区停车管理部门应当明确推进电子收费工作时限。

新建、改建、扩建、大中修道路将要设置电子收费设施的，应当同步预留强弱电条件。

任何单位和个人不得擅自挪移、破坏或者拆除道路停车电子收费的设备设施。

违反第三款规定，擅自挪移、破坏或者拆除道路停车电子收费设备设施的，依法承担赔偿责任，并由公安机关依照《中华人民共和国治安管理处罚法》予以处理；构成犯罪的，依法追究刑事责任。

第四十条 停车人应当在停车泊位或者区域内按照规定的时段停放车辆，不得妨碍其他车辆、行人通行。违反规定的，由公安机关交通管理部门依照道路交通安全法律、法规进行处理。

机动车违法停放，驾驶人不在现场或者虽在现场但拒绝立即驶离，妨碍其他车辆、行人通行的，公安机关交通管理部门可以依法作出拖移决定。具体拖移行为可由公安机关交通管理部门或者其委托的相关拖车单位实施。

第四十一条 停车人应当按照收费标准，在驶离停车位之日起三十日内缴纳道路停车费用。未缴纳的，区停车管理部门应当通知其缴纳费用；三十日期满后，区停车管理部门应当进行催缴。停车人应当在补缴期限内及时补缴欠费。

违反前款规定，经两次催缴，停车人逾期未补缴欠费的，由区停车管理部门处一百元罚款；情节严重的，处三百元以上八百元以下罚款。

具体办法由市交通主管部门制定。

第四十二条 乡镇人民政府、街道办事处确定的停车监督、管理人员，以及受委托专业化停车企业人员应当协助公安机关交通管理部门维护道路停车秩序，劝阻、告知道路停车违法行为。

第五章 附则

第四十三条 本条例自 2018 年 5 月 1 日起施行。

北京市非机动车管理条例

（北京市人民代表大会常务委员会公告〔十五届〕第 5 号，2018 年 9 月 28 日）

《北京市非机动车管理条例》已由北京市第十五届人民代表大会常务委员会第七次会议于 2018 年 9 月 28 日通过，现予公布，自 2018 年 11 月 1 日起施行。

第一章 总则

第一条 为了加强非机动车管理，保障道路交通有序、安全，维护公民、法人和非法人组织的合法权益，根据《中华人民共和国道路交通安全法》《中华人民共和国产品质量法》《中华人民共和国道路交通安全法实施条例》等法律法规，结合本市实际，制定本条例。

第二条　本市行政区域内非机动车的生产、销售、登记、通行、租赁经营、停放及相关管理活动，适用本条例。

第三条　市和区人民政府应当加强对本行政区域内非机动车管理工作的领导；优化交通出行方式，倡导市民绿色出行；落实非机动车通行道路、停放等基础设施规划、建设；引导、规范企业开展互联网自行车租赁服务，实施总量调控；不发展电动自行车租赁；监督、协调有关行政部门履行职责。

乡镇人民政府、街道办事处应当统筹辖区内的非机动车管理工作；组织管理、综合协调、监督检查区政府职能部门派出机构，依标准施划非机动车位，规范非机动车停车秩序，清理废旧非机动车等事项；可以依托居（村）民自治、网格化管理、门前三包等机制，采取向社会购买服务、鼓励志愿者服务、协调多主体进行会商、对违法违规企业进行约谈等方式开展工作。

公安机关交通管理、工商行政管理、交通行政管理、质量技术监督、环境保护、城市管理综合行政执法等有关部门在各自的职责范围内负责非机动车管理工作。

第四条　本市非机动车相关行业协会应当加强行业自律管理，组织会员制定并遵守行业自律公约，引导、协调、监督会员单位及其员工依法从事销售和经营活动，维护公平竞争的市场秩序；对本行业基本情况进行调查；参与制定车辆与服务的标准及车辆的目录；代表行业反映意见建议。

第五条　本市行政区域内的国家机关、企业、事业单位、社会团体应当加强对本单位人员非机动车道路交通安全法律法规和交通安全常识的宣传教育。

电视台、广播电台、互联网信息服务提供者等媒体应当加强非机动车道路交通安全法律法规和交通安全常识的公益宣传。

第二章　生产销售

第六条　在本市生产、销售的非机动车应当符合国家标准。

第七条　本市对符合国家标准的电动自行车实行产品目录制度。产品目录应当载明生产企业、品牌、型号、定型技术参数等项目，及时更新并向社会公布。

市工商行政管理部门会同市质量监督管理、市公安机关交通管理、市环境保护等部门，根据国家标准编制产品目录，也可以委托非机动车行业协会组织编制。市工商行政管理部门应当及时将符合国家标准的电动自行车纳入产品目录。没有纳入产品目录的电动自行车，不得在本市销售和登记上牌。

第八条　电动自行车的销售者应当将产品目录和登记上牌的法律法规规定等在销售场所显著位置公示。销售的电动自行车应当和产品目录相符合；不符合的，消费者可以依照国家规定、当事人约定，要求销售者退货或者更换。

第九条　电子商务平台经营者应当按照消费者权益保护、电子商务等法律法规的规定，对申请进入平台销售非机动车的销售经营主体身份进行核验和登记，明确销售者在平台进入和退出、商品和服务质量安全保障、消费者权益保护等方面的权利和义务。

电子商务平台经营者发现平台内销售的非机动车违反相关法律法规的，应当依法采取必要的处置措施，并向有关主管部门报告。

工商行政管理等部门发现平台内有违反相关法律法规行为的，应当要求平台经营者立即采取措施制止，平台经营者应当予以配合。

第三章　登记

第十条　电动自行车经登记，取得本市电动自行车行驶证、号牌，方可在本市道路行驶。

第十一条　申请电动自行车登记的，应当自购车之日起 15 日内到公安机关交通管理部门申请登记，现场交验车辆，并提交下列材料：

（一）登记申请表；

（二）所有人身份证明；

（三）购车凭证；

（四）车辆整车出厂合格证明。

第十二条 对申请登记的电动自行车，公安机关交通管理部门应当对车辆进行查验。在产品目录内且申请材料齐全有效的，公安机关交通管理部门应当当场登记并免费发放电动自行车行驶证、号牌；不符合规定的，不予登记，并书面告知申请人。

电动自行车行驶证、号牌由公安机关交通管理部门统一监制。

电动自行车行驶证、号牌损坏或者丢失的，当事人应当向公安机关交通管理部门申请换领或者补领。

市公安机关交通管理部门应当采取增设登记办理点、简化办理程序、逐步推行带牌销售等方式，为市民办理电动自行车登记提供便利。

市公安机关交通管理部门应当制定电动自行车登记的具体办法，并向社会公布。

第十三条 本条例施行之前购买的电动自行车未经登记的，应当在规定期限内向公安机关交通管理部门申请登记。符合本条例第十二条规定的，发放行驶证、号牌；不符合本条例第十二条规定的，发放临时标识。

本市对发放临时标识的电动自行车设置3年过渡期，自本条例施行之日起计算。过渡期内上道路行驶的，应当悬挂临时标识，并遵守非机动车通行管理的有关规定。过渡期满后，不得上道路行驶。

具体管理办法由市公安机关交通管理部门会同有关部门制定，并向社会公布。

第四章 通行安全

第十四条 驾驶非机动车上道路行驶，应当遵守道路交通安全法律法规的下列通行规定：

（一）不得双手离把。不得有分散注意力、妨碍安全驾驶的行为；

（二）在非机动车道内行驶。没有施划非机动车道的，在车行道的右侧行驶；

（三）不得逆行；

（四）遵守交通信号灯的指示。等待信号灯时，在非机动车停止线或者待驶（转）区内顺序等候；

（五）转弯时让直行车辆、行人优先通行。转弯前减速慢行，伸手示意，不得突然猛拐，超车时不得妨碍被超车辆行驶。设有转向灯的，转弯前开启转向灯；

（六）行经人行横道时避让行人；

（七）通过人行横道、过街天桥、地下通道时，下车推行，不得骑行通过；

（八）不得进入高速公路、城市快速路或者其他封闭的机动车专用道；

（九）不得牵引动物，不得拖拽、牵挂载人载物装置；

（十）法律法规规定的其他通行规定。

第十五条 驾驶电动自行车上道路行驶，应当遵守下列规定：

（一）悬挂号牌、临时标识，并保持清晰、完整，不得遮挡、污损；

（二）不得使用伪造、变造的行驶证、号牌、临时标识，不得使用其他电动自行车的行驶证、号牌、临时标识；

（三）制动、鸣号、夜间反光装置等安全设备性能正常。

第十六条 驾驶电动自行车上道路行驶，除遵守本条例第十四条、第十五条规定外，还应当遵守下列规定：

（一）驾驶人年满16周岁；

（二）成年人可以在驾驶人座位后部的固定座椅内载一名12周岁以下的儿童；

（三）在非机动车道内行驶，最高时速不得超过15公里。

本市鼓励电动自行车驾驶人佩戴安全头盔；电动自行车搭载12周岁以下儿童的，鼓励为儿童佩戴安全头盔。

第十七条 公安机关交通管理部门可以根据道路和交通流量的具体情况，对非机动车采取疏导、限制通行、禁止通行等措施。

公安机关交通管理部门应当根据道路交通情况，在非机动车道设置电动自行车的限速提示。

第十八条　禁止对出厂后的电动自行车实施下列行为：

（一）加装、改装电动机和蓄电池等动力装置，或者更换不符合国家标准的电动机和蓄电池等动力装置；

（二）加装、改装车篷、车厢、座位等装置；

（三）拆除或者改动限速处理装置；

（四）其他影响电动自行车通行安全的拼装、改装行为。

禁止驾驶拼装、改装的电动自行车上道路行驶。

第十九条　交通行政管理部门对互联网租赁自行车行业，履行下列监管和服务职责：

（一）制定行业发展政策、规范和标准；

（二）建立行业监管和服务平台，推行电子标签管理制度，对企业的经营活动实行动态管理；

（三）建立行业企业服务质量信用考核机制。建立质量检测、企业信用等级评定和监督管理信息公示制度；

（四）设置、协调允许停放区域、禁止停放区域，对禁止停放区域实行目录管理；

（五）对在履行职责中知悉的个人信息、隐私和商业秘密严格保密。

第二十条　互联网租赁自行车经营企业应当依法规范经营，维护道路交通安全和市容环境秩序，并遵守下列具体规定：

（一）按照交通行政管理部门的要求投放车辆，将自行车动态总量、重点投放区域动态总量、承租人信用惩戒信息、自行车停放位置信息，以及其他涉及公共利益的信息实时、完整、准确接入本市互联网租赁自行车行业监管和服务平台。协助公安机关交通管理部门核实确定违法行为人；

（二）车辆整车及其主要部件的安全性能应当符合国家标准，具备唯一性编码；

（三）运用现代信息技术手段规范承租人依法停放车辆。客户端应当显示承租人安全提示、自行车允许停放、禁止停放区域，以及有关惩戒措施；

（四）建立投诉处理机制，及时受理、处理车辆性能、停放秩序等方面的社会投诉举报；

（五）建立承租人信用管理制度，将承租人违法信息纳入信用管理，并采取必要的信用管理措施；

（六）配置必要的管理维护人员，负责车辆调度、停放秩序管理和损坏、废弃车辆回收，及时清理占用道路、绿地等公共场所的车辆；

（七）建立健全押金、预付金管理制度，将押金存放在本市开立的银行资金专用账户。承租人申请退还押金时，应当及时退还；

（八）遵守网络安全法律法规要求，落实网络安全等级保护、数据安全管理、个人信息保护等制度。

第五章　停车秩序

第二十一条　交通行政管理部门负责组织编制非机动车停车设施专项规划，并纳入城市总体规划；制定非机动车停车设施设置规范。

车站、医院、商场、学校、展览馆、影剧院、体育场馆、公园等大中型公共建筑、公共场所建设单位应当按照国家和本市有关规定，配套规划、建设非机动车公共停车设施。

居民住宅区建设单位应当按照规划许可建设非机动车停车设施。

非机动车停车设施的规划、建设应当考虑电动自行车停放、充电的消防安全；设置有充电设施的，应当符合消防安全要求。不得将居民住宅楼的楼梯间、楼道等疏散通道，安全出口及其两侧影响通行的区域设置为电动自行车充电区域。

管理、使用单位应当按照规划用途使用非机动车公共停车设施。

第二十二条　非机动车公共停车场应当按照下列规范设置：

（一）地面铺装、设置固定或者活动式围栏；

（二）设置存车标识牌，划定存车标线；

（三）有条件的，设置停放架、遮雨棚房。

实行收费的非机动车公共停车场应当设置存车收费价格公示牌、经营管理单位的标志及其监督电话，并安排专人负责服务和管理。

第二十三条 非机动车公共停车场的经营者、管理者应当遵守下列规定：

（一）建立并落实各项管理和服务规范；

（二）保障停车场内的停车秩序和停车安全；

（三）按照公示的收费标准收取费用，出具收费凭证。

第二十四条 非机动车驾驶人应当将非机动车停放在非机动车停车设施内；没有设置非机动车停车设施的，车辆停放不得影响道路通行和市容环境秩序。

禁止在下列区域停放非机动车：

（一）人行道的禁止停放区域、消防通道、盲道；

（二）未明确为停车区域的机动车道、非机动车道；

（三）市交通行政管理部门会同市公安机关交通管理部门对道路交叉口、铁路道口、人流密集场所出入口等公共场所划定的禁止停放区域。

第二十五条 国家机关、企业、事业单位、社会团体、个体工商户等，应当做好门前停车管理责任区内的非机动车停车秩序维护工作，有权对违法停车行为予以劝阻、制止或者举报。

第六章 法律责任

第二十六条 违反本条例第六条规定，销售不符合国家标准的电动自行车的，由工商行政管理部门责令停止销售，没收违法销售的电动自行车，并处违法销售电动自行车（包括已售出和未售出的）货值金额等值以上三倍以下的罚款；有违法所得的，并处没收违法所得；情节严重的，吊销营业执照。

第二十七条 违反本条例第十三条规定的，公安机关交通管理部门可以先予扣留电动自行车，对驾驶人处1000元罚款，并通知驾驶人及时接受处理：

（一）未在规定期限内申领临时标识上道路行驶的；

（二）过渡期满后上道路行驶的。

驾驶人接受处理后，公安机关交通管理部门应当立即发还电动自行车。

第二十八条 单位或者个人有下列行为的，公安机关交通管理部门可以先予扣留电动自行车，并通知驾驶人及时接受处理：

（一）违反本条例第十条规定，驾驶未经登记的电动自行车上道路行驶的，对驾驶人处20元罚款；

（二）违反本条例第十五条第一项规定，已经登记的电动自行车未悬挂号牌、临时标识上道路行驶的，对驾驶人处警告或者20元罚款；

（三）违反本条例第十五条第二项规定，使用伪造、变造或者其他电动自行车行驶证、号牌、临时标识的，对行驶证、号牌、临时标识予以收缴，对驾驶人处1000元罚款；

（四）违反本条例第十八条第二款规定，驾驶拼装、改装的电动自行车上道路行驶的，对驾驶人处500元以上1000元以下罚款；情节严重的，对车辆予以收缴。

驾驶人接受处理后，公安机关交通管理部门应当立即发还电动自行车，但依据前款第四项规定予以收缴的除外。

第二十九条 违反本条例第十四条、第十六条规定的，由公安机关交通管理部门处警告或者10元以上50元以下罚款。

第三十条 违反本条例第十八条第一款规定，从事经营性拼装、改装电动自行车的，由工商行政管理部门责令改正，并处3万元以上5万元以下罚款。

第三十一条 互联网租赁自行车经营企业违反本条例第二十条规定的，交通行政管理部门可以约谈企业相关负责人；拒不改正的，可以限制车辆投放，并处1万元以上5万元以下罚款。

第三十二条 非机动车公共停车场经营者、管理者违反本条例第二十二条、第二十三条第一项和第二项规定的，由城市管理综合行政执法部门责令改正，处1000元以上5000元以下罚款。

违反本条例第二十三条第三项规定的，由价格主管部门依法处理。

第三十三条 非机动车驾驶人违反本条例

第二十四条第二款规定的，由公安机关交通管理部门责令改正，处警告或者20元以上50元以下罚款；违法行为人拒绝接受罚款处罚的，公安机关交通管理部门可以扣留车辆。

互联网租赁自行车停放影响行人和车辆正常通行的，公安机关交通管理部门应当告知互联网租赁自行车经营企业及时采取措施规范停放；情节严重，且不及时采取措施的，公安机关交通管理部门可以立即实施代履行，将违法停放的自行车搬离现场，并对经营企业处1万元以上3万元以下罚款。

第三十四条　相关行政主管部门依法对互联网租赁自行车采取行政措施的，应当告知互联网租赁自行车经营企业及时接受处理。逾期不来接受处理，并经公告3个月仍不来接受处理的，相关行政主管部门可以依法按照相关规定处置。

第七章　附则

第三十五条　本条例自2018年11月1日起施行。

北京市非机动车停车管理办法

（2002年3月19日北京市人民政府第45次常务会议审议通过，2002年6月7日北京市人民政府令第96号公布，根据2010年11月27日北京市人民政府令第226号修正）

第一条　为加强本市非机动车停车管理，保护非机动车所有人的合法权益，维护社会公共秩序，根据国家有关规定，结合本市实际情况，制定本办法。

第二条　本办法适用于本市行政区域内自行车、人力三轮车等非机动车停车管理工作。

残疾人专用车的停车管理也适用本办法。

第三条　市市政管理部门负责本市非机动车公共停车场建设、经营的管理工作。

规划、国土房管、公安交通、物价、质量技术监督等行政管理部门，应当按照各自职责，做好非机动车停车管理的有关工作。

第四条　根据城市总体规划和城市建设发展的需要，市规划行政主管部门会同市市政管理、市公安交通管理等部门组织编制非机动车公共停车场专业规划，经市人民政府批准后实施。

第五条　车站、医院、商场、展览馆、影剧院、体育场馆和其他大中型公共建筑的非机动车公共停车场的规划和建设，应当按照国家和本市有关规定执行，并落实专人管理或者委托存车服务机构管理。

第六条　居民住宅区应当设置非机动车公共停车场，委托物业管理单位实施管理；未实行物业管理的居民住宅区，由居民委员会组织实施管理，相关单位应当予以协助。

第七条　非机动车公共停车场不足的地区，在不影响道路交通的情况下，可以按照国家和本市有关规定经有关部门批准在道路范围内划定一定区域作为非机动车道路公共停车场，并设置相应标志。

在前款规定的情况发生变化时，原批准部门应当撤销已经划定的非机动车道路公共停车场，但应当提前公告。

第八条　禁止任何单位和个人擅自占用道路设置非机动车道路公共停车场。

临时占用道路设置收费的非机动车公共停车场，应当依法缴纳占道费。

第九条　非机动车公共停车场必须对公众开放，任何单位和个人不得侵占、擅自停止使用非机动车公共停车场或者将其挪作他用。

鼓励单位内部非机动车停车场向社会公众开放。

第十条　设置收费的非机动车公共停车场，应当具备下列条件：

（一）地面铺装，设置固定或者活动式围栏；

（二）设置存车标识牌、存车收费价格公示牌、经营管理单位的标志及其监督电话，划定存车标线；

（三）有条件的，设置自行车停放架、遮雨棚房；

（四）有专人负责服务和管理。

第十一条 非机动车公共停车场的经营、管理单位，应当遵守下列规定：

（一）遵守有关法律、法规、规章和行业管理规范；

（二）建立并落实各项管理和服务制度；

（三）接受市政管理等行政管理部门的指导和监督检查；

（四）严格按照批准的范围和标准收取费用，明码标价，给停车人出具收费凭证；

（五）保证停车场内良好的停车秩序、环境卫生和停车安全。

收费的非机动车公共停车场，因管理不当造成非机动车丢失、损坏的，非机动车公共停车场的经营、管理单位应当依法承担赔偿责任。

第十二条 非机动车停车人应当遵守下列规定：

（一）在非机动车公共停车场或者设有非机动车停放标志的区域内停车；

（二）在停车场停放非机动车的，遵守停车场的有关管理规定，接受工作人员的管理；

（三）在收费非机动车公共停车场内停车的，按规定交纳停车费。

第十三条 违反本办法，在明令禁止停车的道路范围内停放非机动车的，由公安交通管理部门依法处罚，非机动车驾驶人拒绝接受罚款处罚的，可以扣留其非机动车。

第十四条 违反本办法第八条规定，擅自占用道路设置非机动车道路公共停车场的，由市政管理、公安交通管理部门依法处理。

第十五条 违反本办法第九条第一款、第十条、第十一条第（二）项、第（三）项、第（五）项规定的，由城管监察部门责令限期改正，处500元以上1000元以下的罚款。

第十六条 违反本办法第十一条第（四）项规定的，由价格主管部门依法处理。

第十七条 本办法自2002年9月1日起施行。

北京市公安局 北京市交通委员会 北京市市场监督管理局 北京市商务局 北京市城市管理委员会 关于加强违规电动三四轮车管理的通告

（2021年7月12日）

为净化本市道路交通环境，维护道路交通安全秩序，根据道路交通安全、产品质量等法律法规和有关国家标准，现就本市加强违规电动三、四轮车管理有关问题通告如下：

一、违规电动三、四轮车是指未经工信部许可生产，未列入《道路机动车辆生产企业及产品公告》，车辆性能不符合机动车安全技术标准，使用电力驱动用于载客或载货的三轮、四轮机动车。

二、禁止生产、销售违规电动三、四轮车。违法生产、销售的，由市场监管部门没收非法生产、销售的车辆，并依法实施处罚。构成犯罪的，依法追究刑事责任。自本通告自发布之日起，任何单位和个人不得新增违规电动三四轮车。

三、对本通告发布前购买的违规电动三、四轮车设置过渡期，过渡期截至2023年12月31日。过渡期内上道路行驶时，应当遵守相关通行规定。违反通行规定的，公安机关交通管理部门将依法查处。

四、过渡期后（2024年1月1日起），违规电动三、四轮车不得上路行驶，不得在道路、广场、停车场等公共场所停放。违规上路行驶或停放的，执法部门将依法查处。

五、邮政寄递、园林绿化、环卫主管部门要制定各自行业电动三、四轮车使用管理办法，过渡期内加强日常管理，过渡期后全部更换为合法车辆。

六、工厂厂区、旅游景区、游乐场所等特定区域使用的电动车辆按照场（厂）内专用机动车辆规定管理。

本通告自发布之日起执行。

特此通告。

北京市国土资源和房屋管理局关于印发《北京市居住小区机动车停车管理办法》的通知

（京国土房管物〔2004〕663号，2004年6月16日）

各区县国土房管局，各建设单位、物业管理企业、停车管理单位，各业主大会：

为规范居住小区停车秩序，保障居住小区内各方合法权益，根据国务院《物业管理条例》和本市停车管理有关规定，在征求有关单位意见基础上，我局制定了《北京市居住小区机动车停车管理办法》，现印发给你们，请认真遵照执行。

北京市居住小区机动车停车管理办法

一、为规范居住小区停车秩序，保障居住小区停车管理双方的合法权益，根据国家和本市有关规定，制定本办法。

二、居住小区内机动车停车管理服务（包括地面停车场、路边划线停车位、地下停车库、立体停车库的机动车停车服务等）统一由物业管理企业负责提供或由物业管理企业委托专业停车管理单位负责；未实行物业管理的居住小区，由房屋管理单位或委托专业停车管理单位负责。

三、停车管理单位按照政府规定的价格收取停车费的，应达到以下要求：

1. 遵守本市停车行业经营管理服务的有关政策规定和业主大会的决议、物业管理服务合同及业主（临时）公约等；

2. 应制定切实可行的停车管理方案，方案应包括停车管理方的职责、停车位的管理分配方案、发生紧急情况的处置预案等；

3. 有专人对进出停车场的车辆进行登记，进门发放停车凭证，出门查验停车凭证后放行；

4. 维护小区停车秩序，指定停车区域，保证车辆停放整齐，行使通畅；

5. 24小时专人看管停车场或采用电子监控手段进行不间断监视，劝阻、制止损害停放车辆的行为，采取防范措施，防止车辆丢失；

6. 保证交通设施处于正常使用状态。

四、对临时进出小区的车辆管理制度，由业主大会和物业管理企业协商议定。

投递邮件的邮政车辆需要进入小区的，停车管理单位不得拒绝其入内，进入小区的邮政车辆应遵守小区停车管理制度。

对临时进出车辆实行收费的，停车管理单位应在车辆进门时发放临时停车凭证，出门时验证收费放行。

禁止停车管理单位在机动车进门时预收停车费用。

五、居住小区内机动车停放人应遵守以下规定：

1. 遵守业主大会决议、业主（临时）公约和居住小区机动车停车管理制度，服从停车管理人员的指挥；

2. 按照规定或约定交纳停车管理服务费用；

3. 禁止占用、堵塞消防通道和消防设施等。

六、除临时进出小区停放车辆外，其他机动车停放人应与停车管理单位签订停车管理服务协议，协议一般应包括双方当事人、机动车基本情况、双方的权利义务、收费价格、管理责任、管理期限以及违约责任等内容。

七、凡利用业主共用场地施划的停车位，

任何单位和个人不得出售。建设单位拥有车场、车库所有权的，应优先出售或出租给业主；建设单位、停车管理单位在未满足本居住小区内业主停车需求前，不得将车位出售、出租给其他单位或个人。小区车位难以满足业主停车需要的，停车管理单位应当结合实际情况，采取措施提高现有车位利用率。

八、停车管理单位在小区内部道路上施划停车位，应当符合交通设施国家安全标准的规定，不得占用消防通道设置停车位，妨碍行人和其他车辆通行。

九、停车管理单位应及时对居住小区内道路、停车场地及设施设备进行维修养护，保障正常使用。

十、对不按规定停放的车辆，影响小区道路通畅或影响小区公共安全的，物业管理企业有权按照停车管理服务协议、业主（临时）公约或业主大会决议处理，由此产生的费用由停放人承担。

十一、各级国土房管部门应加强对居住小区停车管理服务的指导和监督，及时处理停车管理纠纷。

十二、本办法自2004年7月1日起执行，原《关于加强北京市居住小区机动车停放管理的通知》（京国土房管物〔2002〕973号）同时废止。

北京市发展和改革委员会
关于规范本市机动车停车场明码标价的通知

（京发改规〔2018〕6号，2018年6月29日）

各区发展改革委，各有关单位：

根据《北京市机动车停车条例》、《关于商品和服务实行明码标价的规定》（中华人民共和国国家发展计划委员会令第8号）、《北京市商品和服务明码标价的规定》（京发改〔2009〕955号）等有关规定，现就本市机动车停车场明码标价有关事项通知如下：

一、明码标价方式。本市机动车停车场经营者应当在经营场所出入口、收费地点等醒目位置，使用标价牌或电子信息屏等方式进行明码标价。

二、明码标价内容。明码标价内容包含收费时段、收费标准（包括计价单位、不足一个计时单位不收取费用、军车残疾车按规定免费等内容）、服务单位监督电话、行业主管部门电话和价格举报电话、经营单位名称、停车场范围（位置）、编号、车位总数等。经营者参照附件样式自行制作明码标价牌，实行政府定价的收费停车场明码标价牌编号按《北京市机动车停车条例》规定执行，新设置的实行市场调节价的收费停车场明码标价牌编号为北京市公共停车场经营备案证的备案号。

三、明码标价要求。明码标价应当做到标价内容真实明确、字迹清晰、标示醒目；收费标准变动时应当及时调整；不得在标价之外另外加价，不得收取任何未予标明的费用。

四、价格监督检查。经营者如不执行明码标价规定，或者利用标价形式、价格手段进行价格欺诈的，由辖区价格监督检查部门依据《中华人民共和国价格法》、《价格违法行为行政处罚规定》（中华人民共和国国务院令第585号）、《北京市机动车停车条例》、《关于商品和服务实行明码标价的规定》（中华人民共和国国家发展计划委员会令第8号）、《禁止价格欺诈行为的规定》（中华人民共和国国家发展计划委员会令第15号）等依法查处。

本通知自印发之日起执行。以往有关规定与本通知不一致的，以本通知为准。北京市发展和改革委员会《关于进一步规范本市机动车停车场明码标价有关问题的通知》（京发改〔2016〕782号）和北京市发展和改革委员会《关于本市修改非居住区停车场明码标价牌式样的通知》（京发改〔2011〕203号）同时废止。

特此通知。

北京市发展和改革委员会 北京市交通委员会关于本市停车收费有关事项的通知

（京发改〔2018〕804号，2018年4月24日）

各区发展改革委、各区市政市容委（交通委、交通局），各有关单位：

根据《北京市机动车停车条例》有关规定，为进一步规范本市停车收费行为，特调整停车场计时收费有关政策。现就相关事项通知如下：

一、本市占道停车场白天（7：00—19：00）停车收费以15分钟为1个计时单位，夜间（19：00［不含］—次日7：00）停车收费以2小时为1个计时单位，满1个计时单位后方可收取停车费，不足1个计时单位的不收取费用。其他实行计时收费的停车设施需按《北京市机动车停车条例》及时调整计费规定。

二、各区发展改革、停车管理部门会同相关部门，要做好对停车场经营单位停车收费政策告知、疑难问题解释等政策服务工作；加强对停车场经营单位的监督检查，依法查处相关违法行为。

三、各停车场经营单位要做好员工政策培训，自觉规范价格行为；按规定做好明码标价工作，主动接受社会监督。

四、本通知自2018年5月1日起执行。以往有关规定与本通知不一致的，以本通知为准。

特此通知。

北京市人民防空办公室关于印发《用于居住停车的防空地下室管理办法》的通知

（京人防发〔2019〕57号，2019年4月30日）

各区人民防空办公室、北京经济技术开发区民防局，机关各处、各事业单位：

为进一步落实《北京市机动车停车条例》，规范利用防空地下室设置停车设施向社会开放解决居住停车需求的行为，研究制定了《用于居住停车的防空地下室管理办法》，现印发给你们，请认真贯彻落实。

用于居住停车的防空地下室管理办法

第一条　【制定依据】为规范利用防空地下室设置停车设施向社会开放解决居住停车需求的行为，加强本市人防工程合理综合利用，根据《北京市人民防空条例》《北京市机动车停车条例》《北京市人民防空工程建设与使用管理规定》《北京市人民防空工程和普通地下室安全使用管理办法》，结合本市实际，制定本办法。

第二条　【适用范围】本市行政区域内利用防空地下室设置停车设施向社会开放解决居住停车需求的，适用本办法。

第三条　【基本原则】利用防空地下室设置机动车停车设施的管理应遵循安全、规范、科学、社会共治的原则。

第四条　【管理责任】市人防主管部门负责制定用于向社会开放解决居住停车需求防空地下室的管理办法，并对各区落实情况进行监督管理。

区级人防主管部门负责对用于向社会开放解决居住停车需求的防空地下室进行综合监督管理。

乡镇人民政府、街道办事处负责将用于设置机动车停车设施向社会开放解决居住停车需求的防空地下室纳入网格化管理范畴。

第五条 【主体责任】利用防空地下室设置机动车停车设施的经营或使用单位法人应对防空地下室的安全运行负主体责任，严格遵守防空地下室安全使用相关法律规定。

第六条 【使用许可】用于设置机动车停车设施向社会开放解决居住停车需求的防空地下室，经营或使用单位法人依据审批规划依法申请人民防空工程使用许可。

人民防空工程使用许可有效期为1年，期限届满，被许可使用人可以申请延期使用许可，对按照规定使用的申请人，人民防空主管部门应当准许延期。

第七条 【有关要求】利用防空地下室设置机动车停车设施向社会开放解决居住停车需求的经营或使用单位法人应按照《北京市机动车停车条例》有关要求，依法办理工商登记、备案等相关手续。

第八条 【附属设施建设要求】利用防空地下室设置机动车停车设施向社会开放解决居住停车需求的经营或使用单位法人应在不损害防空地下室战备性能的前提下，向区人防主管部门报告后安装停车场附属设施，相关建设标准按照本市有关规定执行。

第九条 【使用合约】各区人防主管部门应与利用公用防空地下室设置机动车停车设施向社会开放解决居住停车需求的经营或使用单位法人签订出租使用合同，明确经营或使用单位法人的安全责任、维护责任和经济责任。经营或使用单位法人与停车泊位使用人签订的使用合同（协议）应与人防主管部门签订的合同期限一致。

第十条 【使用收费】利用防空地下室设置机动车停车设施向社会开放解决居住停车需求的，各区根据本级政府明确要求和区域实际情况，确定减免相关防空地下室使用费用。

第十一条 【维护管理】利用防空地下室设置机动车停车设施向社会开放解决居住停车需求的经营或使用单位法人，应做好防空地下室日常维护工作，确保战备效能，要主动接受人防管理部门的监督管理。

第十二条 【信息共享】利用防空地下室设置机动车停车设施向社会开放解决居住停车需求的经营或使用单位法人负责停车场的信息化建设，停车设施安全监控信息应纳入人防工程管理信息平台。

第十三条 【责任保险】利用防空地下室设置机动车停车设施向社会开放解决居住停车需求的经营或使用单位法人应按相关规定投保安全生产责任保险。

第十四条 【解释权限】本办法由北京市人民防空办公室负责解释。

第十五条 【执行日期】本办法自2019年6月1日起执行。

北京市交通综合治理领导小组关于印发《关于推进本市停车设施有偿错时共享的指导意见》的通知

（2019年11月1日）

市交通综合治理领导小组各相关单位：

为贯彻落实《北京市机动车停车条例》，推进停车设施有偿错时共享，市交通综合治理领导小组研究制定了《关于推进本市停车设施有偿错时共享的指导意见》，经市政府同意，现印发给你们，请结合实际认真贯彻执行。

特此通知。

附件：关于推进本市停车设施有偿错时共享的指导意见

附件

关于推进本市停车设施有偿错时共享的指导意见

为促进停车设施有效利用，推进区域停车泊位有偿错时共享（以下简称“共享停车”），缓解停车供需矛盾，依据《北京市机动车停车条例》，结合本市实际，提出以下指导意见。

一、总体要求

以创新、协调、绿色、开放、共享为理念，从停车精治、共治、法治入手，加强本市机动车停车治理，建设良好停车环境，促进城市综合交通体系协调、可持续发展。按照鼓励、规范、发展的原则，正确处理好政府、市场和企业的关系，通过政府引导、市场运作、企业经营、个人参与推动共享停车，盘活既有停车资源，提高停车设施的使用效率和管理水平，缓解区域停车供需矛盾。

本市行政区域内公共建筑的停车设施在具备安全、管理条件的情况下应对外开放，实行有偿错时共享，优先用于居住停车。居住小区的停车设施在满足本居住小区居民停车需要的情况下，可以向社会开放。

二、基本原则

坚持政府引导、市场运作的原则。各级政府可以出台鼓励政策、奖励机制等，调动停车设施产权单位、管理单位（含物业）、产权人（以下统称“停车设施供给方”）的积极性，推动共享停车，培育共享停车市场，并逐步实现自我发展。

坚持平等自愿、协商共享的原则。停车设施的供给方和需求方在充分考虑停放需求、管理能力、空闲时段等方面因素的基础上，按照平等自愿的原则，通过协商确定共享停车的具体事宜。

坚持自我管理、社会共治的原则。停车设施的供给方和需求方要进行自我约束，共同遵守共享停车协议约定。要充分发挥社区居委会、行业组织、停车信息经营企业、专业化停车企业等社会各方的作用，共同参与共享停车管理工作。

三、组织实施

（一）统筹工作规划

区人民政府负责统筹协调和组织实施本行政区域内共享停车工作，制定实施细则和工作推进计划，明确工作任务、职责分工和时间节点。可选取有条件的区域率先开展共享停车示范项目，总结经验、提炼成果，成熟后形成典型示范并推广应用。

（二）对接供需双方

街道办事处（乡镇政府）要全面掌握辖区内居住停车需求，针对矛盾突出的区域，梳理周边办公、商场等各类公共建筑的停车资源供给状况，可通过向社会购买服务的方式选择第三方机构协助开展工作。建立共享停车协商机制，对接共享停车供需双方，组织、协调、引导供需双方协商共享停车事宜。

（三）签订共享协议

共享停车供需双方通过签订共享停车协议明确双方权利义务和违约责任。共享停车协议可包含停车设施的位置、类型、产权人或管理人、共享使用人、共享停放车辆等基本信息，明确收费价格、收费方式和管理要求，明确允许停放时段和停放区域，以及停车人未按约定停放车辆、停车设施供给方未按约定提供共享车位等行为的违约责任。

（四）推动管理创新

停车设施供给方可通过自行管理或委托管理的模式管理共享停车设施。机关、事业单位可依据《中华人民共和国政府采购法》及有关法律法规的规定，委托专业化停车企业管理共享停车设施。停车设施供给方应加强停放秩序和安全管理，停车人应当按规定停放车辆。鼓励停车行业社团组织建立停车设施供给方和停车人严重违约行为的信息共享机制，以规范共享停车参与双方行为。

共享停车设施的收费价格由供需双方自愿协商确定。对于提供共享车位的非经营性停车设施，可按照协议约定收取停车费用，费用用于分摊共享车位的管理成本。机关、事业单位取得的共享停车收益属于国有资产有偿使用收入，应按照“收支两条线”的要求全额上缴财政，实施共享停车的机关、事业单位可在年度预算中申请相关管理费用，同级财政应予以支持。

（五）加强数据利用

区停车管理部门组织街道办事处（乡镇政府）、停车信息经营企业将停车设施位置、共享车位数量、供需双方信息、共享时段、收费价格等相关数据录入本市停车综合管理服务系统，并加强对本辖区共享停车相关工作的监督管理。

鼓励停车设施供给方与停车信息经营企业建立合作机制，借助互联网手段及时发布车位闲置情况，方便周边居民了解区域停车资源状况，促进共享停车向市场化、规模化方向发展。

四、保障措施

（一）组织保障

各市级部门、各区政府、各街道办事处（乡镇政府）要加强对共享停车工作的组织管理，明确分管领导和牵头部门，按计划推进共享停车工作。市交通行政主管部门可选取典型、示范效果良好的项目，在全市范围内推广。

停车行业社团组织要积极参与共享停车实施工作，面向会员单位开展政策宣传引导，规范指导会员单位提供共享停车服务。

（二）政策保障

市交通、住房城乡建设、市场监管、人防等部门要在停车管理、物业管理、价格监管、人防设施开放等方面给予政策支持，市发展改革、公安、消防等部门按照各自职责，指导本市共享停车工作。

对于利用防空地下室设置的停车设施，实行共享停车解决居住停车需求的，可以按照《用于居住停车的防空地下室管理办法》减免相关人民防空工程使用费用。鼓励白天发挥驻车换乘作用的停车设施夜间向周边居民开放。

住房城乡建设部门对于提供共享停车设施表现突出的物业服务机构予以表扬。对于提供共享停车设施的单位，在服务质量评价中应给予加分。

（三）资金保障

市财政、交通行政主管部门应考虑共享停车设施的类型、开放程度等因素，制定财政支持政策，推动本市共享停车发展。区人民政府应根据本区实际情况，制定具体鼓励措施，建立资金保障机制，通过运营补贴等方式调动停车设施供给方参与共享停车的积极性。

第七部分

传染病防治
与突发事件应对

北京市突发公共卫生事件应急条例（摘）

（北京市人民代表大会常务委员会公告〔十五届〕第38号，2020年9月25日）

《北京市突发公共卫生事件应急条例》已由北京市第十五届人民代表大会常务委员会第二十四次会议于2020年9月25日通过，现予公布，自公布之日起施行。

第一章　总则

第一条　为了建设统一高效的公共卫生应急管理体系，预防、有效控制和应对突发公共卫生事件，保障人民群众生命安全和身体健康，维护首都安全，依据有关法律、行政法规，结合本市实际，制定本条例。

第二条　本市行政区域内突发公共卫生事件的预防与应急准备、监测预警、应急处置、应急保障和秩序恢复等活动，适用本条例。

本条例所称突发公共卫生事件，是指突然发生，造成或者可能造成社会公众健康严重损害的重大传染病疫情、群体性不明原因疾病、重大食物和职业中毒以及其他严重影响公众健康的事件。

突发公共卫生事件分为特别重大、重大、较大和一般四级。

第三条　突发公共卫生事件应急工作应当坚持人民至上、生命至上，遵循预防为主、防治结合、健康优先的方针，党委统一领导、政府分级负责、社会共同参与，落实属地、部门、单位和个人四方责任，科学、依法、精准应对。

…………

第六条　本市建立健全社会动员机制，组织开展爱国卫生运动，倡导文明健康生活方式，增强市民的公共卫生风险意识，提高突发公共卫生事件认知水平和预防自救互救能力。

…………

本市行政区域内的机关、企业事业单位、社会组织和个人应当按照国家和本市的有关规定落实自身责任，积极参与、配合做好突发公共卫生事件应急工作。

居民委员会、村民委员会应当组织辖区居民、村民和单位参与、协助和配合做好突发公共卫生事件应急工作，并根据需要设立公共卫生委员会或者由居民、村民较少的居民委员会、村民委员会成员分工负责公共卫生工作，健全公共卫生工作机制。

第七条　市、区人民政府及其有关部门采取的突发公共卫生事件应对措施，应当与事件可能造成的社会危害性质、程度和范围相适应；有多种措施可供选择的，应当选择有利于最大程度地保护公民、法人和其他组织合法权益的措施。

市、区人民政府及其有关部门，街道办事处、乡镇人民政府，居民委员会、村民委员会以及医疗卫生机构等应当对在突发公共卫生事件应对工作中获取的个人信息采取保护措施，防止泄露和滥用；任何单位和个人不得泄露和滥用获悉的个人信息。

任何单位和个人不得歧视突发公共卫生事件中的病人、疑似病人和传染病病人密切接触者。

第八条　市、区人民政府及其有关部门在保护个人信息的前提下，整合政府、市场和社会各方资源，发挥大数据、云计算、移动通信等技术作用，为突发公共卫生事件监测、病原溯源以及病人、疑似病人和传染病病人密切接触者管理等提供数据支撑；根据应急工作需要，可以提供个人健康状态查询服务。

…………

第二章　应急准备

第十四条　市、区人民政府应当根据国家有关规定，结合本行政区域实际，制定本级突发公共卫生事件应急预案，明确事件级别和对应措施等事项，并向社会公布。

市、区人民政府有关部门和街道办事处、乡镇人民政府应当根据市或者区人民政府制定的应急预案，结合各自职责制定本部门、本区域的相关应急预案。

公共交通工具、公共场所以及其他人员密集场所的经营管理单位应当制定本单位的具体应急预案。

应急预案编制单位应当建立应急演练制度，定期或者根据实际需要进行应急演练，并根据突发公共卫生事件应对和应急演练发现的问题等情况及时修订应急预案。

…………

第二十三条 市教育部门应当将公共卫生健康知识、应急技能和相关法律法规纳入学校教学内容，提高学生的自我防护意识和能力。

本市行政区域内的机关、企业事业单位和社会组织应当向本单位人员普及公共卫生健康知识、应急技能和相关法律法规。

新闻媒体应当开展突发公共卫生事件预防与应急、自救与互救知识的公益宣传以及相关法律法规的普及工作。

…………

第二十七条 任何单位和个人有权向人民政府及其有关部门报告突发公共卫生事件隐患。

报告有关情况可以通过北京 12345 市民服务热线、部门电话、政府网站、政务新媒体等途径。

市、区人民政府及其有关部门应当保证报告渠道畅通，建立受理与调查处理机制，依法维护报告人的个人信息、人身安全等合法权益；对报告的突发公共卫生事件隐患，经调查核实的，市、区卫生健康部门对报告人予以奖励，对非恶意的不实报告不予追究责任。

…………

第四章 应急处置

第一节 应对措施

第三十条 重大传染病疫情、群体性不明原因疾病的应对处置，坚持早发现、早报告、早隔离、早治疗原则。

有关部门应当积极运用检测手段，科学、合理确定检测范围，针对特定人群、场所、区域组织开展病原检测等筛查措施，精准确定防控对象，缩小防控范围。

第三十一条 突发公共卫生事件发生后，市、区人民政府依据相关程序并按照应急预案明确应急响应级别，依法采取下列一项或者多项措施，并对应急响应级别和应对措施适时调整：

（一）调集应急处置和医疗救治队伍，调用储备物资，临时征用宾馆、学校、展览馆、体育场馆、交通工具及相关设施、设备；

（二）确定定点救治医院、备用医院、临时救治和集中医学观察场所等；

（三）对病人、疑似病人及时进行救治，对传染病病人密切接触者依法进行管理；

（四）组织开展流行病学调查，实施人员健康状况动态监测，及时对易受感染的人群和其他易受损害的人群采取预防性投药、群体防护、应急接种等措施；

（五）合理使用大数据等技术手段，追踪突发公共卫生事件传播链条；

（六）实施交通卫生检疫；对道路、交通枢纽和交通工具进行管控；

（七）对定点医院、隔离救治场所、污水处理场站、食品集中交易市场、冷链仓储物流设施、出现特定病例的社区（村）等重点场所、区域开展环境监测和消毒；

（八）对饮用水及食品生产、加工、储存、运输、销售全过程实施监管，对来源于疫情发生地的食品及其外包装进行检测，对餐饮、物流、交通运输、食品生产经营等行业从业人员加强健康管理；

（九）停工、停业、停课，限制或者停止使用有关公共场所，限制或者停止人群聚集活动；

（十）稳定市场价格，对特定应急物资或者其他商品实施价格干预措施；

（十一）明确风险区域划定标准，确定区域风险等级，分区分级采取差异化、精准化的防控措施；

（十二）严格进出京人员管理，实施社区

封闭和居民出入管理；

（十三）宣传卫生应急知识，发布人群、地域、行业应对指引；

（十四）临时调整有关部门职责；

（十五）采取财政措施，保障应急工作资金需求；

（十六）为降低或者消除突发公共卫生事件造成或者可能造成的损害，需要采取的其他措施。

第三十二条 市卫生健康部门按照分类救治、全流程管理的原则，组织医疗卫生机构开展下列工作：

（一）落实首诊负责制，对传染病病人、疑似病人及时进行救治或者按需转诊，采取措施防止传染病传播，并按要求及时履行报告义务；

（二）对传染病病人密切接触者进行转运、医学观察；

（三）对突发重大传染病疫情、群体性不明原因疾病等开展病原学和治疗方案研究；

（四）及时发布行业和基层应对指引；

（五）开展线上线下相结合的健康监测、诊断、筛查、转诊和就医指导。

从事诊疗活动的医疗卫生机构应当加强院内感染防控，在采取安全措施的情况下开展日常医疗服务，对需要紧急救治的急危重症患者以及需要血液透析、放化疗等持续性治疗的患者应当及时采取救治措施；卫生健康部门应当予以指导、规范，保障救治渠道畅通。

第三十三条 本市在突发公共卫生事件应对中支持中西医结合，充分发挥中医药的预防救治作用，建立中西医联合会诊制度，完善中西医协同救治机制；组织制定中医药防治方案，指导医疗卫生机构、中药企业为重点岗位、重点人群提供中药预防方等服务。

第三十四条 市、区卫生健康和教育、民政等部门应当根据突发公共卫生事件应急处置情况，组织精神卫生医疗机构、高等学校、社会组织和志愿服务组织，有序开展心理危机干预和心理援助等服务。

第三十五条 市、区人民政府有关部门应当规范监管场所、养老机构、儿童福利机构、残疾人服务机构、救助机构、精神卫生医疗机构等场所的应对措施；对老、幼、病、残、孕产、孤寡、精神障碍患者等群体以及流浪乞讨人员、滞留人员等群体给予应急救助。

第三十六条 发生突发公共卫生事件时，市、区人民政府应当建立应急志愿服务协调机制，提供需求信息，引导志愿服务组织和志愿者及时有序开展志愿服务活动。

本市鼓励志愿者根据其专业知识、技能和志愿开展科普宣传、基层应对、心理疏导、社区服务、交通物流、社会秩序维护等应对突发公共卫生事件志愿服务活动。

第三十七条 本市鼓励单位和个人向突发公共卫生事件应对工作提供物资、资金、技术支持和捐赠。

市、区人民政府建立应急捐赠统筹协调机制，规范捐赠和受赠行为，引导社会按需捐赠。市、区民政部门负责指导或者协助捐赠单位和个人精准对接需求，并督促、监督慈善组织等及时、准确、详细公示捐赠物资接收、使用情况，主动接受社会监督。

第三十八条 市、区人民政府在做好突发公共卫生事件应对工作的前提下，统筹谋划改革、发展、稳定等各项工作，支持、服务和保障生产经营活动，促进城市平稳有序运行。

第三十九条 突发公共卫生事件的威胁和危害得到控制或者消除后，市、区人民政府应当采取下列措施：

（一）适时宣布终止应急响应，解除应急措施，恢复社会正常秩序；

（二）返还征用的财产，并对被征用单位和个人依法予以补偿；

（三）及时调查、分析突发公共卫生事件发生的原因、过程，对监测预警、信息报送、应急决策与处置等情况进行全面、客观评估，组织善后学习，必要时组织复盘演练，制定改进措施，完善相关应急预案。

第二节 四方责任

第四十条 区人民政府应当落实属地政府责任，做好下列工作：

（一）落实市人民政府部署的应对措施和任务；

（二）建立健全符合本区功能定位、职责明确、行为规范、运转有效的领导指挥体系、预防控制体系、医疗救治体系和监督管理体系；

（三）对辖区内机关、社会团体、企业事业单位、基层组织和其他组织的突发公共卫生事件应急工作进行督促检查；

（四）负责本辖区居住人员、境内外来京人员等相关人员的集中观察，做好管理和服务。

第四十一条 街道办事处、乡镇人民政府应当做好下列工作：

（一）坚持党建引领“街乡吹哨、部门报到”和接诉即办机制，统筹协调相关部门和单位，指导社区、村以及物业服务人开展风险排查，做好应对工作；

（二）组建社区工作者、社区民警、协管员、物业服务人员、在职党员和社区志愿者等人员组成的基层应急队伍，以社区、村为单元，配备人员力量，提供应急物资保障；

（三）与社区卫生服务机构建立协同联动机制，做好辖区居住人员的健康监测管理和卫生应急知识的宣传普及；

（四）及时回应辖区居民合法诉求。

第四十二条 居民委员会、村民委员会应当在基层党组织的领导下，做好下列工作：

（一）按照人民政府统一指挥部署，动员、组织居民、村民和物业服务人、相关生产经营单位开展群防群治；

（二）按照要求做好居民、村民的信息告知、宣传教育和健康提示；

（三）开展出入人员、车辆登记排查；

（四）实施环境卫生治理，对人员聚集场所进行清洁、消毒；

（五）协助实施人员分类管理、健康监测，为封闭管理的居民、村民和居家观察人员提供日常生活服务保障，发现异常及时报告；

（六）组织开展邻里互助和志愿服务；

（七）组织对无人照料的儿童、失能老人、精神障碍患者等特殊人群予以临时生活照料。

第四十三条 市、区人民政府有关部门应当依法履行突发公共卫生事件应急工作职责，重点做好下列工作：

（一）交通部门负责做好公交、轨道、出租、省际客运、货运、客运枢纽、公路等交通领域的应对工作，指导生产运营单位对地铁、公交等公共交通工具采取必要的人员限流和其他应对措施，保障应急物资和应急处置人员等及时运送；

（二）教育部门负责各级各类学校、幼儿园和教育培训机构应对工作的行业管理，组织、指导做好食源性疾病和传染病的预防工作，协助、配合疾病预防控制机构做好流行病学调查；

（三）商务、粮食和物资储备等部门负责组织生活必需品调配供应，完善生活必需品监测网络，保障生活必需品供应；

（四）应急管理、药品监督管理、发展改革、国有资产管理等部门负责做好药品、防护用品等应急物资的紧急调用，组织境内外采购配送，启动应急生产，保障应急物资需求；

（五）市场监督管理部门负责市场检查和食品安全监管，全面排查食品安全风险隐患，依法查处危害食品安全、哄抬价格、囤积居奇、制假售假等违法行为；

（六）卫生健康部门负责组织各定点救治医院、隔离治疗等场所做好生活垃圾和医疗废物的分类收集、消毒、包装、暂存，生态环境部门组织做好医疗废物的收集和处置，城市管理部门负责做好生活垃圾清运；卫生健康、生态环境部门负责对集中观察点等场所产生的生活垃圾参照医疗废物进行管理，并会同城市管理部门制定相关应急处置措施；

（七）公安机关负责维护社会治安秩序，依法严惩扰乱社会秩序的行为；对需要接受隔离治疗、医学观察的病人、疑似病人和传染病病人密切接触者拒绝配合的，依法协助有关部门强制执行；

（八）民政部门负责对疫情期间的困难群众提供基本生活保障，对监护人无法履行监护责任的被监护人予以临时生活照料，引导各类社会组织、社会工作者和志愿者等力量参与应急工作；

（九）医疗保障部门与财政部门负责重大突发疫情等紧急医疗救治费用保障，确保医疗卫生机构先救治、后付费，将相关救治药品和医疗服务项目临时纳入医保报销范围；

（十）农业农村部门负责组织实施畜禽疫

病监测和强制免疫，园林绿化部门负责实施野生动物疫情监测，其他相关部门根据突发公共卫生事件应对需要依法做好动物疫源疫病的监测调查以及无主动物的处置、收置、防疫工作；

（十一）新闻宣传、网信部门负责收集、分析和引导涉及突发公共卫生事件的舆情，强化网络宣传，组织协调相关部门快速反应、及时发声，持续发布权威信息；

（十二）科技、卫生健康等部门负责组织科研机构、医疗卫生机构、高等院校和企业开展治疗药物、疫苗、检测试剂、防护物品和医疗器械等的紧急研发；

（十三）外事部门负责涉外政策的解读，指导做好驻华使团、在京外籍人员和本市在境外人员有关应急处置工作；

（十四）其他相关部门按照各自职责开展应急处置工作，组织公共服务企业做好水、电、气、热、电信、网络等城市运行保障工作，保障重点单位和重点场所的能源供应和信息畅通，指导分管行业企业落实应对措施。

第四十四条 本市行政区域内的机关、企业事业单位、社会组织和其他组织，应当按照国家和本市规定，服从属地管理，落实单位责任，做好下列工作：

（一）建立健全应对工作责任制和管理制度，配备必要的防护物品、设施；

（二）建立与所在街道、乡镇的对接工作机制，落实各项应急处置措施；

（三）对本单位人员和其他相关人员宣传普及卫生健康知识、应急技能和相关法律、法规，进行健康监测管理，发现异常情况及时报告；

（四）对职工的工作方式作出必要调整；

（五）按照所在地人民政府要求组织人员参加应急处置工作。

机场、火车站、省际客运站等交通枢纽，以及进京检查站、市内公共交通工具的运营管理单位应当配合做好交通卫生检疫、出入境检验检疫工作。住宿餐饮、文化体育、宗教活动、商务办公、商场市场、物流仓储等公共场所以及其他人员密集场所应当按照本市有关规定安排专人落实清洁、消毒、通风等措施，对进入场所人员进行健康监测、提示和卫生健康知识的宣传教育。建筑施工单位应当做好施工人员集中管理和健康监测，对施工场地内的生活区、办公区、施工作业区等进行环境消毒。

物业服务人应当制定突发公共卫生事件应对工作方案，在街道办事处、乡镇人民政府的指导下，服从居民委员会、村民委员会安排、调度，配合做好社区、村群防群治工作；商务楼宇物业服务人应当督促物业使用单位落实有关应对措施，加强出入楼宇人员健康监测，配合做好有关应对工作。

第四十五条 在本市行政区域内居住、工作、生活、学习、旅游以及从事其他活动的境内外人员，应当配合国家和本市依法采取的突发公共卫生事件应对措施，并遵守下列规定：

（一）做好自我防护，注意环境和个人卫生，出现特定症状时，及时主动前往规定的医疗卫生机构就医，并避免乘坐公共交通工具；

（二）协助、配合各级人民政府及其有关部门以及所在社区、村组织开展的应急处置工作；

（三）配合有关调查、样本采集、检测、隔离治疗等预防控制措施，如实提供有关情况；

（四）进入本市的人员按照有关规定主动报告健康状况，接受、配合集中或者居家观察。

第三节 监督落实

第四十六条 发生突发公共卫生事件期间，公职人员任免机关、单位，监察机关应当按照管理权限加强对承担应急工作职责公职人员的监督管理，督促公职人员依法履行职责，并重点查处下列违法行为：

（一）不履行、违法履行、不当履行职责的；

（二）不当侵害公民、法人和其他组织合法权益的；

（三）拒不配合有关部门依法采取的防控措施，造成恶劣社会影响的。

第四十七条 承担有关行政监督管理职责的部门应当加强对妨害应急管理秩序行为的监督检查，及时查处、纠正有关单位和个人的行政违法行为，维护突发公共卫生事件期间的应急管理秩序和正常的生产生活秩序。

有关单位和个人应当自觉遵守相关法律、法规、规章，主动接受、配合有关部门的监督检查。

第四十八条 市、区卫生健康部门应当加强对本行政区域内监测哨点、医疗卫生机构、第三方检验检测机构等单位履职情况的指导、监督，严厉查处未取得执业许可、登记注册的机构、个人非法从事诊疗活动的行为，规范有关单位、个人依法履行公共卫生职责。

市、区疾病预防控制机构依法对各级各类主体开展防疫工作提供技术指导和技术咨询。

第四十九条 任何单位和个人有权向监察机关举报有关公职人员应急工作中的违法线索，有权向有关部门举报应急工作中有关迟报、谎报、瞒报、漏报突发公共卫生事件等各种行政违法行为。接到举报的监察机关和有关部门应当依法及时调查处理，并对举报人的个人信息保密。

卫生健康部门和其他有关部门在监督检查中发现公职人员涉嫌违法的，应当将线索转送监察机关依法调查处理。

第五十条 任何单位和个人有权劝阻、制止不配合应对措施、妨害突发公共卫生事件应急处置的行为。

公共场所、公共交通工具运营管理单位和居民委员会、村民委员会应当及时劝阻、制止不配合应对措施的行为，劝阻、制止无效的，向公安机关或者有关部门报告。公安机关或者有关部门应当及时依法处理。

…………

第六章 法律责任

第五十七条 在突发公共卫生事件应对工作中，有关公职人员不履行、违法履行、不当履行职责，应当受到政务处分的，由任免机关、单位，监察机关依法处理；构成犯罪的，依法追究刑事责任。

第五十八条 在突发公共卫生事件发生期间，有下列行为之一，构成违反治安管理行为的，由公安机关依法给予处罚；构成犯罪的，依法追究刑事责任：

（一）编造、故意传播有关突发公共卫生事件事态发展或者应急处置工作虚假信息，造成严重影响的；

（二）不服从本市应对突发公共卫生事件发布的决定、命令，不配合人民政府及其有关部门依法采取的突发公共卫生事件应对措施的；

（三）阻碍公职人员依法履行为应对突发公共卫生事件而采取的防疫、检疫、隔离治疗、在指定场所进行医学观察、集中观察等措施的；

（四）对依法履行职务的医疗卫生人员、社区工作人员等实施侮辱、恐吓、故意伤害或者破坏安全防护装备等行为的；

（五）法定传染病的确诊病人、病原携带者、疑似传染病人或者密切接触者，拒绝隔离治疗或者隔离期未满擅自脱离隔离治疗，进入公共场所或者公共交通工具，造成他人被传染或者被隔离、医学观察或者有传播严重危险的；

（六）其他扰乱公共秩序，妨害应对突发公共卫生事件的行为。

违反前款规定的人员是公职人员的，公安机关应当同时通报其所在单位、主管部门、上级机关或者监察机关。

第五十九条 在突发公共卫生事件发生期间，有下列行为之一，扰乱市场秩序的，由市场监督管理部门依法从重处罚，情节严重的，吊销营业执照、生产经营许可证；构成犯罪的，依法追究刑事责任：

（一）违反有关市场经营、价格管理等规定，哄抬应急物资或者其他涉及民生的物品价格，囤积居奇的；

（二）利用广告对所推销的防疫、防护用品作虚假宣传，欺骗消费者，造成严重后果的；

（三）生产、销售不符合国家强制标准的应急物资的；

（四）其他扰乱市场秩序，妨害应对突发公共卫生事件的行为。

第六十条 因人为原因造成水污染引发病原传播和传染病事件发生的，依照有关水污染防治、传染病防治法律、法规的规定处理；构成犯罪的，依法追究相关人员的刑事责任。

第六十一条　单位或者个人违反本条例规定，导致突发公共卫生事件发生或者危害扩大，给他人人身、财产造成损害的，依法承担民事责任。

第七章　附则

第六十二条　本条例自公布之日起施行。

北京市人民政府办公厅关于落实“四方责任”进一步加强重点人群、场所和单位新型冠状病毒感染的肺炎疫情防控工作的通知

（京政办发〔2020〕4号，2020年1月27日）

各区人民政府，市政府各委、办、局，各市属机构：

为贯彻落实《北京市人民政府关于进一步明确责任加强新型冠状病毒感染的肺炎预防控制工作的通知》（京政发〔2020〕2号），强化“四方责任”，按照分类服务管理的原则，进一步加强重点人群、场所和单位新型冠状病毒感染的肺炎疫情防控工作，现将有关事项通知如下：

一、加强对重点人群的服务管理

（一）对湖北地区相关到京人员的服务管理

本市居民正在湖北地区出差、探亲访友等的，应当严格遵守湖北地区当地政府就疫情防控采取的措施，不得违反规定擅自离开湖北地区。

到京前14日内，离开湖北地区或者有过湖北地区人员接触史的到京人员，在到京之日应当主动向居住地或者住宿地的社区（村）报告健康状况，于到京之日起接受14日的监督性医学观察，每日早晚监测体温，不得外出，负责监督性医学观察的社区（村）应当为其提供基本生活保障；出现发热、乏力、干咳等症状时立即报告，负责监督性医学观察的社区（村）应当协助其到就近的医疗卫生机构发热门诊就诊。

北京市疾病预防控制中心对全国各地疫情状况开展评估。对来自经评估确定为重点地区的人员，按照湖北地区相关到京人员提供服务管理。

（二）对国内其他地区到京人员的服务管理

国内其他地区到京人员应当服从航空、铁路、长途客运等运输经营者和道路进京检查站的服务管理，自觉接受并配合体温检测。对体温异常的人员，本市立即安排其到就近的医疗卫生机构发热门诊就诊。体温正常的人员，到京14日内，应当每日早晚自行进行体温和健康监测，外出时应当佩戴口罩，加强个人防护；出现发热、乏力、干咳等症状时，应当立即到就近的医疗卫生机构发热门诊就诊。

来自国内其他地区职工的所在单位，应当督促其落实相关防控措施，为其配备必要的防护用品。对处于14日医学观察期的职工，执行弹性工作时间；实行错峰上下班；有条件的，应当安排职工居家工作，或者提供尽可能减少人员接触的工作环境。

二、加强对重点场所、重点单位的防控工作

（一）人员密集场所

宾馆、饭店、文化娱乐场所、商场超市、公共交通场站等人员密集场所的经营管理单位和地铁、公交等公共交通运营管理单位应当增加场所、交通运输工具的清洁与消毒频次，做好清洁消毒工作记录和标识，保持良好通风状态；科学合理控制人流规模和密度；有条件

的，在入口处采取体温检测措施，严格执行体温筛查制度，对拒绝接受体温检测以及体温异常的，有权拒绝其进入；对体温异常的，协助、引导其到就近的医疗卫生机构发热门诊就诊。对未佩戴口罩的，进行劝阻。

公共场所和其他人员密集场所的经营管理单位应当为职工配备必要的防护用品，并要求职工全程佩戴口罩，加强个人防护。

（二）敏感人群单位

养老机构、儿童福利院、中小学校、学前教育机构等敏感人群单位，应当严格控制访客；严格落实清洗、消毒、通风等防控措施；做好老人、幼儿每日的体温监测；发现体温异常的，及时采取隔离措施，并送就近的医疗卫生机构发热门诊就诊。

（三）机关、企业事业单位、社会组织

机关、企业事业单位、社会组织等应当加强对职工的健康教育和健康提示，为其配备必要的防护用品，督促其做好自我防护。各行业主管部门应当制定本行业、本系统的防控工作方案，严格履行责任，确保防控工作无死角。

提倡错峰上下班等弹性工作制；鼓励采用电话、网络等灵活办公方式；召开会议优先采取视频方式，现场会议要减少参会人数、缩短会议时间、加大座位间隔、保证会场通风。

供水、供热、供电等公用事业单位，市内公共交通经营管理单位和超市、便利店等生活必需品经营单位，应当保障正常服务，不得擅自停业歇业，满足市民日常生活。

（四）街道（乡镇）和社区（村）

街道（乡镇）和社区（村）应当严格执行《新型冠状病毒感染的肺炎疫情社区防控工作方案（试行）》，加强人员健康监测，摸排人员往来情况，有针对性地采取防控措施，发现异常情况及时报告并采取相应的防控措施，防止疫情输入。

全市广大市民要本着“每个人是自己健康第一责任人”“我的健康我做主”的主人翁精神，主动学习并掌握中国疾病预防控制中心制发的《新型冠状病毒感染的肺炎公众预防指南》等相关知识，积极参与、带头践行健康生活方式，做到科学有效防控，共同营造良好氛围。

北京市住房和城乡建设委员会关于物业服务企业做好新型冠状病毒感染的肺炎疫情防控工作的通知

（京建发〔2020〕15 号，2020 年 1 月 30 日）

各区住建委、房管局，各物业服务企业：

为贯彻《北京市人民政府关于进一步明确责任加强新型冠状病毒感染的肺炎预防控制工作的通知》《中共北京市委办公厅北京市人民政府办公厅关于进一步做好新型冠状病毒感染的肺炎疫情防控工作的通知》《北京市人民政府办公厅关于落实“四方责任”进一步加强重点人群、场所和单位新型冠状病毒感染的肺炎疫情防控工作的通知》《北京市新型冠状病毒感染的肺炎疫情社区（村）防控工作方案（试行）》精神，按照市社区防控领导小组的工作要求，现将有关事项通知如下：

一、物业服务企业开展的各项疫情防控工作要纳入社区防控体系，服从社区统一安排、统一调度指挥和培训指导，配合社区做好疫情防控各项工作。

二、加强防控工作组织，做好相关物业服务工作。

1. 物业服务企业要根据每个物业项目的情况，逐一制定防控方案，经社区同意并报社区备案。方案要明确责任人、值守电话、有关防控措施、应急处置、工作要求等方面内容。

2. 做好物业管理区域防控工作。在社区的统一领导下，加强物业管理区域内环境卫生管理，及时清运垃圾；做好供水设备设施、电梯轿厢、楼道、公共卫生间、会所、垃圾站（楼）等重点部位和公共区域的通风、消毒，并公示工作情况信息；做好外来车辆、人员进出小区的管理和登记，建立信息台账；配合社区做好人员排查、宣传提示、应急处置等工作。

3. 加强内部管理。各物业服务企业要切实履责，督促在京工作人员在疫情期间做好个人保护，减少外出；工作时应当佩戴口罩，工作事前、事后注意个人卫生清洁；做好员工健康监测和记录工作，发现员工出现发热、乏力、干咳等症状时，应当督促其到就近的医疗卫生机构发热门诊就诊，并向社区报告；减少不必要的会议和小区内的人员聚集；做好员工宿舍等集中管理区域的通风、卫生和消毒。

4. 合理调配工作人员。疫情防控期间，各企业要加强内部员工岗位调剂，确保物业服务工作的基本运行；对未在岗的企业内部员工，严格按照我市规定执行，目前正在湖北地区返乡探亲的员工，要通知员工本人，不得违反规定离开湖北地区返京工作；其他地区返京工作人员，要按有关规定，及时上报社区，按社区统一要求，采取防控措施，同时建立返京工作人员台账，并将台账报告社区。

5. 建立疫情防控信息报告制度。做好物业管理区域内防控情况的收集、汇总工作，按照社区统一要求及时报告。

三、加强检查指导，落实防控责任。

市、区房屋行政主管部门要将物业行业的疫情防控工作纳入市、区社区防控组统一领导，加强工作力量，统筹安排检查指导，支持配合属地落实防控责任。

北京市住房和城乡建设委员会关于印发《北京市住房城乡建设系统重大传染病疫情防控应急预案》的通知

（京建发〔2015〕233 号，2015 年 6 月 23 日）

各区县住房和城乡建设委（房管局），东城、西城区住房城市建设委，市经济技术开发区建设局（房地局），系统有关单位：

现将《北京市住房城乡建设系统重大传染病疫情防控应急预案》印发给你们，请各单位按照预案要求，进一步完善工作机制措施，抓好落实。

附件：《北京市住房城乡建设系统重大传染病疫情防控应急预案》

附件

北京市住房城乡建设系统重大传染病疫情防控应急预案

为预防重大传染病疫情在全市建设房管系统内暴发和流行，妥善有效应对全系统重大传染病疫情突发事件，确保全系统安全平稳运行，特制定本应急预案。

一、工作原则

（一）坚持预防为主的原则。把预防重大传染病疫情各项措施严格落实到日常工作之中，坚持关口前移，深入做好重大疫情的监测和预防，全面落实“早发现、早报告、早隔离、早治疗”的方针，将问题解决在萌芽状态。

（二）坚持科学预防和应对的原则。系统各单位在卫生疾控部门的指导下，按照相关标准和要求，开展重大疫情的预防和应对工作，主动接受卫生疾控部门的指导和检查。

（三）坚持有情必报，快速反应的原则。各单位在开展重大疫情预防和应对工作中发现的问题和重要情况，应当立即报属地卫生疾控部门、市住房城乡建设委及相关单位。当系统内发生重大疫情时，各单位立即开展响应工作，全力配合卫生疾控部门做好应急处置工作，努力将重大疫情控制在可控范围内。

二、编制依据

依据《北京市突发公共卫生事件应急预案》、《北京市人民政府关于进一步明确责任突出重点加强甲型H1N1流行预防控制工作的通知》、《北京市应对流感大流行准备计划及应急预案》、《北京市应对埃博拉出血热应急预案（2014版）》等有关文件精神和要求，结合本市建设房管系统管理实际，编制本预案。

三、适用范围

本预案适用于北京市房屋建筑及市政基础设施在建工程施工现场（以下简称在建工地）和物业企业服务区域出现的重大传染病疫情预防和应对工作。本预案中的重大传染病疫情（以下简称重大疫情）是指由卫生计生部门确定的重大传染疫情等突发公共卫生事件。市、区（县）两级住建委、房管局及所属事业单位内部发生的重大疫情防控工作，不在本预案工作范畴内，纳入属地政府重大疫情防控工作范畴。

四、组织机构及职责

（一）成立市建设房管系统应对重大疫情工作领导小组（以下简称领导小组）。

组长：赵英杰

成员：凌振军、魏吉祥、赵勇、郭彦利、岳为众

各区县住房城乡建设委、房管局分管委（局）领导

领导小组下设办公室，办公室设在市住房城乡建设委应急管理处。

（二）工作职责

1. 领导小组职责

依职责落实市委市政府和市卫生疾控部门的工作部署要求；研究制定市住房城乡建设系统应对重大疫情工作措施；指导、协调系统各单位开展在建工地重大疫情预防和应对工作；督促物业服务企业按照属地疾控机构的要求和标准，配合属地政府开展重大疫情的预防和应对工作。

2. 组长职责

统一协调指挥全市在建工地和物业服务企业按照卫生疾控部门的要求和标准，开展重大疫情的预防和应对工作。

3. 领导小组办公室（应急工作处）职责

督促领导小组成员单位落实领导小组的决定；综合协调相关部门和单位开展在建工地重大疫情的预防和应对工作；协调有关部门和单位督促物业服务企业配合属地政府和疾控机构做好重大疫情的预防和应对工作；负责做好应急值守和疫情信息的收集报送工作；完成小组领导交办的其他任务。

4. 施工安全处职责

组织建设系统配合卫生疾控部门开展重大疫情的预防和应对工作；指导、协调各区县住建委做好在建工地重大疫情的预防和应对工作；完成领导小组交办的其他任务。

5. 物业管理处（物业服务指导中心）职责

指导、协调各区县住建委、房管局，督促物业服务企业，严格按照卫生疾控部门的要求和标准，配合属地政府做好物业服务范围内重大疫情的预防和应对工作；完成领导小组交办的其他任务。

6. 建筑业管理服务中心职责

按照施工现场重大疫情防控工作要求，指导、协调外省（市、区）驻京建管处督促所属在京企业及来京建筑劳务人员做好具体落实工作；完成领导小组交办的其他任务。

7. 各区县住建委、房管局工作职责

在领导小组的统一指挥下，按照卫生疾控部门的要求和标准，做好本辖区在建工地和物业服务企业的重大疫情预防和应对工作，主要包括：

（1）落实领导小组关于系统内重大疫情预防和应对工作的部署和要求；

（2）建立本辖区在建工地和物业服务企业重大疫情预防和应对工作体制机制，研究制定防控工作落实措施；

（3）组织、指导、督促、检查本辖区在建

工地开展重大疫情的预防和应对工作；协调、督促物业服务企业按照属地政府和属地疾控机构的要求和标准，配合做好物业服务范围内的重大疫情预防和应对工作；

（4）做好应急值守和本辖区系统内重大疫情信息的收集、汇总及报送工作；

（5）完成领导小组和领导小组办公室交办的其他任务。

8. 其他单位职责

（1）各外省（市、区）驻京建管处职责

督促本省（市、区）在京企业制定在建工地重大疫情预防和应对工作预案、方案；督促本省（市、区）在京企业开展预防和应对重大疫情相关知识的教育培训；参与处置在建工地重大疫情突发事件；负责完成领导小组及领导小组办公室交办的其他任务。

（2）在建工程建设单位职责

组织、协调、督促总包企业及专业承包企业，制定在建工地重大疫情预防和应对预案、方案；负责为施工企业开展预防和应对重大疫情提供相应的支持和保障；做好在建工地疫情信息的收集和报送工作。

（3）施工总承包（专业承包）企业职责

按照卫生疾控机构的要求和标准，及市、区（县）住建委的工作部署，制定并实施工程承包范围内重大疫情预防和应对工作预案方案；组织、协调、督促、检查各专业和劳务分包企业做好重大疫情预防和应对工作；做好在建工地重大疫情信息的收集和报送工作。

（4）专业分包施工企业和劳务企业职责

严格落实卫生疾控机构和总承包（专业承包）企业的要求，制定工程分包范围内重大疫情预防和应对工作预案（方案）；具体落实企业分包范围内重大疫情防控措施；做好本单位在施工现场的人员管理，积极开展对务工人员重大疫情防控知识的宣传和教育，引导务工人员自觉采取措施加强自我防护；积极配合总承包（专业承包）企业落实各项防控措施；做好施工现场重大疫情信息的收集和报送工作。

（5）物业服务企业职责

按照属地政府和卫生疾控部门的工作要求及标准，积极配合做好物业服务范围内重大疫情的预防和应对工作；做好重大疫情信息的收集和报送工作。

（6）建筑施工从业人员职责

认真学习重大疫情预防和应对知识，自觉按照卫生疾控机构的要求和标准，做好个人防护工作，根据需要落实个人健康管理医学措施。发现异常情况，及时向本单位和属地疾控机构报告，并按照疾控部门的要求积极配合。

五、疫情分级

依据市突发公共卫生事件应急指挥部办公室关于重大疫情响应级别设置，市住房城乡建设系统将重大疫情应对工作分为戒备、严重和紧急三个响应级别。

（一）戒备响应级别：重大疫情在境外持续传播蔓延，国内无感染病例，或我国境内发生输入疫情，疫情呈局部散发或有限传播。本市无感染病例，但病例传入本市风险显著加剧。

（二）严重响应级别：重大疫情在国内持续传播扩散。本市发生输入疫情，疫情呈局部散发或有限传播，但疫情广泛蔓延风险显著加剧。

（三）紧急响应级别：重大疫情病例在国内持续增加，维持在较高水平。本市疫情流行，呈持续扩散蔓延趋势，对全市和全行业运行构成严重威胁。

六、疫情响应

（一）戒备响应级别应对措施

当全市宣布启动疫情戒备级别响应时，领导小组各成员单位应做好以下工作：

1. 区县建委、房管局响应

更新完善本辖区系统内重大疫情预防和应对工作组织机构，明确职责分工和工作措施，做好随时启动本级预案的准备；指导、督促、提醒本辖区在建项目各参建单位和物业服务企业，做好重大疫情预防和应对各项准备工作；加强应急值守，确保通讯畅通；做好本辖区在建工地和物业服务企业重大疫情信息收集工作，对重要情况及时上报卫生疾控机构和市住建委。

2. 各省（市、区）驻京建管处响应

更新完善本省（市、区）建管处系统重大疫情预防和应对工作组织机构；督促检查所管在京企业做好重大疫情预防和应对准备工作，并督促企业做好对所属职工相关知识的宣传教育；做好本地在京企业重大疫情信息收集工作，对重要情况及时上报。

3. 建设单位响应

实时了解在建项目总承包企业（专业承包企业）进场务工人员的健康状况，遇重要情况及时报卫生疾控部门和市、区（县）两级住建委；协调、督促总承包（专业承包）企业，做好施工现场重大疫情预防和应对各项准备工作；为总包（专业承包）企业组织开展施工现场重大疫情预防和应对工作提供必要的支持和保障。

4. 施工总承包（专业承包）企业响应

更新完善本企业重大疫情预防和应对工作组织机构，做好在建项目重大疫情预防和应对各项准备工作；建立在建工程施工现场内人员健康管理档案，实时掌握动态；在建项目负责人做好施工现场的值守；做好施工现场的围挡，对在建工地实施封闭式管理，建立外来人员进入现场登记制度；组织做好对施工现场内重点部位的管理和消毒，主要包括办公区、会议室、生活区、食堂、厕所、浴室等。严格落实市住房城乡建设委关于施工现场标准化管理及食品卫生部门关于食品卫生管理的各项标准，做好施工现场垃圾清理和卫生保洁。规范食品进货渠道，体检不合格人员不得从事食堂管理和服务工作。要求施工人员禁止购买街头盒饭及无照商贩的食品。督促、检查分包企业和劳务企业对职工开展重大疫情知识宣传教育。在施工现场内显著位置张贴宣传材料。施工现场设立隔离观察室以备使用，做好消毒药品和相关物资的储备；按照疾控机构的标准，制定并落实本企业去往疫区国家（地区）人员返京后健康管理方案，待风险排除后方可进入工作岗位。

5. 专业分包企业和劳务分包企业响应

更新完善本企业重大疫情预防和应对工作组织机构。新进场人员必须经健康体检合格后方可使用，必要时，应配合总包单位（专业承包单位）对重点人员隔离观察。施工现场人员实行实名制管理，建立职工健康状况每日检测和问询制度，对身体出现异常情况人员，督促其立即就医检查，并进行病情跟踪问询。建立与总包（专业承包）企业的重大疫情信息报告制度，每日将本企业所属场内人员身体健康情况报总承包（专业承包）企业，如有突发重要情况，应立即报告。做好对所属职工重大疫情知识的宣传教育，引导职工增强自我防范意识，做好自身防护。

6. 物业服务企业响应

更新完善本企业重大疫情预防和应对工作组织机构。随时收集物业服务范围内的重大疫情信息，并将重要情况及时报市住房城乡建设委应急处和物业项目属地卫生疾控机构。根据属地政府、卫生疾控机构及业主委员会的要求，积极配合做好小区人员进出登记、来访人员体温检测等工作。及时做好物业服务区域内的垃圾清运，对二次供水设备设施加强管护并做好相应的消毒工作。做好重点部位和公共区域的通风、消毒。主要包括电梯轿厢、楼道、公共卫生间、会所、垃圾站（楼）等。加强对重大疫情知识的宣传，在公共宣传栏张贴重大疫情知识相关宣传材料。做好消毒药品和相关物资的储备。按照疾控机构的标准，制定并落实本企业去往疫区国家（地区）人员返京后健康管理方案，待风险排除后方可进入工作岗位。

（二）严重响应级别应对措施

当全市宣布启动疫情严重级别响应时，系统相关单位在落实戒备响应级别措施的基础上做好以下工作：

1. 各区县住建委、房管局每日收集本辖区在施工地和物业服务企业重大疫情信息，报市住房城乡建设委应急处。督促、指导、检查本辖区在建项目参建单位、物业服务企业严格落实卫生疾控部门的措施，积极开展疫情预防和应对工作。

2. 建设单位应为在建项目总包（专业承

包）企业开展重大疫情应对工作提供必要的支持。督促项目总包（专业承包）企业落实好各项预防措施，深入做好重大疫情的防范工作。遇突发情况，应立即报市、区两级住建委和属地卫生疾控机构。

3. 总包单位负责对工地实施封闭式管理，安排专人 24 小时对进场人员体温进行检测，体温测试异常者一律不得进入。组织、协调各分包单位严格落实卫生疾控部门的措施，必要时，开展对现场相关人员的隔离或封闭观察，遇重要情况立即报市区两级住建委和卫生疾控部门。如在施工地与施工人员居住地分开设立的，由总包单位负责建立安全通道，减少施工人员与外界的接触。

4. 分包单位做好所属职工的管理，配合项目总包单位做好对在建工地的封闭式管理。每日收集本企业职工健康信息，发现异常情况立即上报。施工现场人员一旦出现疫情症状，分包单位应立即联系属地卫生疾控部门做好后续工作。经医疗机构已确诊的病例，应按照卫生疾控部门的要求，配合总包单位积极做好施工现场内密切接触患者人员的隔离或封闭观察。深入做好本企业所属职工的思想稳定工作。

5. 物业服务企业在做好物业服务的同时，严格按照卫生疾控部门的要求和标准，配合属地政府和街道，做好物业服务区域内的重大疫情应对工作。

（三）紧急响应级别应对措施

当全市宣布启动疫情应急级别响应时，系统相关单位在落实严重响应级别措施的基础上做好以下工作：

1. 市住建委有关处室、单位加强与区县建委、房管局、外省（市、区）驻京建管处、在建工程参建单位及相关物业服务企业的联系，统筹指导、协调区县住建委、房管局按照卫生疾控部门的要求和标准做好疫情防范工作。每日汇总全系统疫情动态，并及时上报。密切与卫生疾控部门的联系，发现问题立即会商。根据需要，在卫生疾控部门的指导下，赴一线督促重大疫情所在单位开展应对工作。

2. 各区县住建委、房管局加强对本辖区系统内重大疫情的监测反馈，发现疫情立即报告属地卫生疾控部门、市住房城乡建设委应急处及相关单位，并督促建设项目参建单位和各物业服务企业严格落实卫生防疫部门的要求、标准和措施，做好疫情应对工作。必要时，对疫情所在施工现场予以停工。

3. 在建工程各参建单位及进场人员，严格落实卫生疾控部门的要求、标准和措施，积极做好在建工地重大疫情的应对工作。施工现场实施封闭式管理。施工现场一旦发现疑似人员，应立即报告卫生疾控部门和领导小组。必要时，在建工程停止施工。

4. 各物业服务企业，严格按照卫生防疫部门的标准、要求和措施，配合属地政府，做好物业服务区域内的重大疫情应对工作。

（四）应急响应级别调整与终止

根据市突发公共卫生事故应急指挥部办公室发布的全市调整或终止疫情应急响应级别信息，领导小组办公室将第一时间通知领导小组成员单位，各成员单位按照各自业务范围和工作职责逐级通知到所管所辖单位，领导小组各单位同时按照调整后的应急响应级别开展响应工作或终止响应。

七、信息报告与新闻报道

（一）信息报告

1. 领导小组办公室及各成员单位，各在建工程参建单位、物业服务企业应逐级建立疫情信息报告制度，畅通信息渠道，延伸信息网络，提高信息报告的准确性和时效性。

2. 各区县住建委、房管局及相关单位在收集、整理、报送重大疫情信息时，应及时准确，对重要情况信息，应立即报告领导小组办公室，紧急情况时可在第一时间电话报告，2 小时内报送文字信息。

3. 重大疫情信息的报告应当严格按照《北京市突发公共事件信息管理办法》、《北京市突发公共卫生事件应急预案》等有关文件规定执行。对迟报、漏报、谎报、瞒报疫情信息造成损失或重大影响的，将严肃追究有关单位和人员责任。

（二）新闻报道

本市住建系统预防和应对重大疫情的新闻宣传报道工作，应严格按照《北京市突发公共卫生事件应急预案》和《北京市应对埃博拉出血热应急预案》的要求，由市突发公共卫生事件应急指挥部统一应对，其他任何单位不得对外发布信息。

八、宣传培训和演练

（一）宣传培训

领导小组各成员单位及时组织开展对本预案的学习和培训。各区县住建委、房管局组织、督促本辖区在建工程参建单位及物业服务企业做好对本预案的学习。

（二）演练

各区县住建委、房管局及各相关单位应及时组织开展重大疫情突发事件应急演练，提高全系统重大疫情预防和应对能力。

九、附则

本应急预案由市住房和城乡建设委员会应急管理处起草，并负责解释。

各区县建委、房管局、各省（市、区）驻京建管处、建筑业企业、物业服务企业应当按照本预案制定本辖区、本系统、本单位的应急预案。

本预案自发布之日起实施，《北京市建设房管系统甲型 H1N1 流感防控应急预案》（京建应急〔2009〕551 号）同时废止。

北京市住房和城乡建设委员会关于物业企业进一步加强新型冠状病毒感染肺炎疫情防控期间住宅区出入管理的通知

（2020 年 2 月 1 日）

各区住房城乡（市）建设委，房管局、各物业服务企业：

为进一步落实《关于物业服务企业做好新型冠状病毒感染的肺炎疫情防控工作的通知》（京建发〔2020〕15 号）要求，现就加强住宅小区出入管理的相关事项通知如下：

一、各物业小区在制定小区防控方案时，要在防控方案中明确小区出入管理的相关工作内容，并将出入管理有关的限行、登记、测温等规定在小区出入口公示。

二、按照社区统一要求，物业服务企业可根据小区实际管理情况，关闭部分分散的小区出入口，出入口要实行人、车分流，严禁出现无人值守的出入口。

三、在加强出入管理的同时，要保障本居住小区居民或已租住人员的合法权益，确保正常出入。

四、对非本住宅区车辆、访客、新租房入住人员等进入住宅区要逐一进行体温测量，体温正常者方可进入小区，并做好登记。快递、外卖等人员原则上不得进入住宅区。

五、小区出入口值守人员要做好个人防护，工作时佩戴口罩，测量体温仪器要定时进行消毒。

六、市、区住建房管部门要支持、配合和指导社区，加强“四不两直”检查，及时纠正不规范行为。

北京市城市管理综合行政执法局等五部门关于进一步加强商务楼宇、商场和餐馆疫情防控工作的通告

（京城管发〔2020〕8号，2020年2月11日，北京市住房和城乡建设委 北京市商务局 北京市卫生健康委员会 北京市市场监督管理局 北京市城市管理综合行政执法局发布）

为严格落实新冠肺炎疫情防控“四方责任”，切实保障广大人民群众生命安全和身体健康及城市正常运行，根据《中华人民共和国传染病防治法》《中华人民共和国突发事件应对法》等有关法律法规，现就进一步加强商务楼宇（包括办公楼、写字楼）及其使用单位、商场（含超市）和餐馆（含内部食堂）（以下简称商务楼宇、商场和餐馆）疫情防控工作通告如下：

一、落实主体责任。各商务楼宇、商场和餐馆的经营者、管理者，以及商务楼宇的使用单位，要成立疫情防控工作机构，建立健全防控工作责任制，明确专人负责防控工作。

二、加强宣传教育。各单位要加强对《中华人民共和国传染病防治法》《突发公共卫生事件应急条例》等法律法规和市委、市政府有关疫情防控工作要求，以及疾病预防控制机构相关指引的学习宣传，通过多种途径、形式开展疫情防控知识宣传教育。

三、强化内部人员管理。各单位要落实本单位职工和从业人员抵京返京居家观察、隔离，以及健康监测登记、应急报告等有关要求，加强检查检测，确保上岗从业人员身体健康。

四、配备必要防护用品。各单位要结合从业人员岗位特点配备口罩、体温计、消毒液等必要防护用品，并要求从业人员工作期间必须佩戴口罩，做好个人防护。

五、科学清洁消毒。各单位要按照疾病预防控制机构有关要求，对公共部位、公共接触物品、重点区域进行清洁消毒，并做好工作记录和标识。

六、保持室内通风。各单位要优先采用自然通风。有条件的可以开启排风扇等抽气装置以加强室内空气流动，保持室内空气流通。使用集中空调通风系统时，应保证集中空调通风系统运转正常，一般情况下应关闭回风，保证新风供给量符合国家卫生标准和要求。必须采用空调回风时，新回风比宜大于40%。每周进行关键部件的清洗、消毒或更换。

七、正确处理垃圾。各单位要严格落实生活垃圾分类投放、分类收集、分类运输等日常管理制度，建立管理台账，指定专人负责，做到日产日清。不得随意倾倒、丢弃生活垃圾。

八、管住商务楼宇入口。商务楼宇所有权人应当督促有关经营者、管理者、使用单位落实疫情防控工作责任。在入口处设置体温监测岗，对进入人员进行体温检测，并要求佩戴口罩，对未佩戴口罩的，进行劝阻；对有发热、干咳等症状者，要及时劝离，并告知其到就近医疗机构发热门诊就诊。对外来访客应当如实登记姓名、来源地、联系方式等信息。

九、加强商场保洁和顾客提示。公共卫生间、电梯、收银台、手推车、存包箱柜按钮等与顾客接触较多的公用物品和部位，要坚持每日消毒，并视情况增加消毒频次。在入口处设置体温监测岗，对进入人员进行体温检测，并要求佩戴口罩，对未佩戴口罩的，进行劝阻；对有发热、干咳等症状者，要及时劝离，并告知其到就近医疗机构发热门诊就诊。

十、加强餐馆和单位用餐管理。确保餐馆和单位食堂从业人员身体健康。每日早晚，要对从业人员进行体温检测和记录，督促从业人员提供服务时佩戴口罩和一次性手套。保持用餐环境整洁和空气流通。在入口处设立体温监测岗，对进入人员进行体温检测；对有发热、干咳等症状者，要及时劝离，并告知其到就近医疗机构发热门诊就诊。采取有效分流措施避免人员密集，餐馆上座率宜控制在50%以下，单位食堂要安排错时就餐，就餐人员宜保持就

餐间距。保证食品安全，食饮具要一人一用一消毒。配备标识清晰的垃圾收集专用设备，规范处理厨余垃圾。

广大群众要积极支持配合商务楼宇、商场和餐馆做好疫情防控工作，主动避免人员聚集，自觉服从管理要求，主动使用口罩等防护用品，积极做好自我安全防护措施。发现相关单位未落实本通告有关要求的，有权向相关部门进行举报。

各级行业主管部门、执法部门要加强对商务楼宇、商场和餐馆的督促检查，对工作责任不落实或落实不到位的，要在行业内进行通报批评并依法依规严肃处理。

特此通告。

关于进一步严格疫情防控有关要求的通告

（2020 年 2 月 28 日，北京新型冠状病毒肺炎疫情防控工作领导小组办公室发布）

为进一步层层压实“四方责任”，坚决抓好外防输入、内防扩散两大环节，持续有力有序有效推进疫情防控各项工作，按照北京防控工作领导小组部署，现就进一步严格疫情防控有关要求通告如下。

一、强化落实主体责任。政府、部门和单位要按照“四方责任”有关要求认真落实疫情防控各项措施，管好自己的人、守好自己的门。加紧完善因病请假报告制度，尽快查明原因，加强源头管控，争做“零感染”单位。各单位主要负责同志要增强必胜之心、责任之心、仁爱之心、谨慎之心，勇当先锋、敢打头阵，主动担当、积极作为，确保全覆盖、无死角，不折不扣贯彻落实各项防控措施。

二、加强区域群防群控。各单位要自觉接受辖区政府和街道（乡镇）、社区（村）的防控管理与服务，配合做好流调工作，安排专人与属地做好沟通对接；认真落实《继续推动市级机关企事业单位干部下沉参加社区（村）疫情防控工作实施方案》要求，充实基层力量；组织在职党员开展好“党员顶岗一日、社区轮休一日”等回社区（村）报到服务活动。各区要继续主动加强同辖区内各级各类单位的服务对接，各街道（乡镇）要落实属地责任，组织社区（村）做好工作对接。市、区两级疾病预防控制机构要开展好专业指导和对接服务，不断提高疫情防控科学化、精准化水平。

三、继续严格做好进（返）京人员管理。各单位对目前滞留在湖北等疫情高发地区的人员，要逐一联系，明确未经允许暂不返京的要求。对其他地区进（返）京人员，严格督促落实居家或集中观察 14 天有关规定，并配合居住地社区（村）做好防控工作，不得安排未完成居家或集中观察 14 天人员返岗工作。加强对外包服务单位的监督指导，督促严格执行人员进（返）京有关要求。来自或去过离境国家疫情严重地区的入境人员，到京后应居家或集中观察 14 天，严防疫情输入风险。

四、严格医疗机构防控要求。强化卫生健康主管部门行业监管责任和医疗机构主体责任，扎实开展医院感染预防与控制各项工作。除急诊、发热门诊外，各二级以上医院全面推行预约挂号，实名登记就诊人员信息。发热门诊患者基本信息应及时报送卫生健康主管部门。

五、做好居住小区管理。按照《北京市关于进一步加强社区（村）疫情防控工作的通告》等要求，进一步落实严格封闭式管理、体温检测、出入登记、公共空间管理、出租房屋管理等各项防控措施。属地政府和社区（村）要主动加强与中央和国家机关各部门的服务联系，重点做好中央单位自管小区与周边区域的联防联控工作。

六、抓好商务楼宇防控。要加强人员聚集的商务楼宇、商住混用楼宇以及工业企业疫情防控工作。在人员密集的大型商务楼宇推行“双楼长”制，由属地街道、物业管理单位责成专人担任“双楼长”，共同负责。各单位要严格落实对本单位员工的管理责任，全面掌握员工共同生活家庭成员离京、返京、隔离等情况，尽最大可能消除盲点和死角。

七、加强高校疫情防控。教育主管部门、各高校要进一步严明纪律，重申学生不返校纪律要求。对已返京学生要摸清底数，密切跟踪，强化管理。完善校地协同机制，加强校内家属区管理，有效落实联防联控各项措施。督促指导外籍教师和留学生严格落实北京疫情防控各项要求。对尚在京外拟录用高校毕业生，各用人单位不得违反防控要求，催促其返京。

八、突出重点部位疫情防控。密切关注公园、景区周边人员聚集情况，有针对性地出台限流管控措施。加强重点交通站点防控力量，建立联动机制，避免轨道站外、公交站台周边排队人员密集。严格集体宿舍监督管理，原则上不安排在地下空间居住。降低宿舍人员居住密度，人均宿舍面积不少于4平方米，每个宿舍居住人数不得超过6人；确需安排在地下空间居住的，人均宿舍面积不得少于5平方米，每个宿舍居住人数不得超过2人，不得设置上下床。处于半地下室的宿舍，有窗户的，应每日开窗通风，保持室内空气流通；无窗户的，原则上不作为宿舍。

九、鼓励错峰上下班。中央和国家机关及所属事业单位、本市各级党政机关及所属事业单位继续实施错峰上下班措施，鼓励其他在京单位选择合适的时间错峰上下班。鼓励在商务楼宇内办公单位，通过弹性工作制、居家办公、AB角轮班、错峰上下班等灵活办公形式，降低人员集中度，人员密集的企业员工到岗率不超过50%。各区负责组织辖区内产业园落实好企业错峰上下班工作。

十、加强重点群体管理。切实加强对护工、保洁、保安及餐饮、快递从业人员等重点群体的防控管理，明确防护要求，做好健康筛查，加强疫情防护培训，提供必要的防护物资保障。对其居住生活的宿舍、餐厅、地下室等场所严格落实消毒、通风等措施，确保不留死角、没有盲区。

十一、强化疫情防控宣传引导。各单位要加强员工防疫知识培训和健康教育，提升其防范意识和技能。督促员工自觉遵守疫情防控期间各项防控措施，实行“两点一线”上下班模式，减少外出和聚会，避免到人员密集公共场所活动。告知员工任何时间出现发热、干咳等症状，要第一时间主动向单位报告，并立即离岗就医。

十二、深入开展疫情防控排查整改。各单位要对照国务院联防联控机制和北京市发布的相关疫情防控工作指南，逐项排查防控措施具体落实情况，发现问题立即整改，确保全面落实、不留死角。属地政府、各行业主管部门和执法部门要进一步督促各单位认真落实出入人员登记、测温、消毒等措施，严防聚集性感染问题发生；加强对工业园区、楼宇等重点场所的监督检查，督促各管理主体严格落实“四方责任”，积极协助企业解决困难，安全有序开展生产经营活动。

特此通告。

北京新型冠状病毒肺炎疫情防控工作领导小组办公室关于加强对各单位保洁、保安、物业、食堂、维修维护等后勤物业工作人员防控新冠肺炎疫情工作的通知

（2020年2月27日）

各区委、区政府，市委、市政府各部委办局，各总公司，各人民团体，各高等院校，北京防控工作领导小组各工作机构：

为落实习近平总书记在北京调研指导新冠肺炎疫情防控工作时的重要讲话精神，更好应对北京疫情防控面临的挑战和风险，进一步加强对各单位保洁、保安、物业、食堂、维修维护等后勤物业工作人员防控新冠肺炎疫情工

作，做到全覆盖、无死角、无盲区，打赢疫情防控阻击战，现将有关工作通知如下。

一、明确责任主体

用工单位是保洁、保安、物业、食堂、维修维护等后勤物业疫情防控工作的责任主体。各单位要高度重视，严格按照《北京市人民政府关于进一步明确责任加强新型冠状病毒感染的肺炎预防控制工作的通知》（京政发〔2020〕2号）和《关于落实“四方责任”进一步加强重点人群、场所和单位新型冠状病毒感染的肺炎疫情防控工作的通知》（京政办发〔2020〕4号）的要求，主要领导亲自抓，明确分管领导，强化责任落实，进一步加强本单位后勤物业工作人员疫情防控工作。要对服务外包单位人员严格管理，不得以外包为由，推脱单位的主体责任。用工单位和服务外包单位要共同担起疫情防控责任，主动向前一步，不留空白和死角，形成防疫合力。

二、强化员工健康观察和监测报告

各单位要及时掌握保洁、保安、物业、食堂、维修维护等后勤物业工作人员在京、离（返）京状况，严格要求员工由外地返京后居家或集中隔离医学观察14天，严格落实员工体温监测等每日健康监测制度，原则上每日上、下午各一次，要如实记录。发现员工出现发热、干咳等症状，要监督其做好个人防护并及时安排就医，不得带病上班。

三、加强员工集体宿舍管理

各单位要改善保洁、保安、物业、食堂、维修维护等后勤物业工作人员的住宿条件，原则上不安排在地下空间居住。要严格控制宿舍人员居住密度，人均宿舍面积不少于4平方米，每个宿舍居住人数不得超过6人。确需安排在地下空间居住的，人均宿舍面积不得少于5平方米，每个宿舍居住人数不得超过2人，不得设置上下床。处于半地下室的宿舍，有窗户的，应每日开窗通风，保持室内空气流通；无窗户的，原则上不作为宿舍。要保持宿舍整洁卫生，各单位要加强集体宿舍监督管理，明确责任人，每日检查，确保居住环境干净安全。

四、严格做好个人防护

保洁、保安、物业、食堂、维修维护等后勤物业工作人员在室内作业过程中要全程佩戴口罩，并注意保持手卫生。在作业过程中要注意保持与他人的间距，并减少对话，避免高声喧哗。作业工具应做到专区专用、专物专用。各单位应集中对工作服进行定期清洗，必要时消毒。

五、减少员工之间接触频率和时间

各单位应制定严格的工作程序，分时段、分楼层、分区域作业，有关工作人员应相对固定工作区域，避免人员在各区域间走动造成交叉感染。员工间要主动减少接触频率和时间，不聚集，不扎堆。

六、加强员工培训和教育

各单位要加强员工防疫知识培训和健康教育，特别是防控新冠肺炎的有关知识和技能，提高自我防范意识。要使员工熟知并自觉遵守疫情流行期间楼宇办公场所的各项防控措施。教育员工返岗工作后任何时间出现发热、干咳等症状，要第一时间主动向单位报告，并立即离岗就医。教育员工若与他人合租居所时，应彼此了解基本信息，如同室居住人员有外地返京人员，督促其第一时间主动联系社区并登记信息，寻求社区帮助，外地返京人员按照要求进行居家或集中隔离医学观察14天。教育员工尽量减少外出和聚会，避免到人员密集的公共场所，尤其是空气流动性差的地方活动。

关于进一步加强社区（村）疫情防控工作的通告

（2020 年 2 月 9 日，北京市新型冠状病毒感染的肺炎疫情防控工作领导小组办公室发布）

当前本市即将迎来返京人员流动高峰，疫情防控工作正处于关键时期，为切实保障人民群众生命安全和身体健康，依据相关法律法规和本市有关规定，现就进一步加强社区（村）疫情防控工作通告如下：

一、严格居住小区（村）封闭式管理。进一步严格小区（村）封闭管理，在出入口设置检查点，居住人员和车辆凭证出入，进入人员必须佩戴口罩并进行体温检测。无物业、无安保、开放式小区由属地街道（乡镇）负责落实封闭措施。社区（村）传播疫情时，视情况对住宅单元楼门、小区（村）等实行封闭式隔离。

二、严格核实登记小区（村）来往人员、车辆。外来人员和车辆原则上不得进入小区（村），情况特殊确需进入的，由管理人员做好登记备案。快递、外卖等人员送至小区（村）指定区域，由客户自行领取，设置指定区域应避免人群集聚。

三、严格抵京人员登记。人员抵京当天应及时向居住地所在社区（村）报告健康情况，并配合完成个人信息登记工作。隐瞒、缓报、谎报有关信息或阻碍疫情防控工作人员履行职务的，依法依规追究责任。

四、严格重点人群的管理服务。抵京前 14 日内，离开疫情高发地区或者有过疫情高发地区人员接触史的人员，应按规定接受医学观察或者居家观察，主动报告健康状况，配合相关管理服务，一律不得外出；出现发热症状，应按规定及时就诊排查。各街道（乡镇）和社区（村）要严格管理，并提供基本生活保障。拒绝接受医学观察、居家观察等防控措施，构成违反治安管理行为的，由公安机关依法严肃处理；构成犯罪的，依法追究刑事责任。

五、严格集中隔离。对本市新增并经卫生健康部门流行病学调查确认后的密切接触者，原则上由各区负责实行集中隔离并进行医学观察。密切接触者应主动配合医学观察，拒不配合的，由公安机关依法协助采取强制措施。

六、严格公共空间管理。社区（村）非生活必需的文体活动室、娱乐室等公共场所一律关闭。街道（乡镇）、社区（村）、物业企业、产权单位要做好公共场所清洁消毒、垃圾分类处理、环境整治等工作。机关事业单位办公场所、园区、楼宇、企业等要加强体温监测，认真筛查发热人员，坚持“日报告”“零报告”制度。小区（村）内的装修装饰等工程一律停止，水电气热等工程施工单位、旅馆等要配合社区（村）做好疫情防控工作。

七、严格管理出租房屋。房屋租赁中介企业或业主要明确防控责任人和联系人，按照要求向社区（村）提供出租房屋和承租人动态信息。对不报告租住房屋情况、不配合政府和社区（村）工作人员开展工作的，依法依规追究责任。

八、强化基本生活保障。市场、菜店、超市、药店等要合理安排营业时间，做好人员导流，强化风险管控。社区（村）要加强对老幼弱等群体的关注，做好服务保障。

九、强化全民防护意识。居民要严格遵守在公共场所佩戴口罩的规定，减少外出活动，不参加聚会和集体活动。对不听劝阻或引发矛盾冲突的，由公安机关依法严肃处理。

十、强化示范带动。党员干部、党代表、人大代表、政协委员要发挥带头作用，积极主动参与疫情防控工作，带动家人亲属、街坊邻居自觉遵守有关规定。

特此通告。

北京市新型冠状病毒感染的肺炎疫情社区（村）防控工作方案（试行）

（2020 年 1 月 29 日，市新型冠状病毒感染的肺炎疫情防控工作领导小组发布）

为指导社区（村）科学有序防控新型冠状病毒感染的肺炎疫情，根据国务院印发的《近期防控新型冠状病毒感染的肺炎工作方案》有关要求，结合北京市疫情防控工作实际，特制定本工作方案。

一、总体要求

按照“早发现、早报告、早隔离、早诊断、早治疗”的原则，实施群防群治、联防联控，网格化、地毯式管理，最广泛动员群众自我防护，最坚决防止疫情输入、蔓延、输出，最严格落实综合防控措施，最果断处置疫情，最有效控制疾病传播，坚决打赢这场疫情防控的人民战争。

二、工作任务

（一）社区（村）未发现病例

实施“外防输入”的策略，采取以下措施：

1. 加强组织动员。区和街乡镇干部要下沉到社区（村），定责定岗。在街乡镇的领导下，社区（村）牵头成立由社区（村）干部、片警、社区卫生人员和物业等人员组成的社区防控工作组，发挥社区、村（居）委会和楼门长三道防线，鼓励居民和志愿者参与，组成专兼职结合的工作队伍，实施网格化、地毯式摸排湖北等疫情高发地区人员往来情况，对社区（村）、楼栋（自然村）、家庭进行全覆盖，及时发现防控隐患线索，并向街乡镇报告。

2. 及时告知信息。社区（村）要发布告示，要求从疫情高发地区返回人员立即到所在社区（村）进行登记，向公众发布就诊信息，每日发布卫生健康行政部门发布的防控信息，提示出行、旅行风险。

3. 开展健康教育。社区（村）要通过社区、村宣传栏、“一封信”、悬挂标语、微信公众号、微信群等多种形式将疾病防治核心信息传达到每一个家庭、每一个人；督促家庭在空气质量允许的条件下开窗通风，每天不少于 2～3 次，每次不少于 30 分钟，加强日常清洁和消毒，减少家庭聚会；督促个人做到戴口罩、不握手、勤洗手、少聚集、不信谣、不传谣，咳嗽时掩口鼻。社区（村）不组织大型公众聚集活动，督促公共场所进行清洁、消毒和通风，避免交叉感染。

4. 加强分类管理。对返（来）京人员进行分类管控，入网、入格、入家庭。建立下传机制，由街乡镇政府将湖北相关地区返（来）京人员名单下传社区。社区（村）收到本社区到京前 14 日内离开湖北地区或者有过湖北地区人员接触史的到京人员信息（或自查发现此类人员）后，要监督此类人员接受居家医学观察，不得外出，并为其提供基本生活保障，确保落实到人、登记在册、社区管理、上门观察。建立上传机制，对出现发热、气促、干咳等症状者，社区（村）要及时报告街乡镇政府，由街乡镇政府报告区卫生健康部门，迅速安排就诊。社区（村）要督促其他疫情高发地区来（返）京人员主动自行隔离 14 天，外出时佩戴口罩；一旦出现发热，伴乏力、干咳等症状，督促其到就近医疗机构发热门诊排查。

5. 加强环境治理。大力开展爱国卫生运动，加大环境卫生整治力度，严格对社区人群聚集的公共场所进行清洁、消毒和通风，改善环境卫生状况，特别要加强对农贸市场的环境整治和非法贩卖野生动物的监管，把环境卫生整治措施落实到每个社区、每个单位、每个家庭。社区（村）组织开展以环境整治为主、药物消杀为辅的病媒生物综合防制，对居民小区、垃圾中转站、建筑工地等重点场所进行卫生清理，处理垃圾污物；及时组织开展全面的病媒生物防制与消杀，有效降低病媒生物密度。

（二）社区出现病例或暴发疫情

当社区居民中，出现1例确诊病例或者在一个家庭、一个工地、一栋楼同一单元发现2例及以上确诊病例时，采取“内防扩散、外防输出”的策略，在上述5项措施的基础上，落实以下措施：

6. 严格密接管理。各级医疗卫生机构要加强与社区的配合，规范开展流行病学调查，科学判定密切接触者。全市各区要指定隔离点，对无条件进行居家隔离的密切接触者开展集中医学观察。卫生健康部门要将有条件居家医学观察的密切接触者信息通报至各街乡镇，由街乡镇第一时间通知至社区（村）。社区（村）要发动社区卫生人员对密切接触者进行规范管理，落实密切接触者居家医学观察措施。每日随访密切接触者的健康状况，为其提供基本生活保障。社区卫生人员一旦发现密切接触者出现发热、气促、干咳等症状，立即报告本区卫生健康部门及时启动排查、诊断、隔离治疗等程序，并做好病人的隔离控制和转送至定点医院的各项准备。

7. 加强消毒隔离。社区（村）要协助做好病例家庭、楼栋单元、单位办公室、会议室等疫点的消毒，并在疾控机构的指导下做好公共场所清洁消毒。居民出入社区时要佩戴口罩，社区（村）要做到监督提醒。

（三）社区传播疫情

当社区居民中，14天内出现2例及以上感染来源不清楚的散发病例，或暴发疫情起数较多且规模较大，呈持续传播态势，采取“内防蔓延、外防输出”的策略，在上述7项措施的基础上，落实以下措施：

8. 限制人员聚集。区政府报请市政府决定，可限制或停止社区（村）内集市、集会等人群聚集的活动，关闭影院、网吧等公共场所，必要时停工、停业、停课。社区（村）协助政府监督落实相关措施。

三、工作保障

（一）加强组织领导。坚持党建引领，构建联防联控的工作格局。明确区、街乡镇、社区（村）的责任，按照“吹哨报到”、接诉即办工作机制，进一步健全工作组织体系。切实加强对社区（村）防控工作的领导，进一步落实干部联系社区（村）制度，强化社区（村）包楼、包片、包户工作，责任到人、联系到户，确保各项防控措施得到切实落实。发挥社区（村）党组织战斗堡垒作用，发挥党员先锋模范作用，加强联防联控，严防死守、不留死角，构筑群防群治抵御疫情的严密防线。

（二）及时信息报送。各街乡镇每日汇总社区（村）疫情联防联控信息，报至各区防控领导小组，无病例零报告。防控过程中发现问题，社区（村）应第一时间报告街乡镇及卫生防疫部门。

（三）强化督促检查。各区卫生健康委和各区社会工委民政局，要强化对社区防控工作的督促检查，对不落实防控工作或防控工作落实不到位的街乡镇、社区（村），进行责任倒查，视情节严肃追责。

第八部分

增值服务

北京市房屋租赁管理若干规定（摘）

（2007年11月3日北京市人民政府令第194号发布，
根据2011年5月5日北京市人民政府令第231号修改）

第一章　总则

第一条　为了加强房屋租赁管理，维护社会秩序，保护房屋租赁当事人的合法权益，根据有关法律、法规，结合本市实际情况，制定本规定。

第二条　本市行政区域内的房屋租赁依照本规定管理。

第三条　房屋租赁管理坚持管理与服务相结合的原则，实行属地管理。

第四条　本市各级人民政府应当加强对房屋租赁管理工作的领导，建立出租房屋管理机构。出租房屋管理机构具体负责房屋租赁管理的组织、指导、协调、监督等综合管理工作。

公安机关负责出租房屋治安管理、消防管理和租赁当事人的户籍管理。

建设（房屋）行政部门负责房屋租赁市场、出租房屋建筑结构安全的监督管理和房地产经纪的行业管理。

工商行政管理部门负责对经纪活动进行综合监督管理，查处利用出租房屋进行无照经营等违法经营行为。

民防行政部门负责人防工程的租赁管理。

卫生、人口计生、规划、税务、国家安全和城市管理综合执法等行政部门应当按照各自职责做好房屋租赁的管理工作。

第五条　区、县人民政府应当在社区、村建立负责房屋租赁管理、服务的基层管理服务站（以下简称基层管理服务站），并保障其工作所需的经费、办公场所。

第六条　居民委员会、村民委员会等基层组织应当协助有关行政部门做好房屋租赁管理工作，督促出租人、承租人自觉遵守国家和本市房屋租赁管理规定。

居民委员会、村民委员会可以根据本地区实际，组织居民制定房屋租赁管理公约，对房屋租赁实行自治管理。

第七条　租赁房屋的，出租人和承租人应当依法签订房屋租赁合同。合同内容应当包括房屋基本情况、租金、租赁期限、租赁用途、违约责任等。

房屋租赁期限内未经承租人同意，出租人不得擅自缩短租赁期限、增加租金。

市建设（房屋）行政部门应当会同市工商行政管理部门制定房屋租赁合同示范文本，向社会公布。

…………

第二章　出租登记

第十一条　租赁房屋用于居住的，应当进行出租登记。

出租人应当自与承租人订立房屋租赁合同之日起7日内，到房屋所在地的基层管理服务站办理房屋出租登记手续，并填报下列内容：

（一）出租人、承租人姓名或者名称、证件种类和号码、住所地，实际居住人员的姓名、身份证件种类和号码、户籍地；

（二）出租房屋的基本情况、租金和租赁期限；

（三）房屋权属证书或者房屋来源证明；

（四）本市规定的其他内容。

第十二条　房屋租赁合同变更或者终止的，出租人应当自合同变更或者终止之日起5日内，到房屋所在地的基层管理服务站办理登记变更、注销手续。

在房屋租赁合同有效期内，居住人员发生变更的，承租人应当自变更之日起2日内告知基层管理服务站，办理变更登记手续。

第十三条　房地产经纪机构从事房屋租赁

居间活动，应当书面告知租赁当事人到房屋所在地基层管理服务站办理房屋出租登记手续；提供房屋租赁经纪委托代理业务的，房地产经纪机构应当按照本规定第十一条、第十二条第一款的规定，办理房屋出租登记、变更、注销手续或者按照市建设（房屋）行政部门的规定通过房屋租赁合同网上备案系统填报相关信息。

第十四条 基层管理服务站应当为办理房屋出租登记的当事人提供下列服务：

（一）宣传有关房屋租赁管理的规定和安全使用房屋的知识；

（二）告知有关人员办理流动儿童入学、国家免疫规划项目的预防接种、计划生育免费技术服务等事项的规定和流程；

（三）根据当事人的要求出具与房屋租赁有关的证明；

（四）受当事人委托，提供办理暂住登记、暂住证件，办理普通地下室登记备案，交验、登记流动人口婚育证明，纳税代办服务等；

（五）提供维权服务信息；

（六）市和区、县人民政府规定的其他服务项目。

第十五条 基层管理服务站办理出租登记、为当事人提供服务，不得收取任何费用。基层管理服务站不得从事或者变相从事经营性活动。

第三章 管理规范

第十六条 出租房屋的安全由房屋所有人负责。房屋承租人应当对其使用行为负责。

房屋所有人将出租登记的房屋委托他人管理的，应当书面报告房屋所在地的基层管理服务站。

第十七条 出租房屋的建筑结构和设备设施，应当符合建筑、消防、治安、卫生等方面的安全条件，不得危及人身安全。

禁止将违法建筑和其他依法不得出租的房屋出租。

第十八条 出租人有权对承租人使用房屋的情况进行监督。出租人不得向无身份证明的人出租房屋；不得以出租房屋的方式为非法生产经营活动提供便利条件；发现承租人利用出租房屋有犯罪活动嫌疑的，及时向公安机关报告。

出租人出租房屋的收入，应当依法纳税。

第十九条 承租人应当配合出租人进行房屋出租登记；不得擅自改变承租房屋的规划设计用途，不得利用租赁房屋从事非法生产、加工、储存、经营爆炸性、毒害性、放射性、腐蚀性物质或者传染病病原体等危险物质和其他违法活动，不得损害公共利益或者妨碍他人正常工作、生活。

第二十条 出租房屋人均居住面积不得低于本市规定的标准。具体标准由市建设（房屋）行政部门会同市公安、市规划、市卫生等有关行政部门制定。

不得将厨房、卫生间、阳台、地下储藏室等作为卧室出租供人员居住。

第二十一条 集中出租房屋供他人居住，出租房间达到10间以上或者出租房屋居住人员达到15人以上的，出租人应当建立相应的管理制度，明确专门的管理人员，设置监控、灭火等治安防范、消防设备设施和安全通道，并建立信息登记簿或者登记系统。

单位承租房屋作为集体宿舍供本单位职工居住的，单位应当按照前款规定履行安全管理职责。

公安机关应当统一印制出租房屋多人居住登记簿册供出租人免费领取。

第二十二条 向境外单位、人员出租、转租、转借房屋，或者承租人留住境外人员的，出租人、承租人应当遵守国家和本市有关国家安全管理的规定。

第二十三条 房屋管理单位应当按照下列规定对房屋进行安全管理：

（一）建立房屋安全管理制度，落实各项管理措施。

（二）按规定对所管房屋进行安全检查，并将安全检查情况予以记录，妥善保存。

（三）按照有关行政部门或者基层管理服务站的要求提供房屋安全检查结果。

（四）发现危及房屋使用安全或者其他违法行为的，立即制止，并督促责任人改正；拒不改正的，及时报告房屋所在地有关行政部门依法处理。

…………

第二十五条　从事房屋租赁经纪业务的机构应当依法成立，取得营业执照，符合国家和本市规定的条件，并应当自成立之日起30日内，将机构和从业人员的基本情况等信息报送所在区、县建设（房屋）行政部门。

从事房屋租赁经纪活动的人员，应当取得相应的房地产经纪资格证书。未取得房地产经纪资格证书的人员，不得从事房屋租赁经纪活动。

…………

第二十七条　房地产经纪机构及其经纪人员从事房屋租赁经纪业务，应当遵守下列规定：

（一）在经营场所公示服务内容、服务标准、房地产经纪资格证书复印件。

（二）房屋租赁经纪业务，由房地产经纪机构统一受理并与委托人签订书面经纪合同，统一收取佣金、开具发票。房地产经纪人员不得以个人名义承揽业务。

（三）房地产经纪人员不得同时在两个或者两个以上房地产经纪机构执行业务。

（四）不得伪造、变造、买卖、租借房地产经纪资格证书。

（五）不得占用、挪用或者拖延支付客户资金。

（六）不得居间、代理出租不符合出租条件的房屋。

（七）不得违反有关规定从事居间、代理业务范围以外的其他经营活动。

…………

第三十一条　市和区、县有关行政部门，街道办事处，乡、镇人民政府应当按照各自职责，做好对基层管理服务站及其工作人员的培训、指导工作。

第三十二条　基层管理服务站应当建立巡视制度，采集房屋租赁信息，对房屋租赁情况进行日常检查，并做好下列工作：

（一）发现登记信息不实的，予以更正；

（二）发现未登记的，进行补登；

（三）发现房屋存在安全隐患的，督促出租人或者承租人进行整改；

（四）发现违反治安、消防、卫生、计划生育、建筑结构安全等管理规定的违法行为，报告上级出租房屋管理机构或者其他有关行政部门。

…………

第六章　附则

第四十一条　本规定自2008年1月1日起施行。1995年6月13日北京市人民政府第13号令发布，根据1997年12月31日北京市人民政府第12号令第一次修改，根据2004年6月1日北京市人民政府第150号令第二次修改的《北京市外地来京人员租赁房屋治安管理规定》同时废止。

北京市人民政府办公厅印发《关于加快推进养老服务发展的实施方案》的通知

（京政办发〔2020〕17号，2020年5月18日）

各区人民政府，市政府各委、办、局，各市属机构：

经市政府同意，现将《关于加快推进养老服务发展的实施方案》印发给你们，请结合实际认真贯彻执行。

关于加快推进养老服务发展的实施方案

为全面贯彻习近平总书记关于城市养老工作的重要批示精神，根据《国务院办公厅关于推进养老服务发展的意见》（国办发〔2019〕5号），围绕“保基本、优体系、通堵点、强管理”目标，结合本市实际，制定本实施方案。

一、完善分类保障，构建多层次基本养老服务体系

（一）明确基本养老服务对象。一是城乡特困老年人等托底保障群体。二是低保或低收入家庭失能、失智、高龄老年人等困境保障群体。三是失能、失智、重度残疾、计划生育特殊家庭老年人等重点保障群体。（市民政局、市财政局、市卫生健康委）

（二）强化公办养老机构保基本功能。分类分层次为基本养老服务对象提供无偿或低偿托养服务。乡镇敬老院管理权移交至区民政部门。实施乡镇敬老院改造提升工程，按照“村地区管”思路，通过集体建设用地保障乡镇养老设施用地，由市政府固定资产投资按规定给予支持。到2022年底，各区至少建成一所区级公办养老机构。（市民政局、市财政局、市发展改革委、市规划自然资源委，各区政府）

（三）加强基本养老服务保障。制定基本养老服务对象服务清单、保障标准，建立数据动态管理机制。对为基本养老服务对象提供就近长期照护服务的养老服务机构，统一服务标准和扶持政策。制定失智、无子女老年人照护支持政策。（市民政局、市财政局、市残联，各区政府）

二、坚持就近精准，构建完善的居家社区养老服务体系

（四）推进社区养老服务设施建设。对街道（乡镇）社区养老服务设施未达标的，各区在控制性详细规划中明确优先提供空间，通过租赁、置换等方式获取土地及设施，面向社会公开招募运营商，支持社会力量运营社区养老服务设施。到2022年底，建成街道（乡镇）养老照料中心不少于350家、社区养老服务驿站不少于1200家，并持续提升使用效率。（市民政局、市财政局、市规划自然资源委、市住房城乡建设委，各区政府）

（五）大力发展居家养老服务。整合社会资源，推动社会力量建设社区养老服务驿站支持平台。建立养老服务顾问制度，做好服务需求对接，探索实行“物业服务＋养老服务”。（市民政局、市财政局，各区政府）

（六）试点建设家庭照护床位。制定家庭照护床位试点建设指导意见，明确上门照护的服务对象和标准。制定家庭照护支持政策，开展失能老年人家庭照护者技能培训。（市民政局、市财政局、市卫生健康委，各区政府）

（七）推进居家社区适老化改造。以推动老旧小区加装电梯工作为重点，加快推进社区老年宜居环境建设。制定居家适老化改造激励政策，对居家适老化改造采取阶梯式补贴。到2020年底，基本完成特困供养、低保低收入的高龄和失能老年人家庭适老化改造。（市住房城乡建设委、市财政局、市民政局、市残联，各区政府）

（八）加强老年助餐体系建设。拓宽社会资本参与老年助餐体系建设渠道，为居家老年人提供营养均衡的膳食服务。经各区民政部门备案的社会餐饮企业，视同社区养老服务驿站享受助餐服务流量补贴。（各区政府，市民政局、市财政局、市商务局、市市场监管局）

（九）补齐农村养老服务短板。完善“以院统站带点”农村养老服务模式。推进农村幸福晚年驿站建设。制定农村邻里互助养老服务点建设规范，到2022年底建成不少于1000个服务点。改革财政支持方式，农村养老服务补贴可直接补贴提供邻里互助或志愿养老服务的工作人员。（市民政局、市财政局、市农业农村局，相关区政府）

（十）加强对居家社区养老服务统筹。街道办事处（乡镇政府）承担养老服务政策落实、区域统筹及资源整合等职责，牵头组建街道（乡镇）养老服务联合体，加快推进养老服务设施布局、功能衔接。（各区政府，市民政局、市卫生健康委）

三、优化营商环境，构建养老产业发展和服务消费体系

（十一）减轻养老服务税费负担。落实小

微企业普惠性税收减免政策和社区家庭服务业税费优惠政策。连锁运营的社区养老服务机构单体门店享受小微企业普惠性税收减免政策。社区养老服务机构提供养老服务取得的收入免征增值税，在计算应纳税所得额时减按90%计入收入总额。非营利性养老机构按规定免征企业所得税。非营利性养老机构建设全额免征土地复垦费、土地闲置费、耕地开垦费、防空地下室易地建设费以及本市设立的行政事业性收费，营利性养老机构减半征收。（市财政局、北京市税务局、市发展改革委）

（十二）加大养老服务金融支持力度。加快商业养老保险试点改革，支持保险机构推进老年人意外险、失独家庭综合保障等涉老保险项目增点扩面，发展商业养老年金保险、个人账户式商业养老保险和老年人住房反向抵押养老保险。（市金融监管局、北京银保监局、市民政局）

（十三）支持养老服务机构连锁品牌运营。参照品牌连锁便利店发展模式，加强养老服务品牌建设。放宽外资举办非营利性养老机构准入条件。（市民政局、市市场监管局、市知识产权局、市发展改革委、市财政局）

（十四）扩大集中式居家养老机构试点。集中式居家养老机构应配建养老院和社区卫生服务中心（站），餐厅、配套生活服务设施可单独办理市场主体登记手续。经民政部门核定的集中式居家养老试点机构视同养老机构享受水电气热居民价格和运营补贴，参照居民住宅实行房屋公共维修基金制度。（市民政局、市发展改革委、市规划自然资源委、市住房城乡建设委、市卫生健康委、市市场监管局）

（十五）健全长期照护服务体系。建立长期照护服务项目、质量评价等行业规范，构建居家、社区、机构相衔接的专业化长期照护服务体系。深化长期护理保险制度试点，鼓励发展商业性长期护理保险产品。（市民政局、市财政局、市医保局、市金融监管局，各区政府）

（十六）培育发展老年用品市场。出台老年人康复辅助器具配置、租赁、回收和融资租赁办法。探索将基本治疗性康复项目按规定纳入基本医疗保险支付范围。制定促进养老服务消费支持政策，建立养老消费监测机制。（市民政局、市科委、市财政局、市经济和信息化局、市商务局、市医保局、市金融监管局）

四、强化多元联动，构建全方位养老服务监管体系

（十七）完善养老服务综合监管机制。制定养老服务监管方案，建立养老服务监管体系。制定“履职照单免责、失职照单问责”的责任清单，建立跨部门协同监管机制。加强公办民营养老机构改革监管，合理确定其净收益率。出台公益性养老服务机构监管办法。（市民政局及市相关部门，各区政府）

（十八）加强养老服务安全监管。实施消防安全达标工程，到2022年底，所有养老服务机构实现消防安全达标。规范养老服务机构会员制管理，严厉打击以“以房养老”名义开展非法集资。（市消防救援总队、市规划自然资源委、市住房城乡建设委、市应急局、市金融监管局、市民政局，各区政府）

（十九）加强养老领域财政资金监管。加强养老领域财政资金使用全流程管理，精准掌握资金流向。建立财政资金使用清单制度，加强绩效评估和跟踪审计。制定政府购买养老服务指导性目录、服务标准。（市民政局、市财政局、市审计局，各区政府）

（二十）强化养老服务设施用地监管。坚持空间要素精准配置，实行养老服务设施用地全生命周期管理，严禁利用养老服务设施用地变相进行房地产开发。建立主管部门及属地街道（乡镇）联合监管机制，养老服务机构用地情况纳入土地市场信用体系。（市民政局、市规划自然资源委、市住房城乡建设委）

（二十一）加强养老服务质量监管。持续开展养老机构服务质量达标活动，建立服务质量日常监测机制和风险防控体系。制定养老服务业标准体系，推进养老服务标准化建设。全面实施养老服务机构服务质量星级评定。加强养老服务信用监管，建立信用黑名单及联合惩戒、退出机制。（市民政局、市市场监管局、市卫生健康委、市消防救援总队，各区政府）

（二十二）加强行业协会自律管理。推进

养老行业协会、养老产业协会、老年协会建设，养老服务机构全部纳入协会管理，推动养老行业实现自我管理和诚信自律。（市民政局，各区政府）

五、坚持政府主导，构建养老服务综合保障体系

（二十三）建立养老服务部门联席会议制度。市、区政府建立由民政部门牵头的养老服务部门联席会议制度，健全与中央单位、驻京部队协调机制。将养老服务工作纳入“七有”“五性”监测评价体系，明确区、街道（乡镇）、社区（村）养老服务工作责任。（市民政局，各区政府）

（二十四）保障养老服务设施供给。以《北京城市总体规划（2016年—2035年）》为依据，编制《北京市养老服务专项规划》，设置专门养老用地类别并明确养老设施用地范围。各区在编制控制性详细规划和区域规划综合实施方案时，应统筹落实养老服务设施规划用地。现状养老服务设施与规划不冲突的，在控制性详细规划和区域规划综合实施方案中予以确认；存在不一致、规划可以调整的，通过规划论证原则上予以保留；存在重大冲突的，应在控制性详细规划和区域规划综合实施方案中优先落实养老服务设施新点位后再调整。

对于公办养老机构或者承接基本养老服务对象的公益性社会办养老机构举办的养老服务设施，采取划拨方式供地。由社会资本主导建设的非公益性养老服务设施和试点建设的集中式居家养老服务设施，以有偿使用方式供地，鼓励优先以租赁、先租赁后出让、作价出资或入股等方式供应。对以有偿方式供应的养老服务设施用地，出让底价可按不低于所在级别公共服务用地基准地价的70%确定。社会资本主导的养老服务机构可按照《中华人民共和国土地管理法》以及集体经营性建设用地的有关规定依法通过出让、租赁方式使用集体建设用地建设养老服务设施。

利用存量设施及社区用房等兴办养老设施的，在符合规划、不改变用地主体且保证安全前提下，可在5年内继续按原土地用途、权利类型适用过渡期政策。过渡期满或转让需变更用地主体手续，新用地主体为公益性的，原划拨土地可继续以划拨方式使用；新用地主体为非公益性的，可按新用途、新权利类型、市场价格办理协议出让用地手续。（市规划自然资源委、市住房城乡建设委、市民政局，各区政府）

（二十五）提高医养结合服务能力。优化医养结合机构设立流程，涉及同层级行政部门的实现“一个窗口”办理。医疗卫生机构利用现有资源提供养老服务的，建设、消防等条件依据医疗卫生机构已具备相应资质直接予以认可。强化社区卫生服务机构对居家社区养老的支持，完善社会力量举办护理中心（站）和安宁疗护机构扶持政策。加强医疗社会工作队伍建设。（市卫生健康委、市民政局、市财政局、市住房城乡建设委）

（二十六）全面实行老年人能力综合评估。制定老年人能力综合评估规范，建立专业化的社会评估机构。建立老年人能力状况监测体系。（市民政局、市卫生健康委、市医保局，各区政府）

（二十七）加大养老服务运营扶持力度。完善养老机构建设支持政策。凡涉及巡视探访、精准帮扶等方面的政府购买养老服务项目，在同等条件下优先由社区养老服务机构承担。督导市政服务企业落实养老服务机构水电气热居民价格优惠政策；对确实不具备享受优惠政策条件的现有机构，实行差价补贴；对新增机构在建设前优先完成计量设施改造。对实行清洁能源改造的机构给予改造经费支持。完善国有企业支持养老服务发展政策。（市民政局、市发展改革委、市财政局、市国资委、市城市管理委、市市场监管局，各区政府）

（二十八）加强养老服务人才队伍建设。出台养老服务人才培养培训实施办法。2020—2022年，每年培训1万名养老护理员、500名养老服务机构负责人、500名老年社会工作者。举办养老护理员职业技能大赛，建立技能大师传帮带机制。（市民政局、市教委、市人力资源社会保障局、市财政局，各区政府）

（二十九）支持公益组织开展养老服务。培育扶老助老性质的公益组织，支持其参与养老服务机构建设和运营管理、养老产品开发。建立养老服务时间储蓄体系。（市民政局、团市委）

（三十）推动京津冀养老服务协同发展。逐步统一京津冀地区养老服务标准规范、信用评价等。落实专项支持政策，协同推进“通武廊”等环京周边地区养老设施建设、服务质量提升，为老年人养老提供更多选择。

第九部分

城市更新与服务

老旧小区管理

北京市职工购买公有住宅楼房管理办法

（1992 年 5 月 30 日北京市人民政府京政发 35 号文件发布，
根据 2007 年 11 月 23 日北京市人民政府令第 200 号第一次修改，
根据 2018 年 2 月 12 日北京市人民政府令第 277 号第二次修改）

第一条 为实施《北京市住房制度改革实施方案》，制定本办法。

第二条 本办法所称公有住宅楼房，是指由政府住房城乡建设行政主管部门直接管理和由产权单位自行管理的公有单元式住宅楼房，包括新建楼房和已住用的楼房（以下简称新、旧楼房）。

本市行政区域内有自管公有住宅楼房的企业、行政事业单位和住房城乡建设行政主管部门，均可依照本办法向职工出售公有住宅楼房。

简易房、危险房、违章建筑和近期需要拆除、产权有争议以及具有历史价值的楼房，不准出售。

第三条 凡有本市城镇常住户口的职工，均可向所在单位或现住房产权单位申请购买公有住宅楼房。

新楼房和腾空的旧楼房，应优先出售给住房困难户。

第四条 职工购买公有住宅楼房，实行准成本价。新楼房的准成本价，每年由市人民政府住房制度改革办公室会同市发展改革委员会、市国有资产监督管理委员会等部门评估测定，经市人民政府批准后公布。旧楼房的准成本价，按重置价成新折扣计算。重置价是指出售当年新楼房的准成本价。

公有住宅楼房的实际售价，按建筑面积计算，依市住房城乡建设行政主管部门制定的地段、环境、层次、朝向等项因素的调节标准调节，以每套住房标价。

第五条 职工第一次购买公有住宅楼房，依法免征契税。

第六条 职工购买的住宅楼房，供暖费用、燃气设施维修更新费用的收取，按职工承租公有住宅楼房的办法执行。电梯、高压水泵的运行、维修及更新费用，由售房单位负担。

第七条 职工购买公有住宅楼房，应当依法到房屋所在地的区国土资源行政主管部门办理过户和产权登记，领取不动产权属证书。

第八条 职工依照本办法购买的住宅楼房，享有合法所有权，可以依法使用、继承和抵押。对住宅楼房出售、出租的，按本市有关规定执行。

第九条 出售的新楼房，售房单位须按国家和本市规定的期限和项目保修。旧楼房出售前，售房单位须对房屋结构和装修设备进行检修，保证住用安全和正常使用。

职工购买住宅楼房后的管理和维修，按《北京市私有住宅楼房管理与维修办法》执行。

第十条 出售公有住宅楼房的收入，由售房单位存入市住房资金管理中心委托的金融机构，纳入本单位住房基金，所有权不变。

第十一条 单位违反本办法规定，以贱价出售公有住宅楼房的，由住房城乡建设行政主管部门责令限期改正，补足房价款，可并处所得房价款 2 倍以下，不超过 3 万元的罚款，提请其上级主管部门追究单位负责人或直接责任人的行政责任。

第十二条 本办法以准成本价出售公有住宅楼房的规定不适用于高收入家庭的职工。

第十三条 单位向职工出售公有住宅楼房的具体形式，依据本市房改统一政策和本单位实际情况确定。售房方案按隶属关系报上级主管部门批准后执行，并报所在地的区人民政府住房制度改革办公室和住房城乡建设行政主管部门备案。

第十四条 本办法自 1992 年 7 月 1 日起施行。

关于印发《关于引入社会资本参与老旧小区改造的意见》的通知

（京建发〔2021〕121号，2021年4月22日，北京市住房和城乡建设委员会
北京市发展和改革委员会 北京市规划和自然资源委员会 北京市财政局
北京市人民政府国有资产监督管理委员会 北京市民政局 北京市地方金融监督管理局
北京市城市管理委员会发布）

各区人民政府、北京经济技术开发区管委会，市有关部门：

经市政府同意，现将《关于引入社会资本参与老旧小区改造的意见》印发给你们，请结合工作实际贯彻执行。

关于引入社会资本参与老旧小区改造的意见

根据国务院办公厅《关于全面推进城镇老旧小区改造工作的指导意见》和市委市政府工作部署，为构建政府与居民、社会力量合理共担改造资金的工作机制，逐步形成居民出一点、企业投一点、产权单位筹一点、补建设施收益一点、政府支持一点等“多个一点”资金分担方式，建立共同参与改造、共同治理社区、共同享受成果的老旧小区改造良性循环新机制，本市将引入社会资本参与老旧小区改造，现提出如下意见：

一、多种方式引入社会资本参与

（一）社会资本可通过提供专业化物业服务方式参与。按照《北京市物业管理条例》的规定，经业主大会决定或物管会组织业主共同决定，业委会或物管会等业主组织通过招标等方式选定物业服务企业，物业服务企业参与老旧小区改造。小区已有物业服务企业的，经业主大会决定或物管会组织业主共同决定，依据居民提升物业服务水平和老旧小区改造的需求，业主组织重新与物业服务企业签订物业服务合同。

（二）社会资本可通过“改造＋运营＋物业”方式参与。在街道（乡镇）指导下，经业主大会决定或物管会组织业主共同决定，可以将小区共用部位的广告、停车等公共空间利用经营与物业服务打包，采用招标等方式选定社会资本，社会资本通过投资改造，获得小区公共空间和设施的经营权，提供物业服务和增值服务。

（三）社会资本可通过提供专业服务方式参与。业主组织或实施主体可通过招标或竞争性谈判选择养老、托育、家政、便民等专业服务企业投资改造或经营配套设施，提供专业服务。

（四）鼓励社会资本作为实施主体参与老旧小区改造。区政府可通过“投资＋设计＋施工＋运营”一体化招标确定老旧小区改造实施主体，既可作为单个小区的实施主体，也可通过区政府组织的大片区统筹、跨片区组合，作为多个小区及周边资源改造的统一实施主体。实施主体可与专业企业联合投标。

二、加大财税和金融支持

（一）社会资本参与老旧小区改造的，市级财政仍按照《关于老旧小区综合整治市区财政补助政策的函》（京财经二〔2019〕204号）等政策予以支持；同时，对符合条件的项目给予不超过5年、最高不超过2%的贷款贴息。区政府对符合要求的项目，可以申请发行老旧小区改造专项债。

（二）涉及基础设施改造的，市区发展改革

部门按照《加快推进自备井置换和老旧小区内部供水管网改造工作方案》（京政办发〔2017〕31号）、《北京市老旧居民小区配网改造工作方案（2018—2022）》（京发改〔2018〕2952号）等有关规定予以支持。

（三）支持通过“先尝后买”方式引入专业化物业服务，各区政府可对引入的业主大会或会议认可的物业服务企业给予奖励补助。

（四）市区税务部门应按照《关于全面推进城镇老旧小区改造工作的指导意见》（国办发〔2020〕23号）等有关规定，落实专业经营单位和养老、托育、家政等服务机构的税费减免政策。

（五）鼓励金融机构参与投资市区政府设立的老旧小区改造等城市更新基金。支持社会资本开展类REITs、ABS等企业资产证券化业务。

（六）支持社会资本通过项目融资、公司融资等方式向开发性金融机构、商业银行等金融机构申请中长期贷款。支持社会资本利用财政补贴、政府实物注资、产权单位和居民出资等作为项目融资的资本金。

三、存量资源统筹利用

（一）业主共有的自行车棚、门卫室、普通地下室、物业管理用房、腾退空间，在街道（乡镇）指导下，经业主大会决定或物管会组织业主共同决定使用用途，统筹使用。

（二）区属行政事业单位所属配套设施，以及区属国有企业通过划拨方式取得的小区配套用房或区域性服务设施，经专业机构评估，可将所有权或一定期限的经营收益作为区政府老旧小区改造投入的回报。

（三）市、区属国有企业通过出让方式取得的配套用房，以及产权属于个人、民营企业和其他单位的配套用房，规划自然资源部门要加强用途管控，恢复原规划用途或按居民实际需要使用。区政府搭建平台，鼓励产权人授权实施主体统筹使用。

（四）上述存量资源授权社会资本改造运营的，授权双方应当签订书面协议，明确授权使用期限、使用用途、退出约束条件和违约责任等。国有资产的产权划转由区政府根据实际情况确定。

四、简化审批

（一）纳入老旧小区改造计划或完成相应投资决策审批的项目，即可在建设工程承发包招标平台或勘察设计招标平台进行一体化招标。

（二）社会资本经委托或授权取得的设施用房，在办理经营所需证照时，持区老旧小区综合整治联席会认定意见即可办理工商等相关证照，不需提供产权证明。

（三）供（排）水、供电、供气、供热等专业公司对社会资本运营的配套服务设施，给予缩短接入时间等支持措施，属于简易低风险工程附属水、电、气接入“三零服务”范围的，免于行政审批。

（四）土地规划有关支持政策，按照本市城市更新有关规定执行。

五、监督管理

各区要健全引入社会资本的监管制度，街道（乡镇）要对社会资本投资、改造和运营进行全过程监管。各区要建立评估机制，由街道（乡镇）聘请第三方定期对社会资本的服务情况进行评估，总结经验，持续改进和提升社会资本的服务质量。

社会资本违反合同约定，存在擅自改变使用用途、服务收费明显高于周边水平、服务质量差居民反映强烈等触及退出约束条件的，授权主体依据合同约定终止授权。

本意见自下发之日起实施。意见执行过程中遇到的问题，请及时反馈。

附件：国家开发银行老旧小区改造金融产品

附件

国家开发银行老旧小区改造金融产品

一、产品类型

（一）股权类产品

开发银行可参与投资、协助政府设立城市更新基金、老旧小区改造基金等。

（二）债权类产品

1. 银行间市场债务直接融资工具

开发银行可作为债权承销商承销实施主体发行的超短融、短融、中票、公司债等债券业务。

2. 证券化债务融资工具

开发银行可帮助实施主体申请类 REITS、CMBS、ABS 等资产证券化业务，盘活存量资产，拓展多个融资渠道。

3. 中长期贷款业务

借款人：符合银行要求的企业法人。

贷款用途：符合国办 23 号文要求的基础类、完善类、提升类的各种类型的改造内容。

资本金：按照国家对于资本金比例要求的最低比例，不低于总投资的 20%。居民出资、市区级财政补贴、政府专项债以及国有企事业单位等老旧小区原产权单位给予的资金均可作为项目的资本金。

还款来源：小区配套设施、公共服务设施等出租、经营收入；自行车棚、闲置锅炉房、堆煤场等多种经营资产的收入；企业公司现金流等。

贷款期限：最长为 25 年，宽限期（只付息不还本）最长为 5 年。

贷款利率：不高于贷款市场报价利率（LPR）。

信用结构：经营性资产形成的应收账款质押、资产抵押、保证担保、股权质押、企业信用良好的可采用免担保等。

4. 流动资金贷款

可提供 1 年期、3 年期的流动资金贷款，用途为实施主体运营期的日常经营所需。

二、融资模式

（一）项目融资

可小区自平衡，或以大片区统筹、跨片区统筹资源实现的收益作为平衡来源。

（二）公司融资

对于市属、区属国有企业或其他自身实力较强的主体，可以项目运营收益和政府授权运营或注入的其他资产产生的现金流等企业综合收益作为平衡来源。

（三）PPP

对于预期收益不能覆盖投入的项目，以 PPP 协议项下的使用者付费和可行性缺口补助或政府付费作为平衡来源。

上述为开发银行主要金融产品，后续开发银行还将根据北京市老旧小区改造推动情况和项目具体条件优化、改进产品。

北京市老旧小区综合整治联席会议办公室印发《关于老旧小区综合整治实施适老化改造和无障碍环境建设的指导意见》的通知

（京老旧办发〔2021〕11 号，2021 年 5 月 9 日）

各区政府，各有关单位：

为落实市领导关于老旧小区综合整治突出适老化改造和无障碍环境建设的指示要求，把老旧小区改造这项惠民工程办好，建设整洁、和谐、宜居的美丽家园，经市政府同意，现将《关于老旧小区综合整治实施适老化改造和无障碍环境建设的指导意见》印发给你们，请结合实际，认真组织实施。

特此通知。

关于老旧小区综合整治实施适老化改造和无障碍环境建设的指导意见

根据国务院办公厅《关于全面推进城镇老旧小区改造工作的指导意见》（国办发〔2020〕23号）、《关于推动物业服务企业发展居家社区养老服务的意见》（建房〔2020〕92号），以及国家和本市有关规定，为推进老旧小区综合整治同步实施适老化改造和无障碍环境建设，制定本指导意见。

一、总体要求

（一）指导思想。以习近平新时代中国特色社会主义思想为指导，全面贯彻习近平总书记对北京重要讲话精神，落实市委市政府决策部署，坚持以人民为中心，坚持首善标准，积极应对人口老龄化，在老旧小区综合整治中突出适老化改造和无障碍环境建设，创建安全、舒适、便利，代际和睦、人人共享、和谐发展的全龄、全人群宜居生活环境。

（二）目标任务。“十四五”期间，实施综合整治的老旧小区，因地制宜逐个明确小区适老化改造和无障碍环境建设内容，实现通行无障碍；支持有条件的既有多层住宅加装电梯，合理利用空间完善养老服务设施，引导有需求的老年人家庭开展居家适老化改造；推动和支持物业服务企业、养老服务机构等提供养老服务，切实增加居家养老服务有效供给，有效满足老年人居家养老需求。

二、主要改造内容

老旧小区适老化改造和无障碍环境建设，包括通行无障碍改造、公共空间适老化改造、完善适老化公共服务设施、增加居家养老服务有效供给等方面，具体改造内容分为基础类、完善类和提升类。基础类是必须改造的内容，完善类和提升类是根据居民意愿确定的改造内容。

（一）通行无障碍改造

1. 公共设施改造。重点在单元门、坡道、电梯、扶手等公共区域建筑节点进行无障碍改造，满足老年人及行动不便人员基本的安全通行需求，有条件的既有多层住宅加装电梯或安装爬楼代步器。

2. 小区内道路交通无障碍改造。拆除路面障碍物、平整路面，完善道路照明系统。规范停车管理，有条件的增设无障碍车位。

（二）公共空间适老化改造

根据小区实际情况，优化绿地、休闲空间，建设适老且无障碍的公共活动场所；完善更新带有安全扶手和靠背的公共休息座椅；增设有安全防护措施的公共健身器材；有条件的增设安全、无障碍的电动车充电停车棚；鼓励利用闲置公共空间，设置参与式无障碍种植园区、自主康复区或健康步道场所；临近公共活动场所，鼓励增设独立无障碍卫生间；有条件的小区可增设为老服务设施。

（三）室内居住环境改造

引导老年人家庭对室内环境和日常生活设施进行适老化改造，有条件的将居家适老化改造与信息化、智能化居家养老服务相结合。

（四）完善适老化公共服务设施

1. 完善小区为老服务、商业服务、公共服务等设施的适老化改造和无障碍环境建设，强化通行无障碍、操作便利无障碍和信息感知无障碍。

2. 已建成的公共卫生间实施无障碍改造，有条件的小区应增设无障碍公共卫生间。

3. 有条件的小区可引入社会资本增设为老服务机构与设施，包括养老机构、医疗机构、餐饮机构、生活便利机构等，强化设施功能完备，提升为老服务效能。

（五）增加居家养老服务有效供给

推动和支持物业服务企业、养老服务机构等采用“物业服务＋养老服务”模式，专门提供助餐、助浴、助洁、助急、助行、助医、照料看护等定制养老服务。

鼓励物业服务企业加强与社区居民委员会、业主委员会（物业管理委员会）的沟通合作，协助社区居委会搭建老年文化活动平台，开展居民结对帮扶老年人志愿服务和代际沟通活动。

三、组织实施

（一）公共区域适老化改造

1. 加强设计管理。老旧小区综合整治项目实施主体会同街道和社区充分征求居民意见，在责任规划师指导下，结合小区现实情况，因地制宜确定公共区域适老化改造和无障碍环境建设菜单，与小区环境品质改善、垃圾分类等，进行一体化设计。实施主体组织设计单位在总体设计方案下，制定适老化改造和无障碍环境建设专项设计方案，专项设计方案应当和总体设计方案在小区内一并公示。专项设计方案纳入施工图审查范围。

2. 加强施工过程管理。公共区域适老化改造和无障碍环境建设应与老旧小区综合整治同步施工，实施主体组织施工单位严格按专项设计方案施工，加强施工过程监管，业主委员会（物业管理委员会）做好全过程监督。

3. 加强验收管理。老旧小区综合整治项目验收时，由实施主体组织设计、施工、监理单位和业主委员会（物业管理委员会）对适老化改造和无障碍环境建设进行专项验收。

（二）室内适老化改造

1. 对有适老化改造需求的家庭，居民委托专业机构进行评估，依据评估结果确定改造方案，择优确定改造施工单位，签订改造施工协议，经老年人或者其监护人签字确认后实施。改造完成后，按协议约定验收。室内适老化改造施工宜与老旧小区综合整治同步实施。

2. 对政府支持保障的特殊困难老年人家庭居家适老化改造的，按照民政部门相关政策及工作程序组织实施；残疾人家庭居家适老化改造，按照市残联相关政策及工作程序组织实施，应与老旧小区综合整治同步施工。

适老化改造和无障碍环境建设的设计建设标准，参照《无障碍设计规范》（GB 50763—2012）和《既有住宅适老化改造设计指南》等有关规定执行。

四、支持政策

（一）财税金融支持

1. 老旧小区综合整治项目公共区域适老化改造和无障碍环境建设分类实施（分类改造菜单见附表），基础类、加装电梯或安装爬楼代步器的市区财政补助政策，按照《关于老旧小区综合整治市区财政补助政策的函》（京财经二〔2019〕204 号）执行。

2. 居家适老化改造，对特困供养、低保低收入的高龄和失能老年人家庭采取阶梯式补贴。

3. 公共区域健身器材改造，由体彩公益金全额支持。

4. 小区公共场所及住宅楼加装养老、孝老、敬老文化宣传橱窗或电子屏，由街道（乡镇）安排。

5. 小区内养老服务驿站、养老机构、养老服务商的建设运营，按照国家和本市有关规定进行补贴和税费减免。

6. 鼓励社会资本参与适老化改造运营，支持社会资本通过项目融资、公司融资等方式向金融机构申请中长期贷款。

（二）鼓励利用小区存量资源

1. 业主共有的公共房屋和设施，经业主共同决定，可交由物业服务企业统一改造用于居家养老服务。

2. 政府所有的闲置房屋和设施，政府可委托物业服务企业或养老服务机构用于居家养老服务。

3. 鼓励物业服务企业与房地产开发企业协商，将开发企业自持的房屋改造为养老服务用房，允许按照适老化设计要求优化户均面积、小区车位配比等指标，相关建设工程应符合国家工程建设消防技术标准和消防安全管理要求。

（三）支持物业服务企业参与养老服务

1. 物业服务企业已经取得居家社区养老服务机构营业执照的，允许其跨区域经营居家社区养老服务。

2. 协调职业院校、培训机构为物业服务企业培养养老护理、康复、社会工作、心理咨询等专业人员提供人力资源支持。

3. 按规定落实养老服务从业人员培训费补贴、职业技能鉴定补贴等政策。

4. 将符合条件的养老服务从业人员纳入公租房或政策性租赁住房保障范围。

五、组织保障

将老旧小区适老化改造和无障碍环境建设纳入本市老旧小区综合整治联席会议重要议事内容，将市卫生健康委、市体育局、市残联新增为联席会成员单位，各区同步完善本区联席会制度。适老化改造和无障碍环境建设推进实施过程中遇到的问题由联席会研究解决。市级各单位职责如下：

（一）市住房城乡建设委。统筹协调市有关部门，研究完善老旧小区综合整治项目实施适老化改造及无障碍环境建设相关政策，督促各区严格按照设计方案施工，在施工过程、竣工验收等环节进行监督，落实适老化改造及无障碍环境建设内容，协调解决适老化改造和无障碍环境建设过程中遇到的问题。

（二）市规划自然资源委。加强对老旧小区综合整治项目规划设计指导，督促设计单位和责任规划师贯彻适老化改造及无障碍环境建设设计理念，组织对责任规划师培训指导，积极参与指导老旧小区整治项目的方案设计，监督指导实施主体按设计方案组织施工。将老旧小区综合整治方案中适老化改造和无障碍环境建设的设计内容纳入施工图审查范围，给予指导评估。

（三）市委社会工委市民政局。结合养老服务设施建设要求，指导各区积极发挥基层群众组织作用，广泛征求居民、业主意见，落实居家适老化改造政策，指导推进室内适老化改造，动员社会力量参与开展老旧小区适老化改造和无障碍环境建设。

（四）市卫生健康委。市老龄工作委员会办公室根据有关职责进行工作统筹，协调联络市老龄委各成员单位，抓好相关工作落实，开展养老、孝老、敬老文化宣传。市老龄协会负责协调专业组织和市老龄委专家委员会相关专家对各项目单位适老化改造和无障碍环境建设方案进行指导，并提出建设性意见。

（五）市残联。将无障碍环境建设专项行动与老旧小区综合整治统筹实施。组织开展残疾老年人居家环境无障碍改造工作。对无障碍建设方案给予指导，并对无障碍环境设计、建设和验收过程中提供技术支持和指导。

（六）市体育局。指导各区落实老旧小区内建设适老化体育健身设施，同时做好体育设施区域内无障碍设施配套建设。

（七）各区政府。组织督导落实本区老旧小区综合整治工作中贯彻落实适老化改造和无障碍环境建设工作。积极打造“区级统筹、街道主导、社区协调、居民议事、社会参与”的多方联动机制。在老旧小区综合整治过程中，属地街道牵头，协调各有关部门积极推进适老化改造和无障碍环境建设有效落实。

六、工作要求

（一）提高认识，加大推进力度。各单位、各区政府应提高政治站位，充分认识在老旧小区综合整治中实施适老化改造和无障碍环境建设是老年友好宜居环境建设的重要组成部分，是经济社会发展和积极应对人口老龄化的需要，是落实“七有”“五性”民生保障的具体体现，意义重大。市老旧小区综合整治联席会加强统筹协调，推进工作落实。

（二）因地制宜，合理规划。积极发挥社区居委会、业委会（物管会）、责任规划师和业主主体作用，结合老旧小区实际，广泛征求居民意见，突出老年人需求，合理优化使用空间资源，从“全龄型、全人群”的角度去审视设计，实施适老化改造和无障碍环境建设，实现共建共治共享。

（三）问题导向，补齐短板。坚持问题导向，以公共场所无障碍环境建设为重点，在改造过程中，注重铺地材料防滑性，标识清晰度，座椅、扶手、卫生间设置的标准度，完善配套设施，补齐公共服务短板，运用科技创新手段，提升居民生活品质。加强建设中的监督管理，形成人人监督、共建共治共享的工作氛围，确保适老化改造和无障碍环境建设落地落实。

（四）创新模式，整合资源。推广“劲松模式”“首开经验”，按照权责利相统一的原则，积极引入社会资本参与适老化改造和无障碍环境建设；加大金融支持力度，优化政策支持模式，推动各方资源整合，探索构建创新模式。

（五）加大宣传，示范引领。加大对老旧小区综合整治优秀项目，特别是适老化改造和无障碍环境建设典型案例的宣传力度，提高社会各界对老旧小区适老化改造和无障碍环境建设的认识，形成社会共识，营造社会各界支持、群众积极参与的浓厚氛围。

附件：老旧小区适老化改造与无障碍环境建设分类与改造内容表

附件

老旧小区适老化改造与无障碍环境建设分类与改造内容表

类别	改造内容
基础类	住宅楼出入口无障碍改造，满足以下三种情况之一： 1. 出入口高差较小时，改造为平坡出入口； 2. 出入口高差较大时，同时设置入口平台、台阶、轮椅坡道与安全扶手； 3. 出入口高差较大时，同时设置入口平台、台阶、升降平台与安全扶手。
	住宅楼单元门扩宽门洞、消除门坎高差
	小区内主要道路至住宅楼单元门增设夜间照明系统
	小区内人行道路无障碍改造，实现小区入口、主要道路、主要活动场地和住宅单元出入口之间的无障碍通行
	小区内导引指示标志系统适老化改造
	小区内为老服务机构及为老服务商出入口无障碍改造，满足以下三种情况之一： 1. 出入口高差较小时，改造为平坡出入口； 2. 出入口高差较大时，同时设置入口平台、台阶、轮椅坡道与安全扶手； 3. 出入口高差较大时，同时设置入口平台、台阶、升降平台与安全扶手。
	小区内老年人专用活动场地平整地面、更换防滑地材及消除场地高差坎
	小区内高台、水池等临空、临水处增设安全警示标志及防护措施
	公共场所及住宅楼加装宣传橱窗或电子屏，加强养老、孝老、敬老文化宣传
完善类	小区内道路宜采用人车分行管理
	小区绿化与公共场地整治改造，增设老年人活动场地并保证轮椅可通达
	老年人活动场地增设健康锻炼器材及使用指导说明
	老年人活动场地及散步道沿途增设休憩座椅和公共娱乐设施
	老年人活动场地设置专用放置随身物品及衣物的设施
	老年人活动场地周边增设无障碍卫生间或在临近的公共卫生间内设置无障碍厕位
	小区内商业、医疗、银行及其他公共设施出入口无障碍改造，满足以下三种情况之一： 1. 出入口高差较小时，改造为平坡出入口； 2. 出入口高差较大时，同时设置入口平台、台阶、轮椅坡道及安全扶手； 3. 出入口高差较大时，同时设置入口平台、台阶、升降平台与安全扶手。

续表

类别	改造内容
完善类	小区内商业、医疗、银行及其他公共设施内的公用卫生间增设无障碍厕位或无障碍卫生间
	小区内商业、医疗、银行及其他公共设施内增设老年人专用休憩区或服务区
	有条件的四层及以上无电梯住宅加装电梯或安装爬楼辅助设施
提升类	小区原有安全防护扶手材质升级改造，室外金属类扶手更换为树脂类扶手
	小区原有无障碍卫生间或新建公共卫生间适老化无障碍完善升级
	小区住宅楼栋入口附近设置无障碍停车位
	小区内设置风雨连廊、风雨活动场、阳光房等设施，方便老年人和社区居民在雨雪天或较为寒冷的天气里通行或开展室外活动
	有条件的可设置老年餐桌或老年食堂
	小区公共活动场所增设与社区物业服务机构或医疗、消防、公安等有关部门联动的紧急呼救装置
	小区公共活动空间增设自动体外除颤器（AED）等用于紧急救治的移动医疗装置
	小区增设提供全日照料服务的中小型养老机构
	小区增设提供社区基本公共卫生服务和社区基本医疗服务的小型医疗机构
	小区增设老年家庭与社区医疗及为老服务机构连接的智慧系统

非经资产及三供一业移交

北京市人民政府关于印发《北京市剥离国有企业办社会职能和解决历史遗留问题实施方案》的通知

（京政发〔2017〕7号，2017年1月16日）

各区人民政府，市政府各委、办、局，各市属机构：

现将《北京市剥离国有企业办社会职能和解决历史遗留问题实施方案》印发给你们，请结合实际认真贯彻落实。

北京市剥离国有企业办社会职能和解决历史遗留问题实施方案

为贯彻落实《国务院关于印发加快剥离国有企业办社会职能和解决历史遗留问题工作方案的通知》（国发〔2016〕19号）和《国务院办公厅转发国务院国资委、财政部关于国有企业职工家属区“三供一业”分离移交工作指导意见的通知》（国办发〔2016〕45号）精神，加快剥离市属国有企业办社会职能和解决历史遗留问题，增强国有企业市场竞争力，促进国有经济持续健康发展，特制定本实施方案。

一、总体要求

深入贯彻落实党的十八大和十八届三中、四中、五中、六中全会精神，深入学习贯彻习近平总书记系列重要讲话和对北京重要指示精神，牢固树立创新、协调、绿色、开放、共享的发展理念，牢牢把握首都城市战略定位，充分发挥市场在资源配置中的决定性作用和更好发挥政府作用，坚持政策引导与企业自主相结合，积极推进公共服务专业化运营管理，不断提高服务质量和运营效率，切实减轻国有企业负担，促进国有企业轻装上阵、公平参与竞争，为做强做优做大国有企业提供有力保障。

二、基本原则

（一）市场导向，政企分开。按照市场化原则，探索政府购买服务等方式，推进公共服务专业化运营管理，提高服务质量和运营效率，国有企业不再承担与主业发展方向不符的公共服务职能。

（二）分类指导，分步推进。针对不同企业、不同情况，分类采取分离移交、政府购买服务、专业化运营管理等不同方式剥离企业办社会职能和解决历史遗留问题。先试点、后推开，条件成熟的率先推进，情况复杂的稳妥、逐步推进。

（三）多方筹资，成本共担。本着尊重历史、实事求是的原则，建立政府和国有企业合理分担成本机制，多渠道筹措资金，国有企业作为责任主体，承担主要成本，政府予以适当补助。

（四）以人为本，维护稳定。做好相关政策统筹衔接，加强政策宣传和思想政治工作，切实维护职工合法权益，保障职工知情权，努力争取理解支持，为改革创造良好环境。

三、对市属国有企业退休人员实行社会化管理

（一）主要任务。

通过属地社保所和企业社保平台，逐步对市属国有企业退休人员实行社会化管理。

1. 属地社保所管理。

市属国资国企改革中疏解退出企业、化解过剩产能关闭停产企业、上市企业、混合所有制改革企业等，其已退休人员分批交由属地社保所管理。

市国资委所出资企业（以下简称一级企业）退休人员数量不多、经评估移交属地社保所管理不会影响社会稳定的，由市国资委会同一级企业商市人力社保局、相关区政府将已退休人员交由属地社保所管理。

本方案实施后，上述企业新退休人员办理退休手续时移交属地社保所管理。

2. 企业社保平台管理。

对退休人员数量较多、经评估目前移交属地社保所管理可能影响社会稳定的；或者退休人员居住比较集中、属地社保所接收能力明显不足的，可采取由一级企业设立企业社保平台集中统一管理，通过政府购买服务的方式实现退休人员社会化管理。条件成熟时，可将企业社保平台整体划转至属地管理。

相关一级企业根据本市有关政策规定设立企业社保平台，明确工作职责，完善规章制度，对所属企业退休人员实行集中统一管理。退休人员社会保险关系相对集中至企业社保平台，人事档案由企业社保平台集中存放并逐步实现电子化。退休人员享受的社会保险统筹项目外的其他待遇保持原标准不变。同时，实行政府购买服务，将企业社保平台管理服务退休人员事项列入政府购买服务目录。

（二）时间安排和工作目标。

2016 年开始，采取先试点后推广的方式，将尚未实行社会化管理的市属国有企业退休人员逐步移交属地社保所或企业社保平台实行社会化管理，2020 年底前基本完成。

（三）政策措施。

1. 对属地社保所的相关支持政策。

加强市属国有企业退休人员社会化管理的经费保障，服务经费根据管理企业退休人员的实际人数确定，纳入财政预算管理。

增加街道（乡镇）社保所社会化管理专职工作人员编制，现有力量不足的，可聘用社会人员，并保障队伍相对稳定。市财政每年按各区接收的市属国有企业退休人员实有人数，向各区财政拨付资金，专项用于聘用社会人员工资及工作经费。

明确区级退休人员人事档案专职管理机构，以自建、租赁档案管理场所或政府购买服务等方式实现本区退休人员人事档案集中保管。实行属地社保所管理的市属国有企业退休人员人事档案统一移交到所属区的退休人员人事档案专职管理机构，街道（乡镇）社保所目前保管的退休人员人事档案逐步集中到本区退休人员人事档案专职管理机构。人事档案库房及配套设施按照国家有关标准和要求建设，费用由市财政专项经费列支。对退休人员人事档案进行数字化处理，并逐步接入本市人事档案公共管理系统，所需费用纳入财政预算管理。

市属国有企业退休人员享受的社会保险统筹项目外的其他待遇，继续由移交企业按照原时间、原渠道、原标准发放；条件成熟时由社会保险基金管理中心按照原时间、原标准发放，所需资金由移交企业承担。本方案实施后，市属国有企业不得向新入职和已参与年金计划的人员支付统筹外费用（政府有关部门明确规定的除外）。

2. 对企业社保平台的相关支持政策。

企业社保平台与街道（乡镇）社保所统一管理服务标准，实现活动场所、服务设施等资源共享，并为全市退休人员提供开放式服务。支持企业社保平台按照精简高效的原则配备人员和设施，不断提高服务质量和水平。

由市人力社保局作为政府购买服务主体，企业社保平台作为承接主体，按照相关流程和要求购买包括退休人员管理服务、退休人员档案电子化、企业社保平台管理信息系统建设与维护、企业社保平台工作人员及运营场所保障等服务。

3. 市属国有企业退休人员中的党员，其原所在单位或上级主管部门党组织应从实际出发落实党员组织关系，尚未建立退休人员党支部的原则上将党员组织关系转移至居住地党组织。

4. 离休人员原则上保持现有管理方式不变。

（四）工作分工。

1. 市人力社保局会同市国资委、市财政局等部门负责制定市属国有企业退休人员移交属地社保所管理工作办法及按年度移交单位名单（2017 年 6 月底前完成）。

2. 市人力社保局会同市财政局、市国资委等部门负责制定政府购买市属国有企业退休人员社会化管理服务实施办法（2017年6月底前完成）。

3. 市国资委会同市人力社保局、市财政局等部门负责选择2至3户一级企业开展退休人员整体移交属地社保所管理试点，选择1至2户一级企业开展政府购买退休人员社会化管理服务试点（2017年6月底前完成）。

4. 市编办会同市人力社保局、市国资委等部门负责研究加强街道（乡镇）社保所社会化管理工作力量的意见（2017年6月底前完成）。

5. 市人力社保局所属北京市劳动服务管理中心负责对市属国有企业退休人员社会化管理服务进行业务指导。各区人力社保局所属劳动服务管理中心负责本区退休人员社会化管理服务，同时承担集中管理本辖区社会化管理退休人员人事档案的职责。

四、对市属国有企业非经营性资产实行专业化管理

（一）主要任务。

整合市属国有企业相关资源，组建全市统一的非经营性资产集中管理处置平台（以下简称市级平台）。市级平台定位为特殊功能类企业，受市政府委托，负责对市属国有企业职工住房等非经营性资产实行专业化管理，同时按照国务院有关文件精神，承接在京中央企业职工家属区供水、供电、供热（供气）和物业管理（统称“三供一业”）分离移交任务。市级平台具体承担四项职能：

1. 接收。逐步将市属国有企业非经营性资产移交市级平台集中统一管理处置，同时按照国务院有关文件精神，有序接收在京中央企业职工家属区的“三供一业”。

2. 管理。依据城市规划，对尚未接入市政公用设施的国有企业职工家属区供水、供电、供热（供气）设施进行必要的维修改造，达到城市基础设施的平均水平，并分户设表、按户收费。发挥市级平台专业化管理优势，积极引入竞争机制，不断降低管理成本，切实提升居民满意度。建立健全非经营性资产信息化管理系统，加强日常监管，实现房屋管理安全、设备运行可靠、物业管理规范、资金使用高效。

3. 运营。加强市级平台接收的非经营性资产运营管理，探索发展社区养老、文化、商业等便民服务项目，在更好地服务社区居民的同时，积极培育发展新服务、新市场、新业态，推动形成新的经济增长点。

4. 处置。充分利用棚户区改造和老旧小区综合整治等政策，结合市级平台接收的职工住房数量多、面积大、分布广等特点，对具备条件的连片区域进行棚户区改造和综合整治，着力解决部分老旧小区基础设施不完善、环境脏乱差、公共安全隐患突出等问题，改善居住条件和环境。

（二）时间安排和工作目标。

2016年开始，组建市级平台并推进市属国有企业非经营性资产移交市级平台集中统一管理处置，2018年底前基本完成。

（三）政策措施。

1. 按照“整体移交、现状接收”的原则，市属国有企业将非经营性资产及其配套设施的所有权和国有土地使用权、相关档案资料、公共维修基金和售房款余额全部完整移交至市级平台。移交资产按账面值无偿划转。

对市级平台接收的非经营性资产存在的土地、房屋权属资料不全，无法正常办理产权登记或过户手续问题，按照尊重历史、特事特办原则，采取“一事一议”方式妥善解决。

2. 市属国有企业非经营性资产移交时，向市级平台支付一次性综合补助费，标准为每平方米建筑面积350元。市财政补助50%（本方案实施前已移交北京房地集团有限公司的非经营性资产未享受过财政补助的参照执行）。

经交接双方协商一致，移交企业承担的综合补助费可以在移交接管协议签订后3年内分批支付；也可以用移交企业经营性房地产按照评估价格折抵，但最高不超过综合补助费总额的20%。

综合补助费应封闭管理、统筹使用，专户专账、专款专用。建立健全资金使用管理制度，完善审批程序。定期对综合补助资金使用情况进行专项审计。

3. 对市属国有企业非经营性资产分类梳理、分类施策，加大棚户区改造和老旧小区综合整治等政策对市属国有企业非经营性资产处置的支持力度，提升市级平台处置能力。

4. 移交非经营性资产涉及的从业人员，原则上由移交企业采取多种方式自行妥善安置；也可由交接双方协商，按照人员自愿、双向选择的原则，由市级平台负责安置。

（四）工作分工。

1. 市国资委负责组建市级平台并制定市属国有企业非经营性资产移交工作程序（2017年6月底前完成）。

2. 市规划和国土资源管理委员会会同市住房城乡建设委、市国资委等部门负责研究提出市级平台接收的权属资料不全的土地、房屋产权登记或过户的处理方案（2017年6月底前完成）。

3. 市国资委负责对市属国有企业非经营性资产整体情况进行梳理，并会同市重大项目办、市住房城乡建设委、市财政局、市发展改革委、市规划和国土资源管理委员会等部门负责研究制定分类处置支持政策（2017年6月底前完成）。

4. 市财政局会同市国税局、市地税局、市国资委等部门负责研究市属国有企业非经营性资产移交市级平台过程中的税收政策（2017年6月底前完成）。

五、剥离市属国有企业办医疗、教育等公共服务机构

（一）主要任务。

对市属国有企业办医疗、教育等机构实行分类处理，采取移交、撤并、改制或专业化管理、政府购买服务等方式进行剥离。

（二）时间安排和工作目标。

2016年开始，分类处理企业办医疗、教育等机构，2018年底前基本完成。

（三）政策措施。

1. 对与市、区政府协商一致同意接收的医疗、教育机构，移交市、区政府管理；对运营困难、缺乏竞争优势的医疗、教育机构，予以撤销并做好有关人员的安置和资产处置工作；对因特殊原因确需保留的医疗、教育机构，按照市场化原则进行资源优化整合，实现专业化运营管理。同时，积极探索政府购买服务等模式，引入社会资本参与企业办医疗、教育机构的重组改制。

2. 市财政对市属国有企业办医疗、教育机构撤销、改制、集中管理过程中涉及的职工分流安置等费用补助50%。

（四）工作分工。

市国资委会同市卫生计生委、市医改办、市医院管理局、市教委、市人力社保局、市财政局、市编办等部门负责对市属国有企业办医疗、教育等机构进行梳理，提出分类处置方案（2017年6月底前完成）。

六、妥善解决市属国有企业历史遗留问题

对市属国有企业在疏解退出、“僵尸企业”处置、厂办大集体改革、农租房腾退等方面涉及的历史遗留问题，由市国资委会同有关部门按照现有政策积极推进解决。

七、保障措施

（一）加强组织领导。在市全面深化市属国资国企改革工作推进小组的统一领导下，成立剥离国有企业办社会职能和解决历史遗留问题专项小组。专项小组由市国资委、市财政局牵头，市委组织部、市编办、市发展改革委、市教委、市民政局、市人力社保局、市规划和国土资源管理委员会、市住房城乡建设委、市城市管理委员会、市水务局、市卫生计生委、市国税局、市地税局、市文资办、市金融局、市信访办、市重大项目办、市总工会、市档案局等部门和单位参加。专项小组负责研究重大问题，做好督促检查，推动各项改革措施落实。

（二）发挥属地作用。各区政府要加大对接收市属国有企业退休人员比较集中的街道（乡镇）社保所的投入，着力解决专职工作人员缺乏、档案室面积不足等实际问题。要将市级平台接收的非经营性资产中棚户区改造和老

旧小区综合整治项目列入计划，加强资金和政策支持，精心组织实施。可根据本实施方案，结合实际研究制定剥离区属国有企业办社会职能和解决历史遗留问题的实施方案。

（三）落实企业责任。各市属国有企业要成立由主要领导担任组长的专项工作小组，认真制定方案，精心组织实施。要坚持依法依规操作，切实维护职工合法权益。要制定风险应对措施和应急处置预案，保障改革稳妥有序推进。要做好各类文件的归档和保管，确保档案在移交与接收工作中的完整与安全。要将此项工作完成情况列入董事会年度工作报告、监事会监督检查报告、经济责任审计报告，并由市国资委纳入企业负责人业绩考核体系。

（四）保障资金投入。市国资委、市财政局等部门要加强沟通协调，及时了解掌握改革进展情况，研究解决实施过程中的有关问题。市财政局商市国资委根据工作进度，统筹安排年度预算资金，将补助资金及时足额拨付到位。国有资本经营预算优先用于支持市属国有企业剥离办社会职能和解决历史遗留问题，不足部分由政府多渠道筹措资金加以解决。

（五）做好宣传引导。充分利用各类媒体，加强对剥离市属国有企业办社会职能和解决历史遗留问题工作的宣传，做好政策解读和舆论引导，努力争取职工的理解和支持，为推进相关工作营造良好氛围。

非市国资委监管的市属国有企业参照本方案执行。

北京市人民政府办公厅转发北京市破产企业非经营性资产移交暂行办法的通知

（京政办发〔2002〕20号，2002年4月3日）

各区、县人民政府，市政府各委、办、局，各市属机构：

市经委会同有关部门制定的《北京市破产企业非经营性资产移交暂行办法》已经市政府原则同意，现转发给你们，请认真贯彻执行。

北京市破产企业非经营性资产移交暂行办法

第一章　总则

第一条　为进一步规范本市企业破产工作，推进破产企业非经营性资产移交所在地管理工作，特制定本办法。

第二条　本办法适用于市属国有企业破产后非经营性资产移交工作。

本办法所称破产企业非经营性资产（以下简称非经营性资产），是指企业资产中所列，国家划拨形成或企业投资形成，非用于企业生产经营的资产，包括职工住房、学校、托幼园（所）、医院等非营利性设施，及其附属的公用设施。

第三条　北京市企业兼并破产和职工再就业工作协调小组（以下简称市协调小组）负责对非经营性资产移交行为进行组织、协调、监督、检查，对不符合国家法律、法规和本办法的行为进行纠正。

第四条　非经营性资产移交应维护职工的合法权益，维护社会稳定，积极稳妥地进行。

第二章　移交政策

第五条　法院宣告企业破产后，非经营性资产由破产清算组按其原有功能属性，移交非经营性资产所在地区县人民政府指定的机构（以下简称接收单位）接收管理。

第六条　非经营性资产原则上应当采取无偿划转的方式移交接收单位管理。移交的非经营性资产中属于划拨的土地，一般仍按原划拨土地使用权的性质划转。

办理非经营性资产划转及变更等手续，原则上免收行政性收费。

第七条　非经营性资产不进行评估，按企业破产审计报告确认的价值划转。

第八条　破产企业对原自管的公有住房享有的权利和承担的义务由接收单位全面接管。接收单位的权利和义务主要包括：享有未出售住房的产权并与原承租人重新签订（或变更）房屋租赁协议；对未出售住房进行维修管理，收取租金，依法向承租人出售现住房；享有已售公房再上市交易时原破产企业应得的收益；协助购房职工办理已购公房再上市交易的手续。

第九条　企业宣告破产前，依据有关规定从售房款中按比例提取的住宅共用部位、共用设施设备维修基金（以下简称维修基金）不属于企业破产财产，在非经营性资产移交时由破产清算组将其移交接收单位或业主委员会管理。接收单位未成立物业管理机构或者业主委员会的，应由破产清算组将其转存至相应的住房资金管理机构监督使用，专款专用。

企业宣告破产时，维修基金未按规定提取，或提取后被挪用的，由破产清算组在破产财产清偿分配前从破产财产中优先提取，随非经营性资产一并移交接收单位。

维修基金正常使用的部分在非经营性资产移交时不再补齐。在本办法实施前已终结司法程序的破产企业，没有提取的或被挪用的维修基金不再补齐。

第十条　接收单位在接收破产清算组移交的职工住房后，由市财政按下列标准给予一次性补助费：已售楼房，每平方米（建筑面积）补助50元。平房，每平方米（建筑面积）补助150元。接收单位接收未售楼房和其他非经营性资产，市财政不予补助。

破产清算组在与接收单位签订移交接管协议后，按移交接管协议载明的移交面积和上款所列标准计算补助费，经市协调小组认可后向市财政局申请补助。市财政局在接收单位办理完交接手续后，将补助费一次性划拨给接收单位。

第十一条　非经营性资产中房屋土地尚未办理《房屋所有权证》《国有土地使用证》的，由破产清算组负责征询市有关主管部门的意见，在符合土地利用总体规划和城市规划的前提下，由接收单位按基本建设程序办理相关手续，相关费用由破产清算组协调解决；不符合土地利用总体规划和城市规划的，接收单位如不同意接收，由破产清算组移交原企业的出资人（控股公司或集团公司，下同）管理。属于职工住房的，市财政局按本办法第十条规定将补助费划拨给原企业的出资人。

第十二条　接收单位对接收的非经营性资产进行处置，应当符合国家法律法规及本市有关规定。

接收单位处置非经营性资产中的划拨土地使用权时，如改变原土地用途，须向市有关主管部门申请办理审批手续；需缴纳地价款的，其所缴纳的地价款由市、区县财政部门收取并按有关规定扣除后，将出让金部分全部返还接收单位。

第三章　移交程序

第十三条　破产企业经法院裁定宣告破产后，由破产清算组负责对原企业的非经营性资产进行清理并拟定移交处置方案。

第十四条　非经营性资产的移交处置方案包括：

（一）非经营性资产清单。包括地理位置、占地面积、建筑面积、使用年限、账面价值及使用情况。

（二）非经营性资产的权属证明及其他相关材料或凭证。

（三）职工住房情况，按已售住房（成本价、标准价）和未售住房分别列出，并说明维修基金的提取和使用情况。

（四）承租自管公房职工的花名册及目前交纳房租、水电费等费用情况。

（五）托幼园（所）、医院、学校情况介绍。

（六）移交工作进度安排。

（七）其他需要说明的问题。

第十五条 非经营性资产移交处置方案由破产清算组报经市协调小组认可后，由市协调小组书面通知非经营性资产所在地区县人民政府。

第十六条 非经营性资产所在地区县人民政府接到市协调小组通知后，应及时指定接收单位，由接收单位与破产清算组签订非经营性资产移交接管协议。

第十七条 破产清算组与接收单位应在签订移交接管协议后30个工作日内办理完毕移交接管手续。

第十八条 非经营性资产接收单位与破产清算组签订移交接管协议后，持市协调小组书面通知和移交接管协议，到财政部门办理资产划转和产权变更手续；到国土资源和房屋管理部门办理房地产划转的权属转移登记手续（已售公房除外）；到教育、卫生行政部门及其他相关部门办理相应手续。

第四章 附则

第十九条 对于已设定抵押的非经营性资产，破产清算组需报市协调小组，待市协调小组与有关债权人或抵押权人依法商定合理解决办法后，再按本办法进行移交。

第二十条 本办法实施前已破产的企业其非经营性资产尚未移交的，参照本办法执行。

北京市人民政府国有资产监督管理委员会 北京市财政局关于市属国有企业非经营性资产及在京中央企业职工家属区“三供一业”分离移交工作有关事项的通知

（京国资发〔2017〕15号，2017年7月5日）

各市属企（事）业单位，有关在京中央企业，其他相关单位：

按照《北京市人民政府关于印发〈北京市剥离国有企业办社会职能和解决历史遗留问题实施方案〉的通知》（京政发〔2017〕7号，以下简称《实施方案》）要求，为切实做好市属国有企业非经营性资产及在京中央企业职工家属区供水、供电、供热（供气）和物业管理（统称“三供一业”）分离移交接收工作，经市政府同意，现就有关事项通知如下：

一、关于市属国有企业非经营性资产整体移交

（一）移交范围

非经营性资产，是指企业资产中所列、国家划拨形成或企业投资形成、非用于企业生产经营的资产，包括职工住房及其配套的附属公用设施和商业配套设施等。

为确保移交工作顺利进行，市属国有企业对非经营性资产的划分要清晰、合理、权属明确，要保证非经营性资产的独立、完整，有利于产权移交、权属分割、权属登记、后期整体管理和盘活利用，并能满足职工生活需要，符合居住使用安全有关要求。其中：生活区内的所有房屋、配套用房、设备设施及土地原则上应全部划分为非经营性资产。

（二）移交单位

市属国有企业非经营性资产移交工作由市国资委所出资企业负总责。

（三）接收单位

市国资委将整合市属国有企业相关资源，组建全市统一的非经营性资产集中管理处置平台（以下简称市级平台），对本市国有企业非经营性资产实行专业化管理，同时承接在京中央企业“三供一业”分离移交任务。市级平台组建之前，继续由北京房地集团有限公司负责此项工作。

（四）工作原则

1. 整体移交。各移交单位在移交前报请

其出资人、国有土地使用权人或实际处置权人批准后，将非经营性资产及其配套设施的房屋所有权和国有土地使用权、相关档案资料、公共维修基金、售房款余额、综合补助费及其他费用，全部完整移交至接收单位，移交资产按账面值无偿划转。

移交单位不能有选择地移交资产，不能隐匿资产，不能提前自行处置（含出售、出租、转移、分割等）非经营性资产中公用设施和商业配套设施。

2. 现状接收。接收单位对移交单位移交的非经营性资产，除违法建设及其他特殊情况外，不分资产状况好坏，按现状全部接管，不能有选择地接收。因违法建设与移交资产无法分割，接收后遇拆违、整治等处理的，相关工作及责任由移交单位负责。

3. 确保稳定。移交单位在制定移交计划时要同步进行安全稳定风险评估，摸排风险点，制定明确的处置预案。交接过程中，交接双方要做好衔接，确保职工日常生活不受影响；接收单位要明确机构，完善制度，规范管理，确保稳定。

4. 分步推进。条件成熟一户，移交一户。移交单位可以一次性全部移交，也可以根据实际情况分批移交。

（五）工作程序

1. 移交单位向接收单位发送移交意向函，说明移交范围及相关事项处理办法。

2. 接收单位经初步核查，认为符合移交工作的有关要求，可与移交单位签订移交接收框架协议，明确移交面积等事项。

3. 接收单位指导移交单位梳理非经营性资产情况，填报相关信息，制定分离移交方案。分离移交方案包括：移交单位基本情况、移交工作组织机构、移交工作进度安排、移交范围、居民告知方案、风险评估方案、人员安置方案、移交费用支付安排等。

4. 接收单位对移交单位的非经营性资产状况开展尽职调查，就分离移交相关事宜与移交单位进行充分沟通协商。对符合接收条件的，应签订正式移交接收协议。

5. 移交接收协议签订后，接收单位将协议报市国资委审批。市国资委批准后，协议正式生效。

6. 接收单位按照移交接收协议及移交方案，启动现场接收工作。移交单位将公共维修基金、售房款余额、综合补助费及其他费用按要求履行手续，拨付接收单位。现场接收工作完成后，由接收单位与移交单位共同盖章确认包括接收面积在内的接收清单。

现场接收工作自协议生效之日起 30 日内完成。

（六）有关事项规定

1. 移交非经营性资产涉及的从业人员，原则上由移交单位妥善安置；也可由接收单位根据需求，按照“双向选择”的原则接收安置。其中：从业人员职责清晰、配置合理、经营管理业绩良好的现有物业服务企业，可由交接双方根据具体情况，协商接收方案，或将物业服务企业股权直接划转到接收单位。

2. 移交单位原则上需在移交接收协议生效后 30 日内向接收单位一次性支付综合补助费。一次性支付确有困难的，经交接双方协商一致，移交单位可以分批支付综合补助费。其中，首次支付的费用不得低于综合补助费总额的 60%（包括财政补助 50%）、且须在移交接收协议生效后 30 日内支付；第 24 个月底前支付不低于综合补助费总额的 30%；第 36 个月底前支付完毕。

经交接双方协商一致，综合补助费也可以用移交单位经营性房地产按照双方认可的有资质的评估单位评估的价格折抵，但最高不超过综合补助费总额的 20%，并需报市国资委批准。折抵费用在第二次支付时予以抵扣。

3. 按照 2016 年 12 月 28 日市政府专题会议提出的“兜得住、可持续”的要求，移交单位的职工住房及相关的供水、供电、供热（供气）公用设备设施与本市城市基础设施平均水平差距较大，移交单位缴纳的综合补助费不足以支付维修改造费用的，其差额部分按照北京市维修标准及北京市老旧小区综合整治等有关文件规定的内容测算金额，由移交单位补足，并由交接双方在正式移交接收协议中予以明确。

4. 移交单位要按照《财政部关于企业分离办社会职能有关财务管理问题的通知》(财企〔2005〕62号),做好资产无偿划转接收单位工作。多元股东的企业应当经该企业股东会或董事会同意后,按照持有股权的比例核减国有权益。

(七) 过渡期责任划分

移交接收协议生效之日起,至移交单位非经营性资产及其配套设施的房屋所有权和国有土地使用权完成过户之日止,为交接工作过渡期。

过渡期内,交接双方应密切配合做好衔接工作,并共同负有维护职工日常生活、确保稳定的责任。接收单位应及时指定专人履行日常维护管理责任。因未履行协议义务导致影响后续工作开展及安全稳定事故发生的,由未履行方负责。

(八) 其他

市属国有企业在外埠的“三供一业”移交执行属地政策,市财政补助50%。市财政补助基数按照市属国有股权占比,扣除政府其他补助后进行测算。

非市国资委监管的市属国有企业非经营性资产移交工作参照本通知执行。

二、关于在京中央企业职工家属区“三供一业”分离移交

在京中央企业可以根据实际情况,在整体移交和分项目移交两种方式中自主选择。由中央企业集团公司负责统筹、指导,主办企业直接与接收单位对接并组织实施。

(一) 整体移交

在京中央企业可以参照市属国有企业非经营性资产移交工作规定,实现职工家属区“三供一业”分离移交。

1. 非经营性资产范围由交接双方根据实际情况协商确定。

2. 供电设施由移交单位根据北京市维修改造标准直接与国家电网所属企业协商签订分离移交协议,所需维修改造费用由双方协商确定。

(二) 分项目移交

在京中央企业可以根据北京市相应维修改造标准,直接与供水、供电、供气、供热单位协商,按照市场化方式自主选择物业服务企业,所需资金由双方协商确定,签订协议明确双方责任。

附　　录

附录一　其他相关法规文件

类别	文件名称	文号	印发时间
综合管理	北京市架空线管理若干规定	北京市人民政府令第232号	2011年5月31日
	中共北京市委办公厅 北京市人民政府办公厅关于印发《北京市街道党工委和办事处职责规定》的通知	—	2020年11月7日
安全生产	北京市建设工程施工现场管理办法	北京市人民政府令第247号	2013年5月7日
	北京市生产经营单位生产安全事故隐患排查治理信息系统应用管理办法（试行）	京安监发〔2016〕60号	2016年9月22日
传染病防治与突发事件应对	北京市人民代表大会常务委员关于依法防控新型冠状病毒感染肺炎疫情坚决打赢疫情防控阻击战的决定	北京市人民代表大会常务委员会公告〔十五届〕第23号	2020年2月7日
	北京市实施《中华人民共和国突发事件应对法》办法	北京市人民代表大会常务委员会公告〔十三届〕第1号	2008年5月23日
	北京市人民政府关于进一步明确责任加强新型冠状病毒感染的肺炎预防控制工作的通知	京政发〔2020〕2号	2020年1月24日
	北京市人民政府办公厅关于进一步支持打好新型冠状病毒感染的肺炎疫情防控阻击战若干措施	京政办发〔2020〕5号	2020年2月3日
	北京市城市管理综合行政执法局 北京市住房和建设委员会 北京市应急管理局 北京市卫生健康委员会 北京市市场监督管理局联合发布关于进一步明确在商务楼宇内办公单位防疫要求的通告	京城管发〔2020〕13号	2020年2月24日
增值服务	北京市优化营商环境条例	北京市人民代表大会常务委员会公告〔十五届〕第25号	2020年3月27日
	北京市住房和建设委员会关于印发《老旧小区综合整治中养老、托育、家政等社区家庭服务业税费减免工作指引》的通知	—	2020年12月1日
	北京市住房和城乡建设委员会关于印发《北京市“十四五”时期老旧小区改造规划》的通知	京建发〔2021〕275号	2021年8月19日
	北京市住房和城乡建设委员会 北京市规划和自然资源委员会 北京市发展和改革委员会 北京市财政局关于开展危旧楼房改建试点工作的意见	—	2020年6月17日

附录二 相关标准和规范目录

地方标准

1.《电梯安装维修作业安全规范》(DB11/T 419—2007)
2.《物业保安服务质量要求》(DB11/T 487—2007)
3.《电气防火检测技术规范》(DB11/ 065—2010)
4.《住宅物业服务标准》(DB11/T 751—2010)
5.《新建物业项目交接查验标准》(DB11/T 774—2010)
6.《安全防范系统运行检验规范》(DB11/T 779—2011)
7.《封闭式停车场安全技术防范通用要求》(DB11/ 853—2012)
8.《安全技术防范系统维护通用要求》(DB11/T 855—2012)
9.《门牌、楼牌 设置规范》(DB11/T 856—2012)
10.《房屋建筑使用安全检查技术规程》(DB11/T 1004—2013)
11.《消防安全疏散标志设置标准》(DB11/ 1024—2013)
12.《城镇绿地养护管理规范》(DB11/T 213—2014)
13.《居住建筑装修装饰工程质量验收规范》(DB11/T 1076—2014)
14.《公共建筑装饰工程质量验收标准》(DB11/T 1087—2014)
15.《公共建筑空调制冷系统节能运行管理技术规程》(DB11/T 1130—2014)
16.《雨水井箅结构、安全技术规范》(DB11/T 053—2015)
17.《检查井盖结构、安全技术规范》(DB11/T 147—2015)
18.《城市景观照明技术规范 第1部分:总则》(DB11/T 388.1—2015)
19.《城市景观照明技术规范 第2部分:设计要求》(DB11/T 388.2—2015)
20.《城市景观照明技术规范 第3部分:干扰光限制》(DB11/T 388.3—2015)
21.《城市景观照明技术规范 第4部分:节能要求》(DB11/T 388.4—2015)
22.《城市景观照明技术规范 第5部分:安全要求》(DB11/T 388.5—2015)
23.《城市景观照明技术规范 第6部分:供配电与控制》(DB11/T 388.6—2015)
24.《城市景观照明技术规范 第7部分:施工与验收》(DB11/T 388.7—2015)
25.《城市景观照明技术规范 第8部分:管理与维护》(DB11/T 388.8—2015)
26.《高处悬吊作业企业安全生产管理规范》(DB11/T 1194—2015)
27.《中央空调系统运行节能监测》(DB11/T 1211—2015)
28.《住宅二次供水设施设备运行维护技术规程》(DB11/T 118—2016)
29.《居住建筑节能工程施工质量验收规程》(DB11/ 1340—2016)
30.《建筑内外墙涂料施工及验收规程》(DB11/T 1343—2016)
31.《信息安全等级保护检查规范》(DB11/T 1344—2016)
32.《建筑消防设施检测评定规程》(DB11/ 1354—2016)
33.《园林绿化工程施工及验收规范》(DB11/T 212—2017)
34.《建设工程施工现场安全资料管理规程》(DB11/ 383—2017)
35.《供热采暖系统维修管理规范》(DB11/T 466—2017)
36.《房屋建筑修缮工程定案和施工质量验收规程》(DB11/ 509—2017)
37.《自流平地面施工技术规程》(DB11/T 511—2017)

38.《建筑工程资料管理规程》(DB11/T 695—2017)
39.《安全生产等级评定技术规范　第2部分：安全生产通用要求》(DB11/T 1322.2—2017)
40.《易制爆危险化学品存放场所安全防范要求》(DB11/T 1427—2017)
41.《建筑预制构件接缝防水施工技术规程》(DB11/T 1447—2017)
42.《电动汽车充电基础设施规划设计标准》(DB11/T 1455—2017)
43.《建设工程施工现场安全防护、场容卫生及消防保卫标准　第2部分：防护设施》(DB11/T 1469—2017)
44.《安防监控中心值机服务规范》(DB11/T 1472—2017)
45.《生产经营单位安全生产风险评估规范》(DB11/T 1478—2017)
46.《人员密集场所应急疏散演练导则》(DB11/T 1479—2017)
47.《生产经营单位生产安全事故应急预案评审规范》(DB11/T 1481—2017)
48.《人民防空工程防护设备安装验收技术规程》(DB11/T 1490—2017)
49.《小型消防站建设规范》(DB11/T 1483—2017)
50.《城镇道路雨水口技术规范》(DB11/T 1493—2017)
51.《供热企业服务规范》(DB11/T 598—2018)
52.《建筑物电子系统防雷装置检测技术规范》(DB11/T 634—2018)
53.《住宅工程质量保修规程》(DB11/T 641—2018)
54.《餐饮业大气污染物排放标准》(DB11/ 1488—2018)
55.《电梯安全风险评估规范》(DB11/T 1520—2018)
56.《园区低碳运行管理通则》(DB11/T 1531—2018)
57.《社区低碳运行管理通则》(DB11/T 1532—2018)
58.《公共场所气象灾害警示标志设置规范》(DB11/T 1588—2018)
59.《电梯日常维护保养规则》(DB11/T 418—2019)
60.《电梯安装、改造、重大修理和维护保养自检规则》(DB11/T 420—2019)
61.《有限空间作业安全技术规范》(DB11/T 852—2019)
62.《园林绿化科普标识设置规范》(DB11/T 1615—2019)
63.《建筑消防设施维修保养规程》(DB11/T 1620—2019)
64.《电动自行车停放场所防火设计标准》(DB11/ 1624—2019)
65.《城市树木健康诊断技术规程》(DB11/T 1692—2019)
66.《公共场所中文标识英文译写规范　通则》(DB11/T 334—2020)
67.《集中空调通风系统卫生管理规范》(DB11/T 485—2020)
68.《电动汽车充电站运营管理规范》(DB11/T 880—2020)
69.《节水评价规范　第1部分：通则》(DB11/T 936.1—2020)
70.《绿色建筑工程验收规范》(DB11/T 1315—2020)
71.《呼吸道传染病疫情防控消毒技术规范　第1部分：通用要求》(DB11/T 1749.1—2020)
72.《呼吸道传染病疫情防控消毒技术规范　第4部分：公共场所》(DB11/T 1749.4—2020)
73.《草花组合景观营建及管护技术规程》(DB11/T 1758—2020)
74.《步行和自行车交通环境规划设计标准》(DB11/ 1761—2020)
75.《用水定额　第42部分：居民生活》(DB11/T 1764.42—2020)
76.《建筑水表配置规范》(DB11/T 1768—2020)
77.《用水单位水计量与统计管理规范》(DB11/T 1769—2020)
78.《民用冷却塔节水管理规范》(DB11/T 1770—2020)
79.《地源热泵系统运行技术规范》(DB11/T 1771—2020)

80.《供热采暖系统水处理规程》(DB11/T 1775—2020)
81.《人民防空工程维护技术规程》(DB11/T 1777—2020)
82.《餐饮服务单位餐饮服务场所布局设置规范》(DB11/T 1789—2020)
83.《餐饮服务单位餐饮用具使用管理规范》(DB11/T 1790—2020)
84.《餐饮服务单位从业人员健康管理规范》(DB11/T 1791—2020)
85.《社区菜市场设置与管理规范》(DB11/T 309—2021)
86.《城市道路清扫保洁质量与作业要求》(DB11/T 353—2021)
87.《配电室安全管理规范》(DB11/T 527—2021)
88.《停车场(库)运营服务规范》(DB11/T 596—2021)
89.《绿色建筑评价标准》(DB11/T 825—2021)
90.《房屋结构检测与鉴定操作规程》(DB11/T 849—2021)
91.《冷水机组节能监测》(DB11/T 975—2021)
92.《公共建筑室内温度节能监测标准》(DB11/T 1005—2021)
93.《板式换热器运行节能监测》(DB11/T 1212—2021)
94.《街巷环境卫生质量要求》(DB11/T 1375—2021)
95.《建筑工程施工安全操作规程》(DB11/T 1833—2021)
96.《公共建筑室内照明系统节能监测》(DB11/T 1854—2021)
97.《企事业单位碳中和实施指南》(DB11/T 1861—2021)
98.《医疗机构保洁服务规范》(DB11/T 1863—2021)

指导性规范

1.《北京市物业项目承接查验评估规范(试行)》(京建发〔2010〕391号)
2.《北京市物业服务费用评估规范(试行)》(京建发〔2010〕391号)
3.《物业服务项目收支情况报告撰写规范》(京建发〔2010〕758号)
4.《物业服务项目收支情况报告示范文本》(京建发〔2010〕758号)
5.《北京市人民防空工程和普通地下室安全使用管理规范》(京建发〔2019〕336号)
6.《北京市老旧小区综合整治工作手册》(京建发〔2020〕100号)

附录三　废止法规文件选录

文件名称	文　号	印发时间
北京市居住小区物业管理办法	北京市人民政府令第 21 号	1995 年 7 月 7 日
北京市物业管理办法	北京市人民政府令第 219 号	2010 年 4 月 20 日
北京市发展和改革委员会关于发布北京市物业服务收费管理办法（试行）和北京市经济适用住房小区物业服务收费政府指导价收费标准的通告	京发改〔2005〕2662 号	2005 年 12 月 19 日
北京市发展和改革委员会关于废止有关收费文件的通知	京发改〔2015〕2617 号	2015 年 11 月 10 日
北京市物价局关于调整委托管理住宅电梯、高压水泵收费标准的通知	京价（房）字〔1996〕第 274 号	1996 年 8 月 8 日
北京市物价局 北京市房屋土地管理局关于印发《北京市普通居住小区物业管理服务收费暂行办法》的通知	京价（房）字〔1997〕第 196 号	1997 年 6 月 25 日
北京市高档住宅物业管理服务收费暂行办法	京价（房）字〔1998〕第 394 号	1998 年 10 月 29 日
北京市居住小区物业管理服务基本要求（试行）	京房地物字〔1999〕第 187 号	1999 年 3 月 9 日
北京住宅物业服务等级规范一级规范（试行）	京建物〔2007〕1209 号	2007 年 11 月 22 日
北京住宅物业服务等级规范二、三级规范	京建物〔2008〕29 号	2008 年 1 月 14 日
关于发布北京市地方标准《住宅物业服务标准》的通知	京建发〔2010〕613 号	2010 年 10 月 22 日
关于公布废止和不再执行的物业管理规范性文件目录的通知	京建物〔2004〕963 号	2004 年 12 月 28 日
关于公布市建委 2008 年已废止的规范性文件的通知	京建法〔2009〕113 号	2009 年 2 月 26 日
北京市住房和城乡建设委员会关于公布规范性文件清理结果的通知	京建法〔2013〕18 号	2013 年 11 月 11 日
北京市住房和城乡建设委员会关于废止部分规范性文件的通知	京建法〔2017〕14 号	2017 年 8 月 14 日
北京市住房和城乡建设委员会关于废止部分文件的通知	京建法〔2018〕18 号	2018 年 9 月 30 日
北京市人民政府关于废止《北京市城市建设临时用地和临时建设工程管理暂行规定》等 10 项规章的决定	北京市人民政府令第 292 号	2020 年 6 月 8 日